北京市陆学艺社会学发展基金会 编

陆学艺全集

第11卷

社会科学文献出版社

SOCIAL SCIENCES ACADEMIC PRESS (CHINA)

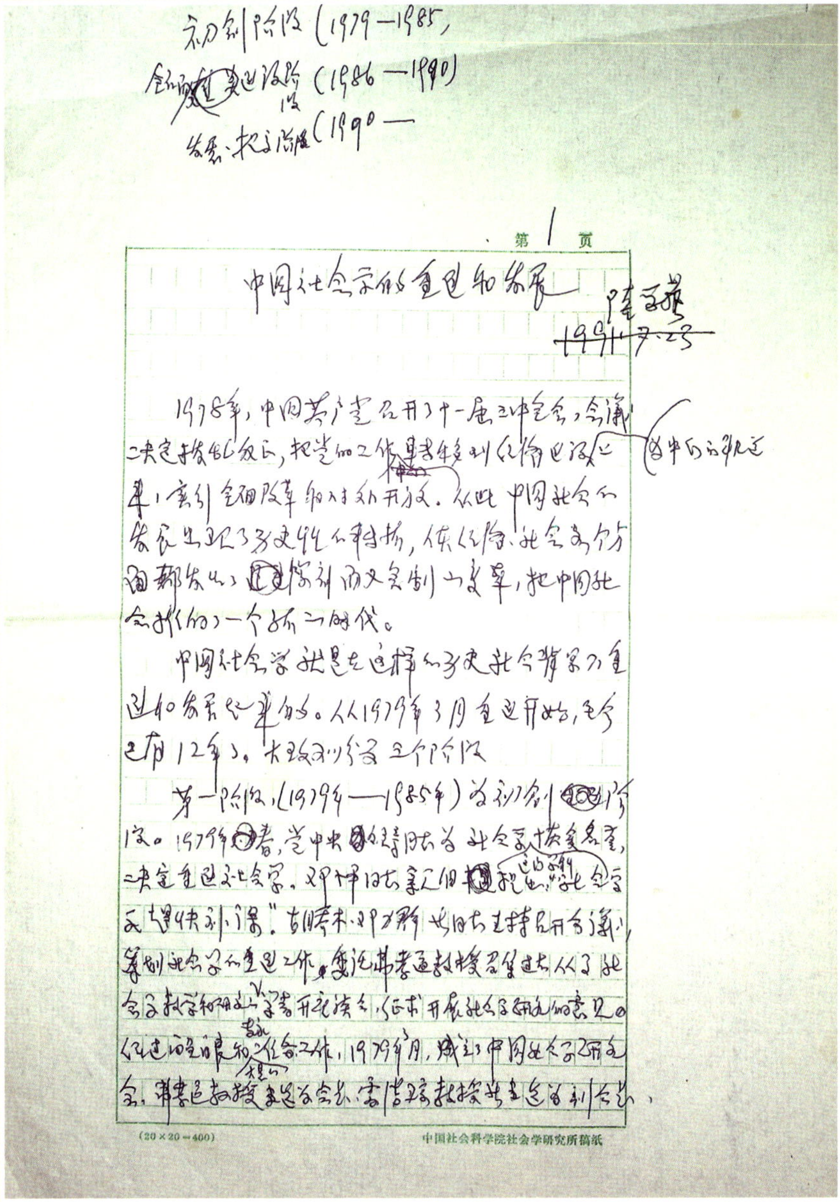

初创阶段（1979—1985，

全面 展开阶段（1986—1990）

发展 �阶段（1990—

第 1 页

中国社会学的重建和发展　　陆学艺

1991·7·29

1978年，中国共产党召开了十一届三中全会，会议
一致决定拨乱反正，把党的工作重点转到经济建设上
来，实行全面改革和对外开放。从此中国社会又
发生了一个大的历史转折，使我国社会主义分
阶段发展进入了一个崭新的历史时代。

中国社会学也是在这样一个大的社会背景下重
建和发展起来的。从1979年3月重建开始，至今
已有12年，大致可以分为三个阶段。

第一阶段（1979年—1985年）为初创阶段
1979年春，党中央在确定以经济建设为重点，
决定重建社会学。邓小平同志在理论工作务虚会
上强调……

《中国社会学的重建与发展》原稿第一页

全国人民代表大会代表议案

第_____号
_____类

案　由： 关于加快社会学学科发展的学议，适应社会主义市场经济体制发展需要的提案

提议案人（只写领衔人）或代表团： 陆学艺　　等　　人

联系人姓名 _____ **代表团** _____

议案全文： 在邓小平同志关于"社会学……需要赶快补课"的指示号召下，中国社会学从1979年开始重建十多年来，已做了很多工作，建立了中国社会学会，建立了国家和省市加200多个社会学研究所，在12所大学建立了社会学系或社会学专业，培养和培养了一批本科生、研究生，已经形成了近2000人的专职队伍，其中有教授（研究员）、副教授（副研究员）约300人，开展了社会学理论、方法、对策的研究，进行了大量的社会问题研究，出版了近1000种社会学书籍和十多种公开出版的社会学杂志，逐步工作，社会各方面对社会学这门学科逐渐重视起来。

随着改革开放的深化、经济和建设的发展，我国的社会结构、社会体制、以及社会成员的价值取向、心理状态都发生巨大的变化，经济体制和社会体制密切关联，相互作用。社会体制作为经济体制改革的外部环境，尤其在社会主义的对社会经济体制改革，经济建设起了日益积极和重大深切的相关作用。建立社会主义市场经济体制，必然要求协调有序的社会体制作为它的外部环境相适应。在我国现代化进程中，在经济体制转型的过程中，将会产生众多的社会问题，诸如城镇（即失业）、家庭及婚姻问题、人口素质、社会保障、妇女和教育、社会治安等方面都产生了很多新的社会问题，又出现些新问题，触及这方期势，就要及时制订符合各地的

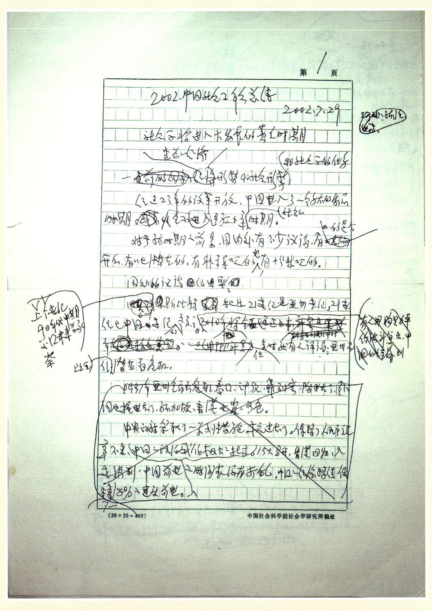

《社会学将进入大发展的黄金时期》原稿第一页

《构建社会主义和谐社会需要社会学有个大的发展》原稿第一页

《我们要为白马就是马、社会科学就是科学而奋斗》原稿第一页

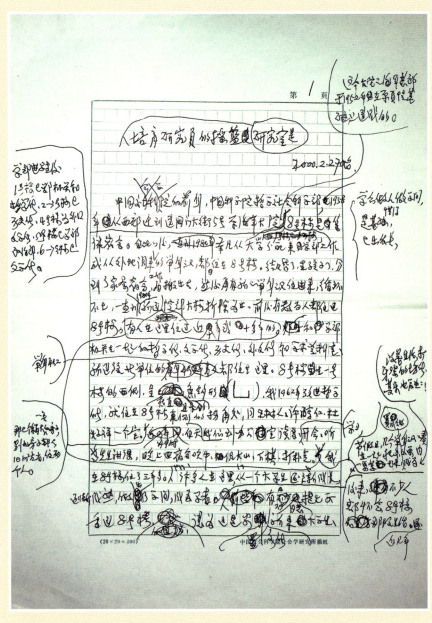

《研究室是培育研究员的摇篮》原稿第一页

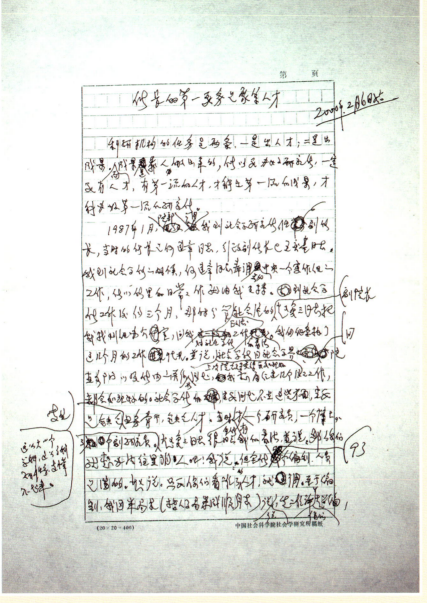

《所长的第一要务是聚集人才》原稿第一页

第 11 卷　社会学学科建设与发展
（1985～2012）

本卷收录了陆学艺先生在 1985～2012 年期间撰写和发表的关于社会学学科建设和发展方面的学术论文、调研报告、演讲、发言摘要、书序及学术书信。1987 年陆学艺调任中国社会科学院社会学研究所副所长，次年担任所长。此后，他在继续"三农"问题和社会学学术研究的同时，投入巨大精力推进中国社会科学院的社会学学科建设、中国社会学会的建设和整个中国社会学的学科建设。这方面的代表性成果有《中国社会学面临的新任务》、《社会学研究所要继续做好"补课"工作》、《中国社会学的重建与发展》、《中国现代化进程中的社会学》、《当代中国社会学要实现三项历史任务》、《新中国社会学五十年》、《当前中国社会学发展中的几个问题》、《建设和谐社会需要社会学有个大发展》和《社会学的春天和社会学家的任务》等。陆学艺还高度重视社会学学科的队伍建设、人才培养、国际交流、学术规范和研究方法的建设，如《研究室是培育研究员的摇篮》、《所长的第一要务是聚集人才》、《在中国社会大转型时期做学问》、《21 世纪的亚洲社会与社会学》和《做社会科学研究，要面向实践，要到实践中去》等都是这方面的重要成果。除此以外，陆学艺还高度重视中国社会思想史的研究和学科建设，重视社会学出版物的出版和学术组织的建设，《整理和研究中国社会思想的两项任务》、《古为今用，加强中国社会思想史研究》、《关于编撰〈社会学文库〉的几点设想》、《〈社会学文库〉总序》和《社会学发展基金会要为推动社会学学科发展尽绵薄之力》都反映了他在这方面做出的思考和实践。

本卷目录

社会学学科建设

社会思想史研究

研究方法与规范

学术出版物建设

学术组织建设

社会学学科建设

青少年犯罪研究在社会学中的地位和作用[*]

各位领导、各位代表、各位同志：

中国青少年犯罪研究学会①第二届学术讨论会今天开幕了，我代表中国社会科学院社会学研究所向大会表示热烈的祝贺！祝大会圆满成功！

青年是我们国家的未来和希望。对于青年的健康成长，党和国家历来非常关心。"文革"以后，青少年犯罪问题成为一个突出的社会问题，由此引起了社会各方面的关注。党中央一再发出文件和指示，从关心下一代的成长和国家前途命运的高度，提请全党重视研究和解决青少年违法犯罪问题。几年来，一批老革命、老干部，一批有识之士，积极响应党中央的号召，关心国家长治久安、社会安定团结，关心青年一代的健康成长，自愿自觉地从事青少年犯罪问题的研究。他们南北奔走、多方呼吁，组织了研究队伍和机构，正式创办了中国青少年犯罪研究学会，创办了《青少年犯罪研究》刊物。他们组织了多次大规模的社会调查，探讨青少年犯罪的原因、趋向以及综合治理的方针、政策和理论，写出了一批像《青少年犯罪学》《青少年犯罪心理学》《青少年犯罪综合治理对策学》《青少年法学概论》等富有中国特色的学术专著，取得了累累成果。所有这些，对于预防、减少、治理青少年犯罪问题起了十分积极的作用。现在从事研究青少年犯罪问题研究的队伍越来越大，今天，青少年犯罪学会的学术讨论会济济一堂，充分说明了这个问题。各地来的代表提供了一大批有调查、有分析、有研究的学术论文，充分说明了中国青少年犯罪研究学会的工作、青少年

---

* 本文源自作者手稿。该文稿为陆学艺 1987 年 4 月 19 日在中国青少年犯罪研究学会第二届学术讨论会上的发言稿。——编者注

① 中国青少年犯罪研究学会成立于 1982 年 6 月，1991 年改名为中国青少年犯罪研究会。——编者注

犯罪的研究几年来的工作是卓有成效的。一门新兴的学科，即以马列主义、毛泽东思想为指导的，具有中国特色的青少年犯罪学已经形成初步的理论框架，有了一个好的基础。

1985 年中央 20 号文件《关于进一步加强青少年教育预防青少年违法犯罪的通知》中指出："社会科学研究部门和政法工作部门，要加强对青少年违法犯罪问题的研究，探求青少年违法犯罪的规律，更好地指导预防违法犯罪的工作。"我们中国社会科学院、社会学研究所理所应当、义不容辞地要遵照党中央的指示把青少年犯罪问题研究的重任担当起来，组织科研人员，协调社会各界各方面的力量，支持中国青少年犯罪研究学会，把青少年犯罪问题研究在已有基础上进一步开展起来。相比而言，我们社会科学院社会学系统，比起政法系统、法学系统，这方面的工作做得还很不够，这同我们的地位是不相称的，今后要努力赶上来。

青少年犯罪问题的研究，在社会学的研究中占有重要的地位和作用。青少年犯罪学是社会学的一个主要分支学科，是应用社会学的一个重要组成部分。社会学是以社会为对象，以马克思主义为指导，运用科学的方法研究社会构成、社会结构、社会功能，研究各种社会问题及其解决途径，使社会实现良性运转的科学。青少年犯罪问题是一个重要的社会问题，涉及许多家庭的幸福，涉及社会安定团结，关系到青年一代的健康成长。社会学研究单位、社会学研究工作者当然要研究这个重要的社会问题。要用社会学的理论和方法来研究青年犯罪问题，为实际工作部门制定政策提供科学依据，为从宏观上解决青少年犯罪问题提供理论依据。与此同时，从事青少年犯罪问题的研究，也丰富充实了社会学学科，有重大理论意义和实践意义，有利于推动社会学本身的发展，有利于发扬和提高社会学理论联系实际的好学风。

中国社会科学院青少年研究所早在 1980 年就把青少年犯罪问题列为四大课题之一，后来又列入"六五"国家计划重点研究课题，组织了一批重要科研骨干长期从事学术研究。1985 年青少年研究所和社会学研究所合并为社会学研究所以后，青少年犯罪问题研究一直作为重点研究课题坚持下来。在张黎群等老同志亲自组织、亲自指导下，青少年犯罪问题的研究不断取得新成果。特别要指出的是，青少年犯罪问题的研究从一开始就坚持从实际出发、理论联系实际的原则，实行科研工作和实际工作相结合，取得了很好的社会效果，受到党和政府以及社会各方面的好评。现在实际上是在党的统一领导下，开创了全社会共同关心失足青少年的局面，使科研部门、教育部门、管教部门、安全部门结合起来，使农、工、商、家庭、社会、学校、公、检、法、司等 10 个方面社会力量一起来做关心失足青少年的工作。这实际创造了一个用马克思主义、毛泽东思想的基本理论和科学的方法来研究解决青少年犯罪问题的一个社会系统工程，这个经验是十分可贵的。这在理论上有深远意义，实践也卓有成效。

可以毫不牵强地说，青少年犯罪问题的研究，现在走在应用社会学研究的前列。上午曾志大姐讲，青少年犯罪问题的研究和解决还要继续努力，比起计划生育问题、残疾人问题、儿童福利问题等的研究和解决来说，我们做得还不够。但是，比起家庭婚姻问题、劳动就业问题、环境污染问题、社会保障问题、交通安全问题、城市住宅问题等其他应用社会学研究来说，青少年犯罪问题的研究树立了一个好榜样，我们要把青少年犯罪问题研究方面的经验推广到应用社会学其他分支学科去，推动整个社会学的发展。

我们坚信，通过这些次盛大的学术讨论会，对目前青少年犯罪的新情况、新问题的探讨，对青少年犯罪问题研究的方法论和理论的探讨，必将使青少年犯罪问题的研究迈上一个新阶段，取得更好的成果，为青少年犯罪问题的解决做出新的贡献。我预祝大会的成功！

借鉴国外社会学的理论和方法，
建立有中国特色的马克思主义的社会学*

同志们：

全国第一次国外社会学学术讨论会，今天开幕了。这次会议是由中国社科院社会学所和辽宁社科院社会学所联合主办的。现在为止，报到的正式代表 49 人，收到论文 25 篇。会议得到了 81540 部队和旅大警备区首长和同志们的支持，他们给我们提供了这样一个好的开会的场所，大连造船厂等单位、辽宁社科院的同志为会议的召开做了大量的工作，各位代表还有新闻出版单位的同志不远千里、万里前来参会，表示了大家关心这个事业。在此，我代表会议领导小组向他们表示衷心感谢。

社会学是一门比较年轻的学科，19 世纪上半叶产生于欧洲，是资本主义社会矛盾的产物。资本主义经济的发展，阶级阶层的变化，资产阶级和无产阶级间矛盾激化，政治斗争、经济斗争尖锐复杂，引起社会结构的剧烈变化，新的社会问题不断产生，政治动荡不断加深，促使思想家、理论家们去思考、研究这些社会问题、社会弊端产生的根源，找寻解决这些社会问题的方案。于是社会学就应运而生了。当然，最初的一批社会学家是站在资产阶级立场上，是在维护资本主义制度的前提下，提出种种改良主义的方案。

在中国，古代先秦诸子，如孔子、孟子、老子、庄子、荀子这些大思想家，都研究过社会问题。如荀子在当时就提出了"群"的概念，他认为人"力不若牛，走不若马，而牛马为用，何也？曰：人能群，彼不能群

---

* 本文源自作者手稿，原稿写于 1987 年 7 月 20 日，该文稿系陆学艺 1987 年 7 月在大连举办的首届国外社会学学术讨论会上的发言稿。原稿无题，现标题为本书编者根据发言内容所拟定。——编者注

也"。人为什么能群？因为人能"分"，即有不同的社会地位，"分"所以能维持，是因为人有礼义。他说："人何以能群？曰：分。分何以能行？曰：义。"① 有了社会组织，有了礼义之分，人就能利用群的力量战胜自然。以后，历来的哲学家、思想家也都很重视社会问题的研究。但作为现在意义上的社会学，则是从西方引进的。1898 年严复翻译了赫胥黎的《天演论》，1903 年翻译了斯宾塞的《群学肄言》，可看作是国外社会学最早传入我国的开始。这里顺便说一句，严复翻译的"群学"的"群"，其来源就引用荀子提出的群的观念。一直到 1949 年，约半个世纪，中国的社会学有了长足的发展，有了一批社会学著作的出版，大学里开设了社会学系，但基本上是照搬西方社会学的东西。这期间，李达等同志在大学里宣讲马克思主义社会学思想，但实际上讲的是历史唯物主义，孙本文、李景汉、费孝通先生等应用西方社会学的理论和方法，对中国的社会问题和中国农村社会进行了研究，为社会学的中国化做了最初的尝试。

新中国成立初期，我们一度把历史唯物主义和社会学完全等同起来，在一个比较长的时期里否定社会学作为一门社会科学的独立存在。20 世纪 50 年代院系调整的时候，取消了大学的社会学系。这是一个失误，这不仅直接影响了社会学这门学科在中国的存在和发展，而且影响了许多社会问题的研究和解决，给社会主义建设造成了一定损失。1979 年 3 月，邓小平同志指出，我们过去多年忽视了对政治学、法学、社会学的研究，"现在也需要赶快补课"。② 不久，在党中央的关怀下，中国社会学会成立了，1980 年中国社会科学院新组建了社会学研究所。以后各省份也相继成立了社会学研究所和社会学会，在北京大学、南开大学、复旦大学、中山大学、山东大学、中国人民大学等大学里成立了社会学系和社会学所，许多大学和党校都开设了社会学的课程。社会学的队伍发展壮大得很快。中国社会学到了一个新的发展阶段。现在社会学的书刊发行量比较大，不少有价值的社会学的书供不应求，报考社会学系的本科生、研究生很多。中国社会学函授大学第一期招生就有 2.6 万名，其中各级党政干部占 75%，包括一些省、地、县的领导机关的负责人。国家计委专门成立了社会发展司，国家统计局专门设置社会统计司，民政部正在筹建社会工作学院。这种种迹象

① 《荀子·王制》，载中国社会科学院哲学研究所中国哲学史研究室编《中国哲学史资料选辑》（先秦之部下），北京：中华书局，1984 年 4 月，第 1104~1105 页。

② 邓小平：《坚持四项基本原则》，载《邓小平文选》（1975~1982 年），北京：人民出版社，1983 年 7 月，第 167 页。

表明，一个社会学热正在全国兴起。为什么？一方面固然是因为社会学这门学科暂停了二十多年，一旦恢复，人们欢迎它、渴望了解它，但最主要最根本的原因是我们国家目前正处在大变革大发展的时期。党的十一届三中全会规定了要坚持四项基本原则，要实行改革开放，按照这两个基本点，在这个总方针的指引下，几年来我国的政治、经济、文化发生了举世瞩目的变化，社会的组成、社会的结构、社会的各阶层都在发生历史性的变化。我们的国家正在由产品经济向有计划的商品经济转化，我国人民的生活正在由温饱型向小康型转化，我国的经济体制已经进行了一系列改革，目前正在酝酿着重大的改革。总的说来，几年来，我们国家在政治、经济、文化、社会诸方面都是大大地前进了，取得了辉煌的成绩，但是也出现了一些新的社会问题，新困难诸如农村劳动力转移的问题、乡村城市化的问题、小城镇问题、住宅问题、环境污染问题、人口问题、青少年犯罪问题、老年人问题、家庭婚姻问题等等，这些问题，要求社会科学工作者去研究它、说明它，并且提出解决它的办法和方案。这就是目前社会学受到社会如此重视、如此欢迎的原因。

应该说，目前是中国社会学发展遇到了历史上最好的时期，是我们社会学工作者为"四化"出力，为"四化"建功立业、大显身手的时期。社会的改革需要社会学，社会的发展需要社会学，目前正是中国社会学发展的黄金时代。

当前我们社会学工作者的任务，就是要适应社会的要求，深入社会生活的各个领域，以马克思主义、毛泽东思想为指导，借鉴国外社会学的理论和方法，研究各种社会问题，探求这些问题产生的原因、政策和解决的办法，建立具有中国特色的马克思主义的社会学。

我们正是在这样的历史环境下来开这次国外社会学问题的学术研讨会的。

研究国外社会学，对于建立有中国特色的马克思主义的社会学是至关重要的。国外社会学的研究从法国的孔德开始，至今已有 150 年的历史。一个半世纪以来，经过许多社会学家的耕耘，已经产生了一大批有价值的学术成果。当然，这些西方社会学著作，基本上都是在维护资本主义制度的前提下，研究如何解决社会问题、如何稳定社会秩序的作品。但是，他们研究社会问题的一些具体理论和方法还是很有价值的。我国的社会学恢复才 8 年，目前正处于初创、成长的阶段，有目的、有鉴别、有计划地借鉴吸收国外社会学这些有价值的理论和方法，对于我国社会学的成长和发展是很有必要的。可以说，学习研究国外社会学是建立具有中国特色的马克思主义社会学的重要一环。

另外，我国目前正处于社会组成、社会结构大变化的时期，出现了一些诸如人口迁移、城市污染、生态破坏、交通安全、青少年犯罪等等的新的社会问题。研究国外社会学在这方面已有的科学成果，借鉴它们在解决这些社会问题方面的经验和教训，对于更好更有效地解决这些社会问题，促进社会的安定、团结、健康发展是有益的。

8年来，我们从事国外社会学工作的同志们做了大量的工作，翻译出版了一大批西方社会学的著作，对国外社会学的一些主要流派进行了初步的研究。一部分同志到国外，对国外的社会学研究和社会工作进行了考察，同国外社会学界建立了各种联系，在几个大学开设了国外社会学的课程，创办了国外社会学的杂志。我们这次会议正是在8年来取得了重大进展和大量成果的基础上召开的，可以说也是一次学术成果的检阅。

我们这次学术会议，将交流8年来学术成果，总结、交流、翻译、研究国外社会学的经验，规划今后我国的国外社会学研究的发展方针和步骤，促进国外社会学研究更好地发展。根据8年来我们研究国外社会学的经验，提出以下几点，抛砖引玉，供同志们讨论。

第一，研究国外社会学必须坚持以马克思主义、列宁主义、毛泽东思想为指导，要运用辩证唯物主义和历史唯物主义的基本原理来观察社会、分析社会，指导研究具体的社会形态和具体的社会问题。西方社会学基本上是一种为资本主义制度服务的资产阶级社会学，我们在研究国外社会学的时候，要运用马克思主义、毛泽东思想的立场、观点和方法，去分析、批判它的体系和理论，取其精华、去其糟粕，扬弃资产阶级社会学为资本主义制度辩护的糟粕，吸取对于我国社会主义建设、对于建设有中国特色的马克思主义社会学有益的客观部分。我们既要反对抱残守缺、闭关自守，也要反对全盘西化，盲目地照搬照抄。

坚持四项基本原则，坚持改革开放，这两个基本点是我们的总方针。我们研究国外社会学，也必须执行这个总的方针。四项基本原则是我们立国的根本，我们的研究工作自始至终必须遵循这些基本原则。改革、开放、搞活是建设有中国特色社会主义的需要，这是一场轰轰烈烈的伟大事业，在改革开放、建设社会主义现代化的过程中，借鉴国外的成功经验和失败的教训，特别是借鉴苏联、东欧等社会主义国家的经验和教训，无疑是具有十分重大的意义的。通过对国外社会学的有关实践和理论的研究，为改革开放和社会主义现代化建设提供借鉴，这是我们国外社会学工作者的重要任务。所以研究国外社会学必须适应改革开放和建设社会主义的需要，研究国外社会学必须为我们国家的"四化"大业服务。

第二，研究国外社会学必须同建立有中国特色的马克思主义社会学结合起来，研究国外社会学要为社会主义建设服务，要为建立有中国特色的马克思主义社会学服务。

我们恢复社会学，并不是要恢复西方资产阶级社会学，而是要建立具有中国特色的马克思主义社会学。建设有中国特色的社会主义需要马克思主义社会学，社会学必须为社会主义建设服务。要建立具有中国特色的社会主义社会学，必须做到如下几方面的工作。一是要学习和掌握马列主义、毛泽东思想的基本理论，学习和掌握马克思主义经典作家关于社会学的理论和方法。二是要深入社会，深入实际调查研究，考察研究中国目前社会阶层、社会结构、社会组织变迁的情况，要熟悉目前社会变革中产生的各种社会问题，一句话，要熟悉我国的国情。三是要研究国外社会、社会学，要借鉴国外社会学有关的理论和方法，要在马克思主义的指导下建立起一整套符合中国国情、能够分析和说明中国目前的社会问题，并能为解决这些问题提供方针政策的社会学体系。

在这里，研究国外社会学要防止两种偏向：一种是脱离中国的实际，脱离中国的国情，不问中国社会主义建设的需要，只为介绍而介绍、为研究而研究的偏向；还有一种只是运用西方社会学的一些理论和方法来套中国的经验材料，脱离马克思主义的指导。我们要在马克思主义理论指导下，借鉴国外社会学的某些理论和方法，同中国社会的实际结合起来，尽快建立起有中国特色的马克思主义社会学，这将是一个比较长的过程。我们要力图缩短这个过程，创建中国自己的社会学体系，为社会主义建设服务。

第三，研究国外社会学，要把翻译介绍同研究结合起来。8年来，我国的国外社会学工作者翻译了一大批国外社会学的著作和论文，为把国外社会学的一些理论、思想和方法介绍到国内来做了大量的工作，这方面是有成绩的。今后还要有一大批同志继续做这方面的工作，要有计划有选择地、分期分批地把国外社会学的主要流派的主要著作都翻译过来。但翻译、介绍是为了有用，要使之能为建设社会主义提供借鉴，能为建设有中国特色的马克思主义社会学提供借鉴，要贯彻洋为中用的方针。要有用，就要有研究，就要有鉴别，所以要把翻译介绍和研究结合起来。总的说来，我们目前还处于翻译、介绍、引进的阶段，研究工作做了一些，但还很不够。

今后，要在继续翻译介绍的同时，真正下功夫对国外社会学的一些主要流派和主要著作，运用马克思主义的武器进行深入的、全面的、综合的研究，不但要研究过去已有的名著，而且要特别注意研究国外社会学的最新趋势和方向。在这方面要真正下功夫、下力量，分工协作，对国外社会学一个一个主要学派、一本一本主要著作，做深入的研究，写出评论，写出研究著作来。我希望我们的社会学界要像哲学界、经济学界那样，有一批马克思主义哲学专家、马克思主义经济学专家，以及康德专家、黑格尔专家、凯恩斯专家。社会学也要出一批马克思主义社会学专家，出斯宾塞专家、帕森斯专家、韦伯专家。在这方面要防止那种急于求成、浮光掠影、草率从事、拼谁手快的倾向，提倡真正功夫到家的研究。费老、陈老都提到现在有些同志不下真功夫研究，只会埋头写作、埋头翻译，急于求成，这种风气要改一改。要真正搞学问，搞研究，养成一种好的学风。

在研究国外社会学的时候，要把研究国外社会学同研究国外社会结合起来，便于真正了解这一学派、这一著作产生的历史背景，有利于真正认识这一学派、这一著作的本质。研究国外社会学，要同深入研究中国国情结合起来，这样才能真正做到有的放矢、洋为中用。

第四，研究国外社会学要贯彻百花齐放、百家争鸣的方针。百花齐放、百家争鸣是我们党历来提倡的发展文化艺术、繁荣学术的方针。社会学、国外社会学的研究刚刚恢复没有几年，为了更好地发展，也要贯彻这个方针，要鼓励不同观点、不同见解的同志互相交流、畅所欲言、大胆争鸣。我们要在坚持四项基本原则、坚持改革开放这两个基本点前提下，为了建设社会主义现代化，为了建设有中国特色的马克思主义社会学，既要提倡求同存异，也要提倡存同求异。这样有利于创新，有利于不同学术观点的竞争和发展，有利于学术的繁荣。我们这次学术会议就是一次百家争鸣的会议，希望大家畅所欲言、各抒己见，把会议开好，使我们的国外社会学的研究向前推进一步。

这次国外社会学学术讨论会是我们国外社会学工作者的第一次会议，希望通过这次会议，交流思想、交流成果、交流经验、交流心得，达到互相了解、建立联系、增进友谊、促进研究的作用。会议期间，除了学术讨论之外，我们在会内、会外，希望大家就如何推进社会学的研究、推进国外社会学的研究多提建设性的意见，使我国的社会学学科建设和国外社会学科建设能够更加健康地发展，迎头赶上其他学科的步伐，以适应社会主义现代化建设的需要。

加强社会学的理论研究[*]

老师们，同志们：

我来参加讨论会的目的，一是祝贺，二是学习，三是来认识一些朋友、一些老师。在教委领导的大力支持下，五校社会学理论讨论会召开，这是首届。讨论社会学理论中国化的问题，这个题目很好，是社会学建设中的重大问题、基础问题。选的时机很好，选在社会学学科建设中大家感到需要理论的时候。地点选择得也好，选在山东，选在稷下学宫所在地——一个有百家争鸣传统的地方开。会议代表济济一堂。我代表中国社会科学院社会学研究所向大会表示祝贺，祝会议圆满成功。

社会学在党中央领导同志关怀下，自恢复重建以来，8 年工夫，发展得很好，发展得很顺利。现在已经有 8 个大学正式建立了社会学系和社会学专业，全国大多数省份已经建立了社会学所和社会学学会，不少大学和党校建立了社会学教研室。据估计全国已经有上千人的教学和科研队伍，在全国组织了大量的社会调查，写出了一大批专著和文章，翻译出版了一大批外国的社会学著作，公开出版和内部出版了几种社会学杂志。社会学出现了欣欣向荣的局面。

社会学发展得如此兴旺，我想主要原因是：（1）反映了社会的需要，社会学对于社会发展是必需的，中央决定恢复重建社会学是深得人心的；（2）恢复建立社会学所采取的贯彻四项原则、为社会主义改革建设服务的方针是完全正确的；（3）（当然，社会学发展得这么快）与老一辈社会学家雷老、费老和袁老等同志的富有成效的工作是分不开的；（4）社会学得到了全社会的支持。一是各级领导部门逐渐重视，从"六五"计划开始，"国

* 本文源自作者手稿。该文稿写于 1987 年 9 月 21 日，系陆学艺 1987 年 9 月在高校社会学理论讨论会上的讲话稿。——编者注

民经济发展五年计划"开始被称作"国民经济和社会发展五年计划"。国家计委成立社会发展司，民政部要建立社会工作学院。社会上很多人要求学社会学，社会学书成为畅销书。以袁方教授为校长的社会学函授大学第一期学员共有2.6万人，报考社会学本科的学生、研究生特别多。全国出现了社会学热。这都是社会学发展的好的社会条件。

这次讨论社会学理论问题，讨论社会学中国化的问题，是很适时的，是社会学如何进一步提高、进一步发展的重要一环。无论是在教学中、在科研中，还是在社会实践的应用上，我们都感到需要提高，需要社会学理论的指导。（这次讨论会）能使我国社会学理论研究向前推进一步。大家希望这个会能成为一个新的起点。

我个人原来是学哲学的，九年来一直在农村调查，主要从事农村经济社会发展的研究，今年①初才被调到社会学研究所。就我到社会学所半年多来的感觉，我们所也开展了大量调查研究，做了大量的工作，但是我也感到我们所的理论研究不够，我们所成员的理论修养不够。作为队伍建设，作为学科建设，我感到要抓理论建设，这个感觉同不少同志是一致的。我们社会学正处在恢复和重建阶段，是处于打好基础的阶段，打好基础的一个重要方面就是要加强社会学的理论建设。

如何搞好社会学的理论建设，形成具有中国特色的社会学，我想这是一项大的系统工程，需要我们社会学界的共同努力，需要组织各方面的力量，共同来完成。中国化的社会学是我们的目标。社会学中国化则是一个比较长的过程。

就目前来说，加强社会学的理论建设，我想有如下几方面的工作。

第一，要加强马克思列宁主义理论的研究。中国的社会学家首先要掌握马克思主义的理论和方法，这是武器。费老说，我们要恢复重建的社会学，恢复的不是旧中国的社会学，重建的不是西方社会学，而是建设有中国特色的社会学。中国特色一是以马克思主义理论为指导的，二是适合中国国情的。

马克思主义是我们的指导思想，是理论基础，是任何一门学科都必须坚持的，社会学当然不能例外。我看我们的一些社会学著作、社会学文章，理论水平不高，主要是马克思主义的理论水平不高。在这点上，我们这些20世纪50年代、60年代毕业的大学生同年轻的同志有差别。有些年轻的同

---

① 指1987年，本文下同。——编者注

志不以为然。在这点上，我希望年轻社会学工作者要认识这个问题，要补上这一课。

我们在马克思主义理论问题上，有两种倾向是要反对的：一种是认为历史唯物主义就是社会学，可代替社会学，得出要取代社会学的结论，这当然是不对的；还有一种是认为既然恢复了社会学，就不要马克思主义为指导，这当然也是不对的。正确的态度应该是以马克思主义理论方法为指导，研究社会学的理论问题，研究解决中国的社会问题。

我认为要建设好我们社会学这支队伍，要建设好社会学这门学科，一个重要的方面就是要学习马克思主义，提高我们社会学工作者队伍的马克思主义理论修养和水平。我同我们所的年轻人讲，还有一个社会承认的问题。

我们社会学工作者学习马克思主义，主要是两方面：一是要学习马克思的哲学和政治经济学，学习马克思主义的基本原理，掌握马克思主义的立场、观点和方法；二是要学习马克思主义经典作家的社会学思想，马克思、恩格斯、列宁、毛泽东都是社会学家，都写有社会学著作。我们可以从这些著作中学习他们如何观察、解剖社会，分析社会，解决社会问题的理论和方法。西方社会学家都把马克思称为社会学的鼻祖之一，都研究马克思主义社会学，研究得很深很细。我们是社会主义国家，反而不研究，这是不对的。学习马克思主义，这是打好这支队伍的理论基础。

第二，要系统地学习研究西方社会学的理论。研究西方社会学发生发展的历史，而且要同时研究产生某种社会学的社会环境、社会历史。对西方社会学有一个规律性的认识，这样才能谈得上借鉴和学习，千万不要捧了某一本西方社会学著作，摘抄了里面的一些章节和方法，就拿来实践和应用，这是不科学的。我们对马克思主义尚且不能生搬硬套，何况对西方社会学著作。有些同志鄙视马克思主义经典，倒是把西方社会学某些著作作为经典，照搬照抄，这种态度是不可取的。

作为学科建设，作为社会学的理论建设，我主张组织全国的力量，把自孔德以来的各国社会学的名著、有影响的著作，有组织有计划地全部翻译过来，并且组织力量加以逐个研究、逐个评介，并在此基础上写出西方社会学史。这是史的建设，也是社会学理论建设的一个重要方面。我们社会学所准备来组织这件事，希望得到社会学界高校同志的支持。现在第一步的工作是确立书目，找到原本，然后组织力量来翻译，来评介，来研究。

第三，要开展中国社会学思想史的研究。社会学这门科学是 19 世纪中叶孔德创立的。1903 年严复翻译出版斯宾塞的《群学肄言》，那时候叫"群学"。社会学这个词是从日本借来的。但是社会学思想在中国是古已有之。中国古代社会思想是很丰富的。诸子百家时就很发达。《论语》中就有不少社会学思想，荀子就专门研究过社会群体问题。人力不如牛，走不如马，但能用牛马，为什么？就因为人能群，牛马不能群。为什么能群（组织起来，有社会、有组织）？因为人有义。要组织力量，对中国社会学思想进行研究总结，写出中国社会学思想史来。这也应该是建立中国社会学理论的一个重要部分。中国化的社会学一定是同中国的社会学思想结合起来的。

第四，也是最主要的，要研究中国国情。特别要研究当代的国情，研究当代的社会问题，描述它，提出解决问题的对策来。如果说前面三个部分是武器、是资料、是前奏的话，那么中国社会学的产生，将来就是在解决当代中国的社会问题过程中产生出来。有生命力的中国社会学绝不可能产生在书斋里，而必定是由对中国国情有透彻的了解、有马克思主义理论武器、有社会学理论修养的同志来完成这个任务。

有志于建设中国社会学理论的同志，一定要投身社会主义建设和改革的洪流中去。要重视实践。中国化的社会学理论体系建立起来之时，正是中国社会现代化建成实现之时。

中国社会问题太多了，而且随着经济的发展，新的社会问题还会不断产生。运用马克思主义和社会学理论提出问题，解决问题，使我们的社会健康协调地发展，这是我们社会学工作者的任务，也就是在分析解决这些社会问题过程中产生形成中国社会学的理论。

我认为现在学术界、理论界有种风气很不好，就是对实践的兴趣不大，脱离实际倾向比较严重，这也是一种逆反心理，过去是动不动就下乡、滚泥巴，现在干脆就不进厂、不下乡。不仅社会科学家不下去，连文学家也不下去，躲在北京的公寓里胡诌。农村这么大变革，至今没有一个像样的作品来反映它。社会学家好一点，这几年做了大量的调查，但对城市调查得多，有了很好的成绩。

我想主要有三个大的缺点。一是零敲碎打的多，没有对社会整体做系统的深入的本质的调查。所以抓不住社会要害问题、重大问题，在社会上影响不大。我认为要抓一些大问题、要害问题，给社会学创造信誉。在领导，在群众中，这是最好的宣传了。要给社会学争地位，就要在这些问题上下功夫。提出问题也要进行深入的调查研究，提出问题本身就是大的贡献。希望大家提出来，我们社科院可以帮助列项目，向有关方面申请经费，来共同研究。

二是走马观花、浮光掠影的多，长期的深入调查少。要提出社会问题，没有长期的深入观察和思考是不行的。现在的调查研究我看是不行。走马观花不行，往往容易受骗上当，人云亦云。单发问卷不行，不过就是招待所搬家，路线都给你准备好了，哪些户也给你准备好了，因此许多结果与实际是反的。问卷调查要同个案调查相结合。我是主张蹲点调查的，同吃同住同劳动一段时间，这确是个好办法。柳青的精神可嘉！我去年①提出了农业徘徊的论点，没有这几年长期调查，没有在陵县两年多的观察是提不出来的。有志于研究中国问题的社会学者一定要沉下去，谁下去得多，谁的成绩就越大，费老身体力行带了个好头，每年还有三个月下去。下基层调查，我们体会：坐公共交通下去比坐小车好；住一般小旅馆比住大宾馆好；没有人陪你比有人陪你好；拿小介绍信比大介绍信好，没有介绍信的走访更好。我们在农村有个点，欢迎大家来蹲点，我们提供方便。今年社会学所的研究生决定下去一年。

三是调查城市的多，调查中国农村的少。中国还是 10 亿多人口、8 亿多农民的国家，这是最基本的当代中国的国情。中国一切政治、经济、社会问题都植根于中国农村之中。不了解中国农村，就不了解中国。在这一点上，我们要学老一辈的社会学家，老一辈的经济学家。如费老、吴景超、李景汉、晏阳初、梁漱溟等，他们都对中国农村做过长期的深入的调查，给我们留下了宝贵的资料，更可贵的是他们那种以社会为己任的精神。

现在中国农村社会问题还是大量的、成堆的，昨天初步提了一些。(1) 如何扶贫。(2) 富起来之后大量的社会问题。无锡可以说是富了，人均 7000 元（近 2000 美元），小康之家了。但社会风气不大好，社会问题成堆。如富起来以后怎么办？如何引导？如吃喝嫖赌的问题，温州的修坟和迷信问题，等等。(3) 农村当前的形势和问题。(4) 农民如何转移出来的问题。(5) 农民消费不积累，都去搞住房的问题。(6) 盲流和移民的问题。(7) 商品经济认识问题。(8) 物价心理问题。(9) 万元户的问题。(10) 离土不离乡问题。这些都是发展经济学、发展社会学的问题。

我希望我们的社会学工作者要以实现"四化"为己任，解决社会问题，要有责任感、使命感，对中国国情进行深入系统的调查，提出预测，提出

---

① 指 1986 年。——编者注

对策来。

　　总之，建设中国化的社会学是一个长期的过程，需要我们这一代人做大量工作。马克思主义的学习，西方社会学的研究，中国社会学思想的研究，对中国国情的解剖，在这个基础上，逐渐形成中国的社会学。

　　以上意见，供同志们参考。

中国社会学面临的新任务[*]

这次学术会议的主要内容是：一、研讨社会主义初级阶段社会学的任务；二、总结、交流、回顾社会学重建九年来的成就和展望今后的任务；三、会议期间，社会学学会系统、社会学研究所系统、教委社会学系所系统将分别开工作会议。

中国社会学从 1979 年春开始重建。在党中央和中央领导同志的亲切关怀下，在老一辈社会学家的精心指导和身体力行的带动下，经过社会学界同行们的努力奋斗，九年来社会学蓬勃发展，在学科建设和队伍建设等方面都有了很大进展。社会学工作者深入实际，运用社会学理论和方法，对许多社会问题进行调查研究，提出了解决问题的理论和对策，显示出社会学为社会建设服务的作用，引起社会各方面的关注和重视。可以讲，社会学已经开创了一个好局面，为今后进一步发展奠定了良好的基础。实践证明，重建社会学时提出来的"以马列主义为指导，结合中国实际，为社会主义建设服务"的指导方针是正确的。这一方针仍是社会学今后发展的指导原则。

据最近统计，全国已有 35 个省和大中城市成立了社会学学会，大多数的省市社会科学院都成立了社会学研究所或社会学研究室等专业机构。全国已有 12 所大学建立了社会学系或社会学专业，有近 50% 的高校设立了社会学教研室，给文、理、工科的大学生、研究生开设社会学概论课。现在全国有 1000 多名社会学专业的研究人员和教学人员，其中有近 200 名正、副研究员或正、副教授。1987 年底，全国在校的社会学专业本科生为 916

---

* 本文原载《社会学研究》1988 年第 6 期，发表时间：1988 年 12 月 26 日。该文系陆学艺 1988 年 8 月 5 日在"社会主义初级阶段与社会学"学术研讨会上所作的开幕词（摘要）。该文原题为《陆学艺的开幕词（摘要）》，现标题为本书编者根据作者手稿标题修改。——编者注

人，另外还有近 200 名研究生在攻读社会学硕士和博士学位。1979 年到1987 年，全国共出版社会学书籍 400 多种，社会学或以社会学为主的丛书10 种，1987 年全国公开定期出版的社会学杂志有 6 种，不定期出版的有 10多种。现在报考社会学专业的本科生和研究生越来越多，社会学书刊成为畅销读物。中央和各省、自治区、直辖市的党政部门陆续建立了主管社会发展、社会问题研究的机构，把社会发展、社会进步和解决社会问题列入议事日程。"六五"期间，列入国家社会科学规划的 3 项社会学专业重点课题已经完成，得到了社会的欢迎和好评。例如由费孝通教授主持的小城镇研究，受到中央领导同志的称赞，在实践中起到很好的作用。从 1986 年开始，有 13 项社会学专业的研究课题被列入"七五"国家社会科学规划，目前正在进行之中，有的已取得初步成果。几年来，我国社会学工作者深入实际，参与社会变革，组织专题研究，社会学基础理论和方法研究等方面都取得了很大进步，研究成果的质量明显提高。更加值得一提的是，近年来社会学的基础理论研究和应用研究相结合，社会学同其他学科研究相结合，社会学的理论研究同实际工作部门的政策研究相结合，产生了很好效果。这表明，我国社会学这门学科正在健康发展，社会学的影响正遍及社会各个领域，社会学的研究成果正在被引入决策过程，对我国的社会主义建设事业产生了积极作用。

当然，对于我们这样一个处于伟大变革中的大国来讲，国家和社会对社会学的期望和要求是很高的。我们的社会学重建还只有九年，社会学工作者队伍的数量和质量，以及社会学学科本身的成熟程度，都还远远不能适应社会的要求。

目前，我们处于变革时代。党的十三大提出了关于社会主义初级阶段的理论，改革和发展成为时代的主题。改革需要社会学，发展也需要社会学，社会的需要是社会学发展的原动力，具有中国特色的社会学也必将在参与实现这场伟大变革的过程中发展和成熟起来。改革本身就是一场革命。随着改革的一步步深入，我国的经济和社会面貌将会发生根本性的变化。我们将从自然经济、半自然经济占很大比重的国家变为商品经济高度发达的国家，将从农业人口占多数的、以手工业劳动为基础的农业社会逐步变为非农业人口占多数的现代社会。随着经济体制改革和经济的发展，整个社会的政治、思想、文化以及人们的价值观念都会发生深刻的变化。在这样一个大变革过程中，10 亿人民、各个阶层如何都能适应潮流，各得其所，各展所长，保持社会的相对稳定，有一个安定团结的良好政治、社会环境？

这是经济改革、经济发展的需要，也是社会进步的需要。目前，我们国家的政治、经济形势是很好的，社会形势也是好的。但是有一些地区，有一些部门和同志，他们把发展生产力这一中心任务作为唯一的目标，单纯追求经济产值的增长，单纯追求经济的发展，而忽略了社会的进步和社会问题的综合治理。现在有些地区的经济指标是上去了，但社会没有同时进步，社会管理很差，社会问题成堆，社会秩序颇乱，社会环境不甚安定，群众的生活质量没有得到相应提高。这显然不符合我们的理想和目标，而且也必然影响经济本身的健康发展。国际上不少发达国家的发展历史表明，"富裕并不等于幸福"。联合国教科文组织的一个中期规划曾指出："经济增长只是发展的一个方面，尽管是一个基本方面，它提供物质福利所必需的产品和劳务手段。但是为了满足每一个人的物质和精神愿望及其创造能力的进一步发展，发展应包罗生活的一切方面。"发展的目标应该是全面的，不仅是生产、收入和消费本身，而且有社会的进步，人与人、人与社会关系的和谐，人与自然之间关系的和谐，应该是经济社会的协调发展，物质文明和精神文明共同进步。

在这场伟大变革的过程中，我们社会学工作者应该投身到变革中去，社会学家的活动场所应该是社会舞台，在实际生活中可以观察到社会变革的各种过程。深入实际，调查研究，探讨改革和发展过程中的社会变迁和各种社会问题，运用社会学的理论和方法。"从总体上研究社会"，分析这些社会问题要站得高一些，看得远一些，想得深一些，提出社会发展的预测和目标，提出解决这些社会问题的方针和对策。社会学应该参与社会变革，以社会学学科独具的特色不断开拓研究领域，为社会主义建设服务，使社会学本身在理论与实践上有重大突破。目前，社会学的一个重大任务，是要着重强调经济、社会协调发展的必要，各种社会问题必须及早预防和综合治理，使人们特别是各级领导干部都要树立经济社会全面发展的观念，促进经济、社会的协调发展和良性运行。

中国的社会学是在党的十一届三中全会以后，中国的经济、社会发展出现了历史性转折，全面改革和发展需要社会科学繁荣的历史背景下，由中央主要负责同志提出要重建和补课的。社会学这门学科一登上社会舞台就参与一系列重大现实问题的调查与研究，如小城镇问题、城乡关系、家庭婚姻、人口控制、青少年犯罪问题、社会结构、社会分层、社会心理、社会发展、生活方式、老龄问题、边区开发问题等等。这些研究取得的重要成果，为国家和各级政府的决策提供了依据和参考。联系实际，进行应用研究，为社会主义建设服务，这是改革和发展的需要，也是社会学具有强大生命力的源泉。今后这种应用研究范围还将扩大，方法要进一步完善，内容要进一步深化，水平要进一步提高。作为一门学科，它成熟的标志有两个：一是要有一支训练有素、具有相当数量的专业队伍；二是要有本学科的基本理论。几年来，社会学工作者对社会学的研究对象，学科的任务，社会学同历史唯物主义、科学社会主义的关系，社会结构，社会运行规律和社会学研究方法等问题进行了卓有成效的探讨和研究，促进了本学科的理论建设。但是，这还是很不够的。今后，我们在加强应用研究的同时，要更加重视社会学的基本理论建设，通过各方面的努力，逐步建立起具有中国特色的社会学理论体系。二战以后，国外社会学理论和方法有了很大发展，特别是计算机的广泛运用，数理统计方法的运用，使许多社会现象可以量化、变成可以操作的研究对象，使社会学的研究方法有了一个质的飞跃。恰在这个社会学理论和方法发展的关键时期，我国的社会学研究中断了。几年来，我们在社会调查中也引进了问卷、抽样、统计、运算等调查方法，有了一定的进展。但是在这方面，正如有的同志所言，我们还只是学到了一些皮毛的东西。问题是两个方面：一是要把这些方法的精华学到手；二是有些要经过改造，使之适应我国的国情。所以，今后我们在加强社会学基础理论建设的同时，也要加强社会学方法的研究。

9 年来，我们已建立了一支社会学科研和教学的专业队伍。对于我们这样一个 10 亿人口的大国，无论是在数量上还是在质量上，都还不能适应社会改革和发展的要求。随着我国整个经济和社会的发展，社会学和社会工作者的队伍应该有一个大的发展。科研和教学水平要进一步提高。目前，还有一个突出问题：社会学发展很不平衡，表现在地区之间、学科之间的发展都是如此。有几个边疆省份还未成立社会学学会和社会学所，在东北、西北、西南三大区还没有 1 所设社会学系或社会学专业的高等学校。这对于这些省份社会学研究工作的开展和专业队伍的形成、提高是很不利的。希望这些地区能积极创造条件，尽早把社会学学会、社会学所、社会学系建立起来。社会学是一门应用性较强的学科，分支学科很多，目前有些分支学科已经有一定发展，但有些主干分支学科还有待开发，如发展社会学、经济社会学、社会心理学和农村社会学等。中国是一个有 10 亿多人口、8 亿多农民的国家。农村的发展与整个国家发展的命运息息相关，为世界所瞩目。农村改革以后，农村发生了历史性的变化，但目前在有些农村，经济发展了，但社会问题突出了。农村第二步改革正在展开，整个农村的经济社会如何协调发展，是迫切需要研究的大课题。希望有更多的、有志于中国农村事业的同志能投入到农村社会学研究中去。我们研究所新近成立了农村社会学研究室，希望得到各地的支持和协助。在队伍建设中，团结协作是极其重要的。团结协作，使我们的社会学重建和发展取得了成功。今后，我们更要大力提倡团结协作，首先要强调专业队伍内部的合作。无论是老专家、老同志，还是中年骨干、青年同志，都各有所长，要取长补短、友爱合作，要兼容并包，要搞五湖四海。另外，还要搞好社会学和其他学科之间的合作，搞好专业队伍与非专业队伍、科研教学人员和党群、民政部门、政府调研部门、统计部门之间的合作，实行跨学科、跨部门、跨地区的大联合，形成一支浩荡的大军，进行社会学研究，促进社会学繁荣，为我们国家的改革和发展大业作出应有的贡献。

我们也希望通过这次学术交流，通过对社会学重建 9 年来的回顾与展望，总结、交流学术成果，推选若干篇优秀学术论文，来参加今年①年底党中央指示召开的纪念党的十一届三中全会 10 周年理论讨论会，并为明年②社会学重建 10 年纪念会作准备。我们希望在这次讨论会上，总结、交流、组织社会学调查研究和科学研究工作的经验，沟通社会学界的联系，广泛开展协作，创造一种健康、活泼的学术气氛，以推动社会学这门学科的建设。

我们衷心祝愿这次盛会开成一次团结的大会，有较高学术水平的大会！

---

① 指 1988 年。——编者注
② 指 1989 年。——编者注

改革和发展需要社会学[*]

中国社会学从 1979 年春开始重建。在党中央和中央领导同志的亲切关怀下，在老一辈社会学家的精心指导和身体力行的带动下，经过社会学界同行们的努力奋斗，9 年来蓬勃发展。

据最近统计，全国已有 35 个省和大中城市成立了社会学学会，大多数省市的社会科学院成立了社会学研究所或社会学研究室等专业机构。全国已有 12 所大学建立了社会学系或社会学专业，有将近 50% 的高校设立了社会学教研室，给文、理、工科的大学生、研究生开设"社会学概论"课；现在全国有 1000 多名社会学专业的研究人员和教学人员，其中有近 200 名正、副研究员或正、副教授；1987 年底，全国在校的社会学专业本科生为 916 人，另外还有近 200 名研究生在攻读社会学硕士和博士学位；1979～1987 年，全国共出版社会学书籍 400 多种，社会学或以社会学为主的丛书 10 种；1987 年全国公开定期出版的社会学杂志有 6 种，不定期出版的有 10 多种；"六五"期间，列入国家社会科学规划的 3 项社会学专业重点课题已经完成，受到了社会的欢迎和好评。例如，由费孝通教授主持的小城镇研究，受到中央领导同志的称赞，在实践中起到很好的作用。从 1986 年开始，有 13 项社会学专业的研究课题被列入"七五"国家社会科学规划，目前正在进行之中，有的已取得初步成果。

目前，我们正处于变革时代。党的十三大提出了关于社会主义初级阶段的理论，改革和发展成为时代的主题。改革需要社会学，发展也需要社会学，社会的需要是社会学发展的原动力。在这场伟大变革的过程中，社会学工作者应该深入实际，调查研究，探讨改革和发展过程中的社会变迁和各种社会问题，运用社会学的理论和方法，从总体上研究社会，分析问

---

* 本文原载《光明日报》1988 年 9 月 29 日第 3 版。——编者注

题，要站得高一些，看得远一些，想得深一些，提出社会发展的预测和目标，提出解决这些社会问题的方针和对策。社会学应该参与社会变革，以社会学学科独具的特色不断开拓研究领域，为社会主义建设服务，使社会学本身在理论与实践上有重大突破。目前，社会学的一个重大任务，是深入研究和宣传经济社会的协调发展，促进经济、社会的良性运行。

一门学科成熟的标志有两个：一是有一支训练有素、具有相当数量的专业队伍；二是有本学科的基本理论。几年来，社会学工作者对社会学的研究对象，学科的任务，社会学同历史唯物主义、科学社会主义的关系，社会结构，社会运行规律和社会学研究方法等问题进行了卓有成效的探讨和研究，促进了本学科的理论建设。但是，这还是很不够的。今后，在加强应用研究的同时，应更加重视社会学的基本理论建设，通过各方面的努力逐步建立起具有中国特色的社会学理论体系。二战以后，国外社会学理论和方法有了很大的发展，特别是计算机和数理统计方法的运用，使许多社会现象成为可以量化、操作的研究对象，使社会学的研究方法有了一个质的飞跃。恰在此时，我国的社会学研究中断了。几年来，我们在社会调查中，也引进了问卷、抽样、统计、运算等调查方法，有了一定的进展。但是在这方面，正如有的同志所言，还只是学到了一些皮毛的东西。问题有两个方面，一是要把这些方法的精华学到手，二是有些要经过改造，使之适应我国国情。所以，今后我们在加强社会学基础理论建设的同时，也要加强社会学方法的研究。

目前，我国社会学发展还很不平衡，这不仅表现在地区之间，而且表现在学科之间。拿社会学各学科之间来说，这几年虽然有些分支学科已经有一定发展，但有些主干分支学科还亟待开发，如发展社会学、经济社会学、社会心理学和农村社会学等。中国是一个 10 亿人口、8 亿农民的国家。农村的发展与整个国家的发展命运息息相关，为世界所瞩目。农村改革以后，农村发生了历史性的变化，但目前有些农村，经济发展了，社会问题突出了。农村第二步改革正在展开，整个农村的经济社会如何协调发展，是迫切需要研究的大课题。

关于社会学重建十年来的发展情况和精神文明建设中的几个问题[*]

讲两个问题：一是社会学重建十年来的发展情况；二是从社会学的角度看当前企业精神文明建设中的几个问题。

一　社会学重建十年来的发展情况

社会学这门学科产生于 19 世纪 50 年代，最初是由欧洲的孔德、斯宾塞等人创立的。19 世纪末传入中国，严复于 1903 年翻译出版了《群学肄言》，当时也是作为"济世良方"介绍到中国，希望对中国改革有一定作用。到 20 世纪 30 年代，中国社会学有了一个较好的发展，涌现了一批社会学家，如吴文藻、许德珩、孙本文、潘光旦、晏阳初、李景汉、陈达、雷洁琼、费孝通、梁漱溟等一批社会学家，他们一面引进西方社会学理论，在大学开讲社会学课程，建立社会学系，一面深入到农村、工厂，进行调查研究，进行实验试点，创办了定县、邹平等改革试点，产生了一批有中国特色的社会学著作。当时的中国社会学在世界上也有一定地位。

全国解放后，由于受苏联影响，我们当时的一些领导人认为社会学主张是改良主义的，而马克思主义认为只有革命才能救中国。他们简单地认为有了历史唯物主义就可以不要社会学。"左"的思想作祟，在全国高等教育、院系改革时，取消了社会学系，1952 年就不再招生。1957 年反右时，把社会学斥为资产阶级伪科学，把相当多的社会学家打成了右派，从此社会学研究在中国中断了 20 多年。

＊　本文源自作者手稿。该文稿系陆学艺 1989 年 4 月 11 日在太湖光学仪器厂的讲话稿。——编者注

1978 年十一届三中全会以来，我们党拨乱反正，重新提出恢复重建社会学。1979 年 3 月 30 日，邓小平提出了社会学要补课的意见。[1] 1979 年，中国社会科学院委托费孝通筹建中国社会学会和社会学研究所，至今整整 10 年。10 年来已经取得了很大成绩。

第一，社会学已经打开了局面，得到了社会的承认。社会学的研究成果受到各级党和政府的重视，被应用到实践工作中去。1980 年开始，第六个五年计划由"经济发展计划"改为"经济和社会发展计划"。国家计委成立社会发展司，统计局成立社会统计司，科委成立社会发展研究中心，民政部成立社会福利和社会进步研究所、社会工作和社会服务研究中心。各省市成立经济社会研究中心。有些大中企业有了社会工作处。社会问题、社会发展被列入了各级党政机关议事日程。社会学的理论和方法被应用来解释和解决各种社会问题，指导经济社会的发展。

第二，社会学的科研、教学研究机构纷纷建立，发展很快。现在全国已有 12 所高等学校开设了社会学系和社会学专业，有两个博士点和 20 多个硕士点。除了中国社会科学院的社会学研究所，全国已经有 20 个省市建立了社会学研究所，已经有近 10 多个中等城市建立了社会学研究所。在党校和多个理工农医类院校建立了社会学教研室。现在全国已有 1100 多名专任的社会学教师和研究人员。其中研究员、副研究员、教授、副教授有 200 多名。全国已经毕业的社会学本科生有 200 多名，在校本科生 900 多名，在学的硕士、博士生 200 多名，在国外攻读社会学博士学位的有 150 名。这里要着重提一下的是中国社会学函授大学，1984 年创办以来，第一期有 2 万多学员已经毕业，第二期近 2 万名，这些学员都是各实际部门中的工作者和业务骨干，学以致用，发挥了很好的作用。

第三，1979 年 3 月，全国成立了中国社会学会，各省市也相继成立了社会学会。现在包括中等城市的社会学会已经有 35 个。无锡市也在 1987 年 4 月 7 日成立了市社会学会。中国社会学会因是采取团体会员制，所以不清楚现在全国有多少会员。最近我去上海得知，上海社会学会有青年、老年、法律、产业社会学等 12 个分支学会，有 380 名会员。无锡市社会学学会有 105 名个人会员和 10 个团体会员。所以全国社会学会大约有 5000～6000 名会员。

社会学会开展了各方面的学术交流，组织会员进行学术研究，团结社

---

[1]　参见《邓小平文选》（1975～1982 年），北京：人民出版社，1983 年 7 月，第 167 页。

会各界力量探讨各方面的社会调查和研究，做了很多工作。我来无锡看了社会学会的一些论文，都是厂长、书记和业务骨干，应用社会学的原理，结合本单位的实际写的，有理论、有观点、有材料，很有水平。

社会学会同社会学研究所开展了社会学的对外国际学术交流，同美国、苏联、日本、德国、法国、澳大利亚等各国的社会学家建立了联系，互相访问、讲学、交换资料。同日本、美国、西德开展了合作与研究。日本友好人士还专门组织了一个日中社会学会，福武直为顾问，青井和夫为会长，有近百名会员，这次回南方就是陪这个团来的。明年①我们将参加在西班牙召开的国际社会学年会。

第四，十年来社会学工作者开展了大量的社会调查和各方面的学术研究工作。主要是两个大的方面：一是大量对重大实际问题的研究，如小城镇大问题、社会变迁与社会阶层、婚姻家庭问题、青少年犯罪问题、老年问题、农村发展问题、物价和群众心理问题、大中型企业职工的积极性问题、城市社区管理问题、企业文化问题，等等；二是社会学自身建设，社会学的理论、方法、历史的研究，社会学的研究对象、任务，社会学同历史唯物主义、同科学社会主义的关系等方面的研究，使社会学这门学科的专业建设大大提高了。

社会学十年来出版了各种专著和译著近千种。创办了 6 种公开出版的社会学专业学术刊物（北京的《社会学研究》《社会学与社会调查》，上海的《社会》，辽宁的《社会问题研究》，等等），还有 10 多种内部刊物。每年发表各类社会学文章上千篇，国内国外反映都很好。社会学书籍成为畅销书，社会学专业报考的人很多，社会学毕业生分配没问题，形成了全国的社会学热。

这些成绩的取得，一方面主要是因为社会的需要，党和政府的重视。社会经济发展到现在这个水平，需要应用社会学的理论、研究内容，解决现实问题。另外，社会学重建的方针得当，一开始费孝通等就提出了要建立以马列主义、毛泽东思想为指导的，密切结合中国的实际、为社会主义服务的有中国特色的社会学。一开始就开展了小城镇大问题的研究，很快打开了局面（而不是简单的恢复，坐而论道，闭门造车，搞经院式的社会学）。另一方面，也是老一辈社会学家身体力行，和中青年社会学工作者，以及各方面的人士支持和共同努力的结果。

---

① 指 1990 年。——编者注

但社会学毕竟重建只有十年，无论从数量质量，从理论本身和联系实际解决问题这些方面看，都还很不适应。同哲学、经济学、法学等学科比，同美国、苏联、欧洲等许多国家的社会学同行比，社会学还有待于继续提高和发展。苏联社会学学会有会员 2 万人，苏联最高智囊团中有一名就是社会学家，苏联的大中型企业事业单位都设有"社会发展处"，负责调查研究群众的各种动向、价值取向和如何在发展社会民主、社会正义中发挥作用。美国有 200 多所大学设有社会学系，全国有数十个社会工作学院，全国有数以万计的社会工作者。相比之下，我们的社会学还仅仅是起步。

今年①是社会学恢复重建十周年，中国社会学会、社会学研究所和教委系统的社会学系，正在筹备在 11 月开一次大型的学术研讨会。讨论的主题是：改革中的中国社会和发展成长中的中国社会学。目前正在征集论文，通过这个活动推动社会学的研究工作。目前我们也正在酝酿制定第八个五年计划的重点研究课题，主要是两方面：一是当前四化建设中迫切提出的一些重大社会问题研究；二是社会学基本理论和方法的研究，以及诸如社会心理学、农村社会学、产业社会学、科学社会学、军事社会学等重大分支学科的研究，以增强社会学的自身建设。

二　现阶段社会学在企业政治思想工作和精神文明建设中的应用

这是个很大的课题。精神文明建设是我们根据中国"四化"建设的需要特点提出来的，它的根本任务是要培养有理想、有道德、有文化、有纪律的社会主义新人，提高中华民族的思想道德素质和科学文化素质。马克思主义的社会学同哲学、经济学一样，一方面，社会学的普及和发展是精神文明建设的一个重要内容，另一方面，社会学是从总体上研究社会的一门学科，社会学的理论和方法在各方面的广泛应用，必将推动精神文明建设。过去苏联和新中国成立初期，认为历史唯物主义就是社会学，从而得出了取消社会学的结论，实践证明是错误的。历史唯物主义不能取代社会学。社会学有它自己的研究对象、研究任务、研究方法。观察社会也是从总体上研究社会，研究社会结构、社会功能、社会组织、社会运行、社会变迁和发展，研究各种社会现象和社会问题，例如婚姻家庭问题、老年问

---

① 指 1989 年，本文下同。——编者注

题、犯罪问题、自杀问题、娼妓问题、人口问题、人口迁移和流动问题、社区建设问题、社会心理问题，等等，从而形成了一整套社会学的理论和研究方法。历史唯物主义是历史哲学，它是马克思主义理论的组成部分，而社会学则偏重于应用。

社会学理论和方法的学习和应用，可以增强人们对于社会发展的管理预测，自觉地来分析许多实际问题，这对于加强企业的政治思想工作，对于精神文明建设，有巨大作用。作为一个社会学工作者，得知无锡市的不少企业都组织了社会学小组，有不少领导干部学习社会学、应用社会学，我是很高兴的。

今天因时间关系，只就几个社会学的基本理论和方法问题，结合企业的思想政治工作和精神文明建设中的问题谈谈自己的看法。

（一）大气候和小气候的关系。前面说过社会学是从总体上来研究社会的。把一个国家中的11亿人看作一个整体，社会是一个大的系统。而这个大社会是由许多个小社会（社区）组成的，小社会的形势，是由大社会形势决定的。大气候好，小气候也好；大气候有了问题，小气候就有问题。中国太大了，小社会很难影响大气候，但是因为有些大企业、有些农村是一个五脏俱全的社会组织，社会功能齐全的小社会，如果领导得力，政策和方法得当，群众齐心，也会在大气候不太好的时候，创造较好的小气候（这样的例子很多），甚至这些小气候创造的经验，推广发展起来，最后影响大气候的改善。

我们的改革是从1978年十一届三中全会开始的，是从农村改革开始的。这个改革是成功的，取得了举世瞩目的成就。农业生产连年大发展，粮食从6095亿斤增长到8142亿斤，棉花从4334万担增长到12516万担，其他农副产品也大大增长，成了粮食出口国，为整个改革奠定了雄厚的物质基础和思想基础。

但是，我认为我们在好形势面前过于乐观了，对农村改革估计过好，对农业形势估计过好，对农民富裕程度估计过高。不谨慎了，提出了高消费，提出了超前消费，更加要害的是工业改革并没有取得像农村改革那样预期的效果，工人还是不好好干，工业的效益并不高，质量并不高。加快工业步伐，就是扩大外延，拉长基本建设战线，大上楼堂馆所，进口小汽车，进口彩电、冰箱，全国高消费的浪潮掀起来了。但工业效益并不好。主要靠农业，结果是加重农民负担，再加上一些农村政策的失当，例如粮棉限产降价。许了许多愿给群众，而改革的困难挫折一面讲的少。

1985 年农业大减产，粮棉下来了。由于去库存，当时没有警觉，还是继续大上工业，大上项目。工业农业之比应是 2：1，1986～1988 年，逐步发展到 3：1、4：1，最后造成农产品短缺，物价轮番上涨。根子主要是农民支撑不起了，食品涨价，副食品涨价，工业品涨价，1985 年以后物价飞涨，物资短缺，中间倒卖的人就增多，从中渔利。官倒、私倒、大倒、小倒成风，物价更加抗不住，人民群众意见就大了。我们调查过，如果物价上涨 3%，80% 的人是能接受的；如果上涨 5%～6%，甚至 10% 以上，80% 的人就有意见了。社会学上把物价上涨加失业率叫作"痛苦指数"，"痛苦指数"到 15% 以上就忍受不了了，我们 1985 年达到 24%，超过了不少资本主义国家。

在这个时候，应该治理整顿，但我们又不恰当地提出了物价改革，引起群众的恐慌，出现了全国性的抢购风潮，群众对涨价忍受不了，投了不信任票。

中央还是比较及时的，1988 年 9 月开了三中全会，提出了治理整顿经济秩序，又是一次调整。力求把物价降下来，许诺 1989 年物价上涨幅度要明显低于 1988 年的 18.5%。抓得及时，现在有了成效。我看如果今年小麦丰收，问题不会很大。

这次问题，主要是两个。第一是农村政策失当，改革后，有点盲目乐观，措施不当，以致出现了农民生产积极性下降。农业出现了徘徊，农民意见很大。农业徘徊了，物价就压不住。第二是工业企业改革还没有上路。工人的劳动积极性并没有真正调动起来，工业效益并不好，成本降不下来，利润上不去。亏损企业很多，工业内部也失调。加工工业战线过长，能源原材料等基础工业未增长。根本还是急于求成，想快一点，结果是欲速则不达。

当然，我们也不要把问题估计得过于严重。大报上的大好形势信不过。但小报上，小道消息说的那么严重，也不可信。就农业来说，有人担心会不会像 1960 年，吃不上饭。这是不会的，只要不收农民的田，不搞 1958 年那样的大锅饭，就不会再来。因为田在农民手里，农民知道人民政府不给农民发粮票，农民会千方百计把口粮种出来，8.8 亿农民有了饭吃，中国的大局就定了。8000 亿斤是平均年产量，年景好些 8000 亿斤多一点，年景不好也是 7800 亿斤～7900 亿斤，大滑坡是不会了。更何况我们现在的家底厚了，有 6000 万吨钢，10 亿吨煤，上万亿元的工业产值，只要按照已定的整顿的方针去执行，这次的困难是可以克服的。麦收有个中等收成，大局就稳定了。

调整的方针晚了一年多，问题多了一些。但现在也不大晚。中国的经济是条子经济，现在困难了，条子多了，大局严峻，上下知道了，领导人不会再像前几年批条子了，大项目会减下来，治理是有希望的。要过几年紧日子，但会好起来，应该有这个信心，这是大局。也就是近几年的大气候。

在这样的大气候条件下，小气候不会好，企业的日子是难过的，资金困难，原材料困难，能源困难；短期内工资涨不了，奖金多不了，物价还要涨一点，群众的意见很大，工作难做，领导难当，这是事实。但就是这样的大气候，各个企业还要努力根据自己的特点，努力改善小气候，利用这样的时机，自觉地进行完善整顿，为今后的提高和发展准备条件。如果有条件利用这个机会，进行深化改革，创造出真正能够调动工人和技术员的积极性，提高劳动生产率，有好的经济效益，群众又有民主和实惠的办法来。这样这个小气候就好了，而且会迅速推广开来，最终改善大气候。经验都是从地方创造的，小气候可以发展成大气候。

（二）应用社会学关于社会分层的理论，对每个职工家庭进行调查研究，分清不同的层次，根据他们各自不同的要求，采取不同的政策，分类指导，区别对待，满足他们的不同要求，调动一切积极因素，在办好本企业、实现四化的目标下团结起来，共同奋斗。

社会学认为社会是一个有机的整体，是由不同的利益群体、利益集团组成的，社会应该采取不同的政策，满足他们的不同要求，使之统一在一个社会有机体内。

马克思主义认为社会是由阶级组成的，有阶级社会以后的历史，就是阶级斗争的历史。但是社会主义社会应怎么划分阶级，理论上并没有解决。苏联认为社会主义社会是由工人阶级、农民阶级和一个知识分子阶层组成的。我们有一段曾经沿用苏联的说法。但1962年以后仍然以阶级斗争为纲，而所谓阶级还是原来的地主、富农、中农、贫下中农，城市则沿用无产阶级和资产阶级。后来又提出了新资产阶级的概念，一直强调阶级斗争是无产阶级和资产阶级斗争的问题。

1978年三中全会批评了这种"左"的理论，停止执行以阶级斗争为纲的路线，明确强调了党的工作重心转移到以经济建设为中心的轨道上来，这无疑是完全正确的。

但是10年来的实践表明，学术意义上的阶级虽然消灭了，但是由于各种原因社会还是分化了，分成不同的利益群体、利益集团，他们有着不同的要求，国家采取一个政策，对着 11 亿人，常常顾此失彼，而不能得到应有的效果。看来在整个四化建设中，开放改革中，也有一个依靠谁，团结谁的问题。都依靠，就靠不住。一个工厂企业也有这个问题。

拿农村来说，8.8 亿人，这么大一个群体，占世界 1/6。用"农民"两个字概括，用一个政策去对待，所以往往落实不下去，起不了应有的作用。1982 年、1983 年、1984 年，三个一号文件下去，全国家喻户晓，欢呼拥护，为什么？原来在人民公社体制下，都在一个锅里吃大锅饭，8 亿农民用"社员"两个字就概括了。1982 年、1983 年、1984 年一号文件都是讲包产到户的，解决土地承包问题（那是农民渴求土地，渴求自主权），所以农民都拥护。后来农民已经分化了，你再用一个文件，一个政策，当然就不那么拥护了。

1982 年一号文件说，包产到户是社会主义的生产责任制的一种形式，农民称之为"顺气丸"。1983 年一号文件说，包产到户是农民群众的伟大创造，是马列主义合作理论的新发展，农民称之为"大力丸"。1984 年一号文件，针对农民怕变的心理，指出这是个长期政策，15 年不变，农民称之为"定心丸"。1985 年以后情况不同了，但文件还是不做区别。所以农民称1985 年一号文件是"跌打丸"，1986 年的一号文件是"樟脑丸"。

农村开放改革以后，农民确实变了，可以说现在中国最富的人在农村，有千万元户、百万元户、几十万元户、万元户以上的大约是 12‰，这是少数。1988 年统计，全国雇用 8 人以上的有 22.5 万户，其中大部分在农村。最穷的也在农村。

据我们的调查分析，农村至少可以分为五个阶层：（1）农民阶层；（2）管理者阶层（包括乡以下，居民小组以上的干部）；（3）乡镇企业工人阶层；（4）农村知识分子阶层；（5）私营企业主和专业生产阶层。农民中还可以分专业纯农户、第一兼业农户和第二兼业农户。对于这 5 个阶层，他们的经济利益要求不同，就应采取不同的经济、政治和社会的政策。

对于城市也应有一个正确的划分。现在我国工人阶级大约是 1 亿多人。在同一个总工会内，差别也是很大的，应该加以分层。

对于一个像你们的企业来说，2000 余名职工，有 1400～1500 个家庭，我们的政工干部，可以用社会学的调查分析方法，从各个不同的侧面加以分层。（1）从经济地位分：富裕家庭、中等家庭、困难家庭。（2）从在工厂生产过程中的地位分：厂级领导、中层干部、科室干部、专业工人、勤杂工人；或管理者阶层、操作阶层。（3）从政治态度分：党员、团员、群众；或先进、中间、后进。（4）从年龄划分：老年、中年、青年。（5）从家庭类型分：核心家庭（两职工和子女）、直系传统家庭（三代）、联合家庭、单身家庭、不完全家庭。（6）从文化类型分：研究生、本科或大专、高中、初中、小学、文盲。

我看，就企业来说，第二种划分最重要了。可以看出一个企业里实际参加产供销第一线的干部和职工有多少，所占的比例，他们的经济状况，他们有些什么问题。这部分是工厂的主体劳动者，他们的工作情况如何直接决定着工厂的兴衰，产品的数量和质量，产品的销售好坏。

就我所知，若干年来，我们各条战线上主体劳动者的政治经济利益没有得到应有的保护和照顾，而非主体劳动者队伍越来越大，得利也比主体劳动者好，这也是我们各项工作、生产上不去的一个原因。如学校是教员，如研究设计单位是研究人员，如商店是采购和售货员，如出版单位是编辑和记者。农村改革使种田农民得到了自主权和实惠，调动了这部分农村主体劳动者的积极性，从而使农村的生产发展起来了。而原来劳动力都跑光了，只剩下"993861"部队。

应用社会分层的办法，做点调查分析工作，在此基础上，采取一些对策，这样，有些工作是可以做好的。

（三）要树立经济社会协调发展的观点，也就是我们通常说的物质文明和精神文明一起抓。在社会主义时期，物质文明为精神文明的发展提供物质条件和实践经验，精神文明可为物质文明的发展提供精神武器和智力支持，为它的正确发展提供有力的思想保障。

社会学认为，社会的进步不仅是经济的发展、经济的增长，而是整个社会的经济、政治、文化、教育、科学、道德共同进步，人的素质的普遍提高，社会文明程度的提高。社会进步程度，是经济、社会、政治、思想、文化各方面指标的综合进步。

前两年讨论生产力标准问题时，有些文章的观点是不对的。在社会主义初级阶段，发展生产力是中心任务，生产力发展与否是评判工作的主要标准。但有些文章说生产力标准是唯一标准，这就不对了。发展生产力、发展经济是我们的重要任务、中心任务，但不是唯一标准。如果那样，美国、日本就是最进步的社会，科威特也是最进步的社会，伊朗在20世纪50~70年代，经济发展很快，也是当时最进步的社会。事实不然，伊朗、科威特不用说，他们甚至说不上是现代化的社会，尽管他们有许多现代化的设施，但他们的文化、科学、道德、风貌，许多还是前资本主义的，所以伊朗霍梅尼一上台，又回到宗教占统治地位的社会。就是美国和日本，经济是发展了，但由于存在种种社会问题，也还是不得安宁，美国的社会学家指出，富裕并不等于幸福。要求经济、社会协调发展，同时进步（有人说，他有许多房子，但没有一个家，同许多人同居过，但没有一个爱人）。

我们前些年有些地区和企业把发展经济看成唯一的任务，没有把社会发展、社会进步放到应有的地位。今天就无锡农村来说，经济确实发展了，96 亿元产值，全国第一县，农民也确实富了，但是社会没有同时进步，道德风貌、文明程度不高。就社会风气来说，吃喝嫖赌相当严重，各种犯罪率上升，行贿受贿，甚至有绑票案发生，群众议论纷纷，意见甚多。比以前不是少了，而是更多了。就社会文化教育来说，没有得到应有的发展。农村面貌很杂乱，我去过几个村，每家每户的楼房建起来了，越造越好，但村里的道路坑坑洼洼，到处是垃圾，几乎没有公共设施，环境污染，河流从绿色到酱色，再到黑色，都变臭河了。

所以，一些国外的社会学家说，你们要吸取我们的教训，要经济社会一起协调发展，不要等社会问题严重了，再反过来治理，这正像一个人吃得过胖了，再减肥，损失就大了。

作为一个企业来说，在抓生产建设、生产发展的同时，也要抓好本企业的精神文明建设，要抓好本企业的人才培养，做好政治思想工作，提高人的素质，树立本企业、各行各业的职业道德，创造本企业的企业精神、企业文化。人与人之间关系融洽，厂容厂貌较好，这样你这个企业才有后劲，才前途无量。

（四）最后讲一讲，引入社会学、社会心理学理论和方法，做好企业的政治思想工作。改革开放 10 年以来成绩很大，要说失误的话，我觉得放松了政治思想工作，放松了党团组织保证作用，放松了提倡党员干部的模范带头作用，这是一个很大的失误。这件事主要不是下面的责任，是指导思想上有了问题，这样的问题有普遍性。有一个时期，政治思想工作队伍也涣散了，一些同志下海了，一些人组织生活也不过了，党员会议不开了，党员的模范带头作用也取消了。

实践证明，这是种失误。甚至连资本主义国家的企业，都做思想政治工作，我们的社会主义企业，怎么能放弃这个好传统呢？我们的改革是改革那些不适应生产力发展、不适应社会进步的东西，而不是否定一切。我们有些好的传统还是要继承、要发扬。最近中央重新强调了思想政治教育工作的重要，有了一系列部署。我在这里说的是，思想政治工作的传统要继承和发扬，但有些做法要改进，在新形势下，要采用新的方法，包括引进社会学的理论和方法。

例如，可以用国外社会学常用的民意测验的方法，发放调查问卷的方法，了解群众对一些厂内外重大问题的看法，了解他们的思想动向，听取他们的意见，改进自己的工作，这也是发扬民主的一种方法。另外了解了下情，做思想政治工作就有针对性，道理就能讲透，群众就容易接受。

现在有种说法，形势讲不清，大道理说不清，小道理说不透，干部难当，思想工作难做。这个问题，主要也是因为我们的改革是在指导思想、理论准备不足的情况下进行的，一面改革，一面总结。同时也存在着一些失误，如1988年，中央四个季度就有四个大的政策变化：（1）深化改革，稳定经济；（2）大进大出，国际循环；（3）物价改革，冒险闯关；（4）治理经济环境，整顿经济秩序。四季唱了四个调，下面当然就难跟了，形势就不好讲清了。对此李鹏同志在政治工作报告里已经检讨了。我想今后会好些。

上情通了（现在公布全国数字了），下情摸清了，形势就能讲得清了。形势报告还是要经常讲的，这是鼓励职工、激发职工积极性的一个好形式。

另外，现在的青年，不同于20世纪50～60年代，其中的一个特点是逆反心理，你说东，他偏要西，要根据他们的特点做工作，你们厂胡德明写的关于对青年逆反心理的几点认识，我看是讲的很有道理，他的几条建议也是好的。

现在不论青年、中年，干部、群众，大家意见很多，怨气很大，有的是对社会的，对上面，对物价，对不正之风，有的是对本厂的。可以用减压阀的作用，让群众在一定的场合讲出来，使他们有宣泄的机会，再因势利导，做思想工作。国外的一些企业，根据社会心理学的原理，在厂内设一个宣泄室，在那里挂着厂长、车间主任的橡皮人，一些青年有意见，下了班，可以到这里去，拳打脚踢橡皮人，发泄了，明天来还是好好干。日本东京有个小区，你到那里去了可以随便穿什么、戴什么，可以吃，可以谈，不受干涉，这也是一种发泄的方式。

总之，可以采取多种形式，把思想政治工作做活、做好，真正起到团结群众，调动一切积极因素，共同办好企业的作用。大家学习社会学，应用社会学，调节好人与人的关系，搞成一个生产发展、文明融洽的集体。

社会学所 "八五" 规划基本设想[*]

一 对社会学所学科发展的基本估计

（一）自社会学所成立以来，在学科发展方面取得了一定的成绩

（1）组建了一支 100 余人的科研队伍；

（2）开展了一批科研项目，其中有些具有一定的学术影响和社会效益；

（3）建立了研究生院和职工的队伍，形成了在国内外社会学界具有一定影响的学术机构，培养了社会学专门人才；

（4）建立了与国外社会学界的广泛联系；

（5）广泛团结社会学界，协助中国社会学会推进社会学的科研工作和机构建设。

总的估计是：在社会学恢复重建的头一个十年里，"戏台" 业已基本搭建起来，可以说是初具规模。这就为整个学科在 "八五" 期间的进一步发展奠定了必要的基础。

（二）但也毋庸讳言，社会学学科还存在一些严重的不足

（1）学科发展的不规范性，在理论建设和经验研究两方面都有待提高；

（2）从业人员的学术素质参差不齐，总体来看不是很高；

（3）研究项目缺乏整体规划，累积性不强；

（4）对重大的社会问题不够敏感，参与社会实践的程度不高。

---

[*] 本文源自作者修改的打印稿和手稿。原稿写于 1990 年，系作者为中国社会科学院社会学研究所 "八五" 规划撰写的提纲。——编者注

考虑到上述情况，所拟定的社会学所"八五"期间总的指导方针是：继续贯彻以马克思主义为指导、重视理论研究、加强应用研究的既定办所方针，把科研项目的开展与科研队伍的建设有机结合起来，力争使社会学所乃至整个社会学学科在今后5年内有一个较大幅度的进步。

二 "八五"设想

在"八五"期间，拟设定一个基本的宏观背景，以之作为整合全所各个分支学科研究成果的主线：搞好以理论研究（含史、论、法）为一翼，以主干性分支经验研究（工、农、城市）为另一翼的学科建设。扶植家庭社会学和社会问题两个领域的研究。同时，重点培养一批年富力强、学术造诣较高、品行端正的学术带头人，从而初步形成比较合理的基本学术格局。

（一）关于"转型社会"的宏观背景

自20世纪初期以来，尤其是近10年以来，中国社会即处于从传统型向现代型转变的过程之中，这一过程目前仍在继续。充分体认中国社会转型时期在政治、文化、经济和社会方面的诸特征，并以之作为整合各个分支学科研究成果的宏观背景，确属十分必要。拟将研究转型社会的意识贯通到各个经验研究中去，使各个经验研究项目自觉围绕这个轴心开展，在此背景之下关联起来。

（二）关于理论研究

1. 继续办好理论研究室，深入开展马克思主义的社会学理论研究

拟于"八五"期间做到：

（1）调整研究室构成，调进几个业务骨干，培养学科带头人，形成一支马克思主义的理论研究队伍。

（2）今后5年，拟着眼于研究马克思社会理论中有关社会学基本范畴的思想，尝试解决在社会学乃至整个社会科学中长期以来两两对立、互不相容的关系，包括：作为方法论的个体主义和集体主义；对于社会的过程分析和结构分析；社会研究方法论中的人本主义和科学主义；等等。通过对这些问题的研究，力图构建马克思主义的宏观方法论范式。

2. 重新筹建国外社会学研究室，积极开展社会学思想史的学术研究

（1）组建一支以西方社会学思想史为研究对象的学科队伍。

（2）在西方社会学思想史方面，当前要立足于研究现代西方社会学的主要流派，把握其基本走向及其可能对社会学方法论所产生的影响。今后 5 年拟主要研究以下流派：以亚历山大为主要代表的新功能主义；法国后结构主义文化理论及解释学；沃勒斯坦的世界体系理论；艾森斯塔德和施卢赫特的新韦伯学；哈贝马斯及其沟通行动理论。通过研究形成对当代社会学理论基本脉络的看法，然后进一步向回追溯，逐步拓展至古典社会学理论。

3. 积极开展社会学方法论研究，筹建社会调查中心

（1）组建社会调查中心（室），逐步形成一支包括社会统计专家、抽样专家在内的社会调查专家队伍，承担起社会调查方法论的研究任务和本所各个课题组问卷设计的技术审查任务。

（2）今后 5 年，拟着重从事下列研究任务：《中国当代社会发展综合研究》（社会发展白皮书）的定期研究报告；本所数据库的建设任务。

（三）关于主干性经验研究

1. 组建工业社会学研究室，开展工业社会学研究

（1）要形成一支工业社会学的研究队伍，以适应当前社会发展的需要，弥补本所骨干学科的缺门。

（2）拟首先开展下列课题的研究：中国乡镇企业的历史及其现状；中国的工业化与社会变迁。通过这些研究，力图在实证研究的基础上，对中国的工业化道路做出理论概括，探讨工业组织的内部构成及其对中国社会转型的影响，最终形成中国自己的工业社会学体系。

2. 继续办好农村社会学研究室，开展农村社会学研究

（1）主要吸收具有博士学位、年富力强、学术造诣较高的研究人员，充实到该室中去，力争尽快形成一支有实力的农村社会学研究队伍。

（2）今后 5 年，开展下列课题的研究：当代中国农村的社会结构研究；乡、县两级社会、行政管理研究；选择若干具有代表性的乡村聚落，开展对村的研究。

（3）继续办好陵县调查基地。

（4）同国务院经济技术社会发展研究中心等单位一起，积极办好"县长研究会"。

通过对这些课题的研究，逐步将农村社会学研究室建设成本所重点研究室，成为全国社会学界农村社会学研究的主导单位。

3. 继续办好城市社会学研究室，开展城市社区研究

（1）在原有基础上适当吸收必要的新成员，逐步发展成一支有实力的研究队伍；

（2）今后5年，拟开展下列研究项目：继续开展城市社区的分化、冲突与整合的研究；中国的城市化道路研究；城市社会组织研究。

（四）关于两个重要的分支学科

1. 社会问题研究

（1）以青年问题研究史为基本力量，组建一支比较精干的研究青年和社会问题的专业队伍。

（2）今后5年拟开展如下几方面的研究：继续发挥原有优势，开展异常行为社会学（主要集中在青少年犯罪学方面）研究；开展社会运动或集体行为研究；逐步进行其他社会问题的研究。

2. 关于家庭社会学的研究

（1）就家庭社会学研究室现状而言，尚缺少1～2个强有力的学科带头人，亟待予以配齐。

（2）考虑到家庭社会学研究室的现状，近年内，不宜开展大规模研究课题。拟在今后5年内适当进行小规模的课题研究，而且重点放置在重新整理、开发过去10年内积累的数据资料上，为新的发展奠定基础。

（五）关于社会心理学研究室

1. 按照院规划，要把社会心理学作为重点学科发展。考虑到这种情况，社会心理学研究室在"八五"期间的发展规划，既应考虑与整个社会学学科的协调和适应，又应从将来作为一个独立研究单位的前景着眼。

2. 就社会心理学研究室当前的现状而言，在今后5年内拟做好一些基础性的工作，为今后的大发展打下基础：

（1）抓紧队伍建设，在今后5年，要在理论、方法论和实际应用等方面，逐步培养出一批未来的学科带头人。

（2）今后5年，拟进行的课题研究是：社会心理学的理论与方法论，及其中国化问题；实验社会心理学方面的研究；关于人际关系的研究；工业心理学、犯罪社会心理学的研究。

3. 争取院领导的大力支持，积极筹办社会心理学实验室。

（六）关于《社会学研究》和《国外社会学》杂志

5 年来，经过编辑部同志的努力和多方面的支持，《社会学研究》和《国外社会学》已拥有了一批读者和作者队伍，成为在社会学界有一定影响的学术刊物，在社会学学科建设中起了较好的作用。今后要继续努力，进一步把两个刊物办好。

（1）坚持以马列主义、毛泽东思想为指导，贯彻双百方针，为"四化"建设服务，为社会学学科的发展和繁荣服务。

（2）继续扩大刊物的作者和读者队伍，有计划、有目的地培养发展作者队伍，扩大稿源，提高刊物质量。要想方设法增加发行量，扭转近几年发行量太少的局面，扩大社会影响。

（3）在办好刊物的前提下，进行有关课题研究，以提高编辑人员的素质，同时这也是提高刊物质量的一个方面。

（4）在"八五"期间，两个刊物将分别组建编委会和编辑队伍，加强刊物同社会特别是社会学界的联系。

（七）关于增建几个研究室的问题

为了贯彻党中央、国务院关于社会科学要为两个文明建设服务、要为"四化"建设主战场提供有价值的科研成果的精神，社会学应在实现第二个战略目标的过程中做出应有的贡献，同时使社会学学科本身的发展能迈进一步。要完成这样庄重的任务，社会学研究所必须加强自身的政治思想建设、组织建设和学科建设。初步设想在"八五"期间，除了做好各项工作，办好已有的科室外，拟积极准备条件，逐步建以下几个研究室。

（1）工业社会学研究室

（2）社会调查中心

这两个室的设想前面已有叙述。

（3）社会保障和社会工作研究室

随着经济体制改革的深入，社会改革必然要逐步展开。近几年党和国家关于社会保障体制改革的问题已多次提出，被列为"八五"和今后 10 年改革的一个重点。民政部有关司局同我们多次会商，希望开展社会保障和社会工作的合作研究，我们有几位学者开展了这方面的调查与研究。目前应继续积聚力量，待条件成熟，在"八五"期间，新建社会保障和社会工作研究室。

（4）文化人类学研究室

文化人类学在国外是独立于社会学之外的一门较大的学科。由于各种原因，国内至今未得到应有的发展，只有中山大学和厦门大学有人类学专业。我所和所外几个同志已多次建议要建立文化人类学研究室，开展社会实地调查和研究，实在也有这个必要。

"八五"期间，能逐步把这几个研究室建立起来，对于社会学学科和社会学研究所的发展，都是有益的。但考虑到我们研究所刚刚新建，编制只有 96 人，几个老的研究室还需要充实和加强，所以希望院领导能重点支持社会学研究所的发展，能在"八五"期间给我所增加 20～30 人编制，到 2000 年能达到 150 人的规模。1988 年在确定我所业务人员高研职称比例时，我所只有 32% 的高研。近几年，特别是到"八五"期间，我所 20 世纪 80 年代中期调进的一大批硕士生、博士生，经过实践和锻炼，都逐步成长起来了，在学术上做出了贡献，成为本所的业务骨干，所以希望院领导能考虑我所的实际情况，使我们所在"八五"期间，业务人员的高研职称比例，达到全院平均数（40%）的水平。

三　关于人才培养问题

今后 5～10 年，社会学研究所能否为国家和"四化"建设的主战场提供有价值的科研成果，使本所的各项工作取得长足的发展，促进整个社会学学科的发展，关键取决于能否造就一支坚持马克思主义、学有专长、理论联系实际的人才队伍。所以，今后若干年所里重要的任务是要聚集人才、培养人才。拟从以下几个方面开展工作。

1. 采取各种方式，提高本所现有人员的政治素质和学术素质。

（1）全所人员都要加强马克思主义基本理论的学习，5 年内每个业务人员都要结合本人从事的学科，精读 3～5 本马克思主义的经典著作。要逐渐形成学习和考核的制度，以提高马克思主义基本理论素养。

（2）从事理论研究的人员，至少要系统深入地掌握一两个社会流派的基本理论和发展趋向，成为本领域的专家；从事应用研究的人员，要精通本专业的理论和历史，要十分熟悉这方面的国情，并努力使本专业中国化，创造出有中国特色的农村社会学、工业社会学、家庭社会学等。

（3）要坚持理论联系实际的传统。"八五"期间要办好农村、工厂和街道 3 个调查基地。新研究人员每年至少有 1～2 个月的社会调查活动，真正深入农村、厂矿、基层，掌握并熟悉社会变迁和社会发展的真实情况。

（4）加强社会调查方法和现代调查技术的训练。"八五"期间，拟通过举办培训班等方式，使全所 2/3 以上的业务人员都能比较系统地掌握和运用国际通用的 SPSS 软件程序，能上计算机操作。

（5）要有计划地加强对科研人员的外语培训，使大多数业务人员掌握 1～2 门外语。本所要逐步配齐英、日、法、德、俄等主要语种的专业人才。

2. 要积极创造条件，有计划地物色人选，调进若干业务骨干，壮大本所的科研队伍，使之有发展的后劲。今后调进人员主要应从国外深造回国和国内培养的博士毕业生中挑选。

3. 办好研究生院的社会学系，培养好本专业的硕士和博士研究生，作为本所今后选拔人才的主要来源。

通过与国外社会学界的学术合作，及时地引进当代新型的研究技术。

4. 争取引进流动机制，使不适合从事科研工作的人员向其他单位流动。

四　办好图书资料室与科研设备更新问题

我所的图书资料室已初具规模，但还有很多工作要做。今后 5～10 年内，要积极创造条件，使藏书能扩大到 8 万册以上，使资料室能及时整理出社会学各学科门类齐全的资料，内部管理科学有序，使我们的图书资料室成为全国第一流的社会学专业图书资料中心。

争取在"八五"期间建成我所的计算机主机房，使各个从事应用研究的研究室都配备一台终端。

利用声像手段，使一部分科研成果能转拍成录像片，发挥科研成果的社会效益，使社会学的研究成果能较广泛地传播到群众中去，在社会主义"四化"建设中起到应有的作用。

社会学研究所要继续做好
"补课"工作*

尊敬的各位领导、各位来宾，朋友和同志们：

1979 年 3 月 16 日，胡乔木同志在全国哲学社会科学规划会议筹备处召开的社会学座谈会上，正式提出中国社会科学院要成立社会学研究所。3 月 18 日，中国社会学研究会成立，在第一次理事会上，与会理事一致拥护在中国社会科学院设立社会学研究所的决定，从此开始了社会学研究所的创建工作。1980 年 1 月 18 日，经国务院正式发文批准，成立中国社会科学院社会学研究所。1985 年原青少年研究所的大部分研究人员调到我所，以后又经过逐步发展，我们社会学研究所才达到了今天的规模。所以今天我们的纪念会有双重的意义，既纪念社会学研究所建所 10 周年，同时也纪念社会学重建和中国社会学研究会①建立 11 周年。

我们社会学研究所是在邓小平同志关于社会学要"赶快补课"讲话精神的指引下，在胡乔木、邓力群等领导同志的直接关怀和大力支持下，在费孝通教授等我国老一辈社会学家的亲手筹划和努力工作下筹备起来的。10 年以来，在院党组、院领导的正确领导下，得到院内外有关专家、学者的指导帮助，得到院部各厅、局、处和兄弟单位的支持、帮助，经过我所全体成员和几届领导的共同努力，迄今已发展成为具有 100 余科研人员和职工的队伍，在国内外的社会学界具有一定影响的学术研究机构，在学科建设、

---

* 本文原载《社会学研究》1990 年第 4 期，发表日期：1990 年 8 月 29 日。该文系陆学艺 1990 年 3 月 17 日在庆祝中国社会科学院社会学研究所成立十周年纪念会上的讲话，原题为《陆学艺所长的讲话》。该文还以"社会学研究所要继续做好'补课'工作"为题收录于《陆学艺文集》（陆学艺著，上海：上海辞书出版社，2005 年 5 月）。本文标题采用《陆学艺文集》收录时的题目。——编者注

① 中国社会学研究会成立于 1979 年 3 月，1982 年更名为中国社会学会。——编者注

人才培养、组织建设、思想建设等方面，都取得了可喜的成果。在此，请允许我代表社会学研究所的全体人员，谨向关怀和支持我所成长的各位领导，向为推进和发展我所学术事业作出贡献的专家、学者，向院部和兄弟单位的同志们，致以诚挚的谢意。

10 年来，我们社会学研究所坚持以马列主义、毛泽东思想为指导，坚持为社会主义现代化建设服务，贯彻党的"双百方针"，重视社会学基本理论的研究，加强应用研究，全力搞好科研，进行学科建设，多方面工作都取得了很大的成绩。

10 年来，我所承担了国家"六五""七五"重点科研项目和院级重点科研项目共 15 项，大多数项目已经完成或接近完成，这些项目的成果对于"四化"建设，对于学科建设都起到了很好的作用，得到了社会和学界的好评。例如费孝通教授在建所不久就带领科研人员深入农村调查研究，亲自主持小城镇课题的研究，写出了《小城镇　大问题》和一大批有价值的文章，在国内外产生了广泛的影响。在雷洁琼教授的指导下，我们所组织和开展了五城市婚姻家庭问题的调查和研究，收集了大量资料，写出了一批论文和调查报告，这些论文和调查报告编辑出版后，受到了国内外的好评。此外，我们还进行了青少年犯罪问题的研究、精神文明建设中的青年价值观研究、现阶段阶级阶层研究、社会发展与社会指标研究、当前农村社会各阶层分析研究，等等，所有这些密切联系实际、为"四化"建设服务的课题，通过我们的科研人员深入农村、工厂、商店、机关，取得了大量第一手资料，陆续写出了一批著述，为中央和有关部门领导决策提供了社会学的依据，起到了应有的作用。

10 年来，我们社会学研究所在进行现实问题研究的同时，还着重对社会学的基本理论和一些重要分支学科的理论进行研究，经过所内外科研人员的努力，写出了一批诸如《社会学概论》《科学社会学》《文化社会学》《中国社会学史》《中国青少年犯罪学》《罪犯改造心理学》等著作，对社会学的学科建设起了较好的作用。1989 年我们编辑出版了《马克思、恩格斯、列宁的社会学思想》一书，并且正在此基础上撰写《马克思主义社会学》。

10 年来，我所为了推进社会学这门重建学科的建设，借鉴国外社会学的积极成果，组织编译出版了一批国外社会学家的重要著作，如《家庭》《苏联社会学》《发展社会学》《日本社会结构》《新教伦理与资本主义精神》等。我们还把费孝通教授 20 世纪 30 年代在英国发表的著名著作《江村经济》翻译出版了。此外，我们还编辑出版了一批工具书和学术资料，如《社会学词典》《社会学纪程》《社会学年鉴》等等。

10年来我所在应用研究、理论研究和翻译、编辑等几个方面共出版了各种专著82本、译著55本，发表论文500余篇，主编和参加编写各类专业词典、工具书和资料集等176种，编辑发行《社会学研究》等7种刊物334期。在这些学术成果中，获得国家级奖2项，获得社会科学各专项奖14项。为了总结我所10年来的科研工作，最近我所学术委员会评出了21项优秀科研成果，其中优秀学术专著9本，译著3本，论文集1本，工具书1本，学术论文5篇，调查报告2篇。在今天这个纪念会上，将为这些优秀成果获得者颁奖。

我国恢复重建社会学这门学科，得到了世界上许多国家社会学家的支持和帮助，他们中有的专程来访面陈建议，有的馈赠图书和资料。已故日本东京大学教授、日中社会学会会长福武直先生，得知中国重建社会学后，专门在日本创建了日中社会学会，开展中日两国社会学界的合作与交流，他还把自己数十年来收藏的书刊共4033册，全部赠给了我所图书馆。10年来，我们积极开展了国际学术交流和合作研究，接待了美、日、英、法、德、苏、东欧诸国、澳大利亚、加拿大、印度、泰国、新加坡等30多个国家的社会学家，同他们进行了友好的学术交流，并且通过他们与国外一些大学和科研机构建立了合作关系，共同进行课题研究。在此期间，我们还派出学者与青年研究人员共22人先后赴国外学习和进修，其中一部分同志已学成归来，成为研究所的科研骨干。

建所以后，我们广泛收罗人才，从社会上、从我院兄弟研究所调集了一批科研骨干，同时重视培养中青年科研人员，加紧科研队伍的建设。目前全所已有副研究员以上的科研人员30名、具有中级职称的研究人员48名。可以说，我们研究所的科研队伍已具有了一定规模。我所同研究生院共同创办了研究生院社会学系，已有3届共11名研究生毕业，其中博士生1人、硕士生10人。目前有4名博士生、6名硕士生和19名进修生在校学习。

经过多年的筹备努力，我们在1986年正式公开发行了《社会学研究》杂志，还在内部发行了《国外社会学》《青年研究》《社会心理研究》等刊物，这对推动社会学学科发展，促进社会学队伍成长起了一定的作用。从建所初期，我们就注意社会学资料、书刊的收集和整理，在院领导和有关部门的大力支持下，在国内外友好人士的支援下，我们的图书资料室已拥有中文图书33000多册，外文图书15150册，期刊和资料2030册，成为国内社会学专业图书资料比较齐全的中心之一。

我们在进行学科业务建设的同时，也注意做好思想政治工作和党的建设工作，加强党的领导，加强组织建设，逐步建立了一套行政管理、后勤工作、财务人事、思想政治工作等方面的规章制度，建立了党委、党支部、团支部，10 年来我所共发展党员 13 人、团员 4 人。逐步形成了安定、团结、奋发图强的良好作风，涌现了一批思想作风好、工作积极、认真负责的工作人员，为了表彰他们在 10 年建所过程中的辛勤劳动，在今天的纪念会上，将向 15 名自下而上评选出的先进工作者颁奖。

10 年来，我们社会学研究所在党的领导下，艰苦创业，逐步成长，现在，可以说已经初具规模了。我所的研究工作，为祖国的"四化"大业、为社会学这门学科的重建作出了一定的贡献，有了一定的成绩。但是，比起院内的兄弟所，比起院外的兄弟单位，特别是与社会主义改革开放实践提出的要求相比，与中央领导同志提出的"社会学要补课"的要求相比，我们的差距还很大。我们社会学研究所还比较年轻，不够成熟，我们的科研、行政队伍的数量和质量都不能适应客观向我们提出的要求。当前，我们伟大的祖国在党中央的正确领导下，社会主义建设事业和改革开放事业发展到了一个关键的阶段，实践向我们提出了越来越多的重要课题，社会主义的建设和发展需要社会学，社会主义的改革需要社会学。社会的需要是社会学发展的原动力，具有中国特色的社会学也必将在参与和实现这场伟大变革事业的过程中发展和成熟起来。我们研究所的全体同志深刻意识到我们肩负的这个历史重任，今后我们一定要在院党组的领导下，坚持"一个中心、两个基本点"的基本路线，坚持"以马克思列宁主义、毛泽东思想为指导，结合中国实际，为社会主义服务"的方针，继续努力，顽强奋进，为我们社会主义祖国的稳定、繁荣、昌盛，为社会学这门学科的繁荣和发展作出新的贡献。我相信，我们的工作一定会继续得到各位领导、各位专家学者、同志们、朋友们的关心和支持。让我们在党中央的领导下，共同努力，继续奋进！

谢谢大家！

"八五"期间社会学学科发展的几点设想[*]

各位理事、各位来宾：

第三届常务理事会分工我来讲一讲"八五"期间学科发展规划的设想。

今年春天，社会科学基金会就提出，要考虑"八五"期间学科发展和课题的规划设想。为此，我们在北京地区召开了几次小型座谈会，听取这方面的意见。天津等地的同行也寄来了他们对于"八五"期间社会科学发展的建议。

我综合大家的意见，今天提出这个设想，抛砖引玉，供大家讨论参考，并希望大家进一步提出意见，我们将根据大家的建议进一步修改，形成"八五"期间学科发展的规划，作为我们社会学同行们今后工作的目标。

考虑到这次学会改选后也是任期5年，所以，我想，今后5年的学会工作怎么搞，也在这里做一点论述。

社会学重建已经11年多了。在这11年中，我们在党的十一届三中全会改革路线的指引下，在胡乔木、邓力群等领导同志的直接关怀和支持下，在费孝通、雷洁琼等老一辈社会学家的亲自带领和推动下，经过"六五""七五"两个五年规划，通过学界老中青三代人的共同努力，中国社会学取得了很大的成就。

首先，我们确立了一条正确的重建和发展学科的方针，这就是早在筹建社会学的时候，就由费老、雷老等老一辈社会学家根据党的方针和国情

---

* 本文原载《社会学研究》1990 年第 6 期，发表日期为 1990 年 12 月 27 日。本文还曾刊载于中国社会学会秘书处编印的《中国社会学会通讯》1990 年第 2 期（1990 年 9 月 16 日）。本文系陆学艺 1990 年 8 月 8 日在中国社会学会第三届理事会上所做的关于"八五"期间社会学学科发展规划设想和社会学会今后 5 年工作的发言摘要，原题为《"八五"期间社会学学科发展的几点设想（摘要）》，发表时有较多删改。本文编者删去了原题括号中的"摘要"二字，并依据作者手稿增补了内容（楷体字部分）。——编者注

提出的，"以马列主义、毛泽东思想为指导，建设有中国特色的社会学，结合中国实际，为社会主义建设服务"。11 年来，我们国家正处在经济体制和社会结构改革和发展中。风风雨雨，但是社会学经受住了考验，各方面取得了可喜的成绩，这同上述指导方针的正确是分不开的。

其次，11 年来，在各方面的支持下，我们已经建起了一批正规的社会学研究机构和 10 多个社会学系，形成了一支数以千计的、有一定水平的社会学专业化队伍，特别可喜的是一代中青年社会学专业人员正在茁壮成长。费老前天讲，这就是后继有人了。

最后，由于社会学从重建开始，就重视社会现实问题的调查研究，重视认识和解决社会主义建设和改革中的现实问题和理论问题，努力使社会学的研究成果为社会主义现代化建设服务，为党和政府有关部门的决策服务。所以，社会学不仅在社会科学界获得了合法的地位，而且获得了社会的承认，受到了党和政府决策部门的重视。社会学正在日益成为我国学术界的一门显学。

关于社会学的成就，林耀华教授在第二届理事会工作报告中已经有了比较详细的总结，我是完全同意他的总结的。

用费老的话做总结，经过 10 年的努力，社会学的舞台已经搭起来了，一个规范的学科的五脏六腑已经有了。我们这些后来者，已经有了登台表演的用武之地了。

当然，我们也要看到，社会学 11 年的发展仅仅还只是发展中的水平。无论是队伍建设、学科建设，还是学会工作，都还有很多不足和不尽如人意之处。总的来说，发展还很不平衡。例如，就队伍建设来说，我们毕竟还只是 1000 多人的专业队伍，比起 11 亿人口大国来说，很不相称。全国 1000 多所大学，只有 10 多所开设了社会学系或社会学专业，西北、西南、东北还没有正规的社会学系。还有若干省（区）未建社会学研究所和社会学会，有些省（区）的社会学还是空白。

10 年来我们进行了大量的社会调查，这为我们学科建设积累了大量资料，也为完成国家任务贡献了力量，但是相比较而言，学科的理论研究、理论建设没有得到应有的发展。社会学理论、社会学史、社会学方法的研究，以及一些重要分支学科、专业的建设还不够。社会学系必修课的教科书都不全，有的课开不出。这当然影响学科的发展，使社会调查得来的资料没有得到应有的利用，影响对现实问题的解决。

正因为我们社会学自身的理论水平不高，研究水平不高，研究方法不足，才限制影响了我们对现实问题的认识。许多复杂的社会问题，我们说明不了，拿不出解决问题的办法，开不出药方来。这就影响了我们对现实问题的参与程度，影响决策部门对社会学的重视程度。

这里提出一个问题，就是邓小平同志在1979年3月提出的"社会学需要赶快补课"的任务。我们完成得怎么样？是否可以说，11年来我们遵照这个指示，做了大量的工作，为社会学补了课，但补得还不够。无论是在队伍建设、学科建设方面，还是在社会学应用研究和理论研究方面，都还不够，还要继续补课，还要"下定决心，急起直追，一定要深入专业，深入实际，调查研究，知彼知己，力戒空谈"。①

邓小平同志在理论务虚会向全党第一次提出要改革开放的时候，提出要坚持四项基本原则，提出社会学要赶快补课，这是从社会主义四化大业全局讲的，高瞻远瞩，是具有战略意义的。不光是社会稳定的问题，还是社会主义改革和发展的需要。所以社会学需赶快补课，不光是对社会学界说的，而且是对全党讲的。这是我们全党任务的一部分。与社会学有关的部门，特别是像社会科学、教委，以及其他党政部门应该一起落实邓小平同志的讲话，把"社会学需要赶快补课"这个任务落实好。②

那么，我们这5年要做哪些工作呢？考虑到我们在20世纪90年代的第一年开会，今后的10年是我们社会主义建设关键的10年，所以也应考虑到今后10年的设想。

在今后的5年，我们要在前10年工作的基础上，在老一辈社会学家工作的基础上，在总结11年的经验教训的基础上，做好以下几项工作。

一　学科建设

今后10年社会学发展的总的原则是要强化社会学的学科意识，提高社会学在中国社会科学体系中的地位和参与现实生活的能力，为社会主义经济、社会稳定、协调地发展做出更大的贡献。为此，我们要继续做好以下工作。

1. 要坚持继续重视应用研究，大力加强理论研究的方针。坚持应用研究和理论研究、宏观研究和微观研究相结合的方针，积极投身到社会改革

---

① 《邓小平文选》第二卷，人民出版社，1994年10月第2版，第181页。

② 以上楷体字部分依据作者手稿增补。——编者注

中去，把握时代的脉搏，关心并参与解决改革和发展所提出的重大理论和实际问题。要像费老当年提出"小城镇、大问题"那样，提出若干个有影响的、关系到国计民生和社会发展的重大问题，特别要重视研究社会结构和社会组织的分化与整合、社会制度与社会规范的完善与转化、社会的稳定与社会发展、经济社会协调发展、城乡协调发展等重大问题的调查研究，写出一批高水平的著作。中国社科院社会学研究所今年编写了社会学中、高级干部读本，就是为适应这种社会需要而组织编写的。各地的社会学会可以针对本地的情况，抓几个同本地经济、社会发展密切相关的问题进行研究，解决本地的问题，努力使社会学的研究成果为社会实践服务，为党和政府有关部门的决策服务，把社会学的基础理论研究和应用研究推进一步，提高社会学研究的学术水平和社会影响力。

2. 要加强理论研究。今后我们要组织力量，进行学科建设，进行马克思主义社会学理论、社会学的基本理论和范畴、社会学史和社会学方法的研究，使得我们社会学的理论水平、社会学工作者的理论素养能够提高一步。

3. 组织力量，就重要的分支学科有计划、有组织地进行研究，组织撰写专著和论文。如城市社会学、农村社会学、工业社会学、组织社会学、法社会学、家庭社会学、教育社会学、文化社会学、医学社会学、军事社会学等。

4. 我们还应当开展中国社会文化史、社会史、制度史、中国社会思想史的研究。

5. 社会学方法的研究。在这方面，至少有几件事要做：（1）采取举办高级研讨班等形式，聘请国内外造诣较高的学者，讲授现代社会学研究方法，提高社会学从业人员，尤其是中、高级研究和教学人员运用现代工具手段的水平；（2）关注现代社会学研究方法的新进展，总结、提炼中国社会学研究自身独特的研究方法；（3）加强对社会学研究成果包括问卷等的评估，组织专门力量设计、拟订适合中国国情的社会指标体系。

6. 研究部门和大专院校应组织有水平的力量，翻译出版一批社会学名著。

7. 逐步建立调查和实验基地，进行蹲点调查，解剖麻雀，使用文化人类学中个案调查的方法，认识中国国情。还要进行图书资料中心的建设，建立数据库、资料库。要建立一个社会调查中心。另一件重要的事情，是与有关部委联合起来，共同进行一些课题的研究。要扩大国际的学术交流与合作，无论是中央还是地方都可以开辟交流渠道，了解国外社会学研究的进程，介绍我们的研究成果。

为了完成这个任务，一定要加强社会学研究的分工与协作，可以由学会、基金会或某一地区牵头，把力量组织起来，共同完成几个大一点的项目，对重大问题进行全国性调查。各地区、各个科研教学单位，可根据各自的实际确定自己的主攻方向，逐步形成自己的特点。

我们社会学所今后将侧重于马克思主义社会学、社会学史、社会学指标与预测、农村社会学这几个领域，并形成优势。[①] 上海在城市社会学方面，湖北、四川在农村社会学方面，江苏在小城镇方面，黑龙江在社会流动和生活方式方面，广东在社区研究方面，各地都要形成自己的特点，扬长避短。

二 队伍建设

我们要在现有的基础上，扩大社会学专业队伍，增加专业队伍的数量并提高质量。我们希望通过几年的努力，在目前还是社会学教学空白的东北、西北、西南地区建立社会学教学机构，经过5年、10年争取综合大学都能建立社会学系。我们要把希望寄托于青年一代，对他们除了业务上的要求外，政治上也要严格要求，进行马克思主义的教育。我们研究所提了这样一个口号：对这些同志要补马克思主义的课，补实践的课，还要补传统文化的课，我们让从国外回来的和国内毕业分配来的研究生第一年下乡做实地调查，目的是加速培养青年社会学工作者的队伍。

社会学的专业队伍要扩大，更重要的是要提高现有队伍的素质，要在中青年当中培养出一批学科带头人，培养出一批专家。我们在领导岗位上的同志要培养、扶植这些人，给他们创造条件，使一部分人脱颖而出。

过去我们办过的讲习班是有成果的，在座的有不少人是这几期讲习班培训出来的。我认为这种班有条件的还应当办下去，如办一些讲方法的高级研讨班等。地方有条件办，我们也可以给予支持，这对于培训干部，提高中、高级研究人员的水平是有好处的。

函大，我们也希望继续办下去。通过办函大，继续开展社会学的函授教育。函大这几年在社会学的普及、扩大社会学的影响力方面起了很好的

---

① 以上楷体字部分依据作者手稿增补。——编者注

作用，现在正在招收第三批学员。

对于社会工作队伍，我们要通过各种形式与他们进行联系，共同进行研究，使他们的素质和工作方法有所提高。

对于群众队伍，我们希望能进一步扩大，编印一批教科书，普及社会学基础知识。

三　学会工作

学会工作按费老的话讲，要起团结、服务、协调的作用。大家信任我们，选举出了学会的常务理事与会长、副会长、秘书长。学会的新班子组成了，已就今后的工作及分工进行了讨论。

学会活动要以学术为中心，搞好团结、服务、组织、协调几方面的工作。我们将尽力多做实事、稳步前进。现在有几件事要做，一是全国目前还有 5 个省没有社会学会，中国社会学会和各地方的社会学会要负起责任来，促进这些地方学会的建立。此外还希望在有条件的地方把社会学会建立到地、市一级，将专业工作者与社会工作者结合起来，在地、市一级开展活动。还要建立专业研究会，如农村社会学研究会、工业社会学研究会、医学社会学研究会等。

学会的另一件事情是每年召开一次学术年会，每次学术年会定一个题目，进行学术交流。要办得好一些，使得大家都有收获。论文能够被学术年会选中，应当是一种光荣。现在已经落实了两个地方，如 1991 年由天津负责，1992 年由浙江负责。要形成制度，年年办下去，这对于学术交流、学术水平的提高、学科的发展都会有好处。

要以学会的名义开展一些对外活动，希望通过学会这个系统，打开和扩大对外交流的渠道。

还要由学会出面组织一些社会调查，这里主要是选题问题，应当建立调查研究中心，协调这项工作。现在重复调查、重复编书很多，是否可以由学会出面协调，组织各方面的力量撰写水平更高一些的著作。

总的来说，我们要尽自己的力量把学会的事情做好。学会挂靠在我们社会学所，我们要尽力依靠各地方的学会，依靠在座的同志，把学会工作做好。

学会首先要团结，要做到公平、公道、公开。学会的理事要真正理起事来，在座的理事回到各地后要把队伍组织起来，拿出社会学的科研成果，通过社会学的实际，为地区、国家和社会的安定和发展，作出应有贡献。

中国社会学的重建与发展[*]

社会学自 1979 年在中国重建以来，已经经历了 12 年的发展历程，取得了举世瞩目的成就，在中国整个社会科学知识体系中逐渐确立其应有的地位，并在社会实际生活中发挥着越来越大的作用。本文就中国社会学 12 年来的发展过程、取得的成就和经验、存在的问题和补足以及今后的发展方向等问题，做一番概要的描述和分析。

一

1978 年，中国共产党召开了十一届三中全会，会议决定拨乱反正，把党的中心工作转移到经济建设为中心[①]的轨道上来，实行全面改革和对外开放。从此中国社会的发展出现了历史性的转折，使经济、社会各方面都发生了深刻而又急剧的变革，把中国社会推到了一个新的时代。中国社会学就是在这样的历史社会背景下重建和发展起来的。从 1979 年 3 月重建开始至 1991 年，大致可以分为 3 个阶段。

1. 初创阶段（1979～1985 年）

1979 年春，中央领导同志为社会学这门学科恢复名誉，决定重建社会学。邓小平同志在当时的一次重要讲话中明确提出："社会学要赶快补

---

[*] 本文源自《陆学艺文集》（陆学艺著，上海：上海辞书出版社，2005 年 5 月），第 212～223 页，并参照作者手稿以楷体字形式补正少量文字。该文系作者 1992 年 3 月参加日中社会学会学术年会的论文，原稿写于 1991 年 7 月 23 日，题为《中国社会学的重建和发展》。该文还收录于《中国社会结构与社会建设》（陆学艺著，中国社会科学出版社，2013 年 8 月）。本文依据《陆学艺文集》收录文刊印，并参照作者手稿以脚注注明形式补正了少量文字。——编者注

① 依据作者手稿增补"为中心"三字。——编者注

课。"① 胡乔木、邓力群等同志主持召开会议，筹划社会学重建工作，并委托费孝通教授召集过去从事社会学教学和研究的专家学者开座谈会，征求恢复社会学研究的意见。经过酝酿和大量的准备工作，1979 年 3 月，中国社会学研究会成立，费孝通教授当选为会长，雷洁琼教授等当选为副会长，这标志着中国社会学重建的开始。

在费孝通、雷洁琼等老一辈社会学家的亲自指导下，社会学的重建工作进展得很顺利。先是有一批老的社会学家归队。1980 年和 1981 年中国社会学研究会等单位举办了两期全国性的讲习班，讲习班得到了美国匹兹堡大学和岭南基金会的帮助。匹兹堡大学和香港中文大学分别派出社会学教授到北京讲学，为各地培训了一批从其他学科转行来从事社会学教学和研究的骨干力量。此后，社会学教学和研究队伍逐渐壮大，各地社会学会或社会学研究会相继成立。1980 年 1 月，中国社会科学院社会学研究所正式成立；1980 年，上海大学成立了社会学系；同年秋，南开大学开设社会学专修班。到 1985 年，全国已有 21 个省区市建立了社会学会，有 20 个省市建立了社会学研究所或研究室，有 10 所大学建立了社会学系或设立了社会学专业。社会学的普及工作迅速发展，社会学在社会上的影响日益扩大。费孝通教授在重建学科之初提出的一个学科必须具备"五脏六腑"的计划初步实现。"五脏"即有了学会、专业研究机构、教学机构、图书资料中心、杂志社及出版社。"六腑"是社会学系必须开设六门基本课程：概论、社会调查、社会心理学、经济社会学、比较社会学和西方社会学理论。经过 6 年的辛勤工作，社会学就学科来说已经初具规模，用费先生的话说就是"戏台已经搭好，班子已经初步建成"。

在开始进行社会学队伍建设的同时，费孝通教授等就很重视社会学的学科建设。一方面组织人力编写《社会学概论》等教科书，以应社会和教学之急需；另一方面更重要的是，费孝通教授、雷洁琼教授等身体力行，亲自下基层进行社会调查，分别主持了"江苏省小城镇研究"和"五城市家庭现状和发展趋势"等研究项目，带动了全国社会学工作者深入社会实际进行调查研究。所以我国社会学从重建开始，就培养了理论联系实际、为社会主义建设现实服务的好学风，打下了一个好的基础。

2. 全面建设阶段（1986～1990 年）

1986 年 4 月，中国社会学会召开了常务理事扩大会，会长②费孝通教授

① 参见《邓小平文选》第二卷，北京：人民出版社，1994 年 10 月第 2 版，第 180～181 页。
② 《陆学艺文集》原文为"会上"，现依据作者手稿更正。——编者注

和中国社会科学院院长胡绳做了重要讲话，会议对社会学重建工作进行了总结，对队伍建设学科发展进行了评价，并对今后社会学的发展进行了展望和部署。

1986年10月，"全国哲学和社会科学规划"会议在北京召开，会议期间社会学学科规划领导小组确定了"七五"期间社会学学科13个国家重点课题。这与"六五"期间确定并实施的社会学学科3个国家重点课题相比，无论在数量上和内容上都大大地前进了。"七五"期间的社会学国家重点课题内容包括社会学理论和方法、社会发展理论、城乡社区研究、家庭婚姻、生活方式、社会指标体系、社会保障和老年问题、青年价值观变化等方面。从1987年开始，国家社会科学基金会每年还资助7～10个社会学学科的研究课题。此外，还有一批国家教委和各地政府资助及同国外同行的合作课题。通过这些课题，全国大部分社会学专业工作者除了日常的教学和研究工作之外，都在从事社会学学科课题的研究。

在这一阶段，社会学无论在队伍建设和学科建设，还是在研究的课题、项目等方面，都比前一阶段向前迈进了一大步。现在"七五"期间的国家社会学重点课题项目大部分已完成，有的成果已经发表和出版。就目前已经看到的成果看，质量是很好的。

3. 重点提高、全面发展的阶段（从1990年下半年开始）

1990年8月，中国社会学会第三届理事会在北京召开。名誉会长费孝通、雷洁琼都到会讲了话，林耀华教授做了工作报告。① 会议总结回顾了中国社会学重建十年的路程，肯定了成绩，也对不足之处做了回顾和反思。会上重申了社会学要"以马列主义毛泽东思想为指导，密切结合中国实际，为社会主义建设服务"的方针，重申了社会学"要继续重视应用研究，加强理论研究"的方针，并且提出了社会学今后的发展要规范化、科学化的意见。中国社会学界大多数同志对20世纪90年代中国社会学的发展取得共识，即要强化社会学的学科意识，提高社会学在中国社会科学体系中的地位和参与现实生活的能力，为社会主义现代化建设，为经济与社会的稳定协调发展做出更大的贡献。

目前社会学界的同志正在参与酝酿制订社会学的"八五"国家社会科学重点课题的规划，并力争有更多的社会学研究项目列入国家"八五"计划。

---

① 该句依据作者手稿增补。——编者注

这些都表明，中国社会学这门学科现在已经进入了重点提高、全面发展的新阶段。

二

重建 12 年来，在全国改革开放大潮的推动下，在党和国家及各地政府的领导和支持下，在老一辈社会学家亲自策划、身体力行的带领下，经过广大社会学工作者的辛勤努力，中国社会学学科从一棵移植的小苗，已逐渐成长为枝繁叶茂、成果累累的大树，已经在中国社会科学之林中取得了自己的地位，为自身今后的发展奠定了较雄厚的基础。①

中国社会学重建 12 年来所取得的成就和经验，可以归纳为以下几个方面。

1. 社会学的教学、研究和从业队伍从小到大、从少到多、不断壮大

到 1990 年，全国（不包括台、港、澳地区，下同）30 个省市的社会科学院已建立社会学所、社会学研究室的有 27 个，共有专业研究人员 486 人，其中取得副研究员以上职称的有 117 人。全国有 12 所大学建立了社会学系或社会学专业，另外还有 4 所大学已经建立社会学系，有待教育主管部门的正式批准。在校的教员约 400 人，其中 75 人是教授、副教授。社会学系相继毕业的学生共 1545 人，目前在校的学生 1321 人。全国经国家正式批准建立的博士点 3 个，硕士点 10 多个，在校的研究生约 200 人。另外，全国约有近半数的理工农医大学开设了社会学课程，各级党校和干部学院、军事院校也有不少开设了社会学课程。据不完全统计，现在全国从事社会学教学和科研的专业工作者有近 2000 人，其中有近 300 人为教授、副教授或研究员、副研究员。此外，还有一大批服务在民政部门、工会、青年团、妇联及其他党政机关的社会工作者，他们也是社会学队伍的重要组成部分，最近已经成立了全国社会工作者协会。

到 1991 年 3 月，全国 30 个省市，已经有 24 个省市成立了各省市的社会学会或社会学会筹备会，共有会员 5909 人。此外，有些省区市的地区、市、县也成立了社会学分会，如江苏省已经有 6 个县建立了县级社会学会。

按中国的现行体制，在中国社会学会以外，还有中国社会心理学会、青少年犯罪学会，都挂靠在社会学大系统里。所以，到目前为止，中国社

---

① 该自然段依据作者手稿增补。——编者注

会学会，加上青少年犯罪学会、中国社会心理学会，全国已经有近万名会员，可谓是一支相当宏大的队伍了。另外，从1986年起，由中国社会学会、北京市社会学会、中国社科院社会学研究所和北京市社会学研究所联合创办的中国函授大学，两届招生共4万多人，目前正在筹划下一期招生。可见，中国社会学不仅已经有了一支人数众多的专业队伍，而且有相当广泛的群众基础，已深深扎根于社会生活之中。

2. 学科建设也取得可喜的成就

第一，在社会学理论建设方面，社会学工作者就社会学的性质、对象和任务，马克思主义社会学，社会学体系，社会学同历史唯物主义科学社会主义及其他学科的关系，社会发展理论，现代化理论以及社会学史和社会学方法等课题进行了大量的研究，并且进行了多次学术争鸣和讨论，写出了一批很有见地的学术论文和专著，促进了社会学学科的自身建设。在研究和探讨的基础上，我国目前已经初步写出了一批结合中国实际、[①] 具有中国特色的社会学专著和教科书，诸如《社会学概论》（有十余种）、《社会学调查研究方法》《社会学思想史》，以及《发展社会学》《农村社会学》《家庭社会学》《科学社会学》《经济社会学》《劳动社会学》等著作和教科书相继出版，满足了社会和教学的需要。近几年，一些分支学科发展得都很快，诸如青年社会学、老年社会学、妇女社会学、军事社会学、体育社会学、文化社会学、法社会学、教育社会学、医学社会学、社会工作和社会保障等[②]，都在各自的不同领域进行了开创性的研究，推出了一批很有价值的研究成果，表现出社会学的繁荣和兴盛，同时也促进了社会学整个学科的进一步发展。

第二，对当前中国社会变迁、社会转型过程中的一系列重大社会问题，进行了广泛、深入的调查与研究。研究领域涉及：小城镇问题、婚姻家庭问题、人口控制、安全问题、[③] 青少年犯罪问题、物价问题、社会发展问题、社会保障、社会指标体系、社会分层和社会结构问题、农村改革、边区问题、城市发展问题、社区建设、社区服务、改革的社会心理承受能力、青年价值观变化、移民问题、生活方式等。对这些社会现实问题的研究，取得了大量的研究成果，为各级政府的工作和决策起到了重要咨询和参谋

---

① "并且进行了……结合中国实际"一段文字依据作者手稿补正。——编者注

② "著作和教科书相继出版……社会保障等"一段文字依据作者手稿增补。——编者注

③ "安全问题"四字依据作者手稿增补。——编者注

作用，显示了社会学的社会功能。必须特别提到的是，从 1988 年开始由中国社会科学院组织近 2000 名社会科学工作者实施的全国县市情调查，有相当一批社会学工作者参与，其中不少是主力或骨干，充分显示了社会学的实力。这项调查仍在继续进行，其成果汇集成《中国国情丛书——百县市经济社会调查》，已正式出版 5 卷，并在国内外产生了很大反响。

　　第三，中国社会学重建开始的时候，就比较注重①吸收和借鉴国外社会学的研究成果。12 年来翻译出版了大量国外社会学的学术著作，邀请国外的社会学专家教授来国内讲课、考察，也派出一批学者和青年学生到国外学习、考察和访问。目前正在国外攻读社会学硕士、博士学位的约有 300 人，其中百余人是由国内教学或科研机构送出的。同时，北京和各地社会学的教学科研机构同国外社会学家还以多种方式合作研究感兴趣的课题，诸如农村社会变迁、家庭婚姻问题、城市社区管理、青年职工劳动积极性，等等。所有这些都有助于我们了解和掌握国际社会学的经验和发展趋向，对中国社会学的重建和发展起到借鉴的作用。

　　第四，随着社会学队伍的成长壮大，随着社会学工作者的科学研究的深入、研究领域的拓展，②社会学研究成果的数量和质量逐年提高，社会学对社会实际生活的参与度逐渐增强。就学术论文来说，1979～1981 年初创时期，社会学的学术论文和调查研究报告每年发表约 100 篇。1985～1987 年，平均每年约 400 篇。此后每年在各类报刊发表的学术论文和研究报告约有 500 篇。1990 年，全国公开定期出版的社会学刊物有 7 种，内部不定期出版的刊物有 10 余种，家庭婚姻、青年、老年、社会保障等专业类的刊物 20 种。广东出版的《家庭》杂志（月刊）很受社会欢迎，每期发行量超过 200 万份。到 1990 年，全国出版的社会学学科的专著和译著约 600 本，最近每年有近 100 本学术专著和译著出版。中国社会科学院社会学研究所编写的《中国社会学年鉴》是中国第一部社会学专业年鉴。由雷洁琼教授主持编纂的《中国大百科全书·社会学卷》，经全国 160 多位社会学工作者 4 年多的努力，已经付印，不久即将问世。这是中国社会学界的一件盛事，它的出版对普及社会学知识，推动社会学研究的深入，将产生积极的作用。

　　12 年来，经过众多社会学工作者的努力耕耘，社会学已经在中国这块

---

① "中国社会学重建开始的时候，就比较注重"一段文字依据作者手稿增补。——编者注
② "随着社会学队伍的成长壮大，随着社会学工作者的科学研究的深入、研究领域的拓展"一段文字依据作者手稿增补。——编者注

土地上扎根、成长。其影响遍及中国社会的各个领域，对我国的社会主义现代化事业产生了积极的影响。社会发展本身的需要和社会学研究成果的影响，① 提高了党和政府决策部门对社会发展和社会问题治理的重视程度。从第六个五年计划开始，国家把五年经济发展计划，改为五年经济社会发展计划。到"七五""八五"计划期间，社会发展计划的内容逐次增加、逐次具体。其后在政府机构中，社会管理、社会研究部门相继设立。国家计划委员会成立了社会发展司，国家科学技术委员会建立了社会发展司，统计局建了社会统计司，国务院发展研究中心成立了社会发展部，民政部先后建立社会福利和社会进步研究所、社会工作和社区服务研究中心。这些年，新毕业的社会学专业本科生、研究生最好分配，有些地区还供不应求。从中央部门到地方，在制订经济社会发展战略时，主动邀请社会学专家参加。

社会学研究的成果受到决策部门的重视，并被引入政府的决策过程，直接产生较好的社会效益。例如费孝通教授主持的小城镇研究，受到中央有关决策部门的重视，成为制定发展小城镇规划的重要依据；天津市开展的"千户调查"，将取得的信息资料，及时提供给政府，转化为工作措施，取得了良好的效果。中国社会科学院社会指标课题组，连续几年对世界各国、全国各省区市进行社会发展对比评价，得到了国家和地方政府的重视，推动了社会发展工作。

12 年来，中国社会学就自身来说，经过了一个重建、成长、壮大、发展的过程；它对社会来说，是一个逐渐被认同、接受，并转化为工作、发挥了较好的社会效益的过程。现在我们已经可以很自信地说，社会学已经在中国社会科学界取得了自己的地位，已经在中国政治社会生活中生根、出土，正在茁壮成长。②

三

当然，我们在总结社会学取得的重要成就的时候，一定不能忘记中国社会学自身还存在的不足和弱点。

从队伍来说，我们已经有了近 2000 人的专业队伍，有数千名社会工作

---

① "社会发展本身的需要和社会学研究成果的影响"一段文字依据作者手稿增补。——编者注
② 该自然段依据作者手稿增补。——编者注

者。但对于我们这样一个 11 亿多人口的大国来说，对社会发展需要来说，无论从数量、质量上都是远远不够的，特别是在地区、在学科间分布很不平衡。一直到现在，东北三省区、西北五省区、西南三省区，差不多是"半壁江山"还没有国家正式认定的社会学系，不能自己培养所需的社会学人才，这也影响了这些地区社会学的发展。就学科来说，工业社会学、城市社会学等分支学科队伍还很小，不能适应社会的需求，而且还有不少重要的社会学分支学科，至今还是空白。当然，就队伍的素质来说，则更需要提高。我们现在的社会学队伍主要是三部分组成的：一是在 1952 年以前就从事社会学教学研究或学习的老专家、老学者；二是 1980 年后由哲学、外语、历史、文学、经济、政治及自然科学等专业转行①过来从事社会学的；三是社会学重建后，进入社会学系学习，毕业后从事社会学工作的青年同志。现在，老一辈社会学家，年龄大多数已超过 60 多岁，大部分已退居第二线；中年社会学工作者目前是社会学教学研究机构的骨干，他们的社会学专业知识先天不足，转行②后培训、进修、学习，在实践中专业水平有很大提高，但毕竟专业水平有限，与他们担负的承前启后的重任还有距离；一大批青年社会学工作者正在成长，他们年轻，受过社会学的专业训练，朝气蓬勃，很有希望，正在逐渐成为中国社会学的主力军，但他们对中国的历史和现实国情还缺乏研究，马克思主义和社会学理论功底还不够。所以总的来说，中国社会学的队伍从人数上说还要继续扩大，从质量上还有待提高。

就社会学学科来说：社会学是从总体上研究社会的一门科学，应该有完整系统的理论体系，有一整套调查研究的方法，还要有众多分支学科。在目前，中国社会学理论和方法都有待继续提高和完善，相当多的分支学科还是空白，需要填补。前面说过，12 年来，我们发表了大量的学术论文，出版了大量专著，但是就质量而言，真正做到资料丰富翔实、理论系统完整、方法科学严密、有独到见解的论著还不多。所有这些，都有待我们继续努力。

12 年来，我们翻译引进了一大批国外社会学的著作和论文，在重建中国社会学过程中，起过很好的作用。但是我们的鉴别消化、改造吸收的工作做得不够。相当一部分论著的翻译工作显得比较粗，对国外社会学的一

---

① 《陆学艺文集》原文为"转业"，现依据作者手稿更正。——编者注

② 《陆学艺文集》原文为"转业"，现依据作者手稿更正。——编者注

些专著还没有认真深入的研究，还没有做真正有说服力的科学的评价工作，有些还只不过是把名词、概念搬了过来。

当然，中国社会学目前最重要的问题是，参与现实生活的能力，也就是为社会服务的能力还不够。社会改革、社会发展中出现的许多重大问题，我们往往不能敏锐地发现它，或者感觉到了，^①还不能做系统的研究。有些问题研究了，但不得要领，说不清来龙去脉，也就说不出解决问题的方略^②和对策。在现实问题面前，处于还没有发言权或者发言权不大的境地。这都反映了目前中国社会学作为一门学科来说，理论还不够成熟、方法还不够完善、队伍还不够健全的状况。

四

20世纪90年代，中国社会学进入重点建设、全面发展的新阶段。在这个阶段，中国社会学将怎样发展呢？

1. 继续重视加强对重大社会现实问题的研究，为社会主义现代化建设服务

中国目前正处在从自然经济社会向有计划的商品经济社会转化，从农业社会向工业社会转化，从农村社会向城市社会转化，从封闭社会向开放社会转化，也即是从传统社会向现代社会转化的转型社会时期。自党的十一届三中全会以来，大大加速了这个转化过程，整个经济结构、社会结构正在发生急剧的变化。与此相应，上层建筑、^③思想观念、生活消费以至人们的行为模式也正在发生深刻的变化。中国社会学的发展正是在这样的历史背景下进行的。社会改革、社会发展需要社会学，对社会学提出更高的要求。当社会转型、新旧体制转换、社会成员行为模式变化时，正是产生大量社会问题的时候。^④实践要求社会学能发挥学科的优势，对社会变迁、社会转型做出解释、描述和预测，并且提出^⑤对社会发展、社会转型有所作为的理论和对策。若真如此，社会学本身也就在这种服务的过程中使自己充实、完整地发展起来。

---

① "往往不能敏锐地发现它。或者感觉到了"一段文字依据作者手稿增补。——编者注
② 《陆学艺文集》原文为"方法"，现依据作者手稿更正。——编者注
③ "上层建筑"四字依据作者手稿增补。——编者注
④ "当社会转型……大量社会问题的时候"一段文字依据作者手稿增补。——编者注
⑤ 《陆学艺文集》原文为"得出"，现依据作者手稿更正。——编者注

12 年来，中国社会学之所以得到顺利发展，受到党和国家及社会各界的关注和支持，就因为中国社会学从重建开始就密切结合中国社会实际，投身到社会主义改革开放的大潮之中，开展对重大社会现实问题的研究，并且提出解决社会发展、社会问题的对策，为社会主义现代化服务。这个传统我们一定要继承和发扬光大，社会学一定要参与社会改革，参与社会生活，关心国家大事，关心本地、本社区的大事，大胆地提出问题和提供解决问题的对策，不断开拓社会学的研究领域，并在为社会服务的过程中使社会学自身的建设得到加强和完善。

2. 加强社会学学科的理论建设，强调学科发展要规范化、科学化

前面讲到，社会学已进入重点建设、全面发展的第三阶段。我认为①重点是两个方面：一是加强社会学的理论建设；二是加强调查研究，系统积累资料。我们参与社会改革，参与社会生活，本身就要求社会学有系统的理论、科学的方法，否则就不能比较好地发挥对社会发展做出解释、描述、预测的功能。同时，一门学科要跻身于社会科学体系，一定要有自己的理论和方法。现在我们已经出版了十多本社会学概论、社会学原理的专著和教科书，已经出版了 20 多本社会学研究方法的专著和教科书，但基本上大同小异，水平相差不多。缺乏公认的理论水平比较高的社会学理论和社会学研究方法的专著和教科书。② 这就需要我们组织力量，加强学科建设，进行马克思主义社会学理论、社会学的基本理论与基本范畴的研究，进行社会学方法和社会学史的研究，强调规范化、科学化，使社会学理论更加完善，社会学方法更加科学，并使社会学工作者的理论修养提高一步。

3. 密切结合实际，加强调查研究

我们是在密切结合中国实际、为社会主义现代化服务的过程中重建社会学的，我们也必须在密切结合中国实际、为社会主义现代化事业服务的过程中发展社会学。

12 年来，我们做了大量的社会调查，积累了很多资料，取得了很大成绩。但是，社会学是一门应用性很强的科学，它必须植根于现实社会生活之中，不断从现实生活中吸取营养，才能有强大的生命力，才能充分发挥学科的优势和功能。因此，我们应当继承老一辈社会学家深入农村、深入基层做调查的优良传统。当前我国正处在急剧的社会变迁之中，新事物、

---

① "前面讲到……我认为"一段文字依据作者手稿增补。——编者注
② "现在我们……专著和教科书"一段文字依据作者手稿增补。——编者注

新经验、新问题层出不穷，需要我们去认识、去掌握、去总结，使之上升为理论，促进社会学的发展。对于青年社会学工作者来说，调查研究是基本功，一定要掌握好，逐渐养成理论联系实际的好学风。

4. 继续加强社会学的队伍建设

我们要在现有队伍的基础上，继续扩大社会学的专业队伍。经过几年的努力，在东北、西北、西南地区办起若干社会学系或社会学专业，争取用5~10年的时间，在全国主要的综合大学里都建立社会学系，在每个省、自治区、直辖市以及一些重要的大城市都办起社会学研究所，在大部分理、工、农、医等院校开设社会学课程。当然，更主要的是要通过各种途径提高社会学专业队伍的素质。要创造良好的条件，培养一批学有专长的社会学学科带头人，以带动整个社会学队伍的成长，促进社会学的发展。

5. 继续扩大和加强同国外社会学家的交流和合作

12年来，我们开展同国外社会学同行的交流与合作，得到了国外同行的许多帮助，使我们的社会学重建工作得以顺利进行。今后，我们要扩大和增进社会学的国际交流，采取派出去、请进来的方式，使我们更多更好地了解国际社会学的发展，同时，也让国际社会学的同行了解我们。希望通过这次会议，增进相互的了解，以后有更多的交流和合作，以推进社会学事业的繁荣和发展。[1]

同志们、朋友们，社会学重建12年来，我们已经取得了令人瞩目的成就，社会学已在中国这块土地上扎了根，只要我们继续在党的领导下、继续贯彻理论联系实际，团结奋斗，我们一定能够继续开拓前进，取得更大的成就，为社会主义现代化做出新贡献，为国际社会学的繁荣作出自己的贡献。[2]

---

① "希望通过这次会议……繁荣和发展"一段文字依据作者手稿增补。——编者注
② 该自然段依据作者手稿增补。——编者注

加快社会学学科发展，适应社会主义市场经济体制发展需要[*]

在邓小平同志关于"社会学……需要赶快补课"的指示号召下，中国社会学从1979年开始重建。10多年来，已做了很多工作，建立了中国社会学会，建立了国家和各省区市的20多个社会学研究所，在12所大学建立了社会学系或社会学专业，招收和培养了一批本科生、研究生，已经形成了近2000人的专业队伍，其中有教授（研究员）、副教授（副研究员）约300人，开展了社会学理论、历史、方法的研究，进行了大量的社会调查和研究，出版了近1000种社会学书籍和6种公开出版的社会学杂志。通过工作，社会各方面对社会学这门学科逐渐重视起来。

随着改革开放的深化，经济建设的发展，我国的社会结构、社会体制以致社会成员的价值取向、心理状态都在发生巨大的变化。经济体制和社会体制密切关联、相互作用。社会体制作为经济体制改革的外部环境，其运行状况如何对经济体制改革、经济建设事业有着极为重大密切的相关作用。建立社会主义市场经济体制，必然要求协调有序的社会体制作为它的外部环境相配合。在我国现代化过程中，在经济体制转型的过程中，将会产生众多的社会问题，诸如城乡关系、家庭婚姻、人口素质、社会保障、青少年教育、社会治安等方面都产生了很多新的社会问题。对这些新问题能否正确判断，能否及时制定合适的社会政策加以化解，以及解决得好坏，都会对经济体制改革、经济建设事业发生重大的影响。社会学这门学科就是从本身具有综合性、整体性研究的视角，运用独有的社会调查研究的方

---

* 本文源自作者手稿，原稿写于1993年3月25日，系作者撰写的全国人民代表大会代表议案稿，原标题为《关于加快社会学学科发展的步伐，适应社会主义市场经济体制发展需要的提案》，现标题为本书编者根据议案内容所修改。——编者注

法，对这些社会问题进行调查研究，并提出化解方案和社会政策建设的建议的，是专门研究促进社会稳定和社会全面进步的。所以，加快发展社会学这门学科，是我国进行经济体制改革和经济建设事业，促进经济社会协调发展的客观要求。据劳动和人事部门的预测，社会学学科人才是90年代国家最急需、最缺的10类人才之一。不足的是，社会学重建以后，虽然取得了上述成绩，但对于我国正在进行的经济社会现代化事业的需求来说，还很不适应，所以，要加快社会学学科建设的步伐，具体有如下几点建议。

（1）要加快社会学专业人才的队伍建设。目前全国30个省区市中，只有10个省市的综合大学有社会学系，东北、西北、西南三大区的综合大学还没有社会学系。建议有关领导部门制定规划，能在近几年，在各省市的综合大学都建立社会学系。有的可以新建，有的可以在原有的哲学等系的基础上改建或增设社会学专业，并尽快招收本科生和硕士研究生，使之成为培养社会学人才的基地。

（2）大力开展社会学知识的传播和普及工作。在大专院校中应逐步普遍开设社会学概论课程，使我们的青年学生有系统地掌握什么是社会，什么是在社会主义社会中做一个合格公民的基本规范。同时，也使青年学生通过社会学的学习，较深入地了解中国的国情。以后有了条件，在高中学生中，也要教授一些社会学的基本知识，不少经济发达国家，都在中学生中讲授社会学课程。

（3）努力办好各省区市现有的社会学研究所，在人力、财力、物力等方面给予支持，开展城乡社会调查，研究各种社会问题，提出化解各种社会问题的方案和对策，向政府有关部门提出建议。

（4）建议党政部门的政策研究室、农村工作部门、工会、青年团、妇联等有关部门，逐渐吸收一批社会学的专业人才，以便运用社会学的理论和方法，开展对各种社会问题的调查研究，协助领导制定直接解决这些新的社会问题的方案和政策。

学科建设和人才培养要从研究室抓起[*]

"抓学科和队伍建设，应以研究室为突破口。"在社会学所敞亮、整洁的办公室里，陆学艺所长兴致勃勃地谈到他对学科建设的看法：中国社科院可以套用"三级所有、队为基础"的方式，实行"三级管理、室为基础"的模式。

陆学艺进一步分析说："我院共有 300 多个研究室，是出成果出人才的基地，社科界许多著名专家如贺麟、钱锺书等都曾担任过研究室主任职务，成为学科带头人。我们要搞好学科建设，培养人才，就得从这一基本的研究单位抓起。如果通过我们的努力，全院能出 60 至 70 个在国内外具有相当影响的研究室，就会大大提高我院的社会地位。因此，我认为主管科研业务的副院长、所长都应亲自抓，有重点地直接联系 1 至 2 个研究室，指导那里的工作。"

对研究室的建设问题，陆学艺深思熟虑。在社会学所研究室新班子会上，他向各室提出七项要求。第一，人员年龄结构要形成老中青结合的梯队层次；知识结构应各有侧重，并能互补。第二，要有好的学科带头人，室主任应一老一青。第三，要有共同的研究课题，形成凝聚力。第四，拓展经费来源渠道，办开放性的研究室。第五，建立院外合作网络，尤其是应用性较强的学科还应有固定的调研基地。第六，建立资料室，配齐现代化科研设施。第七，在科研人员中树立理论联系实际的优良学风。按照陆学艺的部署，社会学所研究室的各项工作正在有条不紊地进行。这位研究"农民、农村、农业"问题的著名学者，本届继任社会学所所长，同时，他

---

 * 本文源自《中国社会科学院通讯》（中国社会科学院办公厅主办的内部刊物，该刊后改名为《中国社会科学院院报》并公开发行）1994 年 4 月 29 日第 1 版，系该报记者对作者的访谈稿。——编者注

还是全国人大代表、中国社会学会会长，并带有7名博士生。由他牵头的"八·五"国家社科基金重点项目"农村社会的变迁"已完成阶段成果《房干村的变迁》；国家社科基金项目"有中国特色的社会主义的农民问题研究"已完成《后发型县域经济社会发展研究》。谈到现在正从事的研究项目，陆学艺说："除上述课题外，我主要抓两件事：一是组织撰写《中国社会形势分析与预测》一书，这是院重点项目，每年都要出一本；二是组织编撰《中国国情丛书——百县市经济社会调查》。这项调查布点为112个县市，已收到初稿70本，目前已出版40卷。"陆学艺本人每年都要发表10篇左右，约5万字的文章。

正如陆学艺所说，中国的问题很大程度上是农民、农村、农业问题。为实现我国经济的进一步腾飞，为使广大农村尽早奔向小康，他以一个社会科学工作者的崇高责任感，辛勤耕耘。我们企盼他能有更多有创见的农村改革与发展的著述问世！

抓住机遇，加快社会学学科建设，
适应社会发展的需要[*]

中国社会学会第四届学术年会预定的各项议程已经完成了，我代表会议领导小组做一个小结。这次会议在上海市委、市政府和浦东新区领导的关心和支持下，进行得很顺利，取得了圆满的成功。本届年会共有 21 个省市的 154 名同志出席，其中正式代表 120 名，其中各地来的代表 86 名，上海市代表 34 名。特邀的代表和各界人士共 34 名，其中外地特邀代表 3 名。年会共收到论文 170 篇，入选论文 93 篇。全国人大常委会副委员长、学会名誉会长雷洁琼教授，民政部副部长阎明复同志，中国社会科学院副院长汝信同志出席了我们的年会，并都讲了话。全国人大常委会副委员长、学会名誉会长费孝通教授给大会发来了书面讲话。

我们这次年会开得很好，袁方会长说：这几届年会一次比一次进步。我想主要有以下几个原因。

第一，会议选择了一个好的议题："健全社会保障，促进社会发展"。这是全社会普遍关注的一个重要热点问题。经济的发展，特别是社会主义市场经济体制的建立，呼唤着社会体制要有相应的改革，呼唤着经济社会要协调发展，呼唤着社会保障体制的改革。现在看起来，经济体制改革和社会体制改革的接合点就是社会保障。经济体制改革的深入，要求在用人、用工制度方面有重大改革，随着社会经济发展的深入，要开展竞争，优胜劣汰，有些企业要转产，有些企业要破产，但不建立相应的社会保障体制，经济体制的改革就难以进行。另外，社会要稳定、经济要改革、社会要发

＊　本文原载中国社会学会秘书处编《中国社会学会通讯》1994 年第 2 期（总第 17 期），1994 年 6 月 1 日刊印。该文稿系陆学艺 1994 年 5 月 9 日在中国社会学会第四届学术年会（上海·浦东）闭幕式上的致辞。原稿无题，现标题为本书编者根据发言内容所拟定。编者还依据作者手稿校订了原稿中的个别文字错误。——编者注

展，都需要新的社会保障体制的产生。

第二，会议选择了一个好的地点。自中央决定开发浦东以后，几年来浦东发展得很快，浦东成为全国、全世界瞩目的地方。特别可喜的是，浦东新区的领导从一开始就指出，浦东的开发不光是经济的开发、土地的开发，而且是社会的开发，所以在抓经济建设的同时，抓经济社会的同步发展，要把社会全面进步、提高人的生活质量作为中心目标，并创造性地组建了浦东新区社会发展局来组织社会发展事业。社会发展的各项事业投入了相当的人力、财力和物力，为今后的社会发展留下了场地，这是有远见卓识的。上海市社会学学会的专家学者和社会工作者，也早早地深入浦东开发区，同社会发展局的同志一起从事这项全新的事业，经过一年多的共同努力，已经完成了"浦东新区90年代社会事业发展战略及规划研究"和"浦东新区90年代社会保障发展规划"两项课题，双方紧密结合，共同为浦东新区的社会发展、社会保障事业辛勤劳动。这次年会是双方合作的继续，也是今后更好的合作的新起点。

第三，会议的组织形式好，体现了理论工作者与实际工作者的结合，大家共同来筹办、来组织这次年会。从广东深圳会议决定本届年会要在上海召开起，上海市社会学学会和浦东社会发展局的同志就共同合作协商，一起筹办和组织这次年会，包括这次会议也是双方的同志一起来承担任务的，所以会议组织得很好。有条有序，既有大会小会的热烈讨论，又有实地的考察参观和访问，使代表们得到多方面的收获。所以大家感到满意。代表们在会议期间听到了浦东社会发展、社会保障事业的经验总结，看到了浦东新区在社会保障、社会工作、社区服务方面的新举措和典型，也看到了、听到了浦东新区的新面貌和未来美好的前景，受到了鼓舞和教育，收获是很大的。另一方面，各地代表也把各地在社会发展事业、社会保障事业的经验和做法通过论文、通过大会小会的讲话带到了浦东，这将有利于浦东社会事业、社会保障更好地发展。我们这次会议开得很成功，代表们普遍感到满意，有的代表也提到会议时间短了一些，大家还想多听一些、多看一些；有的同志还想多说几句，言犹未尽，特别是青年同志，在大会发言安排得少了一些。

下面我讲一点关于社会学今后发展的问题。

社会学重建15年了，已经取得了很大成绩，费孝通教授曾经说过，要搭台唱戏，经过15年各方面的努力，现在台是搭起来了，也唱了几句好戏，但离社会对社会学的要求还有距离。15年来也是几经风雨，自小平同志南方谈话以后，这几年发展得很快，发展很好，这几年又有好几个大学建立了社会学系和社会学专业，今年报考社会学专业的研究生大量增加，考生的质量也好。青年人是最敏感的，他们是社会学学科发展的晴雨表，从另一个方面反映了社会发展对社会学学科的要求。

经济建设、经济体制改革的发展和深入，要求社会体制的改革，要求社会事业的同步发展，有关社会稳定、社会保障、社会安全、社会秩序等等问题目前为人们所关注，新的社会问题产生了，诸如城市化问题、城乡差别、地区差别、个人收入之间的差别有扩大的趋向，并引发了一些问题，诸如民工潮问题等等，这些都要求社会学工作者去调查研究、去描述、去解释、去提出解决问题的对策。而就我们学科来说，还不能像经济、法学等学科那样受到社会普遍重视，起我们应起的作用。所以就社会学学科的发展现状来说，吴铎副会长讲，目前的社会学发展，困难很多，但机遇很好。今后中国的社会学怎么发展？有这样几点。

第一要抓住机遇，加快社会学学科建设，适应社会发展的需要。我国目前正处在由传统社会向现代社会转型的过程中，正处在由计划经济体制向社会主义市场经济体制转化的过程中，随着经济发展、经济结构的变化，社会结构也在发生相应的变化，中国正在发生巨大的社会变迁，城乡社会的面貌日新月异，人民生活日益改善，人们的生活方式、传统观念都在发生变化，同时也产生了种种社会问题。在这样的历史背景下，一方面经济社会发展需要社会学，另一方面也正是社会学发展的天赐良机。我们社会学工作者应该深入到实践中去，用社会学特有的视角和方法，去调查研究，去总结新经验、了解新情况、发现新问题，积累大量丰富的资料，并在此基础上概括出新的概念、新的理论，推动社会学的发展。近几年我接待了美国、日本及欧洲的不少同行，我同他们讲，就目前中国社会学的现状来说，人员还比较少，科研经费、手段和资料都不够，但是 10 年、20 年以后，中国会产生一批有国际水平的社会学家，会有一批有国际水平的社会学著作出版，原因就在于这是当前中国社会发展的需要，这是比其他所有条件都要重要的因素。

第二要创造条件，扩大社会学工作者的队伍。据不完全统计，现在全国有 1/3 的省区还没有办社会学系，有 6~7 个省区，还没有社会学研究所，全国从事社会学教学和科研的专业工作者只有 2000 人左右，每年社会学系招的本科生、研究生不足 600 人，这对于我们这样一个近 12 亿人口的大国来说是很不相称的。可否考虑我们各方面努力创造条件，争取在 3~5 年内，各省、区、市都能至少办一个社会学系，在各省份都办一个社会学研究所。现有的社会学系和社会学研究所都能得到充实和加强，争取在几年内做到在综合大学、在理工农医院校开设社会学课程。上海浦东新区和华东师范大学合作，在高中开设了社区社会工作选修课，并编写了教材，这是个创举，很值得推广。总之，要努力扩大社会学工作者的队伍，要扩大社会学学科的影响。

第三，要加强社会学学科的建设，争取有一批有较高质量的社会学著作问世。社会学要适应社会发展的需要，要为现代化事业作出应有贡献，就必须加强社会学自身的队伍建设和学科建设，重建15年来，在费孝通、雷洁琼等老一辈社会学家的亲自带动下，经过大家的努力，社会学的学科建设有很大成绩，运用社会学的理论和方法，对社会实际进行了大量的调查和研究，有一批高质量的社会学著作和论文问世，翻译了很多国外的社会学著作，编写了多种社会学的教科书和讲义，满足了社会的需要。随着经济社会的发展，出现了一批新的社会热点、难点问题，要求我们社会学工作者去研究这些发展中的热点难点问题。我认为，就社会学学科建设来讲，我们要继续重视社会学的基本理论和方法的研究，但就目前来说，要重点加强应用研究，社会学工作者要勇于敢于去研究经济社会发展中的难点、疑点和热点问题，要下功夫去调查研究这些问题，分析产生这些问题的原因，找到解决问题的方案和对策，并且写出著作和论文来，这样的成果具有重大现实意义，又有较高的学术价值。到目前为止，全国已经正式出版了社会学概论、社会学原理、社会学教程一类的教科书40多本了，关于社会学方法的教科书也有20多本，而社会学的一些重要分支学科的书籍却很少，有的还是空白，如法社会学、政治社会学、经济社会学、工业社会学、医学社会学等等。可否考虑近几年组织力量编写一批社会学重要分支学科的教科书和研究著作，以适应社会和教学的需要，而像概论一类的教科书则重点放在提高上。

第四，讲一点学会的工作。明年①的年会在哪里开？这次会定不下来了，等会后再酝酿协商解决。明年的学会讨论什么题目，也请大家在会后提出建议。关于研究会，我们已经成立了教育社会学研究会、人口与环境研究会、青年社会学研究会、社会发展与社会保障研究会、社会学方法研究会、农村社会学研究会，本届常务理事会又讨论批准了成立体育社会学

---

① 指1995年，本书下同。——编者注

研究会和民族社会学研究会。关于各地的分会，这几年各省、区、市的社会学学会都做了很多工作，开展了各种形式的学术活动，搞得有声有色。有的省不仅在地区、市成立社会学分会，而且在一些条件好的县市也成立了分会，推动了社会学和实际工作相结合，促进了社会发展工作。我们希望在有条件的地市都能逐步地把社会学学会建立起来，特别是还有几个省至今还没有建立社会学学会，希望能创造条件尽快建立起来。

最后，在本届年会闭幕之际，我代表中国社会学会，对上海市委、市政府的有关领导，对浦东新区的领导，表示衷心的感谢！对上海市社会学会的同志们和浦东新区社会发展局的同志们精心组织这次年会付出的辛勤劳动表示衷心的感谢！对各地的与会代表亲密合作，使这次年会得以圆满完成表示衷心感谢！

中国农村社会学的历史
回顾和当前的任务[*]

1994 年 5 月 27 日，中国社会学会农村社会学研究会在邯郸市正式成立了。在今天的会议上，代表们一致通过了中国社会学会农村社会学研究会章程，选举了研究会第一届理事会和正、副理事长。中国农村社会学研究会的成立，标志着农村社会学研究进入了一个崭新的阶段。

中国社会学会农村社会学研究会诞生之前，经历了长时期的理论准备、人才培养和队伍的集结。改革开放的实践又为农村社会学研究的发展注入了新的活力，农村社会学以前所未有的广度、深度迅速发展。在中国大踏步迈向社会主义市场经济的今天，时代强烈地召唤着农村社会学的进一步繁荣。同时，中国社会学事业的进步也离不开农村社会学的发展。这里，我仅就中国农村社会学研究的历史回顾、中国农村社会学的任务以及农村社会学研究会的工作谈谈自己的意见。

一 中国农村社会学研究的历史回顾

中国农村社会学有着悠久光辉的历史。中国是个农业大国，农民历来占人口的绝大部分，所以自 100 多年前社会学传入中国之后，农村社会学的研究便占有很重要的地位。到 20 世纪 30 年代，涌现了一批具有国际水平的农村社会学家，例如晏阳初、李景汉、梁漱溟、费孝通等等。他们深入农村调查研究，并且搞试验区、办教育，同时写出了一批具有国际水平的农

---

* 本文源自作者手稿。该文稿系陆学艺 1994 年 5 月 27 日在邯郸召开的中国社会学会农村社会学研究会成立大会上的讲话稿。原稿无题，现标题为本书编者根据发言内容所拟定。——编者注

村社会学著作，至今还产生着较大的影响。这批农村社会学研究的先驱学识渊博，大都留学海外，归国后牺牲个人的安逸生活，深入贫困落后的农村，这种献身精神不仅在 20 世纪 30 年代，即便在今天，也是极其难能可贵的。

但是，很可惜，20 世纪 50 年代的社会学受到了不公正、不科学的批判，遭到了取缔，大专院校的社会学系也停止了招生，我国的农村社会学研究也就此中断了。农村社会学研究一下中断了 20 多年，损失是极其惨重的。中国的农村发展经历了十分曲折的历史，原因是多方面的，取缔了社会学，中断了农村社会学的研究与发展，是其中的一个重要方面。

1979 年 3 月，邓小平同志指出社会学要赶快补课。[①] 随后，中国社会学很快开始了重建和恢复工作，重建和恢复的内容之一便是中国农村社会学研究的起步，而中国农村社会学的发展又反过来为社会学学科的确立与发展做出了重要贡献。

在短短的三四年里，农村社会学发展很快。从事农村研究的同志迫切感到，没有一个组织便难以协调研究力量的合理配置，难以克服同水平的重复研究，更难以实现相互沟通与优势互补，于是乡村社会学研究会应运而生。1984 年 2 月，由中国人民大学教授郑林庄、蒋杰和中国农业大学教授王立诚、俞家宝、周汝昌等同志发起，在费孝通、杜润生、郑重、赵人伟等同志的支持下，成立了中国乡村社会学研究会，研究会属农经学会下的一个专业委员会。十多年来，乡村社会学研究会在王立诚、程贵铭等教授的主持下做了大量工作，这些工作包括培养人才、壮大队伍、创立农村社会学系、编写教材、创办杂志、编写翻译国外农村社会学著作。这些成绩的取得为研究会的组织不断完善创造了条件，1991 年 10 月正式建立了乡村社会学会理事会，选举了 19 名理事，郭书田当选为会长，王立诚、李守经任副会长，程贵铭任秘书长。

十几年来，中国农村社会学发展很快，目前华中农业大学、北京农业大学已经建立了农村社会学系或农村社会学专业，许多大专院校也开设了农村社会学课程。中国社会科学院也在 1988 年建立了农村社会学研究室，并且招收了数名农村社会学博士研究生。据了解，目前有不少省市的社会科学院的社会学所也成立了农村社会学研究室。即使在一些没有建立农村社会学室的研究所里，农村社会学在其全部研究课题中也已经占据了非常

---

① 参见《邓小平文选》（1975～1982 年），北京：人民出版社，1983 年 7 月，第 167 页。

高的比例，而且成为研究的主要课题。有相当多的研究所所长本人就是从事农村社会学研究的。各个大学的社会学系也有类似情况。

目前从事农村社会学研究的人员基本上由三部分人组成：一是从农村经济研究和教学工作转入农村社会学研究的；二是由社会学专业和农业大学的社会学系毕业的一批硕士生、博士生，他们是我们的生力军，还要逐渐成为主力军；三是在党政机关的农村政策研究部门工作的同志，以及一部分担任市县党政领导工作、对农村社会学怀有极大兴趣的领导同志。正是在这三部分人员的努力奋斗下，中国农村社会学学科发展很快。但是毋庸讳言，从全国范围分析，我们的研究力量还很分散，对于我们这个具有9亿农民的农业大国来说，这只研究队伍是很不够的，对于我们农村社会学正在和将要担负的历史重任来说，也只能说是刚刚起步。没有一个研究学会来担负协调各个方面的力量共同推进农村社会学事业的发展，这种状况还可能继续下去。

1992年民政部提出要进行社团登记，中国农经学会考虑到业务对口的问题，主动与中国社会学会联系，希望并建议将乡村社会学研究会归到中国社会学会来。中国社会学会常务理事会专门研究了这个问题，同意接受乡村社会学研究会为下层团体会员，并更名为中国农村社会学研究会。经过两年来的多次协商与反复研究，在各方面的支持下，中国农村社会学研究会于今天正式成立了。中国农村社会学研究会的成立，既是乡村社会学研究会的继续，又是农村社会学在全国范围内的组织上的重构与壮大。它标志着中国的农村社会学研究事业又越上了一级新台阶，有着悠久辉煌历史的中国农村社会学踏上了新的征程。

二 中国农村社会学的任务

我国农村在党的十一届三中全会之后的十几年时间内，正在经历着前所未有的历史性的巨大社会变迁。首先，我国的农业正在由自给半自给的小生产农业逐步向现代化的规模农业发展。其次，我国的农村正在由传统的、封闭的、贫困的农业社会向现代化的开放的富裕的农村社区转化，相当一部分农村正在逐步实现城市化；我国的农民在党的领导下，依靠自身的力量，正在发生历史性的大分化，创造了诸如包产到户、乡镇企业等新形式，使一部分农民变为非农民。

从某种意义上说，被称作"第二次革命"的中国改革开放，发轫于中国的农村，亿万农民以极大的热忱推动了历史的前进。

第一，运用马克思主义阶级分析的方法来研究中国的当代农民。可以说当代的中国农民阶级是革命的阶级，是实现社会主义现代化的主力军，最重要的依靠力量。由于各种历史原因，当代中国农民的经济地位最为低下，政治地位也因旧的体制的制约及城乡壁垒的阻隔而虚化，乃至丧失殆尽。据统计局有关资料，每个农民所拥有的生产资料价值大约只相当于城市人口的 3.3%。因此，农民最拥护改革，最拥护开放，最迫切要求改变自身的地位。党的十一届三中全会以后，农村率先改革，农村的改革很快取得了成功，仅仅几年的工夫在全国范围内实现了家庭联产承包责任制，改革了二十多年之久的人民公社体制。

第二，农民是社会主义现代化建设最积极的社会力量。近年来农民以主力军的姿态投入国家大规模基本建设的宏伟事业之中，从全国范围来看，贯穿华夏大地的京九线，遍布各省区市的高速公路网、矿山、港口，从一个具体的城市看，无数的高楼大厦、地下铁路、桥梁、公路及各种公共设施的建设，哪一项工程离得开农民？没有农民这支主力军的参与，就不可能取得十几年来社会主义现代化建设的巨大成就！在城市基本建设战线及各种行业中，承担着最危险的最繁重的最苦最脏的工作的，基本上都是农民！

在广大农村，农民在党的领导下，创造出一种独特的具有中国特色的经济形式——乡镇企业。十多年里，农民自筹资金、自学技术、自建厂房、自己安装设备，还要自己组织生产，自寻供销渠道，克服千难万难，终于创造出拥有 1 万亿元资产，1993 年产值达 2.9 万亿元，交纳利税达 1000 亿元的庞大生产力。现在乡镇企业已占全国工业总产值的 40%，占农村社会总产值的 2/3，而且每年以高达 30% 的速度在递增。这个历史功绩是怎么估价也不会过分的。

第三，农民阶级是建立社会主义市场经济体制的最积极的力量。实行家庭联产承包责任制，破除人民公社"三级所有，队为基础"的体制，本身就是以市场经济的发展为动力的。而创办发展乡镇企业同样有力地冲破了单一的计划经济对农村生产力的束缚，乡镇企业从一开始便投入了市场经济，随着乡镇企业的发展壮大，农村社会主义市场经济体系正在逐步扩大和完善。与此同时，农产品的统购统销制度的逐步改善和取消，各种农村集市贸易的扩大和发展，各种农产品市场的建立和成熟，各种专业市场的建立和发展，如纽扣市场、珍珠市场、小商品市场、轻纺市场、丝绸市场、皮毛市场、蔬菜市场等，我国农村社会主义市场经济的框架和网络正在形成。

20世纪80年代初，我们最先放开水产和水果两个市场，十几年了，这两个"水"每年都以十几到几十个百分点的速度递增。产、供、销的渠道逐步畅通和完善。例如西瓜市场，过去因为西瓜生产的季节、收获、运输各方面因素的制约，各地居民每年只能吃一个多月。现在，各方面的问题都逐步解决了，全国各地居民每年四季都能吃到西瓜了。这在许多发达国家发达的市场经济条件下也不易做到。农民阶级是社会主义市场经济体系最主要的建设者和拥护者。从历史上看，在经济不发达国家，要搞现代化，最大的问题是农民问题。在人口众多、经济较为落后的中国，如何使八九亿农民逐步摆脱传统小生产者的地位，将大量的农民转化为第二、三产业的工作者，逐渐富裕起来，成为现代化的人，这是摆在我们面前的，即使是已经结束农业社会步入工业社会的发达国家也从未遇到过的重大难题。

马克思主义的一条基本原理是人民群众创造历史，自己解放自己。改革开放十几年的历史再一次证明了这条真理。十几年来，农民在共产党的领导下，走出了一条自己解放自己，自己发展自己，自己改变自己的道路。

第一，农民自己解放自己。农村率先进行改革，实行家庭联产承包责任制，农民以自己的实际行动加速了人民公社管理体制的解体，使农业生产走出了长期停滞徘徊的低谷，从而改善了农民自己的生活，解决了大多数农民的温饱问题。

第二，农民自己发展自己。在二元结构条件下，农民只从事农业生产，农业生产又被局限于以粮为纲的狭小范围内，人多地少的地区剩余劳力也进不了城。温饱解决之后，只靠有限的耕地，农民很难富裕起来。农民一方面搞多种经营，一方面搞起了乡镇企业，扩大了自己的经济活动领域，不仅增加了社会财富，也使自己富裕起来。同时，通过参加二、三产业的经济活动，逐步改造自己，使自己从生产劳动方式、生活方式到思维方式、价值观念逐步有了改变，提高了自身的综合素质，在适应现代生活环境中发展了自己。

第三，农民自己改变自己。农民通过参加乡镇企业的生产经营实践，改造了农村社会，壮大了经济实力，又创造性地发展了小城镇。大批农民迁移到小城镇和城市中去从事二、三产业，冲破客观与主观上的种种束缚，在事实上实现了自己的农转非的迫切愿望，成了镇上人、城里人。而留在农村的一部分农民，可以扩大土地耕种规模，实现规模经营，成为农业专业户，成为商品生产经营者。这时，农民这个群体就逐渐分化了、分解了。在一些地区，传统的中世纪式的小生产者事实上已经不存在了。这些地区实现了"农民的终结"，当然就整个中国来说，这将是一个漫长的历史过程。但是在发达地区农民以自己的实际行动已经把这条道路趟出来了。"农民的终结"的进程已经开始了。

许多人问我："民工潮"的前景如何？"民工潮"的实质就是农民自己解放自己、自己发展自己、自己改变自己的一个缩影，前景是这些民工还将逐渐分化，有的将在迁入地区或城市落户，成为当地的城镇居民；一部分人在迁入地学到了技术和经营能力，回到本乡本镇办起乡镇企业，或参加二、三产业的生产经营，最后也使自己成为本地二、三产业的劳动者、经营者；再有一部分可能成为各种经营大户。

我国的农村正在发生着一场空前的巨大变迁。这样大的社会变迁，正需要社会科学，需要社会学，需要农村社会学。现在是农村社会学发展的大好时机，是农村社会学家千载难逢的好机遇。我们要抓住这个机遇，投身到这场伟大的变革中去，去记录描述这场变迁，去解释研究这场变迁的原因，去预测这场变迁的未来趋向，去总结新经验，去发现新问题。概括新的理论，给党和国家提出引导这场变迁的科学对策与建议，促进中国社会的全面进步。

农村社会学要和中国的改革一起发展，要和站在改革潮头的中国农民一起前进。同时，我们还应该有勇气开展超前研究，争取在理论上领先一步，支持改革，引导农民的任务是实践对社会科学也是对农村社会学的更高要求。

我认为，中国在 10 年、20 年后一定会产生出一批具有国际水平的农村社会学家，产生出一批具有国际水平的农村社会学著作。我多次说过，就近几十年说，中国的社会学要产生具有国际先进水平的学者和著作，首先就是农村社会学和中国社会学史。越是中国化便越是世界化，中国社会学走向世界着眼点首先应该在中国。真正的学问在基层，真正的学问在农民中间，一切有志于社会学事业，特别是有志于农村社会学研究的同志都应该像老一辈社会学家费孝通等先生那样，深入实际，深入农村，坚持理论联系实际的学风，将自己的命运与中国的前途、人民群众的命运紧密地联系在一起。

三 关于中国社会学会农村社会学研究会的工作

中国社会学会农村社会学研究会成立了，它的工作既是由学会的性质与任务决定的，又是需要我们所有成员不断努力探索，在实践中不断完善的。基于上述认识我考虑再三，提出下面四个方面。

第一，学会的任务，要在党的领导下，以马列主义毛泽东思想为指导，团结农村社会学工作者和协调各方面的力量，推动促进中国农村社会学学科的发展，使这门学科更好地为社会主义现代化事业服务，为党和政府制定农村发展、社会全面进步的决策服务。

第二，要推动和促进农村社会学工作者的队伍不断扩大，研究水平不断提高。中国农村社会学会已经成立了，下一步要逐步成立各地的农村社会学分会，建立分会一定要努力争取党和政府领导部门的支持，要广泛联系群众，只要条件具备就要欢迎更多的同志入会。中国农村社会学会不仅吸纳各地的团体会员，条件成熟之后还要发展个人会员。全国已有两个农村社会学系了，今后要争取在农业大学院校成立更多的农村社会学系或农村社会学专业。还要在各个综合大学的社会学系里开设农村社会学课程。各省区市社会科学院的社会学所，有条件的要设置农村社会学室。要创办一个农村社会学的刊物。时机成熟之后还应该建立一个农村社会学出版社。总之，农村社会学会要努力扩大队伍、扩大影响，使农村社会学学科适应社会的需要，健康地成长。

第三，学会争取每年开一次理事会，研究学会的发展与工作，每年开一次学术年会。办法是各省区市轮流主办，每次年会集中一个选题广泛进行交流。此外，还可以不定期地举办一些小型学术交流会。

第四，此次会议结束之后，学会准备邀请各方面同志制定一个中国农村社会学学科发展规划，包括队伍建设与学科建设等内容在内。根据国家农村发展的需要和学科建设的需要，选择一些紧迫的课题与长期研究的基础课题，组织一些同志逐步完成。只有拿出一批"拳头产品"，才能带动起面上的工作，从而进一步推动农村社会学的全面发展。

这次会议开得很好，很成功，会议的成功使中国农村社会学的发展有了一个良好的开端。我相信中国社会学会农村社会学研究会的成立必将促进农村社会学在改革开放的肥沃土壤中结出丰硕的果实。

社会学需加强应用研究[*]

改革开放以来，我国社会发生了极大的变化：一方面表现为产业结构的变化、消费结构的变化、国家科学技术的发展、人民生活水平的提高，另一方面出现了许多在计划经济、产品经济中所未曾见闻的社会发展中的问题，如权钱交易、"高价学生"、坑骗顾客、"民工潮"等。怎样看待这些问题，对这些问题我国有关部门是怎样研究的？本报记者日前赴京专访了中国社会科学院社会学所所长陆学艺研究员。

话题从我国社会学创建开始。

一 中国社会学还是一门很年轻的学科

陆所长说：社会学在国外是一门非常重要的学科，而在我国却一直排不上队。新中国成立以后，在众多的社会科学学科中，社会学却中断多年。1979年3月，小平同志提出，社会学"要赶快补课"。[①] 当时中国社会科学院的领导，约请费孝通、雷洁琼等老一辈社会学家座谈，开会研究重建社会学的工作。不久建立了中国社会学研究会，于1980年1月建立社会学研究所，费孝通教授出任第一任所长，重新把社会学作为一门单独的学科进行研究。重建至今（1994年）才15年时间。

学科虽年轻，发展却很快。据不完全统计，现在全国大部分的省、区、市都建立了社会学会，有20多个省、区设有社会学研究所。全国从事社会

---

[*] 本文原载《中国社会科学报》1994年9月15日第1版，系该报记者对陆学艺的访谈稿。该文还以《社会学要加强应用研究》为标题收录于《陆学艺文集》（陆学艺著，上海：上海辞书出版社，2005），标题为《社会学要加强应用研究》。——编者注

[①] 邓小平：《坚持四项基本原则》，载《邓小平文选》第二卷，北京：人民出版社，1994年10月第2版，第180~181页。

学教学和科研的专业工作者，大约有 2000 人，参加社会学活动的有 5000 人左右。在高等院校中，有 17 所高校设立了社会学系、社会学专业，有的还正在筹建之中，现在每年社会学系招的研究生和本科生为 600 人左右。

二 众多的社会发展中的问题要求发展社会学

陆所长说，任何一门学科的建立，都是人类面临问题、解决问题的需要。社会学的创立，当然也是这样。我国目前正处在由传统社会向现代社会转型的过程中，正处在由计划经济体制向社会主义市场经济体制转化的过程中，随着经济的发展、经济结构的变化，社会结构也在发生相应的变化。我国正在发生巨大的社会变迁，城乡面貌在发生变化、人们的生活方式在发生变化、传统观念在发生变化……新变化必然会出现许多新的社会问题，要求我们去研究、去解决。

经济改革和经济建设的深入，不仅要求我们去研究社会稳定、社会保障、社会安全、社会秩序等问题，还要求我们去研究许多新问题，如城市化问题，城乡差别、地区差别、个人之间收入差别如何调节等问题。

陆所长说到这里，稍停一下转而说，问题多，机遇也多，现在是发展社会学的良机。我们要抓住这个机遇，加快社会学学科建设，发展社会学。我相信，今后 10 年、20 年，中国会有一批有国际学术水平的社会学著作问世，会涌现一批社会学人才。

三 社会学的生命在于能回答和解决社会问题

陆所长说，人们为什么需要社会学，因为要求社会学能回答和解决社会发展中的问题。人们对社会学的这一要求，正是社会学的生命所在。

现在社会发展中的问题很多，有热点、有难点。面对这一要求，我认为，就社会学学科建设来讲，我们要继续重视社会学的基本理论和方法的研究，但就目前来说，要重点加强应用研究。社会学工作者要勇于、敢于去研究经济社会发展中的难点、疑点和热点问题，要深入到实践中去，用社会学特有的视角和方法，去调查研究，去总结经验、了解新情况，发现新问题，并认真研究这些问题，分析这些问题产生的原因，提出解决这些问题的方案和对策。这样的研究才有成效，这样的成果才有重大现实意义，也才有较高的学术价值。

促进世纪之交社会科学的繁荣[*]

陆学艺（62 岁，中国社会科学院社会学所所长、研究员）：我认为，当前中国社会发展所涉及的不仅是自然科学的问题，社会科学问题也相当关键，许多人还没有意识到这个问题的严重性。理论大大滞后于实践，实践就会有盲目性。我国目前正处于社会转型时期，给我们提出了很多问题，例如现代化到底要建立什么样的城乡关系？农村人口占总人口 70% 多能不能叫现代化？国有企业如何搞活？社会保障问题如何解决？现在都还需要对这些问题进行深入的探讨。但平常仍有一些人对社会科学不像对自然科学那样重视，自然科学的学会有科协部门协调对外交流，社会科学就没有。

陆学艺：从社会学研究来看，目前已积累了大量实证材料，然而对这些材料的理论概括不够，大量一县一乡一村的材料并不能引出适用于整个农村的结论。鉴于这种情况，我们社会学所把 1996 年定为理论年，要求大家提高理论素养。

---

* 本文源自《人民日报》1996 年 1 月 24 日第 10 版"文化探访录"刊载的该报记者的访谈录，原题为《促进世纪之交社会科学的繁荣——中国社会科学院部分专家共话学术建设》。该期报道探访专家包括汝信、陆学艺、单天伦、何秉孟、姜广辉、江小娟、韩俊、翁杰明等人，本文仅收录陆学艺的发言摘要，并采用《人民日报》原文主标题。——编者注

时代在呼唤社会学[*]

各位理事、各位同志：

"21世纪中国经济社会发展与社会学历史使命"全国理论研讨会、中国社会学会第四届理事会预定的全部议程已经完成了。这次会议到会的理事和各方面来宾、朋友共120多名。这次会议作了第三届理事会的工作报告，通过了新修改的学会章程，选举了第四届理事会的33名常务理事和会长、副会长，推选了3位名誉会长和12位顾问，推举和任命了新的秘书长和副秘书长，组成了学会的新领导班子。这次会议收到学术论文60多篇。会议期间还就"21世纪中国社会学历史使命"这个主题进行了研讨和学术交流，许多同志发表了很精辟的见解，取得了圆满的成功。正如雷老在贺信中所指出的那样，开成了一个团结的会、鼓劲的会、务实的会。

刚才几位副会长发表了讲话，表达了新的领导集体做好学会工作的心声。感谢大家的信任，推举我为本届理事会会长。会后我一定更加努力做好学会工作，在前三届理事会工作的基础上，把学会工作更向前推进一步，不辜负大家的支持和嘱托。

我们这次理事会和1996年年会是在世纪之交的重要历史关头召开的。我们正处在社会转型时期，现在要从单纯的经济增长，转到要经济社会协调发展的阶段。在过去的发展中已经出现了社会分配不公、城乡矛盾加剧、社会治安恶化等严重问题，这些问题已引起社会各界、高层领导的注意。去年^①党的十四届五中全会指出，要实现可持续发展战略，要重视经济、社会协调发展，这标志着我国的现代化事业进入了强调经济、社会协调发展

---

* 本文原载中国社会学会秘书处编《中国社会学会通讯》1996年第3期（总第26期），1996年9月20日刊印。该文系陆学艺1996年8月6日在"中国社会学会第四届理事会"闭幕式上的讲话。原稿无题，现标题为本书编者根据发言内容所拟定。——编者注

① 指1995年。——编者注

的阶段。

问题已出现了，任务已提出来了，但还没有解决。而这恰恰是向我们社会学提出的要为现代化服务的要求。这表明时代在呼唤社会学。时代的发展要求社会学提供理论、提供方法、提供思想武器，为现代化服务。这就是为什么政府机关纷纷建立社会发展研究机构，公安部、民政部、组织部、宣传部、工、青、妇、计委、科委、监察部，都不断地找社会学家座谈，各地的社会学系纷纷成立，投考社会学本科生、硕士生、博士生人数每年大增，社会学的书刊也成了畅销书。这些表明，时代在召唤社会学，社会学发展的黄金时代已到来。有人说，改革开放的前 20 年是经济学的时代，后 20 年则是社会学的时代。这是有一定道理的。这次会上，省委曹伯纯副书记在讲话中指出：在当前的整个发展中社会学异军突起，讲的就是这个意思。

时代呼唤社会学，社会学、社会学家怎么办？我们这次理事会和 1996 年年会就是在这种形势下召开的。我们这次会议的主题是 "21 世纪中国经济社会发展与社会学历史使命"，我们确实要担负起这样重要的历史使命。社会学家怎么来回答社会的呼唤？

第一，要武装提高自己。我们现在有 2000 多名社会学专业工作者，有 5000 多名社会学各地分会的会员，加之 8 个专业委员会，共有 6000 多人。就 17 年发展看，与我们这么个大国，这么多的需要来说，是很不够的。因为历史原因，我们的队伍专业水平还不够高，这要求我们一面工作，一面提高自己。要重视理论研究，加强应用研究，这对整个学科建设是如此，对我们个人也是如此。回顾这十多年来，我们社会学工作者，深入实际，调查研究，积累了大量第一手材料，这个学风是好的，是继承了老一辈社会学家的优良传统，是很可贵的。今后还要这样做，这是社会学发展的生命力所在。但还要提高，还要总结，要在大量占有资料的基础上，总结出符合中国实际的理论来，要有自己的概念、范畴、体系，要形成适合中国国情的社会学理论体系。只有总结提高了，有了自己的理论方法，届时调查研究的水平也会提高。现在有不少是低水平的重复调查，效率不够高。

在提高业务素质的同时，还要努力提高政治素质。中国学界历来讲道德文章，我们社会学工作者要有较高的政治修养和道德修养，做学问要先学好做人，不能有双重人格。要端正学风、文风。社会学家要自律，要严格要求自己，做到政治强、业务精、作风正。

第二，要组织好社会学工作者的队伍，尽可能扩大我们的队伍。我们现在只有约 2000 人的专业队伍，比起社会需要来说太少了。人少声音就弱，知名度不高，不少相当层次的领导还不知道社会学是干什么的。我们这次书展书不少，但到书店里社会学就没有专门的书架，许多报刊还没有社会学的栏目。这在国外不是这样的，社会学书多，而且畅销书多。

社会学队伍发展也不平衡，有些省区的社会学学科还很不景气，只剩下两三个人，还有的是兼职。1989 年以后，在下海大潮中，损失了一批骨干。办好一个所，第一要有人，有一个核心；第二要选好课题，坚持苦干几年，就会有成效。这次会上有同志提出社会学研究系统要学教委系统的办法，每年召开 1 次联席会交流学术和工作。今年①就办第 1 次。

第三，要面向社会主义现代化的主战场，为现代化事业服务，并在实践中提高。前面讲过，社会学工作者不能只坐在书斋里搞研究，一定要到实际中去。要学习老一辈社会学家的好作风，一定要有"天下兴亡，匹夫有责"的使命感，要用社会学的理论和方法去发现问题、研究问题、提出解决问题的办法。现在要解决的问题实在太多了。有大中型企业的改革、社会保障体系、住房制度改革、医疗体制改革、社会治安综合治理、农村土地制度、农村基层组织建设、城市社区建设等。要深入下去，去研究、去回答、去解决这些问题。做出成果来，出精品，出拔尖人才，出一批社会学学科带头人。在实践中把社会学这门学科建设起来。

第四，关于学会工作。学会是党领导下的学术团体，要做好团结、协调和服务工作。要围绕年会做工作，在工作总结中已经讲了，每年开 1 次年会，从筹备起到收集论文、到开会，使学会运转有 1 个基点。每年都有聚会，都有交流的条件。今后还要坚持，1997 年年会就在昆明开。

学会的工作还是要以地方学会为主。大量的活动在地方。有很多省学会工作做得很好，发展了会员，开展了各种学术活动，有声有色。有的在地市都建了分会，队伍就扩大了，以学术活动为中心，起到普及社会学的作用。

专业委员会已经成立了 8 个，这次常务理事会又批准了 3 个，今后还会继续增加，最好是重要的分支学科都能建起专业委员会。

这次会议开成了一个团结的会、务实的会、鼓劲的会。这与许多同志积极支持是分不开的，二是许多同志能顾全大局，以学科发展为重，团结为重，做了大量工作。袁先生克服种种困难，不辞辛苦前来参加会议，为

---

① 指 1996 年。——编者注

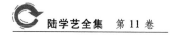
会议做了很多工作。

会议还得到辽宁省委、省政府的大力支持，特别是辽宁社科院阎福君院长及诸位副院长的全力支持。我谨代表学会全体同志向省委、省政府、省社科院等表示衷心的感谢！

会议圆满结束了。

我宣布闭幕。

中国社会学的任务[*]

　　第一次全国社会学所所长联席会议，今天开幕了。这个会议是 1996 年 8 月在沈阳召开的第四届社会学理事会上一些所长提出的。经几方协商，我们所和浙江社会学所作为发起单位筹办这第一次会议。经过这几个月的筹备，我们的会议终于在这美丽的、风景如画的梅山坞山庄召开了。让我代表与会同志，对浙江社科院的同志们，对院长、谷副院长和杨张桥等诸位同志表示衷心的感谢！

　　我们这次会议是在十四届六中全会以后，贯彻中央《关于加强社会主义精神文明建设若干重要问题的决议》精神的时期召开的。这次会议的宗旨就是要研讨在新时期社会学如何为社会主义现代化建设服务、为两个文明建设服务。这次六中全会上，江泽民同志在谈到要正确认识物质文明和精神文明的关系时，还专门讲了要学好哲学、文艺学、历史学、政治学、社会学、法学和新闻学的问题，^① 这是中央领导同志第二次专门讲社会学。第一次是 1979 年 3 月 30 日，小平同志在论述坚持四项基本原则的报告时讲到"……社会学……需要赶快补课"。^② 从小平同志讲话后，才着手重建了社会学，才有了今天社会学的发展。

　　我们这次研讨会上就要研讨在新时期我们如何来贯彻中央的这个精神，研讨社会学如何为社会主义两个文明建设服务，以及社会学如何在服务中

---

*　本文源自作者手稿。该文稿系陆学艺 1996 年 11 月 19 日在杭州"首届全国社会学研究所所长联席会议"上的发言稿。原稿无题，现标题为本书编者根据发言内容所拟定。——编者注

①　江泽民：《努力开创社会主义精神文明建设的新局面》（1996 年 10 月 10 日），载中共中央文献研究室编《十四大以来重要文献选编》下，北京：中央文献出版社，2011 年 6 月，第 164 页。——编者注

②　邓小平：《坚持四项基本原则》，《邓小平文选》第二卷，北京：人民出版社，1994 年 10 月第 2 版，第 180～181 页。

使自身也发展起来。也就是社会学要如何加强自身的队伍建设和学科建设。

我先做一个中心发言，讲三个问题：一，我国当前所处的历史时代；二，社会学的现状；三，中国社会学的任务和社会学所的建设。

一　我国当前所处的历史时代

我国当前处在一个什么样的历史时期呢？最近北京出版了一本书叫作《(1896—1996) 世纪档案——影响 20 世纪世界历史进程的 100 篇文献》①，这是四川的几位同志编的，很有意义。

20 世纪在人类历史上是一个很重要的世纪。

（1）这 100 年全世界的人口由 20 多亿人增长到 60 亿人。人口增长近 2 倍。

（2）GDP 由 2000 多亿美元增长到现在的 20 万亿美元。除去美元贬值的因素，大约翻了三番到四番，即增长 10～12 倍。

（3）这 100 年科学技术迅猛发展，对人类文明产生了巨大影响，改变了人类的生活，大大提高了人类的生活质量。新的科技日新月异，产生了许多新技术、新产品，如喷气式飞机、电视、电脑、原子弹、氢弹、火箭、人造卫星、宇宙飞船、大哥大、尼龙……。推动了生产力的大步前进。由蒸汽机时代进入电子时代。

（4）这个世纪打了两次世界大战，全世界卷入了。规模是空前的，损失也是空前的。

（5）在这个世纪里，马克思主义风靡全球，第一次大战中，诞生了苏联，第二次世界大战中国革命胜利产生了社会主义阵营，社会主义和资本主义的矛盾成为全世界的主要矛盾。进入 20 世纪 90 年代，苏东剧变，社会主义受到暂时的挫折。

（6）二战以后，各殖民地国家纷纷独立，帝国主义殖民体系瓦解，各新兴国家逐步走上独立的道路。

（7）20 世纪 60 年代以后，世界急剧分化，南北差距拉大，发达国家与广大发展中国家差距拉大。20 多个发达国家越来越富，人口负增长，财富大量增加，而发展中国家继续在经济上受到剥削，陷入债务和贫困之中。

---

① 徐学初等编《(1896—1996) 世纪档案——影响 20 世纪世界历史进程的 100 篇文献》，北京：中国文史出版社，1996 年 6 月出版。——编者注

（8）亚洲在 20 世纪 60 年代以后迅速崛起，日本及亚洲四小龙就是代表。有人说 21 世纪是亚洲的世纪。

如何来认识这些变化？列宁在 20 世纪初认为，进入 20 世纪，帝国主义成为垂死的资本主义，整个时代是无产阶级革命的时代，也是社会主义建设的时代。二战以后，两个阵营、三个世界形成了两极对抗，形成了两个超级大国冷战对抗的时代。1989 年东欧剧变、1991 年苏联解体，冷战格局的时代结束，现在进入了一个新的时期。

怎么来认识这个时期？有人说，现在是由一极向多极格局的转化时期。最近于光远写了一篇文章，他认为现在是调整的时代。当然，亦有社会学家托夫勒说，现在是信息时代。也有说现在是和平发展的时代。

中国这 100 年是变化最大的一个世纪，可以说是从公元前 3 世纪秦始皇统一中国以来，社会结构变化最大的 100 年。大家回顾一下，100 年前的今天，正是中国最受屈辱，不断割地、赔款、丧权辱国的时候，中日战争、日俄战争，都是这时打的。也正是这个时候，孙中山先生等一大批仁人志士正在酝酿民主革命。1911 年武昌起义揭开了民主革命的新篇章。1919 年爆发了伟大的五四运动。1921 年中国共产党成立。

值得指出的是，在 19 世纪末和 20 世纪初，产生了一代英雄人物，真是群星灿烂。这些人物都是世界级的。政治上，毛泽东、刘少奇、周恩来；军事上，彭德怀、叶挺、刘伯承、粟裕等；文学上，郭沫若、鲁迅、茅盾、胡适、赵元任、朱自清等；科学上，钱学森、严济慈、钱三强、华罗庚等；哲学社会科学，金岳霖、冯友兰等。不知什么原因，现在条件好了反而不出人才了。这些人才都到哪儿去了？

对中国来说，20 世纪可以分为两段，前 50 年和后 50 年。

（1）1899～1949 年。前 50 年是民主革命时期。这 50 年，经过从孙中山到毛泽东几十年革命，经过无数仁人志士的努力，终于推翻了三座大山，建立了民主、自由、统一的新中国，实现了几代人的理想，为以后的富强打下了基础。

（2）从 1949 年到现在，是我国社会主义建设的时期。

这一时期又分两段，1949～1978 年是一段。新中国的建立，建立了稳定的人民民主专政的政权，开始实行社会主义现代化建设。经过 1～4 个五年计划的建设，奠定了社会主义工业化的初步基础。

但有两个问题，一是在建立一个什么样的社会主义国家的问题上，理论上没有一贯的认识，以致常常以阶级斗争冲击经济建设，出现了工作重心的偏移；二是建立了一个集中统一的计划经济模式，这套办法是从苏联学来的。虽然初建时候毛泽东就感到有问题，1956 年就写了《论十大关系》，但并没有解决这个问题。实践证明，这套办法不行，效果并不好。花的代价太大，没有得到应有的效果。但这 29 年，为我们社会主义现代化奠定了基础。如果说建立新中国是打下了基础的话，那么这 29 年就把社会主义现代化的基本框架搭好了。

1978 年到现在，是社会主义建设的第二阶段。十一届三中全会拨乱反正，一是把工作重点转到以经济建设为中心上来，二是从计划经济转到了社会主义市场经济体制上来。1980 年，邓小平就做了这方面的讲话。直到 1992 年南方谈话才正式公开提出。农村改革就是对着人民公社、对着计划经济来的，就是以市场经济为导向的。实践证明是成功的。18 年，保持了每年以 9% 的速度前进，GDP 翻了两番半。这 18 年，远远超过了过去 29年，超过了以往任何历史时代的成就。

世界银行 1996 年报告说，1994 年中国的人均 GDP，按汇率计算法，为530 美元。而按购买力评价计算为 2450 美元。这已经是世界第 80 位的水平。而以经济总量的绝对量计，已经超过了日本，占世界第二。外国人预计，如按现在的速度发展，20 年后，我们的经济总量将接近美国。1958 年那时提出的超英赶美，将在 2020 年左右实现。中国重新在东方崛起，这是这 100 年全国人民奋斗的结果。那时可以说中国人民站起来了。1949 年从政治上站起来了，1978 年我们在经济上也站起来了。东方睡着的这头狮子真正醒过来了。

国际上有人别有用心地提出了"中国威胁论"，以此来煽动反华、反社会主义。但是从另一个侧面反映了中国国力是真的强大起来了，100 年前是提不出这样的问题的。这是 100 年的中国伟大成就。身在这一代的中国人是非常荣幸的，我们的劳动和奋斗在中华民族史上是光辉灿烂的一页。我们的劳动是会记下的。

怎么来认识这个时代？社会学家提出了一个说法，就是我们正处在社会结构转型时期，正处在由计划经济体制向社会主义市场经济体制转轨的时期。因此，可以概括说明目前的纷繁复杂的情况。

一方面，我们的国家取得了举世瞩目的成就，人民生活确确实实提高了。只拿住房来说，上有天堂、下有苏杭的这个地区，什么时候住上这么现代化的房子？唐宋以后，这里就是繁华富庶的地区，但直到 1949 年以前，农村只是瓦房，还有相当部分草房，楼房是极少数的，有的也只是一层半的阁楼，现在这里楼房是普遍的，三层、两层别墅式的楼房已是相当不少了。

但是还是不尽如人意。牢骚满腹，意见很多，大家有意见。生活从来没有现在这样好过，意见也从来没有这样多过。端起碗来吃肉，放下筷子骂娘。从干部到群众、从工人到农民，从新干部到老干部，都有意见。这是为什么呢？用社会学概括的目前我们正处在结构转型、体制转轨的理论就可以解释这个现象。

所有发达国家在实现现代化过程中都经历过社会转型，转型时都产生过种种的问题，工农城乡矛盾、社会分化、贫富差别、贪污腐败、行贿受贿、社会不公、家庭分化、离婚增加、犯罪增加等等，社会学称之为"社会转型病"。这在100～200年前的欧洲现实主义小说里还是可以见到的。《红与黑》《约翰·克里斯朵夫》《悲惨世界》《悭吝人》等等。

现在我们正在急剧地转型，而且范围要比人家大，时间要比人家快，这些转型病几乎都没有免。还要加上我们同时在实现转轨，加上转轨中的问题：民工潮、卖批文、双轨价格、卖户口、农转非、"砸三铁"①、花钱买平安等等。

前进是事实，问题是大量的，也是事实。我们正是在充满矛盾的过程中不断前进。我们就是处于这样的时代。

二 社会学的现状

社会学传进中国，到现在也整整100年。西欧是150年前，在社会结构转向现代化的过程中产生的，中国是从100年前康有为、梁启超的万木草堂讲学开始的。开始叫"群学"，严复翻译了斯宾塞的《群学肄言》。后来在清华大学、燕京大学逐渐建立社会学系，到20世纪30年代，中国社会学曾经兴旺过一阵，那时在世界上曾达到过相当的水平，产生了像陈达、孙本文、吴文藻、潘光旦、李景汉、雷洁琼、费孝通等一代很有成就的社会学家。

20世纪50年代，中国学苏联，取消了社会学，停止了28年。1979年

---

① 所谓"砸三铁"就是打破企业不能辞退职工、企业内的干部不能降职、企业职工的工资不能下浮的"铁饭碗""铁交椅""铁工资"。这是国企改革整顿时期派生的一个标志性名词。——编者注

小平同志讲了，才重新恢复社会学。胡乔木、邓立群主持了社会学重建的工作，请费孝通先生在 1979 年建立了社会学会。1980 年建立了第一个社会学所，1980 年办了社会学讲习班，1981 年、1982 年有了社会学系。应该说，这些年发展是很快的。

1979～1985 年是一段。建立了 12 个系、30 多个所。1991 年以后又陆续建立，现在则有 20 多个系、30 多个所，约为 2000 人的专业队伍。中国社会学会会员发展到 5000 多人。中国社会学会有 10 个专业委员会，会员 1000 多人。成绩是巨大的。那么我们社会学处于一个什么样的现状呢？我认为我们当今的社会学正处在 1.3～1.4 阶段。

为什么这样说？所有的从国外引进的哲学社会科学，要真正成为在本国生根发展的一门科学，都要经历三个阶段。

第一是引进、翻译、编述的阶段，把国外社会学的经典理论、历史、方法的主要专著翻译过来，把人家的概念、范畴、方法、体系都引进来。这个工作社会学在 20 世纪 80 年代就相继完成了。社会学家因为社会需要，所以许多概念不胫而走，如社会结构、转型、失范、认同、越轨、核心家庭、社区、社会群体、社会分化、社会整合、社会变迁等等，都变成了社会用语、官方用语。这个阶段功不可没。开始的不少社会学家往往是学外语出身的同志，他们一方面译、一方面编，拿来就用，起了作用。这个工作还没有完成，还有大量的古典和当代的一些重要著作要翻译过来。

第二阶段是消化、解释，与本国本地情况结合的阶段，也叫本土化、中国化的阶段。一门外来的社会科学，要在本国生根、传播、发挥作用，就必须同本国的情况相结合，马克思主义是这样，其他社会科学也是这样，照搬照抄只能在讲堂上，要实际发挥作用，就一定要本土化。要同本国实际相结合，才能真正成为本国、本民族的一门科学。

如讲社会结构、社会分层，一定要弄清楚中国的社会结构是什么？社会分层是怎样的？中国的核心家庭是怎样的？社会群体，在中国初级社会群体是什么？社区，中国的社区是什么？居委会、街道，还是乡，还是村？否则这个概念永远说不清。讲课举例子也常常只好举外国的例子，一把斧子换 20 公斤麦子，等等。要本土化就要做大量的调查研究和解释、结合的工作。

如社会分层，1989 年我就农村的分层问题做了研究，农村已经分化成了 8 个阶层。后来不管说是 10 个阶层还是 8 个阶层，但农村分层这一点可以讲了。再不是"兼业农户""第一兼业户",等等了。但城市怎么分层说不清。3000多万干部,1亿多工人都入了工会,都叫工人阶级。怎么分析?至今还没有论文出来。所以城市的社会分层就说不清。

我们中国的社会学正处在这第2阶段,正在做结合工作,已经做了一些,但大量的还要做,如社会结构等,就说不清。所以说正处在第 1.3 ~ 1.4 阶段。

日本经过这100多年,它的社会学的第2阶段,已经做完了。什么是日本的社会结构、社会分层,什么是日本的社区……都说清楚了,著作也多得不得了。但日本这个民族理论工作差一些。还停留在第2阶段上,还没有到第3阶段。

第3阶段应是什么呢?真正有了有中国特色的社会学理论体系。如美国的结构功能主义,帕森斯写出来了,美国社会学就进入第3阶段了。我们这一代恐怕是出不来这样的学问,要等在座的和后一代年轻人了。

三 中国社会学的任务和社会学所的建设

社会学处于这样一个阶段,而社会发展对于社会学却提出了很高的要求,这是很不相称的。

(1)经济发展以后,总的说社会改革、社会发展落后于经济发展了,引出了种种矛盾。其实整个社会科学也不适应社会的要求,两个文明不协调,一硬一软;经济社会不协调,一重一轻。而特别是精神文明,应该有社会科学的指导。社会结构转变也是自发的。所以有人说,前20年经济学家起作用,后20年则应是社会学家起作用了。

上次沈阳会上,有人讲,当今是社会学发展的黄金时代。社会发展要求社会学去总结、去指导。也正是社会学发展的好时期。社会学这几年发展很快,各地纷纷建立社会学系和社会学所。青年考社会学系本科、研究生特别多。这反映了时代的要求。

(2)我们社会学自身处于这样一个阶段,应该重视调查研究,要加强应用研究,重视理论研究。总的来说,这些年做了大量的调查研究,有了很多成果,外国人也是很惊讶的。但理论层次不高,重复的很多,我们还是要继续保持传统,要做结合工作。

(3)社会学所,20世纪80年代陆续建了不少。这些年发展很不平衡,1992年以后很多人下海做生意去了。这几年正在恢复、发展。两条:一是要加强队伍建设，招兵买马；二是要进行学科建设，选准课题。学科是结合本省、本地实际的，要主动担起责任来，不受政府重视也要把研究报告送上门去，要诊断，要开方子。

（4）这次会议交流情况和经验。大家讨论社会学怎样发展，社会学所怎么办，加强所际合作和交流。我牵这个头，作这样一个发言。

中国现代化进程中的社会学[*]

社会学是一门新兴的社会科学，在中国，社会学的发展更是坎坷曲折，只是在实行改革开放、中国现代化进程加速发展的时候，中国的社会学才得以重建、复兴和繁荣起来，现在已取得了长足的进步。本报告将阐述以下五个问题：第一，中国社会学是在现代化进程中产生和发展的；第二，中国社会学重建后的工作和成就；第三，社会学在中国社会主义现代化进程中的作用；第四，中国社会学面临的任务；第五，中国社会学的发展前景。

一　中国社会学是在现代化进程中产生和发展的

社会学作为一门学科，是伴随着现代社会的出现而产生的。现代社会的工业化与城镇化，以及以它们为表征的一系列社会变迁，从根本上改变

———————————

　* 本文源自《新时期社会科学的回顾与前瞻——中国社会科学院建院 20 周年纪念文集》（社会科学文献出版社，1998 年 4 月，第 112~133 页）。原稿完成于 1997 年 5 月 26 日，该文系作者为纪念中国社会科学院建院 20 周年撰写的专题报告，参加该文研究和讨论的有陆学艺、景天魁、沈原、黄平、张其仔，由陆学艺、景天魁执笔、定稿。原稿完成于 1997 年 5 月 26 日。该文部分内容以《社会学在社会主义现代化进程中的作用》为题首次摘要发表于 1997 年 6 月 6 日的《中国社会科学院通讯》（中国社会科学院办公厅主办的内部报纸），以《中国社会学面临的任务与发展前景》为题摘要发表于中国社会科学院《要报领导参阅》1997 年第 17 期（6 月 15 日），以《社会学的地位和作用》为题首次公开摘要发表于《光明日报》1997 年 6 月 21 日第 5 版，人大复印报刊资料《社会学》1997 年第 4 期转载。该文曾以本题发表于《中国社会科学》杂志 1997 年第 6 期（11 月 10 日），发表时有删改，人大复印报刊资料《社会学》1997 年第 6 期转载。该文英译稿刊载于《中国社会科学》（英文版）1999 年第 2 期。该文还收录于《陆学艺文集》（陆学艺著，上海：上海辞书出版社，2005 年 5 月出版），收录稿不完整，缺第五部分；并完整收录于《中国社会结构与社会建设》（陆学艺著，北京：中国社会科学出版社，2013 年 8 月）。——编者注

了过去各种形式的社会结构和社会关系，也极大地改变了人们的生活方式和交往方式。社会学既是对这种社会变迁及其后果的理解和阐释，又是这种变迁的产物和结晶。可以说社会学是关于现代化及其变迁的理论。

社会学这个学科的名词，是 1838 年由法国实证主义哲学家孔德在《实证哲学教程》一书中首先提出来的，他在书中还对这门学科的对象、方法和理论提出了构想。当时欧洲诸国在实现工业化、城镇化的进程中，急速的社会变革导致两极分化和财富分配不平等，城乡矛盾，阶级对立，社会冲突日趋尖锐。孔德设想建立社会学这门学科，通过对社会现象、社会问题的研究，找到理想的方案，重建社会秩序，促进社会进步。孔德的社会理想是：爱是原则，秩序是基础，进步是目的。

社会学经过 160 年在世界各国的发展，涌现了一大批著名的社会学家，有了很多产生过巨大影响的社会学著作，在整个世界社会发展事业中发挥着越来越大的作用。现在在世界上，特别是在欧美一些经济发达、率先实现现代化的国家里，社会学在人数上和社会地位上，已经成为仅次于经济学的一门较大的社会科学学科，拿中国传统的说法，是一门显学。

古老的中国社会在经历了晚清以来的社会动荡、革命、急变和与外部世界的冲撞以后，也开始了自身的工业化与城镇化历程。受当时欧洲、美国已经进入工业化社会的成就包括自然科学的成就所震撼，中国社会学的前辈和先驱们在很困难的条件下，开创了中国自己的社会学学科，开始了研究中国社会本土社会问题的艰辛探索。

很明显，这样一种学术和学科，必须和中国社会本身的剧烈变迁相吻合，才能生存和发展。

1978 年中国实行改革开放，中国社会进入剧烈的社会变革与高速的经济、社会发展时期，这就为社会学作为一门学科和学术的发展提供了绝好的认识场域和发展机遇。重新认识社会学，在一定意义上说，也就是重新认识我们身处其中的社会结构及其变迁的机制，重新认识我们的日常社会生活本身。

首先，社会学并不是对某种既定的外在客体之普遍性绝对性的认识，因为，所谓社会，只是由于人类主体的积极行动才得以被创造和再造出来的，而这一创造与再创造过程又是由其一代一代的成员所从事的行动来实现的，虽然社会成员的这些行动饱含着他们对社会的认知和改变社会的技能，但社会成员们并不一定都能意识到自己行动的条件，预期到这些行动的后果。

其次，社会学对社会实践的理解与阐释是双向的，即是说，社会学在用自己的概念和理论去解释并理解社会和组成社会的个人的同时，社会和组成它的个人也在用自己的语言和思维去理解社会学，这样一个双向的理解与阐释的过程，也就是社会本身的创造与再创造过程。

最后，社会学作为一门立足于实践、试图阐释社会及其变迁的学术研究，它的发展不是某些个人的建树，而是在群体的参与下不断分析、不断积累、不断积极批判的结果；而试图仅仅用某一种制度性结构性特征，例如工业化特征，去理解现代社会及其变迁，或仅仅做一些未经阐释的所谓调查，并罗列出一些"客观的"数据和图表，是有失偏颇的。

由于中国社会学所具有的来自社会实践又反过来参与到社会实践的建构中去的品质，它对社会生活的影响力和作用，实际上不仅仅是帮助人们更好地理解社会结构与社会生活，它本身就构成了社会结构与社会生活的一部分，它在理论上的积累和在经验上的发现本身就给人们提供了认识、理解社会的钥匙。社会学对人们在社会生活中所使用的概念系统来说，具有积极的批判意义。

社会学是19世纪末20世纪初传入中国的。1891年康有为在广东万木草堂讲课时就讲了群学。以1903年严复翻译《群学肄言》为标志，至今已有94年的历史。1908年在上海圣约翰大学建立了我国第一个社会学系。

到20世纪30年代，中国社会学的教学和研究达到了相当的高度，在国际社会学界有了相当的地位。一批学成回国的社会学家和国内成长起来的学者共同结伴到农村去，他们用社会学的理论和方法来研究社会、认识社会、说明社会。特别可贵的是有一批社会学家深入到农村、工厂，进行调查、实验，企图找到改造旧农村、改造社会的药方。当然，在当时阶级严重对立的历史情况下，他们虽然付出了很大的代价，但收到的效果是有限的。不过社会学家这种深入实际面对民众的学术品格，对后世还是很有启迪的。并且留下了像《定县社会调查》《江村经济》等一批高品位的学术著作，至今仍然是认识旧中国农村的好书。

新中国成立之后，当时有一种不正确的认识，认为社会学可以为历史唯物主义所包括，所以在1952年高等学校院系调整的时候，社会学系被取消了，原有的社会学系被并到民族学院等院校去。从此，大学不再讲授这门学科，科研单位也不再研究这门学科。在1957年反右派斗争中，有很多社会学家被不公正地划为右派，社会学也被批判为资产阶级的伪科学。社会学被迫中断前后达27年之久。

1978 年，长期受"四人帮"迫害监禁的哲学研究所杜任之教授，在全国政协第五届会议上提出了恢复重建政治学、社会学的主张，得到了党中央领导的重视。党的十一届三中全会以后，1979 年春节，中国社科院院长胡乔木、副院长邓力群约见费孝通教授，商讨了尽快恢复社会学的事宜。1979 年 3 月 15 日，由中国社科院、全国哲学社会科学规划会议筹备处主持召开了"社会学座谈会"，邀请了在京和部分省市过去曾从事社会学教学和研究的同志，以及教育、公安、民政、工会、共青团、妇联等实际工作的同志约 60 人，讨论了如何恢复和重建社会学、开展社会学研究工作的问题。3 月 16 日，胡乔木同志与会作了重要讲话，他首先为社会学恢复名誉。他说："否认社会学是一门科学，用非常粗暴的方法来禁止它的存在、发展、传授，无论从科学的、政治的观点来说都是错误的，是违背社会主义根本原则的。"乔木同志还就历史唯物主义与社会学的关系问题，社会主义社会也有社会问题、也要研究社会问题、学习借鉴国外社会学的问题等几个重大理论问题发表了看法，并表示他愿意尽力支持社会学界成立社会学研究会，开展社会学研究。

这次座谈会为中国社会学从政治上平了反，在理论上澄清了一些流行的不正确的观点。1979 年 3 月 19 日，中国社会学研究会召开了第一届理事会，选举费孝通为会长，选举雷洁琼、杜任之、林耀华、李正文等为副会长。这次社会学座谈会的召开和中国社会学研究会的成立，标志着社会学恢复重建工作的开始，从此结束了社会学 27 年停顿的局面。中国社会科学院社会学研究所也在这次会后由费孝通教授受中国社科院的委托开始筹建。

1979 年 3 月 30 日，邓小平同志在中共中央召开的理论务虚会上发表了《坚持四项基本原则》的重要讲话。他说："政治学、法学、社会学以及世界政治的研究，我们过去多年忽视了，现在也需要赶快补课……我们已经承认自然科学比外国落后了，现在也应该承认社会科学的研究工作（就可比的方面说）比外国落后了。我们的水平很低，好多年连统计数字都没有，这样的情况当然使认真的社会科学的研究遇到极大的困难。因此，我们的思想理论工作者必须下定决心，急起直追，一是要深入专业，深入实际，调查研究，知彼知己，力戒空谈。四个现代化靠空谈是化不出来的。"①

邓小平同志的讲话，是对社会学的重建和发展非常有力的支持，18 年来，广大社会学工作者一直是铭记着"社会学需要赶快补课"这个指示在

---

① 《邓小平文选》第二卷，北京：人民出版社，1994 年 10 月第 2 版，第 180～181 页。

努力工作、深入研究的。

我们体会，社会学是在党中央拨乱反正，实行改革开放，要加快四个现代化建设步伐的初期提出来恢复重建的，也就是说社会主义现代化事业需要社会学，社会学的恢复和重建一定要为现代化事业服务，社会学这门学科要在社会主义现代化这个宏伟事业发展中得到发展和成长。

社会学恢复重建后的 18 年就是这样走过来的。

二 中国社会学重建后的工作和成就

在党中央的关怀下，在中国社科院、国家教委和当时任社科院领导的胡乔木等同志的直接领导和支持下，社会学的恢复和重建适应改革开放和现代化建设的要求，进展顺利，发展很快。

1980 年 1 月 8 日，中国社科院社会学所正式成立。1980 年 4 月，由中国社会学研究会和社会学所组织举办了社会学讲习班，吸收各地有志于从事社会学研究和教学的中青年参加，聘请美国、中国香港的社会学者来讲课。1981 年、1982 年又继续办了两期，三次讲习班先后有 120 人参加和学习，为各地培养了社会学的研究和教学骨干，现在各地的社会学所的所长、副所长、各系主任和副主任，基本上都是这个讲习班的学员，大约有一半后来成了社会学教授和研究员。

1980 年夏天，上海大学（复旦分校）首先成立了社会学系。1980 年秋，南开大学成立社会学系，并在教育部和中国社会学研究会的支持下开办了社会学专修班，从各大学选了一批二三年级的哲学、历史、经济等系的学生，进行社会学的培训。以后北京大学、中山大学、中国人民大学、山东大学等也相继建立了社会学系。与此同时，各地的社会科学院也陆续建立社会学研究所，并在所、系的基础上相继成立社会学会。

到 1996 年，全国已经有 26 个省、区、市成立了 35 个社会学研究所（有的省会城市、计划单列市也成立了社会学所，如武汉、广州、哈尔滨等），有 17 个省市的 25 所大学成立了社会学系或社会学专业，另外党校系统、成人高校系统、军事院校、政法院校、工青妇民政院校、医学院校、体育院校都建立了社会学教研室，或开设社会学和社会工作的课程。全国现在约有 3000 名社会学研究和教学的专业工作者队伍，其中教授和研究员约 160 人，副教授和副研究员有 500 多名。中国社会学会现在已经有 5000 多名会员，这些年报考社会学专业的学生越来越多，现在全国有近 2000 名本科生、300 多名硕士研究生、50 名博士研究生。20 世纪 80 年代初期举办的中国社会学函授大学先后已培养了约 4 万名学生。现在各地的大学还在筹建社会学系，申报建社会学硕士及博士点，以满足社会的需要，社会学队伍正在日益壮大。

社会学的学科建设也在日趋完善。中断了 27 年的社会学教学，20 世纪 80 年代开始的时候连一本教材也没有。1982 年为适应教学的需要，由费孝通教授亲自主持，组织力量编写了第一本《社会学概论》。以后，各校各所编写了《社会调查方法》《社会统计概论》《中国社会学史》《西方社会学史》《中国农村社会学》《社会保障》《社会工作》《城乡社区发展》《社会行政和社会管理》《社会政策》《社会现代化》《社会指标体系》《组织社会学》《科学社会学》《文化社会学》《家庭社会学》《老年社会学》《经济社会学》《人口社会学》《城市社会学》等，已能初步满足社会学教学的需要。当然，这方面的工作还在进行，还要继续使之更加完善，但作为一门学科，教材的基本建设经过 18 年的努力，已经初步形成了。

当然，社会学作为一门社会科学，受到社会的重视、社会的关注和欢迎，社会学终于在社会上站住了脚跟。更主要的是，18 年来，广大社会学工作者运用社会学贴近生活、贴近实际的特长，投身于改革开放和社会主义现代化建设的实践，研究了大量社会生活中的重大问题，提出了很多好的研究报告、优秀论文和著作，或为中央、政府决策作了参考，或为制定政策提供了依据和资料，或是澄清了干部和群众的认识、增加了知识，所以产生了很大的社会影响，得到了社会的欢迎和重视。下面我列举 18 年来社会学研究的一些主要课题：小城镇问题的研究；城市家庭婚姻的大型问卷调查；关于现代化理论的研究；关于社会转型问题的研究；关于社会结构、社会变迁的研究；关于社会阶级阶层问题的研究；关于社会分化和整合的研究；关于"民工潮"的调查和研究；关于乡镇企业在社会发展中作用的研究；关于发展小城镇和城市化的研究；关于户籍制度改革的研究；关于单位制的研究；关于中间组织的研究；关于国家与社会关系的研究；关于国情的调查与分析（百县市调查和百村调查）；关于社会形势的分析与预测；关于青少年的价值观和青少年犯罪问题的研究；关于各种社会问题的理论分析；关于社会发展和社会安定的关系的研究；关于社会福利和社会保障的研究；关于社会工作的研究；关于农村扶贫和城镇贫困问题的研究；关于收入分配和分配不公程度的研究；关于公平和效率关系的理论研究；关于社会指标体系的研究；关于经济社会协调发展的研究和实践；关于住宅问题的社会学研究；等等。

社会学这些年研究的问题，都是现代化进程中已经发生、正在发生和将要发生的一些重大的问题，社会学家从社会学视角加以研究，开拓了公众的视野、思路，提出了新的解决方案和办法，取得了较为显著的成就，产生了较大的社会影响，这里举几个实例。

1. 关于小城镇问题的调查和研究

20 世纪 80 年代初期，社会学刚一恢复，费孝通教授就亲自率领社会学所同仁，对农村改革以来的发展问题进行了研究，写出了《小城镇　大问题》的研究报告，指出农村在实行家庭联产承包责任制后，农业生产大发展了，同时有大量的劳动力剩余，下一步就应该重视发展小城镇，并推动乡镇企业的发展，以加快农村经济的全面繁荣。这个报告受到中央领导的重视和肯定，在社会上产生了很广泛的影响。小城镇问题的研究，对社会学学科建设也有很重大的意义，在社会学刚刚恢复重建、在专业队伍还比较弱小、基础理论体系还不完备的情况下，费孝通教授抓小城镇问题的调查研究，深入实践从社会调查入手，抓住了社会学发展的主流，在研究程序上从典型调查开始，循着从个别到一般、从定性到定量、由表及里、由浅入深、由微观到宏观这样一条综合研究的路子，这是社会学本身的方法，丰富了社区理论、社会变迁理论和农村发展理论，为社会学学科建设奠定了基础，也训练了干部，带出了一支队伍，为中国社会学界联系实际、为现实服务的踏实学风树立了一个榜样，影响是很深远的。

2. 关于现代化理论的研究

现代化问题是经济、政治、历史等各学科共同关注和研究的重大课题，也是社会从上到下普遍关注的大问题，因为实际上我们就处在现代化的进程之中。社会学工作者是以社会学的特有视角来研究和阐述现代化问题的。这项研究是由翻译开始的，随后是由描述性的介绍到深入的分析，由研究国外的现代化理论转到研究中国现代化本身，深入研究现代化的理论，研究现代化的过程和各阶段的特征、中国现代化的特点、中国现代化的环境和机遇以及现代化的有利和不利因素，还有我们应采取的现代化的战略和步骤。这项研究开始只是少数人的零散研究，20 世纪 80 年代中期以后，参加此项研究的社会学家越来越多，发表了大量的研究论文和专著，涌现了一批这方面的专家，如北大的孙立平、山东大学的吴忠民和我们研究所的张琢研究员等，都有论文和专著问世，受到社会的欢迎。

3. 关于社会结构转型和社会变迁的研究

随着经济的发展，经济结构发生了相应的变化，新中国成立初期的经济结构是第一产业比重最大，第二产业次之，第三产业比重最小。经过多年的建设，1978 年是二、一、三排序，第二产业占 48.2%，第一产业占 28.1%，第三产业占 23.7%。到 1995 年已转变为二、三、一的排序，第二产业占 48.3%，第三产业占 31.1%，第一产业只占 20.6%。经济结构的变化，必然引起社会结构的变化，第二、三产业发展了，从事第二、三产业的工人、职员大量增加，农民相应减少，就业结构发生变化。工人、职员增加，城市人口必然大量增加，农村人口就相对减少了。比较而言，工人、职员因其生产生活的要求，都相对集中，社会流动大量增加，需要开放，农村原来生产生活的封闭型的格局必须改变，等等。国外的社会学家对这种现象进行了概括总结，提出了社会结构转型的概念和理论。

社会现代化的过程，不仅是经济增长、经济发展和经济结构的转变，更重要的是社会结构的转变。现代化的过程用社会学的视角看是农业社会向工业社会的转变、乡村社会向城市社会的转变，也就是由传统社会向现代化社会转变。这种转变是循着自己的规律发展的，是不可抗拒的，是另一只看不见的手。

对于社会结构转型的研究，我国社会学家在 20 世纪 80 年代中期就开始进行了，它研究了这种转变的客观必然性，研究了中国社会结构转变的特点，研究了这种转变对现代化的巨大意义，研究了转变的量化标准，研究了转变过程中的种种问题，比较研究了中国社会结构转型与欧美国家的社会转型。积极的一面是改革开放之后，在传统社会向现代化社会转变的过程中，政府和市场表现为两股不同的推动力量，而且这两股力量灵活地结合起来，形成很好的推动力，这在世界现代化发展史上是一个较好的范例。另一方面，社会学家专门研究了社会结构转型的一般性和特殊性，凡是现代化国家都经历过由传统社会结构向现代社会结构的转型。在转型过程中，由于农民大量进城，生产生活方式都发生了质的变化，一时出现了许多社会问题，诸如贫富差别、城乡矛盾、家庭破裂、离婚率增加、社会风气不正、社会治安问题、社会犯罪增加等等，一些西方社会学家称这种社会问题为社会转型病。中国的社会结构转型还有自己的特色，这主要是中国在社会结构转型的同时，还要实行由计划经济体制向社会主义市场经济体制的转轨，由此也产生了诸如价格双轨制、"民工潮"、买卖户口等特有的社会问题。

社会学家上述这项研究对以下的一个问题做出了理论上的解释，这就是：为什么改革开放以后，我们取得了举世瞩目的伟大成就，经济高速增长了，社会各项事业发展了，绝大多数人民生活普遍改善了，但干部群众都还有很多意见？有同志总结说，现在的情况是，生活从来没有像现在这样好过，群众意见也从来没有这样多过。为什么？这是因为我们目前正处在社会结构转型时期，结构转型期社会的生产生活正发生着激烈的变动，会像已经实现现代化社会的国家一样产生种种社会问题。同时我们又在由计划经济向社会主义市场经济体制转轨，又产生了种种社会问题。这两类社会问题重叠在一起，加上我国是一个人口众多，发展又很不平衡的国家，群众意见大量增加也就不足为奇了。

关于社会结构转型的问题，20世纪80年代中期，我们社会学研究所就这个问题进行了研究，1990年社会学研究所出版了第一本《中国社会发展报告》，在总论里就专门论述了中国社会结构转型的问题，1993年我和景天魁同志主编出版了《转型中的中国社会》一书，人民大学、北京大学的几位教授也都研究过社会转型的问题，出版过著作，发表过文章。

4. 关于农村社会和农村发展的研究

农业、农村、农民问题，是中国现代化最根本、最关键的问题，没有9亿农民的现代化，也就没有中国的现代化。因此，农村问题的调查和研究一直是中国社会学界最关注的问题，这也是中国社会学的传统，老一辈社会学界有不少人，也都是研究农村、农民问题的。现在，研究农村问题的人最多，调查资料最多，写的文章和著作最多，成就也比较多。我们研究所大约有1/3的人是跑农村和研究农村有关问题的。研究的范围也很宽：农村的家庭婚姻、农村的家族和宗族、农民工、农村社会分层、农村的社区、农村基层组织、农村的乡镇企业、农村的小城镇建设、农村的发展道路，等等。我所的张雨林研究员长期在太仓等农村基层蹲点，研究农村发展模式比较，农村精神文明建设；我和我的一批博士研究生研究农村社会分层、农村发展道路；黄平和沈红分别研究农村扶贫问题；折晓叶和陈婴婴等研究农村的超级村庄，研究农村的城镇化问题。这些研究都提出了一批有价值的学术成果。

农村问题的研究是个无穷的宝库，中国农村的现代化是具有中国特色社会主义的重要组成部分，中国农村实现现代化也将有各种模式，研究中国农村仍将是今后社会学研究主要的组成部分，而且会产生一大批有国际意义的优秀成果，会培养出一大批社会学家。

5. 关于社会指标体系的研究和应用

社会指标这个概念是 1966 年美国社会学家提出来的，这是适应世界发展观的转变应运而生的。以前所谓的发展，就是经济增长，而在 20 世纪 60 年代以后，人们逐渐认识到，发展应是经济社会的全面协调发展，最终是为了人的发展。过去，一般统计只有经济指标，由于发展观的改变，社会指标问题提出来了，社会指标就是研究测度科技、经济、社会全面协调地发展中不可缺少的一个重要根据和方法。1980 年国家统计局等单位的领导就提出了社会统计的问题。不久，国家统计局成立了社会统计司，于 1985 年出版了第一本《中国社会统计资料》。1987 年在"七五"国家社会科学基金计划中，"社会指标研究"被列为重点课题。后来这个课题是由我所朱庆芳同志主持做的，这个课题做得很成功，他们不仅在理论上做了探讨，而且应用了运用社会统计指标的方法，对 100 万人口以上的约 100 多个国家做了社会指标的分析对比，结果计算出中国在全世界 100 多个百万以上人口的国家中，社会发展水平名列 68 位。这个统计公布后，在社会上引起了很好的反响。国务院总理李鹏同志很看重这项研究，在国家的几个报告中引用了这个成果。因为这项研究的结论既显示了我国经济社会发展的综合国力（这在 20 世纪 90 年代初是很必要的），又保持了原来经济统计上还是低收入发展中国家的排序。此项研究的社会影响很大，不少外刊都报道了。以后，课题组又对 30 个省、区、市的经济社会发展水平作了对比研究，成果发表以后，有不少省份的领导都很重视。如山东省 1991 年排到第 16 位，该省省长专门批给省计委研究，要求提出意见。省计委经过核实后，向省委、省政府写出了报告，认为社会学所社会指标课题组的这项报告是符合实际的，山东虽然改革开放以来经济发展很好，但由于农村人口多，东西部发展不平衡，文化素质普遍较低，社会发展事业相对落后等，所以总评分数低，并且提出了今后要重视经济社会协调发展的具体建议。省委专门批转了这个报告，从此山东省对社会发展是比较重视的，后几年的评分就逐渐有所提高。现在有些省、有些市，甚至有些县还以社会指标体系统计评价标准作为对各基层组织工作评价的内容，促进本地区的经济社会协调发展，社会效果很好。

6. 关于社会调查和国情调查工作

社会学本来是一门很强调理论分析又很重视社会调查和积累资料的学科。多年以来，社会学有很多很有影响的社会学理论著作问世，而且有很多重要的社会调查著作问世，并已形成了一套独特的社会学调查方法，如问卷设计、抽样调查、统计分析、计算机处理等，把定性研究和定量分析结合起来，这在社会科学中是有特殊地位的。

中国的社会学历来有重视社会调查的传统，特别是在1979年重建恢复之后，以费孝通、雷洁琼为首的老一辈社会学家身体力行，亲自领导和组织了小城镇问题和城市家庭婚姻问题的大型社会调查，开了风气之先。各地的社会学系、社会学所和社会学工作者有的深入农村基层，有的到工厂车间，有的长年蹲在农村，有的建立了单位或个人的长期联系调查点，社会学所有几位研究人员经常是春节期间住到山村里去，以调查那里的民情风俗。这些年各地社会学工作者做了大量的社会调查、积累了很多数据和资料，有的还有所创新，如北大社会学系的几位教授正在做口述历史的调查。他们住到农村去，请当地健在的老人讲述当年抗日、解放战争、土改镇反、统购统销、合作化、公社化、实行大包干等历史，然后加以整理、分析，更深入更细致地研究中国农村社会变迁的历史和现代化的进程。

1988年，在党的十三大以后，中央提出为了拓展社会主义初级阶段的理论认识，要求中国社会科学院等单位组织加深国情认识的调查研究。中国社会科学院提出了开展国情调查的任务，并作为重点课题列入了"七五"国家社科基金计划，具体就由社会学所等单位来组织实施。从1988年至今，历经9个年头，前后组织了全国约3000名社会科学工作者，调查了119个县市在1949年以来的经济、社会文化变迁的情况，访问了2万~3万个干部群众，对3万多个农户和城镇居民做了问卷调查，按照统一的提纲，各地写出105卷县（市）情况报告（每卷平均有40万字，其中包括约25000个数据），现已有90卷定稿，并由大百科全书出版社出版，受到了国际国内学术界的普遍好评。这是把中国每个省3~5个县市在20世纪80~90年代的情况如实地记载下来了，这是了解认识国情的好材料。越到后来，这些资料越宝贵。1996年，这项课题成果得到了中国社会科学院优秀成果荣誉奖。这项工作，到1998年全部书稿可以出齐。我们现在正在着手组织对全国100个村的调查。如果说百县（市）情调查是从中观层次上认识国情，那么，百村调查则是从微观层次上更深入、更细致地了解认识国情。现在这又一项大型社会调查工程正在组织实施中。

7. 关于社会形势分析和预测的研究

我们党和国家历来重视形势分析，根据形势来确定自己的任务。战争年代很重视军事形势的分析，新中国成立以来，我们更多的是重视经济形势，一作报告，总是讲工业怎样？农业怎样？财政状况怎样？……随着社会主义现代化事业的发展，经济发展了，但社会问题并不像原来设想的那样减少了，而是增加了，社会安定、社会治安成了上下都很关心的重大问题。1992 年我院主管政法社会片的副院长江流同志提出，能否按经济片出版经济蓝皮书那样，搞一个社会形势分析和预测的课题，每年出版一本社会蓝皮书。具体任务是由社会学研究所来组织的。从 1992 年夏天开始，组织院内外各方面的专家和实际工作部门的同志 40 余人，着手研究社会形势，对当年的社会发展、社会改革、社会安定、社会心理等方面的社会形势走向进行分析，对下一年的社会形势进行预测。1993 年出版了第一本社会蓝皮书，以后每年出一本，现已出了 5 本。这本社会蓝皮书出版后，在社会上非常受欢迎，第一年才印 6000 本，以后陆续增加，印到 1.5 万本，成为各界了解全国社会形势的比较权威的读物，上至中央机构，下至县级领导都很重视这本书，产生了较好的社会效益。现在，湖南、吉林、辽宁、浙江、上海、北京等省市也都效法，每年出一本社会蓝皮书，效果也是好的。1995年湖南出第一本社会蓝皮书，两个月工夫，初印的 3000 册就卖完了。港台同胞也很看重这本书，香港中文大学正与我们协商出版这本社会蓝皮书的英文版。

三　社会学在中国社会主义现代化进程中的作用

如前所述，社会学这门学科，虽然是初建，这 18 年来也经历了风风雨雨，但社会学工作者的队伍在逐渐扩大，社会学的科研成果在大量涌现，社会学在社会主义现代化进程中的作用日益明显地表露出来。那么，社会学这门作为中国的新兴学科在社会主义建设中，在社会生活中已经产生了哪些作用呢？

（1）社会学作为中国的一门新兴学科，社会学理论和知识的传播以及社会学研究成果的普及，为广大干部和群众认识社会、认清国情、分析形势增加了一个视角，提高了政府部门对社会发展的重视程度，对全面贯彻经济社会协调发展的方针产生了积极的影响。自社会学重建以后，社会学工作者就对现代化理论，对社会发展战略，对经济社会要协调发展等问题进行了深入的研究。研究成果表明，现代化建设是一个综合的系统工程，涉及经济、社会的各个组成部分和各种要素，只有考虑到经济、社会诸构成要素的全面发展，以及它们之间相互促进、相互制约的各种情况，现代化事业才能持续协调地发展，才能有高效益和高速度的发展，才能避免和尽量避免现代化过程中出现严重的社会问题。

社会学在这方面的研究成果，对提高全社会对社会发展在现代化进程中的地位和作用的认识是产生了积极效果的。1982 年，国家在制定"六五"计划时，明确把国民经济发展计划改为国民经济和社会发展计划。从此成为惯例，把原来的经济发展计划包容进了科技、教育、文化等各项社会发展的系统计划。与此相适应，国家政府中主管社会发展的部门和机构也相继成立，国家计委成立了社会发展司，国家统计局成立社会统计司，国家科委成立社会发展司，民政部成立社会福利和社会进步研究所，还成立了社会工作与社区服务研究中心，公安部、监察部也都成立了研究社会发展和社会问题的研究机构。广东省专门成立社会保险局，上海浦东新区成立了社会发展局。更为可喜的是，各级政府在制定发展战略和工作计划的时候，不同程度地改变了过去只抓经济发展而忽视社会发展的观念，树立了全面整体发展、经济社会协调发展的观念，有力地推动了社会发展的各项工作。近几年，政府机关、新闻媒体主动找社会学研究和教育机构进行咨询和要求合作、协作的事大量增加，许多地方制定发展战略的规划也主动找社会学工作者参加、近几年社会学工作者成了忙人，社会学的书籍成了畅销书，社会学系毕业的学生很好分配，社会学本科和硕士点、博士点成了青年报考的热点。

（2）社会学研究的成果被应用于各级政府和部门的决策过程，直接为社会主义现代化建设事业服务。社会学重建以来，广大社会学工作者对我们在改革和发展中的重大热点问题和难点问题进行了深入的研究，这些研究成果受到各级党政部门的重视，直接运用到了实际工作中去。如前述费孝通教授的小城镇问题研究，课题组所提出的分析和建议受到中央领导和各地政府的高度重视，成为制订发展乡镇企业、发展小城镇计划的重要依据。从 1983 年开始，天津市政府委托天津社科院社会学所和统计部门，在天津市进行"千户（问卷）调查"，主要内容是居民对市政府前段工作的评价和对以后工作的期望。通过调查，社会学工作者把调查的情报、信息和结果及时反馈给政府领导决策部门，作为改进工作的依据。这项"千户（问卷）调查"已坚持多年，收到了良好的效果。我们社会学研究所 20 世纪 80 年代末，对农民阶级进行了分层研究，提出了农民已分化成 8 个阶层的结论，此项研究被农业部农研中心所采用，依照这个分析框架在 1994 年对全国农村进行了较大规模的调查，初步弄清了目前农民分化和流动的现状，成为制定政策的重要依据。我们研究所在 1994 年发表了《中国社会主义道路与农村现代化》一书，指出中国农村的现代化将经历家庭联产承包、乡镇企业、小城镇和城乡一体区域发展四个阶段，并提出了相应的政策建议。此项研究成果受到各地的欢迎，不少县市据此来修改或制定本地的经济社会发展和实现现代化的规划。另外，广大社会学工作者还进行了一些专项的调查和研究，如家庭婚姻、人口控制、扶贫、民工流动、青少年犯罪、养老保险、社会保障……这些研究成果也都不同程度地被实际工作部门所吸纳和采用，成为推动各项工作的具体对策。

（3）社会学的发展为调查社会、认清国情和地情提供了新的调查方法和工具，对提高社会调查的水平、质量和扩大调查范围起到了促进和推动的作用。社会学与其他社会科学相比，有它自己独特的调查方法，多年来已经形成了一整套进行社会调查的方法和规则。这十几年来，中国社会学工作者对这套方法的引进、消化、应用做了很多努力，已经逐步掌握并且尽可能使之中国化，还推广应用到社会各界（包括某些自然科学的学科）。大家知道，正确的决策，应建立在对社会实际情况全面深入的认识上，进行多方面的社会调查则是认清国情的重要途径。随着社会学的发展，各种科学的调查方法逐步得到应用和推广，如问卷调查方法、参与观察方法、抽样方法、数据统计分析方法、模型方法、预测方法，等等。特别是电子计算机应用于分析处理调查的资料和数据，极大地提高了调查研究的科学性，提高了对社会现象、社会问题分析和预测的准确性，提高了速度，提高了效率，起到了很重要的作用。这些社会调查所得的资料和通过计算机分析得到的数据，为实际工作部门进行工作和决策提供了很重要的参考。前述由中国社科院主持，由我所组织实施的百县（市）情调查，几年来，通过大量的社会调查，取得了数以万计的数据和资料，对当前我国的社会结构、社会组织、城乡状况、居民生活有了深一层的了解，而且都有了数量的根据，对于深入认识国情，对于各地制订进一步发展计划，都准备了条件。

（4）社会学的发展为社会管理、行政管理、企业管理以及做好社会工作提供了必要的理论和方法。随着我国改革开放的深化和经济高速发展，国家的行政管理和社会管理逐渐分离，社会管理的作用越来越占据重要的地位。而社会管理是涉及多种社会因素的系统工程，需要多方面的组织和协调工作。社会学作为从总体上研究社会的科学，具有综合性的特点，能够为加强社会管理提供理论依据和具体方案。这些年来，社会学的研究成果被各类企、事业单位具体应用到制定发展规划、进行科学管理等方面，取得了良好的效果。另外，社会学有很多分支学科，如农村社会学、城市社会学、工业社会学、教育社会学、体育社会学、法社会学、医疗社会学、环境社会学、组织社会学、劳动社会学，等等，这些分支社会学的发展本来都是从各系统的社会管理实践中发展起来的，反过来又对这些系统的管理和发展起到了推动和促进作用。社会学的理论和方法帮助他们进行组织和协调，调整内、外部关系，调动广大干部和职工的积极性，对推动本系统本单位健康发展起到了明显的作用。

（5）社会学知识在干部、群众中的普及和提高，也促进了社会主义精神文明建设事业的发展。从本质上讲，社会学是研究个人和社会关系的，强调社会秩序和社会进步，强调和谐、协调发展。社会学知识应当向全体公民普及，随着社会学的这些理论和方法为广大干部和广大群众所掌握，人们在处理家庭内部关系、教育子女、处理同单位和他人的关系、处理人际关系等方面的水平就会相应提高，使人们的生活方式更加科学合理。为了创造良好的社会环境，达到提高全民素质的目标，社会学的发展和普及是必不可少的。

我国的社会学之所以能在这18年的时间内得到迅速发展，取得比较好的成绩，主要有以下几方面的原因。

第一，社会学的发展适应我国现代化事业突飞猛进发展的需要。恩格斯说过，社会的需要，比办几十所大学的推动力还要大。[①] 社会学本来就是伴随着现代化出现而产生的，它也将伴随着现代化的发展而得到成长和发展。正是鉴于这种需要，邓小平同志在改革开放之初，就发出了社会学要赶快补课的指示。1996年，江泽民同志在中共十四届六中全会上又提出了要加强社会学等学科学习的号召。中央领导同志的指示，正是适应中国现代化事业发展要求而作的，这是社会学得以迅速发展的主要原因。

第二，社会学的健康发展，得力于我们有一个正确的发展方针。大家知道，社会学刚刚恢复和重建的时候，当时担任中国社科院院长的胡乔木同志，以及其他院领导同志对社会学这门学科的重建，是倾注了大量的心血的，院党委召开会议研究社会学的重建和发展问题，对于建会和建所的方针作了明确的决定，中国社会学研究会和社会学研究所就是在院党委直接领导下建立起来的。中国社会学研究会建会的时候，就明确社会学研究

---

① 恩格斯："社会一旦有技术上的需要，则这种需要就会比十所大学更能把科学推向前进。" 参见《马克思恩格斯选集》第4卷，北京：人民出版社，1972年5月第1版，第505页。——编者注

要以马克思主义为指导，社会学要为社会主义现代化服务。费孝通教授对此作了明确的阐述："我国的社会学必须是反映具有社会主义性质和中华民族特点的中国社会的社会学。它的内容既不可能是新中国成立前的社会学的简单恢复，也不可能是任何外国社会学的直接引进，我们虽要批判地继承所有过去社会学的成果和批判地吸收西方社会学的成果，但必须以立足于当前中国社会实际为主，通过实践的考验逐步发展我国自己的社会学。"[①]以后又多次重申要建立"以马克思主义为指导，结合中国实际，为社会主义服务的新中国社会学"。[②] 多年来，中国的社会学工作者、社会学的科研和教学机构都能够坚持这个学科方针，有效地保证了我国社会学事业的健康发展。

第三，中国社会学重建过程中，坚持了既重视社会学的理论研究，又加强应用研究的方针，坚持一手抓社会学理论和方法的学科建设，一手抓进行社会调查为现实服务的方针。这本是中国社会学的优良传统，在这方面费孝通、雷洁琼等老一辈社会学家身体力行，他们亲自深入农村、街道进行大量的社会调查，研究现实问题，提出政策建议，发挥社会学的功能，扩大社会学的影响，推动社会学的发展，而且带出了坚持理论和实际相结合的好作风，培养了一支科研队伍。正因为这样，社会学这门学科重建不久，就在社会上打开了局面，取得了各方面对社会学的支持，社会学本身也发展起来了。实践证明，为社会主义现代化实践服务，是社会学生命力的所在。

第四，我们在引进外国社会学的理论和方法的过程中，能够坚持以马克思主义为指导，正确对待各种社会学的理论流派和方法，不盲目照搬，而是有选择地吸收和借鉴，使其为我所用。如我们在引进社会学的一些新的调查方法的时候，我们也不是全盘照抄，而是将其与我们原来行之有效的蹲点调查、"解剖麻雀"、开座谈会、入户访谈等传统办法结合起来。对他们的方法也根据中国的实际加以改造利用，使社会调查和研究更加科学合理。这些年，社会学界同国外同行的合作、交流是很多的，我们在重建过程中，一些友好的学者，特别是一些华裔的友好学者对中国社会学的重建恢复起过很重要的作用，但我们在和国外同行交流合作时，都能坚持洋为中用、以我为主的方针，所以这些年我们社会学的成长和发展，总的说

---

① 费孝通：《建立我国社会学的一些意见》，载《费孝通学术论著自选集》，北京：北京师范学院出版社，1992 年 5 月，第 14～15 页。

② 费孝通：《建立我国社会学的一些意见》，载《费孝通学术论著自选集》，北京：北京师范学院出版社，1992 年 5 月，第 23 页。

来是健康和有序的。

四　中国社会学面临的任务

中国现代化事业现在正进入一个新的阶段。在行将跨入 21 世纪的时候，中国现代化进程中还有许多重要问题，迫切要求社会学来回答，中国社会学的任务是非常繁重的。除了上述许多重大课题还要继续进行外，社会学还有许多新的课题要进行研究。从社会学所目前正在进行的新课题看，大体可以归纳为以下几个方面的任务。

1. 社会保障问题

社会保障是社会稳定的重要条件，没有完善的社会保障机制，就不可能有良好的社会秩序和社会环境。我国的社会保障制度目前还很不完善、很不健全。在农村，社会保障的水平低、覆盖面窄，社会保障的功能不强，还是以家庭保障为主。在城市，主要以单位保障为主，城乡之间是两种保障体制，很难适应建立社会主义市场经济体制的需要，对国有企业改革也是很大的障碍。中国要建立一个什么样的社会保障制度，这是一个很值得探索的问题。现在看，完全照搬别国的模式不行，一是因为中国有中国的国情，二是因为不少国家现有的社会保障已经出现了很多弊端，如社会保障水平过高，使经济发展失去了活力，社会负担过重、过大。我们要在研究其他国家社会保障方面的经验和教训的基础上，结合中国的国情探索出一条适合我国发展水平、特点和结构的社会保障路子来。

目前，我所在这方面有四个课题：孙炳耀副研究员承担的一项院招标课题，李培林研究员主持的国有企业社会保障研究课题，景天魁研究员主持的中国社会保障体系研究课题，李银河研究员主持的乡镇企业女工劳保问题研究，等等。

2. 城乡关系问题

在计划经济条件下，我国形成了城乡二元结构，城乡之间界线分明，城市人口和农村人口身份不同。这种结构曾经对我国现代工业体系的建立起了一定的积极作用。但随着经济体制由计划经济向社会主义市场经济的转化，城乡二元结构所造成的问题越来越严重：一是它阻碍了城乡人口的合理流动，造成不少不安定因素；二是它不利于全国统一的劳动力市场的形成，阻碍市场经济体制的健全发展。

正确处理好城乡关系对于市场经济建设有至关重要的意义，现在也是该着手解决、研究这个问题的时候了。我所目前与此有关的研究课题有：陆学艺主持的中国百村经济社会调查，折晓叶副研究员主持的超级村庄的兴起与新型城乡关系，黄平副研究员主持的当代我国城乡居民生活方式与消费，陈婴婴副研究员主持的中国沿海发达地区社会变迁调查，等等。

　　3. 阶级阶层问题

　　阶级阶层问题是个大而新的课题。在由计划经济向社会主义市场经济的转化过程中，农民出现了分化，城市居民出现了分化，阶级阶层问题又成为一个十分重大的课题摆在了社会学工作者面前。对这个问题社会学界已经进行了一些研究，但对中国目前的社会结构还缺乏共同的认识，有不少的争论。产生争论的一个重要原因是我们对中国目前社会结构的实际情况缺乏了解，所以进行调查是阶级阶层研究的第一步。目前这方面的课题有罗红光的乡村社会阶层分化的微观研究、张厚义的私营企业主群体特征研究等。

　　4. 可持续发展问题

　　在人类经济发展取得了很大成就，社会财富极大地增长的同时，人类对环境的破坏空前严重，在人口、资源、环境与经济发展的关系上，出现了一系列尖锐的矛盾。1980年世界自然保护联盟委托有关方面发表了"保护地球"这一有国际性影响的文件，提出了可持续发展的概念。1987年世界环境与发展委员会发布了一份题为《我们共同的未来》的报告，对可持续发展进行了更加科学的界定。可持续发展已经成为一股世界性潮流。从20世纪70年代中期起，一些社会学家如卡通（Catton）、丹那普（Dunlap）、巴迪尔（Buttel）、斯勒伯格（Schnaiberg）等开始检讨和批判社会学对环境问题的认识，发展出环境社会学，提出了"新环境论范型"。认为社会事实和环境事实之间存在一种互动的关系。我国对可持续发展的研究已经引起了社会学家的注意。我所部分研究人员参与了由院领导牵头，几个所合作的大型课题，我所研究人员张其仔还承担了社区可持续发展案例研究课题。

　　5. 贫困问题研究

　　贫困问题是现代化过程中必须攻克的难题，也是社会学关注的重点之一。贫困的发生不仅有自然地域原因和经济原因，而且有社会和文化根源，因而贫困的消除不仅要从经济上入手，还要着力解决社会和文化方面的问题。扶贫必须着眼于增加贫困地区的自我发展能力，解决扶贫传递系统的效率问题，解决脱贫的内在机制问题。为此，我所魏章玲研究员主持了我国现阶段社会贫困问题研究，沈红助理研究员主持了以云贵边远贫困地区为调研对象的扶贫传递与社区组织课题。

以上五个方面，仅仅是我所正在进行的科研项目的一部分，是与中国现代化关系比较直接的一部分。从这些项目可以看到，社会主义现代化事业迫切需要社会学研究，而且，社会学这门学问的特点是，它不只是站在现代化实践之外去做解释和说明的工作，而是参与到现代化实践之中，去积极推动现代化事业的发展。

五　中国社会学的发展前景

1. 走向一个综合研究中国社会发展变迁的大学科

社会学是一个年轻的学科，它自 19 世纪 40 年代产生至今，不过 160 年的时间，却迅速成长为一个重要的社会科学学科，在一些西方国家，它甚至成为从业人员最多的学科之一。究其原因，盖由于它适应了现代社会形成和发展的需要。社会学自始关心的中心问题就是"现代性"问题，"至终"怎么样？现代性之后还有所谓"后现代性"，它会给社会学带来什么不可预测的影响，社会学这个学科将来会不会分解？不敢断言。但在可以预见的范围内，现代性以及现代性在世界范围内迅速扩展的现代化问题，是社会学这个学科须臾不可离开的活力源泉。离开了这个源泉，社会学的生命力就会枯竭。中国的改革开放和社会现代化提出了对社会学的迫切需要，这就表明，现代性以及中国社会的现代化是社会学安身立命的根本。因此，社会学者的使命感就是满腔热情地去参与社会现代化，研究中国现代化，推动中国社会现代化。

所谓"现代性"，虽然没有统一的定义，但一般是把它理解为自 17 世纪以来，先是出现于西欧，后又迅速波及世界的急剧的社会动荡、社会冲突和社会发展的过程。在这个过程中，形成了被称为具有"现代"特征的社会生产方式、社会组织结构、社会生活方式、思维方式以及文化价值观念。社会发展和变迁的急剧性、深刻性、普遍性和难以预料性，是现代性的一些主要特点。马克思说这是充满对立面的斗争的社会，韦伯称这是自相矛盾的社会，迪尔凯姆说这是需要整合的社会……总而言之，面对这种社会现象和社会问题，社会学才应运而生并迅速发展。

像中国这样的国家，一方面背负着沉重的历史包袱，另一方面又有久被压抑的发展冲动；一方面急迫需要实现社会现代化，另一方面又处于与西欧和北美当年搞现代化时完全不同的时空条件之中；人口压力、资源压力、就业压力、生存压力一起集聚到了当代人的肩上，历史又仿佛赐予了一种也许是最后一次的难得的发展机遇，激励人们不顾种种压力去奋力拼搏。在实现现代化的过程中，中国社会既要快速发展，又要保持稳定；既要拉开差距，又要基本公平；既要发展高科技，又要争取高就业率；既要激励竞争，又要缓解冲突；既要大胆引进，又要自力更生；如此等等高难度的目标，高难度的任务，给社会学提出了高难度的要求，这对社会学的解释能力构成了严峻的挑战，同时也为社会学的大发展提供了难得的机会。据初步统计，仅以社会学所为例，目前正在进行的 20 个项目中，大部分是关于诸如社会保障体系、阶级阶层结构、新型城乡关系、贫困社区发展、可持续发展研究、社会公平问题、青少年犯罪、社会心态、基层政权和社区发展、私营企业主群体等等复杂而敏感、重要而迫切的问题。这些问题以及随着现代化过程不断进展而层出不穷的新问题，摆到了中国社会学面前，提出了中国社会学必须大发展的客观要求。

中国社会现代化过程既然不同于欧美现代化过程，中国社会学家也就不能指望西方社会学家会提供解决中国社会发展问题的现成答案和万应药方。中国社会学家必须发挥创造力，从中国实际出发，学习邓小平同志建设有中国特色社会主义理论的榜样并以之为指导，去苦下十几年、几十年的工夫，创造中国特色的社会学。

中国社会学界是大有希望的一个学术团体，费孝通、雷洁琼等老一辈社会学家以他们的学识、品格和威望，继续发挥着指导作用；新一代社会学家正在迅速成长，他们当中，有不少人甘于吃苦，耐得清贫，肯坐冷板凳，不为金钱所动，刻苦读书，勤勉笔耕，认真做学问；有不少人不辞劳苦深入农村厂矿，坚持社会调查，特别是一些青年人，如受到院党委表扬的副研究员沈红，长期深入西部偏远贫困地区，从事消除贫困和社区发展等课题的研究，精神十分可贵；一批已经退休的老专家仍然壮心不已，继续承担研究课题，不遗余力地为社会学事业做贡献，这些都是中国社会学有可能发展成一个大学科的重要主观条件。但同时也必须看到，社会学从业人员的素质参差不齐，专业训练不足，还缺乏必要的学术规范和制度建设，这种差距表明社会学的大发展既有主观方面的可能性，又有很大的发展余地。

2. 走向规范化的学术建设

加强学术建设是社会学发展的必然要求。中国社会学经过了 18 年的恢复和重建，到现在已经具有相当的规模，可以说恢复和重建的任务基本完成了。今后当然还要扩大队伍，开辟新的研究领域，形成新的分支学科，但主要任务、主要困难不在这里，而在于加强社会学的学术建设。

前18年的学科建设，是要解决这个学科要还是不要、有还是没有的问题。有了，还要解决它是大还是小的问题。今后的学术建设，是要解决这个已经有了的学科往哪里摆的问题，在中国现代化过程中的定位问题，解决它的质量的高低问题。

学科建设和学术建设并不是界线分明的两个概念。通常，学科建设中包括学术建设，因而学术建设为学科建设的组成部分，但有些学术建设是跨学科和非学科性的，并不是学科这个词完全包容得了的。简言之，学科建设中，有些是学术性的，有些不是学术性的。学科建设的主要内容包括：人才培养和调配、分支学科的设置、研究手段和设备建设、确定研究课题和领域、机构设置和科研管理等。同样，学术建设中有些是学科性的，有些不是学科性的，但不管怎么说，今天我们所说的学术建设，是以往18年的学科建设，也包括已经做过的学术建设合乎逻辑的继续和发展。并不是说从现在开始才搞学术建设，而只是说，要进一步加强学术建设，要系统而合乎规范地进行学术建设。

加强学术建设是近来所内所外、院内院外的许多社会学者的共同心声。他们指出"社会学不等于社会调查"，应该把"社会学研究"与"社会（问题）评论"区别开来，如此等等，都表明了大家都在思考社会学的学术建设问题，学术意识正在增强，这是非常可喜的现象。出现这种现象，一方面是社会学学科成长和发展的标志；另一方面也表明在客观上，中国现代化事业要求社会学确定它的地位和作用，社会学必须表明自己独立存在的价值，确认自己在社会上、学科群中的恰当形象。恰在此时，院里提出了"精品战略"，既要求提高学术质量，也为加强社会学的学术建设提供环境条件和体制支持。总而言之，不论客观上还是主观上，从各个方面来看，加强社会学的学术建设是顺天应人的，这理应成为当前以及以后一段时期内我们关注的重心。

加强学术建设是艰巨而长期的任务，建立一个学科也许有几年时间就可以了，一个学科要在学术上走向成熟却不是一蹴而就的，往往需要更长时间的积累，也许需要几代人的努力。因此社会学的学术建设也应该有一个长远规划，从当前的需要和可能出发，去干眼下能干又干得成的事。我们当前的工作重点，是踏踏实实地去培育必要的学术环境、学术气氛和学术条件，为人才的成长和学术的成熟做一些铺路性质的工作。这包括以下五个方面：①强化学术意识；②树立问题意识；③健全学术规范；④承续学术传统；（5）开展学术对话。

这五个方面的每一个，都包含着非常丰富的内涵，都需要我们慢慢去体会，去实践。社会学不论过去还是将来，它的学术建设都是密切联系当代社会实践的。不应该把理论研究和经验研究、学术研究和对策研究、基础研究和应用研究割裂开来。事实上，真正高水平的对策研究必定有它的应用价值。随着社会学研究水平的提高和决策科学化程度的提高，社会真正需要的，社会学最应该提供的是以学术研究为基础的对策研究，及可以转化为应用价值的学术研究。在当前以及今后，从中央到地方各级政策研究机构林立，研究力量不断加强的情况下，社会学研究必须表现出它独立存在的价值。当前其他政策研究机构的研究人员的学历和学位都在不断提高，将来还有进一步提高的趋势，如果我们拿出来的研究成果和人家的差不多，而人家又在获取资料和信息以及权力资源方面占有明显优势，那么我们将何以表明自己独立存在的价值？我们的唯一优势就在学术性，就在以扎实的学术研究为基础，而学术研究在可积累性、可传承性上具有比较优势，我们必须发挥自己的优势。可见，只有重视学术建设，我们才能在与其他研究机构的比较中表明我们独立存在的价值；在与其他学科的比较中，显示出社会学的独立价值；在与国外社会学的比较中，显示出中国社会学的特殊价值。

3. 探索中国特色的社会学

建立中国特色的社会学是一个大题目。我想从时空条件、特殊任务、目标和策略几个方面谈一点探讨性的意见。

（1）时空条件

中国社会正在发生的变革，是春秋战国以来 2000 多年未曾有过的。5000 年文明古国如何进入现代社会，世界上历史悠久的一个传统社会怎样进入世界，世界怎样进入中国？几千年未有之巨变对于中国社会学来说真是千载难逢的良机，社会学不就是研究社会变迁的吗？大概就是那么几年、十几年的时间，我们就可以观察到一个传统社会怎样实行社会主义计划经济，大约也只有十几年的时间，我们又可以看到一个实行计划经济的社会怎样进入市场经济体制。这么短的时间内，发生这么大的变化，在一个人有生之年的几十年时间里，就能够观察这样巨变的全过程，真是天赐良机。

在西欧，传统社会转变为现代社会用了几百年的时间，超出了一个人的生命时间。谁也观察不到这个全过程。对马克思、韦伯和迪尔凯姆来说，工业资本主义已经是一个既成的结构，是已经基本完成了的过程。他们只能解释这个过程，不能记录这个过程；只能研究这个过程，不能体验这个过程。

到了帕森斯，他一辈子也没看到美国社会结构有多大变化，他提出的功能要求（适应、目标达到、整合和模式维持），基本上描写的是一个稳定了的社会结构，而不是转型中的社会结构。为了弥补这个缺陷，他们很喜欢做跨国的比较研究，国与国比较，发达国家和欠发达国家比较，从这里找一点历史感，找一点动感。

前辈社会学大师的成功，在于他们无愧于他们的时代，他们抓住了机会，干了在他们那个时代能够干的事情。我们的问题是，应该干而又能够干的事情，我们没有干，没有干好，这就只好赖自己了。

（2）特殊任务

中国社会学当前的任务，说起来，就是城乡关系问题、社会分层问题、社会保障问题、青少年犯罪问题，等等。这些都是经验性论题，不是实质性（Substantive）论题，是描述性论题，不是解释性论题。实质性论题是什么？是传统性、现代性和后现代性的前所未有的大汇集、大冲撞、大综合。

第一，传统性、现代性和后现代性在欧美历史上是历时性的关系，在当代中国，却是共时性的关系，三个不同时代的东西集中压缩到了一个时空之中。第二，在欧美，这三者是一个取代另一个，一个批判另一个，一个排斥另一个的关系，在当代中国，却必须把这三个本来相互冲突的东西熔为一炉、融为一体，还要相互包含、相互吸引、相互协调、和谐与共。而且这个合三为一的结果，还不能是大混合，四不像，乱七八糟，一塌糊涂，还必须是有秩序的、共生共长的、充满生机的。第三，这个过程不容许是一个慢慢进化的过程，还必须是一个在不太长的时间里就要解决的任务。

从这个实质性论题反观经验性论题，我们就可以看到，例如研究社会保障问题，就不只是技术性地去规定养老金怎么筹集、医疗费怎么计算、福利费怎么发放等等，那是政策部门、行政部门的事。社会学就要看到，这实质上是一个社会怎样组织、怎样构造的问题，是怎么权衡社会公平和社会效益的问题，是国家与社会、个人与社会之间的关系问题，在中国，也是传统性、现代性和后现代性的统一问题。我们不但不能取代反而要发挥家庭养老这种传统形式，而中国过早跨入老龄社会，也使我们这个还未实现现代化的国家几乎面临着与发达国家同样的问题。再如，城乡关系问题。西方国家走过的那条工业化、城市化的道路，在中国遇到了重重困难，中国还有 9 亿农民，如要全部城市化，就要再建几百个乃至上千个 50 万以上人口的大城市，往哪里摆？实际上，中国是把工业化办在农村，工农一体、城乡一体，也是传统性、现代性和后现代性压缩在一个空间里。看看苏南农民兴办的"城市"，非常漂亮的小楼，旁边就是农田，上班去工厂，又挣工资，又有粮菜地，城市人有的好处他们有，农村人有的好处他们也不放弃，亦工亦农，亦城亦乡，就凭这一个传统性、现代性、后现代性在同一时空中的大汇聚问题，就足以使中国社会学有鲜明的特色，就足以使中国社会学自立于世界。为什么偏要用西方社会学的概念来套中国的实际呢？

（3）目标和策略

到目前为止，我们仍未能摆脱用西方社会学的概念来套中国事实的窘境，这实属不得已，因为我们至今仍未创造出一套最适于解释中国事实的概念语言。邓小平同志讲，我们不但要承认自然科学比人家落后，也要承认社会科学比人家落后。中国社会学重建 18 年来，取得了很大成绩，我们确实还需要清醒地估量一下，在学术水平上我们到底提高了多少？同国际水平相比，还差多远？然后，制定一个切实可行的策略去缩小这个差距。

大体上似应分这样三层。

第一层，在方法和技术层次，共通性较强，可借鉴之处也多。尽管抽样调查方法有局限性，台湾地区和内地有的学者已有质疑，但在方法和技术层面上，有些东西还是可以搬用的。社会统计学从布莱洛克以后已有很多新突破，不只是多变量统计分析，还要更好地处理多因多果的问题，probit 模型，logit 模型，通用结构方程，这些东西，国内还很少用。另外，像法国人搞的话语分析、叙事逻辑，也可借用。

第二层，微观或特定领域的综合研究。在一些新兴的社会学分支上，如新经济社会学，是 20 世纪 80 年代以后兴起的，力求在微观层面上与经济学进行对话，达到两门学科的综合。重要代表人物有哈里森·怀特、马克·格拉诺维特等，在劳动力市场、竞争市场的经济学范畴中引进了社会网的概念和方法，推动了网络分析的理论和技术的发展；再如，组织研究中的新制度主义，以鲍威尔（Powell）和迪马奇奥（Dimaggio）为代表，将制度理论和行动理论结合起来，增强了对于社会组织的解释力。这样一些微观理论，我们在很大程度上也是可以借鉴的，但比方法技术层次的借用要难一些。

第三层，宏观理论。西方社会学的宏观理论，是它构成文化霸权的王牌。这些宏观理论，都是在与当代中国不同的时空下形成的，严格地说，那些理论的创立者们，在创立那些理论时，基本没有考虑到中国的情况，当然他们中的有些人也许了解一些中国的情况，也许希望他们的理论也能运用于中国。但是，社会科学不同于自然科学的一个重要特点就是受时空条件的强烈制约。尽管如此，就我们而言，还是要好好研究那些宏观理论，从中受到启发，而不能固步自封。

当代值得重视的宏观理论，主要是法国的后现代社会文化理论、德国哈贝马斯的交往行动理论和卢曼的社会系统理论、英国吉登斯的结构化理论、美国的新功能主义和沃勒斯坦的世界体系理论等。其中，法国社会思想家敏锐地把握到 20 世纪 70、80 年代以来的经济社会变迁，断言已经出现了社会断代的标志，一个不同于现代社会的"后现代"社会业已来临。他们对启蒙理性的崇高地位发起了挑战。哈贝马斯则一方面维护理性主义的基本立场，认为现代性是一个未完成的过程；另一方面，他也对晚期资本主义展开了批判，尤其是对其合法性和合理性危机的批判，为他所创立的交往行动理论赢得了世界性声誉。

人家的宏观理论怎么样，我们尽可以随意评说，但我们的尴尬之处在于，我们还端不出可以和人家相媲美的社会学宏观理论。而一个国家的社会学的独立地位，首先是由其宏观理论作为标志的。相信再过若干年，我们也可以拿出可以与《交往行动理论》《现代世界体系》这样的巨著相抗衡的著作来。这样一步一步地、一个层次一个层次地踏实努力，中国特色社会学就可以建立起来。

社会学工作者要研究解决
社会体制改革、社会发展
相对滞后的问题[*]

  "迈向 21 世纪的中国社会学"学术研讨会暨中国社会学会 1997 年年会今天开幕了。

  本次年会是中国社会学会第四届理事会召开的第 1 次年会。本届年会是由云南省社会学学会、云南省社会科学院筹备和组织的。自去年^①8 月沈阳年会以来，近 1 年来，云南社会学学会、云南省社会科学院的同志为开好这次年会，做了大量的准备工作。在筹备过程中，得到云南省委、省政府的亲切关怀和大力支持，今天云南省委副书记王天玺同志还在百忙中亲临大会。对此，我代表与会的专家学者向省委、省政府和社科院的领导，向云南省社会学学会、云南省社科院的同志们表示衷心的感谢！

  本届年会的主题是"迈向 21 世纪的中国社会学"，围绕这个主题会议将具体讨论：（1）我国中西部发展和区域格局；（2）国家与社会的关系；（3）城乡关系与小城镇建设；（4）结构变迁中的精神文明建设等四个问题。这些问题都是中国现代化进程中所面临的、需要妥善解决的、全社会都很关注的重大问题。

  大家知道，我们国家正处在由传统社会向现代化社会转型的历史时期，十一届三中全会以后大大加快了这种转型的进程。18 年来我们的社会主义现代化建设在党中央领导下取得了举世瞩目的伟大成就，使我们国

---

  * 本文原载中国社会学会秘书处编《中国社会学会通讯》1997 年第 2 期（总第 29 期），1997 年 9 月 10 日刊印。该文系陆学艺 1997 年 5 月 27 日在"迈向 21 世纪的中国社会学"学术研讨会暨中国社会学会 1997 年年会（云南·昆明）开幕式上的致辞。原稿无题，现标题为本书编者根据发言内容所拟定。——编者注

  ① 指 1996 年。——编者注

家无论城市还是广大农村都发生了历史性的大变化。但是我们还要看到，在经济建设快速发展的时候，有相当多的社会问题不是减少，而是相应地增加了。诸如城乡矛盾、区域矛盾、中西部的差距扩大，就是在同一地区、单位之间、个人之间的差距也扩大了，由此引起了一些矛盾。社会风气不正、刑事犯罪增加、贪污腐败、行贿受贿，大案要案增加，社会治安问题增多，诸如吸毒、卖淫等现象，我们过去曾经治理好了，现在又沉渣泛起。这些都对现代化经济建设事业形成了阻力，都是需要妥善地加以解决的问题。

1982 年 9 月，在我们党十二次代表大会开幕式上，小平同志曾指出："加紧社会主义现代化建设，争取实现包括台湾在内的祖国统一，反对霸权主义、维护世界和平，是我国人民在八十年代的三大任务。这三大任务中，核心是经济建设，它是解决国际国内问题的基础。今后一个长时期，至少是到本世纪末的近二十年内，我们必须抓四件工作：进行机构改革和经济体制改革，实现干部队伍的革命化、年轻化、知识化、专业化；建设社会主义精神文明；打击经济领域和其他领域内破坏社会主义的犯罪活动；在认真学习新党章的基础上，整顿党的作风和组织。这是我们坚持社会主义道路，集中力量进行现代化建设的最重要的保证。"①

15 年过去了，小平同志指出的三大任务中，社会主义现代化建设有了巨大的进展，香港再有一个月就回归了，同台湾的问题已有了实质性的进展，我国在国际上的地位正如日中天，成为世界和平与发展大业的中流砥柱。而小平同志提出抓紧做好的四件工作，我们都做了，也都有了很大的进展。

回顾改革开放 18 年来的经历，我们是否可以有这样一个认识：我们在经济建设，在经济体制建设等方面，不仅取得了巨大的成就，而且还积累了很多成功的经验，实现经济现代化的路子已经走出来了，已经蹚出一条路子来了（当然，也还有问题要解决）；而在社会体制改革、社会发展方面，我们虽然也做了很大的努力，也取得了很大的成绩，但比较而言，相对滞后了，还没有一整套解决上述社会问题的理论和方法。这是摆在我们全国人民面前的要解决的问题，特别是摆在我们社会学工作者面前的大问题。需要我们研究这些问题，找出解决这些问题的理论和方法，为党和政府提出解决问题的对策和建议。

---

① 《邓小平文选》第三卷，北京：人民出版社，1993 年 10 月，第 3 页。

　　我们这届年会讨论的四个问题，都是社会主义现代化进程中的问题。在这次年会上大家围绕这些问题可以充分展开讨论，充分发扬民主，畅所欲言、百家争鸣、坚持真理，使得我们对这些问题有更深入的认识，使得我们已有的研究成果更加充实，以求应用到实践中去，能发挥更大的作用，对社会主义现代化建设有所作用。

伟大的实践会产生伟大的理论[*]

从 1991 年的天津年会到这次昆明年会，前后共 7 次了。大家认为，我们的年会，一年比一年有所进步。越开越有特点，越开学术气氛越浓。大家都有所收获。特别是这次年会在昆明召开，云南省社会学学会、云南省社科院同志们费尽心计做了各种努力，为我们准备了这样好的一个开会环境，而且还带我们参观了呈岗的魁星阁，有些同志还去了云南联大旧址，重温了老一辈社会学家当年开展社会调查、社会学教学和研究的优良传统，可以说也是受了一次社会学优良传统的教育。

一　关于筹备工作

昆明年会是从 1996 年 8 月沈阳年会后开始筹办的。会议的主题和专题最后是 11 月在杭州确定的，现在看来，题目定得比较好，都是现代化进程中的重大问题。这次会议收到各地论文 90 余篇，其中云南、湖北、上海最多。总的说这次论文质量比较高，有不少很好的论文，评奖委员们经过认真评选，评出了一等奖 13 篇，二等奖 22 篇。

论文的质量好就决定了这次会议的质量，好论文是学术会议的基础。这次会议，共有来自 25 个省市的 110 人参加（开幕式 130 人），有相当的代表性。

---

* 本文原载中国社会学会秘书处编《中国社会学会通讯》1997 年第 2 期（总第 29 期），1997 年 9 月 10 日刊印。该文系陆学艺 1997 年 5 月 30 日在"迈向 21 世纪的中国社会学"学术研讨会暨中国社会学会 1997 年年会（云南·昆明）上所做的会议总结（摘要）。原稿无题，现标题为本书编者根据发言内容所拟定。——编者注

二 关于会议

（1）会议安排得比较好，开幕式、主题报告、专题报告、大会发言、小组讨论起到了研究问题、交流学术成果、传递信息、开阔思路的作用。

（2）会议的开法也试图同国际学术会议接轨，在四个专题讨论中采用了主持人、报告人、评论人主讲，大家提出问题互相讨论的方式进行。这是第一次。今后还要坚持。

（3）讨论会开得好。大家围绕专题，展开了热烈的讨论，讨论比较深入。有的小组会还各自介绍了自己的研究成果，互相交流学术信息。不足是小组会时间少了一些。

（4）实地考察。我们社会学年会，因为学科的特点，所以每次年会都安排有实地考察。这次年会安排到红塔山集团、大街社区考察，我们看到了世界上最现代化、最先进的卷烟厂，国有企业也确有搞得好的，使我们增强了信心。看到边缘的云南也有这样好的农村社区，着实令人兴奋。

三 从这次年会想到的几个问题

（一）会议反映了社会学队伍的成长，有一批新人，年轻的同志来参加，涌现了一批新题目、新文章，这是可喜的现象

1991 年全国大学只有 12 个社会学系，20 多个社会学研究所，队伍不到 2000 人。但社会学伴随现代化的发展而发展。现代化发展需要社会学，所以 1992 年以后社会学又很快地发展起来。现在已经有 25 个大学，特别是党校、成人高校、政法公安院校、体育医疗院校、工青妇民政院校，开社会学课程，这几年社会学专业队伍大大成熟了。这是可喜的现象。现代化需要社会学，（社会学）会成为显学，我们要有这个历史责任感。不但要扩大队伍，还要出一批好作品和优秀人才。今后必须更加重视扶掖后进和队伍的培养。

（二）社会学遇上了这样一个很难得的机会

现代化一日千里，社会在大变迁，人家几百年的历史，我们几十年内完成。这样大的社会变迁，当然是要有许多问题需要解决的。这样伟大的

实践，会产生伟大的理论。我们要抓住这个机遇，投身到现代化实践中去，发现问题、研究问题、找出解决问题的对策和理论。

一是要继承老一辈社会学家的优良传统，深入实际，研究现代化建设中的重大问题，有使命感，解决诸如东西部差距、扶贫、社会保障、社会体制改革、社会治安、社会风气等问题。这次讨论的问题还要继续研究，还要开辟一些新的领域。

二是要加强社会学理论和方法的研究。这些年调查研究不少了，但总结概括不够，重复调查不少，理论层次不高。这要靠读书，靠研究，靠借鉴外国同行的经验和教训，靠社会学界的共同研讨。

三是要在应用研究和经验研究中有新突破。都要下苦功夫。到实践中去，要认准一项课题，如社会保障、扶贫、社区发展。要总结概括，出精品、出人才。这两方面，没有 10 年、15 年、20 年的工夫不行。

社会学要力戒浮躁，要有坐冷板凳的精神，不甘寂寞。"板凳要坐十年冷，文章不写一句空。"

四　最后谈一下下一届年会

28 日理事会决定下次年会在福建召开，何方生同志已经申报了。具体时间、地点、主题大家思考一下。争取尽早确定。以便大家根据主题撰写文章。也希望各地的会员就同样题目，先开会做出准备，推荐一些论文，以便对本主题有更深入的研究。

社会学发展遇到了千载难逢的好时机[*]

我们这次国际学术研讨会，在胡大律师、钟期荣校长、胡耀苏副校长亲自组织指导下，经过与会同仁三天的精诚合作，至此全部会议议程已经完成，今天就要闭幕了。我同意胡耀苏副校长的总结，做一点补充。正像开幕式上几位先生预言的那样，我们这个会议取得了圆满的成功，各方面都给予了高度的评价。有的先生说，这次会议讨论的问题深入、内容重要、信息量大，很有收获，不虚此行；有的先生说，这次会议群贤毕至，高论很多；有的先生说，这次会议论文质量很高，听了有启发，回去要细细品读；有的先生说，这是近几年香港比较有规模的、学术价值较高的一次会议；内地来的社会学同行说，这是社会学恢复重建以来，在境外开的一次学术研讨会。总的评价是会议开得很成功。

会议之所以开得成功，主要有以下几个原因。

第一，这次会议的主题选得好。在"中国经济开放与社会结构变迁"这个主题下有 5 个分题。它们既是当今我国实践中要解决的问题，也是学术界普遍关心和感兴趣的问题。这是由钟校长提出，我们双方经过多次协商确定的，得到了与会同仁的认可。所以就有了这么多同仁来参加，有这么多论文。

第二，这次树仁学院邀请了各方面的专家学者，与会的人员选得好，代表性广泛，来自五湖四海。内地 52 人，海外 7 人，香港 26 人，共 85 人。就内地学者来分析，他们来自 24 个省（区、市）、45 个单位。其中，经济学专家 13 人、哲学 5 人、社会学 29 人、法学 1 人、新闻学 2 人、历史学 2

* 本文源自作者手稿。该文稿系陆学艺于 1998 年 5 月 20 日在香港树仁学院当代中国研究中心与中国社会科学院社会学研究所联合主办的"中国经济开放与社会结构变迁"国际学术研讨会上的总结发言稿。原稿无题，现标题为本书编者根据发言内容所拟定。——编者注

人，覆盖了社会科学的主要学科。这是一种很新颖的讨论，以某一二个学科为主，吸收其他学科专家，多学科的专家一起来讨论同一问题，从不同角度来讨论，大家相得益彰。

第三，论文写得好，质量高。这次会议共收到 69 篇论文，内地 52 人中除 2 名工作人员外共提交 46 篇，刘社长临来交了 1 篇，共 47 篇。大家都按时交论文交提要，做到了以文入会，这在国内学术界是鲜有的。上至院长、秘书长、胡副主席、邓副主席，最忙的也都写了论文。这都靠钟校长和会议筹备组一次一次地催，有钉子精神，这是要学习的。有好多篇文章，会议开幕头几场报告的论文，是钟校长亲自提名、亲自主持的，这次会议上王雅林、郭书田、李泊溪、胡晓波、彭玉生、伊莎贝尔的论文都是长期研究的心得。

第四，这次会议组织得好，大家都很投入，精神饱满，认真探讨问题，会风比较好。胡大律师、钟校长、胡副校长亲自组织、主持，头天会议香港各界、新华社、学术界同仁都来了。胡大律师 3 天都听了会，滕院长、董辅礽、胡福明自始至终都参加了，讨论得很认真很深入，畅所欲言。

可惜这次会议时间比较短，有些问题来不及展开，特别遗憾，还有些同志没有来得及安排在大会上讲话，如邓副主席、何跃华，以及树仁学院的同仁。尽管钟校长在会前做了精心的安排，一个总的指导思想是，先生们不远万里来了，要让他有一个讲话的机会，所以安排了两个分论坛，尽管这样，还是有些先生未安排上，实在抱歉，只好留待以后弥补了。

我也很有收获，学到了很多东西，从钟校长身上学到了很多东西。我每年要组织若干次学术会议，但像这次这样圆满的比较少。这次会议之所以办得成功，是因为钟校长非常认真、非常投入。对这一点，与会的代表很感动。我体会一个字，就是"诚"。诚心诚意要开好办好这次会议，诚心诚意要讨论好这个问题，诚心诚意让大家有所收获，诚心诚意要合作。我们两个单位精诚合作、精诚团结。过去有了一个基础，这次会议，我们是诚心诚意配合，诚心诚意帮助树仁办好这次会议，以后要进一步同树仁诚心诚意地合作交流，推动双方的工作。为了这次会议的成功，我感谢钟校长盛情邀请，衷心感谢大家！

这次会议的主题是"中国经济开放与社会结构变迁"，这个题目是学术研究的题目，也是中国目前已经提上议事日程的、在实践中需要解决的紧迫问题。众所周知，我国的经济体制改革已经取得了很大的成功，经济发展取得了举世瞩目的成绩。在这方面已经有了很好的总结，提出的许多新问题正在得到广泛的注意和研究。但是社会体制改革、社会结构的变化相对来说是滞后了，相应的一些社会政策还没有制定出来。这不仅会影响社会结构的健康变迁，实际上已经影响了经济体制改革的深化，也影响了经济的发展。例如，适应社会主义市场经济体制的统一的社会保障体系没有建立起来，国有企业改革很难深化，该破产的企业不能破产，该兼并的兼并不了，等等。

还有许多两难问题。例如，为什么经济发展了，人民生活改善了，但人民的意见不是少了，而是多了？为什么经济发展了，财政反而困难了（有相当一部分单位发不出工资）？为什么经济发展了，犯罪率是年年增加的？还有很多为什么。这些都是要靠深化改革来解决的问题，也是学术界要研究的问题，其中有一部分也是社会学界要研究的问题。所以，这个社会结构研讨会为什么受到这么多社会科学家的关注，特别是社会学家的关注，我个人认为现在是遇到了千载难逢的、发展社会学的好时机。实践的研究者们提出了很多问题，要求我们去思考、去研究、去提出方案、去解决，社会学可以有很大的发展。

例如，中国的社会结构到底该怎么调整？不能老是让 70% 的农民住在农村，过小农生活。城市化怎么搞？小城镇就行了吗？东中西差距是扩大好还是缩小好？劳动力就业问题、户口问题怎么改？城市化怎么个化法？城市化怎么实现？城镇住房制度、单位公车制度、医疗制度、报销制度、社会保障制度怎么改革？社会身份怎么改变？基层民主怎么建？应该有个什么样的现代化的社会结构？回答了这些问题，社会学就前进了一大步。

我个人认为社会学的任务是三条：一是要记载这段历史，如实地记录下来；二是要为政府提出理论和建议；三是社会学学科建设和队伍建设，基础理论、方法和思想史的建设。

这次会议就社会结构变迁做了研究，开了个好头，我们还要继续研究下去。这既是实践问题，也是学科建设课题的研讨。

这次会议共收到 69 篇论文，还加几篇，到 70 多篇。钟校长、胡副校长已经同意要出版。要成立一个编委会。要限制篇幅，不可能太多。希望大家会后回去修改，按时交出版社。

最后，我们这次会议取得了圆满成功，要感谢树仁学院、胡大律师、钟校长、胡耀苏，感谢张国平主任及工作人员，感谢树仁学院全体同仁！

祝胡大律师长寿健康！

祝树仁学院越办越好！

祝我们的合作和友谊源远流长！

西北黄土高原山村社会发展研究
的一项重要成果[*]

《山村社会——西北黄土高原山村社会发展动力研究》（以下简称《山村社会》）一书，是1995年经国家社会科学基金列项资助，由甘肃省社会科学院社会学研究所所长、研究员刘敏主持完成的"西北黄土高原山村社会发展动力研究"课题的最终成果。

该书是他继1990年出版《中国不发达地区农村的社会发展》专著后的又一重要成果，是他们关于农村社会学研究的拓展和延伸。如果说前者主要是对我国西北地区农村社会发展问题进行宏观层次研究的话，那么，后者则实现了由区域宏观社会发展研究向微观社区发展研究的转变。应该说，在农村社会学研究中，这种转变具有积极意义。它不仅符合当代社会学研究正在由中观层向宏观层拓展、向微观层深化的发展趋势，而且把经验总结、历史反思与追踪探索、超前预测等紧密结合起来。尤为重要的是，这种对一个或几个农村社区的深入调查和研究，更能真实、全面、深刻地反映研究对象的发展历史、现状和问题，也能准确把握其发展规律和演进趋向，从而使理论研究及其成果更具有科学性和现实性。

我国社会学恢复重建以来，已历经近20个春秋，不论学科建设还是队伍建设，都取得了历史性进步。据1996年的统计，全国已有26个省区市成立了35个社会学研究所，17个省市的25所大学设立了社会学系或社会学专业。全国现有从事社会学研究和教学的专业工作者约3000人，其中教授和研究员约160人。比较而言，西北地区的社会学发展相对缓慢

　＊　本文源自《山村社会——西北黄土高原山村社会发展动力研究》（刘敏著，兰州：甘肃人民出版社，2000年4月，第1～4页）。原稿写于1998年3月26日，系陆学艺为该书撰写的序言，原稿无题，现标题为本书编者根据序言内容所拟定。——编者注

一些。1979 年中国社会学重建，1983 年甘肃省在西北率先成立了社会学研究所和社会学学会。到目前为止，西北五省（区）中除新疆外，都建立或合建了省级社会学研究所。兰州大学还设立了哲学与社会学系，陕西师范大学开设了社会学专业。这些努力终使一门历尽坎坷的社会科学，从无到有地在大西北开花结果，标志着我国西北地区的社会学发展已进入一个崭新的阶段。

值得一提的是，在西北地区社会学的发展过程中，甘肃省社会科学院社会学研究所一直是走在前面的。早在 1986 年，由他们牵头组织实施了"2000 年西北地区人才与智力发展战略研究"项目，有力地促进了西北地区社会学人才的培养和学科队伍建设。此后，他们以西北地区农村社会问题和社会发展为主要方向，十余年不间断地调查研究，勤奋耕耘，相继产生了《农村社会问题与社会发展》《中国不发达地区农村的社会发展》《西北民族地区社会稳定与社会发展》《三西移民社区居民生活状况调查》等重要成果。可以认为，《山村社会》这一成果既是西北地区社会发展和现代化建设实践的客观要求，又是他们长期坚持农村社会发展研究而合乎规律的积淀和升华。也正是从这种意义上说，这项成果不仅具有填补西北黄土高原山村社会发展研究之空白的意义，而且对于领导部门制定农村社会发展和扶贫攻坚决策，对于具有中国特色的农村社会学的创建和发展，都是具有重要价值的。

我国目前正处在社会主义初级阶段，这个阶段的历史任务是，要逐步摆脱不发达状态，基本实现社会主义现代化。也就是要实现从农业社会向工业社会转变，从乡村社会向城市社会转变，从传统社会向现代社会转变。自 1978 年实行改革开放以来，我国的经济、社会各方面发展变化很快，城乡面貌日新月异，真有转瞬即逝之感。我们正处在巨大的社会变迁的历史阶段。这样一个社会变迁时期，既对社会学工作者提出了要为这一伟大变迁服务的历史任务，同时，也是发展社会学的大好时机。据我的体会，我们社会学工作者在这个历史阶段的任务有三个方面。第一，要尽可能地利用各种形式把这一社会变迁的内容和过程记载下来，社会学在这方面有进行社会调查的传统和特有的方法，可以担当这个重任。对于这一社会变迁的记述内容越丰富，资料越周全，则学术价值越高，而且将是未来各项科学研究的珍贵文献。第二，我国目前不仅正处在由传统社会结构向现代社会结构转型的时期，而且处在由计划经济体制向社会主义市场经济体制转变的时期，这两种转化交织在同一个时点上，我国又是一个发展很不平衡的大国，改革和发展所遇到的困难和问题是前所未有的。我们社会学工作者有义务、有责任运用社会学特有的视角和方法，为这场伟大的变革提供理论和政策建议，以供领导这场变革的党和政府做决策参考。第三，进行社会学自身的学科建设和队伍建设。众所周知，社会学是伴随着工业社会的产业化和现代化事业的发展而诞生的，在社会科学中是一门比较年轻的学科，而中国的社会学的发展几经坎坷，所以社会学的学科建设和队伍建设任务更重。好在我们时逢中国社会大变迁的大好机会，时代需要社会学，我们社会学工作者要抓紧这个好机会，乘时而起，紧跟社会变革的步伐，参与这场伟大变革的实践，使社会学这门学科逐步成熟起来，使社会学的队伍逐步壮大起来。

《山村社会》这一成果，是刘敏等同志深入西北农村长期实践的结晶。谁都明白这样一个浅显的道理：资料是理论研究的基础，离开真实、生动和丰富的资料，一切研究工作都将无从谈起。而对农村社会学这门应用性极强的学科来说，其资料不仅要从浩瀚繁杂的文献中去发掘，更多更重要的则需要到现实生活中去调查、去求索。在这方面，《山村社会》的作者是值得称道的。从该项目立项、实施到结项的近三年时间里，作者轻装简行，冬奔宁南、陕北，春走陇东、陇中，三进小西岔村，足迹遍布西北四大高原，行程数千里。在对四大高原进行普遍调查、收集资料的基础上，又重点对地处陇中黄土高原沟壑区的定西县小西岔村进行了整体问卷调查和专访。共调查 212 户 997 人，占全村总户数和总人数的 92% 以上，专访农户 56 户，积累各种资料百余万字。在小西岔村调查过程中，作者同山村农民同吃、同住，最长时达 25 天。正是由于作者坚持不懈地深入实际，调查研究，并亲身去感受和聆听山村农民对以往艰辛生活的追忆，对山村发展憧憬的倾诉，才掌握了大量活生生的第一手资料，从而使这一成果形成了既具有乡土特色又不失理论创造的独特风格。

社会学发展的历史告诉我们，无论是中国的或外国的，还是过去的或现在的社会学工作者，他们的主要成就和重要的学说理论，几乎都源于实践，这就是"实践是长青之树"的道理，《山村社会》也是如此。他们在多年调查和研究的基础上，对西北黄土高原山村社会发展的实践进行了新的理论概括，并构建提出了"二源动力聚合、转换"理论，以及黄土高原生态再造过程中包括"基础（农业）转型"、"区域减压（通过移民减轻人口压力）"和"单元（小流域综合治理）增力"的"分级治理、多点释能"模式。尽管这些观点和理论可能还不全面或有待进一步验证，但至少在特定的时间和范围内，可以作为认识和分析问题的框架。同时，也表明了作者大胆探索的勇气和创造精神。

因此，借《山村社会》出版之际，希望西北所有社会学工作者能够继续发扬探索和创新精神，以更多、更优秀的研究成果，为开发和建设大西北服务，为中国社会学的繁荣和发展做出新的贡献。

当代中国社会学要实现三项历史任务[*]

经过福建省社会学会一年来的辛勤努力，1998 年社会学年会，在福建省领导的关怀和支持下，在中国社会科学院领导的殷切关怀下，在福清市委、市政府的大力协助下，今天正式开幕了。

我们这次社会学年会的主题是"社会主义初级阶段的社会与社会学"。大家知道，1987 年党的十三大提出了社会主义初级阶段理论，去年①召开的党的十五大又进一步阐述了社会主义初级阶段的理论。

江泽民同志在党的十五大报告中指出："社会主义初级阶段，是逐步摆脱不发达状态，基本实现社会主义现代化的历史阶段；是由农业人口占很大比重、主要依靠手工劳动的农业国，逐步转变为非农业人口占多数、包含现代农业和现代服务业的工业化国家的历史阶段；是由自然经济半自然经济占很大比重，逐步转变为经济市场化程度较高的历史阶段；由文盲半文盲人口占很大比重、科技教育文化落后，逐步转变为科技教育文化比较发达的历史阶段……"②

这几项历史任务归纳起来，基本的要义是两条，就是要实现工业化、城市化。既要实现经济的现代化，也要实现社会的现代化，把我国建设成为富强、民主、文明的社会主义现代化国家。

改革开放以来，我们国家的经济改革与经济发展取得了很大的胜利，

---

* 本文源自陆学艺《陆学艺文集》（陆学艺著，上海：上海辞书出版社，2005，第 334～342 页）。该文系陆学艺于 1998 年 5 月 26 日在中国社会学会 1998 年年会（福建·福清）上的讲话，最初刊载于中国社会学会主办的内部刊物《中国社会学通讯》1998 年第 1 期（总第 30 期），题为《陆学艺会长讲话》。《陆学艺文集》收录该文时改为现题。该文还收录于《中国社会结构与社会建设》（陆学艺著，北京：中国社会科学出版社，2013）。——编者注

① 指 1997 年。——编者注

② 《中国共产党第十五次全国代表大会文件汇编》，人民出版社，1997，第 16 页。

我国的经济结构已经发生了根本性变化，经济总量翻了两番多，综合国力已经大大增强，人民生活有了很大改善。与此同时，我国的各项社会事业也有了很大发展，我国城市由 200 多个增加到 666 个，城市化率由 18% 增加到 29.9%，[①] 科技教育事业也有了长足的进步。但比较而言，我们的社会体制改革、社会事业的发展还滞后于经济发展与经济体制改革的要求。例如，我国目前已达到工业化中期阶段，但我国的城镇化水平还不足 30%；我们已经建立起统一的社会主义市场经济体制的基本框架，但我国科教事业还同市场经济的发展不相适应，特别是我国还未建立起统一的社会保障体制。这种状况不仅妨碍了人民生活质量的提高，而且也影响了经济体制改革的深化，如有些国有企业改革就遇到了因为是单位保障制，该破产的破产不了，该合并的合并不了，该转制的转制不了。这种状况显然要通过加快社会体制的改革来逐步得以解决。相比较而言，在经济体制改革、经济高速发展的同时，经济学界对经济改革和发展做了大量的研究，已经对经济发展做了很多总结和探索，发表了很多学术专著、论文。社会学自1979 年恢复以来，在党中央领导的关怀下，在费孝通、雷洁琼等老一辈社会学家身体力行的带动下，已经取得了很大成就，全国已经有 30 所大学建起了社会学系和社会学专业，有 35 个省和省会市社会学所，有约 3000 名专业的教学科研人员，每年有近百本社会学的专著问世，有上千篇社会学学术论文和调查研究报告发表。这些成就是国内外同行及社会科学界都公认的。但总的来说，我们的队伍和学术成果，比之经济学、法学等学科的发展还差些，还不能适应社会发展对我们的要求。我们的成果数量不少，但缺乏像学科重建初期费先生的《小城镇　大问题》这样有影响的学术精品问世。

可以看到，社会主义现代化的发展要求加快社会体制的改革，要求社会学理论的发展，以使之与经济社会协调健康发展相适应。

我们这次年会的主要任务是研究如何完成这个重大的历史使命：社会学怎样为社会主义现代化服务，这门学科怎样发展。

这次年会的主题是社会主义初级阶段的社会与社会学，有 5 个议题，我们将就这些题目进行讨论。

总结我们社会学近 20 年发展的历史经验，我认为，我们社会学工作者当前面临的历史任务主要有三个方面。

---

① 国家统计局编《中国统计年鉴·1998》，中国统计出版社，1998，第 3、105 页。

一　我们应该把经济社会变革的事实和过程如实地记录下来

就是发挥社会学"描述、记叙"的功能。改革 20 年的变化是巨大的，一个地方几年不去就大变了。我们很幸运，生在这千载难逢的伟大时代。中国正在经历着从计划经济转向市场经济体制的变化，社会正处在从传统社会转向现代社会的时代。经济体制的变革，对我们这些 60 岁左右的同志来说，可以说是经历了这么两个变革：1949 年解放以前，是市场经济，它虽不发达，但是商品经济。20 世纪 50 年代学苏联，搞了计划经济，直至用了各种票证。20 世纪 80 年代以后，特别到了 20 世纪 90 年代，又搞社会主义市场经济，各种票证都取消了。这三四十年，不长的过程的经济变革，证明学苏联这样的计划经济搞现代化是不行的。我们搞了社会主义市场经济，才有了现在这些发展。另一个变化是由传统社会、农业社会向现代社会转型。这个变化在有些地方已经转变发展得相当好了。如我们现在开会的会场所在地福清市宏路镇，有如此好的设施条件，作为一个乡镇已经很现代化了。10 ~ 15 年前它只是个普通的乡镇，这是改革开放以来才有的成就，把这些变迁记录下来，是我们社会学一个很重要的任务，也是我们的机会。我们有幸能看到这个变迁的全过程，尤其是我们这样一个大国的转型的全过程。

社会学建立已有 160 年了，许多欧美的社会学大师，如马克思、斯宾塞、孔德，及后来的帕森斯等，他们经历的仅是资本主义市场经济发展阶段中的一段。而我们，尤其是在座的年轻同志，可看到社会主义现代化在我国建成这一全过程。把这一大段我国的农村、城市是怎么变过来的记录下来，不光对社会学有利，对其他学科也有意义。

这些年，我们许多同志都做了各种社会调查，从各种不同角度记录这个过程。这是社会学的优良传统，费先生、雷先生、袁先生他们搞社会调查的传统我们继承下来了。而且也学习了国外的先进东西——问卷调查，分析资料、计算机处理。每个所、每个系的每个同志都做了大量的调查。社会变迁的过程是转瞬即逝的，而这些调查对社会学的发展是很有意义的，要抓住这个机会。我是第二次到福州这边来，1994 年到福州住省委党校，到晋江去调研，由福州到晋江这段路走了一天。昨天我们由晋江来，只用了 2 个半小时，变化是巨大的，路上都认不出来了。所以，我们的调查越具体、越详细、越真实就越好。如果我们记录下来的不仅是表面的变化，而且把心理变迁等更深层的东西也记下来，就更好了。这些调查资料不仅当代有价值，时光越久远越有价值。这些资料不仅社会学可以用，而且经济学、历史学也可以用。现在已经完成的，中国社会科学院组织的百县市经济社会国情调查，就属于这一类，是符合这个要求的。我们正在组织的百村调查也属于这一类。

二 要为党和政府的决策部门提供理论咨询和政策建议，直接参与社会主义现代化的建设，为社会主义现代化建设服务

前面说过，我们正在从计划经济向市场经济转变，从传统社会向现代社会转型，无论是从全国来说还是从一个省一个市来说，都遇到了许许多多的新问题、新困难。有一大堆难题要解决。要做出回答，需要提出新的措施，很多问题在本本上没有过，与传统做法都是不同的。作为社会学工作者、社会学理论工作者，有责任、有条件通过调研对问题做出理论说明，做出对策研究，为改革服务。

我们知道，20 年来我国政治、经济、社会形势的发展是健康的，取得了很大的成绩，是历史上从未有过的翻天覆地的变化。如果说土改是翻天覆地的变化，还只限于所有制的变化。而现在是整个社会结构、经济结构都发生了根本的变化。

我想当前普遍存在的起码有四个方面的问题，要给予回答。

第一，我国经济发展了，翻了两番，可以说 95% 的人改善了生活，提高了生活水平（在座的是 100%），许多在 10 年、20 年以前不能想象的事都实现了，但为什么正像有的同志说的生活从来没有这么好过，牢骚也从来没有这么多过！这是为什么？

第二，为什么经济增长这么快，但财政这么困难，我国这些年来，GDP 每年增长平均都在 9% 以上，经济连续这么好，财富积累了这么多，而财政如此困难，不论富的地方还是穷的地方，不论行政、事业单位还是企业，都说没钱花。这是经济学家要回答的。昨天我们在晋江，他们是福建省的首富市，年财政收入已有 7 亿元，但据副书记告诉我，财政相当困难。据了解，我国尚有相当部分的县不能按时发工资，而"文化大革命"那么乱，

经济到了崩溃的边缘，但工资还是按月照发的。现在的大学校长很难当，我做了10年所长，没有为所里添置一件像样的家具，年年都是紧紧巴巴过来的。这是为什么？

第三，这是个理论上争论的问题：经济发展了，社会发展了，而社会上犯罪率提高了，社会治安问题多了，离婚率也提高了。为此，在20世纪80年代，我国政法部门曾有过一个争论。有的人认为，商品经济增长了，犯罪率必然会增长，当时政法部门有的领导认为那是资本主义国家的现象，社会主义国家不应如此。但事实上现在全国都如此，而且有的地方犯罪率还很严重，案件还很多。这是为什么？

第四，就是农业问题。在世界上，可以说没有哪个国家在搞现代化的过程中，像我国这样重视农业的了。回顾这20年来，每年的政府工作报告、党中央的会议及有关的会议，都把农业放到第一位，甚至提出"省长负责米袋子、市长负责菜篮子"。在理论上，我们说农业是国民经济的基础，粮食是基础的基础。但总的来说，农业问题还是不少的。有人说农业是"多了多了少，少了少了多"，像扭秧歌似的。我国1996年大丰收，1997年虽千方百计，还是减了240亿斤，当然不是减产就有问题。在工业化、现代化的过程中，我国农业的稳定发展保障了国家的供给，这是好事。但反过来看，我们是用了50%的劳动力来维持农业的，而且一方面花这么大力气来抓农业，另一方面农村的问题还是不断。农业部的同志说，（粮食）多了也不行，少了也不行，如多了10%就难卖，但如少了10%，就要排队购粮了。还有这两年，农业生产不错，但乡镇企业有些下滑。农村、农业的问题总是层出不穷。这是为什么？

我认为，社会科学应该要回答这些问题，要研究这些现实问题。哪怕能有一个方面的回答，一个问题的解决，对改革发展都是有利的。我们研究工作要跟上社会经济发展的需要，要做出我们的贡献。

以上有些问题是经济学领域的，有些是政法部门的问题。此外，社会学要回答的问题也是很多的。众所周知，我们的城市化严重滞后于工业化，社会发展滞后于经济发展，城市化如何加快步伐？世界城市化平均水平是47%，发展中国家平均是42%，而我国1997年只有29.9%（统计数据偏低了），但确实是滞后了。城市化滞后会带来一系列问题。如就业，第三产业的发展都有问题。特别是户籍制度，我们已实行了30多年，马上放开行不行？还有统一的社会保障体制如何建立？学欧美是行不通的。住房制度如何改革？7月1日国家将有新措施出台，但要改完是个大工程。还有医疗保险制度等都是现实问题，都需要社会学家进行深入的研究。如果我们能对上述问题，即使帮某一省、一市，帮我们国家，出些主意，我想政府肯定是欢迎的。

这里有个问题，就是我们常讲的"科教兴国"。在九届人大上特别强调了这个问题，朱镕基总理专门讲了话。科教兴国当然应该包括社会科学在内，这是中国特有的事（因为社会科学在有些人的脑中，不被认为是科学）。我认为，我国的社会科学，不论在数量上或质量上都落后，赶不上社会发展的需要，现实的许多问题，恰恰是社会科学的问题。如我早就说过，国有企业的改革，不是资金、技术的问题，更不是设备问题，而是到底工人阶级这个领导阶级与厂长负责制是个什么关系？厂长是公仆，"主人"能不能管？我认为这个问题不解决，国有企业改革问题就解决不了。类似这些问题，恰恰是社会科学问题。

因此，重温 1979 年 3 月邓小平同志的讲话，是很有意义的。早在 1979 年 3 月 30 日，小平同志提出，"我并不认为政治方面已经没有问题需要研究，政治学、法学、社会学以及世界政治的研究，我们过去多年忽视了，现在也需要赶快补课。我们绝大多数思想理论工作者都应该钻研一门到几门专业，凡是能学外国语的都要学习外国语，要学到毫无困难地阅读外国重要的社会科学著作。我们已经承认自然科学比外国落后了，现在也应该承认社会科学的研究工作（就可比的方面说）比外国落后了。我们的水平很低，好多年连统计数字都没有，这样的情况当然使认真的社会科学的研究遇到极大的困难。因此，我们的思想理论工作者必须下定决心，急起直追，一定要深入专业，深入实际，调查研究，知彼知己，力戒空谈。四个现代化靠空谈是化不出来的"。[1] 小平同志的这段讲话对于指导我们今天的社会学研究仍然具有十分重要的指导意义。

这 20 年来，我们社会学确实有了很大进步，但与现实需要比较而言还很不够，许多现代化建设中的问题，我们自己也不懂或回答不出。要深入实际，对问题进行研究，做出解释、做出回答。

三　要加强社会学学科建设和队伍建设

前面说过，我国社会学的恢复重建任务已经完成了，现在与国际的交流也多了，队伍正在发展。但与社会需要，与兄弟学科比较，还处于小弟

---

① 《邓小平文选》第二卷，北京：人民出版社，1994 年 10 月第 2 版，第 180～181 页。

弟的地位。因此，学科建设应提到日程上来。我想无非是两个方面。一是要搞好学科自身的学术建设、理论建设。这些年来，我们的社会学概论、社会学方法有了，主要搞了农村、家庭这些方面的研究，但还有许多缺门、薄弱的分支学科。如现实急需的经济社会学、法社会学、政治社会学、教育社会学等方面的研究专著还很不够，这些相当重要的分支学科的教材也没有。另外，对西方的一些重要学术著作还没有翻译过来，已翻译的数量、质量都不够，远不如经济、法学、历史等学科的译著。特别是对西方一些社会学学术的新进展，研究得不够，对西方学术的情况也若明若暗。二是我们的队伍建设还不够，现在全国还只有 17 个省市的大学有社会学系，还有很多省区是空白，一个几千万人口的大省，社会学工作者只有几十个人，有的只有几个人，这就很不适应了。这次到福建来，看到福建师大和福州大学建了社会学系，这是值得祝贺的。

另外，我们的学科规范建设还在建立中，我们不少文章由于不规范在国外发表不了，几万字的文章连个注解来源都没有。不是我们文章不如外国，而是规范不够，与国际不接轨。因此，我们学科建设与队伍建设的任务都还很重，都要通过努力来提高。

总之，就社会学学科而言，一方面我们有一个好的机遇，另一方面任务也很重，要通过回答这些问题来发展自己，我认为现在是发展社会学的最好时期。对社会现实问题开展研究，提出建议，做出我们的贡献，社会就会更加认同我们。如果能像雷先生、费先生那样做出贡献，贡献越多，我们社会学的地位就越高，社会学发展会越好。

我们这次年会专门探讨社会主义初级阶段的社会发展和社会学。大家不远千里万里来到这里共同研究这个大家关心的问题，探讨社会发展问题和社会学自身建设的问题。会议收到了 140 篇论文，这是过去少有的。学会昨天召开常务理事会，成立了专家组，决定按前两届的惯例，对这些论文进行评奖。

这次会议的研讨，大家可以畅所欲言，贯彻党的双百方针，展开深入的讨论。我想通过三天的研讨、争论，一定会对我国的社会体制改革、社会发展事业和社会学学科的建设产生好的影响。

这次会议得到了福建省有关领导的关怀，特别是得到了中共福州市福清市委、福清市政府的大力协助，我代表中国社会学会和与会同志向福清市委、市政府的同志表示衷心的感谢！也对筹备这次年会的工作人员，对福建省社会学会的同志们，表示衷心的感谢！

关于组织力量对若干重大社会科学课题
进行研究的建议[*]

1979 年春天，邓小平同志在《坚持四项基本原则》的重要讲话中指出："我并不认为政治方面已经没有问题需要研究，政治学、法学、社会学以及世界政治的研究，我们过去多年忽视了，现在也需要赶快补课。我们绝大多数思想理论工作者都应该钻研一门到几门专业，凡是能学外国语的都要学外国语，要学到毫无困难地阅读外国的重要社会科学著作。我们已经承认自然科学比外国落后了，现在也应该承认社会科学的研究工作（就可比的方面说）比外国落后了。我们的水平很低，好多年连统计数字都没有，这样的情况当然使认真的社会科学的研究遇到极大的困难。因此，我们的思想理论工作者必须下定决心，急起直追，一定要深入专业，深入实际，调查研究，知彼知己，力戒空谈，四个现代化靠空谈是化不出来的。"[1] 20年过去了，我国的社会科学事业，在党和政府的领导下，已经有了很大进步。社会科学的专业队伍扩大了，涌现了一批学有专长并已在思想理论界崭露头角的中青年骨干，推出了一大批在国内外产生了学术影响的研究成果。在总结社会主义现代化建设的实践经验，探索有中国特色社会主义的发展规律，为在新时期丰富和发展马克思主义做出理论贡献的同时，广大社会科学工作者，深入实际调查研究，总结新经验，发现新问题，为党和政府领导改革和建设决策提供咨询和建议，直接为两个文明建设服务做出了贡献；在重视应用、对策研究的同时，社会科学各学科都进行了学科的基本建设，强化了基础理论研究，并且积累了大量的研究资料和数据，为

＊ 本文源自由作者修改的打印稿。原稿写于 1998 年 6 月 8 日，并附作者于 1998 年 6 月 9 日给时任中国社会科学院院长李铁映的信。——编者注

[1] 《邓小平文选》第二卷，北京：人民出版社，1994 年 10 月第 2 版，第 180～181 页。

今后社会科学的发展奠定了良好的基础。

虽然我们的社会科学取得了许多大的成绩，但就总体而言，小平同志在 20 年前指出的"社会科学的研究工作比外国落后了"的状况仍未根本改变。就是小平同志特别指出"要赶快补课"的四门学科，除了法学这些年发展较好以外，其余几门只能说还在继续"补课"。哲学社会科学这种落后状况不能适应社会主义现代化经济社会发展的需要，与正在全面振兴的社会主义大国地位很不相称，与我们有悠久历史的文明国家也不相称。突飞猛进的现代化建设事业迫切需要繁荣的哲学社会科学为之服务。我们应该努力尽快改变哲学社会科学落后的状况。

党中央制定了科教兴国的伟大战略，繁荣社会科学应是这个战略的重要组成部分，社会科学和自然科学一样应当担负起兴国的历史重任。党中央委派政治局委员李铁映同志主持中国社会科学院工作，表达了党和政府关注社会科学、发展社会科学、繁荣社会科学的重大步骤，这应是振兴中国社会科学的一个契机。

要发展繁荣社会科学，当前有很多工作要做。一个重要的方面是要选择若干个社会主义现代化建设实践中急迫需要解决的重大问题，组织一批社会科学家（不仅是中国社会科学院的，应包括全国的）联合组成课题组，给予必要的物力财力支持，分别进行研究，分期分批地推出学术成果。这样既可以满足社会主义现代化建设实践的需要，得到社会公众对于社会科学的认同，也可以提高社会科学队伍的士气，锻炼和提高社会科学队伍的素质，培养和涌现一批社会科学的人才，若干重要的社会科学的学科基本建设也就上来了。在这方面，自然科学家组织实施的以跟踪世界高科技领域最新成果为目标的"863 计划"，已有了成功的经验，我们可以借鉴他们的做法。

当前需要着手研究的重大社会科学课题有如下 30 个：

1. 知识经济、知识社会的时代已经逼近，我国应如何抓住这个机遇，制定和实施相应的战略，乘时而起，迎接这新一轮的挑战；

2. 邓小平理论体系研究，有关邓小平理论的形成和发展，邓小平理论的精髓、核心和实践的研究；

3. 建设有中国特色社会主义的基本理论和基本实践，有中国特色社会主义的发展规律研究；

4. 社会主义初级阶段理论的深化与拓展，加深对我国基本国情的认识，使之成为各级党和政府制定方针政策的出发点和落脚点；

5. 我国城乡二元社会结构的形成、演变过程以及如何改变二元社会结构和实现城乡一体化，中国城市化道路的研究；

6. 我国现阶段阶级阶层结构状况的调查与研究，社会主义现代化的中国将会出现什么样的阶级阶层结构，当前和今后一个时期应采取何种策略；

7. 国有大中型企业长期改不好的症结到底在哪里？组织若干个有各方面专家参加的课题组，分门别类地进行深入调查和研究，从理论和实践两方面加以反思，提出可行的改革方案；

8. 农村改革和发展的基本经验总结，对当前农村农业形势的判断，今后农村的发展道路；

9. 政治体制改革和社会体制改革的战略设想；

10. 建立社会主义市场经济体制下的社会保障制度，各发达国家社会保障制度的经验和教训，如何改革我国现行的社会保障体制；

11. 按照社会主义市场体制的要求改革社会发展事业体制，如教育、科技、文化、体育、卫生等的发展体制，加快这些社会事业发展的步伐，适应现代化的需要；

12. 按照社会主义市场经济的要求，改革军事共产主义、计划经济条件下形成的供给制、半供给制式的住房制度、用车制度、招待所制和各种各样的报销制度；

13. 社会主义市场经济条件下的财政、金融体制的改革和建设；

14. 邓小平关于法制建设的理论和社会主义市场经济法律体系研究；

15. 当代资本主义的新变化和冷战结束以后世界多极化格局的发展趋势研究；

16. 当代中美、中欧、中日等重大国际关系研究；

17. 苏联亡党裂国的根本原因和教训；

18. 苏联解体、东欧剧变后世界社会主义面临的挑战和发展前景研究；

19. 共产党在执政前和执政后历史任务的变化以及组织形式、工作重点的变化；

20. 新时期宗教、民族政策研究；

21. 社会主义精神文明建设的指导思想、目标任务、建立实现社会主义现代化的共同理想、价值观和道德规范；

22. 生态环境与中国实施可持续发展战略；

23. 高科技发展引发的社会问题研究；

24. 高科技发展与人类历史命运；

25. 自然科学和社会科学的共同使命与合作领域、合作形式；

26. 20 世纪中国历史发展研究，中华人民共和国史；

27. 20 世纪世界历史研究；

28. 中国各少数民族现状的全面系统的调查；

29. 中国各宗教现状的全面系统的调查；

30. 中国基本国情的调查，这可分为两个部分：一部分是制定包括政治、经济、社会、文化各方面内容的调查提纲在各省、自治区、直辖市共选择 100 个县（市）、100 个乡（镇）、100 个村进行全面的调查，做系统真实的描述，每隔 10 年进行一次，力求把社会变迁的内容和过程记录下来；另一部分是学习各发达国家的经验，调动各方面的力量运用各种现代化手段，把中国现在到底有多少国土面积？有多少海洋面积？有多少耕地？有多少人口？有多少各种资源？有多少各类资产？国有资产有多少？集体所有的资产有多少？把这些基本国情弄清楚。

【附】给李铁映同志的信

铁映同志：

您好！送上《关于组织力量对若干重大社会科学课题进行研究的建议》，请审阅。

我认为这是一项很重要也很有意义的工作。这些课题都是国家已经面临或即将面临需要解决的重大问题，而我们社科院有力量也有条件来组织、主持这些项目的研究，抓得得当，会较快地推出一批优秀成果来（有些则要长期进行研究），于国于民都是有益的，并且会在院内、院外，界内、界外产生好的影响。

所拟 30 个题目，限于我的见识，只是初步的，还不成熟。您如觉此方案可以，请约请几位专家，开个小会，共同商量，通过筛选、补充，最后确定若干个真正重大的课题（第一批不宜太多），然后组织人力进行研究。

当否，请批示。

陆学艺

1998 年 6 月 9 日

当前的形势和社会学的任务[*]

一 当前的形势

我们正处在传统社会向现代社会的转型之中，处在由计划经济向市场经济体制的转变之中。这个转变欧洲用了约 300 年的时间，美国用了 100 多年时间。

我们自鸦片战争以后逐步觉醒，经过洋务运动、戊戌变法、辛亥革命到五四运动，1949 年建立新中国。1949 年以后走上了工业化道路。1978 年改革开放加速了现代化的进程。20 年工夫大约相当于过去走过的总和（翻了两番），就全国而言，正在陆续进入小康。有些省市的部分地区已经跨入现代化的门槛了。苏南地区人均 GDP 2.4 万元，接近 3000 美元。

当然也产生了很多问题。我们正处在大发展、大分化、大转型、大整合的阶段。变是我们时代的主题，一切都在变。

拿今年①的形势说，还可用句老话，形势大好，问题不少。国际上，不能说"风景这边独好"，但是我们确实遇到了一个有利于我们发展的国际环境。不像一战、二战前后那样险恶，要包围你、扼杀你。现在世界正在向全球化、多极化发展，有两点。第一，这个局面的出现，是从毛主席 1971 年乒乓外交开始的，邓小平的国际政策是继承了的。第二，苏联解体。原来苏联在我国边境陈兵百万，你想发展也不行。现在好了，政治上、经济上，社会主义的中国正在崛起，这是不争的事实。

---

　*　本文源自作者手稿。该文稿系陆学艺于 1998 年 10 月 23 日在社会学所所长会议上的讲话稿。原稿无题，现标题为本书编者根据发言内容所拟定。——编者注
　①　指 1998 年，本文下同。——编者注

今年的情况：农业丰收，可保持粮食增产。经济增长可实现 8%，人民币守住未贬值。四项大的改革都改了，但还未到位。比预期的要差，但总归是动了，有了开头就好。

今年还有个大洪灾，7 月、8 月、9 月三个月，全国关心、全世界关注。政治上，这是一次考验，军队的威信、政府的威信、党中央的威信、社会主义国家的威信大大增强了。经济上有弊有利。损失了，但不是很大。存量损失，但对增量有利。有文章说，这次抗洪对今年 GDP 增长 8% 有 0.5% 的贡献。钮茂生的报告说，受灾 2.3 亿亩，经济上损失了 234 亿元，但实际上要大打折扣。水科院的同志说，拿遥测卫星图说，长江流域淹没部分只有 300 万 ~ 400 万亩，波及 1300 万 ~ 1400 万亩。被淹没的地区倾家荡产的不少，这是肯定的。但损失也要打折扣。有个乡党委书记报房屋损失，一村一村地查，连猪圈牛棚都算上才 1 万间。报到县里，有人告诉他，县里报的是 100 万间，说他太傻了。中国大，南方大水，华北、西北、东北都是大丰收，粮食是增产的，经济大省都未受影响，江苏、浙江、广东三大省都是发展的。

中国的国情是，判断形势要有哲学观点。大会上说形势大好的时候，你不要全信；到小会上，或亲朋好友说得严重的时候，你也不要全信，要一分为二。但一条要肯定，中国在前进，中国在发展，中国在一年年地好起来。北京变了，天津变了，上海变了，城市变了，农村变了，中国正在工业化、城市化、现代化，正在大发展、大转型、大分化、大整合。

这次十五届三中全会为什么要讨论农村、农业问题？（1）这是重大关头，要有个大的改革；（2）农村是大头；（3）今年是改革开放 20 周年，农村的经验可总结。

我体会，这是到了一个坎上。一个重要的历史时期，怎么理解？工业化进到一定阶段，有个标志性的统计。（1）温饱问题解决了，向全面小康迈进，已部分实现现代化；（2）农村工业化，乡镇企业增加值已占 2/3；（3）1996年劳动力就业结构，二、三产业占 50% 以上；（4）社会主义市场经济已占到一定的比例；（5）由卖方市场转向买方市场，农产品过剩，工业品过剩。

东西少了，计划经济有办法；多了，没有办法。怎么办？不是产品调整，也不是产业结构调整。我个人认为，要调整社会结构。一个大的方面就是要调整城乡结构，现在是 70%：30%。国际的经验，工业化城市化是同步的，我们是计划经济体制造成了城乡二元结构。我们的城市化率落后多少？全世界平均是 42%，我们只有 30%，少 12 个百分点。

城乡二元体制实际上也是限制消费的一种体制。我们过去只知城市化不足限制生产，不知也限制消费。

怎么办？这次文件①提出发展小城镇是个大战略。江泽民同志在江苏、浙江考察时讲了："发展乡镇企业是一个重大战略，……积极推进小城镇建设，也是一个大战略。"②

要改革小城镇户籍制。我们已经从原来 200 多个市，发展到 666 个市；2874 个镇发展到 18402 个镇。几年工夫，让 1.5 亿人进入了小城镇。

发展小城镇是乡镇企业发展和农村工业化的需要。发展小城镇还改变了人们的生产生活方式。生产生活方式变了，会有一个大的消费需求。农业减 1.5 亿人，增加收入 20%。进镇这些人，要消费农产品、工业品、家电、建筑材料、衣服、皮鞋，等等。

可以预计，通过这个社会结构调整，促进经济新的高涨，会带来一系列的变化。

二　社会学的任务

这样一个大发展、大转变的时期，对社会学提出了大任务。也是社会学工作者大显身手、大发展的好机会。社会发展需要社会学。当代中国的社会学先天不足，前 20 年是经济学家大显身手的 20 年，今后社会学应该大发展了。

这次调我去参加"关于农业和农村工作若干重大问题的决定"文件的写作，不是因为我，而是社会发展对社会学的要求，以前是经济学、法学家参加的多。我们要抓住这个机遇，做好自身的工作。

我想我们社会学的任务是三条。

（1）把经济社会变迁记录下来。我们是遇上了一个绝好机会，亲身参与了社会变迁的全过程。历代的社会学家，从马克思、斯宾塞、迪尔凯姆到帕森斯等，都只是经历过社会转型过程中的一段，我们是经历了全过程。现在变得太快，几年工夫就变样了，回家都不认得路了。

社会学家做了不少事：小城镇研究、婚姻家庭调查研究、千户问卷调

---

① 指十五届三中全会通过的《中共中央关于农业和农村工作若干重大问题的决定》。——编者注

② 《江泽民在江苏上海浙江考察时强调　沿海发达地区要率先基本实现农业现代化》，《人民日报》1998 年 10 月 8 日，第 1～2 版。

查、百县市调查、百村调查等，都属于记录社会变迁这一类。这类著作时代越久远，价值越高。

（2）为现代化建设提供理论支撑和政策咨询。

（3）要加强社会学自身的学科建设、队伍建设。要有人（骨干）、有课题、有调查点、有经费、有成果。

要重视人文社会科学的发展[*]

人文社会科学是实施科教兴国战略的重要组成部分。中国要振兴，要靠科学教育振兴，科学当然包括人文社会科学。

要重视人文社会科学的发展，首先应从认识上和体制上解决好人文社会科学和自然科学、工程技术科学的关系问题。发展科学事业，理所当然包括人文社会科学。应当把人文社会科学工作纳入国家科教领导小组的工作范围，在科学规划、人才培养、设施建设、经费投入、工作部署等方面，三大学科要统筹安排，特别是在发展科学规划中，人文社会科学要有应有的位置。近几年，社会上有种说法，"要有为才能有位"。这当然是有道理的，人文社会科学工作者应勤奋工作，争取为国家多做贡献。但对于全局整体而言，应从社会主义现代化事业百年大计的宏观大局出发，科学地摆正人文社会科学的位置，才能很好地调动百万人文社会科学工作者的积极性，充分发挥他们的聪明才智，为祖国多做贡献。

---

* 本文源自内部报纸《中国社会科学院通讯》1999 年 3 月 30 日第 1 版。该文系陆学艺的观点摘编。原稿题为《全国人大代表、社会学所陆学艺：要重视人文社会科学的发展》，现标题为本书编者根据摘编内容所拟定。——编者注

新中国社会学 50 年[*]

到今年^① 10 月 1 日，中华人民共和国将迎来 50 周年华诞。在这半个世纪的进程中，共和国经历了辉煌和风雨、繁荣和坎坷，与其血脉相依的社会学同样走过了沧桑多变的岁月，经验和教训并存，喜悦与痛苦相随。为纪念共和国的五十华诞，为了更好地迎接新世纪的挑战，为我国的改革、发展和稳定发挥更大的作用，也为了使我国社会学在下个世纪有更好的发展，回顾和总结我国社会学在这半个世纪的发展历程，是十分重要的。

一　社会学在中国发展的历史轨迹

社会学是一门与人类现代化进程紧密联系在一起的学科，应该可以说是现代化发展的产物。20 世纪 30 年代，正是西欧国家进入快速工业化、城市化和现代化的阶段，社会结构越来越复杂，社会秩序面临着挑战，同时启动现代化并伴随它成长的现代科学的理性曙光，照亮了人类进一步具体而科学地认识人类社会自身的构成和变迁的道路。于是，一门研究社会进步和社会秩序、社会变迁和社会稳定、社会动力学和社会静力学的社会学^②应运而生。社会学经过 160 年的发展，涌现了一大批著名的社会学家、社会学著作和社会学理论，对整个人类现代化发展产生了越来越大的作用，目

*　本文原载《中国社会学年鉴》（1995～1998）（中国社会科学院社会学研究所编，北京：社会科学文献出版社，2000 年 10 月，第 37～84 页）。原稿写于 1999 年 6 月 3 日。首次刊发于《新中国社会科学五十年》一书（中国社会科学院科研局编，北京：中国社会科学出版社，2000 年 5 月，第 168～218 页），发表时内容有删减。——编者注

①　指 1999 年，本文下同。——编者注

②　法国社会学家奥古斯丁·孔德（Auguste Comte）于 1838 年在他的《实证哲学教程》中第一次提出"社会学"一词，但真正使社会学获得学科地位的是另一个法国著名社会学家 E. 迪尔凯姆（Emile Durkheim）。——作者注

前在西方发达国家里社会学已经发展成为仅次于经济学的一门社会科学学科。与社会学在世界上的发展水平相比，社会学在我国虽然有了很大的发展，但存在着明显的差距和滞后。这当然与社会学进入我国的时间较晚有关，更与它在我国所遭受的坎坷经历分不开，这正是我国社会发展水平、社会结构还处在现代化初期的反映。

曾经有人认为，社会学是帝国主义侵略中国的辅助工具，这种认识是片面和错误的。实际上，上世纪末社会学之所以进入我国，与当时我国社会面临着巨大的社会变迁和改革直接有关，跟我国现代化启动的进程紧紧联系在一起，为当时我国社会变革（特别是戊戌维新变革）提供了思想武器和科学依据，是我国一些具有先进的革命思想家、改革家主动去找来的理论武器。1891 年康有为先生为变法办学，培养人才，最早在广东创办万木草堂，给学生讲授"群学"，把这一课程列在经世之学的门类里。后来严复先生将英国社会学家斯宾塞的《社会学原理》一书译成《群学肄言》，他先译了这本书头两章"砭愚"和"倡学"，1898 年发表在天津的《国闻汇编》上，1903 年才出全书。1902 年，章太炎先生翻译日本学者岸本能武太的《社会学》，在上海广智书局出版。1903 年吴建常把日本人市川源三的译著《社会学提纲》（原作为美国学者季延史著的《社会进化论》）在《教育志丛》出版。在 20 世纪初，群学和社会学是混用的，以后"社会学"才取代"群学"，一直沿用至今。[①]

正是在这一个时期，我国传统的农业社会开始了向工业化和城镇化社会变迁，这种变迁却伴随着内乱外患、国家和民族面临灭亡的危险。在这样的情况下，我国老一代社会学家孜孜以求，试图以社会学独特的学科视野，不断地探索一条救亡图存、渐进改良、振兴中华的道路。尽管受时代的客观条件和他们自身的限制，他们的努力并没有像他们所期望的那样产生积极成功的效应，但是大大地推动了我国社会学的发展。在他们的努力下，社会学走进了我国的高等学校大门，吸引了一批批年轻学子。最早在我国大学讲授社会学的是外国人，早在 1908 年美国人孟教授（Arthur Monn）在上海圣约翰大学开设了社会学课程；1913 年美国教授葛学博（Daniel Kulp Ⅱ）在上海私立沪江大学创立了我国第一个社会学系；1912 年国立北京大学（前身是京师大学堂）设有社会学课程，1916 年才开设社会学班，康心孚教授担任授课，成为我国自授社会学课程的第一人。他是章

---

① 杨雅彬：《中国社会学史》，山东人民出版社，1987 年 8 月，第 27～28 页。

太炎的学生，曾留学日本，回国后在北大任教，讲授社会学等课程，讲义是自编的，培养了一批学生，后来的著名社会学家孙本文就是他的学生。朱友渔是我国留学国外的学生中最早主修社会学的，1911 年在哥伦比亚大学社会学系获博士学位，其博士论文为《中国慈善事业的精神》，回国后在上海圣约翰大学社会学系任教授。①

伴随着 20 世纪 20 年代后期中国在美欧和日本留学的社会学者回国服务，以及本国高校社会学系或专业自己培养的学生毕业走上社会，推动了社会学事业的发展，社会学人才大量涌现，他们开展了大量的社会学调查和研究，推出了一批高质量的社会学研究成果。最初的社会学调查是由教会学校的外国教授指导学生所做的小型调查，如 1914 年和 1915 年北京社会实进会对 302 个洋车夫生活情况的调查，是我国最早的社会学调查。1917 年清华学校教授狄特莫指导学生，对北京西郊 195 户居民的生活费用进行了调查。进入 20 世纪 20 年代中国的社会学家开始对当时的许多中国社会问题开展了调查，如 1924 年和 1925 年李景汉等人在北京调查了 1000 位人力车夫、200 处出赁车厂和 100 个车夫家庭，后来还调查了北京的店铺和工人行会状况；陈达教授于 1926 年指导学生调查北京的零售物价。进入 20 世纪 30 年代，社会学调查更加广泛地开展起来，大量的调查著作陆续发表，如陶孟和的《北平生活费之分析》、李景汉的《北平郊外之乡村家庭》和《定县社会概况调查》、陈达的《中国劳工问题》和《人口问题》、费孝通的《江村经济》和《禄村农田》、张之毅的《易村手工业》、史国衡的《昆厂劳工》，陈翰笙、薛暮桥等人组织的对江苏无锡、山东潍县、广东梅县等的大规模农村调查，写出了《帝国主义工业资本与中国农民》《广东农村生产关系与生产力》《亩的差异》等调查报告和著作。这些社会调查涉及到我国当时社会变迁的方方面面，如家庭、社区、工业化、农村和农民、都市社会问题、人口问题等，具有很高的社会和学术价值。与此同时，社会学理论著作和译著也大量出版，如孙本文主编的"社会学丛书"，其中有杨开道的《农村社会学》、吴景超的《都市社会学》、吴泽霖的《社会约制》等等共有 15 种，对我国社会学发展产生了很大的影响。尽管 20 世纪 30 年代前期和中期，我国正处于内乱外患的时期，但是并没有完全影响社会学的调查和研究，在这个时期我国社会学出现一片繁荣景象，因为正是这样的内乱外患、社会问题丛生的现状促使社会学家们去认真地思考、调查和研究，

---

① 杨雅彬：《中国社会学史》，山东人民出版社，1987 年 8 月，第 29 – 32 页。

大大地推进了我国社会学的发展。特别值得指出的是，在 20 世纪 30 年代，中国的社会学家们以各种不同方式，探讨了中国向何处去的问题。

在 20 世纪 30 年代前、中期，中国社会学的教学和研究也达到了相当的高度，涌现了一大批社会学家，出版了一大批社会学著作，在国内产生了较为广泛的影响，在国际社会学界也有相当的地位。遗憾的是，1937 年日本军国主义发动了全面的侵华战争，大片国土沦丧，许多大学停办或迁到内地，社会学也受到战争的摧残，不少社会学系停办，社会学系的师生散失很多，部分院校迁到西南后方后，还保留有社会学系。许多著名的社会学如吴文藻、陈达、吴泽霖、李景汉、潘光旦、晏阳初、费孝通、戴世光、林耀华等都集中到昆明、重庆、成都和贵阳等地，在非常艰难的条件下，坚持开展社会学的教学、社会调查和科研活动，社会学与人类学相结合的新区研究形成一种风气，并为社会学中国化作出了努力，出版了一批重要的学术著作，培养了一批人才。据统计，抗战 8 年，在西南 9 所大学的社会学系，毕业的学生有 500 多人，后来，多数成为社会学发展的重要骨干人才。

抗日战争胜利后，迁到后方的院校都陆续内迁，社会学家们也都回到北京、天津、上海、南京、广州等地，在各校恢复或新建社会学系、社会学专业，开展社会学的调查研究和教学活动。据孙本文先生 1947 年 12 月的调查，那时在各大学任教的讲师、副教授、教授的社会学教员有 144 人，其中 10 名是美国人。在这 134 名本国教员中，107 名都是在国外留过学的。到 1948 年，全国共有 21 所大学设有社会学系，在校学生有 600 余人。

全国解放前夕，1949 年 1 月中旬，毛泽东、周恩来等中共领导人，在西柏坡亲切接见了积极参加爱国民主运动的民主人士，其中有民主同盟成员，社会学家费孝通，民主促进会成员，社会学家严景耀、雷洁琼，毛泽东坦诚地同他们交谈，分析了当时的国际国内形势，表示了要将革命进行到底的决心，展望了新中国建立以后要进行大规模经济建设和发展科学教育文化的前景。

新中国的成立，为中国现代化建设和发展开辟了新纪元，这本应为我国社会学创造更加广阔的发展天地，也应为社会学发挥更大的作用提供前所未有的历史机遇。但是历史的发展，却不似人们设想的那样平坦，尤其是社会学这门学科，不久就经历了意想不到的境遇。

从 1949 年到 1951 年，各大学还保留原有的社会学系和专业，招收学生，正常教学，在课程上增添了"马列名著选读""政治经济学""新民主主义论""社会发展史"等课程。如清华大学的社会学系基本上还维持原状，还有 70 多位学生和 16 位社会学教员，只有少数老师去搞土改。不过当时毕业的许多学生（甚至还有没毕业的学生）纷纷加入了南下工作团，参加革命和建设，那几年很少有毕业生留在学校从事社会学教育和研究。到1952 年，全国还有 10 个社会学系、472 名学生。这年秋天国家对高校院系和学科进行调整，撤消了 8 所大学的社会学系和社会学专业，停止招收社会学专业学生；1953 年，中山大学和云南大学的两个人类学专业也撤消了。从此社会学这门学科被排除出了大学的科学殿堂。社会学人才也纷纷流失、转行，拿北京的几所大学而言，一部分社会学老师（如潘光旦、费孝通、吴泽霖等）转到民族学院，从事民族学的教学和研究，还有一部分老师（如吴景超、李景汉等）转到了中国人民大学，严景耀、雷洁琼等老师被转到政法学院。再一部分老师（如陈达、史国衡）转到劳动部劳动干部学院。社会学专业毕业的学生更没有人再专门研究社会学，他们主要被分配到政府管理部门，如建筑公司、公安、南下工作团、报社等部门工作。在这种情况下，他们很难再进行社会学调查和研究。

社会学这样一门学科为什么在新中国建立不久就被撤消而停止招生了呢？当时是在全国高等教育院系调整名义下和政治学、美学、伦理学等学科一起被撤消的，有关方面没有专门说明理由。一直到 1979 年，社会学重建以后，有人分析，1952 年撤消社会学的原因主要有以下几点。第一，在20 世纪 50 年代初，全国社会主义建设轰轰烈烈，学习的参照系是苏联，把苏联的一系列做法视为榜样，奉为圭臬，而苏联早在 20 世纪 20 年代和 30年代，就把社会学视为"资产阶级伪科学"而取消了。我国的院系调查基本上是照搬苏联的模式，所以也就把社会学系、社会学专业取消了。第二，在理论认识上则认为历史唯物主义是研究社会结构、社会发展的基本理论和基本方法，历史唯物主义为我们认识社会提供了思想武器，我们运用历史唯物主义研究社会，也就可以不需要社会学了。第三，有人片面地认为资本主义有各种各样的社会问题，社会学主要是探讨研究社会问题的。而新中国成立后，社会主义新社会里就不再存在那些问题了，即使有些社会问题，靠社会主义自身就解决了，因而也就不需要社会学了。所有这些作为 1952 年撤消社会学这门学科的认识，只是在主持院系调整工作的领导决策层里，并没有明确宣布。当撤消社会学系、社会学专业的决定一公布，广大社会学工作者虽然有的思想不通，但那时新中国刚刚建立，党和人民政府的威信是很高的，大家都还是当作行政决定接受了、服从了，所以撤消和人员调遣等工作的进行并没有遇到什么障碍。

正因为 1952 年撤消社会学并没有说明撤消的理由，所以有一部分社会学工作者，虽然调离了社会学系或转行，但他们仍还在继续进行社会学方面的调查和研究，发表了一批社会学研究的成果，如潘光旦教授对土家族的调查研究，费孝通教授的重访江村，李景汉教授在北京郊区农村生活的调查，等等。1956 年苏共 20 次代表大会召开，苏联国内出现了新形势，对社会学的看法变化了，同年 8 月苏联派代表团参加了在荷兰召开的第三次国际社会学大会，以后陆续就有一些关于恢复社会学这门学科的言论和活动。这些动向受到中国社会学者的注意。1957 年春，陈达、吴景超、费孝通等教授在全国政协会议上，在北京、上海等地的报刊上，分别提出了要求恢复社会学的建议。1957 年 4 月，在有关主管部门的支持下，建立了"社会调查工作委员会"，由著名社会学家陈达教授主持。当时的学术刊物《新建设》，还专门召开关于社会学工作的座谈会，并发表了座谈会纪要。

1957 年 6 月以后，反右派运动在全国开展起来。北京的社会学家们首当其冲，受到无辜的揭发和批判，费孝通、吴景超等教授被公开点名批判，把关于要求恢复社会学教学研究工作的建议，批判为复辟资本主义阴谋，参加过座谈会的学者多数受到不同程度的批判，还株连了一批青年学生。需要特别指出的是，正当反右斗争进入火热的时候，当时主掌中国意识形态、思想理论工作的康生，1957 年 8 月在北京亲自出面发表讲话，信口雌黄，给社会学和社会学工作者强加了很多莫须有的罪名。康生把中国的社会学先定性为资产阶级社会学，继而指责社会学散布改良主义，缓和阶级斗争，破坏、反对革命，为帝国主义服务，甚至污蔑社会学是帝国主义的侦探学，把一批社会学家做的社会调查，说成是为了保护地主阶级，保护资产阶级，破坏革命的。康生的这个讲话，产生了极其恶劣的影响，相当多的社会学家被打成右派分子，是与此有关的（比例之高，在其他学科是绝无仅有的）。不仅如此，因为康生那时在思想理论界是有权的，在反右运动中，以及以后相当一段时期里，还对社会学这门学科，专门进行了长期的理论批判，把社会学说成是资产阶级的伪科学，是帝国主义文化侵略的工具，是用来破坏革命运动、反对马克思主义的。对一门学科进行如此大张旗鼓、违背事实和理性的鞭挞，也是绝无仅有的。①

1952 年撤消社会学系和专业以后，但社会学的名还在，社会学家还在，

---

① 参见王康《中国大陆社会学的重建》，《中国社会学年鉴》，中国大百科全书出版社，1989 年版，第 1～3 页。

还不断有一些社会学的调查研究活动，不断有一些社会学的文章发表，但经过 1957 年的反右派运动及对社会学的严厉批判，社会学这门学科就被彻底地取缔了。自此以后，规范的、有组织的社会学调查和研究活动没有了。一直中断了 22 年之久。现在回顾起来，取缔撤消社会学是很不理智、很愚蠢的一种做法，这是在那一阶段极左路线的一个方面，造成了极其严重的损失。因为停办了社会学系和社会学专业，停止了招生和教学活动，造成了社会学人才的严重短缺和断代，因为停止了社会学的调查研究活动，使国家和社会的发展失去了社会学的智力支助，已有的经过许多社会学家艰苦开创和积累起来的智力资源得不到开发和利用，使许多社会决策由于缺乏正确的理论指导和科学资料而陷入误区，造成了严重的损失。

社会学作为一门学科及其教学和研究机构虽然被撤消了，但社会矛盾、社会问题依然存在。社会要发展，就要不断解决这些社会矛盾和社会问题，就要不断对社会进行调查和研究。所以在社会学被取消之后，有组织的、大规模的自觉的社会学调查研究活动是无法开展了，但是这并不意味着社会学所主张的一些观察、调查社会的理论、方法和活动也就消失了，因为要科学地认识这个社会，把握这个社会，描述这个社会，解释原因，预测社会的未来走向，离开了社会学主张的那套理论方法和活动，就很难科学有效地进行，这正体现了社会学存在的价值和合理性。所以在社会学被撤消取缔后的 27 年中（1952～1979 年），有些原来属于社会学范畴的社会调查研究活动，就以其他名义进行了，如人口问题的调查、统计和研究，家庭婚姻问题的调查和研究，大型系统的民族调查和研究，犯罪问题的调查和研究，劳动劳工问题的调查和研究等，都还是继续在进行着。有些事关全局的社会发展、社会矛盾、社会问题，如合作化以后，对于农民生产、生活问题，特别是在制定《"人民公社六十条"》前后的农村问题都进行了有组织有领导地大规模的社会调查。还有更多的学者和个人在这些年里在实地进行观察、调查并如实记录了许多社会事件。所有这些，都在当时当地发挥了解决社会矛盾、促进社会发展的作用，并为日后的社会学研究积累了一些资料，不致使这段社会历史完全空白，无形中延续了社会学的一些传统和做法。当然，如果从严格的科学规范来衡量，这些社会调查和研究，还不能就界定为科学的社会学研究。因为这些调研活动，缺乏宏观的社会学理论指导，并没有在对社会进行总体、综合的研究基础上进行，在方法上也主要是靠经验的手工式的操作，所以，这些社会调查虽然也投入了大量的人力、物力，但只得到了事倍功半的结果，甚至有的社会调查还起到了事与愿违的作用。这再次证明，社会学这门学科，在社会变迁过程中，特别是在工业化、城市化、现代化的过程中，是不能取消的。

本世纪以来，科学发展日行千里，人类社会已经进入以"专业与技术人员阶级处于主导地位"、"理论知识处于中心地位，它是社会革新和制定政策的源泉"为特征的后工业社会时代①，这是一个要依靠科学理性引导行动的时代。仅凭经验主观决断和个人感情，势必会出偏差，用以指导社会行动，那势必会给国家和社会带来难以估量的损失，人民公社运动和"文化大革命"就有这样的惨痛教训。国内外的实践证明，社会学是工业化、城市化、现代化过程中的产物，她是为现代化服务的。社会现代化事业的发展，需要社会学理论和方法的支持。1976 年粉碎"四人帮"、结束"文化大革命"之后，邓小平等同志重新出山，拨乱反正，中国的工业化、城市化、现代化宏伟事业重又步入了高速发展的快车道。正在我国现代化事业重又启动之际，我国的一些有识之士以及党和国家的领导人敏锐地感到了社会转轨、现代化建设对于社会学这门学科的需要。1978 年 6 月，长期受"四人帮"迫害被监禁了七年之久的中国社会科学院哲学研究所老教授杜任之，在中国人民政治协商会议第五届全国委员会议上，提出了要恢复重建社会学、政治学的主张，这个建议很快就得到了党中央和有关领导的重视和采纳。

1979 年春节期间，时任中国社会科学院院长胡乔木同志，约见费孝通教授，商讨了要尽快恢复社会学事宜。请在京的一些社会学者协助"全国哲学社会科学规划会议筹备处"进行具体的筹备工作。1979 年 3 月 15 ~ 18 日，由中国社会科学院、全国哲学社会科学规划会议筹备处，在北京主持召开了"社会学座谈会"，邀请了北京和部分省市过去曾从事过社会学教育、研究的同志以及教育、民政、公安、工会、妇女、青年团等实际工作部门的同志，还有热心支持社会学的专家学者共 60 余人到会，会议主要讨论了如何恢复和重建社会学，如何在马列主义、毛泽东思想指导下开展社会学的教学研究工作，为现代化建设作贡献。3 月 16 日，胡乔木同志亲自到会，并作了重要讲话。他首先为社会学恢复名誉，他说，"否认社会学是一门科学，用非常粗暴的方法来禁止它的存在、发展、传授，无论从科学的、政治的观点来说，都是错误的，是违背社会主义根本原则的"。乔木同志还就历史唯物主义与社会学的关系、社会主义的社会问题、如何研究社

---

① 丹尼尔·贝尔（Daniel Bell）：《后工业社会的来临》，商务印书馆，1986 年版，第 20 页。

会问题，以及如何学习借鉴国外社会学等几个重大理论问题发表了看法，并表示要尽力支持社会学界成立社会学研究会，开展社会学研究，科研单位和大专院校要尽快建立社会学研究所和社会学系，抓紧培养社会学人才，注意解决后继无人的问题。

这次"社会学座谈会"开得很成功，胡乔木同志当时是中国社会科学院院长，也是中国共产党在思想理论战线和社会科学方面的领导者，由他出面为中国社会学从政治上平了反，在学术理论上澄清了一些过去流行的不正确的观点，这就为社会学的重建、恢复和发展开辟了道路。1979年3月18日，经过与会同志的酝酿，一致赞成成立了"中国社会学研究会"，选举产生了由50人组成的第一届理事会，并推选费孝通教授为会长，田汝康、陈道、杜任之、李正文、罗青、林耀华、雷洁琼为副会长，聘请于光远、陈翰笙、吴文藻、李景汉、赵范、杨堃等老一辈专家学者为顾问，决定王康为总干事。这次社会学座谈会的召开，中国社会学研究会的成立，标志着社会学恢复重建工作的开始，从此结束了中国社会学停顿27年的局面。中国社会科学院社会学研究所也就在这次会后，由中国社会科学院委托费孝通教授开始筹建。

1979年3月30日邓小平同志在中共中央召开的理论务虚会上，发表了《坚持四项基本原则》的重要讲话，在检讨了过去忽视社会科学研究的同时，提出了社会学等学科"需要赶快补课"的要求。他说："政治学、法学、社会学以及世界政治的研究，我们过去多年忽视了，现在也需要赶快补课。……我们已经承认自然科学比外国落后了，现在也应该承认社会科学的研究工作（就可比的方面说）比外国落后了。我们的水平很低，好多年连统计数字都没有，这样的情况当然使认真的社会科学的研究遇到极大的困难。因此，我们的思想理论工作者必须下定决心，急起直追，一定要深入专业，深入实际，调查研究，知彼知己，力戒空谈。四个现代化靠空谈是化不出来的。"[①] 邓小平同志的讲话，是对恢复重建社会学以及以后的发展非常有力的支持，20年来，社会学工作者一直是铭记着"社会学需要赶快补课"这个指示，在努力工作和深入研究的。

二 社会学重建20年来取得的重大成就

中国社会学从1979年开始重建，至今正好20年，这20年可以说是中

---

① 《邓小平文选》第二卷，北京：人民出版社，1994年10月第2版，第180～181页。

国自有社会学以来最有生机、最为繁荣、发展最快、最有成就的 20 年。20
年前小平同志提出的"社会学需要赶快补课"的任务，现在可以说：已经
基本实现了。社会学正在成为社会科学总门类中越来越受到社会关注和欢
迎的一门学科。同一切新生事物一样，社会学在这恢复重建的 20 年中，也
经历了起伏和波折，并不是一帆风顺的。1979～1985 年，社会学重建后的
头几年，开局很好，很快就打开了局面，出现了蓬勃发展的好势头，只 5～
6 年工夫，全国就在 11 所高校建起了社会学系和社会学专业，有 25 个省区
市的社会科学院建立了社会学研究所；但 1986～1991 年，高校建立社会学
系的工作几乎停滞了，有些院校自发建起了，也迟迟得不到批准而不能正
式招生，1990 年还因为一个教育部门的负责人批评社会学是"敏感学科"，
迫令全国社会学专业停招一年学生。那几年，社会学对外合作交流也受到
限制。1992 年以后，社会学的发展又进入了一个快速发展的轨道，每年都
有新的社会学系建立和社会学专业设立，队伍迅速扩大，社会学的研究成
果也大量涌现，成就更加显著。

社会学是适应改革开放的需要而恢复重建的一门学科，国家经济社会
现代化事业发展的实践对社会学的需求，是社会学发展和繁荣的原动力。20
年来，我国社会主义现代化建设事业突飞猛进，经济结构、社会结构发生
了历史性的变迁，中国社会学也就在这样好的历史条件下成长发展起来，
取得了十分可喜的成绩。

（一）建立了一支专业队伍，确立了社会学作为重要学科的学术地位

社会学要"补课"，第一位的任务就是要组建队伍、培养人才，开展社
会学学科的基本建设。在创业之初，身负重建大任的费孝通教授提出了要
建设一个学科必须具备"五脏六腑"的计划。"五脏"是指：要有学会、专
业研究机构、教学机构、图书资料中心和杂志社及出版社。"六腑"是指社
会学系至少要开设 6 门基本课程：社会学概论、社会调查方法、社会心理
学、经济社会学、比较社会学和西方社会学理论。有了这"五脏六腑"，社
会学的戏台就可说是搭起来了，就可以演出雄壮威武的好戏来。

1. 社会学研究机构的成立和建设

1979 年 3 月，中国社会学研究会建立后，就着手招兵买马，组建社会
学所和专业队伍，经过近一年的筹措，经国务院正式批准，中国社会科学
院社会学研究所于 1980 年 1 月 8 日宣告成立。这是新中国建立的第一个国

家级的社会学研究所，首任所长是费孝通，副所长王康，党委书记陈道，顾问赵范。全所科研和工作人员共 20 余人。随后，中国社会学研究会与中国社会科学院社会学研究所便着手开展社会学人才的培养工作，于 1980 年 4 月，组织举办了第一期社会学讲习班，吸收各地有志于从事社会学研究和教学的中青年参加，聘请美国和香港的社会学家以及国内的学者们来讲课；1981 年和 1982 年，又先后在北京、武汉举办了两期社会学讲习班，3 次讲习班共有 120 多人参加听课和学习，为各地培养了社会学研究和教学骨干，现在各地的社会学所所长、副所长，各高校社会学系主任和副主任，基本上都是讲习班的成员，大约有一半后来成了社会学教授和研究员。

1981 年 11 月江苏省社科院成立社会学研究所，1982 年 3 月北京市社科院建立社会学研究室，1983 年天津、四川、湖南、甘肃等省市的社科院分别建立了社会学研究所，1984 年 4 月上海社科院正式成立社会学人口学研究所，同年山东、贵州、湖北、陕西、辽宁等省的社科院相继建立了社会学研究所。1985 年以后，吉林、河南、福建、宁夏等省区也陆续建立了社会学研究所。

1985 年 3 月，北京大学成立社会学、人类学研究所，以后中国政法大学、中国人民大学、武汉大学、华东师范大学、哈尔滨工业大学、南京大学、四川大学都先后成立社会学研究所或社会心理研究所。1988 年民政部成立社会福利与社会进步研究所，以后，公安部成立社会问题研究所，国家计委成立社会发展研究所。到 1998 年，全国各省、区、市除了西藏、青海等省区外，都在社科院里建立了社会学研究所，有些省会城市如哈尔滨、武汉、广州、南京等大城市都建立了社会学研究所，加上各大学和国家有关部门建立的社会学研究所，全国已有各类社会学研究所 40 多个，已经形成了一支具有相当规模的社会学专业研究队伍。这些社会学研究所，多则近百人，少则 10 多人，也有 5~6 人的，主要从事社会学理论和应用研究。近 20 年来，进行了大量的调查研究，完成了一大批国家和省市设定的研究课题，开展了对外的合作和交流，都有相当丰硕的成果。

2. 高等院校社会学系和专业的设立和发展

社会学研究和教学人才严重短缺，是 1979 年我国社会学重建所面临的最为严重的问题，也是最急需要解决的问题。为了应急，开头几年办了培训班，这样的培训班对启动我国社会学研究和教学起了很大的作用，但是这种速成办法却无法解决社会学人才的长期供应和需求问题。在高校设立社会学系和社会学专业，招收社会学本科学生和研究生，被提到了中国社会学重建的重要议程上来，这也是中国社会学迈向长期发展和繁荣的制度化保证。

1980 年夏天，上海大学（原是复旦分校）文学院成立了我国恢复社会学以后的第一个社会学系。同年秋，南开大学成立社会学系，并在教委和中国社会学研究会的支持下开办了社会学专修班，从各大学选了一批二三年级的哲学、历史和经济等系的学生，对他们进行社会学专业培训。以后南开大学社会学系还开办了多次研究生班，进行正规的教学，为各地培养了一批专业骨干。1981 年中山大学设立社会学系，1982 年北京大学建立社会学系。随后许多大学开设了社会学系或社会学专业，如山东大学、中国人民大学、南京大学、复旦大学、华中理工大学、武汉大学等，到 1985 年全国已有 11 所高校建立了社会学系，在校本科生 800 多人，研究生近 200 人；1986 年以后有一些滞缓；1992 年以后，清华大学组建了哲学社会学系，华中农业大学、北京农业大学组建了农村社会学系，吉林大学、黑龙江大学、兰州大学、云南大学、西安交通大学、西北大学、湖南师范大学、福州大学、福建师范大学等等都相继建立了社会学系，有的是新组建的，有的是在历史系或马列主义教研室等基础上改建的。现在除了内蒙古、河北、山西、江西和几个边疆省区外，各省市都在大学里建立了社会学系或专业，像湖北、江苏等省已有 5～6 所院校建立了社会学系。到 1998 年，全国已有 40 所高等院校建立了社会学系和专业，或社会工作系和专业。全国已有 20 个培养社会学硕士研究生点、5 个博士研究生点（中国社科院研究生院社会学系、北京大学社会学系、中国人民大学社会学系、南京大学社会学系和南开大学社会学系），还有 3 个博士后流动站（北京大学、中国社科院社会学所、中国人民大学）。在校本科生 3000 多人，研究生约 400 人。此外，在从中央到地方的各级党校、成人高校、军事院校、政法院校、工青妇院校、民政院校以及医学院校和体育院校都纷纷设立社会学教研室，或开设社会学或社会工作课程。1985 年中国社会学会等单位联合成立中国社会学函授大学，通过函授大学先后培养了约 4 万名学生。

随着教学队伍的不断壮大，社会学教学水平不断提高，教学范围得到了极大的拓宽，所有课程都是由我们社会学系和本校的教员自己授课。课程设置从残缺不齐向系统而完善的课程设置转变，这充分体现了我国社会学学科建设的巨大成就。从教材的编写水平和种类上也得到明显的体现，1982 年为适应教学需要，费孝通教授亲自主持、动员一批社会学教学研究人员编写了一本《社会学概论》（试讲本），后来各校各研究所甚至个人都编写社会学概论或原理，至于其他社会学课程的教材，为适应教学的需要也源源不断地编写出来，如《社会学调查方法》《社会统计概论》《社会工作》《中国社会学史》《西方社会学史》《中国农村社会学》《社会保障》《城乡社区发展》《社会行政和社会管理》《社会指标体系》《组织社会学》《科学社会学》《经济社会学》《文化社会学》《家庭社会学》《老年社会学》《人口社会学》《法社会学》《城市社会学》等等，已经初步满足了当前的社会学教学和传播的需要，现在有关方面正在编辑出版《社会学文库》，正在编译出版社会学专业方面的重要的国外文献。当然这方面的工作还在继续进行，将会越来越完善，水平将越来越高。

3. 社会学学术团体的建立和活动

中国社会学的恢复和重建，是从建立中国社会学研究会正式开始的。学会成立以后，就着手筹建社会学研究所，以后又举办社会学讲习班，推动各省、区、市建立社会学会、建立社会学系和社会学所，参与制定全国"六五""七五"社会学科研规划，以学会的名义组织社会调查研究和开展对外合作交流。社会学重建伊始，中国社会学研究会做了大量的开拓工作，很有成效，功不可没。

1979 年 9 月 19 日，上海市社会学会建立，首任会长是著名社会学家曹漫之，这是地方最早成立的社会学会；1980 年，黑龙江省暨哈尔滨市社会学会和湖北省社会学会成立；1981 年，天津市社会学会、吉林省社会学会和北京市社会学会分别宣告成立；1982 年，江苏省社会学会在南京成立，1983 年以后，四川、山东、云南、广东、广西、福建、江西、安徽、浙江、湖南、内蒙古、甘肃、河南等省区，都相继建立了社会学会。

1982 年 5 月，中国社会学研究会在武汉召开，修改了会章，正式更名为"中国社会学会"，选举产生了由 69 人组成的第二届理事会，选举费孝通为会长，雷洁琼、杜任之、罗青、李正文、陈道、林耀华、田汝康为副会长，吴承毅为秘书长。1985 年 3 月和 1986 年 4 月，在北京召开了常务理事会和常务理事扩大会议，研讨了社会学学科建设方针等问题。1988 年 8 月，在黑龙江省伊春市召开了"全国社会主义初级阶段理论与社会学学术"研讨会，有近 200 名社会学工作者和社会工作部门的实际工作者参加，提交了 100 多篇学术论文，会后编辑成了《社会主义初级阶段中的社会学》一书，由知识出版社出版。

1990 年 3 月，在北京召开了中国社科院社会学研究所成立 10 周年纪念会，中国社科院和中国社会学会的主要领导和兄弟院所的领导以及著名专家学者邓力群、费孝通、雷洁琼、胡绳、丁伟志、郑必坚、李慎之、江流、刘启林、袁方、陈道、赵范、邓伟志、王家福、孙越生、何建章、郑杭生、高德、王焕宇等 150 多人出席会议，会上胡绳院长、费孝通、雷洁琼教授和所长陆学艺分别讲了话，就社会学的发展在国家经济社会建设中的作用和进一步办好社会学研究所等方面发表了意见。在当时社会学的发展又受到了类似"社会学是敏感学科"等非难的背景下，这个会议起了很好作用。

1990 年 8 月，经过长期酝酿，在北京召开了中国社会学会第三届理事会，理事会由各省、区、市推举的 62 名理事组成，会议通过修改了会章，选举费孝通、雷洁琼为名誉会长，选举袁方教授为会长，王辉、陆学艺、吴铎、何肇发、郑杭生为副会长，陆学艺兼秘书长。会议重申学会要组织协调社会学工作者开展各种形式的学术活动，发现并培养人才、组织社会调查研究，理论联系实际，为社会主义现代化建设服务。学会还接受与会代表的建议，以后每年召开一次学术年会，就每年社会学面临的学术和工作中的问题，撰写论文进行讨论和研究，以增进全国社会学工作者之间的学术交流，互相促进，共同提高。这个建议和决定，得到了各地社会学者的欢迎和响应，从 1991 年开始，每年召开一次学术年会，每次会议有一个主题，收到 100 多篇论文，有 100 多人参加，会后出一论文集，社会效果很好，至今已持续 9 年了。1991 年 3 月在天津由天津社会学会承办，召开了"社会稳定与发展的理论和实践"学术研讨会；1992 年 4 月在杭州，由浙江省社会学会承办，召开了"当前社会变迁与小康社会"学术研讨会；1993 年 4 月在深圳，由广东省社会学会与深圳社会学会承办，召开了"改革开放与社会发展"学术研讨会；1994 年在上海浦东，由上海社会学会承办，召开了"社会保障与社会发展"学术研讨会；1995 年，因同年 10 月召开亚洲社会学大会，很多社会学者参加了这个会议，没有再另开本年的年会。

1996 年 8 月在沈阳，由辽宁社会学会承办，召开了"21 世纪的中国经济社会发展与社会学历史使命"学术研讨会。同时，在沈阳召开中国社会学会第四届理事会，推选费孝通、雷洁琼、袁方为名誉会长，选举陆学艺为会长，王辉、王思斌、邓伟志、吴铎、宋林飞、谷迎春、郑杭生、赵子祥为副会长，宋家鼎为秘书长。1997 年 5 月在昆明，由云南社会学会承办召开了"社会结构与社会发展"学术研讨会。1998 年在福清，由福建社会学会承办，召开了"社会主义初级阶段的中国社会与社会学"为主题的学术研讨会。1999 年 6 月在武汉，由湖北社会学会承办召开以"纪念中国社会学恢复重建 20 周年"为主要内容的学术研讨会。

　　自 20 世纪 80 年代中期以来，有不少省的社会学会在市和县也分别建立了市社会学会和县社会学会，吸收当地社会学工作者和实际工作部门如民政、劳动、司法、工会、青年团、妇联的干部和工作人员参加，开展社会调查研究，研讨社会问题等学术活动。20 世纪 90 年代以后，各省、市的社会学会也仿照中国社会学会的办法，每年召开学术年会，就当地社会主义现代化建设中的问题，进行研讨，起到了良好的效果。

　　1990 年第三届理事会建立以后，为适应社会发展的需要，也适应社会学各分支学科发展和提高的需要，陆续建立了各分支学科的专业委员会。现在已经建立的有中国社会学会教育社会学研究会、人口与环境社会学专业委员会、农村社会学研究会、社会发展与社会保障研究会、体育社会学研究会、社会调查与方法研究会、青年社会学研究会等 7 个专业委员会，他们都属于中国社会学会管辖下的研究会。在各自的分支学科范围内，吸收本专业的科研和教学以及有关部门的学者和实际部门工作同志参加，开展专业学术活动，理论联系实际，起到了推进和提高本专业队伍建设和学科建设的作用。有些专业现在还在积极筹建，如劳动社会学研究会、企业文化专业委员会、生活方式研究专业委员会、中国社会思想史研究会，等等。在地方社会学会属下，有些省市也设有专业委员会，开展有关的学术活动。如上海市社会学会就下设有 11 个专业委员会，他们分别是：社会学理论与教学、青少年研究、生活方式研究、城市社会学、文艺社会学、法社会学、住宅社会学、产业社会学、外国社会学、性社会学、社会公共安全等，有些专业委员会正在筹备。

　　中国社会学会从组织上说，主要管理团体会员和个人会员（1996 年第四届理事会修改会章后才设），团体会员有两类，一类是各省、区、市和计划单列市的社会学会；一类是各分支学科的专业委员会。从人员上说，这两类团体会员吸收的个人会员，1991 年的统计是 5909 人，现在有 7000 多人。此外，中国社会心理学会、中国青少年犯罪学会也都挂靠在社会学系统里，还有中国社会工作者协会、中国婚姻家庭研究会、中国犯罪学研究会等。以社会学大系统说，全国的会员已超过 1 万人。

　　4. 社会学的教学和研究的专业队伍已经成长起来

　　中国社会学的队伍，20 年来发展是很快的。参加中国社会学会活动的会员，主要分为从事社会学科研、教学的专业工作者和从事社会工作的实际工作者两类。就专业工作者队伍说，主要由以下几部分人员组成。

　　（1）中国社会科学院和地方社会科学院系统的社会学研究所（室）的

专业研究人员。

（2）教育系统各高等院校的社会学系、专业，社会工作系、专业等教学单位的教员，以及这些院校设立的社会学研究所的研究、教学人员（有些系、所是合一的），现在这支队伍人数最多，发展最快，方兴未艾。

（3）全国各级中共党校、军事院校、干部学院、政法院校、理工农医院校、文艺体育院校、成人高校开设社会学概论或各分支社会学课程的社会学教研室的教员和研究人员。随着社会的发展，这部分人员发展也很快。

（4）中央和地方党委和政府、人民团体等实际工作部门的社会工作和社会调查研究机构，如国家发展计划委、科技部、民政部、公安部、劳动和社会保障部、人事部、国务院发展研究中心、统计局、工会、妇联、青年团等系统设立的政策研究室和社会工作、社会调查研究机构中的专业研究人员。

（5）企业和民间的一些社会调查机构和社会咨询机构的社会学专业工作人员。

初步统计，前三类即从事社会学研究和教学的专业人员，现在有 3500 多人。据我们调查，这批社会学专业的研究和教学人员主要由三部分人组成。第一部分是重建恢复前就从事社会学教学和研究的老一辈社会学家，如费孝通、雷洁琼、王康、袁方、刘绪贻、何肇发、韩明谟等老教授，他们都已年逾古稀，但仍以老骥伏枥的精神，身体力行，孜孜以求，继续在进行社会调查、社会研究，为社会学的发展和繁荣做奠基和搭台的工作，并且至今还不断有专业的论文和著作问世。第二部分是社会学恢复重建以后，从哲学、外语、历史、文学、理工科专业或实际部门工作转行过来的，他们经过社会学专业的培训或经过长期刻苦自学，成为社会学的专家、学者。20 年来，这部分同志在党和政府的领导下，在老一辈社会学家的带动和感召下，边干边学，努力拼搏，开拓进取，为社会学在各地、各系统的重建和创建做了大量的工作，为社会学的调查和课题研究费了很多心血，取得了很多社会学研究成果，他们在社会学恢复重建工作中起到了铺路搭桥的过渡作用。在 20 世纪 90 年代中期以前，中央和地方社会学研究所所长、副所长、研究员，各大学社会学系的系主任、副主任、教授多数是这些同志担任的。现在这部分同志有的已年逾花甲，有的也年近花甲，正陆续从领导岗位上退下来，但绝大多数仍从事社会学的研究和教学工作，有的已有较重要的社会学学术著作出版。第三部分是社会学重建恢复后，由大学和研究机构的研究生院、社会学系毕业或从国外留学回来的博士、硕士和学士，他们组成了现在社会学系统的主要骨干队伍。这部分同志是社会学专业科班出身，学有专长，年富力强，对国内外社会学界的情况也比较熟悉，能够理论联系实际，继承了中国社会学的优良传统，其中一部分优秀成员已经成为各学术机构的专业骨干和领导者，有些在学术上已有很多成就，有社会学的专著面世，未来中国社会学的发展和繁荣，寄托在这一代中青年社会学者的身上，这是可以期待的。以中国社科院社会学研究所为例，可以说明这个情况。这个所现在共有91人，专业研究人员有73人，其中有博士学位的24人（在国外获博士学位的7人），有硕士学位的26人，全所在职的20名研究员中，有12人是中青年骨干；7名博士生导师中，有5人是中青年。全所的科研专业人员平均年龄为43岁，只有9人是1965年前的大学毕业生，现在研究所的领导和8个研究室及《社会学研究》编辑部的主任中，只有两位是1965年前的大学毕业生。从这个所可以看到中青年社会学工作者未来成长的前景。

对于我们这样一个大国而言，3500多名社会学专业研究和教学人员是远远不够的，而且地区分布也很不平衡，主要集中在北京、上海、武汉、南京、天津、广州等特大城市和大城市，其次是各省会城市，一般都设有省和市的社会学研究机构，有的还有教学机构。但在中西部特别是西部几个边疆省区，有的只有研究机构没有教学机构，有的连教学和研究机构都没有，可说还是空白。因为社会学是在改革开放过程中恢复、重建的，是随着改革开放和社会主义现代化事业的发展而发展的，目前社会学专业队伍的发展和分布状况是同我国社会主义现代化经济建设状况相适应的，东南沿海诸省市经济、社会事业发展得最好，中部次之，西部则相对落后些。当然，这种不平衡的状况总体上是不合理的，但是要发展得尽如人意，还得要有一个相当长的阶段，这需要我们同仁的努力。

5. 关于社会学刊物和图书资料中心的建设

中国社科院社会学研究所经国务院批准成立后，于1980年1月24日向院党组的第一个报告中就提出，要建立一个图书资料室，要办一个刊物，"《社会学研究》上半年做准备，下半年发稿，预计出二三期"。1981年，经过筹备，内部发行了《社会学通讯》，以后又以《社会调查与研究》为名发行，1982年社会学所编译室内部出版了《国外社会学参考资料》。这两个刊物以后定期、不定期地出了好几年，编发了很多国内国外学者的文章和调查报告，在社会学重建初期起了很好的作用。经过多方筹措，由中国社科院社会学研究所主办的《社会学研究》于1986年初创刊，向国内外正式发行，这是社会学系统的主要学术刊物，双月刊，至今已发行 82 期，已发表了 1000 多篇学术论文和调查报告，多数是这 10 多年来社会学科学研究的重要优秀成果，从一个侧面反映了中国社会学学术研究的成长和发展过程，也反映了当今中国社会学界的学术水平和研究动向。

1981 年 10 月，上海大学文学院主办的《社会》杂志发行，这是中国社会学重建以后最早公开发行的社会学刊物，原为季刊，1983 年 1 月改为双月刊，1988 年 1 月改为月刊。创刊 18 年来，已逐步形成本刊的风格，注意追踪时代发展的潮流，透视社会发展的热点、难点、疑点问题，受到社会和读者的欢迎。此外，北京市社会学会主办发行了《社会学与社会调查》，北京大学社会学系主办了《社会调查与研究》，南开大学社会学系、中国人民大学社会学系等都筹办过社会学的刊物，后因种种原因，都未能公开发行或公开了又转为内刊。现在社会学这门学科已有了很大的队伍，社会学专业的研究和社会调查受到国内外社会的广泛关注，但至今只有两个国内外公开发行的专业杂志，确实是太少了。

中国社会科学院社会学研究所一建立，就开始着手建图书资料室，工作人员到处采购社会学的专业图书，当时主要是三类：一类是 1957 年前出版的社会学著作和文集；一类是港台出版的社会学专业图书；还有一类是通过图书进出口公司购买外文版的社会学著作。此外，还有一些是接受国外友好人士和团体馈赠的外文书籍。那时旧书店已经凋零，新中国成立前出版的许多著作很难买到，只得从北京图书馆等单位去复印，到 20 世纪 80 年代中期，社会学研究所的图书和资料已有 34000 多册（件），成为初具规模的社会学专业图书资料中心。1991 年，社会学所的图书馆和资料室分设，专门配备工作人员收集和整理有关社会学的研究论文和社会调查报告以及有关资料，为科研和教学工作服务，至今这些资料的积累已超过万件。

需要特别提到的是 20 世纪 80 年代中期，东京大学教授、日中社会学会的创立者、著名社会学家福武直先生把他从事社会学研究和教学近 50 年所积累的全部藏书和资料，都无偿赠给了社会学研究所，所里专门为之登录整理、编目上架，特别成立了福武直文库。1994 年，日本庆应大学社会学系主任、著名社会学家十时严周教授，在他从庆应大学退休之际，把他的全部藏书和资料，都无偿地赠给了社会学研究所，所里也专门为之建立了十时严周文库。这两个文库都已向国内外开放。因他们都是日本的著名学者，几十年收藏了许多很宝贵的图书和资料，有些在日本也很难找到了，所以经常有不少日本学者和日本留华学生到这两个文库来借阅使用这些图书资料。

类似中国社会科学院社会学研究所的图书和资料中心在各地的社科院社会学所以及北京大学、中国人民大学、南开大学、上海大学、复旦大学等社会学系，也都相应建立了，有的已具有相当的规模。

（二）社会学的理论建设、应用研究和社会调查

社会学重建初期就确定了社会学学科建设的方针是：以马列主义、毛泽东思想为指导，坚持理论联系实际和双百方针，重视理论研究，加强应用研究。着重研究当前改革中出现的重大理论问题和实际问题，积极开展社会学基础理论和方法的研究，逐步建立起具有中国特色的马克思主义社会学理论体系，为蓬勃发展的中国社会主义现代化事业服务。20 年来，广大社会学工作者就是按照这条方针实践的，取得了可喜的成绩。

20 年来，社会学界在译介国外社会学理论的同时，对我国社会进行了大量的社会学调查和研究，发表了大量的研究论文、著作和调查报告，使社会学从一个开始还鲜为人知的学科，发展到现在，已经成为一门受到社会重视、关注和欢迎的社会科学。这应归功于广大社会学工作者的辛勤努力和工作，他们利用社会学关注生活、贴近现实的特长，深入探讨我国改革开放和现代化建设中的各种社会问题和社会现象，积极参与社会实践，提出和发表了许多很好的研究成果；或为党和政府决策提供了科学的理论依据和资料；或为人起到解困释疑，帮助他们更好地认识社会、增长知识；或为其他学科的研究提供有力的学术参照，甚至有助于开拓其他学科的研究视野和领域（当然这是双向的，社会学也从其他学科吸取有益的理论和经验）。

在这 20 年中，我国社会学的研究课题范围很广，从理论研究到应用研究，几乎涉及到社会的各个方面，主要的研究课题有：社会学基本理论研究、社会调查方法研究、西方社会思想史研究、中国社会学史研究、西方社会学理论研究、现代化理论研究、市民社会理论研究、社会转型问题研究、社会结构和社会变迁研究、阶级阶层问题研究、社会分化和社会整合研究、国家与社会的关系研究、小城镇问题研究、城市家庭婚姻大型问卷调查、民工潮调查研究、乡镇企业与社会发展研究、发展小城镇与城市化研究、农村村落研究、户籍制度研究、单位制研究、中介组织研究、社区研究、社会形势分析与预测、青少年价值观和青少年犯罪问题研究、社会稳定研究、社会福利与社会保障研究、社会工作研究、收入分配研究、公

平与效率研究、社会指标体系研究、社会经济协调研究、住宅问题研究、贫困问题研究、知识分子问题研究、妇女问题研究，等等。林林总总，研究的领域和范围十分广泛。据统计，仅国家社会科学基金资助立项的研究课题，自"六五"规划开始，到 1999 年，共有重大项目、重点项目、一般项目和青年项目 320 个。加上教委系统、社科院系统和省、自治区、直辖市政府资助的课题总数在 1000 个以上。这些课题项目，大部分已经完成，"九五"规划和近几年立项的则正在进行，已经有一大批研究成果发表。

20 年来，在各类报、刊上发表的社会学专业学术论文、研究报告、社会调查在 8000 篇以上，公开出版的社会学专著、译著、文集在 1500 本以上，而且表现出研究领域越来越广、发表的研究成果越来越多的趋势。20 世纪 80 年代中期以前，每年发表的社会学专业论文只有 100 多篇，出版的专著只有 10 来本。近几年，每年在各类报刊上发表的社会学论文、调查研究报告上千篇，公开出版的社会学专著在 150 本以上，有些还成为畅销书。在新华书店、三联书店、北京图书大厦等大型书店，过去社会学的著作只插放在哲学或其他文科类书架上，现在都设立了社会学专业图书的书架，而且在社会学著作书架前，读者常常是很多的。社会学研究的成果，多数都是紧紧围绕我国社会主义现代化建设以及如何提高社会学为现代化建设做贡献这样的问题展开，它们不但促进了社会学学科的发展和提高，而且大大开启了公众的视野、思维，为许多社会现实问题提供了分析理论、解决方案、方法和建议，取得了显著的成就，产生了巨大的社会效应。20 年来社会学研究的成果可以分成三类：一是关于社会学基本理论、历史和方法的研究；二是应用研究，这量是最大的；三是社会调查。

1. 关于社会学基本理论、历史和方法的研究

从社会学恢复以来，我国社会学界就很重视社会学的基本理论、历史和方法的研究，作为学科的基本建设来对待，因为这是确立社会学在社会科学中的地位的重要方面。社会学重建一开始，费孝通教授就亲自主持组织一批社会学工作者，集体编写《社会学概论》（试讲本），并于 1984 年由天津人民出版社正式出版。此书一面世，立即受到了社会各界的普遍欢迎，几年工夫，再版了好几次，发行 30 多万册。此书论述了社会学的基本理论，界定了社会学研究对象、性质、框架、功能定位和研究方法等问题。此书出版以后，社会学界开展了关于社会学研究对象，关于社会学基本问题等的大讨论，使认识进一步深化。随后，北京大学社会学系集体编写了《社会学教程》，1987 年 11 月中国人民大学郑杭生、沙莲香、贾春增主编出版

了《社会学概论新编》，中国社会科学院社会学所陆学艺、苏国勋、李培林主编出版了《社会学》。20 世纪 90 年代以后，各地、各大学社会学系编写出版了一大批社会学原理、社会学新编、社会学等一类书，共有 40 多种。这类书有的是集体合编的，有的是个人编写的。出的量很多，这一方面是社会学著作有广泛的需求；另一方面，这类书尽管各有特长，但基本上是雷同的，有重复出版的问题。

中国学术界有重视历史研究的优良传统，认为历史和逻辑是统一的，对于学科史的积累和研究是这门学科的基本建设。社会学重建不久，就有关于中国社会学史和西方社会学史的论文发表。1987 年杨雅彬著的《中国社会学史》出版，该书系统阐述了社会学引入中国、在中国传播和发展的过程及其社会历史原因。社会学界还对这门学科的这段历史有过几次讨论。20 世纪 80 年代后期，北京大学社会学系邀请重庆师范学院教授陈定闳到系讲授《中国社会思想史》，1990 年陈著《中国社会思想史》在北京大学出版社出版。社会学界正在努力探索中国社会学思想的历史渊源，研究中华历史传统文化中的社会思想内容，使中国古代社会思想与近代传入的社会学衔接贯通起来。1993 年，天津南开大学社会学系王处辉出版了他的专著《中国社会思想史》（上卷）。1996 年，国家社科基金把"中国社会思想史研究"定为"九五"重点课题，批准立项，给予资助。这个课题组已进行了长期的工作，正在编一套中国社会思想史资料，然后在此基础上撰写多卷本的专著。

社会学作为一门新兴的实证学科，社会调查方法、方法论的研究在本学科中具有特别重要的意义，100 多年来社会学的方法已经形成了一套独特的社会调查方法体系，尤其是把电脑技术引进以后，社会统计、问卷调查、抽样技术、定性分析和定量分析，参与观察法与访谈法，等等，都有了很大的发展。因此，社会学方法是社会学学科的重要组成部分，也是社会学这门学科的特有长处。不少成熟的社会学方法被运用到其他学科的研究上。所以，社会学重建之后，社会学方法的研究受到特别的重视。如前所述，在 20 世纪 80 年代初期举办的三次社会学讲习班，社会学方法是重点讲授的内容，以后还举办了多次社会学讲习和培训班，请国内外专家来讲授社会统计分析和社会调查技术。20 年来，中国社会学者在学习和运用这一整套社会调查方法上下了很大的功夫，现在多数的调查方法和技术已经得到普及，正在与中国具体的国情、社情和传统的调查方法结合起来。但总体来说，现在还处于引进、消化和中国化的阶段。

20 年来，在报纸和专业学术刊物上发表的社会学方法的论文很多，在学术界产生较大影响的有：费孝通的《关于调查方法——谈谈我是怎样搞调查的》，仇立平的《论社会调查研究方法的现代化》，卢汉龙的《调查问卷意义界定》，白红光的《对于典型调查中几个问题的探讨》，风笑天的《谈谈当前抽样调查中的失误》，林彬的《论社会学方法的发展趋势》，苏驼的《重视研究毛泽东同志关于社会调查研究的理论与实践》，等等。20 世纪 80 年代初期，翻译出版了一批国外社会调查方法的著作，如美国学者 D. K. 贝利的《社会学研究方法》，H. M. 布莱洛克的《社会统计学》，法国 E. 杜尔凯姆的名著《社会学研究的方法》等。20 世纪 80 年代中期以后，中国社会学者编著的社会调查方法类的书就大量出版了。如：于真、许德琦主编的《当代社会调查科学方法与技术》和《调查研究知识手册》，苏驼等编的《社会调查基础知识》，水延凯著《社会调查教程》，戴建中著《社会调查研究方法》，袁方主编《社会调查原理与方法》，李哲夫、杨心恒的《社会调查与统计分析》，宋林飞的《社会调查研究方法》。20 世纪 90 年代以后，由于社会的需要，特别是教学的需要，各地、各大学社会学系都纷纷编著出版了关于社会学调查方法的著作，总数在 30 种以上。在中国社会学学科建设史上，值得特别指出的是，1991 年 12 月《中国大百科全书·社会学》卷正式出版。此书由著名社会学家雷洁琼教授任主编，自 1986 年开始编撰，历时近 6 年，前后有全国 300 多位社会学专家、学者参加，凝聚了集体的智慧和劳动，全书共 145 万字。这部巨著的问世是中国社会学界的一大硕果，标志着中国社会学学科建设进入了一个新阶段，为培养社会学的专业队伍、确立社会学为重要学科地位、扩大社会学的社会影响作出了重大贡献。

2. 社会学的应用研究和作出的贡献

社会学本质上是一门实证科学，应用性很强，它本身是在现代化过程中产生的，工业化、城市化引起了巨大的社会变迁，从根本上改变了传统社会的社会结构和各种社会关系，极大地改变了人们的生活方式和交往方式，由此也产生了一批新的社会现象，新的社会矛盾和新的社会问题。社会学基于这种社会变迁、社会实践并力图加以阐释，找到解决这些社会矛盾、社会问题的途径，建立新的社会秩序、促进社会进步。社会学这种来自社会实践为社会实践服务的品质，自传入中国以后，中国的社会学工作者一直表现得很突出。社会学从来就不是经院里、书斋里的学问。社会学恢复重建以后，20 年来，中国的社会学工作者继承发扬了这个优良传统，在老一辈社会学家费孝通、雷洁琼等教授身体力行的带动下，积极投身到改革开放和社会主义现代化建设的大潮中，到农村、到工厂、到实践中去，运用社会学的理论和方法调查研究了大量社会生活中的重大问题，写出了很多好的调查研究报告、学术论文和著作。这些成果都是从实践中来的，都有很现实的实用价值，受到了社会欢迎，产生了较大的社会效益。社会学也得到了自身发展的营养，提高了社会学本门学科的学术地位，扩大了社会影响。

20 年来，社会学工作者调查研究了许多我国社会主义现代化过程中的社会矛盾和社会问题，都是改革开放以来已经发生、正在发生和将要发生的重大问题，有些前面已经谈过，以下选择几个实例予以介绍。

（1）小城镇问题的调查研究

20 世纪 80 年代初期，社会学刚恢复，费孝通教授就亲自率领中国社会科学院社会学研究所的同仁，对改革以来的农村发展问题开展了社会学研究，写出了《小城镇　大问题》的研究报告。他在报告中指出，农村实行家庭联产承包责任制后，农业生产大发展了，同时也出现了大量农村剩余劳动力，下一步就应该重视小城镇的建设和发展，以此推动乡镇企业发展，来加快农村经济发展。这个报告受到当时的中央领导人的高度重视，在社会上产生了广泛的影响。这对我国社会学的今后发展无疑起到巨大的推动作用，因为社会学一恢复，就拿出这样的研究成果，使党和国家领导人和社会各界马上感觉到它的巨大现实意义，也使不了解社会学的人认识到社会学的作用。当然，就社会学学科建设本身而言，这一研究也具有重大的意义，当时在社会学专业队伍还比较弱小、基础理论体系还很不完备的情况下，费孝通教授抓小城镇问题的调查研究，抓住了社会学发展的主线，在研究程序上从典型调查开始，循着从个别到一般、从定性到定量、由表及里、由浅入深、由微观到宏观这样一条综合研究的路子，这是社会学本身的研究方法，丰富了社区理论、社会变迁理论和农村发展理论，从实证研究上奠定了我国社会学学科建设的基础，也为我国社会学界联系实际为现实服务的踏实学风树立了一个榜样。随后，中国社科院社会学所和江苏省社科院联合组成"江苏省小城镇研究"课题组，该课题经申报被国家社科基金会批准立项为"六五"国家重点课题。该课题组经过长期的调查，对小城镇的历史演变、各种发展模式，以及在现代化建设中的战略地位和作用进行了系统研究，写出了《小城镇区域分析》《小城镇　大问题》等 4 本著作，在社会上产生了很好的作用。

（2）家庭婚姻问题研究

家庭社会学、家庭婚姻问题研究是社会学的重要分支学科。社会学恢复不久，家庭婚姻问题研究就被列为重要的研究课题。在雷洁琼教授的领导和主持下，1983 年"中国五城市婚姻家庭研究"被列为国家"六五"社科基金重点项目。参加的有中国社会科学院社会学研究所、天津社会科学院社会学研究所、北京经济学院、上海社会科学院社会学研究所、上海大学、复旦大学等单位。这一课题是我国社会学重建以后开展的第一个大型的抽样调查项目，获取了丰富的资料，发表了《中国婚姻家庭研究》《中国城市家庭——五城市家庭调查报告及资料汇编》以及《中国城市婚姻与家庭》等一批研究成果，从理论和实证两个角度考察了我国城市家庭消费、家庭生育、家庭教育、家庭老年赡养、家庭网络、家庭生命周期、家庭的未来等方面内容。在这一课题研究的昭示下，1985 年和 1987 年两项全国性的农村家庭婚姻研究得以进行。目前我国家庭婚姻研究不仅有了一批研究人才，有了大批研究成果，而且还有自己的研究机构、杂志，成为我国社会学中比较活跃的研究领域。

（3）社会转型理论研究

改革开放以来我国经济取得了快速的发展，经济结构和就业结构发生了明显的变化，产业结构从 1978 年二、一、三的排序到 1995 年演变为二、三、一的格局，与此相应的是在第三产业和第二产业的就业人数大量增加，农业的就业人数减少。这样的变化直接带来我国社会结构的改变：大量农村人口向城镇流动，城市化进程加快，农民分化加速，社会多样性增加。这种社会结构变迁在 19 世纪的欧美工业化国家都先后经历过，国外社会学家对这种现象进行了概括，提出了社会结构转型的概念和理论。这一理论用来阐述解释我国 20 年来的社会变迁比较适合。20 世纪 80 年代后期到 90 年代，我国的社会学家引入、应用社会转型理论来研究我国社会结构变迁，产生了一批有价值的成果。如 1990 年，中国社科院社会学所出版了第一本《中国社会发展报告》，在总论中就专门论述了中国社会转型问题，中国人民大学郑杭生教授主编出版了《从传统向现代快速转型过程中的中国社会》，陆学艺和景天魁教授主编出版了《转型中的中国社会》，等等，都是讨论这个问题的。

我国社会转型有着明显的特点。从社会学的角度来看，我国社会正在经历着从农业社会向工业社会、乡村社会向城镇社会、同质社会向多样化社会、伦理社会向契约社会的转变；与此同时，我国社会还经历了从计划经济体制向社会主义市场经济体制的转轨。也就是，社会结构转型与体制转轨同时进行，这同上述欧美国家社会结构转型的背景是不同的。因为它们在转型前、转型中都是市场经济的体制。对我国社会转型的研究表明，我国现代化建设之所以取得如此巨大的成就以及之所以还存在许多问题，都与我国正处在这样特殊的社会转型期密切相关。在结构转型期，国家与市场成为两个很活跃的发展推动力量，促进了我国经济社会的快速发展。但与此同时，在这样的转型期，生产生活正在发生激烈的变动，会像已经实现了现代化社会的国家那样产生种种社会问题（贫富差距、家庭破裂、离婚率升高、社会风气变化等），再加上体制转轨产生了价格双轨、民工潮、买卖户口等特有的社会问题。何况这种特有的结构转型又在这样一个发展很不平衡的大国进行，出现许多社会问题也就可以理解了。社会转型理论为我国研究当今中国社会提供了一个很重要的研究视角，已经受到社会的肯定，但也有些同志、有关部门对"社会转型"这个名词持有不同意见，有一些争论。

（4）现代化理论研究

现代化问题是经济学、政治学、历史学和社会学等学科共同关注和研究的重大课题，也是社会从上到下普遍关注的大问题，因为我们正处在现代化建设过程之中。社会学以特有的视角来研究和阐述现代化问题。我国社会学对现代化研究经历了这样的过程：从翻译国外现代化理论的文章和著作开始，随后转入描述性的介绍，再到深入的分析，由研究国外的现代化理论转到研究中国现代化本身，深入研究中国现代化理论、中国现代化过程及各阶段的特征、中国现代化的环境和机遇以及中国现代化的有利和不利条件和因素、中国现代化应采取的战略和步骤。刚开始，只有少数人参加这一领域的研究，20 世纪 80 年代中期后，有越来越多的社会学工作者转入这一领域的研究，发表了大量的研究论文和专著，涌现了一批专家。北京大学的罗荣渠教授较早就系统研究了现代化问题，可惜他开拓的事业还未完成，就过早地谢世了。在中青年中，北京大学的孙立平、中国社会科学院社会学所的张琢和山东大学的吴忠民都有关于现代化问题的学术论文和专著问世，受到社会的欢迎。

（5）农村社会和农村发展研究

小城镇研究也是农村社会和发展研究的重要内容，但是我国社会学界在深入小城镇研究的同时，不断地开拓社会学对农村研究的领域。农村问题的调查和研究一直是我国社会学界最关注的，是我国社会学的传统，老一辈社会学界有不少人，都是研究农村问题和农民问题的专家。这一情况在最近的 20 年中仍然没有改变，反而更加受到我国社会学界的重视，成了最热门的调查研究对象，所取得的研究成果也是最为丰富的。这主要是因为改革首先是在农村突破的，农村的改革一直走在前列，而且也与农村、农民和农业在我国整个社会中所处的重要地位密切相关，可以说我国现代化的最关键问题不仅是城市问题，农村、农民和农业问题也非常重要，如果没有 9 亿多农民的现代化，也就根本谈不上中国的现代化。我国农村在现代化变迁中处于变化最激烈、最明显的时期，传统与现代在农村的交互作用最为明显，这为社会学调查研究提供了千载难逢的良机，是中国社会学理论和流派得以产生的最肥沃的土壤，也是我国社会学界为世界社会学发展最有可能作出贡献的领域，所以，它不仅吸引我国社会学工作者大量涌入该领域研究，而且也吸引许多国家的社会学家对我国农村进行社会学调查和研究。迄今为止，我国社会学界对农村的研究范围涉及农村的家庭婚姻、基层组织、乡镇企业、小城镇建设、家族和宗族、农民工、社会分层、社区、消费方式、宗教、扶贫、村庄重建、共同体、生活礼仪、户籍制度、社会保障制度、村民自治制度等方面。中国农村问题的研究是个无穷的宝库，中国农村现代化是具有中国特色社会主义建设的重要组成部分，研究中国农村仍将是今后社会学研究的主要组成部分，20 年来已经取得了一些高水平的研究成果，而且将会有更多有普遍意义的学术成果产生出来，会培养出一批社会学家来。

（6）社会指标体系的研究和应用

随着社会的发展以及人类对发展的认识水平的提高，到 20 世纪 60 年代，人类社会发展观发生了重要的改变，从重视经济增长转向重视社会和经济协调发展，如何从定量上把握这一发展，社会学家们开始关注社会指标体系的研究，1966 年美国社会学家首先提出了社会指标这一概念。从此，社会指标体系研究迅速展开，很快取得了成就，并立刻在实际中得以应用，世界银行等国际组织专门在其年度报告中采纳社会指标体系研究的许多成果。我国社会学界对社会指标体系的研究开展得比较晚。1980 年，国家统计局首先提出了社会统计问题，不久便成立了社会统计司，于 1985 年出版了我国第一本《中国社会统计资料》。1987 年"七五"国家社会科学基金将"社会指标研究"列为重点课题。朱庆芳等研究人员对社会指标体系进行了深入的研究，取得了许多研究成果。他们不但探讨了社会指标所依据的理论，而且运用所取得的社会指标体系研究的成果，对人口在 100 万以上的 100 多个国家进行比较分析,计算出我国的社会发展水平在这些国家中的位置,即我国社会发展水平名列第 68 位。这个成果一经发布,就引起社会的广泛关注,也受到国家领导人的重视。课题组还对我国 31 个省区市的社会经济发展水平做了对比研究,其研究成果颇受各省区市领导的重视。课题组随后几乎每年都发表我国社会发展指标研究成果,在社会上产生了好的影响。社会指标体系研究不仅大大推进了我国社会学的应用研究,而且使社会学更加受到社会的重视,许多人特别是一些领导人首先是从这里开始了解社会学。在这个课题组的研究成果的影响下,许多地方政府开始研究本地区的社会指标体系,以提高政府的决策科学水平。

（7）社会形势分析和预测的研究

如何分析和预测社会形势,是社会学应用研究的一个重要领域,也是社会学参与社会实践的一个重要渠道。党和政府一直很重视形势的研究和分析,在战争年代重视军事形势的研究和分析,在经济建设时代则重视国家农业、工业等方面的经济形势的分析和把握。随着我国现代化建设的深入开展,我国社会问题不是在减少,反而在增加,更需要把握新条件下的社会形势状况。不过,过去没有从社会学角度对社会形势作总体分析和预测研究,所以对社会形势的把握和认识容易产生错误,出了一些偏差。如在相当长一个时期搞阶级斗争扩大化,重要原因之一是对社会形势估计得过于严峻,由此采取了许多"左"的措施,这是个教训。到了 20 世纪 90 年代,伴随我国现代化建设和社会经济发展,许多新的社会问题不断涌现,社会的复杂性不断增加,社会治安问题越来越突出,成了全国上下普遍关注的问题。在这种情况下,中国社会科学院提出了开展我国社会形势分析和预测研究,具体由社会学研究所组织和实施。

从 1992 年夏天开始,中国社会科学院社会学所组织院内外的各方面专家学者和实际工作者,着手研究当年我国的社会发展、改革和稳定等方面的社会形势走向,并对下年作出相应的预测。1993 年课题组出版了我国第一本社会蓝皮书,马上在社会上引起较好的反响,以后每年出版一本,到现在已经出版了 8 本。从第一本发行 6000 册到现在增加到 2 万册,受欢迎程度在不断提高,已经成为各界了解全国社会形势的比较权威的读物,上至中央,下至县级干部都很重视该书。现在一些省市（如湖南、吉林、辽宁、浙江、江苏、上海、北京、天津等）也都每年组织社会学和其他社会科学工作者分析、研究本省市的社会形势,编写本省市的社会蓝皮书,引导社会各界和党政领导科学地认识和把握社会形势,产生了很好的社会效益。

当然，社会学的应用研究不限于以上几个方面，对社会学的学科建设产生很好影响的也不只是这几项。比如，在这 20 年时间里，我国社会学对单位制、社会工作和社会保障、乡镇企业、国有企业、住房、知识分子等等方面进行了深入的研究，结果都带来很好的社会效应。一些社会学工作者通过对单位的研究发现，单位是我国城市社会的基本细胞之一，单位保障是我国社会特殊的保障形式，单位在我国城市社会阶层和分化中起到重要的作用：改革前城市分化的基本特征是一种行政分化，一个人的地位不但取决于自己个人所处的行政级别，而且取决于其所在单位的行政级别；改革后，单位在城市社会分化中的作用不但没有减弱，反而在加强和扩大，因为单位权力在改革中被扩大，而单位内部的差别却在缩小，单位的不同在很大程度上影响到一个人的收入、地位以及生活条件等，从而极大地影响到城市社会的分化。一些社会学工作者集中研究了国有企业的凝聚力问题，认为企业的凝聚力是一种群体凝聚力，表现为企业对职工的吸引力和职工之间的相互吸引力上，增强国有企业的这种凝聚力是搞活国有企业的一个关键环节。还有一些社会学工作者集中关注国有企业中的下岗人员现象，做了大量的调查，提出了一些与经济学不同的看法和观点。总之，社会学应用研究不断地拓宽范围，挖掘深度，取得了很好的效果，在提高社会学的学科水平的同时也扩大了社会学的社会影响和作用，使社会学与我国的社会实践紧密结合在一起，强化了该学科的本土化特性。

3. 社会调查和社会变迁资料的积累

我们的国家目前正处在由一个传统的农业国家、乡土社会向现代化工业国家、城镇社会转变，正在由计划经济体制向社会主义市场经济体制转轨。前一种转变，西方现代化国家用了几百年、上百年时间，而我国将在这几十年内实现。后一个转轨，我们在 20 世纪 50 年代前还曾经是市场经济体系的，只是在 20 世纪 50 年代中期以后才转变成计划经济体制，20 世纪 80 年代以后，又转向市场经济体制，在今后 10～20 年将完成这种转轨。在我们这样一个大国实现这样的历史性的社会大变迁，在世界历史上是仅有的。

我们这一代社会学工作者，有幸逢上这样一个好机遇，一生可以亲自经历这两种转变的全过程。如果我们能以不同方式，从不同的侧面把这段历史用社会学的方法和技术如实记录下来，将是一份很珍贵的社会科学的资料。甚至可以说是世界历史上的一份宝贵的遗产。历史愈久远，这些社会调查资料的学术价值将愈高。这一点国外的一些社会学者已经注意到了。他们在来访中不止一次地谈到，19 世纪、20 世纪上半叶，西欧、北美国家在实现社会转型的时候，当时的社会学家们没有很自觉地注意到这个社会变迁，所以从社会学视角、用社会学方法记述这段的著作和资料很少，这是历史的遗憾。他们对我国社会学工作者有这样一个好的历史机遇，甚为羡慕，他们对我们已经做出来的比较客观、科学地记述这两个历史转变的社会调查资料，都很欣赏。

事实上，由于我们中国社会学界有很重视社会调查的好传统，20 年来，已经做了很多记述这两个转变的工作，积累了很多反映这段社会变迁的社会调查资料，有的是结合具体课题而做的，有的则是记述这个转变的历史而专门做的大型社会调查。

（1）课题研究所积累的社会调查资料

1982 年费孝通教授亲自主持和领导的江苏小城镇课题的调查和研究，坚持了多年，调查了江苏省南北 190 个小城镇，除了上述写出的一批重要学术论文和著作，还积累了关于小城镇的区位、人口、劳动力、乡镇企业、经济、社会状况等大量数据和资料。在费孝通教授这项课题的带动下，全国各地的社会学者，也做了很多的小城镇问题的调查和研究，积累了很多资料。

1982 年由雷洁琼教授指导的《我国城市家庭现状及发展趋势——五城市家庭研究》，对北京、天津、上海、南京、成都 5 个大城市的 8 个居民点，4385 户和 5057 名已婚妇女进行了调查，这是我国首次运用现代社会学的研究方法使用问卷调查，进行大规模的社会调查，并使用电脑建立数据库，进行统计和定量分析。最后形成资料、调查报告、论文集和专著等系列成果。其中《中国城市家庭——五城市家庭调查报告及资料汇编》汇集调查的许多数据和资料，这是很珍贵的，出版以后，至今还为国内外学者所引用。由此项课题开启的各地社会学者进行的关于婚姻家庭问题的调查和研究，一直持续到现在，出了很多成果，由此也积累了很多这方面的资料，记载了这一段关于婚姻家庭等方面演变的社会史。

1983 年 10 月，由天津市社会科学院组织，由社会学工作者和政府机关干部共同实施对天津市的 9 个区 35 个街道的 1000 户不同类型的居民进行问卷调查，主要是征询市民对政府这两年工作的评价和对第二年工作的建议，内容包括家庭、人口、职业、文化、住房、经济生活、家庭结构、家务劳动、家庭教育等 40 个问题、277 个必填和选题答案。调查后取得了大量数据和资料，写出了《城市居民对市政府两年工作的评价和 1984 年工作的建议》，天津市政府对此项报告很满意，给予了较高的评价，并采纳了其中不少合理化建议，予以实施，取得了很好的社会效果，体现出社会学为实践服务的品格，也提高了社会学的学术地位。这项"千户调查"，因为既有重要的现实价值，又有重要的学术价值，在天津一直坚持了下来，一年进行一次，每次都有新的内容、新的收获。据总结，第一年就储存和处理了 310 万字符，10 多年积累起来了，其数据和资料的积累之丰富是可以想见的。

此外，还有老年问题的调查、青少年问题调查、犯罪问题的调查、青少年犯罪问题的调查、知识分子调查、民工问题调查，等等。事实上 20 年来，社会学工作者每做一个课题，都会积累大量的数据和资料，只是有些加工整理编辑出版了；有些则未经加工、未经整理，散落在书架上或停留在笔记本上、计算机里；有些则尘封久了，散失了、遗忘了，实在可惜。

（2）专门的国情调查、社情调查所积累的资料

为了拓宽拓深对于社会主义初级阶段的认识，1988 年 4 月，由中国社会科学院提出，被列为"七五"（后又列入"八五"）国家社会科学基金的重点课题，并具体由中国社科院社会学研究所组织实施的《中国国情丛书——百县市经济社会调查》属于专门的国情、社情调查。从 1988 年 4 月至 1999 年 4 月，历时 11 年，在总课题组组织协调下，前后有 3000 多名社会科学工作者参加，还有数千名各地实际工作部门的同志协助，对 31 个省、区、市的 119 个县（市）自 1949 年以来的经济、社会、政治、文化变迁的情况，进行了全面的综合调查，每个县（市）的课题组，由各地社科院的研究人员、各高校、党校的教师或党政机关的研究部门的干部组成，按照统一制定的调查提纲、调查问卷找当地的新老干部、各类群众直接访谈，检阅和摘录这个县（市）的各种文献资料和档案，并通过抽样对 300 ~ 500 户村民（居民）进行问卷调查，最后经课题组分析综合，并在此基础上写出县（市）情报告，全面反映这个县（市）40 多年来的经济、社会、政治、文化、教育、科技乃至生活方式、思想观念等方面的演变，特别是要反映改革开放以来所取得的成就和面临的问题。成稿后，由总编委员会指定专家审定，由中国大百科全书出版社编辑出版。每卷在 40 万字左右，一般都有 2 万个以上的各类数据。自 1991 年 5 月正式出版第一本起到 1999 年出齐，共出 105 本县（市）情报告，共 4000 多万字。

105 个县（市）分布在全国（除港、澳、台外）31 个省、区、市，包括了全国发达、欠发达、不发达以及平原、丘陵、山区等各种类型的县

（市）。从社会学视角看，县（市）可以说是我国最完整的一个基层社区，工农商学兵，党政财文，样样俱全，深入综合地考察、解剖县（市）的结构、功能和发展状况，能整体反映我国经济社会发展状况的特点，何况又有105个县（市）的调查［约占全国总县（市）的5%］，这对摸准、摸清我国国情具有普遍意义。这实际上是一部通过县（市）情来反映的中国社会近50年的社会变迁史。全书出版以后，在国际国内学术界产生了广泛的影响，成为研究现代中国国情的重要参考书，其中的许多资料和数据被多方摘引。广东省社科院的一位副院长评价这套书时说，这套国情丛书将来会培育出好几代、一大批博士来。

1997年《中国国情丛书——百县市经济社会调查》被评为中国社会科学院优秀成果荣誉奖。在这项国情调查完成之后，参加这项社会调查的好几位同志提出，县（市）情调查固然很好，但一个县（市）都是几千平方公里，几十万人口，虽然有40来万字的调查研究报告，但因写到了方方面面，毕竟只能简明扼要地反映这个县的主要状况。建议在县（市）情调查的基础上，再在全国做一次100个村的经济社会调查，从微观层次，深入细致地反映农村、农业、农民这50年的变化状况，这更有社会学意义和学术价值。这个建议得到了原总课题组几位成员的赞同。经过申报，这个"中国国情丛书——百村经济社会调查"，已被列为全国社会科学基金"九五"重点课题。这项课题得到了各地社会科学工作者特别是原百县（市）调查分课题组成员的热烈响应。中国社会科学院社会学所组织部分研究人员已经在河北省三河县行仁庄进行了第一个百村调查的试点调查，并已写出了初稿。

各地社会学工作者已经有越来越多的同志认识到记述反映社会转型、经济体制转轨这段社会变迁历史的重要性，将社会调查作为社会学研究的一个重要方面，并根据自身的研究方向，选择不同的调研方法，调查不同的研究对象，拓宽社会调查和研究的领域。近几年在社会学界兴起的口述社会史调查就是一个实例。北京大学社会学系的几个同志正在开拓这个领域。他们住到农村里，请当地的一些老干部、老农民讲述当年抗日战争、解放战争、土地改革、镇反运动、统购统销、合作化、公社化、大包干、办乡镇企业等的历史过程和掌故。这种通过农村干部群众当事人口述的日常生活事件及其体验，有助于更深入细致地认识和把握我国农村社会变迁的历史和现代化的进程，显示出社会学解构社会的学科优势，而且这些口述社会史有具体生动的优点，记下的资料是很珍贵的。

（三）外国社会学的引进、学习、研究和对外交流与合作

社会科学与自然科学不完全相同的一个重要方面，是从国外引进的社会科学的一些重要概念、范畴、规律性认识，并不能直接拿来就应用，而要经过一个消化过程，与本国国情相结合的过程，经过再制作和创新的过程。一般要经过三个阶段：第一是翻译、引进初步传播的阶段；第二是消化，与本国国情、社情的实际相结合，也即本土化、中国化的阶段；第三是再制作、创新、形成中国理论形态的阶段。马克思主义是这样，其他引进的社会科学也是这样。

1. 中国社会学发展的三个阶段

前面说过，社会学是19世纪末、20世纪初引入中国的，经过初步的传播以后，到20世纪30年代初，吴文藻先生最早提出"社会学中国化"的问题，他说，当时中国各大学里的社会学是："始而由外人用外国文字介绍，例证多用外文材料，继而由国人用外国文字讲述，有多讲外材料者。"这"仍不脱为一种变相的舶来品"。① 吴文藻教授为了倡导"社会学中国化"，带头用中国话讲社会学课程，并把人类学的田野作业方法引入社会学，带领和支持学生进行社会调查。费孝通教授在回顾这段历史时说："吴老师所主张的'社会学中国化'原来是很朴实的，是针对当时在大学里所讲的社会学不联系中国社会的实际而提出来的。"② 在吴文藻教授等的带动下，20世纪30~40年代，中国的社会学工作者深入农村、深入工厂做了多种社会调查，使社会学同中国实际相结合，"社会学中国化"取得很大进展，社会学的学术品位和社会地位也有了很大提高。

但社会学在新中国成立后不久就中断了，长达27年。而在这二战后的30多年间，国外的社会学在理论和方法方面，都有了很大的发展变化，对此，我国的社科理论界则基本没有了解或知之甚少。1979年社会学恢复重建之后，面临的是理论饥渴，亟须汲取理论营养，一方面是发掘新中国成立前的社会学理论，重印旧书；一方面（也是主要方面）则大量翻译国外的社会学著作，古典的、现代的经典名作，二、三流的社会学手册，长篇的著作，几千字的论文都拿来翻译出版、发行，以应社会的需要。此外，

---

① 转引自费孝通《开风气，育人才》，见《中国社会学年鉴》（1992~1995），中国社会科学院社会学研究所编，大百科全书出版社，1996年版，第1~2页。

② 费孝通《开风气，育人才》，见《中国社会学年鉴》（1992~1995），中国社会科学院社会学研究所编，大百科全书出版社，1996年版，第1~2页。

还邀请了美国、欧洲国家、日本和中国香港的社会学专家教授来讲课，介绍境外社会学的理论和方法。1983 年，中国社科院社会学所创办了《国外社会学参考资料》（1983 年更名为《国外社会学》）专门译介国外社会学的情况。据北京大学杨善华、李猛的分析，那些年，这个刊物以及《社会学研究》有时也刊登有关国外社会学方面的文章，大体可分为四类：（1）重要社会学家生平与主要理论观点的"词条式"介绍；（2）社会学的基本概念；（3）各门分支社会学；（4）各国社会学的建制情况，机构、杂志、专业研究人员状况等。以上这些都可说是"普及性介绍"。① 国外社会学经过这一阶段的翻译、介绍、传播，许多社会学的名词、概念、范畴、理论、方法通过各种媒体传播到社会群众中去，逐渐地有些被群众所接受。例如：社区、群体、互动、失范、越轨、整合、结构、功能、转型、社会变迁、社会化、社会控制、安全阀、问卷、样本、抽样……名词概念逐渐被融进群众的话语中去，逐渐被用到官方文件中去。这是第一阶段，是谓引进初步传播的阶段。这大致在 80 年代末告一段落。当然，国外社会学的理论和方法特别是新的理论还在不断地引进。

第二阶段：消化与本国实践相结合，实现社会学中国化（本土化）的阶段。这一阶段应当在第一阶段之后，在有了一定的传播之后，才有社会学的应用，才有同当地实际相结合的问题提出来，但 1979 年，中国社会学是重建不是新建，当年做过社会学中国化的老一辈社会学家还健在，而且又是他们直接领导和主持了社会学重建、恢复的工作。所以，社会学一面在邀请国外社会学家讲课，在翻译出版国外社会学的著作，另一方面几乎同时就组织并开展社会调查，做社会学同中国实际相结合的工作，为社会主义现代化事业服务，而且做出了前面说过的许多重大成绩。但这并不是说社会学中国化的工作已经做好了，第二阶段的任务已经实现了。应该说还远远不够。比如，我们已经从重建社会学初期对西方社会学的介绍，逐渐转向对一些社会学重要理论的研究，已经有《理性化及其限制——韦伯思想引论》（苏国勋著）这样的研究著作，但还有许多重要的社会学理论并没有深入的研究和剖析。又比如，我们对群体、社区一类的社会学概念，有了实践的理论和解释，并已应用到实际生活中。但还有很多概念、范畴，如社会分层、社会结构等等并没有得到实践的解释。我们至今还不

---

① 杨善华、李猛：《国外社会学理论研究述评》，见张琢主编《当代中国社会学》，中国社会科学出版社，1998 年版，第 471 页。

能用中国的话语，用中国的资料说清楚中国的社会分层、中国的社会结构是什么。所以写文章、讲课的时候，常常还要用外国的材料，举外国的例子。

从根本上说，社会学在中国发展的第二阶段，就是社会学中国化的过程，现在还处在中国化的过程之中。按三个阶段的划分，我们现在大致处在1.3或1.4的阶段。所以我们还要继续做消化同实践相结合的工作。真正实现了社会学中国化，第二阶段的任务就完成了，社会学就在中国生根了，融进中国社会文化中了，这门舶来的社会科学学科在中国就站住了。

第三阶段是创新、发展的阶段。实现了社会学中国化，并不等于说就有了中国的社会学，还要继续工作，要在世界整个社会学体系中，有中国社会学的话语、概念、范畴，当然最主要的要有中国社会学的宏观理论，而且成为社会学体系的有机组成部分，这才可以说有了中国的社会学。现在也不是说一点没有，例如费孝通教授的差序格局概念和理论，已得到了国际社会学界公认。但这样的概念和理论太少了，更不要说社会学宏观理论了。中华民族是个有创新传统、有创造性理论思维的民族，中国正在进行着社会主义现代化事业的建设，中国社会正在发生历史性的社会变迁，在这样伟大的实践中，一定会产生中国社会学的宏观理论，并对整个社会学的发展，作出我们的贡献。但这需要中国社会学工作者的继续努力。

2. 对外学术交流与合作

中国恢复重建社会学，得到了国际社会学界、友好人士特别是华裔社会学界的普遍欢迎和支持。1979年3月，第一个来访和进行学术交流的是日本社会学家代表团。团长是日本社会学会会长、东京大学社会学教授福武直先生，他组织了25名社会学家到中国来进行友好访问。费孝通教授等会见了他们，交流了看法。1979年12月，美国匹兹堡大学社会学教授杨庆堃先生组团来访，和中国社会学研究会的同行进行了友好交流，研讨了开展合作的事项，受到姚依林副总理的接见。姚依林同志听取了中美社会学者的意见，他希望中国社会学者要密切联系实际，研究中国的实际问题，同时要加强国际学术交往，吸取于我国有用的知识和方法。1980年、1981年中国办了两次讲习班，都得到了杨庆堃教授和岭南基金会的资助。邀请的讲课教授是匹兹堡大学和中国香港的学者。

20世纪80年代以后，外国的社会学家来访的人就渐渐多了，其中有美国著名社会学家彼特·布劳、有纽约州立大学奥本尼分校社会学系主任林南、美国社会学会会长 W. 怀特、斯坦福大学英格尔斯、国际社会学会长瑞典乌萨拉大学教授乌尔夫·希格尔斯特其等等。他们或是来进行友好访问，考察城市、农村社会，或是来讲课，传播社会学的理论和方法。日本的福武直教授第一次访华回国以后，就组建了日中社会学会，开展与中国社会学界的友好交流与合作，20 世纪 80 年代，他就组织了三次规模较大的日中社会学会代表团访华活动。

20 世纪 90 年代，来访的外国社会学家更多，而且遍及日本、美国、欧洲诸国、俄罗斯、澳大利亚、新西兰、印度、泰国、韩国、菲律宾、新加坡等国家。一些国际著名的社会学家也分别来华访问，如以色列的社会学家爱森斯塔德，英国伦敦经济学院院长、著名社会学家吉登斯于 1998 年来访，并在中国社科院礼堂作了"第三条道路"的学术报告。特别要指出的是，20 世纪 80 年代后期以后，港、澳、台社会学家来大陆访问、考察、交流合作的也越来越多，尤其是台湾的社会学家，自台湾解除戒严之后，来大陆访问交流的学者逐年增多。1993 年春，由著名社会学家文崇一和肖新煌教授率领，有 16 名社会学家参加的访问团到北京、上海、天津、南京、杭州、厦门和深圳进行了学术访问，费孝通、雷洁琼教授会见了代表团，两岸学者就家庭结构、城市关系、宗教、文化、社会福利等共同感兴趣的问题进行了深入的学术交流。

现在，有些国外社会学家是通过有关部门的协议项目来华的。如北京大学、中国人民大学等通过国家教委与国外对应机构的协议，每年邀请一些社会学家来学校讲课，社会学研究所通过中国社会科学院与外国人文社科机构的协议，邀请国外社会学家来华进行学术访问和考察。当然更多的还是通过个别或访问团的方式邀请来华。总的趋势已逐年增多，现在，仅中国社科院社会学所一年邀请来访的海外社会学者平均有 30 多人次，加上各地、各大学分别邀请的，每年在 100 人次以上。

社会学对外交流的另一个方面是派出去，到国外进行考察、学习、研究和交流。1980 年 3 月 5 日，费孝通教授应邀到美国丹佛大学接受应用人类学马林诺夫斯基奖，并在授奖大会上发表了题为《迈向人民的人类学》演讲，是为中国社会学重建后走出国门的序幕。随后，出国访问的社会学者就逐渐多了，既有老年学者，更多的是中青年学者，访问的国家，基本上同上述来访学者的国家相同。20 世纪 90 年代以后，也是呈逐年增多的趋势，近几年出访的人次，平均也在百人次左右。

20 世纪 80 年代以来，每年都有一些青年学生、中青年学者到国外去学习社会学（有一些是其他学科的学生，出国以后改学社会学的），攻读硕士、博士学位。其中有一些已经学成回国，有些已成为我国社会学界科研和教学的骨干力量，如社会学研究所现有的 7 名归国博士中，有两人是研究所的副所长，3 人是研究室的主任、副主任，学术上也已有所成就。但由于各种原因，现在总的情况，还是出去学习的多，学成后回国的少。特别是留学美国的，据说 20 世纪 90 年代初，在各大学社会学系攻读博士学位的400 多人，但至今回国来服务的寥寥无几。对此，有些人有些议论。我个人认为学成回国从事社会学专业工作，固然很好，因为当代中国正遇上做社会学研究千载难逢的好机遇，当今世界，没有比在中国从事社会学研究这样的好土壤了。但人各有志，他们留在国外，也为中国社会学界与外国社会学界开展交流和合作起了很重要的纽带和桥梁作用，把国外社会学的最新理论和方法介绍到国内来，增加中国社会学界同外国社会学界对话的频率，也能起很好的作用。

20 世纪 80 年代中期以后，中国社会学者同国外社会学者合作的项目逐渐多起来，主要有三个方面：一是合作进行课题研究；二是合作举办培训班、讲习班；三是合作举办主持学术会议。

合作进行课题研究，一般是中外社会学者就共同感兴趣的问题，经过协商，共同申请基金会资助（也有外方单独申请的）建立课题组，进行共同研究，资料共享，共同署名发表研究成果，或分别在本国发表研究成果。这类合作课题，以中美、中日居多，欧洲合作也有一些，20 世纪 90 年代以后，同港台地区合作的也多起来了。研究的课题主要是：家庭、婚姻、劳动力流动、社区建设、养老、社会保障、乡镇企业、青年、妇女问题、小城镇建设、民工潮等等，以农村发展问题居多。这种合作研究，双方都是有收获的，就中国学者来说，除了取得科研成果之外，还因为同国外学者进行共同研究，可以学到一些新的理论，掌握新的调查和研究方法，对发展中国社会学是有利的。

除了社会学重建初期，得到华裔社会学家的帮助，办了 3 次社会学讲习班外，20 世纪 90 年代以来，还同国外和港台地区社会学者合作，并在他们的帮助下，办过几次全国规模的讲习班、培训班。

1992 年 6 月，美国杜克大学教授林南、芝加哥大学教授白威廉、圣地亚哥分校教授杨淑惠、康奈尔大学教授孙伟德等一行 5 人，受美中学术交流委员会和福特基金会委托，来华考察中国社会学的发展，访问了北京、天津、上海、武汉、南京、广州 6 个城市的社会学研究和教学机构，同多位中国社会学者交换了意见。回到美国后写成了《中国社会学发展状况报告》，建议福特基金会把社会学列入资助学科之一。在此之前福特基金会在中国的办事处，只资助经济学、法学和国际问题研究 3 个学科。经过一年多的酝酿，福特基金会决定把社会学也作为资助的学科之一。主要是资助中国举办社会学方法培训班和一些社会学的研究课题。

1995 年暑期，北京大学社会学系在学校的直接领导下，经国家教委批准，由福特基金会提供资助，举办了社会学方法高级培训班，有全国各地讲授社会学方法的教员和科研人员共 38 人参加，聘请了美国和国内的社会学方法专家，讲授抽样与调查、定量数据的统计分析、中级统计、计算机 SPSS 软件操作等课程，旨在提高国内社会学研究方法规范化、科学化的水平。前后共 6 周，教学效果是很好的。

1997 年暑期，中国社科院社会学所接着北京大学举办这个方法培训班，学员基本上还是原来的，课程是上次培训班的继续，只是教员则主要请国内专家来讲授，因为都是用汉语讲授，能结合本国的实际，举例用本国的数据和资料，也是 6 周，教学效果很好。今年①，将在南京由南京大学社会学系举办本年度的方法培训班。

1990 年，台湾大学教授、著名社会心理学家杨国枢先生来大陆访问，经过友好协商，由杨国枢教授等台湾学者同中国社科院社会学研究所合作，从 1991 年起，每年在暑期举办"社会心理学高级研讨班"，请台、港的社会心理学教授（都是杨先生的学生和朋友）来讲授社会心理学课程。由全国从事社会心理学研究和教学人员来参加。在杨教授亲自主持和带领下，前后坚持办了 7 期，他几乎每次都来，一住就是一个多月，亲自讲课，同学员住在一起，晚上还亲自辅导。因为大陆那时还没有社会心理学系（现在也只有吉林大学在 1994 年办的一个），多数社会心理学工作者没有经过规范化的教育，所以这个培训班受到各地社会心理学者的欢迎，来听课学习的人很多，前后有 130 多人次来参加，有不少是自始至终都参加的。参加学习的人都说受益匪浅。培训班培养了许多中青年骨干，对社会心理学的发展起了很大的作用。

从 1994 年开始，由中国社科院研究生院与香港树仁学院合作，联合招收培养在职硕士研究生，由社会学研究所每年派出教师到树仁学院和该校

---

① 指 1999 年。——编者注

教师一起讲课，学生写出毕业论文后到北京答辩，通过后，授予硕士学位。合作多年，已有几批学生获得学位。

对外交流还有一种形式是合作召开双边多边的地区性、国际性学术会议。双方或几方就共同感兴趣的主题，联合向国际组织、基金会或大企业申请经费，邀请与会议主题有关的国内外专家、学者，撰写论文，参加会议，进行学术研讨。这样合作召开的国际学术会议，从 20 世纪 80 年代后期就陆续召开过，20 世纪 90 年代以后，也是逐渐增加。近几年是年年有几个在国内开的国际学术会议，多数在北京，在上海、天津、南京、沈阳、杭州、昆明、武汉、广州等地，也都分别召开过。如 1990 年 4 月，由联合国教科文组织委托、资助在北京召开了"亚太地区家庭未来讨论会"，有十余个国家、地区的 40 多位专家参加，提交的论文有 30 篇。1991 年 7 月，为了促进中外社会学工作者关于中国问题研究的学术交流，由中国社科院社会学研究所组织，受福特基金会资助，召开了"中国社会学研究国际讨论会"，有英、美、法、瑞典、荷兰和本国学者 40 多人参加，开得很成功，促进了以后多项合作课题的开展。1993 年 8 月，辽宁省社科院、日本学术振兴会、法国人文科学中心联合，在沈阳召开"区域经济合作与社会发展国际研讨会"，有日、美、韩、法和中国港台地区及中国大陆学者 60 余人参加，进行了研讨和交流。1994 年 11 月，在北京大学召开了"东亚现代化历史经验国际学术讨论会"，有中国台湾和日、美、韩、比利时等国家和地区的 40 多位社会学家、历史学家和经济学家参加，研讨了东亚向现代化世界转变的历史等问题。

经过多年的酝酿和筹措，1995 年 11 月 2～5 日，第六届亚洲社会学大会在北京召开，会议主题是："21 世纪的亚洲社会与社会学"，有来自日本、韩国、印尼、菲律宾、越南、泰国、以色列和中国港台以及中国大陆的 15 个国家和地区的 200 多名社会学家出席了会议，收到论文 150 多篇，就亚洲地区的经济发展与社会变迁，亚洲的传统文化与社会结构，亚洲的工业化与劳动力转移，21 世纪的社会保障，21 世纪亚洲地区的家庭与生活品质，21 世纪亚洲经济发展、人口、资源和环境等 6 个问题，展开了热烈的讨论，国务委员、计划生育委员会主任彭珮云同志出席了会议，并在会上发表了演讲。全国人大常委会副委员长费孝通、雷洁琼教授因公出差在外地，还专门发了贺信和书面讲话。中国社科院原院长马洪、副院长汝信出席会议，并讲了话。会议开得很成功，会后出版了《第六届亚洲社会学大会论文集》。

三　社会学在社会主义现代化建设中发挥的作用

社会学这门学科，虽然是恢复重建，在这 20 年中经过了风风雨雨，但社会学的学科建设在健康发展，社会学工作者的队伍在迅速扩大，社会学教学和科研成果在大量涌现，社会学在社会主义现代化进程中的作用在日益明显地表露出来。社会学这门新兴学科在社会生活中已经产生了很重要的作用，实践充分证明了恢复重建社会学的决策是完全正确的。

第一，社会学作为一门新兴学科，社会学理论和知识的传播，社会学研究成果的普及，对广大干部和群众认识社会、认清国情、分析形势增加了一个视角，提高了政府部门对社会发展的重视程度，对全面贯彻经济社会协调发展的方针产生了积极的影响。自社会学重建以后，社会学工作者就对现代化理论，对社会发展战略，对经济社会要协调发展等问题进行了深入的研究。研究成果表明，现代化建设是一个综合的系统工程，涉及到经济、社会的各个组成部分和各种要素，只有在考虑到经济、社会诸构成要素的全面发展以及它们之间的相互促进、相互制约的各种情况下，现代化事业才能稳定持续协调地发展，才能有高效益和高速度的发展，才能避免和尽量避免现代化过程中出现严重的社会问题。

社会学在这方面的研究成果，对提高全社会对社会发展在现代化进程中的地位和作用的认识产生了积极效果。1982 年，国家在制订"六五"计划时，明确把国民经济发展计划，改为国民经济和社会发展计划，提高社会发展的地位，并从此成为惯例，使每年的发展计划不仅包括了科技、教育、文化等方面，而且增加了扶贫、环境和可持续发展等各项社会发展的内容，使之成为经济社会发展的系统计划。与此相适应，国家政府中主管社会发展的部门和机构也相继成立，国家计委成立了社会发展司，国家统计局成立社会统计司，国家科委成立社会发展司，民政部成立社会福利和社会进步研究所，还成立了社会工作与社区服务研究中心，公安部、监察部也都成立了研究社会发展、社会问题的研究机构。广东省专门成立社会保险局，上海浦东新区建立社会发展局。更为可喜的是各级政府在制定发展战略和工作计划的时候，不同程度地改变了过去主要注重经济发展，而忽视社会发展的观念，树立了全面整体发展、经济社会协调发展的观念，有力地推动了社会发展的各项工作。近几年，政府机关、新闻媒体主动找社会学研究和教育机构进行咨询和要求合作、协作的事大量增加，许多地方制定发展战略的规划也主动找社会学工作者参加。近几年社会学工作者成了忙人，社会学的书籍成了畅销书，社会学系毕业的学生比较好分配，社会学本科和硕士点、博士点成了青年报考的热点。

第二，社会学研究的成果被应用于各级政府和部门的决策过程，直接为社会主义现代化建设事业服务。社会学重建以来，广大社会学工作者对我国在改革和发展中的重大热点问题和难点问题进行了深入的研究，这些研究成果受到各级党政部门的重视，直接运用到实际工作中去。如前述费孝通教授的小城镇问题研究，这项研究的成果，课题组所提出的分析和建议，受到中央领导和各地政府的高度重视，成为制定发展乡镇企业、发展小城镇计划的重要依据。从 1983 年开始，天津市政府委托天津市社科院社会学所和统计部门，在天津市进行"千户（问卷）调查"，主要内容是居民对市政府前段工作的评价和对以后工作的期望。通过调查，社会学工作者把调查的情报、信息和结果及时反馈给政府领导决策部门，作为改进工作的依据。这项"千户（问卷）调查"已坚持多年，收到了良好的效果。社会学研究所 20 世纪 80 年代末，对农村阶级进行了分层研究，提出了农民已分化成 8 个阶层的结构。此项研究被农业部农研中心所采用，依照这个分析框架在 1993 年对全国农村进行较大规模的调查，初步弄清了目前农民分化和流动的现状，成为制定政策的重要依据。社会学研究所在 1994 年发表了《中国社会主义道路与农村现代化》一书，此项研究成果指出，中国农村的现代化将经历家庭联产承包责任制、乡镇企业、小城镇、城乡一体化和区域现代化发展等四个阶段，并提出了与之相应的政策建议。此项成果受到各地的欢迎，不少市、县据此来修改制定本地的经济社会发展和实现现代化的规划，在实践中起了较好的指导作用。另外，广大社会学工作者还进行了一些专项的调查和研究，如家庭婚姻、人口控制、扶贫、民工流动、青少年犯罪、住房制度、养老保险、社会保障……这些研究成果，也都不同程度地被实际工作部门所吸纳和采用，成为推动各项工作的具体政策。

第三，社会学的发展为调查社会，认清国情、地情提供了新的调查理论、方法和工具，对提高社会调查的水平、质量和扩大调查范围起到了促进和推动的作用。社会学与其他社会科学相比，有自己独特的调查理论、方法和技术，多年来已经形成了一整套进行社会调查的方法和规则。这十几年中国社会学工作者对这套理论方法引进、消化、应用已做了很多努力，已经逐步掌握了并且尽可能使之中国化，还推广应用到社会各界（包括一些自然科学的学科）。大家知道，正确的决策，应建立在对社会实际情况全面深入的认识上，进行多方面的社会调查则是认清国情的重要途径。随着社会学的发展，各种科学的调查方法逐步得到应用和推广，如问卷调查方法、参与观察方法、抽样方法、数据统计分析方法、模型方法、预测方法等等。特别是电子计算机应用于分析处理调查的资料和数据，极大地提高了调查研究的科学性，提高了对社会现象社会问题分析和预测的准确性，提高了速度，提高了效率，起到了很重要的作用。这些社会调查所得的资料，通过计算机分析得到了的数据，为实际工作部门进行工作和决策，提供了很重要的参考。前述由中国社科院主持、社会学所组织实施的百县（市）情调查，几年来，通过大量的社会调查，取得了数以万计的数据和资料，对当前我国的社会结构、社会组织、城乡状况、居民生活有了深一层的了解，而且都有了数量的根据，对于深入认识国情，对于各地制订进一步发展计划，都准备了条件。20 世纪 90 年代以来，各地、各部门成立了相当多的调查中心、调查研究所，有政府部门办的，有大学办的，也有民办的，他们都运用社会学调查理论和方法，开展了大量的各种形式的社会调查，有一批成果，有些已起了很好的社会作用。

第四，社会学的发展为社会管理、行政管理、企业管理以及做好社会工作，提供了必要的理论和方法。随着我国改革开放的深化和经济高速发展，国家的行政管理和社会管理逐渐分离，社会管理的作用越来越占据重要的地位。而社会管理是涉及多种社会因素的系统工程，需要做好多方面的组织和协调工作。社会学作为从总体上研究社会的科学，具有综合性的特点，能够为加强社会管理提供理论依据和具体方案。这些年来，社会学的研究成果被具体应用到各企事业单位制定发展规划、进行科学管理等方面，取得了良好的效果。另外，社会学有很多分支学科，诸如农村社会学、城市社会学、工业社会学、教育社会学、体育社会学、法社会学、医疗社会学、环境社会学、组织社会学、劳动社会学等，这些分支社会学的发展本来都是从各系统的社会管理实践中运用社会学的理论方法进行科学总结，逐步发展起来的，反过来又对这些系统的管理和发展起到了推动和促进作用。社会学的理论和方法帮助他们进行组织和协调，调整内、外部关系，调动广大干部和职工的积极性，对推动本系统本单位健康发展起到了明显的作用。

第五，社会学知识在干部、群众中的普及和提高，也促进了社会主义精神文明建设事业的发展。从本质上讲，社会学是研究个人和社会关系的，强调社会秩序和社会进步，强调和谐、协调和稳定发展。社会学知识应当向全体公民普及，随着社会学的这些理论和方法为广大干部和广大群众所掌握，人们在处理家庭内部关系、教育子女、处理同单位和他人的关系、处理人际关系方面的水平就会相应提高，从而使人们的生活方式更加科学和合理。为了创造良好的社会环境，达到提高全民族素质的目标，社会学的发展和普及是必不可少的。在不少发达国家里，他们在高中阶段有开设社会学这门课的。

我国的社会学这门学科所以能在这 20 年的时间内得到迅速的发展，取得比较好的成绩，主要有以下几方面的原因。

第一，社会学的发展是适应了我国社会主义现代化事业突飞猛进发展的需要。恩格斯说过，社会的需要，比办几十所大学的推动力还要大。① 社会学本来就是伴随着现代化出现而产生的，它也伴随着现代化的发展而得到成长和发展。正是鉴于这种需要，邓小平同志在改革开放之初，就作出了社会学要赶快补课的指示。1996 年，江泽民同志在中共十四届六中全会上也提出了要加强社会学等学科学习的号召。中央领导同志的指示，正是适应中国社会主义现代化事业发展要求而作的，而且不断地给予社会学的成长以各方面的支持，这正是社会学得以迅速发展的主要原因。

第二，社会学的健康发展，得力于我们有一个正确的发展方针。大家知道，社会学刚刚恢复和重建的时候，当时担任中国社科院院长的胡乔木同志以及其他院领导同志对社会学这门学科的重建，倾注了大量的心血，院党委召开会议研究社会学的重建和发展问题，对于建会和建所的方针，都作了明确的决定，社会学研究会和社会学研究所就是在院党委直接领导下建立起来的。社会学研究会建会的时候，就明确社会学研究要以马克思主义为指导，社会学要为社会主义现代化服务。费孝通教授据此在那时就作了明确的阐述："我国的社会学必须是反映具有社会主义性质和中华民族特点的中国社会的社会学。它的内容既不可能是新中国成立前的社会学的简单恢复，也不可能是任何外国社会学的直接引进，我们虽要批判地继承所有过去社会学的成果和批判地吸收西方社会学的成果，但必须以立足于当前中国社会实际为主，通过实践的考验逐步发展我国自己的社会学。"② 以后又多次

---

① 恩格斯："社会一旦有技术上的需要，则这种需要就会比十所大学更能把科学推向前进。"参见《马克思恩格斯选集》第 4 卷，北京：人民出版社，1972 年 5 月第 1 版，第 505 页。——编者注

② 费孝通：《建立我国社会学的一些意见》，载《费孝通学术论著自选集》，北京：北京师范学院出版社，1992 年 5 月，第 14～15 页。

重申：要建立"以马克思主义为指导，结合中国实际，为社会主义服务的新中国社会学"。① 多年来，中国的社会学工作者、社会学的科研和教学机构都能够坚持这个学科方针，有效地保证了我国社会学事业的健康发展。

第三，中国社会学重建过程中，坚持了既重视社会学的理论研究，又加强应用研究的方针，坚持一手抓社会学理论和方法的学科建设，一手抓进行社会调查为现实服务的方针。这本是中国社会学的优良传统，在这方面费孝通、雷洁琼等老一辈社会学家身体力行，他们亲自深入农村、街道进行大量的社会调查，研究现实问题，提出政策建议，发挥社会学的功能，扩大社会学的影响，推动社会学的发展，而且带出了坚持理论和实际相结合的好作风，培养了一支科研和教学队伍。正因为这样，社会学这门学科重建不久，就在社会上打开了局面，这些年来，广大社会学工作者正是坚持了这个优良传统，深入社会，深入实际，调查研究，取得了很好的成绩，所以取得了各方面对社会学的支持，社会学本身也发展起来了。实践证明，为社会主义现代化实践服务，是社会学生命力的所在。

第四，我们在引进外国社会学的理论和方法的过程中，能够坚持马克思主义为指导，正确对待各种社会学的理论流派和方法，不盲目照搬，而是有选择地吸收和借鉴，使其为我所用。如我们在引进社会学的一些新的调查方法的时候，我们也不是全盘照抄，而是将其与我们原来行之有效的蹲点调查、"解剖麻雀"、开座谈会、入户访谈等传统办法结合起来。对他们的方法也根据中国的实际加以改造利用，使社会调查和研究更加科学合理。这些年，社会学界同国外同行的合作、交流是很多的，我们在重建过程中，一些友好的学者，特别是一些华裔友好学者对中国社会学的重建恢复起过很重要的作用，但我们在和国外同行交流合作时，都能坚持洋为中用、以我为主的方针。所以，总的说来，这些年我们社会学的成长和发展是健康和有序的。

四　社会学面临的历史任务和发展前景

尽管在 20 年时间里我国社会学的恢复和重建工作取得可喜的成就，但是，应该清醒地看到，我国社会学发展仍然落后于国外许多国家的社会学，

---

① 费孝通：《建立我国社会学的一些意见》，载《费孝通学术论著自选集》，北京：北京师范学院出版社，1992 年 5 月，第 23 页。

仍然不能满足我国社会变迁和现代化建设对社会学提出的学科建设和研究的要求，还不能及时而有力地阐释我国社会发展中出现的许多新问题和新现象。在行将跨入新世纪的时候，我国社会主义现代化事业正继续阔步前进，社会变迁迅速，社会新问题、新现象还将大量出现，这给中国社会学提出了必须大发展的客观要求，也给社会学发展提供了前所未有的难得机会，所以，摆在中国社会学工作者面前的任务也将更加艰巨，任重道远。

我们首先应该正视我国社会学发展还存在的许多问题和不足，只有这样，才能做到量力而行，也才能有的放矢地尽力而为，准确地把握和了解目前我国社会学的所长和所短，所处的条件和自身的水平。毋庸讳言，目前我国社会学确实还存在许多不足，在我们看来，主要有以下三方面的问题。

第一，基础理论研究相对薄弱。尽管我国有一批社会学工作者在从事基础理论研究，近几年有对理论研究升温的兆头，也取得了不少成果，但是，我国社会学理论研究仍然还处在主要是引进和研究国外社会学理论的阶段，还谈不上创建自己的社会学理论或理论流派（当然，这个任务不是理论研究单独所能完成，必须要结合实证和应用研究才行，但是理论研究却是重要的基础）。而在引进国外社会学理论方面还缺乏系统性和及时性，例如在对一些著名社会学家或社会学流派的理论介绍上只关注其中的某个方面，而忽视了一个人或一个流派的理论的前后连贯性和系统性，表现在翻译著作上只选择其中的一、二本专著进行介绍，一些著名社会学家的许多代表著作迄今还没有被译介过来；还处于介绍国外社会学理论和概念，并试图用其中一些概念和理论进行实证和应用研究的阶段，但是对许多理论及其概念还有待继续消化并转化为自己的真正话语，离形成中国社会学理论体系，还有很长的距离。

第二，我国社会学研究的规范化程度有待提高。低层次、低水平的社会学研究、社会调查比较多，由于缺乏基础理论的强有力支持，特别缺乏一些中层理论的支持，许多社会学课题研究停留在社会现象的描述，缺乏深入的分析，未能形成高层次的理论模式和概念，这也反过来影响了我国社会学理论的研究和发展。同时，目前我国许多社会学课题研究低层次重复比较多，缺乏学术积累和递增，彼此缺乏有效的学术衔接，成果共享程度以及可比较程度低，更难以与国际社会学进行有效的学术对话；还有一些研究缺乏理论假设，多为事后归纳总结，缺乏深入的分析，所以我国社会学存在着似乎研究成果很多，但是真正有学术价值和实用价值的精品不多的现象。这都与学术研究的规范化程度有待提高密切相关。

第三，许多社会学分支学科研究相当薄弱，跟不上我国现代化建设对社会学提出的紧迫要求。比如，经济社会学和医学社会学等在我国可以说很不发达，限制了社会学在我国社会经济发展中的参与作用，而其他分支社会学虽然有了一定研究，但是也缺少理想的发展成果。在发达国家，据不完全统计，分支社会学学科目前已经达到 167 个细科①，在我国，目前还只有几十个细科。

所以，我国社会学仍然面临着艰巨的学科建设和解决我国社会发展变迁现实所提出的新课题的双重艰巨任务。当然在完成这双重任务的过程中，是相辅相成和相互促进的，一方的进步将大大促进另一方的进展，但是一方的落后将阻碍另一方的发展。暂且不说前者，就拿后者来看，我国社会学要完成的任务还是相当艰巨的，从我国社会发展和现代化建设的实际需要来看，可以说，当前我国在世界各国中是最能给社会学提供广阔的用武之地，提供了丰富的研究素材，真可以说中国这一代社会学家遇到了千载难逢的发展社会学的好机会。但是从另一方面，这也是我国社会学家面临着艰巨的历史使命和重大的社会责任。从我国社会学界目前正在进行和关注的课题来看，我国社会学大体上面临着这样几方面的应用研究任务。

1. 社会保障问题研究

当前我国的社会保障制度不但跟不上我国社会变迁的脚步，而且已经在很大程度上成为我国进一步改革开放和经济发展的瓶颈环节。在原来的计划体制下，我国城镇实行的是单位保障制度，其前提是单位不是相对独立的利益主体，仅仅是执行国家利益再分配的一个环节，但是在市场经济改革和发展的情况下，单位已经逐渐成为独立的利益主体，单位之间的分化日趋明显，一些行业的单位依靠垄断地位经济状况很好，而一些单位本身面临着生存危机，但同时单位保障水平相对过高，已经成了许多单位（如国有企业）和政府的沉重经济负担，当然单位保障制度还存在其他一些明显致命的缺点，比如它覆盖面小，不能对没有单位的人给予保障，同时阻碍人员流动和劳动力市场的发展。国有企业的深化改革之所以难以取得有效的结果，与我国没有建立起健全的社会保障体系有密切关系。过去我国农村基本上实行的是传统的家庭保障制度，且不说这样做是否合理，这

① 全国哲学社会科学规划办公室编《哲学社会科学各学科研究状况与发展趋势》，学习出版社，1997 年版，第 322 页。

种保障制度在不存在社会流动和发展的市场经济的前提下，还是有一定的效力，当然也有些家庭由于过于贫困，谈不上家庭保障了。但是改革开放以后，我国农村社会流动日趋频繁，市场经济和非农经济越来越发展，与此同时社会风险也越来越大，仅仅依靠家庭保障已经远远不够了。加快改革目前已经很不适应实际情况的不健全的社会保障体制，已是当务之急。建立一套适应我国发展水平和特点的社会保障制度，已经摆在我们的面前，这不仅关系到我国人民生活状况的改善和水平的提高，而且也关系到在我国社会快速变迁的过程中保持社会稳定的问题，因为健全、有效和合理的社会保障制度是现代社会的一个重要稳定机制。在国外，社会保障研究是社会学研究的一项重要内容。我国社会学虽然也开展了这方面研究，但是目前还没有提出一套适合我国国情的社会保障模式，并从理论上给予有力的解释。这需要我国社会学做更艰巨的努力。

2. 城乡关系问题研究

改革开放以来，我国城乡关系的变迁非常明显，已从过去的城乡二元分割的局面演变为现在城乡交流日益扩大的格局，但是不能不看到由计划体制形成的城乡二元分割制度以及与之相适应的思维方式和价值观念还存在，甚至还根深蒂固，并且已经与我国现代化、工业化、城市化建设很不适应，已经在阻碍和限制我国现代化建设了，到了非解决不可的时候，因为不难想象一个绝大多数人口还是农民或者生活在农村的国家，怎么能成为一个现代化的强国呢？

与此同时，我国城乡关系变迁成了当今世界最有学术价值的社会学研究对象，应该是我国社会学发展的沃土。我国城乡关系变迁研究涉及到传统与现代、单一性与多样性、结构分化与社会流动、民间与国家、城市化等等一系列极具前沿性的社会学学术问题。

自从社会学进入我国后，农村和城乡关系就成了一个重要的社会学研究领域，同样自从 1979 年我国社会学恢复之后，我国社会学界再次把第一关注点投向农村和城乡关系研究。到现在为止，我国社会学在对城乡关系的研究上确实也取得了相当大的成就，但是也应该看到，至今还没有像我们期望的那样从这一领域研究中诞生出我国自己的社会学理论，如前所述，农村的课题和研究成果很多，但有影响的精品甚少。

当然我国城乡关系还没有理顺，许多问题还没有得到很好的解决，在理论上还没有得到深入的研究，还有更多的新问题涌现。我们相信，我国的农村和城乡关系仍将是我国社会学重点开拓的领域，如何解决我国现代化建设所面临的城乡关系，也是现实对我国社会学提出的要求和挑战，社会学应该发挥更好的作用。

3. 阶级阶层问题研究

在从计划经济向社会主义市场经济的转变过程中，我国的社会经济资源配置机制和利益关系已经发生明显的变化，由此带动我国城乡居民走向分化和重组，各种新的阶层和群体不断涌现，不再局限于过去那样的工农商学兵、农民工人干部这样的阶级阶层结构了，他们之间的职业、收入、地位、身份、权力、声望、认同乃至价值观念等都发生明显的变化，比如，同样是工人，过去只有国营企业和城乡大集体企业的工人两类，他们之间的收入差别不大，但是经过 20 年的变化，现在工人内部的差别已相当大，既有国有企业、集体企业的工人，又有乡镇企业工人、私营企业工人、外资和独资企业工人，还有许多农民工，等等。即使是国有企业工人，还分在岗工人和下岗工人，不同工人之间的差别相当大，就是同一个企业中的工人差别也相当大。同样是农民，现在他们的异质性程度相当高。这种情况向我国社会学提出许多尖锐的、极富挑战性的研究问题：我国当前存在不存在明显的阶级阶层？如果存在，那么他们究竟是什么样的情况？社会学是否能将他们分类出来？20 年来我国的社会阶级阶层结构究竟是沿着什么样的路径发生分化和重构？怎样说明当前存在的贫富差距问题？这样的分化和重构预示着怎样的社会发展和变化趋势？如何判断这样的现状和由此而来的变化趋势呢？各种阶级阶层理论在我国当前的阶级阶层变化面前是否受到挑战？是否需要有我国自己的阶级阶层理论？或者说，会不会产生我国新时期的阶级阶层理论？

我国社会学对当前我国阶级阶层情况也做了许多研究，发表了一些有一定水平的研究成果，但是，还没有有力地解答上述问题。目前中国社会科学院社会学研究所成立了社会结构变迁研究课题组，正在组织协调对我国社会阶级阶层变化开展大规模的调查研究，但是我们看到，这方面的调查和研究面临着许多理论和实证调查的困难。

4. 可持续发展问题研究

人类社会在取得巨大的经济发展成就的同时，已经面临着严峻的人口、资源、环境与经济发展之间的尖锐矛盾。自 20 世纪 80 年代以来，"保护地球"的呼声越来越高，1987 年世界环境与发展委员会发布了一份题为"我们共同的未来"的报告，较科学地界定了可持续发展这一概念。改革开放以来，我国在取得经济快速发展的同时，可持续发展问题也变得十分突出，许多地区采取的粗放性经济发展战略，使生态环境遭到严重的破坏；尽管我国采取了有效的计划生育政策和措施，但是人口增长还是相当快，人地紧张日益突出；尽管我国城市发展相当快，但是城市管理远远滞后，空气污染和缺水问题十分严重，已经危及我国经济持续增长和城市发展。这些问题涉及社会、政治、经济、文化、生活方式、科学技术等各个方面，因此需要通过综合研究才能找到有效的解决对策和方案。社会学虽然进入这个领域的时间比较晚，但是提出了许多看法和对策，已经引起社会的关注，目前一门分支学科"环境社会学"已经诞生，有一些社会学家已经做了许多研究工作。但是我国社会学界在可持续发展方面的研究显然不但没有跟上世界的研究步伐，而且也很不适应我国发展的需要。如何推进我国的环境社会学研究，加强实施可持续发展战略的研究，以适应我国在新世纪的发展要求，这一任务已经实实在在地向我国社会学界提出来，当然也是给我国社会学在我国发展中提供了一个能发挥更大作用的机会。

5. 贫困问题研究

贫困问题与战争、生态恶化等问题一样，成了当今对人类威胁最大的问题。目前世界上有 10 亿多人口正在面临贫困的危险。我国是世界上人口最多的发展中大国，经过全国人民的努力，在解脱贫困问题上取得了令世人瞩目的成绩，但是不可否认的是我国还有相当数量的人生活在贫困状态之中。我国政府承诺到 2000 年基本上解决贫困问题，但这是一个非常艰巨的任务，要解除贫困，涉及到社会结构、经济发展水平、文化传统以及自然环境等因素。贫困不仅仅只包括绝对贫困，而且还包括相对贫困。目前我国除了农村还有 4200 万没有解决温饱的绝对贫困人口外，城镇地区还有上千万贫困人口。由于我国仍然是发展中国家，不可能很快消灭贫困现象（尽管我们希望尽快消除它），贫困的存在有其一定的历史和社会经济原因，还有自然环境等原因。社会学应该研究究竟是哪些人生活在贫困之中，以什么样的方式表现出来，具有什么样的社会结构效应，政府和社会的扶贫行动和传递系统如何，如何解决脱贫了又返贫的问题，如何防止贫困现象的蔓延等问题。贫困问题历来是社会学的一个重要关注对象，我国社会学更应该重视，把它放在我国整个社会结构变迁的大框架中进行审视、研究，并寻求有效的扶贫对策。

6. 科技发展与社会发展关系研究

科技在本世纪各国的发展中起到越来越重要的作用，特别是在最近的 20 年时间里，科技的作用更加明显，各国已经看到在当今国际竞争中胜败的决定因素是科技，国与国之间的竞争实际上就是科技实力的较量。科技的发展不仅仅决定了一个国家的实力，而且也已经影响到人们的生活方式、生活质量、社会交往方式以及社会结构。为此，社会学纷纷开展由科技带动的现代性和后现代性研究。虽然我国的科技发展与世界发达国家相比还有一定的差距，但是我们不能不看到，科技的发展已经无时无刻不在影响和改变我们的生活现实，比如信息技术的日新月异，在我们的社会中产生了非常显著的效果，仅仅在三四年前我国的网民还寥寥无几，但是到今天已经发展到 200 多万之众。我国政府已经把科教兴国定为基本国策，给予前所未有的重视。但是科技究竟将给我们的社会和生活带来什么？如何促进科技发展？如何防止科技的副作用？科技使社会结构发生什么样的变化？这类诸多问题不是科技本身所能解决和回答得了的。这迫切需要人文社会科学介入对这些问题研究，社会学也应该对这些问题进行研究。但是，就目前的情况而言，我国社会学对科技的发展及其后果等问题的研究还相当薄弱，这种状况不但不利于着力关注社会现实研究的社会学自身的发展，而且更不适应我国社会发展的要求。如果社会学不能关注社会的最新变化和发展，那么作为一门学科，它就有可能面临生存的危险，当然这种危险显然也不利于社会发展。

我国现实社会向社会学提出的研究任务不限于以上几个方面，确切地说，我国社会处在如此激烈和快速的变化之中，对社会学提出的研究课题那是非常之多的，难以穷尽。这为我国社会学提供了一个大有可为的广阔研究空间。展望未来，我国社会学在我国现代化建设中将会迎来更大发展的时代，也将会发挥更大的作用，在学科地位上将有可能成为综合研究我国社会变迁的一门大学科，在学术建设上将越来越趋向规范化，同时在国际学术关系上通过提高本土化水平的过程，增强国际学术对话的能力，期望在不远的将来能诞生中国自己的社会学流派，以至在国际社会学发展中发挥一定的话语主导作用。

首先，我国社会主义现代化建设给我国社会学向大学科方向发展提供了肥沃的土壤。尽管社会学发展的历史并不长，但是与其他社会科学学科相比，它的成长却是相当的迅速，以至目前在西方一些国家，成了一门从业人员仅次于经济学的很重要的社会科学。之所以如此，是因为社会学的诞生和发展与人类社会的现代化进程息息相关，是在理解和研究现代化的过程中得以不断成长起来的，反过来可以说它是现代化这块沃土上长成的一棵大树。我国社会学自恢复重建至今，还只有 20 年，但是其发展势头却是相当地快的，且不说学科建设成就，就拿社会对它的认识而言，现在已经开始超出许多老学科，成为社会各界所不断关注的一门学科，这也是由于它的关注和研究与我国社会主义现代化建设有着密切的关系。

与现代化相关的一个重要问题是现代性，尽管人们对现代性的理解并不完全一致，也没有明确的具体界定，但是它的一些主要特点却是被人们所认同的，如社会的多变性、变化的快速性、复杂性、难以预料性等等。现代性的存在在给人们带来前所未有的多样选择的同时，也给人们对社会秩序以及社会稳定的认识造成严重冲击，不仅如此，还对社会秩序造成冲击，带来各种各样的张力、矛盾和整合问题。社会学正是力图通过对现代性的解读，使人们把握变迁的现实和现实的变迁以及由此相随的社会秩序和稳定问题。所以，社会学赢得了人们的关注，也提供了认识社会的钥匙，因而获得了迅速发展。我国现代化建设同样给我们带来了许多现代性问题，而且与西方国家的现代化背景不同，我国的现代化不但面临着发达国家现代化后所存在的外部压力，而且也存在着严重的人口、资源、环境等压力，在加快我国现代化建设的过程中如何处理经济发展与环境生态平衡、公平与效益、变迁与稳定、竞争与就业、城市与乡村等各种关系。显然，社会学对这些关系的研究具有许多优势，比如整体性优势、系统性优势等，但是我国社会学研究还没有完全胜任现实的要求，今后的研究在不断开拓研究领域的同时，还要拓宽宏观研究视野，加强对分支学科的统合能力，使我国社会学成为一门大学科。

第二，大学科地位的确立除了巨大的现实需求外，还有赖于我国社会学自身的学术建设，特别是有赖于学术研究规范化水平的提高。虽然规范化是一个比较含糊的概念，有着各种各样的解释，但是至少要体现学科的本体论和方法论特征（美国科学哲学家拉瑞·劳丹的观点，按另一位美国科学哲学家库恩的看法，那就是要有自己的范式）。具体到社会学这门学科上，应该包括这样几方面。（1）应在社会学学科的前后传承的关系中确定要研究的理论框架和经验问题，按流行的话语，那就是要树立学术问题意识。"科学中形成的问题必须放在整个科学探索事业的背景中才能被理解。"（H. 西蒙的话）①。这要求：一方面任何研究问题（包括理论和经验问题）应该是从社会学学科的发展背景中引申和生发出来，另一方面这些问题的

---

① 转引自托瑞·劳丹《进步及其问题——一种新的科学增长论》，刘新民译，北京：华夏出版社，1990年7月，第11页。

研究应该对社会学的发展是有意义、有价值和有贡献的。显然，作为每个社会学研究人员，也会追求这样的学术意义。（2）要显示社会学方法论的特性。每个学科都有自己独特的方法论要求，在社会学方法论的指导下开展严肃的研究。（3）营造平等的学术对话共同体。在学术研究上要消除文化霸权，提倡平等对话，当然这种对话应是具有学术意义和学术价值的，切忌学术泡沫和学术炒作。实际上，自从我国恢复和重建社会学以来，我国社会学界没有放弃对学术规范化的要求，但是规范化只有在不断的研究中才能得以提高，这不是短时间内就能完全解决的问题，而是一个需要长时间努力逐渐提高的问题。相信经过我国社会学界同仁的不断努力，我国社会学的规范化水平将会越来越高。

第三，我国社会学的队伍也有待扩大。随着我国现代化的发展，对社会学理论、社会学人才的需求将越来越大。迄今为止，我国社会学队伍建设还处在自发发展的状态。例如全国还有约 1/3 省区的大学没有社会学系、社会学专业，内蒙古、河北、河南、山西、江西、新疆、宁夏、青海和西藏等在这方面几乎还是空白，这些省区中有的社会科学院连社会学研究所也没有，即使有，因为没有专业人才的补充，科研队伍还相当薄弱，这同当前国家的现代化建设很不相适应。这需要有关部门、有关领导有计划、有步骤地予以推动，争取用 3~5 年时间，在这些省区的大学里，都能至少建一个社会学系或社会学专业，推动社会学队伍的建设和扩大。就目前社会学的整体队伍而言，社会学的队伍也需要发展和提高，中国这么大的国家，只有 3500 多人的社会学科研和教育的专业队伍是远远不够的，满足不了现实需要。

第四，迄今为止，我国社会学的理论方法和话语系统主要还是引进版，而我国社会学要在世界上有一定地位和影响力，那么非要发展出自己的理论和相应的话语系统不可，这也就是通常所说的要加快社会学中国化过程。我们主张中国化（有些学者称为本土化），并不是不管世界社会学发展的整个规范系统，而是在遵循普遍的规范原则基础上，在理论、规范上有所创新。我国独特的社会文化传统以及快速的社会变迁，确实为我国社会学的中国化提供了广阔的前景。就拿研究方法来说，各国社会学研究之间最有共通性，但是我国的社会的特殊性却使不少被公认的社会学研究方法失效，这就需要我国社会学在研究实践过程中寻求更适合我国国情的新的研究方法；至于在各个层面的理论创新，那更具有巨大的潜力。我们相信，经过我国社会学工作者的不懈努力，在不远的将来，在我国本土上将会涌现一批世界性的社会学巨著，产生出中国的社会学理论流派和宏观理论，从而不但扭转当今中国社会学与西方社会学不平等的对话格局，而且还为世界社会学提供一个具有主导性的理论体系和话语系统，那时有中国特色的社会学就可以说是建立起来了。

中国社会学与中国的现代化
事业命运与共[*]

去年①在福清召开的中国社会学会常务理事会一致决定，1999 年的社会学学术年会在武汉召开。这是因为自 1979 年恢复重建社会学以来，今年②是 20 周年大庆。1979 年建立的中国社会学研究会，1982 年在武汉召开第二届社会学年会时正式更名为中国社会学会，所以今年全国的社会学家在武汉再次集会，具有特别的纪念意义。一年多来，湖北社会学会在省市各有关领导和华中理工大学领导的关怀和支持下，经过会长刘中荣、风笑天等同志的努力工作，精心准备，会议筹备工作已经就绪，今天正式开幕了。

今天召开的会议，既是学术年会，又是中国社会学会建会 20 周年的纪念大会。今天到会的有湖北省武汉市的领导和各部门的同志，有中国社会科学院的领导，还有长期支持中国社会学会建立的日本社会学家，有重建社会学时做过贡献的老一辈社会学家，有中国社会学会理事、常务理事和社会学工作者，费先生、雷先生、袁先生他们因公不能前来，雷先生、袁先生写了贺信。我们这次会议，真可说是群贤毕至，少长咸集，老中青三代社会学家都到华中理工大学来了。对大家的到来，我代表学会表示热烈的欢迎。

今年是我们中国社会学恢复重建 20 周年，恰逢我们中华人民共和国成立 50 周年。50 年来，我们国家在中国共产党的领导下，社会主义现代化事业取得了伟大的成功，整个国家发生了翻天覆地的大变化，而在这 50 年中，

---

* 本文原载中国社会学会秘书处编《中国社会学会通讯》1999 年 8 月 16 日（总第 31 期）。该文系陆学艺于 1999 年 6 月 11 日在中国社会学会 1999 年学术年会（湖北·武汉）开幕式上的致辞。原稿无题，现标题为本书编者根据发言内容所拟定。——编者注

① 指 1998 年。——编者注

② 指 1999 年，本文下同。——编者注

变化最大、经济发展最好、社会进步最快的是这 20 年。正是在十一届三中全会以后，在邓小平理论的指引下，解放思想，拨乱反正，实行改革开放，使我们国家走上了现代化事业发展的快车道，经济高速增长，社会全面进步，取得了举世瞩目的伟大成就。也正是在十一届三中全会以后，在邓小平同志亲自发出的社会学"需要赶快补课"①的号召下，社会学才得以恢复和重建。可以说，社会学是现代化事业的产物，社会学是为现代化事业发展服务的。社会主义现代化建设需要社会学，社会学也正是在为现代化建设服务中成长、发展繁荣起来的，历史经验表明：中国社会学与我们伟大祖国命运与共，社会学与现代化事业命运与共。18 年前，我们在华中理工大学举行第二届理事会，正式定名为中国社会学会的时候，那时中国的社会学队伍仅有几百人，今天我们在华中理工大学再一次集会，我们社会学已经有 3000 多名教学和科研专业工作者，已经有 40 多个社会学系和社会学专业，有 35 所社会学研究所，而且还在迅速发展，方兴未艾。出席这次年会的有 162 名社会学工作者，远远超出了我们的预计，是历届年会出席人数最多的一次。这不仅仅反映了这次年会的学术主题得到了社会学界同仁的热烈响应，更重要的则是这是我们社会学队伍成长壮大的表现。如果再过 10 年，当我们庆祝社会学重建恢复 30 周年的时候，那时再在华中理工大学集会时，我们的中国社会学队伍一定会更加壮大，会有更多的成果，社会学的各项事业会更加繁荣。经过 211 工程的建设，华中理工大学将会成为世界一流的大学，这是可以预期的。

1998 年 10 月召开的十五届三中全会指出："当前我国改革和发展正处在一个非常关键的时期。"②朱镕基同志今年 3 月在九届二次人代会上说："经历过二十年的农村改革，我国农业进入了一个新阶段。"③ 我们的综合国力已有了明显增强，人民生活有了很大改善。我们已从 1978 年世界的第 13 位，升到世界第 7 位，排在美、日、德、法、英、意之后。我们已经告别了短缺经济，由买方市场转变到卖方市场。

可以这样说，我们的国家由经济体制改革，经济发展，经济结构调整，发展到了现在要推进社会体制改革，调整社会结构，从而促进社会发展，

---

① 参见《邓小平文选》（1975～1982 年），北京：人民出版社，1983 年 7 月，第 167 页。

② 《中国共产党第十五届中央委员会第三次全体会议公报》，载《中共中央关于农业和农村工作若干重大问题的决定学习辅导讲座》，人民出版社，1998 年版，第 35 页。

③ 《中华人民共和国第九届全国人民代表大会第二次会议文件汇编》，人民出版社，1999 年版，第 13 页。

推进经济社会全面协调发展的阶段。这是对原来的计划经济体制的又一次大的冲击，促进了计划经济体制向社会主义市场经济体制的转变。这就是我们社会学界常说的中国社会现在到了由传统的社会结构向现代社会结构转型的关键时期。在这个关键时期，党和政府正在采取一系列政策和措施，其中重要的一条是要发展小城镇建设，改革户籍制度，调整城乡关系，促进城乡融合，形成城乡一体的大市场，逐步改变长期困扰我们的城乡二元社会结构，这必将产生巨大的经济社会影响，意义十分重大，我们社会学工作者要密切关注这场大的变革，投身参与这场大的变革，做出相应的科学理论总结，做出我们社会学家应有的贡献。

我们这次年会的主题，一方面是要总结恢复20年来的经验，展望未来的新发展，另一方面也要研讨在新的历史时期的新任务，在这改革发展的关键时期做出新贡献。会议收到的100多篇论文都是在这两个方面讨论问题的。我相信，通过这次学术年会，大家畅所欲言充分讨论，一定会把我们这20年的经验总结好，把社会学发展中的问题认识得更深刻，把未来在新的历史时期要承担的新任务研究得更明确，从而使我们的社会学发展得更加繁荣，为中国社会主义现代化事业做出更大的贡献。

我们这次年会，得到了湖北省委、省政府，武汉市委、市政府的领导和有关部门的协助，得到了华中理工大学领导和同志们的大力支持，我代表中国社会学会与会的全体同志向他们表示衷心的感谢！向为筹办这次会议付出辛勤劳动的湖北社会学的同志们、华中理工大学社会学系的老师和同学们表示衷心的感谢！

关于改院学术委员会为院学部委员会的建议*

建议信初稿

铁映同志并院党组各位领导同志：

　　院工作会议期间，我们院学术委员组（第九组）就我院 1999 年的工作回顾与 2000 年的工作部署展开了热烈的讨论。委员们普遍认为，自铁映同志来院主政以后，中国社会科学院的工作在各个方面都有了显著的进步，可谓蒸蒸日上，过去多年来未办成的事，这两年办成了；对一些重大课题进行了研究，取得了重要的研究成果，这些都极大地鼓舞了全院同志的士气，并且在全国，特别是社会科学战线产生了重大的影响。经铁映同志亲自提议设立的院学术委员会，一年来开展了多项学术活动，各方面反映都很好。委员们都表示，一定要做好工作，特别是要带头做好学术研究，集中精力，在实施精品战略过程中，发挥好应有的作用，不辜负院领导和同志们的重托。

　　会议期间，委员们重又提出建立中国社会科学院院士制的问题。大家一致认为，当前我国改革建设大业发展到了一个重要的关键时期，面临着复杂的国际国内的形势，许多重大战略问题需要哲学、社会科学工作者充分发挥作用，献智献策，多做贡献。建立中国社会科学院院士制则是发展社会科学、调动广大社会科学工作者积极性的一种好形式。鉴于中国科学

---

*　本文源自陆学艺手稿和誊写稿。建议稿大约写于 2000 年院工作会议之后，系陆学艺等中国社会科学院部分学术委员会委员就改院学术委员会为学部委员会给中国社会科学院领导同志的建议信，建议信由陆学艺执笔。初稿根据陆学艺手稿刊印，修改稿根据誊写稿刊印。——编者注

院、中国工程院两院院士制的发展，中国社会科学院院士制势在必行。考虑到目前党和国家的工作安排，我们中国社会科学院可事先做好准备，为日后正式建立中国社会科学院院士制做好工作铺垫。为此，我们建议，可以在院的职权范围内，在现有的中国社会科学院学术委员会的基础上，设立中国社会科学院学部委员会。可以有两种做法。

一、设立中国社会科学院哲学社会科学学部（或称人文社会科学学部），现有的院学术委员转为学部委员。为了开展工作方便，可以在学部委员会下，分设经济学、哲学、历史学、语言文学、法学社会学、国际关系6个工作小组，每个小组承担院科研规划中提出的1~2个重大课题，在若干年内负责做出重大成绩来。

二、设立中国社会科学院哲学社会科学学部，下设经济学、哲学、历史学、法学社会学、语言文学、国际关系6个分部，除现有的33个学术委员会转为各分部的学部委员外，再在院内增补若干符合政治和业务条件的学科带头人为委员，总数在50~60人为宜。这样便于各分学部开展学术活动。

委员们认为，改院学术委员会为院学部委员会不只是名称的改变，而是有着重要的实际意义和作用。因为学部委员制曾在中国的学术界产生过重大影响，同现在各大学、各研究院所的学术委员会有重要区别（据我们了解，俄罗斯虽没有社会科学院，但在俄罗斯科学院里，有一个哲学社会科学部，下设经济学、哲学、法学、语言文学、历史学、国际关系6个分学部）。当然，我们建立哲学社会科学部，最重要的目的，是更好地开展各学科的学术研究，更好地培养人才，多出精品。这样做了，也为日后建立中国社会科学院院士制的准备工作又前进了一步。

期望院党组能采纳我们的建议。

建议信修改稿

铁映同志并院党组各位领导同志：

在院工作会议期间，我们议及：经铁映同志提议，我院设立了学术委员会，各方面反映很好，我们也深感作为首批委员的光荣和责任，都想尽力做好工作，不负院领导和全院同志的重托与厚望。

为继续推进这一制度的发展，我们建议：在院的职权范围内，将现有的学术委员改为学部委员，并分设文、史、哲、经、法、语言文学和国际等几个学部，以便更好地发挥作用。我们认为，这不只是名称的改变，而有其实际的意义和作用。因为，学部委员，不论是在自然科学界还是在社会科学界，都曾享有崇高的地位和威望，至今仍有令人肃然起敬的深刻印象，与现在各研究院、所和高校院、系众多的学术委员有明显区别。

现在，世界上许多国家的院士，都包括人文、哲学社会科学院士，或单设人文、哲学社会科学院院士。我院已有几位学者成为一些国家的外籍院士。我国科学院与工程院两院院士制度，早已建立，并经连续增补，院士已过千人。在我国人文、哲学社会科学同样有很大发展的今天，这一有一无，越来越显出不协调，也对引起各方面对人文、哲学社会科学应有的重视和进一步发展不利。

我们认为，在新的世纪，人文、哲学社会科学院士制度的建立，只是一个时间问题，我院责无旁贷地应对促进这一制度的早日建立做些工作。我们的上述建议，可以说是一个实际的步骤，它会得到我院乃至全国人文、哲学社会科学工作者的认同与支持，同时，会在全国上下的观念上起到促进共勉并统一认识的作用。

希望院党组能采纳我们的建议。

要加快社会学的学科建设和队伍建设[*]

在这个庆祝会上，我将以两个身份讲几句话。我在社会学所工作13年了，参加今天这样的盛会，我感到特别兴奋。十几年来在工作中得到了费孝通先生、雷洁琼先生，院领导、院直各部门的领导、兄弟单位的同志们很大的关怀和支持。景天魁教授讲到社会学所发展到今天跟诸位领导和同志们，特别是费先生、雷先生一贯的支持和帮助是分不开的。

我在社会学所十几年，现在回顾起来，只做了一件事，就是在费孝通先生、何建章先生的基础上，又把建设社会学研究所的工作向前推了一步。

1979年在成立中国社会学研究会的时候，提出要筹建中国社会科学院社会学所。费先生当初创办这个所的时候是很不容易的，披荆斩棘、开拓前进，给我们开了个好头。何建章先生和我在这个基础上又接着做。费先生讲过，他在社会学所所做的工作，就是把戏台搭起来了，也请了一批演员。在这个舞台上，费先生一开始就导演了一出非常好的戏。建所以后，搞的一次大的活动就是小城镇调查，这个调查正如费先生讲的是"重实、求知"，开了这么一个好风气，使得社会学界从一开始就建立了一种到实践中去做调查、向实践学习、为社会主义现代化服务的好风气。他在这个调查的基础上，写出了《小城镇　大问题》这篇文章，正像李铁映院长讲的，这篇文章在整个现代化发展中是起了作用的，对推进农村的工业化、城市化，走中国特色的社会主义道路是有贡献的，而且为我们社会学界的学风

* 本文原载《中国社会科学院院报》2000年4月4日第3版，原题为《加强社会学队伍建设和学科建设》。该文系陆学艺于2000年3月21日在庆祝中国社会科学院社会学研究所建所二十周年大会上的讲话，刊发时做了简要修改。该文还以《要加快社会学的学科建设和队伍建设》为题收录于《陆学艺文集》（陆学艺著，上海：上海辞书出版社，2005）和陆学艺《中国社会结构与社会建设》（北京：中国社会科学出版社，2013），本文采用这个标题。——编者注

奠定了一个良好的基础，这第一台戏是演得很好的。何先生和我就是在费先生这个基础上，继续建设这个所。经过20年我们三届班子的工作，已经建立起一支初具规模的专业队伍，又请了一批演员，像京剧那样，生、旦、净、末、丑各色演员基本配齐了，可以演戏了。刚才费先生讲了，演员和导演还要补课，还要提高。在提高业务水平的基础上，社会学所是可以为国家演几场大戏的。希望社会学所将来能在社会上演几场漂亮的大戏，为社会主义现代化建设做出新的贡献。

中国社会学会也是费先生、雷先生在21年前创建的，费先生是第一任会长，雷先生是第一任副会长。现在，费孝通教授、雷洁琼教授是我们的名誉会长。中国社会学会是由中国社会科学院主管的，秘书处就设在社会学所。20年来，中国社会学会团结广大社会学工作者，开展各项学术活动，为社会主义现代化事业服务。现在中国社会学会在全国已经有5000多个会员，分布在各省、区、市的学会和专业委员会里，学会的队伍正在逐渐壮大，学术活动丰富多彩，发展的势头是很好的。现在全国各地每年都有新的社会学系和社会工作系在建立。李铁映院长说，社会学大有作为。铁映同志这个讲话对社会学的发展，对社会学的前景，分析得非常深刻，令人鼓舞。现在，中国社会主义现代化事业正在蓬勃发展，中国社会正在由一个传统社会向现代社会转型。在这个大变革的时期，正是社会学工作者大显身手，为祖国、为现代化事业做出贡献的时期，也是社会学繁荣发展的黄金时代。中国社会学自1979年恢复以来，现在，全国已有40多所大学设立了社会学系和社会工作系，有35个省、区、市和部分大城市设立了社会学研究所。全国已有3000多名社会学专业工作者，每年有几百部的专著出版和上千篇的学术论文发表，就社会学本身来说，仅仅20年工夫，发展得已经很不错了。但和社会的需要相比，还相差很远，特别是与其他学科相比，相差还很大。在发达的市场经济国家里，社会学是与经济学、法学并立的三大学科之一，在中国，现在我们与经济学相比，差别很悬殊。据统计，1998年经济类毕业的本科生有58095人，加上大专毕业的，一年有132900人，而社会学系同年大学本科毕业生不到1000人！1998年出版系统出版的各种经济类的书是8224种，而社会学类的书不到1000种。这一方面反映了我们国家社会发展同经济发展的不平衡，另一方面也与长期以来的科教战略方面重理轻文有关。而在社会科学里面，又重经济学科轻社会学科，这对整个现代化事业发展是很不利的，这种情况亟须改变。

我国的经济发展了，经济结构改变了，而社会结构没有相应的改变，城乡的二元社会没有相应的改变，城市化严重滞后于工业化，社会事业发展跟不上经济发展的需要，也跟不上人民群众的需要，产生了种种的社会问题。这需要决策部门的战略调整。现在中央已经提出经济社会要协调发展的战略任务。我们社会学工作者应该多做工作，一方面要深入到社会主义现代化经济建设的主战场，为实现经济社会协调发展多做研究、多出主意、多提建议、多做贡献。另一方面我们也要为加快社会学队伍的建设、学科建设多做贡献。

铁映同志说，社会学大有作为，这不光是说社会学工作者在现代化建设中大有作为，我们队伍建设和学科建设也应该大有作为，多出人才，多出精品，来满足社会的需要，促进我们社会学队伍的壮大。

我国社会转型时期农民变化和分化，农村社会结构变迁和发展的全面总结[*]

中国社会主义现代化事业正在蓬勃发展，中国社会正由传统的农业为主的乡村社会向工业化、城市化的现代社会转变，正在由计划经济体制向社会主义市场经济体制转变。前一种转变，学术界称之为社会转型；后一种转变，学术界称之为体制转轨。这两种转变交织在一起，又是在这样一个各地区发展很不平衡的大国里进行，呈现出纷繁复杂的种种经济社会现象。无论是我国在各个领域取得的巨大成就和进步，还是我国社会中产生的种种问题和困难，都可以从中国目前正处在这两个转变的历史过程中得到说明，这是认识当代中国经济社会的基本视角。

1949 年前的旧中国，是农民占 83% 的半殖民地半封建的社会。中国共产党在领导中国人民进行革命的时候，以毛泽东为首的中国共产党人，总结了学习俄国革命靠发动工人在中心城市起义失败的教训，从实际出发，根据中国国情提出了实行工农联盟，在农村建立革命根据地，武装农民，依靠农民作为主力军，走农村包围城市的道路，经过 22 年的奋斗，建立了中华人民共和国。

新中国成立以后，在进行经济建设的过程中，学习苏联经验，实行计划经济体制，在农村搞统购统销、合作化、公社化，没有照顾到农民的利益和意愿，压抑了农民的政治和生产的积极性，弄成"八亿农民搞饭吃，饭还不够吃"的局面，形成了二元社会结构，形成了全国性的短缺经济。

---

* 本文源自《农村社会学》（李守经主编，北京：高等教育出版社，2000 年 8 月）序二，第 1～5 页。原稿写于 2000 年 5 月 31 日，系陆学艺为该书撰写的序言，现标题为本书编者根据序言内容所拟定。该文曾以《学习〈中国农村社会学〉》为题收录于《"三农论"——当代中国农业、农村、农民研究》（陆学艺著，北京：社会科学文献出版社，2002 年 11 月）。——编者注

党的十一届三中全会拨乱反正，把党的中心工作转到经济建设上来，提出改革开放的大政策。改革首先从农村开始，实行家庭联产承包责任制，解散人民公社，把土地使用权和生产的经营权还给农民，使农民实现自主、得到实惠，成为独立的商品生产者，从而极大地调动了亿万农民的积极性，使农业生产持续大幅增产，解决了长期困扰国家的粮食和工业原料的供给问题。同时在城乡分割的二元社会结构还没有改变的条件下，发展乡镇企业（农村工业化），建设小城镇（农村城市化），从而使中国农村的经济社会发生了历史性的大变化，走出了一条有中国特色的建设农村社会主义现代化的道路。

农村改革的成功，不仅促进了农村生产力的大发展，极大地改善了农民的生活状况，使原来约占农民1/3 的2.5亿贫困人口绝大部分脱了贫，使一部分地区和一部分农民真正富裕起来了，过上了富裕的现代生活。而且，由于农业生产大发展，农村经济大发展，保证了城市居民的米袋子、菜篮子和工业原料的供给，促进了整个国民经济持续健康快速增长，农村改革率先成功的经验，也给城市改革提供了榜样，增强了信心。20 多年来，农村在政治、经济诸方面的改革，都是走在前面的，亿万农民在社会主义现代化建设中做出了巨大的贡献！所以有的学者在总结改革开放以来中国社会主义现代化建设取得伟大成就的经验时指出，这是中国共产党和中国政府实行了第二次"农村包围城市"的战略，并取得了成功的伟大实践。

中国是一个农民为主体的国家，过去是，1949 年农民占总人口的83%；现在仍然是，1998 年，农民占总人口的75.3%。① 所以，就认识中国国情来说，几位政治家和思想家都说过："不了解中国农民，就不了解中国社会。"实践反复证明，这个判断是正确的。就中国社会主义现代化建设的实践来说，理所当然地应该依靠这个占人口绝大多数的农民群体的积极参加。早在1950 年6 月毛泽东同志就说过："中国的主要人口是农民，革命靠了农民的援助才取得了胜利，国家工业化又要靠农民的援助才能成功。"② 但是，几十年来的实践，我们在工业化、现代化建设的过程中，对于依靠农民来进行建设这个重大问题上，政策是摇摆的，自觉不自觉地常常损害他们的利益，不尊重他们的意愿。如几十年来城乡差别是扩大的，或者是一时缩小了，一时又扩大了；部分农民有强烈的进城进镇的愿望，国家的户籍制

① 《新中国五十年统计资料汇编》，北京：中国统计出版社，1999 年11 月，第1 页。
② 《毛泽东文集》第5 卷，北京：人民出版社，1977 年4 月，第26 页。

度则严加限制，形成了"城乡分治"的二元社会结构。

中共十一届四中全会《关于加快农业发展若干问题的决定》明确指出："确定农业政策和农村经济政策的首要出发点，是充分发挥社会主义制度的优越性，充分发挥我国八亿农民的积极性。我们一定要在思想上加强对农民的社会主义教育的同时，在经济上充分关心他们的物质利益，在政治上切实保障他们的民主权利。离开一定的物质利益和政治权利，任何阶级的任何积极性是不可能自然产生的。我们的一切政策是否符合发展生产力的需要，就是要看这种政策能否调动劳动者的生产积极性。"① 这个总结做得很好，这个认识是十分正确的。

改革开放以来，党和政府把农业、农村、农民问题，一直放在社会主义现代化建设的首要位置。1982～1986年，每年中央都召开农村工作会议，连续制定颁发了五个中央一号文件，领导农村改革，支持农民的伟大创造，把农民从人民公社的束缚中解放出来。1987年以后，也是几乎每年召开一次农村工作会议，制定中央文件，领导农村改革和发展，解决农村实践中的问题，激励和调动农民参加社会主义现代化建设的积极性。20多年来的实践表明，农民是改革开放最积极的拥护者和参加者，农民也是改革开放最大的受益群体。农民在改革开放后的社会主义现代化建设中做出了最大的贡献，农民在参加新时期社会主义现代化建设的过程中，改变和改造了自身，改善了自身的政治经济地位和生活。农民阶级本身发生了分化，相当一部分农民转变为二、三产业的劳动者，转变为城镇居民。但是，因为我国已经实行了几十年的计划经济体制，由此形成的"城乡分治"的二元社会结构已经相当固定化，农民虽然已经冲破了农村人民公社的束缚，但在计划经济体制下形成的二元社会结构对农民的禁锢却还鲜有松动。例如城乡分割的户籍制度还基本没有改革。沿用至今的户籍制度，把公民分成居民和农民两种身份，在政治社会层面和经济层面，对两种身份的公民采取两种政策。这种计划经济体制下逐步形成的"城乡分治"，对社会主义市场经济体制的建立、发展和完善是非常不利的，对农民的社会流动、发展更是非常不利的。有鉴于此，中共十五届三中全会提出了"小城镇、大战略"的方案，准备"进一步改革小城镇户籍管理制度"，让一部分农民先到小城镇落户，改变农民身份，通过发展小城镇来调整社会结构。

---

① 中共中央文献研究室编《三中全会以来重要文献选编》（上），北京：人民出版社，1982年版，第183～184页。

从世界经济社会发展的进程看，农民阶级是必然要分化的，绝大部分农民要转变为二、三产业的工人和职员，绝大部分农民要转变为城镇居民，就是少量留在农村、农业的农民也要转变为现代农业企业的经营者或农业产业工人，传统农业社会下的小农最后是要消失的，城乡将来是要融为一体的。这是历史发展规律决定的。我国社会主义现代化的实践也完全证明，就我国目前的生产力发展水平而言，农业生产不需要有3亿多农业劳动力。很多学者已经指出："要富裕农民，就要减少农民。"社会主义市场经济体制的发展，也要求调整社会结构，加快社会流动，改变"城乡分治"的格局，尽快建立全国城乡统一的大市场。

就目前来说，12亿人口中9亿在农村是我国的基本国情。要使这9亿农民中的大多数逐步转变为二、三产业的工人、职员，逐步转变为城镇居民，这是历史的必然，也是建设社会主义现代化社会的必然，但这是何等艰巨的历史任务，需要几代人的努力和长期奋斗，而这又是中华民族要跻身于世界民族之林所必须完成的一个重要使命。好在方向已经明确，航船已经启动。

社会学是通过研究人的社会行动、人的社会化，及其一定社会的社会关系，以揭示社会结构和过程的规律性的一门科学。农村社会学则是运用社会学的理论和方法，研究农民的社会化，研究农村社会关系，研究农村社会结构及其变迁、发展的科学。前面说过，我们国家正处在由传统的农业农村社会向工业化、城市化的现代社会转变的时期。随着经济发展、经济结构的变化，亿万农民的生产、生活方式及其心理状态正在发生空前的变化，农村的社会关系、社会结构正在发生历史性的变迁。农村社会学的首要任务就是要研究农民的变化和分化，研究农村社会结构的变迁和发展，从中得出规律性的科学认识，用以指导实践，从而促进农民的分化，促进农村社会的分化、整合，促进农村社会稳定、健康、持续地发展，促进社会主义现代化事业发展。

我是农家出身的学者，有着深厚的农民情结，早在北京大学读书时期，就关注农业、农村的发展。改革开放以后，就全身心地投入农业、农村、农民问题的研究。1987年，被调到中国社会科学院社会学研究所任副所长；翌年，任所长。同年在社会学研究所建立了农村社会学研究室。我和我的同事、研究室主任张厚义教授等一起拟定的农村社会学研究室的宗旨，就是研究农村社会主义现代化的道路，研究农民的变化和分化，研究农民的转移及其逐步变为二、三产业的劳动者与居民的方式与途径，研究农村社会的结构变迁。而且决定在研究实践中，在研究成果、研究资料积累的基础上，撰写一本农村社会学著作。12 年过去了，农村社会学研究室已有了相当多的研究成果，但出于种种原因，"农村社会学"至今还未写出来。

华中农业大学李守经教授是我的老朋友，他在 1985 年就主持编写《中国农村社会学》，这是中国社会学自 1979 年恢复重建后，最早出版的中国农村社会学教材之一。1986 年他和他的同事们在华中农业大学创建了农村社会学专业，这是我国第一个农村社会学专业。十多年来，培养了一大批农村社会学专业人才。十多年来，《中国农村社会学》作为农村社会学专业的主课教材，一直为华中农业大学和其他农业院校所采用，并且也为综合性大学社会学专业所采用。随着中国农村社会在改革开放后不断变化和发展，随着农村社会学研究的不断深化，中国农村社会学的教学内容日益丰富，体系和结构也不断调整。1996 年，由李守经教授牵头，组成了华中农业大学的研究课题组，在原来的基础上，吸纳综合了这十多年的教学和研究成果，历经三个寒暑，写成了这本《农村社会学》，这是以李守经教授为首的华中农业大学同行们集体创作的成果，凝结了他们近 20 年的智慧和辛劳。两年前，我读到本书详细的写作提纲，现在又读到全书。我作为同行学者，读到了这样一本全面总结我国社会转型时期农民变化和分化、农村社会结构变迁和发展的著作，是非常兴奋的。全书体系完整，逻辑结构严密，内容丰富全面，采用了最新的资料，信息量和知识含量大，而且文字通畅，深入浅出，富有启发性。这不仅是一本优秀的教科书，而且是一本优秀的学术研究著作。这本著作有以下三方面的特点。

第一，研究对象明确，紧密联系中国农村社会实际，较好地体现了社会学本土化、中国化的要求。作者明确地将农村社会学的研究对象界定为农村社会关系、社会结构及其变迁、发展的规律。而要研究农村必然有一定的时空坐标，对此，作者以中国社会转型时期农村社会结构变迁和发展的特殊规律为主线，以实现中国农村的工业化、城市化和社会现代化为研究的最终目标。

作者认为，作为社会学重要应用分支学科的农村社会学，并没有自己独特的一套理论、范畴和方法体系，而是沿用社会学的理论、范畴和方法。所以，教材的内容，除了在最基本的概念上与社会学进行一定的衔接外，没有生吞活剥西方社会学的一般理论，而是处处紧密联系中国社会转型期农村社会的实际展开论述。

第二，在许多重要的问题上，有经过作者研究的独到而明确的理论见解。虽然农村社会学并没有一套与社会学不同的理论体系和范畴体系，但这并不意味着农村社会学只是对农村社会现象和社会过程进行简单的描述，而不上升到理论和规律性的高度。显然，在中国农村社会结构转型的过程中有许多重大的理论问题是特别需要去深入研究和探讨的。这本教材的作者经过研究，就在一些问题上提出了自己明确的理论观点。例如，在农村基层社会组织体系的建设上，作者明确指出，各类基层社会组织在相互依存、相互制约的互动关系中，最核心、最具有决定意义的是基层政权组织和村民自治组织的关系，或者说是农村基层社区的权力结构问题，认为要实现农村基层社区权力结构的合理化，关键是扩大基层民主。作者还认为经济组织的健全和完善是农村基层组织制度健全和完善的基础，而关键在于明晰产权，进一步健全和完善社会主义农村的土地制度。又如，关于农村贫困问题，从社会学的视角来看，经济学对"贫困"的界定和致贫原因的分析过于狭隘，对此作者提出了自己的理论见解。再如，关于农村城市化问题，作者在分析和对比了各种观点以后，指出："因地制宜，实施多途径、多元化的模式是现阶段我们农村城市化的基本特征。"还有其他一些重要的理论观点，在此不一一列举。不论这些观点如何，至少是作为一家之言，明确而深入地提出了自己的理论见解，这是很可贵的。

第三，全书注意史论结合。作为农村社会学，不仅仅是要注意研究特定国度、特定历史时期的农村社会。为了研究农村社会结构演变的规律性，就必须研究演变的历史轨迹，这样才能探索其发展的规律性。这本教材非常重视史论的结合，它不仅辟专章来详细地研究我国农村社会学发展的历史，而且在诸如农村社会组织、农村社会阶级阶层的分化、农村社区、农村社会控制、农村社会保障等各个章节中都注意去研究和阐述有关这方面的演变历史，并从中总结经验教训。这样，就不仅从静态和横剖的角度来分析中国农村社会的方方面面，而且也从动态的、纵贯的角度来分析中国农村社会，使所得到的规律性认识有理有据，增加了理论分析的深度。

总的说来，《农村社会学》是一本经过作者们长期探索研究，并在教学实践中不断充实、完善的优秀著作，值得向同行学者和农村社会主义现代化建设第一线的实际工作者以及关注我国农村社会变迁和发展的朋友们推荐。是为序。

面向 21 世纪的中国社会学 *

各位同志：

中国社会学会 2000 年学术年会经过近一年的筹备，今天开幕了。从 1991 年开始，我们每年开一次学术年会，就社会主义现代化建设中大家共同关心的问题进行研讨，今年①已是第十次了。这次学术年会是由江苏省社科院和江苏省社会学会承办的。在筹办年会的过程中，我们得到了中国社会科学院领导、江苏省委省政府领导和南京市委市政府领导的亲切关怀和支持。今天江苏省委副书记顾浩同志、省委宣传部部长任彦申同志和中国社会科学院学术委员会副主任汝信同志亲临大会，对他们的到来，我们表示热烈欢迎！对他们的支持表示感谢！同时，我代表中国社会学会向江苏省委省政府和南京市委市政府、南京市社科院，向为筹备这次年会做出辛勤贡献的江苏省社科院、省社会学会的同志们表示衷心的感谢！

本届年会研讨的主题是"21 世纪的中国社会和社会学"，研讨的专题有：中国社会学学科建设的回顾与展望，社会结构变迁的特点和发展趋向，加入 WTO 以后对职业结构与劳动力就业、流动等的影响，进入城市与城镇的社区建设，社会改革发展稳定的理论创新和政策创新。这些问题都是我国现代化建设所面临的重大理论和实践问题，亦是大家所关心的问题。各地的学者就此写了论文，到今天为止已收到学术论文 167 篇。

今年是世纪之交的最后一年，是我国"九五"计划胜利完成的一年，是邓小平提出三步走战略的第二步目标实现并开始转向实现第三步目标的一年。最近国家公布，今年全国的 GDP 达 8.6 万亿元，人均将超过 800 美

---

* 本文原载中国社会学会秘书处编《中国社会学会通讯》2001 年第 1 期（总第 32 期），2001 年 2 月 1 日刊印。该文系陆学艺于 2000 年 9 月 22 日在"中国社会学会 2000 年学术年会暨第五届理事会"开幕式上的致辞。原稿无题，现标题为本书编者根据发言内容所拟定。——编者注

① 指 2000 年，本文下同。——编者注

元，超额完成了小平1980年提出的任务。20年来，我们的经济改革、经济发展取得了巨大成绩，各项社会发展事业也有了很大的进步。比较而言，我们的社会结构没有随着经济结构调整而得到调整，如城乡关系、城乡矛盾相当多；我们的社会事业没有得到应有的发展，如高等教育和科教研究等事业的发展不能适应经济发展需要；原计划经济体制条件下形成的社会事业的管理体制，还没有按社会主义市场经济体制的要求得到改革，整个社会管理水平还不高。所有这些都影响着经济社会的协调发展。正如有些社会学家早就指出的，经济社会要协调发展，社会发展不能长久滞后于经济发展，否则会阻碍经济的发展。现在事实上，社会发展的落后已经在阻滞经济的发展了。例如，城市化落后于工业化，教育科研事业发展落后，高层次人才短缺，已经影响到高新技术的发展，并影响着经济的发展。

社会结构的调整、社会事业的发展、社会事业管理体制的改革、社会管理水平的提高等方面的问题都需要党和政府在宏观上通过深化改革和调整，加快发展予以解决。而所有这些问题也都需要我们社会学工作者应用社会学的理论和方法深入实际，到现代化实际中去调查研究，实事求是、有针对性地研究这些问题，为国家政府出谋划策，以求更好地解决这些问题，促进经济社会的协调发展。我们这次会议，探讨的就是其中的一部分很重要的问题。

在这次年会期间，同时还要召开中国社会学会第五届理事会会议，选出第五届理事会的理事，组成中国社会学会第五届理事会。现在各项准备工作已经就绪，第五届理事会将审议工作报告，修改学会章程和进行第五届常务理事会换届选举。新的理事会和常务理事会的产生将推动我们学会今后的工作，使我们学会的各项工作做得更好。

祝2000年学术年会成功！祝第五届理事会成功！

当今正是社会学工作者
大显身手的时候[*]

2001 年的社会学年会今天正式开幕了。这是中国社会学会第三届理事会自成立以来召开的第 11 次年会。本届年会是由中国社会学会主办，山东省社会学会承办的。自去年^①南京会议以后，山东省社会学会的同志在省委、省政府领导的关怀和支持下，在省社科院和省社科联、山东大学等有关部门的直接领导和支持下，为筹备这次会议做了大量的工作，付出了辛勤劳动，在此我代表中国社会学会，代表与会的全体同志向山东省委省政府及有关部门的领导，向省社科联、省社科院的领导表示衷心的感谢，也对山东省社会学会的同志表示感谢，对各位领导、各地的社会学同仁不顾酷暑、不远千里前来赴会表示热烈的欢迎！

本届年会的主题是讨论全球化背景下 21 世纪中国社会的发展。大家知道，改革开放以来，在党中央的领导下，我国的经济建设已经有了很大的发展，我们的经济建设取得了巨大的成就，GDP 每年以 9.3% 的速度递增，国民生产总值提前翻了两番，2000 年已经实现了人均 800 美元的预期目标，基本实现了小平同志早年提出的小康目标。我们已经告别了短缺经济，从卖方市场转变为买方市场。这个成绩是新中国成立以来从来没有过的，是怎么估计也不过分的。我们的国家正在共产党的领导下蒸蒸日上，向社会主义现代化一步一步前进，现在已进入到为实现第三步战略目标，即为 21 世纪中期建成中等发达的现代化国家而奋斗的阶段。

---

* 本文原载中国社会学会秘书处编《中国社会学会通讯》2001 年第 3 期（总第 34 期），刊载日期：2001 年 7 月 10 日。该文系陆学艺于 2001 年 6 月 6 日在中国社会学会 2001 年学术年会（山东·济南）开幕式上的致辞。原稿无题，现标题为本书编者根据发言内容所拟定。——编者注

① 指 2000 年。——编者注

但是，我们也不能不看到，在实行经济体制改革、经济结构发生了深刻变化的同时，我们原来在计划经济体制下形成的社会体制没有得到相应的改革，我们原来形成的社会结构没有得到相应的调整，我们的社会事业没有得到应有的发展，我们的社会管理没有得到应有的改善。也就是说，经济发展了，我国的社会恰恰没有相应的发展。这就出现了经济社会不协调发展的状况，由此产生了种种社会问题。这可以从一个侧面说明，为什么我国经济取得了这么大的成绩，人民生活相当普遍地从不同程度都有了改善，但群众还有这么多意见和不满情绪。

今年①3月13日，第九届全国人民代表大会第四次会议期间，江泽民总书记在江苏代表团全体会议上专门讲了"现代化是一个全面发展的概念，要促进经济和社会全面发展，搞好两个文明建设，这是社会主义现代化必须牢牢把握的方向"。他明确指出：第一，要坚持经济和社会协调发展，这是一个十分重要的指导方针；第二，要促进城乡协调发展；第三，要促进地区之间协调发展；第四，经济社会发展要与人口资源环境相协调。江泽民同志讲的这四个协调发展，就是要经济社会全面发展，要改变目前经济社会不协调的状况。事实上，目前由于经济社会发展不能很好协调，不仅影响了人民生活质量的提高，产生了种种的社会矛盾和问题，而且也直接影响了经济本身健康快速的发展。例如，由于社会结构没有相应调整，社会体制没有相应的改革，计划经济条件下形成的城乡分割的二元社会结构、户口制度没有改革，我国的城市化严重滞后于工业化。我国2000年的GDP中，二、三产业已占84%，第一产业只占16%，但农业人口仍占69.6%，城市化率只有30.4%，低于世界城市化率46%的水平。农村剩余劳动力大量沉淀在农村，不能充分就业，农民收入上不去，购买力就低，致使大量的工农业产品销售不出去，形成大量积压，工业不能健康发展。政府讲要开拓农村市场，但五年过去了，农村市场就是拓而不动，反而萎缩了，70%的农业人口只购买39%的产品。从发展市场、发展经济这一点，也要加快进行户口改革、加快社会结构的调整。

最近在北京召开了一个社会形势分析会议，大家对经济社会形势做了分析，总的认识是：第一，今年的经济形势很好，但社会形势不太好；第二，城市形势较好（尤其是北京、上海等大城市形势很好），农村、农业形势不太好；第三，东部形势比较好，但中西部形势不太好；第四，上层认

---

① 指2001年，本文下同。——编者注

为形势比较好，基层干部认为形势不太好。现在城乡差距在扩大，东、中、西差距在扩大，东、中、西的差距实质上还是城乡差距的反映。不少学者认为，目前城乡关系失衡是最大的不平衡。

党中央早就提出了要加快城镇化步伐，十五届三中全会提出了"小城镇大战略"的方针，提出了要改革户籍制度的问题，但这些年城镇化步伐并没有多少进展，户口制度的改革方案也迟迟出台不了。这当然有许多方面的原因，但社会上特别是领导层，社会科学知识缺失，特别是社会学理论和方法缺失，对经济社会要协调发展、城市化要加快发展等方面，都有认识上的问题，这是很重要的原因。面临这样的形势，说明了社会需要社会学，也是发展社会学的好机遇。近几年社会学系、社会工作系纷纷建立，社会学毕业生很好找工作，说明了这种社会需求。当今正是我们社会学工作者大显身手的时候，我们应该深入到实践中去，去调查研究，去探索社会体制改革，加快社会事业发展，加快改善社会管理的理论和操作方法，推进经济社会的协调发展。

今年初，中国社会科学院在李铁映院长的提议下，邀请了全国的著名专家，研讨 21 世纪初中国面临的重大理论问题和实践问题。要求与会专家提出全国 21 世纪的全局性、战略性的重大课题，政法社会学片最近在烟台开了一个会，开了 5 天，5 个学科出了 24 个题目。社会学家在会上提出了 5 个题目：

（1）信息化、全球化对 21 世纪初期中国社会结构和社会发展的影响；

（2）市场经济条件下社会公平问题的研究（社会认同、社会安全、社会保障等的研究）；

（3）21 世纪初期中国社会结构有序变迁研究（社会分化、社会流动研究）；

（4）经济转轨时期的社会心态（社会价值观的变迁）研究；

（5）当代中国现代化过程中涉及建设理论和对策的研究。

还有一批跨学科综合性课题，如时代特征、执政党地位等。这些重大课题由经济学、哲学、文学、历史学、国际问题等 6 个学科组分头开会汇齐后，经过筛选要形成 100 个大题目，向中央呈报，批准后，组织全国学者进行研究，从中出一批精品，为中国社会主义现代化建设服务。

我们本次学术年会，就是研讨 21 世纪初的中国社会发展问题，这是个重大课题，既包含宏观的社会发展理论，也涵盖社会发展、社会稳定、社会保障等问题。这些问题都是十分重要的，也是社会普遍关心、普遍需要得到正确的理论认识，需要解决的问题。

　　希望大家本着百花齐放、百家争鸣的精神，热烈展开研究和讨论，畅所欲言，各抒己见。可喜的是这次有很多青年学者参加，提交了近200篇论文，这是历届年会收到的论文最多的一次，也是社会学大有希望的表现。希望通过讨论，大家修改论文，将一批优秀成果贡献给社会，在实际中发挥更好的作用，在理论上有更大的提高。

　　"学会的生命在于活动。"我们感谢山东省的领导，山东省社会学会的同志们付出了很多的心血和辛劳，为我们准备了这样一个活动的场所，使大家在一起有一个开展研讨、充分发表意见的活动园地。我们这次研讨会通过大家的努力，会开得很好。预祝会议圆满成功！

关于北京工业大学建设文科院系
的几点建议[*]

5月下旬，我去武汉出席了一次学术会议。5月26日，受华中科技大学的邀请，在该校大学生文化素质教育基地组织的人文讲座中做了一次学术报告。会后，我向社会学系主任雷洪教授等做调查，了解华中科技大学人文社会科学教学和科研的状况。

据他们介绍：华中科技大学的人文社会科学的科研和教学从1979年就起步了。那时的校长朱九思同志就十分重视人文社会科学，力求改变工科院校的格局，设计建立文、理、工综合发展的大学。从武汉大学、华中师范大学、湖北大学等院校和社会上调集人文、社会科学的教师和人才，先是在学校中充实扩大马列主义教研室的规模和力量，办文科研究所，招研究生，以后就办文科专业，办文科院系。

经过20多年的不懈努力，现在华中科技大学的文科院系已经有相当规模了。先后建立了经济学院、工商管理学院、新闻传播学院、高等教育研究院、公共管理学院、人文学院，此外还有外语系和社会学系，共有8个由学校直接领导的院系，其中文学院最大，有中文系、哲学系、政治教育系和2个研究所，有10多个硕士点和2个博士点。整个文科院系有在校本科生3000多人，研究生500多人，硕士点30多个，博士点6个。正教授超过百人，其中已有一些属国内一流的院系和硕士点、博士点，有了一批学有专长、在国内知名的专家、教授，也有了一批科研论著出版。

华中科技大学的文科教育有如此好的成就，是历届学校领导都非常重视、精心谋划和大力支持的结果。原华中工学院院长朱九思率先在工科院

---

* 本文源自作者手稿。手稿写于2002年6月15日，原题为《关于学校建设文科院系的几点建议》，现标题为本书编者根据建议信的内容所拟定。——编者注

校创办文科，开了个好头，打下了基础，后任者继续耕耘。如杨叔子校长，上任不久就正式组建成立了华中理工大学文学院，把文科发展和人文教育放到突出的位置，他明确说过："没有一流的理科就没有一流的工科，没有一流的文科，就没有一流的理科。"周济校长说："要把学校办成综合性大学，把文科放到重要的地位。"继任的范明玉校长提出的办学方针是：国际化、研究型、综合性。正是华中科技大学的历届领导接力棒式地重视和培育，才有了今天文科院系的成绩和良好的发展前景。

华中科技大学重视文科院系的创建和发展，不仅仅是补过去理工院校专业教育偏窄的不足，而是从开始就很明确，旨在改变我国工程技术人才普遍存在的人文修养弱化的状况，力求改变高等教育中重理工、轻人文，重专业技能、轻综合素质的偏向。当学校的文科师资有了一定规模以后，就在全校开设"中国语文"等课程。1994年，校务会议做出决定，工科学生要修10个人文学科的学分，拿不满就不能毕业（具体每年选什么课，可以自己做主）。从1995年开始学校还决定新生入学后，要进行语文水平的测试。在校期间，如不能通过语文水平测试，就没有学位证书。

1993年春，华中科技大学开始创办人文讲座，邀请校内外、国内外的著名专家、学者、政府官员、作家、艺术家、影视明星和各界人士到学校给学生、教师做学术报告，至今已经举办过500多场次，听众有数十万人次。人文讲座不仅有活跃学校学术气氛的功能，而且还具有人文教育、提高学生素质的功能，起到了"启迪思维，开阔视野，加强修养"的作用，效果十分显著，受到学生们的热烈欢迎，听讲座成为学生们在专业学习之外的重要学习内容。1996年开始，华中科技大学文学院还把在本校人文讲座上演讲的讲稿整理成文稿，并吸收全国各大学同类讲座的讲稿，编辑成《中国大学人文启思录》，由华中科技大学出版社出版，至2001年，已出版5卷。受到社会的欢迎。其中第1卷在1996年10月出版后不久就销售一空，到2001年4月，已是第9次印刷，印数达76000册。

我们北京工业大学人文社会科学学院在北京对中国农业大学、北京理工大学、北京邮电大学、北京科技大学、北京化工大学、北京林业大学等院校进行了调查了解，这些学校都在20世纪80年代中后期至90年代初陆续办起了人文社会科学学科，一般都是在马列主义教研室或"两课"教学基础上建立起来的。现在都有一两个学院或几个系，招本科生，有的也招硕士生（北京科技大学与其他单位合作招博士生），但规模都不大，还处在初创阶段。我们学校经济管理学院办得较早，已有一定的规模，人文社会科学学院初办。总体来说，我校的文科（主要是经济学科）在北京诸校新办的文科院系中处于中上水平，已有一定的基础。

按照我校要建成"国内一流、国际知名"的宏大目标，我校目前的文科院系的规模、水平、条件、人员和发展步骤，还不能适应学校发展目标的要求。左铁镛校长已经数次提出，要把人文社会科学在"十五"期间作为重点学科来建设，使之成为我们学校全面发展的一个重要组成部分。这是很有远见的。现在的问题是要具体一步步落实。为此我提出如下建议。

第一，由校领导主持，由经济管理学院、人文社会科学学院和有关部门具体筹办，召开一次学校的文科工作会议，主要是要制定一个与我校建成"国内一流，国际知名"目标相匹配的文科院系发展规划。思路有两个，一是华中科技大学的发展模式，着眼于改变原来专业偏窄的状况而要重视提高学生整体的综合素质，把学校办成科研教学型的大学，文科院系是学校的重要有机组成部分。另一个是现在北京诸校办文科的模式，只是应对式的。我是主张学华中科技大学的做法的。北京市有必要也有条件办成这样一所学校。

第二，根据学校文科发展的长远目标，就可制定实施具体方案。应该是两部分：一部分是长期的，如各类人才的调集、培养，文科大楼的建设、图书资料的购置，这些都要未雨绸缪，预先做出准备；另一部分是近期的，如适应北京市现代化建设特别是第三产业大发展的需要，组建城市管理、公共管理、社会保障等专业和学科等。如文科人才的调集，现在正是大好时机，江泽民同志去年①8 月 7 日在北戴河的讲话，今年②4 月 28 日在中国人民大学的讲话，都指出了发展、繁荣哲学社会科学的重要性和必要性，文科要大发展的势头已现端倪。但目前多数单位还处在学习领会阶段，我校可抓住这个机会，调进一批各类哲学社会科学方面的人才。如从海外学成归来的、大学和研究机构毕业的博士生、硕士生；个别学有专长、身体健康、年届 60 岁刚退下来的教研人员等。有些专业人才现在调进来，不一定马上就有教学任务，可预做储备，如办一个文史哲研究所，先做研究，待条件成熟，再办专业或系。

第三，与中国社会科学院合作，招收、培养博士生。人文社会科学学院现在一个硕士点也没有，要创造条件，争取自己申办，但没有 3～5 年不

---

① 指 2001 年。——编者注
② 指 2002 年。——编者注

行。中国社会科学院现有博士生导师 326 名，有博士点 50 多个。但每年只有 200 个招生名额，许多博导只能隔几年轮流招。我已同研究生院的有关方面联系过，如果我校能拨出招生名额，可以中国社会科学院同我校合作的名义联合招生，与我校合作培养博士生、硕士生（具体合作条件可协商）。例如我校是否可以拨出 5~8 个博士生名额，同中国社会科学院的社会学、文学、哲学系合作，由中国社会科学院这三个学科的博士生导师出面招生，我校派出相应的教授、副教授做副导师，合作培养（可到中国社会科学院听课，具体由我校管理），这样做有几个好处，一是培养了人才，有些就可留校作师资；二是培养了我们自己的导师，将来自己申办就有了条件。此事如能同意，应派出专人商办，因研究生院正在制定 2003 年招生方案，暑期后就将发招生公告了，晚了又要拖一年。

第四，创造条件，在全校开展"大学语文"教育。2000 年下半年，人文学院在全校不同专业学生中做过调查，发放 1000 份问卷，回收 1000 份问卷，100% 的学生都赞成开设"大学语文"课。目前人文社会科学学院正在申办对外汉语本科专业，这方面我校已有一定基础，把这个专业办起来的同时，再逐步在全校开设"大学语文"课。关键是师资，是否可以在今后 1~3 年内招收 5~6 名语文教师，这方面饶少平教授已有报告，要支持他们的积极建议。

第五，开办人文社科讲座，这方面可以向华中科技大学学习。不少高校都有这种讲座，但像华中科技大学这样重视，这样 10 多年坚持下来，做出这样大成绩的不多。建议学校成立一个专门班子，负责筹划创办此事，定名、定期、定点开办好这个讲座。邀请校内外、国内外的著名学者来讲，开头李京文教授和我可以邀请 10~20 名著名专家来讲，坚持下去，逐渐使之成为我校活跃学术气氛、提高整体素质的一个重要阵地。

关于办好中国社会科学院的几点意见[*]

江泽民同志亲临我院，发表了重要讲话，再一次强调要大力加强我国哲学社会科学建设，面对新世纪的新形势和新任务，我们一定要办好中国社会科学院。意义十分重大，我们要深刻领会、全面贯彻，进一步把社会科学院办好。我有如下建议。

1. 首先要理顺体制。这分为两部分。一是党和国家对哲学社会科学事业的领导和管理体制。江总书记去年①在北戴河讲了哲学社会科学同自然科学"四个同等重要"，应该按此指示精神，改革现行对哲学社会科学的领导管理体制，理顺各方面的关系。如中国社会科学院院长应该加入国务院科技领导小组；科技部应该既管自然科学，也管哲学社会科学；国家设立了自然科学基金会，应该同样设立哲学社会科学基金会（现在有了，但管理体制不一样，基金数目相差悬殊，一个一年 20 亿元，一个只有 1 亿元）。国家设立自然科学奖励基金，但哲学社会科学没有国家级的奖励。另外，哲学社会科学财政拨款也要有同自然科学一样的拨款制度。不从这些体制方面解决，许多问题解决不了。二是中国社会科学院内部的管理体制，现行的管理体制是按原来计划经济体制时期而建的，现在已进入社会主义市场经济体制时期了，要按社会主义市场经济要求来改革。如有学者提出，现在的经济片是按工业、农业、财贸、经济设置研究所的。现在已是信息经济时代，这样的设置不能适应社会主义现代化建设的实际需要，这都需要从长计议。

2. 要按哲学社会科学的规律来办中国社会科学院。我们的任务有两个：一要出人才，二要出成果。人才是关键。现在中国社会科学院面临着人才

---

* 本文源自作者手稿，手稿写于 2002 年 7 月 25 日。——编者注

① 指 2001 年，本文下同。——编者注

危机，兴旺的时候有5500人，现在只有3700多人，就专业人员说，这由两部分人组成：一是1965年以前大学毕业的；二是改革开放以后大学和研究生毕业的中青年。第一部分人都到了退休年龄，第二部分人中的一些是专业骨干。这几年因为高校待遇高，纷纷调出。老的退了，新的又进不来（如没有住房、待遇低等原因），专业队伍在萎缩。中国社会科学院原来有许多学科在国内是领先的，现在老专家一退，优势地位就丧失了。这种状况，实在令人担忧。

哲学社会科学的人才成长有特殊性和规律性，一个哲学社会科学家成才一般要比自然科学晚15~20年（国际上诺贝尔经济学奖的得主多数在55岁以上）。我们现在按人事部的要求，60岁退休，那1965年毕业的研究人员，这几年就退完了。我们社会学研究所已经有两位我院第一届研究生院毕业的研究员今年①退休了，而这些同志身体都很好，事业上正是刚成熟，就按规矩退休，这对他们、对院、对整个哲学社会科学事业都是很不利的。我们院已经提出要培养大师级的人才，如果没有40~50年的培养和他自己的奋斗是培养不出来的（高校已经有先例，正教授可以到65岁、70岁退休，有的更是终身制。院士就是终身制。我们社科院如果不在这方面有些特殊政策，大师级人才是很难出来的）。中国社会科学院1970年在五七干校时，共有1800人，现在在中国社会科学院的大约还有1000名专业人才，这是我党在新中国成立后自己培养出来的专门人才，是我院的一笔巨大财富，要专门开会研究，制定出切实具体的政策，继续发挥他们的专长，用好这1000个专业人员，这是办好中国社会科学院的重要一环！

当然，要建设好中国社会科学院的专业队伍，还是要强调老中青相结合、优势互补、相辅相成。一方面使用好、培养好现有的中青年业务人员，促进他们早日成才；另一方面要创造条件，加快引进新的人才，从国外，从高校，从我们自己研究生院吸纳一批新人。也要注意从各地实际工作者中选拔一些有一定的学术基础、具有丰富的实际工作经验的中青年干部到中国社会科学院来工作，这能优势互补、培养一批人才出来。

3. 要选准一批党和国家面临的重大实践和理论问题，组织力量进行攻关研究，力求每年有几个影响全国和重大决策的高品位的成果出来。去年院学术委员会受铁映同志委托，组织全国力量，选了100个重大课题，是选得很好的，同行专家都有比较好的评价，可以从中挑选10~20个，由院出

①　指2002年。——编者注

面，选定 10～20 名专家，给予政治上、经济上的充分支持，组织老中青相结合的课题组（可以组织全国的力量），进行联合攻关，这样可以推出一批优秀成果来。此事不宜再拖了，据我所知，有些单位已经在做了。

此外，对哲学社会科学中的基础学科，也应加大力量组织研究，这不能短期奏效，但这原是中国社会科学院的强项，有些也只有中国社会科学院能做，这也要给予特别关照。

4. 要办好研究生院。办好中国社会科学院，说到底要有人才，人才哪里来，靠高校？他们把一流人才留下来，不会放。从实际工作部门来？近期不会来。还要靠自生。招考研究生，就等于在全国招聘人才。我们一方面为中央各部委、各地培养人才；另一方面也从中选拔一批研究人才留院做研究。所以要办好中国社会科学院，必须先办好研究生院。要扩大招生规模，既招博士生，也招硕士生，而且要主要招硕士生，这样博士生的质量才有保证。要加强研究生院的学术领导，把研究生院办成全国著名的哲学社会科学学者的摇篮，成为有志于从事哲学社会科学研究的青年向往报考的单位。

社会学将进入大发展的黄金时期[*]

在我国现代化建设步入本世纪不久，以江泽民为代表的党的第三代领导集体对社会科学的繁荣和发展给予了高度关注。江泽民同志就此连续 3 次发表讲话，提出要"加强哲学、经济学、政治学……社会学等各学科的研究"。[①] 这表明，曾经中断 30 年、恢复重建后获得了巨大发展的社会学将进入一个新的黄金时期。

一　当前的经济社会形势以及社会学的任务

经过 23 年的改革开放，中国进入了一个新的发展时期，进入全面建设小康社会的时期。对于新时期的前景，国内外有不少议论，有的是公开的，有的是潜在的，有非常乐观的，也有十分悲观的。国外的议论很典型：20世纪 90 年代中期，美国未来学家奈斯比特提出 21 世纪是中国的世纪的预言。但当时就有人评论：亚洲不行，已经潜存着危机。1995 年美国未来学家布朗发表了《2030 年谁来养活中国?》，他指出："到 2030 年中国要进口3 亿吨粮食（全世界只有 2 亿吨商品贸易粮）。"若中国有钱可以进口，这样，发展中国家就要面临粮食危机。2000 年初国际上又响起了"中国崩溃论"。美国经济学家发文指出，中国的经济高速增长是假的，数据有水分，中国面临着资源危机，如生态破坏、水资源匮乏；中国政治改革滞后，国内贪污腐败盛行，国内矛盾重重，社会不稳定；中国将面临着苏联式的危机。

---

　*　本文原载《甘肃社会科学》2003 年第 4 期，发表时间为 2003 年 7 月 25 日。该文原稿写于2002 年 7 月 29 日，系作者在 2002 年中国社会学年会上所做的总结发言稿。——编者注

①　《江泽民同志考察中国社会科学院发表重要讲话强调　大力加强我国哲学社会科学建设为有中国特色社会主义事业服务》，载《人民日报》2002 年 7 月 17 日，第 1 版。

　　国内也是议论纷纷。我国经济建设取得了巨大成绩，经济进入了新阶段，长期的短缺经济克服了，从卖方市场到买方市场，主要商品 80% 都供过于求，许多产品卖不出去，这是过去从未有过的。中国已经走上了民族振兴的大路，前途似锦，将会成为经济、政治、军事大国，屹立于世界先进民族之林。小平同志三步走战略已经实现了两步。江泽民同志提出的 GDP 到 2010 年翻一番，2020 年再翻一番（人均 1000 美元），本世纪中叶基本实现中等发达国家的目标有望实现。但是我们有许多人还是心存疑虑。实现现代化的条件正在成熟，但有几个坎必须过。如经济上国有大中型企业的改革要有成效；农业、农村、农民问题要解决；城乡二元社会结构要融洽；社会结构要调整过来，形成中等收入者阶层为主体的橄榄型的社会结构；政治体制改革要继续进行。所有这些难题都要解决好。否则拉美型的市场经济的负效应也不是不可能再现，那是前车之鉴。

　　我是谨慎的乐观派。我们这些问题在发展中是会解决也是可以解决的，但前提是我们党十一届三中全会确定的方针路线要坚持，要继续深化改革，社会主义市场经济这条路要继续走下去。对于这些宏观问题，社会科学要有研究，要有正确的判断，有对策性的建议。这方面国家已经做了一些，但显然是不够的。这正是江泽民同志不到 1 年时间，3 次同社会科学家座谈，发表了 3 次重要讲话，提出殷切希望的真正要义所在。

　　一个国家一个民族要复兴、要前进，最重要的是要有正确的理论指导，政治上要有正确的方针、路线。从国际现代化的历程看，后发国家技术可以引进，经济可以赶超，但经济发展了，并不等于社会就进步了，并不等于能够长治久安。社会学就是要研究，要提出经济持续健康发展，人民幸福安康，社会全面进步，国家长治久安的治本的理论和策略。

　　就中国社会科学的现状说，这有客观原因，也有主观原因，内部发展也很不平衡。这些年经济学是一枝独秀，前 20 年经济学家做了很多工作，很多贡献，今后 20 年社会学者要大有作为。经济还要继续发展，但社会结构、社会秩序、社会进步的问题已提到日程上来，这为社会学的发展拓展了更广阔的空间，也提出了更为艰巨的任务。

　　今后 20 年，也是中国社会学大发展的黄金时期，改革开放需要社会学，中华民族的伟大复兴需要社会学，社会学也将在这项伟大的社会主义现代化建设过程中重建起来、发展起来和繁荣起来。今后 20 年中国社会要继续前进，就要基本解决上述这些难题，经济发展了，社会进步了，中华人民共和国、中华民族就真正屹立于世界民族之林了。

二 社会学要有研究现代化建设过程中重大问题的"问题意识"

中国社会学在 1979 年重建以后，23 年来有了很大的发展，现在全国教学系统已设置 50 个社会学专业，有社会学教学和科研的专业工作者 5000 余人，每年有 1000 多篇论文和调查报告、200 多部著作和译作问世，可以说是空前繁荣了。但对于我们这样大的国家来说，对于现代化建设的需要来说，社会学还应该继续有一个较大的发展，社会学工作者的队伍还要继续扩大（现在全国还有 10 个省、自治区的高等院校没有建立社会学系）。当然社会学工作者的素质要进一步提高，社会学学科建设也要继续进行。所以有同志认为"社会学还要继续补课"，这是有道理的。

前面说过，社会学要在全面建设小康社会，建设社会主义现代化这个伟大的事业过程中，不断得到发展和提高，其中一个重要方面就是要有研究重大问题的"问题意识"，在研究中出成果、出人才。

目前，我认为有以下一些重大问题需要研究，也值得研究。

1. 经济社会协调发展的问题。改革开放以来，我国的经济体制改革、经济发展取得了举世瞩目的成就，大多数人民群众都得到了实惠。但是，社会并不安宁，相当多的人有意见。"生活从来没有这样好过，意见和牢骚从来没有这样多过。"这是为什么？原因是多方面的，一个很重要的原因是，经济社会还没有协调发展。怎样才能使经济社会协调发展？这是需要研究的重大问题。

2. 社会结构变迁问题。经济结构已经变化了，但社会结构还没有相应调整过来。例如，我国的工业化已到了中期阶段，但城市化还只达到初期阶段，城市化严重滞后于工业化。城乡关系不协调，城乡差距还在继续扩大，城乡矛盾是当前主要的社会矛盾，许多矛盾是由此派生的。怎么解决？又如，随着经济发展、经济结构的调整，社会阶层结构发生了深刻的变化，有些阶层分化了，有些阶层新生了，整个社会阶层结构呈现向多元化方向发展的趋势。如何通过调查研究，正确认识社会阶层结构的新变化，做出新的概括，并据以制定新的经济社会政策，协调好国家和各社会阶层的关系，进一步调动各个社会阶层的积极性，促进整个社会的安定团结，维护社会稳定，这是我们面临的一个重大课题。

3. 农业、农村、农民问题。经过几十年的不懈努力，我国的农业问题解决得比较好，粮食和农产品供给充裕，满足了城乡人民的需求和国民经济发展的需要，但是农村问题、农民问题还未解决。农民太多（2001 年的农村人口占总人口的 62.3%，农民身份的人口占总人口的 73.2%），城乡差距太大，而且还在继续扩大。建设社会主义现代化社会总不能只在城市里建设，让 70% 多的农民仍在穷乡僻壤，过小农经济的生活吧！农民问题、农村问题到了该解决的时候了。

4. 城市化和中国实现城市化的道路问题。城市化是工业化、现代化的必然之路，也是大势所趋，这一点上上下下正在逐渐取得共识。但中国怎样实现城市化？是大城市化？中等城市化？是小城镇化？还是大、中、小城市综合发展？事实上存在着分歧，要有一个明确的决策。国际的经验是一个国家城市化率超过 30% 以后，将是加速发展的时期，中国目前正处在城市化加速发展的时期，应该有个明晰正确的方针，不能等到化起来之后再改正，那就损失大了。

5. 社会保障问题。建立符合国情的社会保障体系，是现代社会的稳定器。20 世纪 90 年代中期以后，全国城市的社会保障工作有了很大进展，社会保障体系正在建立。但这主要都是在城市，在新时期如何建立农村社会保障体系的问题还没有破题。

6. 社会学学科建设和队伍建设问题。随着我国社会主义现代化建设事业的蓬勃发展，社会学工作者的队伍将继续扩大，社会学学科的自身建设也要求继续加快发展和提高。基础理论和研究方法的研究要继续加强，应用研究要进一步扩展。国际上社会学的分支学科有 110 多个，我们现在还只有 40 多个，还有许多空白。社会学学科建设中的一个大问题，是怎样实现社会学的本土化，怎样使社会学的理论和方法同中国的实践相结合，更好地为中国的现代化建设事业服务，并在这个过程中形成中国社会学理论体系，这是当代中国社会学工作者要担当的历史任务。

以上列举了几个重大研究课题，当然绝不止这些。社会主义现代化建设中的重大问题还有很多，要求我们在实践中去思考、去发现、去探索，选题本身就是一门学问。课题选准了，下功夫去做了，持之以恒就会做出成绩来，就会有所贡献。就我的体会，一个重大问题，一门学问，没有 10 年、8 年的工夫，是做不出名堂来的。古人云："十年寒窗，十年磨一剑。"现代学者说："板凳要坐十年冷。"讲的就是这个境界。

社会学繁荣的时代正在到来[*]

经过 3 天的工作，我们完成了全部议程，会议今天就要闭幕了。评定一个学术会议，根据多次会议的总结，可以概括为以下 4 个标准。（1）会议的主题定的好不好；（2）会议的学术论文数量和质量；（3）出席会议的人员的结构和数量；（4）会风怎样，是否开展了广泛而深入的讨论。

第一，会议主题。我们这次会议的主题，是全面建设小康社会与社会结构变迁。另外有 8 个分题，都是围绕这个主题的。全面建设小康社会，这是党的十六大定的我国今后 20 年要实现的伟大目标。经济要翻两番，经济结构将会发生深刻变化。随着经济的发展和结构的变化，社会结构必将发生深刻的变化。可以说，关于经济的变化，已经有了比较多的研究和论述，而对于社会结构的变迁的研究还是相对不足的，所以这个会议讨论这个问题是很有意义的，推动了学术的交流。

第二，会议论文。今年[①]7 月决定召开本次会议，向大家发出预备通知后，大家及时写了文章。至会议结束，收到了 230 篇论文，结集的有 209 篇，是历届最多的。这些论文的内容，这 8 个方面都涉及了，很有质量。编辑部的同志收到了稿子。

第三，与会的人数比预料的要多，我们的年会一般在 150 人左右，这次报到的正式代表就有 180 多人，有 20 多个省市的同志，加上四川成都本地的同志就更多了，总共超过了 200 人，这是空前的。会议是老中青三结合，最大的 77 岁，最小的 20 多岁，主要是社会学界的，也有社会学科以外的，反映了我们社会学的兴旺和发达。21 世纪以来，各地新建了很多社会学系

---

* 本文源自作者手稿，该文稿系陆学艺于 2003 年 11 月 2 日在中国社会学会 2003 年学术年会上的总结发言稿。原稿无题，现标题为本书编者根据发言内容所拟定。——编者注

① 指 2003 年。——编者注

和社会工作系，已经有近 200 个院校设置了社会工作专业。

这是中国历史上从未有过的，这反映了我们国家教育、科研的繁荣，也反映了社会学正在繁荣和发展，反映了社会主义现代化建设对于社会学的需要，这是比任何力量都要巨大的一个推动力，社会学繁荣的时代正在到来。

第四，我们会议的学风也是很好的。会前积极准备论文，到会以后畅所欲言，深入讨论，有发言，有评论，有质疑，有辩论。会上会下，自由交流。到今天还有这么多人，反映了我们学会的年会年年坚持，年年有改进、提高，有发展，这反映了我们学会的年会越办越好了，大家都有收获，对学科的发展无疑是一种推动。

在这里我要特别感谢四川大学公共管理学院社会学系的同志及朋友们，以及屈院长、陈主任，在最短的时间里，为我们准备好了这样一个环境，印出了论文，为会议准备了这样好的条件。

向他们致敬！

正在蓬勃发展的中国社会学[*]

社会学界的前辈雷洁琼教授在 1983 年 4 月社会学第一次规划会议上指出："我国《国民经济和社会发展第六个五年计划（1981—1985）》这一标题与以往相比，加了'社会'这两个字……这意味着社会学研究将作为我国社会科学发展的一个重要方面，受到党和国家的高度重视，也意味着我国社会主义现代化建设对社会学的需要。"[①] 诚如雷老的预言，随着我国改革开放和社会主义现代化建设的发展，随着经济体制改革的深入，经济快速发展，社会结构也发生了深刻的变化。而与此同时，诸多社会问题也产生了，需要社会学的研究，需要社会学的发展。社会学是一门综合性较强、能对社会进行总体性研究的社会科学。正是在社会发展需要的推动下，25 年来，中国社会学在经过了恢复重建、稳定发展的阶段后，现在正进入蓬勃发展的新阶段。具体表现在以下三个方面。

一 社会学学科队伍快速成长

1979 年社会学开始重建。1980 年 1 月中国社会科学院成立社会学研究所，随后各省、自治区、直辖市多数也相继成立了社会学研究所，开展社会学研究。1980 年上海大学开始招第一届本科生，以后南开大学、北京大学、中山大学、中国人民大学等相继成立社会学系。到 1987 年，全国有 12 所大学成立了社会学系或设置了社会学专业；1987 年底，全国有约 1000 名社会学专业的研究和教学人员，其中正副教授和正副研究员近 200 名；当年

---

[*] 本文源自作者手稿。手稿写于 2004 年 1 月 10 日，系作者为中国社会科学院学术委员会所写的情况汇报。——编者注

[①] 参见张琢主编《现代中国社会学（1979—1989）》，成都：四川人民出版社，1992 年 1 月，第 342 页。

在校的本科生有 916 人。应该说开局是良好的。但囿于某些部门的领导对社会学的歧视，1988 年以后，有相当的一段时间，高校成立社会学系的工作几乎就停滞了。1992 年以后，各地又相继成立了一批社会学系和社会工作系，到 1998 年，全国共有 40 所院校成立了社会学系（专业）或社会工作系（专业），全国有 20 个社会学硕士点、5 个博士点和 3 个博士后流动站。当年在校的本科生 3000 多人，研究生 400 多人。真正大发展是在近几年。1999 年以后，高校的社会学系和社会工作系纷纷成立，到 2003 年底，全国高校的社会学系（专业）已有 60 多个，社会工作系（专业）有 126 个。还有一批由各省、自治区、直辖市教委批准成立的社会学和社会工作专业的专科学校和系。2002 年批准增设了 4 个博士点和 20 多个硕士点。现在全国在校的社会学和社会工作专业的本科生约 2 万人，研究生超过 1500 人。相应的社会学和社会工作专业的教师也迅速增加，加上党校系统、政法、师范、医学等院校的社会学教研室的教师，现在高校、党校等系统的社会学专业教师已有 6000 人以上，而社科院系统的社会学专业的研究人员队伍近几年发展并不理想，有些省、自治区、直辖市社会学研究所的研究骨干有一部分转到高校去了。从全国发展的情况看，因为社会发展需要，社会学和社会工作专业还是继续大发展的趋势。

二　社会学研究领域宽广

社会学着重研究改革发展稳定中出现的重大理论和实际问题。近几年有一批重要的研究成果问世，产生了较好的社会影响。

随着我国经济体制改革不断深入，经济结构调整，经济持续稳定快速发展，综合国力增强，人民生活也有了很大改善。相比而言，社会结构的调整、社会事业的发展、社会管理体制的改革则相对滞后了。城市化严重滞后于工业化，城乡二元经济结构还没有改变，贫富差别、城乡差别、地区差别扩大了，城乡都有大量的贫困人口，就业和社会保障压力增大，生态环境、自然资源和经济社会发展的矛盾日益突出，社会问题丛生。中国社会学界有关注民生、理论联系实际的好传统。在党和政府领导的支持下，在费孝通、雷洁琼等老一辈社会学家身体力行的带动下，广大社会学工作者深入农村、深入城镇街道、深入工矿企业，做了大量的社会调查，探讨研究了我国改革和社会主义现代化建设中的各种社会现象和社会问题，发表了大量的研究论著和调查研究报告，使社会学从一开始的鲜为人知，至今已成为受到社会广泛关注、重视和欢迎的社会科学。

近几年，社会学主要研究的课题有现代化理论，建设小康社会的理论和指标体系，社会转型问题的理论研究，社会结构和社会变迁研究，阶级阶层问题研究，社会分化、社会流动和社会整合研究，经济社会协调发展研究，城市化问题研究，城乡二元结构矛盾研究，户籍制度研究，村民自治、村民选举研究，社区和社会工作研究，社会福利、社会保障问题研究、妇女和家庭婚姻问题研究，青少年价值观和青少年犯罪问题研究，弱势群体研究，民工问题研究，社会稳定和社会预警机制研究，社会公平与效率、社会公正研究，社会信任研究，社会形势分析与预测研究，等等。研究的领域十分广泛。据统计，仅国家社科基金立项资助研究课题"九五"期间就有150多项，近几年每年立项都在40项以上。加上教育部系统、社会科学院系统和各省、自治区、直辖市政府资助的社会学研究课题，每年有200个以上。这些课题，大部分已经完成，有一大批社会学研究成果发表，同时也培养涌现了一大批社会学人才。

在这众多的研究项目中，有些对整个经济社会发展和学科建设、队伍建设产生了比较重大的影响。限于篇幅，只好列举说明。

第一，社区、社区服务和社会工作研究。

工业化、城市化、市场化的发展，经过改革、调整，企事业单位的职能发生了变化，特别是大中型的国有企事业单位改变了企业办社会的模式，把原先承担的社会福利、社会救助、社会服务的职能推向社会，单位制式微；加上国有企业改制，减员增效，下岗、待业的人增加，社会经济多元化，个体、私营经济的人员增加；还有农村剩余劳动力涌向城镇务工、经商，城镇人口大量增加，使得原来街道办事处、居民委员会的管理方式越来越不能与之相适应，于是社区组织、社区管理、社区服务的新的理念和新的组织形式就应运而生了。现在大多数城市的基层正在纷纷建立社区组织，解决原来街道－居委会关于社区组织的性质、定位、功能以及街道－居委会向社区组织转变等问题，社会学者都进行了深入的研究，如2001年北京大学出版了雷洁琼教授主编的《转型中的城市基层社区组织》，北京大学的孙立平教授、华中师大的徐勇教授等都有文章论述。

在经济迅速发展的同时，社会结构、社会关系调整，在市场的激烈竞争的条件下，因各种原因产生了弱势群体，有些人暂时或长期失去了适应社会生活的能力，产生了失业、贫困、疾病、衰老、心理障碍等问题，需要社会救助，需要相应的社会福利、社会保险、社会保障、社会救济等事业的发展，以解决这些社会问题，保持社会稳定，使社会能正常运行。政府、社团为解决好这些问题，需要有一批专业工作者来从事这方面的专业服务活动。国际上，把社会福利、社会保障、社会教育、社会风俗改造、基层社会群众自治等方面的工作，统称为社会工作，把从事这方面专业服务工作的人称作社会工作者。一个现代化国家需要大量的有献身精神、有专业训练、业务熟练的社会工作者，这就是 20 世纪 90 年代中期以后，我国高校纷纷成立社会工作系或设置社会工作专业，有大量的青年学子报考社会工作专业的原因。现在社会工作正在逐步形成一个完整的知识体系。1992年，我国成立了中国社会工作者协会；1994 年成立了中国社会工作教育协会，现在这个协会正在组织同仁编写一整套社会工作专业的教科书。

第二，农民工问题研究。

一个国家、地区在工业化过程中，农村的劳动力进城转化为二、三产业职工，成为城市居民，这是必然和普遍的现象。中国因为 20 世纪 50 年代实行了计划经济体制，实行了特有的户口制度，形成了城乡分隔的二元社会结构。所以国家一面在进行工业化建设，一面又严禁农村劳动力进城，所以在中国工业化进程中，农民是逐年增多的。1978 年实行改革开放，加速了工业化的步伐，经济持续快速发展，需要劳动力，但户口制度却没有改变。开始，农民办乡镇企业，就地转业，出现了离土不离乡的农民工。20世纪 80 年代中后期，又有大量的农村劳动力进城务工、经商，出现了离土又离乡的农民工。1992 年以后逐年增加，形成"民工潮"，现在农民工也超过 9400 万人。这是中国特有的社会群体。

农民工问题受到了社会科学界的关注，经济学、社会学、人口学、政治学和政府有关部门都对这个问题进行了研究。社会学界则更加重视这方面的研究。农民工这个概念就是社会学研究所的张雨林教授最早提出来的（1984 年）。农民工流动不仅是劳动力流动、人口流动，同时也是一种社会流动，既是地域流动、职业流动，也是阶层流动。社会学以其特有的学科视角，研究了农民工流动的原因、流动方式、流动规模、社会网络，流入地和流出地的社会结构变化，以及农民工内部的分化，农民工同流入地的社会关系，并由此写出了大量的研究报告、政策建议和学术论著，如黄平主编的《寻求生存——当代中国农村外出人口的社会学研究》、蔡昉主编的《中国人口流动方式与途径（1990—1999 年）》、刘开明博士的《边缘人》、王春光博士的《社会流动和社会重构——京城"浙江村"研究》等。

近几年已有一些关于如何解决农民工问题的讨论。这些学者认为，要关注这个弱势群体，要维护农民工的权益。近几年政府出台了一批政策和文件，使农民工在就业、居住、流动等方面不受歧视，改善他们的劳动、生活环境，甚至帮助他们追讨拖欠的工资，等等。这都是好的、必要的。但从国家的长远利益和社会进步、社会发展的视角看，农民工这种制度安排本来是不得已而为之的权宜之计，应该从改革户籍制度、改革劳动就业制度、逐步改变城乡二元经济结构的体制入手，如此才能从根本上解决农民工问题。解决农民工问题的根本出路是通过改革彻底摒弃现行的农民工制度性安排。

第三，关于社会结构变迁、社会分层、社会流动研究。

社会结构变迁是社会学学科研究的核心内容。所以中国社会学恢复重建不久，就有一批学者从事关于社会结构、社会群体、社会阶层变动状况的研究。20世纪90年代以来，对现阶段中国社会结构变迁的研究和分析主要集中在两个方面：一是对现阶段社会结构重大变迁及其机制变化的研究；二是对组成社会结构各利益群体、社会阶层及其利益关系的研究。在20世纪90年代初期，社会学家提出了当代中国正处于社会结构转型的时期。他们认为中国社会正在由农业社会向工业社会转变，正在由乡村社会向城市社会转型，正由一个传统社会向现代社会转型。而中国现阶段正在由计划经济体制向社会主义市场经济体制转轨。社会结构转型和经济体制转轨交织在同一个阶段进行，使中国社会主义现代化进程呈现错综复杂的状况。这个现阶段社会结构格局的分析框架，既可以用以说明中国现阶段经济建设突飞猛进、社会事业蓬勃发展和社会全面进步，也可以用于解释现在社会问题丛生、改革和发展遇到重重障碍的根源。这个分析已是学界和新闻界的共识，但是有些同志却认为"转型社会"这个词可能引起歧义，而迟迟不肯采用。

近几年，关于中国社会结构变化的分析研究（国内外学者有不少论述问世），受到社会普遍关注。这一方面反映了中国社会结构确实已经发生了巨大而深刻的变化，社会各方面都希望对此有一个说明和解释；另一方面，学者们经过长期探讨和研究，已经有了各自的说法。对当代中国社会结构的组成及其利益关系，现在已有这样一些不同的观点和说法。

（1）社会断裂论。认为现在的经济增长和社会发展出现断裂，社会中的资源配置从扩散到重新积聚，导致两极社会的形成。

（2）分成不同的利益群体论。认为现阶段中国人民分化为特殊获益者群体、普通获益者群体、利益相对受损群体和社会底层群体。

（3）社会分化为十个阶层论。认为现阶段中国的社会结构是由十个不同的社会阶层组成的，它们是：国家社会管理者阶层、经理人员阶层、私营企业主阶层、专业技术人员阶层、办事人员阶层、商业服务业人员阶层、产业工人阶层、农业劳动者阶层、城乡失业半失业人员阶层。

（4）社会已经定型论。认为 20 世纪 90 年代中期以后，社会分化为两极，而且已经开始形成新的社会力量，形成新的阶层关系，并且在强有力地影响着改革的进程和方向。所以，社会已经定型化了。

城市社会学的研究可以大有作为[*]

　　经过近一年的筹备，城市社会学专业委员会（筹）今天成立了。这个专业委员会是中国社会学会下属的第 10 个专业委员会，在天津市社科院领导的大力支持下，社会学所的同志经过长期准备，做了大量工作。中国社会学会常务理事会在去年^① 11 月成都会议期间，经过讨论，一致同意成立这个专业委员会，以后又报请院里同意了。但因民政部至今未正式批准备案，所以还称"筹"。在专业委员会成立之际，我代表中国社会学会表示衷心祝贺！

　　城市社会学专业委员会的宗旨是在马克思主义指导下，紧密联系中国实际，积极开展社会学研究，推动城市社会学学术事业的发展，为推进我国城市化进程，探讨城市社会问题，寻求中国特色的现代化城市发展模式而服务。中国目前正处在城市化加速发展的时期。城市是现代文明的载体。中国城市社会学专业委员会成立是很有意义的，也是可以大有作为的，一定可以做出很好的成绩来，对社会主义事业，对社会学的发展都有积极的作用。

　　众所周知，我国的城市化道路走得非常曲折、非常艰难。在国际上，一般说工业化、城市化与现代化是同步的。而我国除在"一五"时期是同步的以外，1958 年以后，三年困难时期以后，因为实行了城乡分治的户口制度，从此就严重地限制了城市化。改革开放之后，经济发展快了，但城市化方针没有变，户口制度没有改。所以城市化严重地滞后于工业化，滞后 10 ~ 15 个百分点。我国现在已处于工业化中期阶段，但城市化只是初期阶段。2003 年城市化率为 40.3%，实际只有 28%，13 亿人口中，9 亿是农

---

　　* 本文源自作者手稿，该文稿系陆学艺于 2004 年 5 月 15 日在天津召开的城市社会学与城市
　　　 发展学术研讨会暨城市社会学专业委员会（筹）的成立大会上的发言稿。原稿无题，现标
　　　 题为本书编者根据发言内容所拟定。——编者注
　　① 指 2003 年。——编者注

民，其中约有 1 亿人已进城了，但身份还是农民。所以，城市化的任务还很艰巨，要补城市化的课。城市社会学的研究，显得特别重要。

第一，要研究如何解决目前还存在的城市化严重滞后于工业化的问题，使工业化、城市化互相促进。因为城市化滞后（10～15 个百分点），已经在阻碍第三产业的发展，阻碍工业化的健康快速发展，要开拓市场，使工业化供过于求的问题解决好。

第二，要研究如何解决好目前已经存在的"一城两制"问题。具体地说，这 5 亿城镇人口中，1 亿～1.2 亿人没有真正获得城市居民的待遇。尤其是农民工，他们与城镇职工同工不同酬、同工不同时、同工不同权。据第五次人口普查材料，我们的工人阶级中、制造业工人中，农民工占 57.5%，三产职工中，农民工占 37%。农民工已是工人阶级的主体。但农民工的身份是农民，受到了不公正的待遇，要解决他们的问题。但是，这支工人阶级的队伍的结构不合理。站在国家角度来看待这支工人队伍，高级工、中级工、初级工的比例分别是：5%、35%、60%，而国外分别是 30%～35%、50%、15%～20%。

第三，要研究目前城市化过程中，如何不以牺牲农村、农民的利益为代价，真正做到城乡协调发展。近几年（1998 年以后），我国的城市化发展很快，1998 年城市化率只有 29.4%，1999 年是 30.9%，2003 年已经是 40.3%，5 年工夫提高了近 11 个百分点。这几年城市建设大步前进，各种设施（豪华、超豪华的）——大马路、大高楼、大广场、豪华宾馆、豪华厕所、豪华学校，都在与国际接轨。这几年大量地圈地，约 3.6 万平方公里（5400 万亩），大约相当于主干城市建成区的总和。大量无偿、少偿地侵夺农民的耕地，造成了 4000 万～5000 万农民失地、失业，后患无穷。这几年城市建设资金靠剥夺民工。

第四，要研究如何做到使城乡差距逐步缩小，真正做到城乡协调发展（1978～2003 年城乡居民收入比见表 1）。

表 1　1978～2003 年城乡居民收入比

年　份	城镇居民人均可支配收入：农民人均纯收入
1978	2.34∶1
1984	1.70∶1
1990	2.20∶1
1998	2.52∶1

续表

年　　份	城镇居民人均可支配收入：农民人均纯收入
1999	2.66：1
2000	2.80：1
2001	2.90：1
2002	3.10：1
2003	3.23：1

今年①还是继续扩大的趋势，大约1：3.35，实际是1：6，我国已是世界上城乡差距最大的国家。农村穷了，城市是发展不好的。

第五，要研究城市内的社会结构、城市文明、社会秩序和社会发展，做到经济社会协调发展。中国目前正处于关键时期，人均 GDP 达到 1000 美元。经济结构、社会结构、生产生活方式正在转变，提出了科学发展观。

社会学主要任务有三条：一是记载，二是怎么为社会主义现代化建设做贡献，三是加强自身的学科建设。社会学要大显身手，城市社会学的发展有很大意义。

---

①　指 2004 年。——编者注

促进中国社会学走向繁荣与成熟

——中国社会学会开展学术活动纪实*

中国社会学会作为国家级的学术团体，在促进国内社会学研究队伍为我国改革开放和现代化建设事业服务方面发挥了什么作用？取得了哪些成绩？日前，中国社会学会会长陆学艺就此问题接受了本报记者的采访。

陆学艺首先介绍了学会的基本情况。他说，中国社会学会是由社会学工作者组成的群众性学术团体。学会的宗旨是以马克思列宁主义、毛泽东思想、邓小平理论和"三个代表"重要思想为指导，贯彻"百花齐放，百家争鸣"方针，紧密联系中国实际，积极开展社会学研究，拓宽社会学学术视野，为建设富强、民主、文明的社会主义现代化国家服务。学会成立于1979年3月，第一、第二任会长是费孝通；第三任会长是袁方；第四任会长是陆学艺；第五任会长是陆学艺、郑杭生。他说，我国社会学学科因1952年高校进行院系调整被取消招生而中断27年，学科建设受到了重创。直至1979年3月邓小平同志在理论务虚会上特别强调指出，"政治学、法学、社会学以及世界政治的研究，我们过去多年忽视了，现在也需要赶快补课"。[1]从此，社会学学科迎来发展的春天。1979年，中国社会学会在中国社科院首任院长胡乔木同志的关心下，由社会学所首任所长费孝通亲手筹建。

——促进地方社会学会和专业委员会的建立与发展。中国社会学会自成立以来陆续接受各省、自治区、直辖市的社会学学会、有关科研单位和学术团体为团体会员。目前已有团体会员31个。中国社会学会还下设8个专业委员会，如教育社会学、人口与环境、社会调查研究方法、青年社会

* 本文原载《中国社会科学院院报》2004年5月18日第2版，该文系该报记者采访陆学艺撰写的访谈录。——编者注

[1] 《邓小平文选》第二卷，北京：人民出版社，1994年10月第2版，第180页。

学、社会发展与社会保障、农村社会学、体育社会学、民族社会学专业委员会。另有中国社会思想史、城市社会学等6个已筹建待民政部批准的专业委员会。专业委员会每年向中国社会学会提交一份开展学术活动情况的书面报告。专业委员会的建立，对促进社会学各领域和分支学科的建设，加强国内外学术交流，繁荣社会学研究，拓宽学术领域，均起到积极的推动作用。

——团结全国社会学学者联合攻关。中国社会学会自1990年起在新一届领导班子的带领下，各项工作步入快速发展轨道，他们主要通过两个渠道将学术力量组织起来联合攻关。一是召开学术年会。每年召开一次学术年会，每次年会以一个重点或热点问题为主题，采取以文赴会形式，会后进行论文评奖，获奖论文收入文集。这项措施的出台，既推动了学术发展，也培养了人才，整合了队伍。几年来，学会根据我国社会发展的现实需求，先后以"社会保障与社会发展""全面建设小康社会与中国社会结构变迁"等为主题举办学术年会，为参会学者提供学术交流的平台。年会收到的学术论文内容涉及社会学研究领域的方方面面，如关于社会协调问题、"三农"问题、经济社会协调发展问题、村委会选举等。二是课题招标形式。中国社会学会负责人基本都是国家社科基金评委会成员，每年都要参与制定招标课题。他们将国家现代化建设中迫切需要解决的问题，如社会保障、扶贫、西部大开发、东北振兴战略、民工流动、青少年犯罪等列入招标课题，在全国范围内组织学术力量攻关。

——注重学科建设，让科学研究更好地为社会主义现代化建设主战场服务。社会学的特点是应用性强。社会学研究首先要为我国社会主义现代化建设主战场服务。社会学学者必须时刻关注社会发展中出现的重大问题和热点问题，及时对这些问题进行跟踪研究，为党和政府决策提供对策建议。其次要真实地记录社会发展和变迁状况。在当前社会学学科建设尚不健全的情况下，当务之急是通过社会学各种调查，将社会变迁的真实情况先记录下来，作为将来深入研究的原始资料。例如，由费孝通先生牵头的中国小城镇调查，由雷洁琼先生牵头的家庭婚姻问题调查，由陆学艺等牵头的中国百县市调查等，都是在做这方面的基础性工作。最后要从"历史、理论、方法"的角度健全学科，填补教科书的空白。国家"九五"社科基金重点项目"中国社会思想史研究"就是社会学有关历史问题方面的重点研究项目。

目前，全国已有社会学系或社会学专业共计60个，社会工作系和社会工作专业共计 126 个，每年共招生 7000 ~ 8000 人，社会学已成为一个热门专业。为此，社会学各分支学科的教科书也亟待完善，这已成为学会在学科建设方面的又一项重要任务。

——积极开展对外学术交流。中国社会学会自成立以来，先后接待了美国、英国、日本等国家及中国台港澳地区的社会学专家、学者；国内学者也分赴美国、加拿大、德国、日本、英国等国家进行过学术交流或讲学。学会还组织召开了一系列学术研讨会、报告会、专题讨论会。1995 年 11 月，在北京召开了"第六届亚洲社会学大会"，亚洲大部分国家都派学者参加，与会者达 300 人。会议围绕"21 世纪的亚洲社会与社会学"主题进行了热烈的研讨，内容涉及亚洲地区的经济发展与社会变迁、传统文化与社会结构、工业化与农村劳动力转移、社会保障、家庭与生活质量、社会经济发展和人口资源与环境问题等。"第 36 届世界社会学大会"定于 2004 年 7 月 7 日至 11 日在北京举行。这是继日本神户举办"第 30 届世界社会学大会"以来，国际社会学机构（International Institute of Sociology）第二次在亚洲召开的学术年会。目前，中国社科院社会学所和中国社会学会已进入紧张的会议筹备工作之中。

社会学应该有个较大的发展[*]

奎元、冷溶同志：

1979 年 3 月，小平同志在党的理论工作务虚会上指出："我们已经承认自然科学比外国落后了，现在也应该承认社会科学的研究工作（就可比的方面说）比外国落后了。我们的水平很低，好多年连统计数字都没有，这样的情况当然使认真的社会科学研究遇到极大的困难。"又说："政治学、法学、社会学以及世界政治的研究，我们过去多年忽视了，现在也需要赶快补课。"[①] 26 年过去了，我国的经济社会发生了巨大的变化，科学事业也有了很大的进步，但是我国的自然科学仍然落后于发达国家，社会科学则更加落后。

在我国社会科学内部，经济学科有了很大的发展和进步，适应了经济体制改革和经济发展的需要，有一大批经济学论著问世，也涌现了一批优秀的人才。2005 年，国家第一次奖励表彰了四位杰出的经济学家，其中两位是我院的前院长和副院长，一位是从我院调出去的研究员，这是我院的光荣。比较而言，社会学落后多了，自恢复重建以来，历经坎坷，发展比较缓慢。但自世纪之交以后，社会学发展开始加快，由于社会发展的需要，各地高校的社会学、社会工作专业如雨后春笋般地建立起来，现在各高校的社会学专业、社会学系有 60 多个，社会工作专业、社会工作系有近 200 个。2003 年在校本科生、专科生近 5 万人，专任教师约 4000 人（同年经济学科在校生为 60.4 万人，专任教师 42705 人）。与教育系统相比，我们社会科学院系统的社会学所的发展则相对缓慢，有的还缩小了。由于高校办学

---

　　* 本文源自作者修改的打印稿，该稿系陆学艺 2005 年 5 月 18 日写给中国社会科学院领导的信，题目为作者修改打印稿时所加。——编者注

　　① 《邓小平文选》第二卷，北京：人民出版社，1994 年 10 月第 2 版，第 180～181 页。

的需要，加上条件和待遇好，重庆市社科院社会学所的正副所长、吉林省社科院社会学所所长、宁夏社科院社会学所所长、甘肃省社科院社会学所副所长都被当地的高校挖走了，我们所的两个博士、副研究员也被清华挖走了。

党的十六届三中全会提出要树立和落实科学发展观，四中全会提出了构建社会主义和谐社会的新理念，标志着一个新的历史时期的开始。2005年2月19日，胡锦涛同志在省部级主要领导干部专题研讨班上强调："通过和谐社会建设来为社会主义物质文明、政治文明、精神文明建设创造有利的社会条件。""各级党委和政府要……加强和改善对构建社会主义和谐社会各项工作的领导。……要把构建社会主义和谐社会摆在全局工作的重要位置。"① 时隔两天，在中共中央政治局第二十次集体学习会上，胡锦涛同志说："要把和谐社会建设和各项工作落到实处。各级党委政府和领导干部要切实加强对本地区、本部门和谐社会建设有关情况和工作的调查研究，全面分析和把握社会建设和管理的发展趋势，为制定政策、开展工作奠定坚实的基础。"并且强调："做好任何一项工作都离不开理论指导。与社会主义经济、政治、文化建设一样，我们对社会主义社会建设的理论研究和实践探索还有大量的工作要做，因而尤其需要在实践的基础上加强理论研究。"②

据景天魁、李培林同志传达，在他俩讲课以后，胡锦涛同志对他们说："现在提出要建设和谐社会，是社会学发展的一个很好的时机，也可以说是社会学的春天吧！你们应当更加深入地进行对社会结构和利益关系的调查研究，加强对社会建设和社会管理思想的研究。"③

我作为一个在中国社会科学院工作多年的社会学工作者，听了这些信息，是十分兴奋的。胡总书记关于社会学的春天到来的论断，反映了历史发展的潮流。世纪之交以来，报考社会学专业的本科生、研究生大量增加，春江水暖鸭先知，青年们是最敏感的。在社会学学者中（也有其他学科的

---

① 胡锦涛：《在省部级主要领导干部提高构建社会主义和谐社会能力专题研讨班开班式上的讲话》，《人民日报》2005年2月20日，第1版。

② 胡锦涛：《加强调查和研究着力提高工作本领 把和谐社会建设各项工作落到实处》，《人民日报》2005年2月23日，第1版。

③ 参见李培林《完善学术研究管理 推进国家社会建设》，载《行与知——中共中央党校第31期中青一班三支部学员从政经验交流文集》，贵阳：贵州教育出版社，2011年12月，第85页。——编者注

学者），已经有多人说过，改革以来，前 20 年是经济学家们大显身手，后 20 年将是社会学家们登台表演了。近几年，在学术书籍销售排行榜中，社会学的著作常名列前茅，也反映了这种趋势。经济社会的发展需要社会学，中国的社会学也将在为社会主义现代化建设服务中得到发展和提高。在今后构建社会主义和谐社会的伟大事业中，社会学应该有个大的发展，社会学工作者应该努力，多做贡献。我们中国社会科学院的社会学研究所，在未来社会学大发展的过程中，应该起到带头和组织的作用，担当起理应担当的历史任务。

1979 年社会学恢复重建，是在当时担任院领导的胡乔木、邓力群等同志的亲自领导和主持下逐步实施的。乔木同志亲自约见费孝通教授，具体商谈重建社会学的事宜，请他到社科院来工作，并派陈道等同志筹建社会学研究所，组织社会学座谈会，乔木同志亲自到会做报告，支持成立中国社会学会。以学会和研究所为中心，社会学才在各地恢复重建起来。

现在，社会学研究所已经有了一定的规模，集聚了相当的研究力量，但要担当起组织与推动社会学大发展的任务，还是远远不够的。我思量再三，特向您们写这封信，建议院领导能拨冗研究一下社会学学科面临的形势和任务，采取相应的措施，支持社会学的发展。

具体建议有以下几点。

1. 建议院领导能在近期召开一次专门的小型会议。研究贯彻落实胡锦涛同志关于社会学问题的指示精神，研讨社会学学科面临的形势和任务，采取相应的组织和政策措施，支持社会学的发展，以适应构建社会主义和谐社会的需要，为实现这个宏大的历史任务做出应有的贡献。

2. 为适应社会学大发展的形势，建议增建和扩建社会学研究机构，壮大我院社会学学科的研究队伍。据我们了解，在工业化国家，社会学和经济学同为显学，社会学教学和研究的专业队伍的社会地位和人数仅次于经济学。中国的社会学的队伍因为历史原因，与经济学差距悬殊，近几年高校系统的社会学队伍发展很快，社会科学院系统则相对弱了，亟须加强，如此才能满足发展的需要。希望能仿效改革开放初期，我院领导为适应经济体制改革和经济发展的需要，把经济研究所一分为四，新建了工业经济研究所、财贸经济研究所和农业经济研究所，20 世纪 80 年代以后，又新建了数量与技术经济研究所、人口所等。实践证明，当时的决策是完全正确的，壮大了研究队伍，出了大量的成果，培养了一大批人才，也扩大了我院的影响。为适应社会学大发展的形势，建议在社会学研究所现在的研究力量的基础上，扩建和增建：（1）社会心理学研究所；（2）社会政策与社会管理研究所；（3）社会保障与社会工作研究所。这 3 个所，现在的社会学所都有相应的研究室，已有一定的基础。近几年国外学成归来的社会学、社会心理学的博士不少，国内每年都有一批社会学专业的博士毕业，而且社会上也有不少学业有成的社会学人才涌现，扩建人员来源是不成问题的。

3. 建议增加研究生院社会学系的招生名额。我们研究生院的社会学博士点是全国第一个点，现在社会学所在职的研究员有 18 名，博士生导师 8 名，1 年只招 7～8 个博士生。而高校新建的博士点，头一年就招几十名。因为名额限制，我们所相当多的研究员已具备招博士生的条件而不能招。也因为招生名额限制，招生人数少（一人一个），门槛高，许多学生都改报高校了，生源反而成了问题。最近在我们召开的事业单位人事制度改革的研讨会上获悉，中国科学院有研究员 4000 多人，副研究员 4000 多人，而他们一年招 1.2 万～1.3 万名博士生、硕士生，在院的博士生、硕士生近 3 万人。中国科学院最近在怀柔选址，准备建一个新的研究生院。而我们的研究生院只有近 2000 名学生，相差太大了。有关部门限制社科院研究生院发展，厚彼薄此，是很不合理的。中国社科院的人才，院、所、室三级领导多数是研究生院培养出来的，有关部门长期卡我们的招生名额，是影响社科院发展的瓶颈之一。社会学要发展，增加招生名额也是一个重要条件。

4. 建议设立一个课题组，为国家研究建立社会宏观调控系统的理论和实际操作的问题。一个工业化、市场化国家，为了保证国家的稳定健康发展和社会良性运行，需要有两个调控系统，一个是经济发展的宏观调控系统，一个是社会发展的宏观调控系统。二者是相辅相成的，缺一不可。现在，我们在经济方面的宏观调控系统已经初步建立起来了，经济发展中的成绩和问题能比较及时地了解，也有了调控的经验和调控的手段。经济运行过热了，就适当采取措施"降点温"；经济运行过冷了，就采取措施"加点热"。实践证明，这十多年来，经历了经济过热、经济紧缩又经济过热，都通过宏观方面的调控，比较顺利地解决了，没有造成大起大落的损失，保证了经济持续稳定快速地增长。

社会主义市场经济条件下的社会发展，也经常会出现不平衡、不协调、不和谐的问题，需要进行及时的、有效的宏观调控，如此才能保证社会有序、健康地发展。但是我们至今还没有把"社会宏观调控"系统建立起来。我们已经有了公安、检察、法院、司法、民政、劳动与社会保障、信访等部门，有了工会、共青团、妇联等群众团体，有了新闻、通讯、广播、电视等大众媒体，有了统计、信息中心、民意调查等机构，这些都是与社会发展直接有关的部门，但是，这众多的部门和系统，基本上都是各司其职、各自管理自己的工作和业务，没有集中综合各方面的信息情况的机构，同时也还没有一套像 GDP、物价、收入、投资、金融等反映社会宏观状况的指标体系，所以对社会发展运行的全貌状况就不可能及时掌握，也就不可能进行适时适度的调控，而在一个现代化、市场化国家里，这种社会宏观调控的系统是必须要有的。成立一个课题组，就建立社会宏观调控系统的问题进行研究，将会产生重要的成果，这是很有意义的。

以上是我的一些想法，供您们参考。

陆学艺

2005 年 5 月 18 日

当前中国社会学发展中的几个问题[*]

　　社会学是一门比较年轻的应用学科，从诞生到现在只有一百六十多年，传到中国来才一百多年。但是，中国的社会学在 20 世纪 30 年代曾经繁荣一时。当时晏阳初和李景汉曾到河北定县（今定州市）进行新农村建设实验，并最终写成了《定县调查》这样一部著作。这本书流传很广，影响很大。不仅在中国，在德国、法国以及许多欧洲汉学家那里，一般都有这本书。他们了解中国农村靠的就是这本书。抗日战争爆发后，日本帝国主义的侵略对中国的社会学打击很大。社会学家迁到内地去的时候已经没有多少人了。新中国成立后，1952 年院系调整时取消了社会学系。而社会学系的恢复则是在改革开放之后。可以说，现在重建的中国社会学与改革开放同龄。1979 年 3 月 31 日，邓小平同志在一个讲话中专门讲到中国的社会学、政治学和法学要补课，要赶快补课。^①社会学就是在贯彻邓小平讲话精神后恢复和重建起来的。中国社会学会也是在 1979 年 3 月成立的。在中共中央的关怀以及各级党委和政府的支持下，在费孝通、雷洁琼等老一辈社会学家的带领下，中国社会学在二十多年间有了很大发展，特别是在 1995 年以后。现在全国设置社会学系和专业的院校有 90 多个，社会工作系和专业的院校近 200 个，有近 100 个硕士点，11 个博士点，今年^②可能还要增加；再加上研究机构，如中国社会科学院的社会学研究所，各省的社会学所，各高校的社会学所，这些加起来共有 40 多个研究所；还有党校和军队系统，从事专门的社会学科研和教学的人可能要超过 5000 人，在校的学生可能要达到 10000 人。

---

　　*　　本文原载《河北学刊》2005 年第 6 期，发表时间：2005 年 11 月 20 日，《新华文摘》2006 年第 4 期转摘，题为《社会建设呼唤加强社会学研究》。——编者注

　　①　　参见《邓小平文选》第二卷，北京：人民出版社，1994 年 10 月第 2 版，第 180～181 页。

　　②　　指 2005 年，本文下同。——编者注

在不少工业化国家，社会学和经济学是同样重要的两大显学，而且社会学仅次于经济学。相对于经济学来说，社会学这些年虽然有了相当大的发展，但还相差甚远。我们的经济发展到这个阶段之后，由于经济与社会协调发展的需要，社会学的发展现在已被提到重要的日程上来。最近社会学的变动相当大，按照胡锦涛总书记的说法是"社会学的春天来了"。2005年2月21日，中共中央政治局第二十次集体学习时，请中国社会科学院社会学所所长和党委书记去作了关于构建社会主义和谐社会问题的报告。会后，胡锦涛总书记对他们二人和在场的中国社会科学院常务副院长说："现在提出建设和谐社会，是社会学发展的一个好时机，也可以说是社会学的春天吧！你们应当更加深入地进行社会结构和利益关系的调查研究，加强对社会建设和社会管理思想的研究。"① 由此可见，中国经济与社会协调发展对社会学的需要。社会学在构建社会主义和谐社会中的作用，已经被着重提出来了。2005年2月23日《人民日报》报道了胡锦涛总书记在这次集体学习会上的讲话中提出的对社会学研究和发展的纲领性意见。第一点，胡锦涛总书记提出今后要加强社会建设的问题。大家知道，过去中央一般强调经济建设、政治建设、文化建设，而这次特别讲到社会建设和管理，强调社会建设在经济建设中的作用。这足可看出社会建设在我国今后发展中的重要作用。过去国家的建设是三位一体，即政治、经济、文化；现在则是政治、经济、社会、文化四位一体。社会建设包括社会事业建设，社会结构调整，也包括社会学的发展。这一点我们要很好地领会。第二点，为了构建好社会主义和谐社会，胡锦涛总书记要求各级领导加强对社会结构的调查和研究，而且他还专门讲道，我们首先要调查社会阶层结构、城乡结构、人口结构、就业结构、区域结构、社会组织结构等六个结构。我觉得我们具体要做的工作就是这六个结构的调查研究，然后从社会结构上解决构建和谐社会中的问题。胡锦涛总书记的讲话及构建和谐社会任务的提出，标志着我国社会主义建设进入了一个新的阶段。社会主义现代化建设或者说构建和谐社会需要社会学，需要去调查研究，进行理论思考，提出政策建议，以此来解决新问题，促进和谐社会建设。另外，社会学研究只有参与这个伟大的实践，中国的社会学本身才能获得大发展。改革开放

---

　　① 参见李培林《完善学术研究管理　推进国家社会建设》，载《行与知——中共中央党校第31期中青一班三支部学员从政经验交流文集》，贵阳：贵州教育出版社，2011年12月，第85页。——编者注

26 年来，中国社会学发展的实践已经证明了这一点。

根据当前中国社会学发展面临的形势，社会学研究应主要注意以下四个方面的问题。

第一，社会学是一门应用学科、实证科学，因此它应该注重实际的调查研究，同时为实际服务。也就是说，社会学应该为社会主义现代化事业服务，要深入到实际中去，为当前构建和谐社会发挥应有的作用。只有这样我们才能提高和发展社会学。离开实践来搞是绝对不行的。我国目前正处于由农业社会向工业社会转型、由农村社会向城市社会转型的过程中，同时又面临着由计划经济体制向社会主义市场经济体制转轨的过程。中国的发展，好的一方面是这两个转变推动的，出现的各种问题，也可以用这两个转变来解释。改革开放 26 年来，我国在经济建设、经济体制改革以及经济事业发展方面取得了举世公认的成就。在这 26 年中，这样大的一个国家 GDP 平均每年以 9.4% 的速度在增长，已经翻了两番、三番了。城市和农村的变化都是历史性的大变迁，经济的发展从中起了很大作用。当然，我国的经济改革还没有彻底完成，向社会主义市场经济转变的过程还没有完成，经济方面的许多问题还有待解决。但比较而言，我们对经济方面取得的成绩应当给予充分肯定。这些年经济学研究确实做了很大贡献，经济学家一枝独秀，因为要为经济建设这个中心服务。中国社会科学院原来只有一个经济研究所，现在一分为七，即有七个研究所是研究经济的。前不久，中国社会科学院还成立了一个金融研究所。中共十六大提出要全面建设小康社会，中共十六届三中全会提出科学发展观，四中全会又提出构建和谐社会。这些情况说明了这样一个问题。中共十六大提出城乡差距、地区差距、贫富差距在扩大；城乡不平衡、地区不平衡、经济与社会不平衡，因此出现了若干社会问题。我个人认为，到 2020 年我们经济上再翻两番已经没有什么问题。经济学家这么看，国际上很多学者也这么看。但是经济变化了，社会结构和社会事业的发展却显得落伍了，导致经济社会发展不协调。现在出现的问题有些比改革开放之初还严重。最近，我在广州开的一个会上提出，对经济上翻两番我们完全有把握，但社会结构的变化还没有过关。我们提出的经济指标可以完成，但如果我们根本体制上的问题不改变的话，那么我们提出的社会指标就很难完成。例如，我国现在的社会结构严重滞后于经济结构；再如，我国的城市化率现在应该具有接近 50% 的世界平均水平，但实际上只有 41%。2004 年为 41.8%，这是国家统计局统计的数据。如果按照农业与非农业户口来划分，则是 32%。现在，我国有关户口的说法，外国人是弄不懂的。城市户口、农村户口、农业户口、非农业户口，他们对此很难弄懂。现在又增加了一个"常住人口"的说法，也就是说，我国现在有1.2亿农民工。他们明明是工人，却跟城市里的工人待遇不一样，而现在的统计却已经把他们统计到城市常住人口里。二元结构原来是城乡分割，现在，这个城乡分割的二元结构搬到城里来了。城市里也是"一城两制"，即对市民是一种政策，对农民工是另一种政策。所以社会问题很多，刑事犯罪率之高甚至超过改革开放之前。最近，我们在北京做了个社会调查。有一个区的调查报告说：第一，现在70%被抓的嫌疑人是外来人，其中大部分是农民工；第二，现在70%被侵害的人也是农民工，也是外地人口。这两个70%说明，我国现在的社会结构存在严重问题。现在中国社会学界在搞中国社会分层研究。在现在的社会分层里面，社会阶层结构跟经济结构是不一致、不相适应的。我国的GDP中三大产业的排序已经是二、三、一了，但就业结构中50%还是农民，即农业劳动者。这50%的农业劳动者每年创造的GDP只占14.6%。这些农业劳动者怎能不穷呢？

社会学工作者现在要进行社会结构的研究，给有关部门决策提出一些建设性意见、建议。现在我们提倡构建和谐社会，这方面的文章已经写了很多了，胡锦涛总书记的讲话也见诸报刊。我们每一天都在宣传这方面的事情，但是如何付诸实践？构建和谐社会大家都认准了目标，就像2004年宣传科学发展观一样。我们要可持续发展，要以人为本，这个道理人人都明白了。当前构建和谐社会也是这样，我们要各尽所能、各得其所、和谐相处。现在有些地方人们是乐业不安居。最近，华东师范大学做了一个调查，发现在国人目前的需求里，社会安全感是十分重要的。我们经济上去了，吃饱了，喝足了，住房也不愁，但晚上不敢出门。我们中国历来讲究安居乐业，所以目前这种状况就有些不和谐了。现在中央提出的构建和谐社会是很得人心的。在这方面，理论和宣传部门已达成共识，但我们要将其付诸实践，就需要中国社会学界做点事了。最近，中国社会科学院社会学研究所的课题组与四川大学合作，对四川省的一个县做了一个调查，发现市、县的领导同志对经济结构、经济建设、GDP等已经很熟悉了，因为他们已经在经济建设为中心的指导思想下干了20多年嘛！所以，无论你到哪一个市里，市长都会告诉你当地今年GDP是多少，人均GDP多少，财政收入多少，本地可用财政是多少，农民净收入多少，居民净收入多少。这些他一口气都能给你讲下来，但是你问他社会结构方面的问题，如当地的就业率怎么样，贫富差距怎么样，社会治安怎么样，一般人都回答不上来。和谐社会建设的任务已经提出来，大家也有了共识，那么我们怎样付诸实践呢？在对这个县进行的近一个月的调查中，我们重点调查了以下几个方面。第一，这个县的社会结构是什么。按照胡锦涛总书记提出的六个结构，即人口结构、就业结构、区域结构、城乡结构、阶层结构（最难的是要把阶层结构弄清楚）、社会组织结构进行调查，现在正在整理资料。第二，这个县目前几个主要社会阶层的关系是怎样的。人与人之间的和谐实际上是阶层关系的和谐。为此，我们大致研究了这样五个方面的和谐关系：（1）老板同工人的关系，特别是私营企业主与农民工的关系，或者叫劳资关系；（2）基层干部同农民的关系；（3）老板同干部的关系；（4）县以上干部同基层干部的关系。在现在的乡村干部中，乡和村两级干部的身份是双重的，一面要代表国家利益，一面要代表农民利益。他们同县以上的干部不一样，所以会遇到很多尴尬的事情，特别是在中国的中西部；（5）知识分子或专业技术人员和群众的关系。现在我们到农村去调查发现，农民说，农业税免收以后不收皇粮、国税了，干部不来收费了，但看病乱收费、教育乱收费成了农民意见最大的问题。我们通过问卷、访谈，把五种关系概括出来，目前正在对其进行研究。第三，如何在一个县里构建和谐社会。我们一方面还要求发展，工业还要搞，城市化、农业产业化还要搞；另一方面则要在这个过程中协调和调整社会结构，协调各社会阶层间的关系，使全县人民在工业化、城市化、现代化的过程中各得其所、各得其利，又能和谐相处、安定团结。要对此相应地提出实践的建议，我们做的就是这样的工作。总之，研究怎样将和谐社会的构建付诸实践，正是中国社会学界应当做的工作，即为现实服务，为决策服务，积极发扬当年晏阳初和李景汉等老一辈社会学家的优秀传统。中国社会学界有一个好传统，许多老一辈社会学家，比如今年刚刚去世的费孝通，前年①还到农村去调查。这种精神，我们应该继承。

第二，社会学本身有系统的理论，而且我们在实践中也总结和概括出了一整套特有的调查研究方法。在社会学的多种功能中，一个重要的功能就是记述的功能，就是把社会变迁的事实用各种方式，如文字、摄影、录像、图表等记录下来。中国当前的变化太快，城乡变迁也太快。特别是近十年，如高速公路、高楼大厦、农村的城镇化从表面上看日新月异。在北京，如果我们几个月不出门，大片的新建筑就会拔地而起。人与人之间的

---

① 指 2003 年。——编者注

关系，内心思想的变化会比这些外在的东西变化得更快、更大。社会学的任务就是把中国近几十年的社会变化记述下来。现在的中国社会学要想在近些年建立起宏观的、国内的、国际的大的理论体系还不太容易，但我们既然躬逢盛世，遇到这样一个千载难逢的好机会，就要把这场社会大变迁记录下来。在这方面，我们在社会学领域大有可为。我们这一代人在旧社会待过，更了解新社会。原来国家是搞市场经济的，后来搞计划经济，现在则是搞社会主义市场经济。这样的发展过程我们都看到了。目前，我们应当趁着这些人还在，把中国社会的这些变化记录下来，因为这些不仅现在有用，将来也有用。有些调查研究的数据、问卷，再加上某些录像、录音资料，在一定意义上比大块头文章作用更大。为什么呢？因为有些事物我们当时看不清，事后总结却是很珍贵的材料。例如，要想了解 20 世纪 30 年代的中国农村社会，通过晏阳初、李景汉的《定县调查》，我们就可以知晓那时候的人们穿什么，戴什么，怎样结婚，怎样种地，用什么工具。当时人民的生产生活状况什么样，风俗习惯是什么。所有这些看看《定县调查》就知道了。再过 30 年，现在的大学生就不会知道什么叫人民公社，什么叫"三级所有"，什么叫"评工记分"。如果现在去做调查，还有人会告诉你。你把这些记录下来就成了社会学研究的资料。现在的农民工，一年算一次账。按照中央的说法，农民工也是工人，因为农民工是工人阶级重要的组成部分。但这类工人阶级很怪，国内和国外的工人都是一个月发一次工资，有些国家的工人七天发一次工资。而我们的农民工一般都是一年发一次工资，他们怎么受得了呢？用工一方不给农民工签合同，反正就是一年发一次工资。更奇怪的是，农民工平时用钱需要向老板借。本来老板欠农民工许多钱，反过来却说借给农民工多少多少钱。这是什么原因？其实这就是过去人民公社时期的评工记分、年终结算延续来的。一年分一次红，他们习惯了，所以能够接受。我们远的讲定县调查，近的看费孝通的小城镇调查、雷洁琼的五城市婚姻家庭调查，以及后来中国社会科学院搞的百县调查、百村调查。做这些工作，对年轻人来说是最基本的训练。年轻人得学会去做这种田野工作，因为这是研究的前期准备，学会以后不光对社会学，对经济学、政治学等其他学科都有用。对社会学的这种记述工作，中国社会科学院和北京大学的一些人正在调查社会主义发展历史，做口述史的调查。例如，当年的合作化是怎么回事？当年的大跃进是怎么回事？当年的大炼钢铁是怎么回事？调查人员把它们都记载下来，其中的一些成果已经在香港的凤凰台播放了。

第三，要进行社会学的学科建设和社会学的队伍建设。经过 26 年的发展，中国的社会学已经初具规模，但相对于世界其他国家，中国作为一个大国，无论是在学科的理论建设、方法建设、人才建设方面，还是在队伍建设等方面都远远不够。中国社会学队伍的人员总量大概有 5000 人。在一个 13 亿人口的大国，一个具有 5000 名专业工作者的学科，与兄弟学科，如经济学科相比，确实差得太远了。同国外比，美国一个不到 3 亿人口的国家，却拥有 2 万名社会学家，我们在人员数量上还差得很远。由此可见，中国的社会学还有巨大的发展空间，年轻的社会学工作者将来必然大有可为。在学科基本建设方面，我们也有很多工作要做。中国现在的社会学只有一些基本的学科，如社会学概论、社会学方法、西方社会学史、工业社会学、农村社会学、家庭社会学等。许多分支学科还未建立起来，因此社会学需要开拓更广阔的研究领域，包括加强社会学基本理论和基本方法的建设，发展马克思主义社会学以及社会学中国化等重大课题。目前，中国社会学的学科建设，应当重视这样两个问题。首先，我们要在为实践服务中总结和发展。社会学是应用学科，更是与实践密切结合的学科，所以我们必须从实践中来，到实践中去。搞哲学的可以在书斋搞出学问来，但搞社会学的则不行。研究社会学的不走出去，不走到下面去是不行的。无论多大的社会学家，他的研究成果必然是从实践中取得的。其次，社会学要与时俱进。由于社会学需要在全球化的环境中发展，因此，我们引进了不少国外经典的东西，还有一些新的思潮我们都要不断地吸收进来。尽管社会学传入中国才一百多年，但社会实践、社会建设、社会管理在中国源远流长。在此基础上产生的社会思想相当发达，从先秦到孙中山积累了丰富的遗产。在世界四大文明古国中，只有中华文明流传了下来，这说明中国的文化包括社会思想是有生命力的。我们要把中国社会思想的丰厚内涵挖掘出来，同当前的伟大社会实践相结合，把中国的社会学派逐渐建立起来。

第四，社会学工作者本身要有正确的政治方向、道德标准和治学方法。在 20 世纪五六十年代，老师要求学生先学会做人，然后再做学问。这个话听起来好像有些陈旧，但我们实践了几十年，感觉的确是那么回事儿。这些年的社会风气，包括学术界、教育界的风气我们确实需要认真整顿一下了。在社会学界，我们应特别强调社会学家、社会学工作者的道德标准和思想素质。在这方面，我们前面有很好的榜样。雷洁琼教授今年整 100 岁了。她既是革命的老一辈，也是一位学者。无论做人还是搞学术研究，她都堪称楷模。从革命来说，她是民进的领袖，勇敢地同国民党的专制独裁作斗争，为革命做出了杰出的贡献；而作为学者，她早年在美国学习社会学，回国后先后在多所大学任教，培育了一大批社会学工作者。她是我国社会学恢复和重建的元勋之一，身体力行地为社会学的重建做出了巨大贡献，也是中国社会学界的骄傲。我们在做学问的同时还要注意人格修养，要甘愿坐冷板凳，不能急功近利；同时要为人师表，做出榜样，这样你的学问才有人信，有人听。中国社会学要发展，我们必须解决好这四个方面的问题。

建设和谐社会需要社会学有个大发展[*]

2005 年 2 月 21 日，在中共中央政治局第 20 次集体学习会上，胡锦涛同志指出："各级党委、政府和领导干部要切实加强对本地区本部门和谐社会建设有关情况和工作的调查研究，……要加强对社会结构发展变化的调查研究，深入认识和分析阶层结构、城乡结构、区域结构、人口结构、就业结构、社会组织结构等方面情况的发展变化和发展趋势，以利于深入认识在发展社会主义市场经济和对外开放的条件下我国社会发展的特点和规律，更好地推进社会建设和管理。"① 学习会结束时，胡锦涛同志还对当天讲课的李培林、景天魁同志说："现在提出建设和谐社会，是社会学发展的一个很好的时机，也可以说是社会学的春天吧！你们应当更加深入地进行对社会结构和利益关系的调查研究，加强对社会建设和社会管理思想的研究。"② 他还问了国内社会学研究的情况，鼓励社会学所做出表率。

胡锦涛同志的这个讲话，是继 1979 年 3 月 30 日邓小平同志在理论工作务虚会上指出："政治学、法学、社会学以及世界政治的研究，我们过去多

---

* 本文原载《中国农业大学学报》（社会科学版）2007 年第 2 期，发表时间：2007 年 6 月 15 日。该文初稿写于 2007 年 3 月 16 日，3 月 25 日定稿。该稿部分内容以摘要形式发表于中国社会科学院内刊《要报》2007 年第 21 期（2007 年 5 月 10 日），并发表于北京社会科学院主办的《北京社会科学报》2007 年 5 月 16 日第 1 版。该文还收录于《社会建设论》（陆学艺著，北京：社会科学文献出版社，2012 年 3 月）；《中国社会结构与社会建设》（陆学艺著，北京：中国社会科学出版社，2013 年 8 月）。陆学艺在该文基础上，经删改执笔起草了 16 位专家联名致胡锦涛同志的关于社会学学科建设的建议信。——编者注

① 《加强调查和研究　着力提高工作本领　把和谐社会建设各项工作落到实处》，《人民日报》2005 年 2 月 23 日第 1 版。

② 参见李培林《完善学术研究管理　推进国家社会建设》，载李中印、李旭红主编《行与知——中共中央党校第 31 期中青一班三支部学员从政经验交流文集》，贵阳：贵州教育出版社，2011 年 12 月，第 85 页。——编者注

年忽视了，现在也需要赶快补课"① 之后，党中央主要负责同志又一次对社会学学科的发展明确表示关怀和支持。李培林、景天魁两位同志回来作了传达，社会学界的同仁普遍感到振奋和鼓舞。近几年，社会主义和谐社会建设在全国蓬勃展开，形势很好。中国的社会学工作者们也都积极投入到这场伟大的实践中，深入到广大农村、城市社区，开展调查研究，倾听群众意见，钻研理论，总结经验，和广大民众一起为建设和谐社会忙碌着、奋斗着，社会学呈现出空前的繁荣景象。

著名社会学家费孝通教授在20世纪80年代重建社会学学科时曾经说过：社会主义现代化建设需要社会学，中国的社会学也要在为社会主义现代化建设服务的过程中重建和发展起来。20多年来的实践证明了他的观点是正确的。现在则可以说：构建社会主义和谐社会需要社会学，中国的社会学也要在为构建社会主义和谐社会服务的过程中发展和繁荣起来。

当前中国社会学面临的问题是，一方面构建和谐社会，调整社会结构，协调利益关系，进行社会体制改革，加强社会建设和管理都需要社会学提供理论和方法的支撑，需要有大量的社会学工作者积极投入开展工作；另一方面现在的社会学学科由于各种原因，无论是社会学理论和方法的学科建设本身，还是社会学学科队伍，都可以说是势单力薄，远远不能适应和谐社会建设的需要。这是一个很大的矛盾。我在中国社会科学院工作已经45年，20世纪80年代中期以后，一直在社会学系统工作，曾经当过社会学研究所所长，担任过中国社会学会会长，现在是中国社会学学会的名誉会长，对中国社会学的过去和现状都比较熟悉。面对国家构建和谐社会这个伟大的战略任务同中国社会学目前还处于弱势状态的矛盾，我心里很忧虑。近期，我对中国社会学学科的情况专门做了一点调查，同时也对经济学学科的发展概况做了一些了解，并对国外经济学、社会学这两门学科的关系做了对比研究，形成对社会学未来发展的几点想法，提出来供有关部门参考。

社会学是一门比较年轻的社会科学。19世纪初叶，欧洲的英法德等国家处在工业化初期阶段，通过产业革命，经济高速增长，工业化、城市化发展很快，改变了农业社会的生产方式和生活方式，改变了原来的社会关系和社会结构。与此同时，社会急剧变革，社会财富分配不公，两极分化，

---

① 邓小平：《坚持四项基本原则》，载《邓小平文选》第二卷，北京：人民出版社，1994年10月第2版，第180～181页。

城乡矛盾，阶级对立，犯罪增加，社会治安恶化，社会冲突日趋尖锐，社会很不安宁。1838 年，法国学者孔德对这些社会现象和社会问题进行了研究，写成了《实证哲学教程》一书，第一次提出了建立社会学学科的设想，企图找到合理的方案，重建新的社会秩序，促进社会进步。170 年来，特别是第二次世界大战以来，为了适应工业化、城市化的需要，社会学有了很大的发展。现在在欧美等发达国家，社会学和经济学并驾齐驱，同样是一门显学。在这些国家里，学社会学、研究社会学、从事社会工作的人很多。例如，美国在 2004 年有 651 个社会学系，有 271 个社会学硕士点，138 个博士点。2004 年有 26939 人本科生毕业，有 2009 人硕士毕业，有 558 人博士毕业。2004 年美国的社会工作者（social worker）有 56.2 万人，平均每千人有 1.9 个社会工作者。全国从事社会学教学和研究的专业人员约有 2 万人。从表 1 可以看出美国的社会学的教育机构和毕业的学生只比经济学略少一些，专业人员队伍数量和社会地位是基本相当的。

表 1　2004 年美国社会学、经济学学科和毕业生情况

单位：个，人

学科	社会学		经济学	
	学科点	毕业生数	学科点	毕业生数
学士学位	651	26939	—	24069
硕士学位	271	2009	331	2824
博士学位	138	558	178	849

资料来源：美国教育部、美国教育统计中心。

中国的社会学在 20 世纪初自欧美传入以来，历经坎坷，几起几落，是改革开放以后才重建的。直到 20 世纪 90 年代初，全国还只有 15 个社会学系和社会工作系。20 世纪 90 年代中期以后，随着经济繁荣和社会发展的需要，特别是 1999 年高校扩招，各地高校的社会学和社会工作专业如雨后春笋般地建立起来。现在全国高校的社会学专业、社会学系有 70 多个，社会工作专业、社会工作系有 186 个。在校的本科生（4 个年级）和专科生约 4 万人，专任教师约 4000 人。全国社科院系统和党政部门的社会学研究所有 50 多个，专业研究人员近千人。

现在中国社会学学科发展面临的主要问题有两个：一是队伍偏小，远远不能满足社会发展、社会建设、社会管理的需要。党的十六届六中全会通过的《关于构建社会主义和谐社会若干重大问题的决定》中有一节专门

论述要"建设宏大的社会工作人才队伍。造就一支结构合理、素质优良的社会工作人才队伍，是构建社会主义和谐社会的迫切需要"。① 有关方面计算过，如按工业化国家每千人口有 1.5~2 个社会工作人员计算，中国需要195 万~260 万名社会工作者。这还只是就社会建设和社会管理等几个专门领域说的，如果按党的十六届六中全会决定中讲到的"坚持正确的用人导向，选好配强领导班子，注重培养选拔熟悉社会建设和管理的优秀干部"②的要求，缺的社会学人才就更多了。

二是整个社会学队伍的理论和方法的素质有待进一步提高。社会学恢复重建才 20 多年，新中国成立前一批学有专长的社会学专家已相继谢世或已退出了学术界。现在社会学专业的主要骨干是两类人：一类是从哲学、历史学、外语等专业转行过来的；另一类是 20 世纪 50~60 年代出生的，改革开放后学习过、进修过或从国外学习归来的中青年专家（他们中有相当一部分大学本科也不是学社会学的）。如以教授、研究员计算，前者不足百人，后者有 300 余人。据有经验的老学者说，一门学科的专业队伍，没有几十年培养和锻炼是建不起来的，更何况要建设像社会学这样一门重要的学科。

1979 年社会学重建初期，受到意识形态思想认识方面的阻碍，重建工作很困难。1980 年费孝通教授出任中国社会科学院社会学研究所所长，在招聘研究人员时，他的不少朋友和学生，因为心有余悸，不敢来应聘。费先生到过不少著名大学去动员他们建立社会学系，还遭到了拒绝。直到1990 年，有关部门的领导还以"社会学是敏感学科"为借口，勒令社会学停止招生。1992 年邓小平南方谈话后，情况大有改变，特别是在 20 世纪 90年代中期以后，社会学开始有了较大发展。但是大发展的良机已经错过了。社会学发展的后期遇到了一些部门的规章制度的限制。例如，有关部门规定大学建立社会学专业必须由教育部批准，社会工作专业各省教委可以批，这就形成了目前社会工作专业数量大大多于社会学专业的情况（国外一般都是社会学专业多于社会工作专业）。再如，现行规定每两年申报批准一批硕士点、博士点，一般都只在原有学科点的基础上按比例增加。社会学的硕士点、博士点原来基数小，新批准的点也就少，同经济学等老学科点的差距就越来越大。直到 2006 年，社会学学科有硕士点 115 个，博士点 25

① 《中共中央关于构建社会主义和谐社会若干重大问题的决定》，北京：人民出版社，2006 年10 月，第 38 页。

② 《中共中央关于构建社会主义和谐社会若干重大问题的决定》，北京：人民出版社，2006 年10 月，第 36 页。

个，同年经济学科有硕士点 1477 个，博士点 405 个（见表 2）。前述，在国外经济学和社会学的学科点数量基本相同，我们则相差 10 多倍，实在太不相称了，这也是经济社会发展不协调的一种表现。

表 2　2006 年中国社会学、经济学学科及招生数比较

学科	学科点（个）		招生数（人）		
	博士点	硕士点	博士生	硕士生	本科生
社会学	25（社会学 16 个，人类学、人口学或民俗学 9 个）	115（社会学 87 个，人类学、人口学或民俗学 28 个）	160	1083	约 12000
经济学	405	1477	2662	15950	145512
经济学/社会学（倍）	16.2	12.8	16.6	14.7	12.1

资料来源：《中国统计年鉴·2006》和教育部相关资料。

构建社会主义和谐社会需要大批社会学专业人才。从目前社会学学科点设置和布局情况来看，本科专业已经有 250 多个，多数是近几年新建的，近期是提高质量，调整结构，合理布局的问题。硕士点只有 115 个，且分布很不恰当。在社会学 87 个硕士点中，华东有 27 个，华北有 22 个，中南有 13 个，东北有 10 个，西北有 7 个，西南有 8 个，偌大个四川只有 2 个，新疆、青海、西藏没有，近期应该有适当的发展。目前，影响社会学学科发展的瓶颈是博士点太少，且布局极不合理。在社会学 16 个博士点中，华北有 5 个，华东有 6 个，中南有 4 个，东北有 1 个，西南和西北两个大区，一个博士点都没有（见表 3）。这种状况对于构建和谐社会，加强社会建设和社会管理需要高素质的社会学专业人才非常不利，对于社会学学科发展需要充实提高师资队伍、增加研究力量也非常不利。

表 3　中国各地区 16 个社会学博士点设置情况

地区	单位	设置年份
华北	中国社会科学院	1985
	北京大学	1985
	中国人民大学	1993
	清华大学	2003
	南开大学	1985 年设，1991 年撤销，1998 年恢复

续表

地区	单位	设置年份
华东	南京大学	1996
	上海大学	2000
	复旦大学	2006
	华东理工大学	2006
	河海大学	2006
	厦门大学	2006
中南	中山大学	2000
	武汉大学	2003
	华中师范大学	2003
	华中科技大学	2006
东北	吉林大学	2003
西南	—	—
西北	—	—

资料来源：国务院学位委员会办公室编《全国授予博士和硕士学位的高等学校及科研机构名册》，高等教育出版社，1987；国务院学位委员会办公室编《中国学位授予单位名册》（1994 年版），高等教育出版社，1995；国务院学位委员会办公室编《中国学位授予单位名册》（2001 年版），中国科学技术出版社，2001；国务院学位委员会《第四批博士学位授权学科、专业及其指导教师和硕士学位授权学科专业名单（工作本）》（1990 年 10 月）；中华人民共和国教育部网站，http://www. moe. gov. cn/jyb_xxgk/xxgk/neirong/fenlei/sxml_gdjy/gdjy_xwgl/xwgl_shjg/；中国社会科学院社会学研究所编《中国社会科学院社会学研究所所志》（1980～2010），2010；《北京大学社会学史编年》，北京大学社会学系网站，http://www. shehui. pku. edu. cn/second/index. aspx? nodeid = 21；南开大学周恩来政府管理学院社会学系网站，https://zfxy. nankai. edu. cn/discipline/sociology. htm。

为了适应建设社会主义和谐社会的迫切需要，社会学要有大的发展。对此做以下建议。

第一，建议党中央、国务院或委托中央宣传部召开一次社会学工作会议。讨论研究贯彻落实胡锦涛同志关于社会学"应当更加深入地进行对社会结构和利益关系的调查研究，加强对社会建设和社会管理思想的研究"的指示精神，就社会学面临的形势，社会学发展的目标和任务，社会学进一步发展应采取的步骤和措施，并就这些问题做出相应的决定，形成文件。采取这样的重要措施对于社会学适应和谐社会建设的需要，更好地为建设和谐社会服务，统筹经济社会协调发展，促进社会全面进步是很有必要的。

第二，建议教育部、国家学位委员会能讨论批准社会学学科为与经济学、法学学科相并列的一级学科。在工业化国家，社会学这门大学科有很多分支学科。国际社会学学会下有城市社会学、农村社会学、家庭社会学等 110 个分学会，我国也已经有了 40 多个分支社会学的研究和教学。但在我国的学科目录中，社会学学科下面只有人口、民族、民俗、人类学四个一级学科，这很不利于社会学的发展。近期应该在学科目录中增加社会工作、社会保障、城市社会学、农村社会学、经济社会学、组织社会学、社会心理学、发展社会学、政治社会学、体育社会学、文化社会学等分支学科。

第三，建议国家学位委员会能仿照 2005 年采取的特别方式（当时增设马克思主义一级学科博士点 21 个，使二级学科博士点增加到 103 个），使社会学的博士点在 2007 年和今后几年能增加到 50 个左右，并增加 100 个左右的硕士点。前面说过，现在全国只有 8 个省市有博士点，数量太少，分布又不合理，应在近期做到使各省区市至少有一个博士点。社会学硕士点也太少，应在有条件的地区再增设一批。社会工作这样重要的学科至今还没有一个硕士点，更应加快发展。

第四，建议国家新闻出版总署能特别批准增加 5 ~ 10 个社会学专业学术期刊。现在社会学的专业学术期刊只有两个（北京、上海各 1 个），与经济学有 100 多个专业期刊相比较，实在太悬殊了。希望近期能在每个大区有一个社会学的专业学术期刊。

第五，建议中国社会科学院增设社会心理研究所、社会政策与社会管理研究所、社会保障与社会工作研究所、社会体制改革研究所。改革开放初期，为贯彻落实党中央关于把中心工作转向经济建设的方针，适应经济体制改革、经济发展的需要，中国社会科学院及时把经济研究所一分为四，增建工业经济研究所、财贸经济研究所、农业经济研究所，后来又新建了数量与技术经济研究所、人口研究所和金融研究所等。实践证明，这个决策是完全正确的，适时地扩大了经济学研究的队伍，聚集并培养了一大批人才，做出了大量的研究成果，为国家的经济体制改革、经济发展做出了贡献。党的十六届六中全会指出：我国已经进入改革发展的关键时期，"把中国特色社会主义伟大事业推向前进，必须坚持以经济建设为中心，把构建社会主义和谐社会摆在更加突出的地位"。为贯彻落实这个方针，社会科学院增建几个研究所，适时扩大社会学研究队伍，更好地开展建设社会主义和谐社会的理论和实际问题的研究，是很有必要的。

第六，建议把社会心理学作为一个重要学科建设起来。在工业化、城市化社会，产生心理障碍的人很多（据有关部门调查，我国现在城市人口的成年人中，患抑郁症的人占 8% ~9%)，开展社会心理学的调查和研究就显得非常重要。在工业化发达国家社会心理学是一门大学科，由于各种原因，我国社会心理学学科的教育和研究队伍，至今还没有成体系地建立起来。全国极少数高校已经建立了社会心理学系或专业，但大学学科目录里没有列出来。中国社会科学院社会学研究所有一个社会心理研究室，只有 8 个人。中国社会心理学会虽然建立了，但会员很少，学会只有一个社会心理学研究的内刊，公开出版的专业学术期刊一个也没有。这种情况需要改变。建议有关方面专门讨论研究这个问题，把社会心理学这个重要学科建设起来，这对和谐社会建设，促进社会稳定是很有必要的。

构建社会主义和谐社会需要社会学有个大的发展[*]

尊敬的胡锦涛同志：

您好！

2005 年 2 月，您在中共中央政治局第二十次集体学习会上指出："做好任何一项工作都离不开理论指导。与社会主义经济、政治、文化建设一样，我们对社会主义社会建设的理论研究和实践探索还有大量工作要做，因而尤其需要在实践的基础上加强理论研究。要加强马克思列宁主义、毛泽东思想、邓小平理论和'三个代表'重要思想关于社会主义社会建设理论的研究，并用来指导我们构建社会主义和谐社会的各项工作。"在会议结束时，您还对当天讲课的中国社会科学院社会学研究所所长景天魁、党委书记李培林同志说："现在提出建设和谐社会，是社会学发展的一个很好的时机，也可以说是社会学的春天吧！你们应当更加深入地进行对社会结构和利益关系的调查研究，加强对社会建设和社会管理思想的研究。"[1] 景、李两同志回来做了传达，社会科学界尤其是社会学工作者们普遍感到振奋和鼓舞。近几年，在科学发展观的指导下，社会主义和谐社会建设在全国蓬勃展开，形势很好。哲学社会科学工作者、社会学工作者们都很积极投入到这场伟大的实践中，深入城乡社区开展调研，倾听群众意见，钻研理论，

---

* 本文源自有 16 位学者签名的打印稿复印件。该稿系陆学艺执笔的、由 16 位专家联名写给时任中共中央总书记胡锦涛同志的关于社会学学科建设的建议信，现标题为本书编者根据信的内容所拟定。该信初稿写于 2007 年 4 月，2008 年 4 月 9 日定稿。该信由陆学艺请托华建敏同志转呈胡锦涛同志。胡锦涛同志以及其他有关领导同志对该信做了重要批示。本文现根据建议信复印件刊印，并附陆学艺致华建敏同志的信。——编者注

[1] 参见李培林《完善学术研究管理 推进国家社会建设》，载《行与知——中共中央党校第 31 期中青一班三支部学员从政经验交流文集》，贵阳：贵州教育出版社，2011 年 12 月，第 85 页。——编者注

总结经验，和广大干部群众一起为建设社会主义和谐社会努力工作着，整个社会科学特别是社会学呈现兴旺繁荣的景象。

在我们这样一个社会主义大国搞和谐社会建设，任务非常艰巨，面临诸多问题与困难。社会结构需要调整，社会利益关系需要协调，社会事业需要建设，社会管理的体制需要改革，社会安全机制需要完善，所有这些社会建设方面的任务都要求我们通过探索和实践去完成。而在诸多困难中，最关键的是社会建设和社会管理人才的缺乏。

党的十六届六中全会指出："建设宏大的社会工作人才队伍，造就一支结构合理、素质优良的社会工作人才队伍，是构建社会主义和谐社会的迫切需要。"根据有关方面的推算，如按工业化国家每千人中有 1.5 ~ 2 个社会工作人员计算，中国需要约 200 万个社会工作者。这还只是就社会建设和社会管理等几个专门领域说的，如果按党的十六届六中全会提出的"坚持正确的用人导向，选好配强领导班子，注重培养选拔熟悉社会建设和管理的优秀干部"的要求，缺的社会学和社会工作人才就更多了。中国现有的社会工作者，约为 40 万人，从事社会学教学和研究的专业人员约为 5000 人。

要构建社会主义和谐社会，要培养造就一支宏大的社会工作人才队伍，需要社会学这个专门研究社会发展规律的重要学科有相应的发展。社会学产生于 19 世纪 30 年代的欧洲国家，由于社会学适应工业化、城市化、现代化社会的需要，因此在工业化国家都有了很大的发展，成为与经济学并驾齐驱的一门显学。例如在美国，社会学和经济学两个学科在教学、科研机构设置、教研人员和研究生、本科生数量以及专业人员的社会地位等方面，都是基本相当的（见表 1）。

表 1　2004 年美国社会学、经济学学科点及毕业生人数比较

	学科点（个）			毕业生人数（人）		
	社会学	经济学	社会学：经济学	社会学	经济学	社会学：经济学
学士点	651	—	—	26939	24069	1：0.89
硕士点	271	331	1：1.22	2009	2824	1：1.41
博士点	138	178	1：1.29	558	849	1：1.52

资料来源：美国教育部、美国教育统计中心。

相比之下，当前我国的社会学还相当薄弱，不能适应社会主义和谐社会建设的迫切需要，这使我们这些长期从事研究和教学的社会科学工作者感到忧虑。

社会学自 20 世纪初传入中国以来，历经坎坷。改革开放以后，在邓小平同志亲自发出了"社会学也需要赶快补课"的指示后，才恢复重建。直到 1990 年，全国还只有 15 个社会学系和社会工作系。20 世纪 90 年代中期以后，随着经济的繁荣和社会发展的需要，特别是 1999 年高校扩招以后，各地高校的社会学系和社会工作系才逐渐建立起来。社会学有了较大的发展。但是因为各种原因，学科大发展的良机已经错过了。社会学的学科建设和专业队伍至今还相当薄弱。与经济学学科相比，同样存在着"一条腿长，一条腿短"的问题，发展很不平衡（见表 2）。

表 2　2005 年中国社会学、经济学学科点及招生人数比较

	学科点（个）			招生人数（人）		
	社会学	经济学	社会学：经济学	社会学	经济学	社会学：经济学
学士点	250	—	—	约 10000	145512	1：14.5
硕士点	115	1477	1：12.8	1083	15950	1：14.7
博士点	25	405	1：16.2	160	2662	1：16.6

注：25 个博士点中包括人类学 9 个。

资料来源：《中国统计年鉴 2006》，第 802、805 页；教育部相关资料。

改革开放之初，为了适应经济建设的需要，党和政府曾经大力支持经济学的发展，涌现出了一大批经济学工作者，他们通过调查研究、理论探索、出谋划策，为经济体制改革和经济发展做出了较大贡献。现在，党中央提出构建社会主义和谐社会的宏伟任务，同样需要社会学有个大的发展。我们希望党和政府能像扶持经济学发展以适应经济建设需要那样，支持社会学的发展，这对于推动科学发展、促进社会和谐有重要意义。为此，我们诚恳地提出以下三点建议。

第一，建议党中央、国务院委托有关部门召开一次社会学工作会议，研讨社会学如何贯彻党的十六届六中全会和党的十七大的精神，更好地为落实科学发展观、构建社会主义和谐社会服务，就社会学面临的形势、社会学发展的目标和任务、社会学进一步发展应采取的步骤和措施，特别是关于如何"造就一支结构合理、素质优良的社会工作者人才队伍"等问题进行重点研究，形成共识，做出相应的决定。

第二，建议国务院学位委员会能仿照 2005 年特批增设马克思主义学科103 个博士点的方式，在 2008 年和今后几年能增设 60～80 个社会学博士点和 100～150 个硕士点。目前，影响社会学发展的瓶颈之一是博士点、硕士

点太少，并且分布极不合理。全国现在只有 8 个省市有社会学博士点，其中华北 5 个，华东 6 个，中南 4 个，东北 1 个，西南和西北两个大区还是空白，这对加强社会建设和社会管理需要的高素质人才队伍建设非常不利。

第三，建议中国社会科学院增设社会心理学研究所、社会建设与社会管理研究所、社会保障与社会工作研究所、社会政策研究所。改革开放初期，为贯彻落实党中央关于把中心工作转向经济建设的方针，适应经济体制改革、经济发展的需要，中国社会科学院及时把经济研究所一分为四，增建工业经济研究所、财贸经济研究所、农业经济研究所，以后又新建了数量与技术经济研究所、人口研究所和金融研究所等。实践证明，这个决策是完全正确的，适时地扩大了经济学研究的队伍，聚集培养了大批人才，出了大量的研究成果，为国家的经济改革、经济发展做出了贡献。科研机构要适应国家战略任务的需要，适时调配研究力量，调整研究任务，为实现国家战略服务，并在服务的过程中锻炼提高学术研究队伍，实现社会科学研究机构的价值。上述经济学的实践是个很好的经验，很值得借用。

黄楠森　王梦奎　江　流　高尚全　邢贲思　汝　信　吴敬琏　郑杭生
李培林　李　强　王思斌　景天魁　丁伟志　胡福明　宋林飞　陆学艺
2008 年 4 月 9 日

附：致华建敏同志的信

建敏同志：

您好！去年①春节您到敝舍看望，十分感谢！您同我们的亲切谈话，至今记忆犹新，但时间又过去一年多了，甚为思念，祝诸事顺遂！

上次我们在一起座谈时，说到的中国社会学学科发展问题，至今进展不大，这同社会主义现代化建设很不适应。党中央提出的构建社会主义和谐社会、要重点进行社会建设等战略任务已经 4 年了，社会学界至今还鲜有相应的论著问世。去年，北京市组建社会工作委员会、社会建设办公室，调集和招聘的 50 多位干部中，社会学专业出身的只占很小的比例。这同当年党中央提出以经济建设为中心的战略任务后，经济学界能及时反应的状

---

① 指 2007 年，本文下同。——编者注

况不同。足见，当下我国社会学专业工作者队伍的薄弱，对此，我们是很忧虑的。

近期，我们一些老的社会科学工作者联名给胡锦涛同志写了一封信，提了几点建议，希望党中央能够像当年扶持经济学发展那样，支持社会学学科的发展，这对全局发展是有必要的。

这封信，拜托您转呈胡锦涛同志。谢谢！

原件在我处，如需要，当专程送去。如能拨冗约见面谈一次，那就最好了。

顺祝：

春安！

陆学艺

2008 年 4 月 9 日

农业社会学，贵在突出实践价值[*]

　　2004 年，我在《当代中国史研究》上发了一篇题为《中国"三农"问题的由来和发展》的文章。文中讲到"三农"理论是中国特有的。在国际上，欧美也好，日本也好，都没有"三农"这个说法。他们要么讲农业、农村问题，要么讲农民、农业问题，都没有把三者联系起来讲。把农业、农村、农民问题联系起来加以综合分析研究，形成"三农"的说法和理论，是改革开放以来中国社会科学界的一项重要的理论成果。"三农"理论的形成和创造，应该是在 20 世纪 80 年代后期和 90 年代的初期。发达国家的工业化和城市化一般都是同步实现的，中国在第一个五年计划时期，工业化、城市化也是同步的，但在"三年困难时期"之后，实行了城乡分治的户籍制度，一方面工业化持续发展，另一方面严格限制农民进城，城市化就停滞徘徊了。1978 年，二、三产业的增加值占 GDP 的 71.8%，工业增加值占47.9%，但当年的城市化率只有 17.9%。改革开放以后，农村率先改革，农业生产连年大幅增产、农民收入也连续增长，城乡差距缩小，农村形势很好。但是，在计划经济时期形成的城乡二元经济社会结构，由于各种原因没有及时改革，致使 1984 年后，就出现卖粮难、卖棉难问题，随后，又出现"打白条"问题，农民负担逐年加重，农村干群矛盾和冲突大量增加，城乡差距拉大，农村社会不安定，农业生产再次陷入新的徘徊局面。这诸多问题的出现，使一部分学者和实际工作部门的同志认识到要做好农村工作，不仅要解决好农业问题，同时还要解决好农民问题。在 20 世纪 80 年代后期，就有了把农业、农村、农民问题联系起来做综合分析研究的文章。20

---

　　[*]　本文源自《农业社会学》（朱启臻著，北京：社会科学文献出版社，2009 年 4 月），第 1~10 页。原稿写于 2009 年 2 月，系陆学艺为该书撰写的序言。该序言还以《农业社会学，贵在突出实践价值》为题收录于《"三农"续论——当代中国农业、农村、农民问题研究》（陆学艺著，重庆：重庆出版社，2013 年 5 月），本文采用此标题。——编者注

世纪 90 年代初期，这样综合分析的文章就多了，并且被引入决策部门的文件中。最初把农业、农村、农民问题统称为"三农"问题的，应该是媒体的功劳。所以说，"三农"理论是集体创作的成果。有的报刊说，"三农"理论是某某人创造的，这种说法不真实，也不符合实际。

"三农"理论形成之后，用这个框架去分析问题，无论是分析国家的问题，还是地区的问题，都是一个创造，为我们分析一个国家或地区的农业问题、农村问题和农民问题提供了一种新的范式。农业、农民和农村是不可分割的一个整体，每个问题的解决都依赖其他问题的解决，他们之间相互影响、相互制约，互为因果。我们常说，"三农"问题本质上是农民问题，这话是有道理的，因为在"三农问题"中只有农民是活生生的充满创造力的主体，农民问题是人的问题，其他两个问题都是物的问题。只有农民的问题解决好了，农业和农村的问题才能解决好。当然我们也必须明白，要认识农民也必须了解农业，这不仅仅是因为农业是农民的基本生产活动，也因为农业是农民生活的重要内容，农民的行为、习惯、思想、观念、道德等无不与农业的特点密切相关。中国的传统文化、价值观念也源于农耕文明。从某种意义上说，不了解中国农业的特点，不研究农业活动的规律，是难以理解中国农民和农村的。但是对农业的研究和解释在很长一段时间里似乎理所当然地被认为是农业科学家的事，或被认为是农业经济学家的事，而与社会学家无关。这可能是社会学者在"三农"政策方面研究薄弱的原因之一。这些年中国的社会学发展很快，但是社会学者对农业和农村的研究仍然十分薄弱，因此难以为政府决策提供社会学的依据，在很大程度上影响了中国农民和农村发展研究的全面性和深刻性，也影响了相关决策的科学性。朱启臻教授的《农业社会学》无疑填补了中国社会学研究的一项空白，也使得"三农"理论更丰满了。它不仅为社会学者研究农业和农业政策提供了新的视角，也为农业社会学学科的形成奠定了重要基础。该研究成果的许多判断和结论对社会学者参与农业、农民和农村政策的研究具有多方面的启发意义。

这是一部令人耳目一新的学术著作，至少给我们以下几方面的启示。

首先，是对农业特性的认识方面。中国的改革大业就是从农村发轫的。30 年来，我们确立了以家庭承包经营为基础、统分结合的农村基本经营制度，极大地调动了农民的生产积极性，极大地解放和发展了农村社会生产力，农业发展越过了主要农产品长期短缺的阶段，形成了总量大体平衡、丰年有余的新格局，也为中国的发展提供了源源不断的发展动力。但是由于对农业特性缺乏深刻的认识，在理论界不断有怀疑家庭经营生命力的议论出现，提出了诸如"小生产与大市场的矛盾""分散经营限制了农业科技的运用"，乃至还有人提出把"集体经营"作为解决农业与农民问题的灵丹妙药的论点，这些已经被实践证明是错误的做法何以被人反复重提，主要是人们对农业的性质缺乏了解、人云亦云所致。朱启臻教授在他的《农业社会学》中专门用一章的篇幅论述了农业的特性，在总结和分析了农业的自然属性和经济属性基础上提出了农业的"公共产品属性"，并对农业的多功能性，如生态功能、文化保存功能和社会功能进行了论证。从而形成了对农业特性的社会学归纳，这是该书对社会学的贡献所在，是农业社会学得以形成的基础，也是制定农业社会政策的依据。如中央反复强调要坚持"工业反哺农业、城市支持农村"和对农民"多予、少取、放活"方针，这样一项重要政策的理论基础是什么？为什么要这样做？很多人不理解，有人认为是过去农业支持了工业，所以今天工业要反哺农业，这种"还债论"或"反哺论"的理解过于简单了。其实，这是由农业内在的特点和自身的发展规律决定的，世界上没有一个国家不靠政府的支持而能够实现农业现代化的，或者说，即使农业实现了现代化仍然需要政府的支持。只有从本质上理解了工业对农业的支持，使之有了充分的理论依据，政策的制定和执行才能避免偏差。又如，党的十七届三中全会明确指出："以家庭承包经营为基础、统分结合的双层经营体制，是适应社会主义市场经济体制、符合农业生产特点的农村基本经营制度。"这是社会科学工作者和农业实践工作者多年来经过理论和实践的反复探讨后得出的科学结论。但是为什么以家庭承包经营为基础的统分结合的双层经营体制，是符合农业生产特点的农村基本经营制度，至今仍然有许多人不清楚，以至于在理解和执行中央政策时出现各种各样的偏差。对这些问题的解释我们都可以从《农业社会学》中找到答案。

其次，是对农业与农民关系的论述。我在20世纪90年代就"三农"问题跟日本人进行过交流，现在我们中国的"三农"问题与日本正好相反，日本已经实现了城乡一体化。国家通过对农村基础设施建设及大幅提高农产品收购价格和对农民的高额补贴，使农民收入同城市居民收入基本持平，提供均等的公共服务，使农村与城市居民的生活方式和收入水平基本上一致。可以说日本是农村问题解决了，农民问题也解决了，但农业问题没有解决。而我国是农业问题基本解决了（尽管它还很脆弱），农业能够保证基本供给，改变了原来长期短缺的状况，但农村问题、农民问题还相当严重。

1985年以来，尽管农村方面不断有喜讯传出，诸如乡镇企业异军突起，亿万农民工离土离乡，粮食总产突破1万亿斤，农业税费全免，农村九年义务教育普及，农村合作医疗重建，等等，但这20多年的农村形势可以用"时晴时阴、喜忧参半"来概括。一个不争的事实是，城乡差距、地区差距、贫富差距越来越大，党的十六大提出要抑制这三大差距扩大的趋势，党和政府也做了种种努力，而差距还是在扩大，由此引出了诸多的经济社会矛盾。什么原因呢？用社会结构的理论来分析：2007年的GDP结构中，一产占11.3%，二产占48.6%，三产占40.1%。而在2007年的就业结构中，一产占40.8%，二产占26.8%，三产占32.4%。2007年的城市化率为44.9%。[①]从这些数据可以看出两点：第一，占总就业劳动力的40.8%的农业劳动力，只创造11.3%的增加值，这说明，农业劳动生产率太低了，这主要不是农民自身的原因，而是因为他们的生产资料太少。第二，占总人口55.1%的农民去分11.3%的增加值，农民怎么能不穷呢？中国现在的经济结构已经是工业社会中期阶段的结构，而从就业、城乡结构看，中国现在的社会结构还是工业社会初期阶段的结构。社会结构理论认为，一个社会要和谐，首先要求经济结构和社会结构这两个基本结构协调。当今的中国社会，经济结构已经处于中期阶段，而社会结构还处在初期阶段，这两个基本结构不协调，正是产生诸多经济、社会矛盾的结构性原因。要富裕农民，必须减少农民，这是我们大家公认的结论。但是，减少了的农民靠农业能否致富？这是《农业社会学》中提出的又一个挑战性的问题。朱启臻在他的研究中对一系列关于农民收入的判断和政策措施进行了分析。例如，他对"科技增收""农业产业结构调整增收""规模经营增收"等提法进行了分析，认为农业的特点（如农业的外部性、农业的多功能性、农业的风险性和农产品的完全竞争性等）决定了农民所从事的农业活动是一项近似公益事业的活动，单纯靠农民自身发展，农业不可能取得让农民过上富裕生活的收入，各项农民、农业增收的措施都是有条件的。尤其是目前的中国农民还处于城乡二元经济社会结构的体制下，农民从事农业大多是不得已而为之，所以，要想使农民尽快富裕起来，还有很多工作要做。这些观点启发我们，在解决农业与农民问题时也不能仅仅盯着农民的非农就业，如何有效提高农民的收入，为从事农业的农民创造良好的社会生活环境，在满

---

① 国家统计局编《中国统计年鉴2008》，北京：中国统计出版社，2008年9月，第38、112页。

足他们物质需要的同时也使他们的精神需要得到满足，是农业获得可持续发展的不可忽视的条件。

再次，关于政府农业责任的问题。这一问题贯穿在《农业社会学》全书的始终。政府在农业发展方面追求的目标是全社会的粮食安全和生态安全，这样的目标与农民个体的目标追求并不总是吻合的，有时甚至是矛盾的。在过去很长一段时期内，我们采取的政策是农民个人利益服从国家的利益，其结果是农民贫困、农业脆弱和农村落后的格局在很长时期内难以改变。为了克服这些矛盾、实现政府的农业目标，就需要政府多方面的投入，以使农民获得较高的收入从而愿意从事农业生产。涉及政府责任的内容很多，诸如对农业的补贴政策、对农民组织的扶持、科技教育与推广、农业社会化服务体系的建设、农业保险等，该书都进行了全面而深刻的论述。比如，对农业科技和推广的论述就十分具有创新性。农业科技无论是增加产量，还是改善品质都表现为公益性质，一改传统地把农业技术分为纯公益性技术、准公益性技术和非公益性技术的分类方法，把农业技术分为可以由市场操作的技术和不能靠市场操作的技术。无论哪一种技术的应用与推广，政府都负有最终的责任。过去由于对农业技术的认识缺乏社会学视角的理论探讨，简单地认为科技可以给农民带来利益，因而可以通过市场体制来给农民提供农业科技。在这种不正确的认识指导下，有一个阶段，对农业科技推广体系的改革是不成功的，致使我国已经初步建立起来的农业科技推广体系被弄得"线断、网破、人散"。片面强调农民"购买"农业技术成果，是不符合当今中国的国情的，不仅没有给农民增加收入，反而加重了农民的负担，而且影响了农业生产的更好发展。《农业社会学》把农业科技与农民的关系进行了深刻的论述，澄清了过去的模糊认识，进一步明确了政府的农业科技责任问题。对农民组织的论述也富有启发性，农民专业合作组织被认为是保护农民利益的最有效形式，但是为什么在实践中农民却缺乏组织起来的积极性？由此作者探讨了农业生产特点对农业组织的要求，提出了农民组织产生和发展的基本条件，对解释目前的农民组织现状和指导农民组织的发展具有重要的实践价值。除此之外，该书对农业保险问题、农村土地问题等制度的设置进行了剖析。农村土地问题已经引起全社会的关注，现行的所谓集体所有制，已经变得畸形了，这是产生城乡之间、农村内部诸多纠纷的主要根源，一定要改革，使农村土地产权明晰，使农民获得可以自己支配、处置的地产和房产，使农民有参加社会主义市场经济竞争的立足之地。我们欣喜地看到中共十七届三中全会通过的《中共中央关于推进农村改革发展若干重大问题的决定》中强调"赋予农民更加充分而有保障的土地承包经营权，现有土地承包关系要保持稳定并长久不变"①。这为农村土地制度创新提供了更明确的政策空间。

最后，关于农业问题的论述。朱启臻在《农业社会学》中是把农业问题既作为经济问题也作为社会问题来论述的，特别是结合耕地保护问题、环境污染问题、粮食安全问题，对农业问题的复杂性进行了论述，对农业问题的解决原则、解决问题的条件和解决问题方案的设计等，均提供了可操作的方法，为我们分析和制定解决农业问题的方案提供了可操作的模板。坦率地说，过去中国社会学对这些问题的研究是不够的，在解决这些复杂问题的政策制定和实施过程中也鲜有社会学者参加，因此，从社会问题的角度思考和研究农业问题对社会学来说具有特别的意义，这是把社会学引向应用的一个重要的方面。

2008 年，我调查过好几个省，农业问题特别是粮食问题，现在仍然相当严峻。粮食问题主要是两个：一是粮食生产问题；二是粮食流通问题。粮食生产，靠着 18 亿亩耕地，靠着 7 亿多农民，靠着家庭联产承包责任制，只要市场价格基本合理，保证供给可以做得到，中国农民可以养活 13 亿人，也可以满足国民经济发展的基本需要。2004 年以来中央出台了一系列惠农支农的好政策，粮食已经连续五年丰收，前四年还只是恢复性的增产，2008 年取得改革以来第四个特大丰收年，粮食总产达到 10570 亿斤，达到历史最高水平。当前的粮食问题主要出在流通上。购、销、调、存、运、储多方面，都还有问题。原来的粮食流通体制，是应对粮食短缺、围绕统购统销建立起来的，是计划经济体制的一个组成部分。实行了社会主义市场经济体制后，粮食生产发展了，20 世纪 80 年代取消了统购，90 年代取消了统销，粮食的购、销、调、存、运的系统改革了，原来粮食系统的职工队伍也散了，但是适应社会主义市场经济体制的新的粮食流通体系还没有建立起来，或者说还没有建设好。

2008 年粮食增产 540 亿斤之后，多个生产省又出现了卖粮难和粮价贱的问题。这不是粮食真的太多了（人均还只 398 公斤），而是购销体制有问题。国家从全局考虑，在 2009 年初宣布提高粮食收购价格，要求各地按保护价收购。但因为许多省区的收购粮站已经撤掉了，相应的粮食市场没有

---

① 《中共中央关于推进农村改革发展若干重大问题的决定》，北京：人民出版社，2008 年 10 月，第 12 页。

建立起来，农民只好低价卖给个体粮商。2008 年好几个省份的玉米大丰收，粮农只卖到五六毛钱一斤，比 1996 年的价格还低。粮农得不到实惠，必然打击他们的积极性，2009 年的粮食生产形势就严峻了。如何建立一个合理的粮食流通体系，是国家亟须解决的一个大问题。所以，我认为目前中国的农业和粮食问题，不仅来源于耕地减少等方面的威胁，还来源于流通体制不合理、农民得不到应有的实惠而不愿种粮的威胁。朱启臻在他的研究中还揭示了农村社区农业劳动力后继无人的趋势，并表示了对未来农业发展的担忧，这是客观存在的重大问题。要解决这样的问题需要有长远的在中国实现农业现代化的战略思路，需要树立大粮食观念，保护种粮农民的积极性，增加政府对农业的投入，确定适合的农业经营模式，等等。粮食问题的最终解决依赖于一系列制度的创新，如土地制度、补贴制度、耕作与经营制度、农民的组织制度等，不能孤立地为了解决粮食问题而出台单一的措施，要吸取"以粮为纲"的教训，只有把粮食安全的目标与农民的利益紧密地联系在一起，农业和粮食生产才能走上可持续发展的道路。

总之，本书是一本值得阅读和品味的著作，书中提出的许多问题都来自农业发展实践和农民的实际生活，全书没有脱离实践的空洞理论，也没有无病呻吟的小题大做，而是直指社会关注的热点和难点，直指社会的农业政策和措施，因此本书具有的实践价值十分突出。这与作者长期深入农村分不开。作者对农业与农民有深厚的感情，他每年有三个月以上的时间在基层调研，与农村和农民保持着密切的联系，这对目前的社会学者来说是难能可贵的，也是社会学研究的必备品质。这本《农业社会学》为我们勾画出了农业社会学的基本框架，对农业、农民、农民组织、农业科技、农业文化、农业制度、农业问题等概念的界定充满了新意，对各个部分相互关系的论述构成了农业社会学的基本架构，为社会学者思考农业问题提供了一个很好的范式。这是本书对社会学理论的贡献。但是，我们也应该看到农业问题的复杂性，正像本书所讲到的，农业问题涉及的方面很多，如生态、气候等自然规律，农业的经济规律，农业的社会文化规律等，要深刻地解释和运用这些规律不是一蹴而就的，更不是一本《农业社会学》可以完成的。许多问题有待于进一步深入探讨，从内容上看，如农民与政府关系的研究、农业问题解决的实证研究、农民组织的促进、农业文化的开发与保护、现代农业与新农村建设的关系等，都需要进一步探讨。从研究方法上看，农业社会学特殊的研究对象应该有自己独特的研究方法，方法的成熟对促进学科的发展是十分重要的。朱启臻的《农业社会学》给我们社会学工作者开了一个好头，使我们社会学的触角和思维得到了延伸，它的意义不仅在于推动了农业社会学的产生与发展，还在于对促进社会学研究的繁荣具有启发意义。希望有更多的中青年学者参与农业、农村和农民相关的社会学的研究，对解决中国的"三农"问题做出自己的实际贡献。像党的十七届三中全会所倡导的那样：继续解放思想，必须结合农村改革发展这个伟大实践，大胆探索、勇于开拓，以新的理念和思路破解农村发展难题，为推动党的理论创新、实践创新提供不竭源泉。

社会学的春天和社会学家的任务[*]

一 社会学的春天

"社会学的春天"这句话是胡锦涛同志在2005年2月政治局第20次集体学习会后，对景天魁、李培林同志讲的。原话是："现在提出建设和谐社会，是社会学发展的一个很好的时机，也可以说是社会学的春天吧！"[1] 现在是社会学发展的难得的好机遇。

纵观当今中国改革开放30年来的形势，可以用两个出乎意料来概括。一是经济建设取得的巨大成就出乎意料。从1978年至2008年，我国的GDP由3645亿元人民币增加到30万亿元人民币（约合4万亿美元），人均GDP从381元人民币飞跃至突破3000美元大关，进入了世界中等收入国家的行列。目前我国经济总量排名位居世界第三，而且经济发展的势头很好，有望继续保持发展。经济发展、经济建设能有如此巨大成就，这是改革开放发轫时许多人没有想到的。《邓小平年谱》曾经多次讲到改革开放后经济建设取得的辉煌成就，他事先是没有预料到的。2007年基辛格在上海曾经说过：我1972年第一次到上海，如果那时有人说35年后上海会是现在这个样子，我是不会相信的。

---

* 本文原载《北京社会科学》2009年第5期（庆祝新中国成立60周年专刊），发表时间为2009年10月15日。原稿写于2009年7月19日。该文还收录于《社会建设论》（陆学艺著，北京：社会科学文献出版社，2012年3月）、《中国社会结构与社会建设》（陆学艺著，北京：中国社会科学出版社，2013年9月）。——编者注

[1] 参见李培林《完善学术研究管理 推进国家社会建设》，载《行与知——中共中央党校第31期中青一班三支部学员从政经验交流文集》，贵阳：贵州教育出版社，2011年12月，第85页。——编者注

另一个出乎意料的是社会发展和社会形势。经济形势好了，社会矛盾、社会问题反而大量增加了，这也是改革开放初期没有预料到的。

改革开放之初，社会上曾经有个比较普遍的说法，我们现在遇到的堆积如山的社会问题和困难都是因为穷，听党中央的话，把经济搞上去了，这些问题就迎刃而解了。30 年过去了，经济形势好了，但社会问题和社会矛盾不是少了，反而是更多了。不错，经济发展了，原来的问题是解决了一批，但新出现的问题，比原来的问题更多、更复杂。有些原有的问题现在更加严重，如城乡、地区、贫富的差别问题；有些在新中国成立后已经解决了的问题，现在又死灰复燃，如黄、赌、毒、黑问题；又如干部贪污腐败的问题，自 20 世纪 90 年代中期以来，已有数十名省部级、300 多名厅局级、3000 多名处级干部被查处。2009 年上半年全国检察机关立案查处贪腐案 19204 件、24514 人，其中大案 12888 件、处级以上干部 1527 人，这在我们党的历史上是从未这样严重的。还有些是新问题，如群体性事件，这是 20 世纪 90 年代中期以后才有的新名词。为了顺应形势需要，2002 年党的十六大报告就明确提出"社会要更加和谐"。2004 年十六届四中全会提出"要提高构建社会主义和谐社会的能力"，明确提出"社会建设"的概念和理论。2006 年中共十六届六中全会专门就构建社会主义和谐社会进行讨论并做出决定：要在坚持以经济建设为中心的战略条件下，把构建社会主义和谐社会放到突出的位置。十七大修改党章，把社会建设列入我国社会主义现代化建设的总体布局中，使原来经济建设、政治建设、文化建设的三位一体扩展为包括社会建设在内的四位一体，并且明确提出要"加快推进以改善民生为重点的社会建设"。

十六大以来，特别是十六届三中全会以来，中央提出了贯彻落实科学发展观、构建社会主义和谐社会等重大战略思想，在社会建设方面做了大量工作，取得了很好的成绩。例如在农村进行税费改革，全部免除农业税，增加"三农"投入，给农业多种补贴；进行了全国范围的医疗体制改革，在农村恢复重建了新型农村合作医疗体系；对教育体制进行了改革，着手构建城乡一体的社会保障体系。国家加大了对教育、医疗、社会保障等方面的财政投入，使上学难、看病难、住房难等方面的问题有所缓解，社会建设取得了一定的进展。

但就目前的社会形势看，随着发展进步而产生的种种矛盾和问题仍然很多。

（1）发展不平衡，城乡之间、地区之间、社会阶层之间存在明显的差距。

（2）关系国计民生的教育、医疗、住房、社保的体制正在改革，还没有按社会主义市场经济体制的要求改变过来，上学难、看病难、住房难、养老难等的问题还没有解决。

（3）人口、资源、环境的压力加大，耕地减少，能源资源短缺，污染严重，直接制约着经济的持续发展和广大人民群众的健康。

（4）社会治安事件、刑事犯罪案件频发，群体性事件增加，社会稳定的形势受到挑战。

（5）一些社会成员诚信缺失，道德失范，一些领域领导干部的贪腐现象仍然比较严重，官风业风不正，一些地区的民风也不正。

所有这些问题都直接影响着经济的持续发展，影响着和谐社会的构建。其中不少问题已经存在多年，党和政府已经采取了诸多措施，但总是屡解不决，有的还在继续恶化甚至越来越严重。而这些问题又必须解决，否则，全面建设小康社会这一社会主义现代化建设事业的目标就难以实现，这是我们面临的挑战，而这也给我们提供了分析、解决这些问题的机遇。

二　社会学家的历史任务

中国社会学家的历史任务其实也是中国面临的历史任务。中国正在经历"三千年未有的大变局"，正在由一个农业社会、乡土社会、传统社会转变为工业化、城市化的现代社会。新中国成立 60 年来，特别是改革开放 30 年来，我国的经济建设已经取得了辉煌成就，但我们的社会建设、政治建设、文化建设还相对滞后，今后改革发展的任务还很重。

现在，我们面临改革发展的关键时期，是矛盾多发期，应对处置解决得好，实现经济社会持续协调发展，就能顺利通过关键时期，进入现代化社会。

十七大报告指出："当今世界正在发生广泛而深刻的变化，当代中国正在发生广泛而深刻的变革。机遇前所未有，挑战也前所未有，机遇大于挑战。"[1] 如何在这个新的历史时期，抓好用好这个千载难逢的重要战略机遇期，求真务实，善于应对，锐意进取，攻坚克难，加快推进社会主义现代化建设，使我们伟大的祖国在世界上重新崛起，这是我们党和人民面临的

---

① 《中国共产党第十七次全国代表大会文件汇编》，北京：人民出版社，2007 年 10 月，第 2 页。

历史任务，也是社会学家面临的历史任务。

就现阶段来说，中国社会学家面临的任务有三个方面。

第一，积极参加社会主义现代化建设，调查研究，出谋划策，为社会转型、体制转轨、和谐社会建设提供理论和方法的支撑。

费孝通教授曾经指出：社会主义现代化建设需要社会学，社会学也将在社会主义现代化过程中发展繁荣起来。现在，我们可以说，构建社会主义和谐社会需要社会学，社会学也将在构建社会主义和谐社会的过程中发展和繁荣起来。

我们是一个刚从计划经济体制转变为社会主义市场经济体制的国家，社会主义市场经济体制还在完善过程中；我们又是一个刚刚从农业、农村社会转变为工业化、城市化的国家，整个社会还处在转型过程中。对待这种新的历史阶段面临的新形势，十六届六中全会做了很好的概括和表述："特别要看到，我国已进入改革发展的关键时期，经济体制深刻变革，社会结构深刻变动，利益格局深刻调整，思想观念深刻变化。这种空前的社会变革，给我国发展进步带来巨大活力，也必然带来这样那样的矛盾和问题。"①

过去我们主要是用经济的办法来解决问题，因而把主要精力放到经济建设上，这当然是必要的。但现在看来，经济发展虽然解决了一批问题，却不能完全解决这些问题，而且在经济发展之后，还产生了一些新的社会矛盾和社会问题。社会主义现代化建设不仅仅是经济建设，还有社会建设、政治建设、文化建设，还要靠社会的、政治的、文化的理论来综合解决这些问题。例如这次世界金融危机，就不是单靠经济的办法所能解决的。

社会学家参加社会主义现代化建设面临的就是关乎国计民生、社会主义现代化事业成败的问题。我们要运用社会学学科的理论和方法来分析这些纷繁复杂的问题，提出我们社会学家的看法，研究出解决的方案。

社会学研究社会问题有宏观方面的课题，也有微观方面的课题。从历史上看，欧美等国的社会学家早期主要是从宏观方面进行研究。第二次世界大战以后，特别是20世纪六七十年代以后，社会学研究的问题越来越具体，微观方面的研究多起来。

处在空前社会大变革过程中的中国，产生的多种社会矛盾、社会问题

---

① 《中共中央关于构建社会主义和谐社会若干重大问题的决定》，北京：人民出版社，2006年10月，第3页。

如何解决，新生的各种社会阶层、社会群体的关系如何协调，新的社会体制如何建立（如新的教育、医疗、社会保障的体制如何建立完善），这些都是宏观方面的大问题。研究得好，解决得好，整个社会才能协调健康运行，社会才能和谐、长治久安、可持续发展。当代的中国社会学家应该主要研究这些宏观问题。

第二，发挥社会学学科的描述、记叙的功能，把中国正在发生的千年未有的社会大变迁记录下来，这有很重要的现实意义和历史意义，既有重要的学术价值，也有重要的理论价值。"小城镇调查"、"百县市经济社会调查"都属于这一系列工程的一部分。

从社会学发展历史上看，我们的社会学大师们（马克思、斯宾塞、迪尔凯姆、帕森斯等），或是生活在资本主义工业化的初期，或是生活在工业化中期的某一阶段，其一生在漫长的社会变迁中只经历了几十年工夫。我们很幸运，生活在中国从传统的农村社会转变为工业化、城市化的现代社会的时代，经历了中国工业化前期、初期、中期，乃至工业化后期的全过程，同时又经历了由计划经济向社会主义市场经济变革的全过程。这样的经历在短短60年间，特别是改革开放以来30年间发生了。这种经历在历史上是罕见的。把中国的这场伟大而深刻的社会变革从各个方面、用各种形式尽可能如实地记录下来，是一项很重大的学科建设的一项重大任务，意义非凡。而且以后历史越久，这些记录就越有意义，弥足珍贵。这不仅是研究社会学的宝贵资源，而且对其他学科的研究也有重要价值。

中国社会学有一个好传统，就是从社会学传入中国以来，社会学家就很重视社会调查，例如定县调查、江村经济、禄村调查等现在都成了研究中国那个时代国情的最重要的依据。社会学重建以后，费先生的小城镇调查，雷先生的全国五大城市的婚姻家庭调查，中国社科院的百县市经济社会调查和北京大学的口述史调查，都是把这场大变革记录下来的宝贵资料。

我们要继承这个传统，开展这方面的调查研究，不仅做农村城市的调查，也做各行各业的调查，做各个阶层的调查。这不仅对学科建设有意义，其实这种调查和记录，也是进行现实课题研究的重要环节，是基础性研究的重要部分。从学科建设角度看，是建立中国社会学理论体系的基础部分，或者是中国社会学理论的起点。

第三，要加快进行社会学的学科建设和队伍建设，建设一支宏大的社会工作者队伍，这支队伍的灵魂和骨干应该是社会学和社会学家队伍。

中国的社会学自重建以来，30年时光虽历经坎坷仍不断发展。特别是开头 10 年，重建和恢复相当艰难，到 1987 年全国只有 11 个大学有社会学系。社会学是在世纪之交后，也就是 1999 年大学扩招后蓬勃发展起来的。

我们现在已有了 80 多个社会学系，180 多个社会工作系，全国约有 1 万多名在校本科生，1000 多名硕士和博士研究生。高校有专职的社会学教师 4000 多人。社科院等单位的社会学研究工作者近千人。30 年来，也有了一大批社会学的专业学术论著，应该说，恢复重建社会学已经有了飞跃式的发展，取得了很大成就，这首先要肯定。

但是就社会学的学科建设和专业队伍论，与中国经济社会发展和构建和谐社会的需要来说还很不相称。从社会需要来说，要构建社会主义和谐社会，调整社会结构，协调利益关系，进行社会体制改革，加强社会建设和社会管理，都需要大量社会学工作者开展工作，提供社会学的理论和方法的支撑。然而目前社会学的发展现状还不能适应这种需要，存在的主要问题有以下几个。一是队伍偏小。十六届六中全会提出，要"建设宏大的社会工作人才队伍。造就一支结构合理、素质优良的社会工作人才队伍，是构建社会主义和谐社会的迫切需要"。[1] 有关方面计算过，如按工业化国家每千人口有 1.5～2 名社会工作者计算，中国需要 195 万～260 万名社会工作者。现在各地正在建立社区委员会，北京率先在市和区两级建立了社会建设工作委员会，在街道建立了社区委员会（社工系毕业的学生就业状况很好）。二是社会学队伍的总体素质有待进一步提高，专家和学科带头人相对缺乏。重建以后，从社会学的专业队伍看，主要是四类人：第一类是费孝通、雷洁琼等一批新中国成立前学有专长的社会学专家，现在已相继谢世，硕果仅存的几位也都在 90 岁以上高龄，退出了学术舞台；第二类是社会学重建初期，从哲学、历史、外语等专业转过来的，现在也都逐渐超过退休年龄；第三类是 20 世纪五六十年代以后出生的，改革开放后学习、进修过社会学专业，或从国外学成归来的中青年专家，现在是各条战线上的业务骨干；第四类是 20 世纪 70 年代以后出生的、科班出身的青年学者，他们正在成为社会学的中坚力量。目前，人才队伍中最大的问题是素质的提高，要培养一批学有专长的学科带头人和著名专家。虽然有 200 多个系，但硕士点和博士点仍很少。截至 2005 年，全国社会学硕士点只有 87 个，博士点 25 个（其中 9 个是人类学的），每年毕业的硕士、博士很少，这是制

---

[1] 《中共中央关于构建社会主义和谐社会若干重大问题的决定》，北京：人民出版社，2006 年 10 月，第 38 页。

约队伍成长的瓶颈。三是社会学的学科建设还处于继续打基础、增门类、扩大社会影响的基本建设阶段。就社会学理论方法和社会学史的建设方面，从费先生主编第一本《社会学概论》起至今，我们已经取得了很大的成绩，但在真正建立起具有中国特色的中国社会学理论体系和找到及掌握符合中国国情需要的社会学方法等方面还有待努力。社会学学科是一个庞大的体系，国外社会学的分支学科有100多个。我们现在只有30多个（中国社会学会下的专业委员会只有10多个）。有的还刚刚建立，连教材还未编出来。所以，就学科建设来说，仍需扩大门类。

社会学学科建设还有一项任务就是要把社会学这门学科的理论、方法，乃至社会学的一些概念、词条用多种方式、多种途径传播到社会上去，扩大社会学的社会影响，使广大干部和群众能知道社会学，应用社会学，使其在实践中起作用。

社会科学界应加强对社会建设
理论与实践的研究[*]

接到史书记的通知，说希望我能在3月中下旬的社科联全委会上讲一下学会、基金会如何通过调查研究、成果转化发挥作用，提高学术创新的能力。我这些年工作的体会是，社会科学研究要为国家改革和发展需要服务，选择好自己的项目和课题，进行深入的调查研究。

围绕着这个主题，我简单谈以下三点：一是中国目前面临的经济社会形势与加强社会建设、创新社会管理；二是北京市社科联及其服务和管理的学会、民办社科研究机构和社科类基金会等社会组织是社会建设和管理的主体之一；三是社会科学界应加强对社会建设理论与实践的研究。

一 中国目前面临的经济社会形势与加强
社会建设、创新社会管理

进入21世纪以后，我国的经济持续高速发展超过了几乎所有人的预料，与此同时，中国的社会问题、社会矛盾凸显，这也超出了许多人的预料。

面对这种经济报喜、社会报忧的矛盾的状况，党中央全面分析了国内国际的大局，审时度势，科学决策。党的十七大，修订了中国共产党章程，把社会建设纳入实现社会主义现代化"三位一体"的总体布局，发展成为包括社会建设在内的"四位一体"的总体布局，标志着中国进入了以社会建设为重点的新阶段。2011年初，党中央召开了省部级主要领导干部关于

---

* 本文源自作者手稿。该文稿系陆学艺于2012年3月27日在北京市社科联第五届第六次全体委员（扩大）会议上的发言稿。原稿无题，现标题为本书编者根据发言内容所拟定。——编者注

创新社会管理的专题研讨会，再次重申了加强社会建设和创新社会管理的重要性和紧迫性。目前，加强社会建设、创新社会管理正在全国蓬勃展开。现在的社会建设正像 20 世纪 80 年代的经济建设一样，各地都在实践、研讨，正是出经验、出成果的时期。

二　北京市社科联及其服务和管理的学会、民办社科研究机构和社科类基金会等社会组织是社会建设和管理的主体之一

社会组织是社会建设不可或缺的载体，是把人民群众组织起来，搞好社会建设和社会管理，进行社会整合的一种有效形式。社会组织的发育和运行有利于社会自治，能够弥补政府之不足，降低行政成本。因此，在社会主义市场经济的条件下，要提高党和政府的执政能力、有效地进行社会建设和管理，除了发挥政府职能之外，还要注重发挥人民团体和社会组织的作用。

北京市社会科学联合会是北京市社会科学界学术性社会团体的联合组织，是中共北京市委领导下的人民团体，是党和政府联系首都社会科学工作者的桥梁和纽带。北京市社会建设工作委员会将北京市社科联认定为社科类枢纽型社会组织，负责对学会、民办社科研究机构和社科类基金会等社会组织进行服务管理，因此，社科联、学会、民办社科研究机构和社科类基金会等都是除了政府之外进行社会建设和管理的重要主体，对推动重大理论和现实问题的研究以及哲学社会科学的发展起着积极的作用。社会建设建什么？怎么建？需要我们出力，现在是千载难逢的机会。

三　社会科学界应加强对社会建设理论与实践的研究

社科联不仅是一般的社会组织，还是社会科学界学术性团体的联合组织，担负着组织、管理和协调社会科学学术界开展理论研究与学术交流的重要职责。在加强社会建设和创新社会管理的关键时期，社科联以及下属的基金会等应更加重视社会建设理论与实践的研究。

现代化国家发展的历史经验表明，一个国家要实现现代化，最基本的是两条：一是经济要繁荣发达，二是社会要全面进步，两者相辅相成，互为条件，缺一不可，所以经济社会一定要协调发展。当今中国的问题是曾

经有一个阶段、一些部门、一些地方过分强调经济建设的重要性，搞起了
GDP 挂帅，忽视了社会建设，造成了"经济这条腿长、社会这条腿短"的
尴尬局面，经济发展与社会发展不平衡、不协调成为当今中国最重要的矛
盾，已经出现的许许多多经济问题、社会矛盾正是由此派生出来的。要实
现经济社会协调发展，不仅仍然需要经济理论和方法作指导，而且需要将
社会理论和方法也作为观察分析问题的指导思想，改革社会体制，调整社
会结构，制定相应的社会政策和措施，化解社会矛盾，解决社会问题，逐
步使经济社会协调发展。

　　选择社会建设作为下一步战略重点的理由主要有以下四个方面：一是
转变经济发展方式，扩大内需；二是化解现在的社会矛盾和冲突；三是增
强中国的综合实力；四是为下一步政治体制改革做好准备。

　　陆学艺社会学发展基金会自设立以来，一方面奖励对社会发展和社会
政策做出突出贡献、产生广泛社会影响的成果；另一方面还积极参与了一
些关于社会建设的调查研究项目。我去年①一年在成都调研，前前后后去了
五次。主要是受成都市委市政府的约请去做社会建设规划和指标体系，同
时我们自己也进行社会建设的试点。社会建设包含 8 个方面的任务就是在那
里总结出来的。前任成都市委书记李春城在那里干了 10 年，确实干得不错，
我对成都的总结是"搞农业，把工业搞好了；搞农村，把城市搞好了；搞
社会建设，把经济搞起来了"。我带领着课题组成员在成都待了 70 多天，
通过部门座谈、社区和农村调研、各阶层访谈、2000 份问卷入户调查等，
最终完成了《关于制定成都市中长期社会建设规划的意见》《2011～2015 年
成都市社会建设指标体系》《成都市社会阶层状况研究报告》三项研究成
果，李春城书记对课题组的研究成果做了两次重要批示，并责成相关部门
进行落实。

　　总之，今后我们"社会建设和社会管理"的题目还要继续做下去，也
希望更多的学者和研究机构参与到社会建设和社会管理的研究中来，为实
现社会现代化的目标贡献更多的理论支持和智力支持。

---

　　①　指 2011 年。——编者注

中国乡村社会学研究的一个新品牌[*]

　　安徽是农业大省，改革开放以后，逐渐发展为一个农业强省。中国的包干到户是从安徽小岗村开始的，中国农村税费改革也是安徽先试点的，还有农村社会化服务体系，安徽也是率先起步的。因此，研究中国乡村社会的发展和变迁不能不研究安徽，不能不关注安徽，不能不调查安徽。

　　安徽的社会学者一直坚持以农村社会学研究为重点、以农村研究为方向。安徽省社会科学院社会学研究所自1993年成立以来，和安徽大学社会与政治学院、安徽师范大学历史与社会学院一起立了多个关于农村研究的项目，如中国农民工研究、留守儿童与流动儿童研究、迁移婚姻和留守妇女研究，都已取得了较好的学术成果，产生了良好的社会影响。在国家社科基金重点项目"中国百村经济社会调查"中，安徽的学者承担了3个村。已经出版了《大别山口的美丽家园》《魅力盐铺》，淮南凤台的钱庙村初稿也已完成。他们在农村社会学领域的研究成果还有很多，有些（如留守儿童的研究等）不仅在我国产生了广泛的影响，而且引起了国际社会学同行的关注，对外的学术交流在增加、学术影响也在逐步扩大。

　　2005年，中国社会学会在安徽召开学术年会，安徽社会学会举办了"农民工是中国农村中等收入者的主体"论坛，取得了成功。2008年以来，他们在中国社会学会学术年会上，先后又成功地举办了"中国农村改革三十年""城乡一体化进程中的中国农村社会变迁""中国乡村社会建设""中国乡村生态文明建设"等分论坛。这些论坛是以中国乡村社会为讨论对象，每个论坛都吸引了来自全国各省份该领域的学者参加，在某种意义上

　　[*]　本文源自《民生时代的中国乡村社会》（黄家海、王开玉、蔡宪主编，北京：社会科学文献出版社，2012年7月，序言一，第1~2页）。该文系陆学艺为该书撰写的序言，《工商导报》2012年7月12日B6版转摘。——编者注

说这些论坛也体现着全国农村研究的水平，可以说是中国社会学会学术年会乡村研究的一个品牌。他们的每个分论坛都邀请我，我也都参加了。为这些专题论坛投稿的作者不限于安徽，而是来自全国十几个省份；也不限于中国，也有外国学者。他们办的论坛规模不断扩大，在西安办的"城乡一体化进程中的中国农村社会变迁"分论坛上，参加的学者有一百多人，不仅有来自全国许多省市的学者，还有来自美国、日本、韩国与中国香港和中国澳门地区的学者，影响较大。这次论坛获得了当年中国社会学会的论坛组织奖。

中国社会学会学术年会的论坛一年比一年多，内容一年比一年丰富，赴会的学者一年比一年多，这充分证明了中国社会学会采取论坛的形式召开学术年会是一个创新。从参加论坛的学者来看，队伍也在不断扩大，有专业研究机构的学者，有大学的教师，有党校的理论工作者，还有政府部门的研究者；有中老年学者，还有更多的青年学者。从论坛的内容来看，汇集了各种学术观点、各种视角的理论研究成果，吸收了各种新鲜的理论养分，社会学的研究学理性和真实性得到了充分的体现。

胡锦涛同志在党的十七大报告中指出，"必须在经济发展的基础上，更加注重社会建设，着力保障和改善民生"。[①] 因此，我们在经济建设上取得巨大成就的同时，社会建设和民生建设也有很大改善。但目前却是我们社会发展中面临问题最多的时期，也是最复杂的时期，这就要求我们社会学学者要有新的担当。我们需要适应新的形势，创新研究方式，来验证社会学发展的各种理论模式，对实践进行理论总结。

实践证明，举办论坛是较好的研究方式之一。论坛的举办不仅取得了很多的成果，也是中国社会学会活动内容丰富多彩、模式不断推陈出新的一个缩影。这个时期是我们的社会学研究成果得到媒体传播最多、最广泛的时期，也是研究成果被决策层采用最多的时期。我们要继续把论坛的学术活动坚持下去，不断完善、不断丰富，研究好我们所处的这个时代，从实践中不断吸取丰富的养分，为社会学的繁荣作出更多的贡献。

安徽社会学会在中国社会学会的指导下、支持下和帮助下，汇集了五个论坛的内容，精选了一批论文，内容非常丰富，我祝贺这本论文集的出版，也希望能有更多的研究成果问世。

---

① 《中国共产党第十七次全国代表大会文件汇编》，北京：人民出版社，2007 年 10 月，第 36 页。

我们要为白马就是马、社会科学就是科学而奋斗[*]

吴敬琏同志是我的老朋友、老同事，还是老乡。他的盛会，我都是要参加的，出版社给我打了电话，我立即就表示要来。

我先看到书。上个月我就收到书①了，一看是俞可平、邢艳琦等编的"当代中国思想家文库"中的一集。俞可平同志也是我的老朋友，又是北大的校友，很谈得来。俞可平同志做了件大好事，他在总序中讲的很多观点，我很赞赏，我特别赞赏总序第 2 页中的两句话："正像高质量的物质产品是祖国富强的宝贵财产一样，进步的思想、文化产品同样也是中华民族振兴的宝贵财富。那些拥有重大发明创造的自然科学家是中华振兴的功臣，那些产生先进知识观念的人文学者同样是民族振兴的功臣。"说得好极了。这三本文集是吴敬琏教授精心自选的文集，是吴教授大半生呕心沥血的思想精品。这些思想在改革开放的过程中，在经济体制改革、经济发展的重大过程中，是对决策起过重大作用的，推动了经济体制改革、推动了经济发展的，这是国际国内社会公认的。这不也是振兴中华民族的财富吗？我们常说科学技术是生产力，吴敬琏教授的这些先进的思想，不也是生产力吗？

一

说到科学技术，曾经有人说"社会科学也是科学"。我听了总觉得有点别扭，没有人说过"自然科学也是科学"。直到 1999 年，经过多年提意见

---

* 本文源自作者手稿。该文稿系陆学艺于 2013 年 5 月 11 日在《吴敬琏文集》（全三册）发布会上的发言稿。原稿无题，现标题为本书编者根据发言内容所拟定。——编者注

① 指《吴敬琏文集》（全三册），北京：中央编译出版社，2013。

酝酿，在李铁映主政时期建立了中国社会科学院学术委员会。2006 年中国社会科学院建立了学部委员制，但只是在社科院里有，院外社会科学界的社会科学家，学术水平再高，贡献再大，也选不成。自然科学的院士有明确的待遇，享受副部级待遇，生病、住院，院士自然可以住高级病房，社会科学学部委员没有。由此我们可以看到，社会科学还不是科学，白马非马是成立的、存在的。另一位领导人说，农民工是工人阶级的重要组成部分，这话肯定是正确的。实际上讲农民工应该是工人，但客观事实上，农民工还不是工人。

但我认为这种现象不合理、不正常，对社会科学不公平，对社会科学发展是很不利的，对现实发展也很不利。俞可平、邢艳琦编辑出版"当代中国思想家文库"，是向世人表示，社会科学就是科学，就是国家财富，是功臣。这对改变这种不公平、不合理的状况是个告诫，对将来社会科学的发展、提高很有价值（落后不利于发展）。

我多年前就说过，中国的许许多多的问题，主要还不是自然科学不发达的问题，主要是社会科学的问题。

1959 年我在北大哲学系读书，冯友兰先生给我们上中国哲学史的课，老先生给我们讲公孙龙子的白马非马论。冯先生讲得很生动有趣，但当时我年轻，不得其妙，白马明明是马，怎么讲白马不是马？好几个同学请他答疑，他做了解释，但我们还是想不明白。直到现在我也 80 岁了，我懂了，阅历多了，社会生活中这种白马非马的社会事实是很多的。

例如，社会科学同自然科学相比，就是这种现象。

（1）自然科学有科委、科技部、科学院；社会科学只有社会科学院。

（2）自然科学有科协，是部级单位，管全国的自然科学学会和各级科协；社会科学在省以下有社科联，但国家级没有。

（3）自然科学有国家自然科学基金，社会科学有国家社科基金，但归中宣部的社科规划办公室管；国家自然科学基金每年有 150 多亿元，国家社会科学基金只有 12 亿元，不到自然科学基金的 1/10。

（4）自然科学有国家级的三大奖项，每年评一次；社会科学没有国家级的奖。自然科学只奖不罚，文艺界有奖有罚，社会科学只罚不奖（省部级也有奖的）。

（5）自然科学有院士制，两年选一次。1950 年学习苏联建立学部委员制，中国科学院有四大学部，那时哲学社会科学部有 50 多个学部委员，但 20 世纪 80 年代中国科学院恢复重建学部委员制时，中国社会科学院没有恢复。后来中国科学院把学部委员改为院士制，社会科学还没有恢复。后来国家科委牵头筹建了中国工程院，建了工程院院士制度。

所以我们要为白马就是马、社会科学就是科学而奋斗。我们有位常常仰望天空的同志提出为什么中国不出大师的问题。他仰望天空，看到了太白金星、北斗七星，但是却说金星、北斗七星不是星，他受了公孙龙子的影响。

难道吴敬琏不是大师吗？吴敬琏等经济学家在改革开放以来的实践中，发挥了如此大的作用，像北斗七星指引着人们在夜晚的航行，这不就是大师吗？这样大的社会变迁，这样的太平盛世，没有大师吗？我是学中国哲学史的，中国少有的几个太平盛世，都出了一大群科学大师。

"当代中国思想家文库"做了一件好事，推广宣传这批大师，实质是正名，是为实现社会科学就是科学而奋斗的一种努力，我希望这样的努力能推动决策部门也来做这件工作，若能如愿，则社会科学幸甚！中国的发展幸甚！

二

这套文集编得很好。第六部分专门编了"维护社会公正，抗击权贵资本主义"，第七部分是"法治、民主与公民社会建设"。我特别看重这两部分。足见吴敬琏不仅是经济学大师，而且是一个当代的大思想家，是提出公平正义，而且身体力行、言行一致的大思想家。这本身是我们社会学家要做的事，早在8年前他就提出经济学家要和社会学家结盟。现在，从发展变迁的时段来看，已经进入经济社会要协调发展的阶段，社会问题越来越多，是该社会学家、政治学家出力的时候了。

可惜，由于各种原因，社会学的发展还很不尽如人意，现在许多现实的社会问题靠这支队伍还不够。昨天，公安部的会议，讨论户口怎么改，城乡二元结构怎么解决。所以，我希望经济学家们把目光投到社会领域里来，共同来解决这个问题。

队伍建设与人才培养

关于研究生学习的几个问题[*]

一 做人与做学问

中国的传统，做人的标准：立德、立言、立功。首先是立德，其次立言，最后立功。一些伟大人物，既立德，也立言，也立功业。如毛主席、周恩来、彭德怀、陈毅等中外历史上的伟大人物，也都如此。一般说，人们可以在某一方面做出一定的成绩。如有些人在"立德"的方面做出成绩：张思德、刘胡兰、白求恩、董存瑞、焦裕禄、雷锋，树立一种道德的典范；有些思想家、学问家，在发展自然科学、社会科学方面做得很突出，可以说是"立言"，如孙冶方 1956 年就提出了要把计划经济建立在价值规律的基础上；有很多人在人类进步事业，在我国的社会主义革命和建设事业中做出了贡献的，这叫"立功""立业"，如许多战斗英雄、劳动模范，目前的一些有成就的企业家等。

当然就总体而言，这三个方面中在某一方面称得上有贡献、有成就的人物，在其他两方面也都有一定的基础，但是以某一个方面为主。如白求恩，他那种毫不利己、专门利人的精神，国际主义的精神，也与他有精湛的医术有联系；焦裕禄这个好干部，也同他在兰考县做出了一定的成就有联系，但主要的贡献是在树立了一种做人的高尚道德。孙冶方为人正直、斗争性强，是一个好党员、好所长，但他主要表现在他的社会主义政治经济学研究方面有创见。劳动模范、企业家、世界冠军，他们在创业、创成绩过程中，都有过一些好的见解，表现了某一方面的坚韧不拔的精神，但

---

  * 本文源自作者手稿。该文稿写于 1991 年 10 月 12 日，系陆学艺给中国社会科学院社会学所博士生的讲课稿。——编者注

主要是建立了某一方面的功业。不能想象一个人心胸狭窄、自私自利的人能做出伟大的贡献来。

我们做学问，学习社会科学，进行农村社会学的研究，从上述分类的范畴说，我们是要立言的人。但是要在社会科学方面做出有突出贡献的成就，必须有坚定正确的人生观，有高尚的理想和道德情操，有艰苦奋斗、刻苦钻研的精神。如果你自私自利、投机取巧、随波逐流，你就不可能做出学问来，更做不出好的学问来。一定不能做无德之人，不能做文痞。有些人文章做得还可以，但生活作风一塌糊涂，道德低下，背后被人戳脊梁骨。墙内开花墙外香，在本单位被人骂。当然这种人真的好文章也是写不出来的，社会科学要讲真话不容易。

所以我的意见，首先要学会做人，做一个有道德、有理想的人，其次才是学会做学问。这是我作为导师赠给你们的第一个座右铭。

做一个什么样的人呢？我们要像毛泽东同志在《纪念白求恩》中所说的那样，做"一个高尚的人，一个纯粹的人，一个有道德的人，一个脱离了低级趣味的人，一个有益于人民的人"。最近胡乔木同志在为一本《中国精神》题词中说："天下为公；自古皆有死，民无信不立；杀身成仁、舍生取义；富贵不能淫，贫贱不能移，威武不能屈；鞠躬尽瘁、死而后已；先天下之忧而忧，后天下之乐而乐；天下兴亡，匹夫有责；全心全意为人民服务：这些都是永远领导我们前进的中国精神。"[①]

当然，这些都只是讲的一些主要方面，做一个人道德是多方面的，例如为人正直、刚正不阿、艰苦奋斗、谦虚谨慎、不懈进取等等都是。我讲两点，一个要自我奋斗、自我改造、自我完善。中国人讲修养，修身养性。刘少奇写了一本《论共产党员的修养》，把共产主义道德和我们的传统的道德结合起来了，请大家找来读一读。第二是要永远谦虚谨慎、博采众长。你们是中国最早的博士生，从山里考出来不容易，几十万分之一，但就立德、立言、立功、立业来说，你们还只是跨进了社会科学这所殿堂的门槛，要走的路还很长，谦虚使人进步，骄傲使人落后。

二　读书与社会实践

做学问怎么做？当然要读书，要读很多书，但我们是进行社会科学研

---

① 参见中外名人研究中心编《中国精神》，北京：红旗出版社，1991 年 4 月，胡乔木同志的题词。

究、社会学的研究、农村社会学的研究，要研究发现社会发展规律、研究社会结构、研究农村社会变迁，光靠读书不行，还是古人说过的，要读万卷书、行万里路。行万里路，就是要进行社会调查、社会实践。

所以我们除了要刻苦读书，接受前人的遗产，要时刻留意国家大事，要进行社会调查，要参加社会实践，才能真正认识国情，认识社会发展的规律，有所发现，有所创见。

一要关心国家大事。要听广播，要看报纸杂志，要时刻留意农村发生的变化，首先要从宏观上掌握国家和农村发展的形势。

二要有机会就下去，到基层、到群众中去做调查。有条件时，可去参与农村工作一段时间，解剖一两个村、乡、县，要用参与的方法。有条件到各地农村去做访问，了解民情风俗。现在应该了解中国南方农村的变迁，他们的今天就是中西部农村的明天和后天。

实际生活中，社会发展日新月异，许多创造发明都在农村、都在基层。坐在北京，坐在大楼里是做不出像样的学问的。我在日本讲中国转型社会的理论，十时严周先生首先发问："陆教授，你对中国现代化很乐观，很有信心，请问像你这样的教授有多大比例？"我说，凡是了解中国农村的，了解中国基层这样的变迁的，都有这样的观点；而关在北京，在书斋里，听到的都是些不好的声音，所以他们就没有信心了。

三　理论与经验、博与专的关系

就我们做学问的人说，当然主要还是要念书，特别是你们学生期间，主要还是要念书。做一门学问，不苦读十年八年是不行的。有成就的人都有过面壁十年的经历。毛主席最辉煌的是在延安的十年零两个月，他那时真读了很多书。

读什么书呢？我开过一个书单子，科研处找不到了，准备再给你们开一个来。我的意见是读的书要广一些，知识面要宽一些，不要一来就扎到农村社会学这个题目上。你们这一代人知识面来说，先天不足。虽然大学、研究生都上了，但还不够，你们这几年要补。

第一，补基本理论的课。建议你们认真读几本哲学著作、政治经济学的著作。《资本论》要读，特别是第一卷。你们青年，一方面学外语，一面抓紧时间提高一下马克思主义的基本理论素养，打下一个好的理论功底，你们一辈子会受益匪浅的。搞任何社会科学学问，没有扎实的理论功底不行。我这些年在农村经济、农村社会方面做出点成绩，靠的是我的哲学、政治经济学的底子。同样一个问题，判断分析，没有基本理论不行。

第二，要补中国古代传统的典籍的课。中国的今天是从悠久的文化传统来的。中国有优秀的文化传统，你不懂不知老祖宗的学问不行。要读点历史书，《中国通史》（范文澜的好）先读，有个地图了，有个门牌号，然后再一点点地入门去学。《史记》要读，《资治通鉴》要读，《论语》《孟子》《老子》《庄子》，诸子百家要读。

第三，西方的一些哲学、社会学的典籍也要读一点。在中国做学问难，凡是大学问家都是博古通今、融通中外的。

书太多，怎么读法？有些书要精读，读三遍、五遍；有些就是浏览；有些就读过前言目录，读一两章就行了。要读典籍，少读那些乱七八糟三四流东西。读书就像交朋友、请老师，要找好朋友，高明的一指点就行了。毛主席的读书法可以学。

这里回答一个问题：专与博的关系。博士实际是专士。就做学问来说，书要读得多，知识要宽，基础大一点还要扎实。就像垒宝塔，基座打浅了，是造不高的。

四　读书的方法和读书与写作

没有比读书最容易的事了。书本身不会动，你打开它就能念，你读得怎样书是不管的。但读书也是最难的。同样一本书，有人从中读到了真理，受到了启示，有了成就，有的懂一点，有的是全然无用。这里有个方法问题，也就是学习的方法问题，做学问也是，师傅领进门，修行在自身。这个方法也很难说的，但恰恰这个方法是最重要的。

我们是研究工作者，要会写。当然也要当教员，也会讲。首先要会写，要表达。目前主要是念书，但要学会写文章，要练笔。一要经常读些中国的范文，好的古文，这样有利于学会表达，文采也好。毛主席是古为今用的典范，他是写文章的高手。二要经常写，不要急于发。一个办法，是经常记笔记、记日记。文章是逼出来的，挤时间写也就写出来了。我的经验是读书能读到没有字的地方，懂字里行间了，你就会读书了。

五 基本功与绝活

　　知识面宽、书读得多，不等于当万金油，还要有所侧重。重点是搞社会学，是搞农村社会学，搞农村社会学中某一个方面，这就是要有特长，要有绝活。选定了就埋头下去，干十年八年就可有所成就了。不能三心二意，这山望见那山高，不然你永远不会有好的成就。因为知识发展到今天了，百科全书绝不行了，孔子、孟子的办法不行了。另外，你精力有限，要专一门，要使出绝活来。

我与研究生培养[*]

我参加工作以来，一直在中国社会科学院工作。从 1978 年中国社会科学院研究生院成立至今，我就关注着本专业的研究生的培养。1987 年，我被派到中国社会科学院社会学研究所，所做的重要工作之一，就是恢复和新建研究生院社会学硕士点和博士点，期望为我国培养一批社会学专业的高级人才。从社会学系被授予博士生招生点的十几年来，已经培养了 30 多名博士和一批硕士。我自己培养的博士，包括现在的在校生也已达 19 名。由于社会学系既是社会学研究所的一个重要的职能部门，又是研究生院的一个系，日常的研究生培养和管理主要由研究生院和系里共同承担。社会学研究所非常重视研究生的培养工作，导师与系里经常进行讨论和研究，针对每个学生制定出切实可行的培养方案，并在制度上予以保证，从而形成了所、系和导师三层负责的体制。特别是导师在对学生的培养和辅导中，认真负责、细致周密，并且严格要求他们，使他们经过三年的训练具有独立科研的能力，成为我国社会学方面的高级专业人才。

我个人培养研究生十几年，一直主张对研究生的培养，既要扎扎实实地打好他们的理论功底，又要经常带领他们深入社会的实践中，使学生从实践中获得最直接的感性认识，并充分了解和认识当今的现实社会，把握住时代的脉搏。这样，他们在未来的研究工作中就不至于脱离社会实际，这对他们的研究水平的提高是有帮助的。所以，我对所带的研究生主要有两点要求，一是做学问的前提是做人，没有一个好的人品和人格是不能做好学问的，即使是你一时小有成绩，但没有一个令人敬佩的人品、人格，所做的学问也不会令人佩服和长久。二是做学问必须扎扎实实，经得起历

---

  * 本文原载《光明日报》1998 年 9 月 18 日，第 2 版。该文系作者为纪念研究生教育恢复 20 年、中国社会科学院研究生院建院 20 周年而写的特约稿。——编者注

史的推敲和验证。我在指导研究生时，经常带领他们到农村搞调查研究，了解国情和农情，从实际中掌握社会学理论和方法。由于我所带的研究生除了一小部分是刚出校门没有社会实际工作经验外，大部分都有过一段时间的社会工作经历，但是我认为还是有必要让他们再一次深入社会、深入农村。带着问题和站在更高层次观察社会生活，意义和过去就完全不一样了，他们已经是具有社会学理论和掌握了社会学调查研究方法的高级专业人才，他们所做的社会实践不是原来那种无目的、无意识的社会实践。他们带着这种研究方法，带着自己的研究课题深入社会实践中，进行调查研究，这样才便于他们学术水平的提高，将来才能有所作为。

我国的研究生培养实行的是"导师制"，也就是导师传授学生学问，学生学成后回报国家、回报社会、回报人民。这是我们的文化传统使然，也是民族文化的传递和延续所在。在迈向 21 世纪、谱写新的世纪篇章之际，国家需要大批的具有高级专业知识的人才，只有在普遍提高全民族文化水平的基础上，才能完成在本世纪内实现我国现代化的目标。在实现现代化的过程中，知识也必将起到不可或缺的重要作用。若要完成现代化的伟大目标，年轻学子必须发奋学习，真正能够挑起历史赋予的这一重担。中国社会科学院研究生院作为我国培养高级人文专业人才的阵地，建院 20 年来，为我国培养了大批优秀人才，他们在各自的工作岗位上为国家的现代化的实现做出了自己应有的贡献。研究生院与导师在未来的研究生培养上，必将共同努力，把研究生培养工作做得更好，为国家培养出更多急需的高级人文专业人才，这是我作为一名博士生导师的心愿。

研究室是培育研究员的摇篮*

中国社会科学院的前身——中国科学院哲学社会科学部（以下简称学部），1958年从西郊迁到建国门内大街5号原海军大院。这个大院是海军总部于1952年在原贡院基础上建成的。学部进驻后，1号楼是学部机关和哲学所，2~3号楼是历史所，4号楼为外国文学所，5号楼是学部政治部，6~7号楼是文学所，8号楼是集体宿舍。自此以后，举凡从大学分配来学部工作或从外地调来工作的单身汉，都住在8号楼。结婚了，生孩子了，分到了家属宿舍，再搬出去，然后再有新的单身汉住进来，循环不已，一直到1980年因新建院部大楼而拆除该楼为止，前后有数百人都住过8号楼。和学部机关在一起的哲学所、文学所、历史所、外国文学所和学术资料室，以及新建单位的单身职工都住在这里。8号楼在1号楼的西侧，呈底直且长的鱼钩形（L）。我于1962年考进哲学所，就住在8号楼东侧的拐角处，同王树人、许醇仁、杜好祥一个屋。那是个稍大一点的房子，别的房子都是10平方米左右，住两个人。那时，我们白天到办公室读书、学习、开会，听老先生讲课，晚上回宿舍吹牛、侃大山、下棋、打扑克。节假日，几个单身汉凑在一起把点心票、肉票聚集起来，买成食物，那里成为改善生活、打牙祭的场所，其乐也融融！我在8号楼住了三年多，有人在这里住过近十年或十多年。许多人在这里，从一个大学生逐渐成长，逐渐成熟，做出了学问，成为学者。后来，不少人都怀念8号楼那段生活。近几年有不少同志提出，要重建8号楼，认为这是安置各所新来的大学生、硕士生、博士生的好地方。有人说："社科院的8号楼是培养研究员的摇篮。"

不错，在8号楼住过，后来成长起来的研究员，可能有好几百人。8号

---

* 本文源自作者手稿，原稿写于2000年2月27日，系陆学艺撰写的两篇《所长札记》之一。——编者注

楼里出了一大批研究员，几十个所长、副所长和几个院级领导。但那毕竟是个住所，从学术上说，中国社会科学院真正培养研究员的摇篮是研究室。

中国社会科学院实行三级管理：院部—研究所—研究室。20世纪80年代以后，研究所多了，为了管理方便，按学科分为经济学、历史学、哲学、文学、政法、国际关系6个分部，由一位分管副院长牵头，但这是为了管理方便，片不是实体。从组织结构说，中国社会科学院是"三级管理，室为基础"。院是人文、社会科学研究机构的总汇，是实体；研究所一般都是一级学科的研究机构，是法人单位，是科研行政的实体；研究室则一般是二级学科的研究实体，好比大学里的教学研究室，是具体安排研究工作、做学问、出活的地方，也是直接把青年培养为学者，使其成为研究员的摇篮。

在20世纪五六十年代，各研究所的研究室数目并不多，研究人员也不多，但学术地位很高。如20世纪60年代初期的哲学研究所，人员不到百人，有7个研究室。辩证唯物主义历史唯物主义研究室，室主任由学部第一副主任、所长潘梓年兼任，其是6级干部、一级研究员，学术秘书是邢贲思；逻辑学研究室，室主任由副所长金岳霖兼任，其是一级教授，学术秘书是倪鼎夫；西方哲学史研究室，室主任是贺麟，一级教授，学术秘书是汝信；外国（现代）哲学史研究室，室主任是杜任之，9级干部；自然辩证法研究室，室主任由于光远同志兼任，其是学部委员。我于1962年考到中国哲学史研究室当研究生，那时研究室有两位四级研究员，两位副研究员，但室主任由北京大学冯友兰兼任，其是一级教授，学术秘书是陈克明。其他各所的情况也类似。很多著名学者，都当过研究室主任或副主任，如杨向奎是历史所明清史研究室的主任，蔡美彪是通史研究室主任，钱锺书是文学所文学理论研究室主任，等等。

中国社会科学院的研究室，一般是二级学科的研究实体，有不少还有自己的刊物，如自然辩证法研究室主编了《自然辩证法通讯》、中国哲学史研究室主编了《中国哲学史》。20世纪80年代以后，各学科成立全国性的研究会，秘书处就设在研究室，研究室主任或副主任被选为研究会的会长、副会长，或秘书长，担负着这个学科全国学者的组织、协调、交流和合作的学术工作。

研究室是研究实体，好比积木，一个研究室就是一个积木块。一旦国家需要，这些积木块，可以成建制地重新组合，成立新的研究所。如亚太研究所，原来就是由世界政治经济研究所的亚太研究室和南亚所的几个室联合组建的。有的则就是由一个研究室扩建成研究所的。为了适应经济建设的需要，1978 年以后，原来经济研究所的工业经济研究室扩建为工业经济研究所，农业经济研究室扩建为农业经济研究所，财贸研究室扩建为财贸研究所，等等。

研究室是开展学术活动的中心。一个研究所，大者数百人、百余人，小者也大几十人，虽说是一个大学科，但都分门别类，有好多个研究学科、研究室，一年也开不了几次全体会议，全所性的集体学术活动是很少的，有不少新来的研究人员，几年也认识不完在一个所的同事。研究室就不同了，多则十几人，少则几个人，一般只有一个办公室，大家每周都会见面，因为都是研究同一个具体学科的，在一起有说不完的话题。20 世纪 80 年代以后，实行课题制，申请课题的牵头人一般是室主任或本室的资深研究员，成员多数是本研究室的成员，加几个外单位的同行专家，但真正具体操作的骨干，是本研究室的。一项课题研究有的一两年，有的要好几年。大家一起讨论、一起写作，忧思与共，欢乐与共。出成果，出作品，是在研究室集体进行的。所以研究室是开展学术研究、学术活动的中心。

研究室也是一个学术生活的集体，也像一个大家庭。研究室几个人、十几个人，一般是老、中、青都有的。有资深年长的研究员、副研究员，有年富力强的中年副研究员、助理研究员，也有新毕业来的年轻人，还有若干本研究室研究员、副研究员的硕士生、博士生，他们有的就是本室研究成员的候补者。有的研究所还实行准导师制，由所里、室里指定新来的年轻人，请一位资深的研究员带。我于 1962 年考入哲学所，导师是容肇祖研究员，同室的丁冠之同志也由所里指定请容先生带，所以容先生给我授课时，丁冠之总是随同一起听课。我和丁冠之随容先生十多年，学知识、学理论、学做学问的方法，也学容先生的为人处世的做法，潜移默化、逐渐成长起来。在一个研究室里，资深研究员对青年研究者起到了传帮带的作用。这门学问也就这样一代一代地传承发展起来。

其实，在一个研究室里，大家在一起不仅是搞研究、做学问，而且也长期生活在这个集体里。一个青年人进到研究室，往往几十年就生活在这个研究室的集体里，从朦朦胧胧到成长为这门学科的专家，从青年到中年再到老年，学术上会遇到很多问题和很多困难，需要名师指点，同事激励、支持。生活上也会遇到诸多问题，特别是在以前那种物资极度匮乏的岁月，谁结婚了，分到房子了，老家出了问题了，家属生病了，孩子上学了，遇到困难时，首先出来帮助的，是本研究室的同事，大家相互帮助，相互扶持。一个好的研究室，同事之间，关系都是比较好的。现在生活条件好了，节假日研究室的同事们常常带着全家结伴旅游，所以家属之间、孩子之间也都成了朋友，真像一个大家庭。

办好一个研究室，关键是有一个好的研究室主任，有几个学术骨干。他是本学科（二、三级学科）的学术带头人，在国内外有一定的知名度，不仅自己有强和比较强的科研能力，而且有组织、协调进行重大课题研究的能力（也有学术造诣很高，但行政、组织能力较弱的，则要配备好相应的副主任或学术秘书）。院里正在制定今后十年的科研发展规划，准备要建130个左右在国内具有一流水平、在国际上有一定影响的重点学科，培养造就300名左右学科带头人，并准备建立"首席研究员"和"终身研究员"制度。这都是办好社科院的重大举措，是很有远见的重大决策。要实现这个规划，关键是要把现有的250个左右的研究室办好，重点扶持好、建设好其中一半左右的研究室，使其成为一流的学科研究中心，使每个二、三级学科有1~2个学科带头人。所长、副所长可以不断替换更迭，研究室主任则应该相对稳定。历史的经验证明，按现行公务员条例，把社科院的学术干部像中央各部的行政干部那样，到60岁就一刀切，把室主任统统撤换下来，连所学术委员都按年龄选，这个办法不当，不利于把研究室办好，不利于培养学术大家。实行"首席研究员""终身研究员"制是好的，是建设一流研究室和培养学术大师的好方案。其实，那些从所长、副所长岗位上退下来的研究员，有条件的到本专业研究室当主任、当首席研究员，也有利于把研究室办好。培养人文社会科学家要按人文社会科学的人才发展规律办事，同培养自然科学家、培养文艺人才不同，培养一个一流的人文社会科学家没有几十年功夫不行。

我在哲学所的中国哲学史研究室学习、工作、生活了23年，是研究室培养出来的，深知这个学术集体的重要。所以，我从1988年担任所长以后，就很重视研究室的建设。我院自建院以后，新建了一批研究所，这些所，开始一般都是以课题建室，课题结束，新课题起来了，再重新组合新的研究室，实践证明，这是不成功的。建好一个研究室，人员、研究对象要相对稳定，没有几年、十几年乃至几十年的长期建设，是培养不出专业人才，出不了像样的成果的。

社会学研究所是1980年新建的，开始建的研究室，也是小城镇问题、婚姻家庭一类的研究室。我做的第一件工作，就是规范这些研究室的研究对象和名称。按学科的要求和研究人员的条件，逐步建立了社会学理论、家庭社会学、城市社会学、社会心理学、青年社会学等研究室，以后又相继建立了农村社会学、社会学方法、社会保障等研究室，这些都是社会学这个大学科下的重要分支学科，有相对的独立性，有自己的研究对象，与社会上，特别是与大学里的社会学系的教研室相对应，这样可使研究人员有比较长期的奋斗目标。至于研究课题，可以视课题任务的要求，有的就放在某一个研究室研究，有的大型、综合性的则要跨研究室调人，但任务完成后仍回研究室。

办好一个专业研究室，第一位的是要挑选好研究室的主任，这在前面已经说过了。这方面，我们要学习和继承老学部的传统，把研究室主任挑选好，可以在全国范围的本专业领域里选聘，宁缺毋滥，一时选不到，可以请外单位的著名专家来兼任。当然也可从本院、本所到了 60 岁或超过 60 岁但身体健康的研究员里续聘。这件事应该由院人事局和科研局会同研究所的领导来决定。如果我院能够选聘好 150 名左右学有专长、德才兼备的研究室主任，那么《十年社科发展规划》准备要建 130 个左右具有一流水平的重点学科，就有了保证。现在比较重视选聘所长、副所长，这当然是对的，但对选聘研究室主任就比较疏简，则是不应当的。其实，一个研究所的若干个室主任配备好了，挑选好的所长就有了基础。国外不少学术机构的所长，是各室主任或资深研究员轮流当的。所长有任期，室主任、研究员则一般都是长期的。

办好一个专业研究室，有了好的室主任，还要有若干个学术骨干，老、中、青相结合，形成一个学术实体。按现行的学术规范，一个专业研究室，要从所内外、院内外申请 1~2 个与本专业相关的集体课题，这样研究室就有了一个共同的奋斗目标，有了学术上的共同语言，有了凝聚力，使资深研究员有了发挥专长的用武之地，使中青年研究员在完成课题的过程中，学术上、政治上得到成长，同时，开展各种学术活动，也就有了可以由研究室支配的经费。

研究室应该建立本专业用的资料库和数据库，逐年积累，形成研究室的学术财富。条件许可，或努力创造条件，办一个公开发行或内部交流的学术刊物，这是培养本专业研究人员的好形式，也是扩大本专业研究学术影响和进行交流的好渠道。

条件成熟的研究室，要联合本学术专业的同行学者建立学会或研究会。这也是开展学术活动、进行学术交流、培养中青年学者的组织形式。中国社会心理学会的秘书处设在社会学研究所的社会心理学研究室，中国农村社会学研究会的秘书处设在农村社会学研究室，中国青少年研究会的秘书处设在青少年研究室，它们一般每年都举行一次学术年会或开展各种形式的本专业的学术活动，起到了活跃学术气氛、提高本专业学术水平、推动本学科发展的好作用，同时，也是加快本研究室研究人员成长的好方式。

从 20 世纪 50 年代建立哲学社会科学部，到 20 世纪 70 年代后期建立中国社会科学院，前后已有 40 多年历史。从总结经验的角度来看，研究室是培养研究员的摇篮，也是出成果、出精品的基地，重视和办好研究室是办好中国社会科学院的基础，在这方面我们应该给予更多的关注。

所长的第一要务是聚集人才[*]

科研机构的任务有两条：一是出人才；二是出成果。而成果是靠人做出来的，所以要办好研究所，一定要有人才，有第一流的人才，才能出第一流的成果，才能办好第一流的研究所。

1987 年 1 月，院部调我到社会学研究所任副所长，当时的所长是何建章同志，行政副所长是王庆基同志。我到社会学研究所的时候，何建章同志奉调参加中央一个写作组的工作，所以所里的日常工作就由我主持。到社会学研究所工作后的三个月，那时分管政法、社会片的副院长赵复三同志把我找到他办公室，问我对社会学研究所工作的看法。我向他汇报了这几个月的工作情况。并说，上次院领导交代要处理好社会学研究所同社会学界、同院直各部门以及所内的关系等问题，我想再经过几个月的工作，都会处理好的。社会学研究所的主要问题不在这些方面，主要是缺乏专业业务骨干，缺乏人才。当时全所才有一个研究员，一个博士，三个副研究员。这么大一个学科，这么多科研任务，支撑不起来。赵复三同志很同意我的看法，并说："那你们就想办法往里调人吧！"我说："但全所 93 个编制，人员是满的。"赵说："只要你们看准了的人才，就调。至于编制，我同米局长（指人事局局长米成顺同志）说说，先准许你们超编，以后再调整、归还。"随后，我到人事局向米局长谈了所里人才方面的困难和以后的打算，他对所里人员情况很熟，表示人事局将尽力支持。

有了院领导的支持，我所拟定的调集人才、办好研究所的调配设想，就付诸行动了。社会学研究所是 1979 年上半年开始筹建的，是 1980 年 1 月 18 日经国务院正式行文批准成立的全国第一个社会学研究所。第一任所长

---

* 本文源自作者手稿，原稿写于 2000 年 3 月，系作者撰写的两篇《所长札记》之一。——编者注

是著名社会学家费孝通教授，他工作到 1984 年，1985 年何建章教授接任所长。社会学这门学科，自 1952 年全国院系调整后，就停止招生了，27 年没有培养过本科学生。1980 年成立研究所到 1987 年初，社会学研究所的主要业务人员由四部分人组成：第一部分是原来学过社会学或教过社会学的专业人才，这部分同志人很少，不到 5%，且都长期从事非社会学专业的工作，1980 年以后归队时，都已年近 60 岁；第二部分是 1965 年前大学毕业，从本院哲学所、宗教所、外文所转过来做研究工作的；第三部分是从政府和企事业单位的行政岗位转到社科院的；第四部分是一批上山下乡的知青回城安排到社科院的，他们中多数是高干或高级知识分子家庭出身。1985 年，青少年研究所的大部分研究人员（共 33 人）并入社会学研究所，他们多数也属于上述后两部分类型。所以到 1986 年底，社会学研究所共有 93 人，其中专业人员 51 人。之所以形成这种状况，有客观历史原因，主要是各大学的社会学系都是 20 世纪 80 年代初、中期才开始招本科生、研究生。社会学专业人才实在没有来源。

要培养一个专业人才不容易。从高中毕业，到本科学专业，读研究生，获得硕士、博士学位，再到进入学校或研究机构，从事本专业的教学和研究，长期地钻研、实践，没有 10 多年工夫，成不了才。俗话说：隔行如隔山。社会学研究所的专业队伍，多数是从哲学、历史、外语、文学等专业转过来的，一面工作一面学习、进修、提高，没有若干年的磨炼，成不了社会学专业的人才。所以一直到 20 世纪 80 年代后期，社会学研究所的专业队伍、业务水平还是比较弱的。

1988 年夏天，我任社会学研究所所长不久。有一天，新任科研处处长沈原到我的办公室，气咻咻地对我说："北大太不像话了！"问其所以，他接着说："他们（指社会学系）开全国社会学理论讨论会，连个招呼也不打，昨天就开完了。"我说："这件事，你不用生那么大气。第一，怪我这个所长不行，人家开会不请我去，会不是照样开了吗？要是开哲学理论讨论会，不请邢贲思同志（时任哲学研究所所长）就不行了；第二，咱们所的队伍也还不行，居然没有一个人受到邀请；第三，请你记住，以后我们要召开专业学术研讨会，一定请北大的同志参加。"沈原走了，我在办公室独坐良久。刚才我话虽这么说，但心里确也不是滋味。这件事，对我是有影响的。我深感作为中国社会科学院的一个国家级研究所，没有一支在专业上训练有素、有较高学术水平并有一定知名度的队伍是不行的。这又增强了我们要下大力气加快聚集人才步伐的决心。

1979 年，邓小平同志亲自提议，要重建社会学。这个决策适应经济社会发展的要求，在社会上受到热烈的响应。到 20 世纪 80 年代后期，全国已有 12 个著名大学建立了社会学系或社会学专业，有 25 个省、自治区、直辖市的社会科学院建立了社会学研究所，有 20 多个硕士点和 3 个博士点，大批社会学专业的本科生、研究生陆续培养出来了。这时，在国外学习社会学并取得学位的硕士、博士有一些也回国来工作了。另外，国内学哲学、历史学、教育学、心理学等专业的一批硕士、博士也志愿从事社会学的科研工作。客观上，这为社会学研究所扩大专业队伍提供了很好的条件。我们研究所抓住了这个机遇，在院领导和院直各部门的支持下，积极从各方面招聘社会学的专业人才。从 1987 年以后的 11 年间，社会学研究所平均每年调进 7 个干部，其中绝大部分是有硕士或博士学位的。到 1998 年底，我所有博士 24 名，有硕士学位的研究人员 25 名，两者之和占全部研究人员的 58%。

10 多年来，我所为聚集人才、培养人才是下了功夫和费了很多心血的。回顾起来，主要有以下几条。

一、从本院兄弟所聘调过来。社会学是恢复重建的新学科，院内有一批研究人员，对社会学的研究有兴趣，有的同志对社会学某一方面问题已做了比较长期的研究。社会学研究所建立的时候，就有一批同志转到社会学研究所来了。1987 年以后，我们又陆续从哲学、农村发展等所调进了一批业务骨干，如苏国勋、张厚义等同志。有几位是我数次登门访谈约请调过来的。

二、先借后调。中国社会科学院在社会上有较高的名望，社会学研究所每年有很多课题要做，自己人手不够，就约请一些外单位的朋友参加，在共同进行课题研究的过程中，互相了解，建立感情。与其中的一些研究人才通过合作，熟悉了他的业务水平和政治条件，时机恰当就调过来了。如杨宜音是从北京经济学院、霍桂桓是从气象院调来的。

三、等待时机，准备条件。有些研究人员，我们从各方面了解选中了，他本人也愿意。但好的业务人员你看上了，往往是原单位的骨干，一般都是不肯放的。遇上这种情况，只好耐心等待。如景天魁同志是我院研究生院毕业的哲学博士，做的毕业论文就是社会发展理论。他对社会学研究有独到的见解。从 1990 年开始，就参加所里几项重要课题研究，同课题组成员合作得都很好，我们多次提出请他到所工作，他本人也早有此愿，但他担任哲学所历史唯物主义研究室主任，是业务骨干，哲学所不肯割爱。我多次同陈筠泉所长谈，请他们支持，都未成功。一直等到 1995 年，有了机会，在院领导的支持下，景天魁同志终于调进了社会学研究所。唐钧同志在民政部社会福利与社会进步研究所工作，对社会保障问题有深刻的研究，发表过多篇有理论和实践意义的文章，从 20 世纪 90 年代初期就参加我所的课题研究，都很熟了。唐钧同志也早有到社会学研究所专心从事研究的愿望。但碍于他们研究所的几位所长都是我的老朋友，不好开口。1995 年，我同刘伟能所长达成共识，在他临退休时，放唐钧走。但不久，刘突然退休，新任所长还是不放。1998 年，机会终于有了，民政部机构改革要裁员一半，我们抓住了这个机会，唐钧就调成了。

四、经常关注，留意访求。社会上人才是很多的，志愿从事社会科学研究的人才也很多。有的是不得其门而入，作为所的负责人，要留意发现这些人才，为他们引荐搭桥，大开方便之门，把他们请进来。我每次出国，特别是到几个大国去访问，都要到一些著名的大学和在社会学系留学的中国学生见面、座谈，一面请他们介绍专业发展的状况，一面也从中发现一些人才。1988 年我去伦敦政治经济学院访问，认识了黄平，1993 年我到神户开会，认识了大阪大学的罗红光，回国后又保持经常联系，他们一毕业，就都到社会学研究所工作了。

五、滚雪球和扎堆效应。办好一个研究所，要聚集人才，开头是很难的。科学研究工作者，有一种扎堆现象。他们往往愿意和志向相同、专业课题相通，并且合得来的同志一起做研究工作，或者到已经学有专长，有一定知名度的学者身边工作。实践证明，这种扎堆现象容易形成学术群体，出较高水平的学术成果，对青年人来说，也容易成才。社会学研究所开头几年，招聘人才是比较困难的，所里花了很大力气，想了很多办法。后来，聚集的人才渐渐多了，学术研究的环境、气氛比较好，一批批重要的学术成果出来了，有了一定的知名度，招聘工作就相对容易一些。如折晓叶、沈红是由李汉林研究员推荐调进来的，李春玲、沈杰是由谢长逵、单光鼐研究员引荐调来的，这可谓滚雪球的方式。还有慕名自荐到社科院来做研究工作的。

六、办好社会学研究所，招收研究生，培养人才。前面讲的几个方面，都属于从所外招聘，人才还有一个重要来源，是靠自己培养研究生，从中选拔人才。20 世纪 80 年代初期，社会学研究所建立不久，就在我院研究生院建立了社会学系，培养硕士生和博士生。但到了 20 世纪 80 年代中期就中断了招生。我于 1987 年到所后，从农经系带过来由我指导的三名学生。不久就恢复了社会学系，1988 年重新招收硕士研究生，1990 年恢复博士点，开始招博士生。10 多年来，社会学系共培养了 19 名硕士和 45 名博士研究生。这些硕士、博士研究生毕业后除了给社会输送外，有一部分就留所工作了。如王春光、应星、渠敬东、李炜等，工作几年，他们就成为本专业的业务骨干了。办社会学系还有一个重要作用，就是培养本所的在职博士生，他们通过研究生院的考试入学，经过几年的深造，业务水平都有很大提高，获得博士学位，如陆建华、陈婴婴、沈杰、李春玲等博士，都是通过在职学习的方式培养出来的。

我从 1987 年 2 月到社会学研究所，到 1998 年 11 月任期届满交班前，前后 11 年又 10 个月，我的主要任务或者说第一位的工作，就是和其他所领导集体一起，聚集人才，在原来的基础上，扩大和组建社会学研究所的专业研究队伍。从 1988 年 6 月开始，我任所长，分管全面工作，但我主要是抓人事。凡是调入社会学研究所工作的，特别是研究人员，几乎都是由我亲自看材料，亲自面谈，最后开办公会确定的。当所长里里外外的事很多，工作很忙，但聚集人才这件大事，我不敢懈怠，始终是放在第一位的。这是办好研究所的基础工作。好在，前后三届领导班子，在聚集人才、壮大学术队伍这个问题上，认识是一致的，大家都为这件大事做了很多工作。加上院领导、人事部门始终一贯的支持，本所人事干部的认真配合执行。所以，可以说，11 年来，社会学研究所，在学术队伍的建设上，是有一定成绩的，初步改变了原来专业队伍研究力量薄弱的局面。

如前所述，从 1987 年开始，社会学研究所在院领导和院直各部门的支持下，大量引进专业人才，逐年壮大本所的学术队伍。10 年间，我们共招聘调集科研人员 63 名，平均每年调进 6.3 人，最多的 1988 年就调入 16 名研究人员（见表 1）。

表 1   1987～1996 年调入社会学研究所的人员数量

单位：人

	1987 年	1988 年	1989 年	1990 年	1991 年	1992 年	1993 年	1994 年	1995 年	1996 年	合计
引进	10	16	4	1	7	6	4	3	5	7	63

从 1987 年到 1998 年 12 年间，因离退休、院内外交流调出、出国逾期不归、按政策不保留公职、考取院外研究生和去世等，社会学研究所减少的在编人员与上述调入人员基本相当。但经过这 12 年的吐故纳新，在职人员的培养、进修、提高，以及每年的职称评定，社会学研究所人员的组织结构、文化结构、职称结构和年龄结构都已发生了很大的变化。

首先，社会学研究所的人员组成结构变了。1986 年时，93 人中，研究人员只占 54.84%，而行政管理、后勤服务人员却占 19.35%。头重脚轻，组织结构很不合理。经过调整，到1998年，人员编制增加到99人，实有人员只有90人，比1986年还少，但组织结构变得合理了。研究人员增加到72人，占80%。编辑、翻译人员减少了，从15人减为5人（见表2），其实，所里主办的《社会学研究》、《国外社会学》和《青年研究》还继续出刊，但《国外社会科学》编辑部撤消了，改由社会学理论研究室主编，《社会学研究》编辑部人员未减少，而是有几位编辑同时进行课题研究，转到研究系列了。最主要的变化是行政管理人员大量减少，从18人减少到7人，比较合理（见表2）。

表2　社会学研究所组织结构

单位：人，%

年份	全体人员		研究人员		编辑、翻译人员		业务辅助人员		行政管理、后勤服务人员	
	人数	比例	人数	比例	人数	比例	人数	比例	人数	比例
1986	93	100	51	54.84	15	16.13	9	9.68	18	19.35
1993	88	100							6	6.82
1998	90	100	72	80.00	5	5.56	6	6.67	7	7.78

其次，社会学研究所专业技术职称人员的文化层次提高了。如表3所示，1986年全所专业技术职称人员（指符合政策规定可以参加专业技术职称评定的人员，既包括专业人员，也包括部分行政管理人员，如会计等）共77人，其中，博士只1人，硕士10人，大学本科46人，大专及以下20人。经过大量引进人才，加上在职培训提高，到1998年，文化结构有了很大变化。85名具有专业技术职称的人员中，有博士24人，硕士25人，已占了专业人员的大多数。1998年中国社会科学院全院31个所中，有博士337人，硕士732人。社会学研究所占7.1%和3.4%。就一个研究所来说，社会学研究所有24个博士，在全院是名列前茅的。

表3　社会学研究所的文化结构

单位：人，%

年份	总体		博士		硕士		大学本科		大专		高中及以下	
	人数	比例	人数	比例	人数	比例	人数	比例	人数	比例	人数	比例
1986	77	100	1	1.30	10	12.99	46	59.74	14	18.18	6	7.79
1993	79	100	9	11.39	23	29.11	31	39.24	12	15.19	4	5.06
1998	85	100	24	28.24	25	29.41	29	34.12	6	7.06	1	1.18

再次，社会学研究所的职称结构也发生了很大变化。前面说过，因为社会学研究所新建，1986年以前职称评定工作未正常开展。到1986年，只有研究员1人，副研究员3人，大部分研究人员还未评定职称。1986年以后，职称评定工作转入正常，除少数年份外，都是一年评一次。除了解决过去多年未评职称的原有研究人员的问题外，新调进来的人员也都参加了评定。社会学研究所的研究员和副研究员也逐年增加，到1998年全所已有研究员17名，副研究员25名（见表4），占了科研人员的大多数。但因受院下达高研指标的限制，现在还有5个获得博士学位已两年或三年多的人了，还未能评为副研究员，成了问题（见表4）。

表4 社会学研究所的职称结构

单位：人，%

年份	总体		研究员		副研究员		助理研究员		研究实习员		未定人员	
	人数	比例	人数	比例	人数	比例	人数	比例	人数	比例	人数	比例
1986	77	100	1	1.30	3	3.90	18	23.38	0	0	55	71.43
1993	79	100	10	12.66	23	29.11	37	46.84	4	5.06	5	6.33
1998	85	100	17	20.00	25	29.41	35	41.18	4	4.71	4	4.71

最后，社会学研究所的年龄结构变得年轻了。因为社会学研究所是新建的，社会学这个学科是重建的，所以总的来说，社会学研究所的队伍相对于老所来说是比较年轻的（见表5）。

表5 社会学研究所人员的年龄结构

单位：人，%

年份	总体		30岁及以下		31～40岁		41～50岁		51～55岁		56岁及以上	
	人数	比例	人数	比例	人数	比例	人数	比例	人数	比例	人数	比例
1987	92	100	10	10.9	31	33.7	28	30.4	14	15.2	9	9.8
1993	86	100	7	8.1	33	38.4	23	26.7	15	17.14	8	9.3

聚集人才，建立专业队伍，目的是做好科研工作，为现代化事业服务，而且也只有在科研实践中，才能提高队伍的素质。20世纪80年代后期以来，社会学研究所承接国家、社会和院里的研究课题以及和国外、境外合作的课题逐年增多，科研成果也逐年增多。据统计，社会学研究所1998年共出版专著17部（276万字），发表学术论文102篇（122万字）、研究报告8篇（55万字）、学术资料4种（144万字），出版译著9部（240万

字），发表译文 11 篇（23 万字），还有教材、普及读物、工具书等共计 316 万字（平均每个科研人员 3.5 万字）。其中一些著作和论文在社会上产生了较大的影响。

经过前后三届领导，20 年工夫，社会学研究所终于把一个专业研究队伍初步建立起来了，开始可以承担一些重要的研究课题，做些学术基本建设工作了，但是，这支队伍还很年轻，还要在实践中继续提高、磨炼和成长，而且队伍本身还要继续扩大，才能担负起国家和社会发展提出的越来越重要的任务。

1979 年 3 月，费孝通教授年近 70 岁的时候，临战受命，接受中国社会科学院胡乔木同志邀请出山筹建社会学所的重任。他披荆斩棘，开拓创业，建了 5 年。后来他在回顾这段历史的时候说："我把戏台是搭起来了。"又 10 多年过去了，社会学研究所办了第二件事，把演员请来了，生、旦、净、末，基本配齐了，也彩排了几出小戏，但重头戏、精品戏要待后来者的努力了！

关于进一步办好中国社会科学院
的两点建议[*]

今年①院务工作会议以后，有好几位学术委员找我和（李）京文，要我们向院领导、铁映同志反映一些意见。同我们一致的，主要是两件事：一是对国家一些问题操心；二是对院里工作有些操心，特别是春天以来在社科院感到有压力。

我院自 1977 年乔木等同志创建以后，曾有过一段发展得很好、很繁荣的时期，并带动了全国社会科学事业的蓬勃发展。但自 1989 年政治风波以后，我院工作失当，在社会上受到一些非难（有些是被误解），虽然这 10 多年广大社会科学工作者还是做出了很多有价值的工作，继续有一批好的成果、精品问世，继续为现代化事业作出了贡献，但就社会科学院整体来说，这些年不仅没有得到应有的发展，而且实际上是萎缩了，最盛时，我院曾有 5500 人，现在只有 3800 多人（减员达 1/3），原来有 31 个所，现在实际只有 26 个所，有几个所只有 30 ~ 40 人，研究人员只有 10 多人。有的大所人员也大减，特别是研究骨干，原来在 20 世纪 80 年代曾经是著名专家云集，以后第一代一流专家如钱锺书、吕叔湘、罗尔纲、冯至等都相继谢世了，第二代新中国成立后培养的一批专家学者，近几年也陆续退居二线或退休了，改革开放后培养的第三代专家走上第一线，但他们的学术积累和社会影响还不够，所以原来我院许多在全国占优势的学科，正在一个一个丧失，社会科学院的学术影响力正在减弱，这种状况实在是令人担忧。社会科学的发展不能适应国家社会主义现代化对我们的要求。

---

　*　本文源自作者手稿，原稿写于 2000 年 4 月 17 日，系作者为出席李铁映同志主持召开的中国社会科学院专家座谈会撰写的发言稿。原稿无题，现标题为本书编者根据发言内容所拟定。——编者注

　①　指 2000 年，本文下同。——编者注

1998 年铁映同志来院主政之后，带来了江泽民同志要把社科院办好的指示，铁映同志身体力行，这两年社科院的工作大有起色，办了许多大事，提出了很多项目、课题，过去多年未办成或办不成的事办成了，全院同志也深受鼓舞。

但是今年以来，出现了一些怪事，一是李慎之等人又发了一些奇谈怪论，后来又有了茅于轼、刘军宁的书和言论，二是借研究员俱乐部的事给社科院抹黑，这又使我们这些人有些担忧。

我们这些人大学毕业后就到社科院来了，是在这里成长起来的，与社科院是共命运的，院荣我荣，院辱我辱，有的在这里工作近50年了，我也来院38年了，所以我们希望院能越办越好，希望社会科学事业能够为社会主义现代化多做贡献，繁荣兴旺。我们希望社科院好，希望铁映同志工作好，为此我提两点建议。

一、要在近两年，在十六大以前选出几项大的课题，对中央宏观政策有战略性建议，对社会有重大影响的成果。不能太多，现在搞的 100 个题目，长远是要的，都可以做的。但要选出 7~8 个，这两年要出成果。

1. 当前的政治、经济形势和任务的分析（客观的、实事求是的），及如何走出经济困境，使经济社会协调持续稳定地发展。

2. 原定 2010 年要建立完善的社会主义市场经济体系，我们现在已实现到何种程度，还有哪些计划经济的因素阻碍着经济生产力的发展。制度创新的问题，共产党要做先进制度、前进方向的代表，用新制度推动生产力发展。

3. 中国农村的现状如何？城乡关系战略调整及中国城镇化道路设计；9 亿农民的前途和命运。

4. 中国社会主义市场经济体制背景下的法律体系。

5. 中国社会保障体制的改造和新机制的建立。

6. 中国当今社会各阶层状况及应采取的社会政策。

7. 中国 21 世纪前 20 年的国际环境及我国的国际战略设计。

8. 当前中国的思想文化思潮的倾向是什么？为什么会出现李慎之这类的思想？社会根源是什么？应采取何种策略？

当然，出什么题目，铁映同志了解全面，可以出几个大的研究题目。

这些课题确定后，院里可以指定著名专家领衔去做，调集院内的专业人员。还是老中青三结合，给予必要的经费和条件。有一两个就由铁映同志亲自抓。务求在两年内做出成绩来。给国家决策部门提供理论和设想，做决策参考。直接为"四化"作出贡献，同样也为社会科学院作贡献。

这些课题由我们院的老专家来领衔做是可以的。他们在国内国外的关系做这些课题比较顺手。学术委员里有大部分人愿意做，可以做，有条件，有能力做。当然也有部分人身体不好了，或有外面的事，不想做了。我们这些人过去都做过，也做出过成绩，但现在不行了，为什么？这就是第二条意见。

二、1998 年这次班子调整一直延续到今年，任用了一批年轻有为的干部，成绩是要肯定的。但我认为，这次班子完全套用了人事部门关于管交通部、民政部等公务员的办法来办社科院的事，主要只用年轻化这一条，有些不妥。建院以来，这次是第 5 次全院性的人事大调整，唯有这一次用年龄卡的办法最彻底。以前几次，对正副所、局长年龄有个限制，但是对所学术委员会主任、副主任、委员，职称评委会主任、委员，杂志主编、副主编，院评委委员则从不限制年龄，我接任社会学所所长职务，学术委员会主任就由何建章担任，院里没有说什么的。这次换届可彻底了，学委会、评委会，党委、院长专门有文件说，前任所长、领导不再参加。所以新领导还来征求我的意见，我说现在有文件，照文件办。

现在看来，这样做的结果，我们这些人在所里当了两任、三任所长，现在可就一抹到底了。两年来，我一个会也没有参加过。过去换班子时，领导还说过，扶上马，送一程，现在可好，扶上马，一扬鞭就走了。

我们这 20 多人，院里还给了个学术委员，但这是院长你们想着了开个会，吃顿饭，是不能起作用的。我们的根在所里，你把我们从所里拔出来了，没有一点牵挂，还怎么做大课题和学术研究？我给铁映同志说过，1996年铁映想委托我做全国住房体制改革研究，这么大个题目，院里给了 5 万元研究经费，我半年就做出来了。最后的报告 3 万多字是我亲笔写的，但那时我是所长，是调集了全所副所长以下的 20 多人到全国做调查研究的结果。

1998 年夏天，铁映同志在北戴河亲自交代我要做社会结构变迁、社会分层的研究，我是尽力地做了，但不当所长了，在所里什么职务也没有了，人力就调不动了，资源就用不了了，好在我还有几个博士生，特别是我们在社会上有朋友，还有广泛的社会关系，还有一定的知名度，一年半了，我还只能交一个县的初步报告，还有 6 个县市的典型调查正在做，下半年如果 5000 份问卷的经费落实，再做一次全国抽样调查，明年①上半年就可以交总报告了，但做得非常吃力、非常艰难。

当然我们这些在座的同志，院里、所里不用我们，社会上请我们去当

---

① 指 2001 年。——编者注

院长、所长、主任、顾问的地方还很多，但还有一批副所长，60 多岁的研究员呢？这批人才不用，太可惜了。院里重用年轻人，把他们推上第一线，让他们早日成才是完全正确的，但培养社会科学家同培养自然科学家不同，同培养作家、诗人、歌唱家不同，不经过几十年，不坐冷板凳，不读几千本书，除了个别天才人物，是出不来的。

我和在座的诸位，都是 55 岁才当所长的，才稍微懂得、知道怎么做学问，知道怎么做所长，知道怎么用人、评审课题，才差强人意把所办起来了。

乔木院长请费先生来办社会学研究所，那时费正好 70 岁，请钱锺书当副院长，那时钱是 72 岁。最近北京师范大学成立了民俗典籍文字研究中心，真正排头的是仲敬文和启功，一个 97 岁，一个 87 岁。我们在学术报告厅挂着像的几位大师，当所长的，孙冶方、何其芳、范文澜、刘大年、吕叔湘等，都是到 70 多岁还当所长的。

社会科学家学术生命，都要 30 年、40 年、50 年，才会成名成才。所以我在几次会上说过了，如果我们按人事部、中央各行政部门的干部要求，社科院是办不好的。10 年规划中提到，到 2010 年全院所局级干部平均年龄要在 50 岁以下，45 岁以下干部比例要达到 50%。这实际是军队选干部的要求，社会科学院要按此办理，是一定办不好的。现在各工科大学都在办人文社科学院、法学院、经济学院，专门聘了钱其琛、高尚全、金庸这样的老先生去当院长，我们却在排斥人才，这是不符合社科规律的。

铁映同志提倡要培养大师级的人才，这是未来社科院的柱子。我们这些解放后培养的第二代社会科学家，在党的培养下已经有所成就，大家称不上，著名科学家也称不上，但可算是个"中家"吧！现在把我们的根拔了，再怎么发挥作用？自然科学家像我们这些，都是院士了，还可以继续起作用。我们现在只剩一个研究员头衔了，现在研究员满街都是，谁认你的账！

我建议院里重新考虑对这批老研究人员的政策，用各种方式，留住这批人才，发挥这些人的作用，同青年干部和研究人员一起发挥作用。还是老人家的话，老中青三结合嘛！特别是在近三两年，还要用这批人。我认为这两年是我院的关键时刻，把这批人用起来，以补青年干部的不足，比招聘人才快。不会碍事的，学术工作同政府工作不一样。两方面的力量结合好，会做出成绩来的。这对办好社科院、发展社科事业、落实江总书记把社科院办好的指示，都是有好处的。

我们这些人是希望把社科院越办越好，使铁映同志的任务完成得越来越好，所以我思虑再三，斗胆地讲这样两条意见。

应采取特别措施，加快社会学
学科队伍的建设[*]

中国社会科学院已走过了 30 个春秋。30 年来，我院在党中央、国务院的直接领导和关怀下，科研工作取得了很大成就，为建设中国特色社会主义现代化事业做出了重要贡献，也为繁荣社会科学起到了重大的作用，成为党中央国务院的智囊团、思想库。

社会学是邓小平同志在 1979 年明确指示"社会学……需要赶快补课"①后重建恢复起来的。时任中国社会科学院院长的胡乔木同志约见费孝通教授，请他来我院工作，组建中国社会学研究会和社会学所，主持社会学的重建。1979 年，中国社会学研究会建立，1980 年 1 月社会学所建立，费先生出任第一任所长，开展了全国社会学的重建，推动高等院校建立社会学系，各省区市建立社会学所和社会学会，并在院领导的支持下，在北京、天津、武汉，举办了多次社会学培训班，培养了第一批社会学业务骨干。其时，中国社会科学院社会学研究所是全国社会学重建、发展的中心。回顾总结这段历史，可以说，社会学这个学科的恢复、重建和发展是我院建院 30 年来诸多学术成就中的一项。

1987 年 2 月，我调到社会学所，协助社会学所的第二任所长何建章同志工作，1988 年 6 月出任第三任社会学所所长，那时，我还是个副研究员。20 多年来，在院领导和院直各部门的关怀、帮助、支持下，在前两任所长工作的基础上，继续做了一些社会学的重建和发展工作，继续做了社会学所的学科建设和队伍建设工作，我自己也逐步成长为一个社会学工作者。

---

* 本文源自作者手稿。该文稿系陆学艺于 2007 年 4 月 28 日在中国社会科学院建院 30 周年会上的发言稿。原稿无题，现标题为编者根据内容所拟定。——编者注

① 参见《邓小平文选》第二卷，人民出版社，1994 年 10 月第 2 版，第 180~181 页。

回顾总结中国社会学恢复、重建和发展的历史，大致可以分为三个阶段。第一阶段：1979 年至 20 世纪 90 年代中期，是社会学的恢复、重建阶段；第二阶段：20 世纪 90 年代中期至 2004 年，是社会学有较大发展的阶段；第三阶段：2004 年，自十六届四中全会提出构建社会主义和谐社会的战略任务以后，社会学进入了大发展的阶段。

现在中国社会学学科已经成长起来了。全国已有 70 多个大学建立了社会学系、社会学专业，有 186 个社会工作系和社会工作专业。全国已建立 25 个社会学博士点（其中人类学 9 个）、115 个硕士点（其中人类学 28 个）。有各级各类社会学研究所 40 多个。2005 年在校社会学本科生约 4 万人，研究生约 3000 人。专门从事社会学教学和研究的专业工作者有 4000 多人。

自恢复重建以来，社会学已经有了很大发展，作为一个学科可以说已经建立起来了。但比起兄弟学科来，还比较年轻、薄弱，特别是相对中央提出构建社会主义和谐社会后的社会需要来说，还很不相称。

社会学是在 19 世纪 30 年代后期，在欧洲工业化和城市化快速发展、社会矛盾社会问题大量增加的背景下创建的一门新学科，目的是要建立新的社会秩序，促进社会进步。因为社会学适应社会的需要，20 世纪中期以后，在工业化国家逐步发展成为与经济学并驾齐驱的一门显学，教学与研究的专业队伍的社会地位和人数仅次于经济学。据黄平教授说：在欧洲，社会学与经济学专业人员的比大致是 100：120，美国为 100：150。我最近做了一点调查：2005 年美国的社会学本科学科点为 651 个，当年毕业人数为 26939 人（经济学为 24069 人）；硕士点为 271 个，毕业人数为 2009 人（经济学 331 个点，毕业 2824 人）；博士点为 138 个，毕业人数为 558 人（经济学 178 个点，毕业 849 人）。

中国的社会学，因为是改革开放后重建的，基础弱，加上 20 世纪 80～90 年代各学科大发展的机遇没有赶上，现在与经济等学科的差距很大。2005 年，社会学的本科生学科点有近 300 个，招生 1.2 万人（经济学招本科生 145512 人，相差 11.1 倍）；硕士点 115 个，招生 1083 人（经济学有硕士点 1477 个，相差 11.8 倍；招生 15950 人，相差 13.7 倍）；博士点 25 个，招生 160 人（经济学博士点 405 个，相差 15.2 倍；招生 2662 人，相差 15.6 倍）。

社会学学科的队伍建设和学科建设已经很不适应国家发展的需要，特别是中央提出构建社会主义和谐社会的战略任务以来，这种状况亟待改变。

十六届六中全会提出，要建立一支宏大的社会工作队伍，这是构建社会主义和谐社会的需要。如按工业化国家每千人有 1.5～2 个社会工作者计，我国则需要 195 万～260 万人。

现在社会学学科的发展，本科已经有了一定的数量，最主要的是缺少高素质的专业人员，发展的瓶颈是硕士点、博士点太少。为适应社会的需要，建议采取特别措施，加快社会学学科队伍的建设和发展。

中国社会科学院在中国社会学的恢复和重建中，发挥了突出的作用，做出了重大的贡献。我建议我们院在这次社会学大发展的过程中，要继续发挥带头、示范和推动作用。2005 年 2 月 21 日，胡锦涛总书记对景天魁、李培林同志说过，现在提出建设和谐社会，是社会学发展的一个好的时机，也可以说是社会学的春天吧！并鼓励社会学要作出表率。①

改革开放初期，中国社会科学院为适应经济体制改革和经济发展的需要，把经济学所一分为四，新建了工业、财贸、农经三个研究所，以后又新建了数量与技术经济、人口、金融等所。20 多年来，社科院的经济各所，出了大批成果、培养了大批人才，为经济建设做出了突出贡献，也扩大了我院的影响。现在要建设社会主义和谐社会，建议我院在社会学研究所的基础上，新建增建社会心理研究所、社会政策与社会管理研究所、社会工作与社会保障研究所，社会体制改革研究所，以适应社会发展的需要。

---

① 参见李培林《完善学术研究管理　推进国家社会建设》，载《行与知——中共中央党校第 31 期中青一班三支部学员从政经验交流文集》，贵阳：贵州教育出版社，2011 年 12 月，第 85 页。——编者注

学会做人最重要*

4年工夫一瞬间就过去了，同学们成长起来了，今天毕业了，我向你们表示祝贺！

人的一生，回顾起来，最美好、最愉快、感觉最好的是在学习阶段，尤其是像你们有幸考入了大学，这4年是最值得怀念、留恋的，这是你们走上人生旅途，为社会、祖国服务，实现你们的理想、抱负最重要的一个站点。

我在开学典礼上说过，人的一生就像参加马拉松赛跑，走了一圈又一圈，在每一圈里，会有先有后。第一圈，走在前面的，不一定就是冠军，关键是在最后，关键是在坚持。不论是冠军还是亚军，要尽力争取最后一圈，一路都要跑好。

临别了，我赠你们几句话。

第一是要学习好。大学毕业，只是学会了基本做人的道理，学会了从事专业工作的基本理论和方法。以我工作近60年的经验，"学会做人"最重要，这4个字学问最大。第二是工作好。第三是身体好。

---

* 本文源自作者手稿。该文稿系陆学艺于2006年6月22日在北京工业大学人文学院第一届毕业生毕业典礼上的讲话稿。原稿无题，现标题为本书编者根据发言内容所拟定。——编者注

在中国社会大转型时期做学问[*]

一　中国正处在社会大转型的历史时期

100 多年前，李鸿章、梁启超等人提出：中国正在发生"几千年未有之大变局"。他们看到了这个趋势，但真正实现这个变局是 1978 年以后的 30 年。为什么是几千年未有的变局？因为以前的改朝换代、王朝更迭，只是一个农业社会变为另一个农业社会。这次变动，则是要实现农业社会到工业社会、农村社会到城市社会、传统社会到现代社会的转化。这个大转变，国际上叫作"社会转型"。我们目前就处在这个大转变的时期。

从中国历史上看，一个新王朝建立以后，多数曾出现过经济社会繁荣兴旺的太平盛世。国泰民安，文明昌盛，英雄辈出。而这种太平盛世一般出现在开国二三代以后，半个世纪以后。例如：

文景之治。公元前 202 年刘邦建国，经惠帝、吕后，到公元前 180 年文帝刘恒，公元前 157 年景帝刘启，再到公元前 141 年武帝刘彻即位，汉朝达到高峰。从汉文帝到汉武帝，前后共 90 来年。

贞观之治。公元 618 年李渊建立唐朝。公元 626～649 年唐太宗李世民在位，公元 649～683 年唐高宗李治在位，其后 684～705 年武则天当政，公元 712～756 年唐玄宗李隆基开创开元盛世。从李世民到李隆基，其间约 120 年左右是唐朝发展的高峰。

康乾盛世。清朝从 1644 年清军入关建立全国性政权的顺治朝开始，1662～1723 年为康熙朝，1723～1736 年为雍正朝，1736～1795 年为乾隆

---

　　* 本文源自作者手稿。该文稿系陆学艺于 2009 年 3 月 19 日为给北京工业大学研究生授课撰写的讲稿。——编者注

朝，康雍乾三朝 100 多年为清朝鼎盛时期。

这三个 100 年是中国历史上最繁荣、最太平、老百姓生活最好的时期，国力兴盛，社会进步。

中国历来是世界上先进的大国，万方来贺的国家。到乾隆时代，中国的 GDP 占世界的 1/3。英国使节要求通商，乾隆说不用，天朝什么都不缺，你要什么，送你就是了。他不知道，工业时代来临了。清兵 1644 年入关，英国资产阶级革命已经开始了，中国闭关了 200 年。1840 年，鸦片战争失败，从此中国逐渐沦为半殖民地半封建社会。1911 年辛亥革命推翻了清帝国，接着是军阀混战。

中华人民共和国成立之后，可以说是又一个太平盛世。1949 年中华人民共和国成立，标志着中国人民从此站起来了。共产党把中国人民组织起来了，政治、军事上独立了，不受侵略欺凌了。1949～1978 年，寻找富国强国之道，探索了 30 年。开始了工业化，付出了很大的代价，但成效不显著。直到 1978 年，GDP 3645 亿元，只有世界 GDP 的 2%，人均 246 美元。还是个农业国家、农业社会，农业产值占 GDP 的 28%，农业劳力占 76%，农村人口占 82%。改革开放，中国真变了。2008 年，我国 GDP 总量 30 万亿元，约为 4.9 万亿美元，世界第三，接近第二，占世界 GDP 的 6%。GDP 中一产占 11%，二产占 49%，三产占 40%。人均 GDP 3340 美元。外汇储备 2 万亿美元，外贸世界第二。城市化率 46%。①

中国已经是一个经济工业化中期的国家，社会结构处于工业化初期阶段。2012 年中国将成为工业化、现代化国家。可以预期，中国在 2020 年 GDP 可达 66 万亿元，约 10 万亿美元，人均 7246 美元；2030 年 GDP 122 万亿元，约 20 万亿美元，人均 14084 美元；2040 年 GDP 240 万亿元，约 40 万亿美元，人均 27586 美元；2050 年 GDP 500 万亿元，约 77.6 万亿美元，人均 53517 美元。那时，中国真的成为世界第一。从 1840～2040 年中国重新成为世界第一，前后共 200 年。中国重新成为世界第一将在你们这一代人手里实现。到 2040 年，在座的各位也就 60 多岁。

二 我们生活在这样一个伟大的千载难逢的盛世

这是一个大转变、大改革、大发展的时代，一个国运昌盛的时代，应

---

① 参见国家统计局编《中国统计年鉴·2009》，中国统计出版社，2009 年 9 月，第 37、38、89、112～113 页。——编者注

该是大有作为的时代。21世纪是中国的世纪。

经济上如果没有大的国际变局，中国已经走上轨道了，实现了社会主义市场经济体制，加入了WTO，工业化、城市化、现代化道路是明晰的。政治上、社会建设还要探索，但经济基础是好的，是会逐渐改过来的。前30年已经奠定了基础。只要不动摇、不松懈、不折腾，就会成功的。

总体说来，前30年，我们以经济建设为中心，经济体制改革、经济发展是成功的，取得了巨大成功。1978年GDP 3645亿元，2008年是30万亿元；1978年人均200多美元，2008年是3340美元。农民人均纯收入从134元增长到4761元，增长了34.5倍；城镇居民人均可支配收入从344元上升到15781元，增长了44.88倍[①]。

但是，社会建设落后了。首先是城市化落后了；其次，农民、农村更加落后，城乡差距比1978年还扩大了；再次，科、教、文、卫、体、社保，虽然也有进步；但同经济比，是落后了。形成了上学难、看病难、住房难等问题。"三农"问题、农民工问题难解决。内需扩不上去，贪污腐败，社会秩序不好。但要相信，这些问题是可以解决的。国家正在解决。经济上去了，经济基础好，上层建筑会改好的。

总的来说，我们面临的挑战和机遇并存，但机遇更好。中国是时来运转了。这次金融危机，世界都不行，唯有中国还能保持8%的增长速度，风景这边独好。

从历史上看，凡是大盛世，都是英雄辈出的时代。盛世不仅有好皇帝、好机会、好体制，而且有一大批文臣武将。文景之治有贾谊、晁错、董仲舒、司马迁、东方朔、桑弘羊；贞观之治有魏征、房玄龄、秦琼、尉迟恭等；康乾时期有施琅、刘墉、纪晓岚等。中国这个盛世，已经出了一批经济学家，还会有政治学家。上述那些难题解决好了，人才也就出来了。

三　我们在这样的时代，如何做人、做事、做学问？

前面是告诉大家，我们生活在这样一个时代。第一，当今世界处于一个工业化、城市化、市场化、现代化、全球化的时代，科技发达，生产力突飞猛进，全世界58亿人，大致也就是58万亿美元的GDP，每年以2%~3%的速度持续增长。第二，中国正在重新崛起，将再一次成为世界先进国

---

① 参见国家统计局编《中国统计年鉴·2009》，中国统计出版社，2009，第317页。——编者注

家。30 年来，以 9% 的速度增长，现在是世界第三大经济体，20 年后将成为世界最大的经济体，经济上已经上路了。

但社会建设等方面还相当滞后，还有很多事要做。这个时代还有一系列的难题要克服（如"三农"问题、农民工问题、住房问题、扩大内需问题、做好金融工作、应对金融危机等问题），需要产生一大批科学家、社会科学家。这是时势造英雄的时代。

认清这个时代，这个生活的大环境很重要，这比认清自己，认清自己的家庭出身更重要。我们在这样的历史时期，考进北工大当社会科学的研究生，怎么学习？怎么生活？怎么做人？

我想，第一是你们要做一个好的人生设计。如孔夫子说：十五而志于学，三十而立。要考虑好，我这辈子怎么过？要有个自己的规划。首先要为自己立个目标。你想做什么？你们已经选了专业，不是考虑找个职业，有个好工作，有个好生活。这不对，这是题中之义。应该是找准国家需要什么，社会需要什么，什么是妨碍国家社会进步的大问题。肯尼迪说过：不是问国家为你做了什么，而是要问自己，我为国家做了什么？

看准了，你下功夫去做，3 年、5 年、10 年、20 年，就一定会成功的。我们这个时代是需要大量人才的。你想成功、想成才，国家、学校、学院也希望你成才。个人和国家的目标是一致的。你的论文写得好，还怕不好找工作吗？一定要有个志向：如何在这个大潮中为国家的崛起做点事，找好人生的目标。不能倒过来，一进学校，就想如何找个好工作，想这个，想那个，考虑这个，考虑那个。自己的专业未学好，本事没有，论文未写好，那怎么找好的工作？

我讲点个人的经历。

我出身农家，家在抗日战争的沦陷区。1939 年上小学，1945 年毕业，上不了学了。1946 年，我 13 岁，到上海当学徒，即如今的农民工。白天干活，晚上自学。1950 年我考上了中国人民解放军的文化教员。在军队我不是最好的教员，一面教，一面学，自修了初中课程。1954 年复员，进中学插班读高二。1954 年冬天，农村统购统销，粮食紧张，食堂定量。农村里有吃不上饭的。1955 年农村搞合作化，生产并没有上去。我从安徽等地看到有很贫困的人。1956 年我入了党，是虔诚的共产党员。当时有个口号"听毛主席话，跟共产党走"，我私下想，吃不饱饭，饿着肚子怎么跟你走啊？所以我就想应该如何解决好农业问题，立志要当个农业经济学家。1956年填大学志愿时，报的是北京农大、南京农大、沈阳农大等。但高中毕业时，校长找我谈话，说现在国家需要发展国防工业，你带头去考北京理工大学（当时叫北京工业学院），我服从了。入学后一年，因为 1956 年扩招了，因此 1957 年 1/3 要留级或转学。我补考了历史、地理，考进了北京大学哲学系。在大学里遇上三年困难时期，更坚定了我研究农业的志向。我一面学习，一面自己研究农业农村问题。凡是有调研农村的机会就去。在火车上也调查。我早知道安徽的包产到户是救了命的。1962 年大学毕业，我再考，进了中国社科院，师从容肇祖先生学习中国哲学史。其间我仍然坚持去农村调研。1965 年至 1967 年 1 月，我到河北徐水参加"四清"；1970～1973 年到河南"五七"干校，搞调研；1973 年回家，天天钻图书馆，在家念书。

1978 年，我写出了《关于加速农业发展的若干政策问题》一文，被新华社内刊刊发，起了一点作用。1978 年院领导正式同意我专门从事农业问题研究，所以 1978 年以后我就专门从事"三农"问题研究。1979 年写出了《包产到户问题应当重新研究》一文。从此，我在农经界就有了一定的地位。1983～1986 年我到山东陵县蹲点，1986 年 5 月写出了《农业面临比较严峻的形势》一文，受到了邓小平同志的重视。1987 年 2 月，我奉调到社会学所工作，从事社会学的研究和工作。1988 年被任命为所长。1998 年，不当所长了，担任社科院学术委员会委员。1996 年当选为第三任中国社会学会会长，2005 年改为名誉会长，2006 年被选为社科院"荣誉学部委员"。2000 年受聘到北工大，组建人文学院。

我高中毕业那年，在 1956 年无锡的高中毕业生大会上，市教育局局长给我们讲话。他说："人生就像参加马拉松赛跑，跑头几圈在前列的，不一定是优胜者，中间阶段跑在前面的也不一定，跑到最终的领先者才是真正的优胜者。"

现在看，我是快跑到终点了。就我的小学、中学、大学、研究生的同学看，我是跑在前面的。比较而言，在中学、大学时，我智商并不是很高的，学习成绩也不是最好的。我在头几圈里，特别是大学里，因为政治原因，我曾经落到中间的位置，但我坚持下来了，我应该算是个成功者。

总结一生，走上社会 60 多年了，我想，有几条可以总结。

（一）我身逢盛世，是时代造就了我

时代需要人才，我选择了"三农"作为研究方向。国家的农业问题需要有人去研究，我成了"三农"问题的专家。我写了数百篇论文，对"三农"问题的解决起了一定的作用。2008 年中国经济理论创新奖中有我一份。2008 年中国改革开放 30 周年，评选中国改革开放 30 年 30 人，经济、社会、农村三组共评 90 人，我是中国改革开放 30 年 30 名农村人物中的一个。

（二）我好学习

我虽然是北京大学哲学系本科毕业，中国社科院哲学所的研究生毕业，但我仍可以说是自学人才。我从事的"三农"研究、社会学研究，都可以说是自学成才的。

我小学毕业就辍学了。自学初中、高一的课程。中学是从高二读起的。我在小学遇到了生平第一个好老师，他教给了我自学的方法，从此我养成了自学的习惯。一是读书、看报，几十年坚持下来了；二是学会了社会调查研究的本领；三是记日记，我从 1949 年记到现在，60 年，写作就是这样练出来的；四是勤学好记，听课、听讲演、做调查都是记笔记的，看到一些好的资料、数字，都记下来。

我从小学毕业，就注意学习，看书学习，就这样积累起来了。遇到问题，搜集图书、文献、数据资料，就能解决问题，不会、不懂、不清楚的问题就会了（如住房体制改革问题）。

学什么？怎么学？一定要把基础理论、文史知识弄好。自然科学的基础是数理化，就我几十年的经历，我感到搞文科、搞社会科学的，哲学、政治经济学、历史是基础课，这 3 门的基础打好了，其他的就好研究了。可以倒过来，先从近代史、现代史学起。现成的《毛泽东传》《邓小平年谱》，看完这两部书，对新中国成立以来近 60 年就清楚了。

博览群书。但有些经典要精读。做研究生，就是读书。难得有这么几年，一工作就没有这么多时间了。当然还有外语和工具书。

学习，读书，要带着问题去学就更好。如你选定了自己的专业，就搜集这方面的专业书，越多越好。经典要念，一般的资料，有重点的也要念，触类旁通。

学习要会写，写心得，写读书笔记。要会写文章，还要会讲。能讲不会写，能写不会讲（都不全面），能讲能写，这是最好的。持之以恒，不断地进步。

要刻苦钻研。学习要有个小团体，参加各种会议。独学而无友，不免孤陋寡闻。工作了，可以集体攻关。

（三）要实践，要求调查研究，这也是另一种学习

发现问题要调查研究，解决问题的方法，也在实践中。我的许多知识是从调查研究中知道的，学问，学问，一半是问出来的。我关于"三农"的知识，是常年坚持调研的结果。搞社会科学的人一定要做调研，一定要会做调研。我当年开始农村调研的时候，没有身份，没有介绍信，怎么办呢？到各地去向农民调查。我上大学时，回一趟无锡，一张火车票可以 6 天有效。上了火车，同农民坐在一起，就问收成怎样？种什么？工分多少？分配多少？口粮够不够吃？自留地种什么？有没有农贸市场？谈完了，换个车厢，再谈。到一个大站，就下车乘公共汽车，到郊区去看、去听、去问。还通过同学，到安庆的一个村子里去。以后专门搞农村调查了，条件好了。农村基层干部中有很有水平的人（可以向他们请教），例如，县财政怎样？现在粮库是不是空的？储备粮是不是真的？

农村到底怎样？发现问题要下去。1986 年我那篇《农业面临比较严峻的形势》的文章，就是吃透两头，不在下面调研是写不出来的。解决问题的方案也在下面。

你们现在可以做调研，农民工遍地都是，你放下架子去谈就是了。

（四）"做学问要先学会做人"，文如其人

中国的文人，历来有"道德文章"的说法。讲道德，这是中国文化的好传统，一代一代传下来了。从社会学的观点看，人是社会的人，生活在社会中，要善于与人共处，要有做人的修养。共同为振兴中国而努力，要有勇于奉献的精神，要有艰苦奋斗的精神，要有团结共事的精神，甚至要有牺牲精神。古时那种"拔一毛而利天下，不为也"这种极端自私的人，不能见容于社会。一定要有高尚的情操，有远大的志向，有勤奋努力的精神，有乐于助人的风格。

性格决定命运。前几天看到"打工皇帝"唐骏，他自己总结说：他善于看到人家的优点，善于与人相处，人缘好，这是他成功的一条经验。

我在社科院 47 年，待过 3 个所，老师辈、同学同事辈、学生辈三代人，共事的人有几百人。观察分析他们。一是知识的积累，做学问。二是工作经验的积累。三是财富的积累。四是声望的积累：这个人是个好人，不整人，运动来了不咬人，放心相处。这第四条最重要。

我所在的单位都是比较好的。大学 5 年受了教育，受了锻炼。梅贻琦

说："所谓大学者，非谓有大楼之谓也，有大师之谓也。"确实是这样。回想起来，大学5年，学了什么？最重要的是这些大师们的言传身教。他们讲课，如蔡元培，兼容并包；看他们治学、做人、为政、养身，也让我深受教育，这就叫熏陶。如冯友兰、关锋等人批他，他从不怒形于色，冷不丁地回应一句。如对于"民是奴隶，人是贵族"的说法，冯先生说："《论语》中有小人、大人、野人，那是不是贵族也有小贵族、大贵族、野贵族?"黄枬森先生，被开除党籍，放到资料室，做出大学问了。他大学里就给我们讲《哲学笔记》。马寅初，提倡计划生育。明知是上面来的压力，从不低头，坚持自己的观点，宁可不当北大校长。

要锻炼好身体，有强健的体魄。修身养性，一般人一天工作8小时，我一天能工作10小时、12小时，成果就多了。

大学四年要努力学习专业
知识和学会做人[*]

同学们：

　　欢迎你们到北京工业大学人文学院来！你们从小学到初中、到高中，已经辛辛苦苦学了 12 年。经过考试，你们进入北京工业大学，表明你们过去都是学得很好的，至少有中上等的水平。

　　从中学到大学，对每个同学来说，是一个新的转折，是一次飞跃，无论是学习方式还是生活方式都会发生新的转变。中学里一个年级就在一个课堂里，各科老师都是跟着你们走，你们在哪个教室，老师就到那个教室来给你们上课。大学不同，你们要跟着老师，老师在哪个教室讲课，你们就要到那个上课教室听讲。一个上午四节课，常常要换几个教室。

　　生活方式也不同了。在北京上中学的同学，大多数都住在家里，在父母身边。大学不同了，都要搬到学校来住，住集体宿舍，到食堂吃饭，过集体生活。

　　这些都不难，过一段时间，大家适应了、习惯了就好了，而且会过得很愉快，很难忘。我大学毕业 48 年了，回顾起来，过得最充实、最愉快、最难忘的是大学五年的校园生活。正是大学这五年，我读了很多很多的书，学习了大量的知识，认识了那么多的人，交了这么多的朋友，最好的朋友是大学同学。概括起来，在大学五年里，学会了做人，学会了做学问。

　　中国自 20 世纪 50 年代大学教改以后，现在的教育体制是，进到大学，就进入某个学科、某个专业，这个专业就是你将来从事的职业，要一辈子在这个专业舞台上（或相近的、相关的专业）工作生活。

---

* 本文源自作者手稿。该文稿系陆学艺于 2010 年 9 月 8 日在北京工业大学人文学院 2010 级新生迎新会上的演讲稿。原稿无题，现标题为本书编者根据发言内容所拟定。——编者注

我们学院现在是两个专业，一个是社会学、社会工作，可以归为一类；另一个是广告学。

先说社会学、社会工作。这是适应社会进入工业化、城市化社会，为使得社会更加有秩序、更加进步而形成的一门社会科学学科。1838 年有第一本书。适应社会的需要，现在在发达国家成为同经济学并列的一门显学，从事的人最多，社会上最有影响。社会学家的社会地位也很高。

社会学是 19 世纪、20 世纪之交传入中国的，1908 年有了首个社会学系。到 20 世纪 30 年代曾经辉煌过一阵，抗战后就缩小了。1945 年，刚刚有些恢复，新中国成立不久，1952 年被取消。中断了近 30 年。1979 年在邓小平的直接指示下才恢复重建。进入 21 世纪以后，队伍扩大了。我们学院是 2003 年建的社会工作系。

中国改革后前 30 年，因为经济建设需要，经济学大大发展了，产生了一大批经济学家，为国家做出了很大贡献。经济起来之后，就需要社会建设了，社会矛盾、社会问题、社会冲突多了，如何来认识这些矛盾，如何解决这些社会矛盾，促进社会和谐，需要社会学。所以不少学者说，未来 30 年中国的社会学要登台了，需要社会学，会产生一大批社会学家。你们在这个时候考进这个专业，正逢其时，时势造英雄，你们将来会大有作为。

广告专业的同学，门类属传播学，同经济息息相关，中国二、三产业生产了这么多产品，要有好的推广和宣传。

到大学来，四年工夫，最重要的是如何学好专业知识，如何学会毕业后怎样工作、怎样融入社会，成为国家、社会中有作为的人才。

一是学习好。不仅要把专业知识学好，而且要学政治、学经济、学历史，把知识面尽量扩大一些；不仅要听好专业老师的讲课，记好笔记，自己也可在课余听一些学术讲座；不仅要多读书，而且要做社会调查，集体去实习，自己也要学会做调查；不仅读大量的书，还要看报、看刊物、看网，吸收大量的新知识。学问，学问，既要学，也要问。问老师、问同学、问社会，你的知识就丰富了。

二是学会做人。做一个诚实有用的人。学了专业知识，要学会如何融入社会。现在社会上在讨论情商、智商的问题。有些人专业知识很好，念了很多书，很有学问，可以说智商很高了，但是他在集体里不受人欢迎，不善于与人相处，孤僻、自傲是不行的，在工业社会尤其如此。你们在家里是独生子女，全家都让着你。你们在小学、中学里学习都是好的（所以能考到这里来），学习成绩都是前几名的，所以老师喜欢你们，同学捧你们。现在在一个学校里、集体里，就要学会互相尊重、互相谦让、互相支持、互相帮助，要学会在一个集体里和谐相处、共同工作。把班集体、年级集体搞好。这样你们走上社会，就有了基本的情商了。结论是老老实实做人、勤勤恳恳做事，在学校勤勤恳恳学习，做一个诚实有用的人。"天生我材必有用"，要有用，对国家有用，对单位、集体有用，对家庭父母子女有用，对朋友有用。

最后一点，人的一生就像参加马拉松长跑。头几圈跑在前面的人，不一定最早到达终点；得名次的人，只有三个，第一名只有 1 个，人生不可能事事都成为第一；最关键、最重要的是，你参与了，你努力了，你完整地、很好地跑完了全程，发挥了你自己的全部力量，实现了你人生的价值，名次并不重要；最不理想的是，你参与了，因为各种原因，或者困难，你半途而废，被甩出去了。

心系社会，笃学成才[*]

同学们，下午好！

首先我代表学院，向全体新同学表示热烈欢迎！欢迎大家到人文学院这个大家庭里来，成为人文学院大家庭中的一员。我是大家长，你们以后有问题、有困难可以找我、找学院书记、找几位副院长和老师。

人文学院今年①决定，让院长给新生讲第一堂课，我欣然接受了这个任务。作为人文社会科学学院的院长，应该来讲这一课。院里通知我讲课的任务的时候，我正好要到英国的诺丁汉大学和伦敦经济学院去参加一个学术会议，要准备学术论文和到会的两个讲话稿。论文写好之后，9月11日一上飞机，我就开始构思今天的讲课题目和内容。

讲什么好呢？几经商酌，在路上几个博士帮我出了一些主意。我想还是讲一讲我自己怎么从一个高中生，经过大学老师们的教育，走上社会的。这也叫薪尽火传（或曰薪火相传），师承前辈，使中国的学问代代相传。

我是1957年考入北京大学哲学系的。1962年毕业，之后考入中国社会科学院哲学研究所当研究生，1965年毕业后就留在哲学所工作，1985年到农村发展所当副所长，1987年调到社会学所当副所长，1988年当所长，1998年卸任，当研究员，2000年受左铁镛邀请来北工大当人文学院院长。

1962年到现在，我一直在社会科学系统工作，已经49年了。回眸这近50年的光阴，印象最深，感觉最美好的是在北大燕园里的五个春秋。近1.8万个日日夜夜，使我认识了世界，认识了社会，认识了许多人（老师、同学），也认识了自己。我从一个懵懵懂懂的青年逐渐成长了起来，用知识武

---

* 本文源自作者手稿。该文稿系陆学艺于2011年9月21日为北京工业大学人文社会科学学院2011级新生讲的开学第一课的讲稿。——编者注

① 指2011年。——编者注

装起来，走上了社会。

正是这五年，使我知道人生的价值，人的一生应该怎么度过。正是这五年，使我知道怎么做人、怎么做事、怎么做成事的道理和方法。

正是这五年，使我知道了读书、做学问的方法。

正是这五年，使我知道怎么锻炼身体，养成好的生活习惯。

就讲这四个题目。

大学阶段是决定人的一生的职业（专业）、道路（是非曲直）、成就（大小成败）最关键的阶段。一定要过好这几年，珍惜这几年，过好这几年的大学生活，使自己成长起来。

一 人的一生应该怎么度过？如何实现人生价值？

在 20 世纪 50 年代时，老师教导我们要树立正确的世界观、正确的价值观和正确的人生观。

1957 年，中国第一个五年计划超额完成，工业化、城市化大步前进，农业也连年丰收，人民生活显著改善，顺利实现了对私营工商业的改造，完成了农业合作化、手工业合作化，国力昌盛，人民意气风发，社会欣欣向荣。

也就是在这一年，共产党开始整风，后转为全国规模的反"右派"运动，错划了几十万"右派"，严重的扩大化。北大约有 700 多名教师和学生被错划为"右派"，严重地打击了知识分子的积极性。在农村，合作化以后，出现了一部分农民拉牛退社的风潮，国家在农村开展了社会主义教育运动，把这些意见打压下去，各地开始大搞水利，大搞并社。在 1958 年，发动了总路线、大跃进、人民公社三件大事，总称为"三面红旗"。在农村大搞水利，全国大炼钢铁。

那时的中国还是以农业为主，是农民占 80% 的国家，因为人民公社搞平均主义，干多干少一个样，大家就不好好干了。

1958 年，本来是个丰收年，但因为农民无心种田，相当多成熟的庄稼都烂在地里，加上吃大锅饭、公共食堂，很快就把粮食吃空了。到 1960 年的春天，就有农村饿死人的消息传出来。北大学生中，从各地农村来的人占多数。我们大学生，到 1960 年的夏秋后也吃不饱了。

20 世纪 50 年代，大学里学生课余主要读苏联文学作品，其中有一本叫作《钢铁是怎样炼成的》，作者尼古拉·奥斯特洛夫斯基在作品中借用主人公保尔·柯察金的口吻说：人的一生应该怎样度过呢？当他晚年回忆一生时，"不会因为虚度年华而悔恨，也不会因为碌碌无为而羞愧"，而是豪迈地说："我已把我整个的生命和全部精力都献给最壮丽的事业——为人类的解放而斗争。"

那个时代党和政府有很高的威信，宣传工作做得也很好。宣传苏联的好人好事好作品，大家都很信这些苏联小说，绝大多数青年都可以说是这些小说的粉丝。我当时也是很信服的。把这些话当成语录，抄在笔记本上，记在心里。

正当我们二年级、三年级的时候，也就是人生观、价值观确立的时候，遇上了三年困难时期，耳闻目睹、亲身经受了这场困难。我当时已是共产党员，是很虔诚的共产主义者，当时那种经济形势引起了我的思考。当时我想，我们从新中国成立后就宣传，听毛主席的话，跟共产党走。共产党、人民政府要带领人民前进，连饭都吃不饱，怎么跟党走啊？

那时已经有几个要好的同学私下在一起议论，国家之所以出了这样的大问题，肯定是我们的农村政策、农业政策有了问题，所以我们一面继续学专业课程，一面在课余开始想方法找资料、找图书，私下研究农村政策问题。暗暗下决心，要找到这个大问题的原因，找到解决农村农业问题的办法。

现在回顾起来，我正是在这个时候，就开始研究农村问题了，开始立志要把解决吃饭问题、解决农业问题作为自己的奋斗目标。这实际上也是我人生观确立的过程。

从大学三年级以后，我实际上一面读专业，一面研究农村问题。研究农村问题，开始主要是读书，读农业经济方面的书，听寒暑假从农村回来的同学介绍各地农村的情况。有机会，自己也到农村去。1961年、1962年放暑假期间，我到各地农村同学家乡和自己家乡去调查了解农村情况。

我后来转到哲学所，也是一面读书，一面研究农村问题，恰逢1964年，全所干部去农村搞"四清"，不少人是被组织强制去的，我则很自愿，主动要求去。我去过湖北襄阳、河北徐水。北京大学搞过三次"四清"，我对农村政策真正的了解是从这几次农村"四清"开始的。

"文革"期间也是如此。我下干校，有些人是被迫放弃专业，不得不去的，我则如鱼得水，利用这个条件研究农村。就这样，我业余坚持研究了十多年，逐渐形成了自己对农村政策的看法。

1978年，当我得知中央要讨论农业农村问题时，我花了一个多月，把多年研究的结果，写成了4万多字的政策建议，发表在新华社的《国内动态清样》和《国内参考》两个刊物上，其中有些建议被有关方面采纳了。社科院的领导，看到了我在农村方面的研究成果，专门把我从哲学所的工作岗位上调出来，让我专门从事农村政策的研究。1985 年，我正式出任农村发展所的副所长，参与了一些政策文件的起草工作，成为"三农"问题方面的专家。

从我的经历，可以得出这样的结论：进了大学以后通过学业，通过老师和同学的教育和引导，应该及早确立自己的人生观。我这一辈子要做些什么，要为自己做出人生的设计。在某个专业方面，要规划和确定自己的奋斗目标。当然多数同学，可以在自己所在的专业根据国家建设的需要做出人生的规划。早定目标，学习会更加自觉，更加有的放矢，取得的成绩会更大些，可以做到事半功倍。

我是特殊一些，我学的是哲学专业，但课余时间、业余时间去学习研究农村问题。虽然也有些成就，但花的工夫比别人多得多了。

今天在座的同学，有社会学专业的、有社会工作专业的、有法律专业的、有广告专业的。这四种专业国家都很需要，希望你们经过一段时期及早定下自己的目标，确定自己的人生规划。

在这里我主要讲一讲社会学和社会工作专业。

经过改革开放 30 年，在党和政府的领导下，中国以经济建设为中心，摸着石头过河，艰苦奋斗，几经曲折，基本实现了经济现代化。2010 年，GDP 达到 40.12 亿元，人均 4670 美元，已经进入了中等收入国家的行列。但是与此同时，社会矛盾、社会问题、社会冲突也大量增加了。我国现在正处于经济平稳较快发展的阶段，但同时又是社会矛盾、冲突凸显的时期。

从国际现代化国家的经验看，要建设现代化国家，仅仅实现经济现代化还远远不够，还必须实现社会现代化、政治现代化、文化现代化。下一个 30 年是中国进行社会体制改革，实现社会现代化的时期。2004 年，中央提出了要构建社会主义和谐社会，要通过社会建设和社会管理实现社会现代化。党的十七大以来，社会建设已在全国蓬勃开展起来。

要搞社会建设，需要建立一支宏大的社会工作者队伍。前 30 年搞经济建设，涌现了一大批经济学家，今后 30 年，中国将涌现出一大批社会学家、社会工作者。2005 年，社会学所的两任所长给政治局讲课的时候，胡锦涛同志说："社会学的春天到了。"①

---

① 参见李培林《完善学术研究管理　推进国家社会建设》载《行与知——中共中央党校第 31 期中青一班三支部学员从政经验交流文集》，贵阳：贵州教育出版社，2011 年 12 月，第 85 页。——编者注

你们正是在社会学春天来临的时候考进北工大社会学专业、社会工作专业的。一定要通过这四年的学习，把社会学的理论、方法学好，打下一个好的基础，将来为实现社会现代化做出贡献。

法律专业、广告专业，同样是好专业，是国家十分需要的。具体的，你们的专业老师会专门讲的。

你们是生逢盛世，国家欣欣向荣，还处在大发展之中，需要各方面的人才来建设现代化，来实现中华民族的伟大复兴。搞现代化，我们还缺乏知识和经验。需要大量的人才，需要各方面的专家。我在1996年，同当时政治局委员、国务委员李铁映有过一次争论。我认为中国当然还缺自然科学、理科和工科的人才，但更缺的是社会科学方面的人才。许多问题长期解决不好，就因为缺乏理论指导。

有人形容中国的现状，一是中国发展起来了，变成了世界第二大经济体，手里积累了大量的钱，现在的外汇储备有3万多亿美元，不知怎么花，只好买美国的国债，1万多亿美元，明知吃亏，但没有好的办法，不知怎么办才好。二是中国现在有一大堆社会问题、社会矛盾、社会冲突；群体事件、刑事犯罪、贪污腐败、大案要案；分配不公，穷富差距，上学难、看病难、就业难、住房难、行路难、养老难的问题。年年在讲要解决好这些问题，但就是解决不了。

这是些什么问题？为什么会产生这些问题？怎么解决这些问题？你们要通过学习，通过读书，来认识这些问题，找准了其中一个、几个问题，下功夫读书钻研，提出解决这些问题的方案，学问也就做出来了，也就找到了自己人生的目标，实现了人生的价值。例如，这几年被揭露出来的地沟油问题，这当然是社会问题，但又是经济问题，仔细一深究，还是政治问题。

二　学会做人、做事、做成事的道理和方法

中国的知识分子有个好传统，知识分子都是关心国家大事的，都是对国家存亡兴衰有担当的，"天下兴亡，匹夫有责"，怎么实现人生价值观呢？古人有个好的概括，叫作修身、齐家、治国、平天下。

修身，也叫修身养性，努力提高自己的品德和素质。早在汉代，《礼记》就说："欲齐其家，必先修身。"同理，要能治国、平天下，必先修身、齐家。所以，在这里关键的是要自己管好自己。修身这个词用得好。修，

有修饰的含义，使自己完美；有修补的含义，补自己的不足；有修理的含义，改正自己的缺点。修身也就是做人，做人要正直、诚实、厚道、勤奋、克己、谦恭，处理好与他人的关系，处理好个人与社会的关系。

孔子说："吾日三省吾身。"这是说每天要不断地反思自己、检讨自己、使自己不断完善。大学是学会做人的最关键时期，要在老师、同学的帮助下，在学校环境的熏陶下，努力使自己完美、至善。大学也是修身养性，学习做人、做事的好环境。前不久北大有位老教授写文章说北大有"三宝"：一是名人多；二是名园多；三是图书馆藏书最多，在大学图书馆里排行第一。这些名人名师的典故、言行、学问都是值得效仿的，他们的故事，在影响着一代又一代学子。我们北京工业大学也已经有 50 多年历史了，校园环境经过这些年的经营，特别是左校长来之后，这十多年变化很大，原来只有 500 多亩地，现在已经扩展到 1100 多亩。布局和环境已经很好了。星期一北京市副市长来视察，称赞学校的校园很美。学校有五位院士，有 30 多位二级教授，有一批名师，"学高为师，身正为范"，他们做人、做事都很好，做出了杰出的业绩，这都是大家学习的榜样。

我自己就是在大学里，后来在社科院里受到这些老师的教诲和影响，逐渐学会做人、做事、做学问的。

关于做人，就我体会，在大学里最主要的是两条。一是要修身，尽可能地提高自己的品性和道德，自我完善。二是要处理好与同学的关系，处理好与老师的关系，要善于与人相处。自己首先要身正（正派），要有学问、有见解，同时又能克己，谦虚谨慎，乐于助人，有能力帮助别人，关系就融洽了。在大学里，把自己封闭起来，不好与人来往，会失去学习的机会。在大学里，除了向老师学，还可以同学之间互相学、互相切磋，取长补短。你们都是 90 后了，独生子女多，在家里是老大，一个人独处惯了，到学校来过集体生活，要自觉改变在家里的习惯，学会与人和谐相处，为将来走上社会做好准备。

学会了做人，也就为做事打好了最重要的基础。先做人，后做事。讲到做事，还要讲一句人生观的问题。一个青年知识分子，一定要有理想、有抱负，要有在这个难得的好时代干一番事业的雄心壮志。面对国家工业化、城市化、全球化大发展，一方面到处是机遇，有很多可以施展自己才华、实现人生价值的机会，但也存在纷繁复杂的局面，有各种各样的挑战。所以，青年人一定要有理想，要有目标，要有自己的人生规划，脚踏实地，一步一步去实现。只要你通过大学的学习，用知识把自己武装起来了，用心去观察社会，就会发现，我们国家、社会要做的事情还很多，机会无处不在。看准了，抓住机会，奋力去做，就会找到成长的空间，干出一番事业。假如，我们在大学里，没有理想，没有抱负，没有目标，随波逐流，学习也就没有动力，昏昏沉沉，四年很快就过去了，虚度年华，没有学到要学的东西，到毕业时就后悔莫及了。所以，我今天讲第一课，就是希望你们进了大学，通过学习，及早确立自己的人生目标，规划好自己的人生，努力学习，用知识把自己武装起来，为社会做出一番事业来。我们生逢盛世，国家大发展，实现社会主义现代化也需要我们去干一番事业。国家前途光明，你们一定也有美好的前途。

2010年，在我的学生和子女的努力和赞助下，我成立了北京陆学艺社会学发展基金会，在成立大会上，最后要我讲话。我说，20世纪80年代从香港传进来一句话，叫作"心想事成"，开始我不以为然。但30年来的实践证明，我在大学里就立志要研究农村问题，成为这方面的专家，我这样想了，也去实践了，果然实现了。在我们这个好时代，确实可以做到心想事成，古时叫"有志者事竟成"。

三　学会读书、做学问的方法

到大学来，四年的主要任务就是读书。我们常说某某到某大学念书去了。主要读两种书。

一种是专业书，你学社会学的、学社会工作的、学法律的、学广告学的，教科书、老师指定的参考书、专业的经典、重点的书一定要用心读、熟读。这是你将来的看家本领。一定要读好，学好。

另一种是专业以外的各类书。你感兴趣的都可以读。我们的三个学科，都是社会科学。社会科学的基础课是哲学、经济学、历史学。这就像理工科的学生一定要学好数理化一样。好在我们有"两课"，马克思主义原理课。"两课"老师给你讲的，指定的参考书也要读好。我是学哲学出身的，后来从事农村、农经研究，社会学研究，都还可以。就是我在大学里，哲学、经济、历史方面的书读得多，有个好的基础。

还有一类是时事政治，搞社会科学专业的，一定要关心国家大事，对国家大局的形势要有个正确的、总的判断。我们这一代人，从20世纪50年代时就养成了天天听新闻广播、看主流报纸的习惯，养成习惯了。当然好的小说、文艺作品也要多读。

　　最近有个学者说，一个知识分子要靠文学艺术来培养想象力，要靠哲学来培养洞察力、分析问题的能力，要靠史学来培养认识世界、国家和社会发展的规律。这是很有见地的。

　　总的来说，要多读书，读好书。读名家的好书，就像找到了一位高明的老师给你讲理论、讲方法。书读多了，知识就广了，理论功底扎实了，你的水平就高了，"腹有诗书气自华"。

　　读书要处理好博和专的关系。你的专业一定要学好。但光读专业的书，是远远不够的，还必须广读、多读其他的书，这叫触类旁通。就像造宝塔或高楼大厦一样，你读的各种书就像打地基，地基越大、越深，宝塔、大厦就能造得越高。各种书读多了，你的专业会学得更好。当然，也不能读得漫无边际，塔就造不起来了，专业也就学不好了，一定要得当。

　　读书还有个方法问题，有些书要多读、熟读，有些书就是浏览。但读书一定要和思考问题结合起来。孔子的《论语·为政》篇中说："学而不思则罔，思而不学则殆。"只读书、只学习而不思考，就会迷茫，只思考不学习就会疑惑。所以《中庸》说，要"博学，审问，慎思，明辨，笃行"。要多读书、多学知识，又要不断地思考、追问为什么，钻研理论，明辨真伪是非、前因后果、逻辑关系。

　　读书还有个方法，就是要和写结合起来。我从高中、大学开始就比较认真地听课，听演讲时记笔记，身边常带一个笔记本，上课、开会就记笔记，后来调查研究也一定记笔记。还有是晚上记日记，把一天听到的、看到的、想到的记下来。笔记是记人家的话，日记是记自己的心得、思考，时间长了，就像你每天都在写一篇文章一样，熟能生巧，写文章就不困难了。

　　我到现在从事社会科学学习、研究、读书 50 多年了，一直在文教单位工作，没有什么财富，最大的财富就是三样：一是书和杂志，堆满了；二是日记本；三是笔记本。

四　学会如何锻炼身体，养成好的生活习惯

　　20 世纪 50 年代的大学，提倡"三好"学生——学习好、工作好、身体好！大学生的主要任务是学习好、读书好！北京大学即便是在 20 世纪 50 年代政治运动不断的情况下，读书的风气也一直很浓，图书馆、阅览室、教室都是满的，那个时候，也是要排队占位子的。虽然那时不像现在那样看

重分数，但是一年级下来，到二年级差别就明显了，考进北大，都是高分，但由于各种原因（如身体，如心不在焉、不专心），有的同学就摔下来了，一到开讨论会，水平就不同了。

工作好！在学校里就是学生会、班级的学生工作。那时也有辅导员，但主要靠学生干部。学生干部的工作是很重的。党支部书记、团支部书记是系里定的，班长、班委是普选的，当时选的多数是学习比较好的。做学生工作，要组织自学、互相帮助，组织军训，那时每年"十一"、"五一"有两次到天安门游行，这也很锻炼人。要组织、要练习列队，还要管好每个同学的生活和学习。记得我们有个同学是从莫斯科大学转回来的，山东大汉，正遇上 1961 年学校实行定量制，男同学每月 31 斤粮票。他在苏联时吃得好，一下子变成 31 斤，不够吃，常常觉得饿，两个馒头，几口就没了。一个月的粮票半个月就吃掉了。班干部决定，当月大家捐，帮他过了关，以后就派生活委员替他管粮票，每天早上给他一斤。这些学生干部后来在工作中都是很好的，很有成绩。

身体好！北大那时有个好制度，每到晚上 10 点半全校的教室、图书馆、宿舍熄灯，早上 6 点亮灯，生活很规律。学校很重视体育课，教体操、教田径、教游泳等，课余还有各种健康讲座，有多种教太极拳、按摩、气功、健美、舞蹈的班。

有些老教授课堂上也讲一些有关保健养生的知识，我印象最深的有两个。一是马寅初老校长，讲课时，提倡洗冷水澡，他说，他身体好，就得益于冷水澡。先用热水洗，血管扩张了，再换冷水，血管一张一缩，使血管保持有弹性，血液通畅，就少生病了。他是活到百岁高龄善终的。还有冯友兰教授，他在讲课时，批评西医是形而上学，典型的头痛医头、脚痛医脚，盲肠炎，割了，扁桃体发炎了，割了。"天生我材必有用"，怎么就割了？他推崇中医，认为是辨证施治，对症下药。但中医靠把脉诊断，太经验了。所以，他主张"西医诊断后，中医治疗"。

我 1957 年进北大时，身体不大好，体弱，还在北大校医院住过几天院，但在北大五年，学习和养成了好的生活习惯，遵循规律办事，学会了打太极拳，做保健按摩，注意锻炼。我从 20 世纪 60 年代中期开始做保健按摩操，近 50 年了，天天坚持做，从不间断，所以身体一直比较健康。1962 年到社科院以后，没有住过医院，没有打过吊针。我是研究"三农"问题的，常常到农村去调查，全国 31 个省区市都跑遍了，改革开放以来每年总有 1～2 个月在各地，出差有几百次了，只病过一次。我现在每天工作 10 小时左右，出差在外常常是上午、下午调查，晚上开会。我明年①79 岁，按旧历算，也是 80 后了！我说这要感谢北大校园的五年生活教会我好的习惯。

同学们，你们从各地来，多数是在家庭里生活，现在要过集体生活，学习任务很重，一定要注意身体健康，学会自己保健，这样才能有健康的身体、有能力完成学习任务，将来有个好身体，为国家、为社会做工作、做贡献。

好，就讲这四点，现身说法，归纳为两句话：心系社会，笃学成才。送给大家，与大家共勉。

---

① 指 2012 年。——编者注

对新生入学后的几点希望[*]

新同学们好！欢迎你们到北京工业大学人文学院来。姚爱华要我给同学们讲几句话，我只讲一个问题：学会分析形势。讲一讲你们是在什么形势背景下来到北京工业大学的。

根据形势，决定我们的任务、行动、实践，这是我们党和政府取得胜利的基本经验和工作方法。错误估计了形势，就会一错百错。不仅领导干部要研究分析形势，小到单位、学校、院所和我们个人、家庭，都要学会。根据形势决定任务是一条规律。

改革开放 30 年来，中国已经由一个农业国家转变为工业化、城市化的国家，国力大幅提升。1978 年我国的 GDP 是美国的 3%，1991 年是 7%，2011 年已经达到 7.3 万亿美元，为美国的 49%。成为世界第二大经济体，占全球 GDP 的比重约为 10%。如果按目前的态势发展，根据国际国内学术机构的测算，我国大致在 2025 年前后，GDP 将超过美国，成为第一大经济体。当然，我们 13 亿人口，是美国的 4 倍，人均 GDP 也只有美国的 30% 左右，还要继续前进。

你们是在我们国家突飞猛进、扬眉吐气的大好形势下，考进我们北工大的，国家和社会为你们的学习、工作、成才准备好了条件，你们的前途充满了机遇，不可限量。

当然，今年^①进入二季度以来，因为国际金融危机继续发酵，欧债危机，中国的出口受阻，内需一时还上不来，经济发展受到冲击。特别是东部沿海发达地区，出现了少数工厂倒闭、外迁，制造业萧条，钢铁、水泥、

---

* 本文源自作者手稿。该文稿系陆学艺于 2012 年 9 月 7 日在北京工业大学人文学院迎新会上的讲话提纲。——编者注

① 指 2012 年，本文下同。——编者注

建材大量积压，价格下跌。国内国际的一部分经济学家已经在嚷嚷了：中国的经济会硬着陆，中国高速增长时代过去了，甚至有人说会崩溃的。

前几天在一个国际会议上，几个日本老朋友在饭桌上私下问起此事，我对他们说，中国应对这些经济问题的招数还很多，而且形势不是像外国说的那么不好。第一，东部沿海工业是有些问题，但中国是个大国，东方不亮西方亮，今年中部、西部的经济发展仍然是两位数，而且投资也还是两位数增长。第二，中国今年的农业特别好，天公作美，把雨都下到中国来了。中国是个怕旱的国家，特别是东北、西北、华北最怕旱。今年这三个"北"，半壁江山都下了足够的雨，再过 10 ~ 15 天，东北、西北若不来早霜，今年将是个大丰收年，我估计今年粮食将增产 300 亿斤以上，实现九连增，是没有问题的。北京今年雨也多，7 月 21 日那场大雨，一天就下了近200mm 的雨，相当于常年 1/3 的雨量。死了人，冲了不少庄稼，是个损失，但北京已经旱了 14 年，1998 年大水，把密云水库的水放走了，从此就没有灌到应有的水位过。今年好了，灌进去几十个昆明湖的水，可以用好几年。第三，我们有这么多外汇储备和财力，必要时做一点调控是可以的，而且我们也有调控的经验了。热了，把银根收紧些；冷了，放松点银根，再让它上去，也不难。第四，经济形势已经在好转。

中国现在难的是对社会形势、社会问题、社会矛盾的判断和调控还缺乏经验。中国现在遇到的问题是经济形势很好，但社会形势不大好，或者说，经济报喜，社会报忧。

2000 年以来，社会矛盾、社会冲突多了，群体性事件发生率居高不下，城乡差距、两极分化，刑事犯罪案件发生率居高不下，贪污腐败、资源短缺、环境污染等。所以中央提出构建社会主义和谐社会，加强社会管理、社会建设。怎么建设？怎么管理？为什么治理了这么些年，社会问题已治过好些年了，就是治不下去，管不好？现在国家需要社会学家、社会工作者。

你们正是在这样的背景下，考到社会工作系、社会学系来的。社会学是大有可为的，是可以大展身手的。胡锦涛总书记说，社会学的春天来了。[①] 今后要使国家的经济社会协调发展，改变社会形势不大好的局面，构

---

① 参见李培林《完善学术研究管理　推进国家社会建设》，载《行与知——中共中央党校第31 期中青一班三支部学员从政经验交流文集》，贵阳：贵州教育出版社，2011 年 12 月，第85 页。——编者注

建社会主义和谐社会。任务提出来了，这就是社会的需要。我们这个时候进到社会科学队伍里来，无论是学社会学、社工、法学，还是学传播学，都要学好社会科学，为社会建设、社会管理、构建和谐社会出智出力，这是大有可为的。再过 30 年，也会涌现一批社会学家、法学家。

认清形势，学好社会学，这一点很重要。我们读《毛泽东选集》1～4卷，可以看到毛泽东同志天天在分析形势，根据形势决定党和军队的行动。上井冈山、抗日、重庆谈判、解放战争，他都是对的，所以节节胜利。但是新中国成立以后，他是一心要把中国建设好，要复兴中国，但他不懂现代化的市场经济，他总是想用打仗的那一套来搞经济社会建设，所以失败了。他对国际形势分析错了，他总是设想帝国主义亡我之心不死，迟早要打仗。先是防美国，后是防苏联，前后左右都是敌人，把军事放在第一。20世纪 60 年代经济有好转，就搞三线建设，后来又提出"深挖洞、广积粮、不称霸"，"备战备荒为人民"，海陆空军队 620 万人。

邓小平在江西农村的小道上，分析好了形势，认为世界大战打不起来。搞改革开放，第一招棋就是裁军，先是 100 万人，后来又不断地裁，现在只有 250 万人。养一个兵比养一个大学生贵。所以现在每年招 600 多万大学生（原来只招几十万），国家经济就不一样了。

国家领导要分析形势，地区、单位、学校的领导也要不断分析形势，决定我们的行动。我们个人也要分析形势，决定我们的学习和工作的方向。我们是学习和研究社会科学的，更要学会分析国家形势。

社会学国际交流

工业化、城市化进程对当代中国城乡家庭的影响[*]

一　中国的四个现代化，特别是工业现代化是怎样进行的？

大家知道这几年中国"四化"进展很顺利，速度很快。1980～1985 年，我国每年的工农业总产值平均每年以 10% 的速度发展。1984 年的下半年和 1985 年上半年速度接近 20%，速度过高，这带来了一些问题。今年^①上半年开始，国家有计划地适当控制速度，估计今年还会超过 14%。

我国的工业现代化，今后仍将是很快的。一是农村改革以后，农业基础稳固了，农村有大量的农产品供应城市。二是农村开始富裕了，8 亿农民的市场宽广，将吸收大量的工业品。三是有 1 亿多农业劳动力要逐渐转到工业、商业上。四是城乡的储蓄增加很快，农民存款已超过 700 亿元，有大量资金，发展工业的条件是具备了。特别是由于党中央做了正确的决策，实行对外开放、对内搞活的发展经济的方针。过去我们的计划经济搞得过于集中，统得过死。去年^②已经做了决定，要对城市和工业体制进行改革，改革的内容：（1）要把企业搞活，给企业以相当的自主权；（2）发展横向联合，使原来的直接直线管理改为纵横交错的网络型管理结构；（3）发展集体和家庭工业，提倡国家、集体、个人一起上，提出多种经济成分、多种经营方式并存的方针；（4）在地区发展上，先开放沿海 14 个城市，发展若干个经济区，引进外资，引进外国的先进技术和设备，把沿海 9 个省市先发

---

* 本文源自作者手稿，原稿写于 1985 年 10 月，系作者为去日本参加第一次中日家庭社会学会议撰写的文稿。原稿无题，现标题为本书编者根据本文内容所拟定。——编者注

① 指 1985 年，本文下同。——编者注

② 指 1984 年。——编者注

展起来，先富起来，再辐射带动内地的工业和经济发展起来，逐渐改变东富西贫、南轻北重的局面。我国的工业已经有独立的体系，有相当的基础，今后主要是靠改造现有的工厂企业，挖掘潜力。近几年主要是发展能源和交通，把能源、煤、石油、电力搞上去，把交通搞上去，把邮电、通信搞上去，发挥现有工业的潜力。

我们前一阵在日本参观访问，看到日本的交通方便、通信畅通，这给我们印象很深，更加证实了我们国家决定把交通和能源作为建设重点的正确。我们相信，我们"七五"计划（1986～1990 年）规定是 7% 的发展速度，估计是会超额完成的。发展速度是会很快的。前几年主要是要解决大批回城的知识青年和原来在城市里的一大批人的就业问题，所以总的说，城市化前几年的进展还不快。据统计，1979 年我国城市人口为 16186 万人，占总人口的 16.6%。1983 年城市人口为 18377 万人，占总人口的 17.9%。这两年城市人口又有新的增长。城市人口无论是绝对数还是相对数都有了提高。而且实际上中国近几年的城市化的发展，非农业人口的增加，都要比上述统计数多。这是因为两点。（1）现在全国有 6000 多万乡镇办的企业的职工，他们已经离开了农业，不务农或很少务农了。这部分人有的家还住在农村，有的自己或全家都住到了小城镇，假定有一半职工住到小城镇，加上他们的家属，就有 4000 万～5000 万人。（2）现在国家允许农民可以经商，全国目前约有 1000 万个体农户从事商业服务业和修理业，他们实际上也离开了农业，有相当一部分也住到了城镇上。现在我们国家也已经作出决定，他们可以在城镇临时落户。随着城市改革的发展，中国城市化的发展还会快一些。

另外，前几年有关方面提出了"离土不离乡"的政策，设想让一部分农民离开农业，就在本地本乡就业，叫作"离土不离乡，进厂不进城"。这几年，执行上遇到了一些问题，所以现在学术界和政策研究部门已经在讨论。他们提出了农民离土也可离乡，进厂也可以进城的建议。

中国是十几亿人口的大国。中国的城市化将吸收各国城市化过程中的经验和教训，走出一条有中国社会主义特色的城市化道路来。总的设想是，限制大城市特别是限制特大城市的发展，重点发展中小城市和集镇。前几年我国已实行了市管县的政策，现在全国已有 300 个建制的市，带动 2000 多个县城和 90000 多个乡镇发展起来。估计到 2000 年，全国将有一半左右的人口在乡镇以上的中小城市和集镇里生活。

二 城市化的发展给城乡家庭以明显的影响。

一是使城乡家庭的经济更加富裕了。从 1980 年以来，我国新就业的劳动力有 3000 多万人，全国职工工资总额增加 50%，平均工资增加 20% 以上，同期农民平均纯收入增加 80%。城市人民生活水平提高的幅度是新中国成立以后最高的。5 年多来，全国城市新建居民住宅 5 亿多平方米，每居民占有的住房增加 1.8 平方米。如北京市 30 年来，新建住宅 1 亿多平方米，相当于旧北京的 5 倍，人均居住面积，1983 年达到 5.68 平方米，这两年又有了新的增加。另外，城市新增许多商业服务业网点，新增了许多中学、小学和幼儿园，家庭劳动社会化有了很大的发展。因为大量新就业的劳动力，使干部职工平均赡养的人口减少了，所以家庭富裕程度要比统计材料所反映的好。以前我国一般以家庭拥有手表、自行车、缝纫机、收音机的数量作为富裕程度的标志，现在则以彩电、录音机、洗衣机、电冰箱拥有的数量作为标志了，家庭电器化的发展是很快的。

二是城市化使城乡家庭结构发生了明显的变化。据有关部门抽样调查，目前我国大中城市家庭人口，每户 3 口、4 口、5 口之家占 73%（分别为 26%、28% 和 19%），6 口之家占 9%，7 口以上占 6%，两口之家占 9.7%，单身家庭只有 2.3%。而在 20 世纪 50 年代以前，单身家庭有 10.5%，两口之家为 9%，3 口、4 口、5 口、6 口、7 口之家，几乎相仿的（分别为 12%、13%、16%、14%、11%）。原因是那时的家庭子女多，一般都是 3 个、4 个孩子。另外，三世同堂、四世同堂的大家庭多。城市化发展的结果，是父母及未成年子女组成的核心家庭越来越多，占 66%，20 世纪 50 年代时约为 55%；祖孙三代的主干家庭为 24%，这比 20 世纪 50 年代的 20% 多 4 个百分点。四世同堂的家庭越来越少。从发展趋势看，随着城市化的进一步的发展，两代人的核心家庭还在继续增加。独身家庭在增加。祖孙三代共居的家庭在减少。不少三代同堂的家庭，是因为城市住房紧张，成年子女婚后无房暂时和父母住在一起。一旦有了房子，就会带领自己的孩子分出去独立生活。现在城市的风气，一般是指女儿女婿结了婚，跟岳父母住在一起的多，儿子儿媳则搬出去单过的多。独身家庭也是增长的趋势，子女大了，虽然有了职业，但一般都住在父母家里，将来房子宽了，不少人会从大家庭分出去独过。另外，现在大城市有了不少青年职工居住在单位统一分配的单位宿舍里，这部分人一般是集体户口，所以抽样调查中只有 2.3% 是单身家庭，实际上远不止此数。随着城市化的发展，城市居民收入增多，住房紧张状况缓和，这部分人就会自立门户成为单身家庭。预计未来 10～20 年里，城市的核心家庭和独身家庭，将会达到乃至超过 80%。

我国工业化的一个重要特色是除了大量发展城市的国营工业以外，近几年农村的集体所有制的乡镇工业正在蓬勃发展，目前全国已有从业人员 6000 多万人，他们本来都是农民，现在从农业上转移出来，从事中小型的采矿、机械加工、轻工、纺织、建筑、建材等等的工业生产。年产值超过 2300 亿元。近几年每年的产值都递增 30% 以上，它已成为农村的重要经济支柱，在全国整个工业总产值中已占到 15% 左右。今后随着农业生产的发展，农村商品经济的发展，从业人员还将大量增加，年产值也还将以较高的速度增长。乡镇工业的高速发展是我国工业化的一个重要内容，也是我国工业化的一个重要的特色。

三　工业化的发展，给我国城市和农村的家庭以重要的影响

第一，我国人民的家庭生活水平将有很大的提高。城乡人民的实际消费水平每年将递增 4%～5%，到 1990 年，全国居民的平均实际消费水平将比 1985 年增长 25% 左右，城乡居民家庭的消费差距将进一步缩小。人民的生活质量、居住条件、生活环境都有进一步的改善。我国人民的消费将由温饱型逐步向小康型过渡。城乡居民家庭的消费将趋向多样化，将更加讲究食品的营养和衣着的改善，住房、中高档消费品和耐用消费品的消费比重将有较大提高。

第二，随着工业化的发展，农业现代化的发展，大量的农村劳动力将继续向第二、第三产业转移，一部分将直接进入城市的工商企业工作，大部分将在本地的乡镇企业里工作。这样将逐步使多数和大多数农民家庭有人参加工业生产和商业活动，这些人会把城市的经济活力、各种信念和各种城市文明带到农村家庭里，沟通城乡的联系，提高农村居民家庭的文明程度，进一步缩小城乡家庭的差距。

第三，城镇家庭居民的文化程度将进一步提高。这是工业化、现代化的需要，也是工业化、现代化的结果。到 1990 年，我国的大中城市和比较发达地区，将普及 9 年制义务教育，其他地区也将逐步实行。我国的劳动就业制度将进行改革，要逐步实行"先培训，后就业"的制度，将从各方面

加强对干部、工人和农民的培训，促使他们知识更新，提高整个民族素质，这样，我国城乡居民家庭的文化水平将普遍提高。

第四，城乡居民的家庭结构也将发生变化，三代同堂的家庭会继续减少，两代人的核心家庭和单身家庭会增加，加上我国继续贯彻对一对夫妇只生一个孩子的独生子女政策，平均家庭人口会减少，城乡居民家庭小型化发展。随着人民物质文化生活水平的提高，医疗保障制度的完善，人民的平均寿命进一步提高，社会上的老年人越来越多，老龄化的问题也提到日程上来了。

访德有感*

我受瑙曼基金会的邀请，于 1989 年 5 月 8 日至 18 日到联邦德国访问。在基金会的精心安排下，在王步涛教授的全程陪同下，访问了波恩、海德堡、汉诺威、慕尼黑、柏林五个城市，会见了基金会的伍斯特、约翰伦、君特先生等，同慕尼黑大学的施塞微教授、波尔泰教授、海勒教授、自由柏林大学的郭海云教授、凯撒教授交流了学术方面的意见，并在自由柏林大学东亚研究所做了中国农村改革的报告。我所到之处，都受到了德国朋友和同行们的热情友好的接待，受到了基金会的多方关照。访问的时间虽然很短，但收获很多，访问是成功的。

我第一次到联邦德国来，十天访问，给我的印象很深。德国是一个美丽富饶的国家，人民勤劳智慧，办事严肃认真，守时间，有效率，给我留下了美好的印象。联邦德国和我们中国一样，是一个人多地少的国家，但农业搞得很好，我在波恩访问了一个家庭农场。派斯马先生一家 3 个劳动力，雇用 1 个工人，耕种了 65 公顷土地，养了 30 头奶牛，年产 16 万~20 万公升牛奶，还有数十头猪，年收入 10 万马克。派斯马先生的农场办得很好，效率很高。这大约相当于目前中国 40 个农户、80 个劳动力的效率，相差约 20 倍。我第一天到法兰克福，王步涛教授陪我乘火车沿莱茵河到波恩，我看到莱茵河开发利用得很好，两岸都是茂密的森林，风景秀丽，我特别注意到两岸山坡上，种了大片的葡萄。这是德国葡萄酒的主要原料基地。像莱茵河这样的河流中国有很多条，莱茵河两岸的山坡地，中国是很多很多的。但一直到现在基本上还没有利用起来。近十年来，我国栽种了不少

* 本文源自作者手稿。该文稿系陆学艺受德国瑙曼基金会邀请访德期间，于 1989 年 5 月 18 日在柏林告别会上的发言稿。原稿无题，现标题为本书编者根据发言稿内容所拟定。——编者注

葡萄，发展了葡萄酒业，但葡萄都耕种在平原耕地上，占了大片粮田。如果把莱茵河山地种植葡萄的经验和技术引到中国去，将会产生巨大的经济和社会效益。

联邦德国给我的另一个印象是生态环境保护得很好，我所到之处都是树木参天、绿草如茵。当局在有限的土地上，保护种植了这么多的树木，这是极有战略眼光的。我访问的慕尼黑是个工业城市，但同样由绿树掩映着，城市很整洁，空气是清新的，水是干净的，这一方面是由于政府注意对污水、污气的治理，另一方面也是因为有大片森林自然净化的结果。森林是农业的基础，同样也是经济社会的基础。在这里社会保护了森林，森林也保护了社会。联邦德国保护环境、保护森林的经验是很值得我们借鉴的。

在访问期间，我同慕尼黑大学、自由柏林大学的社会学家、汉学家、农业学家进行了交流，互相增进了了解，初步建立了友谊。同上述教授交流的过程中，我了解了德国社会学同行的工作和学术成就，我也向他们介绍了中国社会和中国社会学的现状和成果。今年①9月，我们社会学研究所将在北京召开一次韦伯问题的国际学术讨论会。届时我们将邀请施德赫特、施塞微、海勒等六位德国教授参加会议。这次我同其中的两位见了面，就会议的问题进行了磋商。

中国还是一个发展中国家，农业人口占74%。农业发展的好坏，影响着整个国家经济社会的发展。迄今为止，农业在我们国家经济社会中还起着决定性的作用。我从访问中了解到，瑙曼基金会目前正在资助湖南长沙和黑龙江两个与中国农业发展有关的项目，这是很有意义的。中国目前正处在这样的阶段，中国的农业正在由传统农业向现代农业转化，中国的农村经济正在由自然经济向商品经济转化，中国的农民正在由传统农民向非农民和现代农民转化。这个转化过程的好坏、快慢将决定着今后整个经济社会的发展。中国的学者们目前正在就农业发展和农村经济社会的发展战略等问题进行讨论。我这次访问，深感德国在发展农业、发展农村经济社会方面的技术和经验，对中国农村发展是很有借鉴意义的。希望瑙曼基金会今后在扩大两国学者交流、开展农村发展问题和上述社会学课题合作研究等方面发挥更大的作用。这将是很有意义的。同德国社会学家们交流的过程中，我深感今后两国社会学家在发展社会学、农村社会学、家庭社会

① 指 1989 年。——编者注

学、青年社会学、产业社会学、社会保障和城乡社会调查等方面有着许多共同感兴趣的合作课题。

我这次访问在基金会的精心安排下，在王步涛教授的陪同下，在波恩和柏林两地基金会的先生们的关照下，得到了预期的收获。在访问期间，突然接到了中国社会科学院的电传，要我在访德结束后即去法国访问（原来这个访问已经决定延到下半年进行）。这件事给基金会增加了不少麻烦，后来在基金会的帮助下得到了妥善的解决。

最后让我对这次瑙曼基金会的盛情邀请和接待表示衷心的感谢！希望能在城乡社会学调查方面加强合作，扩大交流来往，继续发挥基金会作用。

中国社会学界在婚姻家庭领域的
研究成果和新的使命[*]

各位来宾、各位同志，女士们、先生们：

亚洲太平洋地区"家庭未来"学术讨论会，今天正式开幕了。

出席这次会议的外国朋友有联合国教科文组织社科部人口处贝纳姆教授、日本社会学会会长森冈清美教授、泰国马哈沙拉堪大学社会学人类学系拉塔拉山博士、印度尼赫鲁博物馆高级馆员高文凯克博士、法国雷恩第二大学社会学系主任戴辛里教授、日本武藏野女子短期大学讲师高桥博子女士。对他们千里迢迢前来参加会议，我代表中国社会科学院社会学所的全体同仁向他们表示热烈的欢迎！并向他们表示感谢！

在这里，我要特别感谢我们社会学界的老前辈雷洁琼教授！雷老是我们中国社会学会的副会长，中国婚姻家庭研究会会长，北京大学教授，全国人大常委会副委员长。雷老对我们这次研讨会一直非常关心，今天还特意请假前来参加会议开幕式，向大会致了开幕词，让我们向她表示衷心的感谢！出席今天大会的领导同志还有中国社科院秘书长刘启林教授（他也是中国婚姻家庭研究会的副会长）、民政部婚姻管理司司长王德意女士。出席今天会议的还有来自全国各地的婚姻家庭研究方面的专家学者、会议代表和观察员共50多位先生和女士。出席今天会议的还有《中国日报》、《光明日报》、新华社、中央广播电视台和《中国妇女报》、《文汇报》等新闻出版单位的代表，对他们的光临指导，我们表示热烈的欢迎！

婚姻家庭问题的研究，关系到每个人、每个家庭的切身利益，是最有社会基础和群众基础的研究学科。因此，婚姻家庭研究历来是社会学研究

---

* 本文源自作者手稿。该文稿系陆学艺 1990 年 4 月 3 日在"亚太地区家庭未来学术讨论会"开幕式上的发言稿。原稿无题，现标题为本书编者根据发言内容所拟定。——编者注

的传统课题，也常常是社会学研究的热门课题。20 世纪 50 年代以前，中国的社会学界在家庭婚姻方面做了大量的研究，有一批很有价值的学术著作。但是由于大家知道的历史原因，中国社会学的研究中断了 20 多年。1979 年在邓小平同志的亲自倡导下，中国社会学研究重新恢复了。中国社会学恢复重建以后，就把婚姻家庭的研究列入国家社会科学"六五"重点科研项目。当时这种社会学重点项目只有 3 个，婚姻家庭研究是其中之一。在雷洁琼教授亲自主持和指导下，由我们社会学研究所牵头，组织了全国各地的社会学工作者，对北京、天津、上海、南京、成都等五个大城市的婚姻家庭问题进行了广泛深入的调查和研究。经过几年的努力，收集了大量的第一手资料，出版了《中国城市家庭——五城市家庭调查报告及资料汇编》一书，并在此基础上写作出版了《中国城市婚姻与家庭》一书，受到了国内外学者的好评。1987 年，在雷洁琼教授的支持和帮助下，由我们所牵头组织了全国 14 个省、区、市的社会学工作者对农村家庭婚姻问题进行了调查，现在收集到的 5000 多个样本的资料已经整理，调查报告和论文正在撰写中。11 年来，我们研究所的社会学工作者和全国的同行一起，除了对城市、农村的家庭婚姻问题进行调查研究外，还对家庭婚姻的理论、国外的家庭婚姻问题做了很多研究，写作和出版了一大批著作，得到了社会各界的好评。家庭婚姻方面的著作、论文，家庭婚姻方面的报刊，受到群众的广泛欢迎。

自改革开放以来，我国社会主义现代化建设发展到了一个新的阶段，随着经济、政治体制改革的进行，整个社会发生了深刻的变化。随着社会的变革，家庭婚姻领域也发生了很多变化，出现了许多新的情况和新的问题，需要我们去调查去研究，提出解决的办法。

联合国教科文组织人口处的先生们提出要讨论亚太地区家庭未来的问题，这是一个很好的题目。正是我们需要研究的问题，也是大家感兴趣、受到大家欢迎的题目。

这次会议为我们亚太地区的各国家庭婚姻方面的专家、学者，以及我们国内的同行，提供了一个相互交流、相互学习、共同探讨"家庭未来"方面问题的好机会。会议期间，大家将就刚才会议主席雷老讲的五个方面——经济与科学技术的发展、妇女地位与作用的提高、国家的家庭法律和社会政策的实施、文化价值观的变化、人口变化等等，对未来家庭的影响进行广泛深入的讨论探索。我深信，这次讨论一定会对我们所和我国的家庭婚姻问题研究，乃至亚太地区的家庭婚姻方面的研究工作，起到很好的、积极的作用,推动家庭婚姻方面的研究工作。我也希望到会的各国专家和学者,通过这次会议,增进相互间的了解和友谊,从此建立起密切的联系,开展多方面的不同形式的合作研究,以提高家庭婚姻方面的研究水平。

女士们、先生们,我们受联合国教科文组织的委托,举办这次亚太地区"家庭未来"学术研讨会,感到十分荣幸,我们将尽全力把这次会议办好。但是,我们也感到有一定压力,因为与联合国教科文组织合作办这样的家庭问题讨论会,于我们还是第一次,我们还缺乏经验。加上准备的时间比较仓促,难免有考虑不周的地方,请大家原谅!好在联合国教科文组织的贝纳姆教授亲自来了,他在这方面是富有经验的。昨天①他给我说,类似这样的会,这是第5次了。有他的亲临指导,我们将随时听取他的意见。也请大家提出宝贵的意见,共同把会议开好。考虑到一些外国朋友可能是第一次来北京,所以在会议期间,我们将组织参观名胜颐和园和观看中国民间文艺节目,以使朋友们更多地了解中国和了解北京。

最后,我祝大家身体健康!预祝会议的成功!

谢谢大家!

---

① 指 1990 年 4 月 2 日。——编者注

中国的社会发展、社会变迁是各国社会学家共同关注的重要课题[*]

各位来宾、各位代表、女士们、先生们：

经过一年的酝酿和筹备，在各有关方面的帮助和支持下，中国社会学研究国际讨论会，今天①开幕了。在此，请允许我代表中国社会科学院社会学研究所向参加讨论会的全体中外学者表示热烈的欢迎，向各位来宾表示衷心的感谢！

举行这次会议的目的是促进中外社会学工作者的学术交流，增进中外学者们的相互了解，相互合作，推进中国社会学研究的繁荣和发展，为推进我国的经济与社会的协调发展作出新的贡献。

大家知道，我国目前正处在从自给半自给的自然经济社会向有计划的商品经济社会转化、从农业社会向工业社会转化、从传统社会向现代社会转型的过程之中。自 1978 年党的十一届三中全会决定实行改革开放以来，大大加速了这个转型的进程。国民经济高度发展，国民生产总值 1980～1990 年增长 1.36 倍，随着经济体制的改革，经济结构的演变，整个社会结构、社会关系，已发生了深刻的变化，而且还将发生更深刻的变化。

研究中国目前所发生的社会变迁的性质及其未来发展的趋向，研究如何推进整个经济社会的健康稳定之协调发展，这是中国社会学工作者面临的重要课题。同时，中国在世界上是一个人口占 1/5 还多的发展中大国，中国的经济发展，中国现代化进程，必然对国际社会产生广泛而深远的影响，

---

* 本文原载《社会学研究》1991 年第 6 期，发表时间为 1991 年 11 月 20 日。该文系陆学艺 1991 年 7 月 22 日在"中国社会学研究国际讨论会"上所致的开幕词，原题为《中国社会学研究国际讨论会开幕词》，现标题为本书编者根据发言内容所拟定。——编者注

① 指 1991 年 7 月 22 日。——编者注

因此，中国的社会发展、社会变迁，必然受到各国社会学家的关注，对他们而言，这也是一个相当重要的研究课题。

正是基于这样的认识，我们把社会学理论、社会学方法和农村发展问题列为本次国际讨论会的主要议题。希望通过上述诸方面问题的共同交流探讨，相互切磋，加深对于中国改革开放事业，对于中国社会主义现代化进程的认识，使国际社会学界的同行们更多地了解中国，了解中国社会学的状况，也使中国社会学工作者更多地了解世界，了解国际社会学的发展。

中国有句古话：有朋自远方来，不亦乐乎。出席我们讨论会的有来自英国、美国、法国、瑞典、荷兰、中国香港、中国台湾等国家和地区的社会学家，他们中间有中国社会学界的老朋友，也有第一次到中国来的新朋友，他们都很关心中国社会学的发展。不少老朋友过去对中国社会学的重建和发展作过宝贵的贡献。希望诸位新老朋友，通过这次国际学术讨论会，对我国社会学的事业，不吝赐教，作出新的贡献。

参加这次学术讨论会的有我们中国社会学会的名誉会长费孝通教授、雷洁琼教授，有本届中国社会学会会长袁方教授和中国社会学会的副会长、常务理事、理事，以及各省区市社会学研究、教学机构的教授、研究员等专家学者。他们都亲身参加和经历了中国社会学的重建和发展的过程，对中国社会、对中国社会学都有较深入的研究，学术上有较高的造诣。

在这次会议上，中外学者，新老朋友欢聚一堂，共商中国社会学发展的大计。希望这次会议进一步推进中国社会学研究的繁荣和发展，使中国社会学在 20 世纪 90 年代向前迈进一大步，使社会学在中国现代化事业中发挥更大的作用。

这次会议得到福特基金会的大力资助，福特基金会的北京首席代表韩理思（Peter, Hawrris）先生从去年①上任以后，就关心这个项目，给予了很多帮助。英国伦敦大学亚非学院的伊丽莎白·克罗尔（Elizabeht Croll）女士为本次会议的召开，进行国际联络，组织筹备，不辞辛劳，做了大量的工作。在此我代表会议主办单位向福特基金会，向韩理思先生，向伊丽莎白·克罗尔女士致以诚挚的感谢！

这次会议，从筹备到召开一直得到老一辈社会学家费孝通教授、雷洁琼教授的关心和支持，受到了我们中国社会科学院胡绳院长、江流副院长、

---

① 指 1990 年。——编者注

汝信副院长和其他院领导以及有关部门的大力帮助和支持，在此谨向他们表示衷心的感谢！

最后，祝会议成功！

谢谢大家！

增进友谊，促进了解，交流学术*

宫城宏教授、盐原勉教授，关西社会学会访华团的诸位教授先生：

今年①春天，宫城宏教授就通知我们，今年秋天关西社会学会将组织一个大型的社会学家代表团访华，进行学术交流。对此，我们感到非常高兴。我们一方面向宫城宏教授写信，表示我们的欢迎，另一方面我们也一直在准备，期待着你们的到来。今天教授们终于来到了弊所，我代表全所100位同事，向关西社会学会的教授们，女士们、先生们表示热烈的欢迎！

关西社会学会是一个有较长历史和很有声望的学会。关西社会学家在日本社会现代化过程中做出了很大贡献，在学术上很有成就。诸多的教授先生，学术上都有较高的造诣。这次关西社会学会访问团来华，对于增进我们两国社会学家的友谊，促进相互了解、交流学术，一定会起到很好的作用。对我们所的学术研究和发展，都会起很好的作用。早在几年以前，我们研究所的同仁到关西访问学习的时候，都受到宫城宏等先生的热情关照。前些年我们研究所还同兵库县家庭研究所合作，共同研究家庭问题，取得了很好的成果。我本人6年前还在哲学研究所工作的时候，就受到宫城宏先生、上子武次先生的邀请到关西访问过，共同研究农村家庭婚姻问题。所以，这次关西社会学会访华团中有些是我们的老朋友，也有是我们的新朋友。中国有句古话叫作"一朝生，二朝熟"，希望以后我们有更多的交流机会，将来我们都成为老朋友、好朋友。经过这次访问，我们今后的学术交往和合作一定会增多起来。

我们研究所还建立不久，多方面条件都还比较差，今年又遇上特别热

---

* 本文源自作者手稿。该文稿系陆学艺1991年8月22日在欢迎日本关西社会学会访华团大会上的发言稿。原稿无题，现标题为本书编者根据发言内容所拟定。——编者注

① 指1991年，本文下同。——编者注

的秋天，房子没有空调设备，原来有许多同事一起来参加欢迎会的，考虑到房子又小，所以各研究室只好派代表来参加。就是这样已经很热、很挤了，怠慢了，请多多原谅！但我们接待各位教授的心意是诚恳的，我们的心意比这个天气还热。

最后，祝关西社会学家访华团访问成功，诸事顺利！

当代中国社会科学发展和中日文化交流[*]

中国社会科学通常讲由五个方面的队伍组成，一是以中国社会科学院和各省市的社会科学院系统为主的研究队伍；二是教委系统各高校人文社会科学系或学院的教师和研究人员；三是中央党校和各地党校系统的教师和研究人员；四是中央各部、各省地县党委和政府的政策研究部门和专业研究所的研究人员；五是军队系统的人文社会科学的研究人员。其中，社科院和教委这两个系统的研究和教学人员最多，是主要的。

中国社会科学院现在有 31 个研究所、一个研究生院，5500 人编制，加上离退休的有 7500 人。在编的人员中有近 500 名研究员，1000 多名副研究员。社科院科研条件比较好，集中了一大批国内著名的学者和学科带头人。原来哲学人文学科有较强的优势，改革开放以来，又新建了工业经济、财贸经济、技术经济、农村发展、社会学、政治学和人口学等新的研究所，招聘了和培养了一大批社会科学的人才。这些新所经过十多年的建设，已经有相当规模，出了一批受国内外瞩目的成果。我们社会学研究所是 1979 年筹建，1980 年建立的。这个所的第一任所长是费孝通教授，第二任是何建章教授，我是第三任所长。现在有 96 人，在社科院属新建的中小所。75 名研究人员，其中研究员有 7 名、副研究员 25 名，高级职称人数大约占全国社会学教授、副教授和研究员、副研究员的 1/10。现在有社会学理论、家庭社会学、农村社会学、城市社会学、工业社会学、社会心理学、青年社会学等 7 个研究室，还有《社会学研究》编辑部、计算机室、图书资料室。

---

* 本文源自陆学艺 1993 年 11 月 22 日在东京中国社会科学研究会学术会议上的演讲稿。该演讲原包含内容不同的两个部分，本文仅包含原稿的第二部分内容，题目为本书编者根据内容所拟定。——编者注

目前研究的主要方向是两个：一是社会学理论、方法和社会史的研究；二是应用社会学的研究，这是为主的，也是本身的强项。农村社会学、青少年问题研究、城市社会学等方面，目前同日本、英国、法国等开展合作研究，主要也是两个方面：一是目前中国社会正在发生急剧的变动，各地的经济结构和社会结构变化很快，一个很重要的任务是把这些社会变动情况原原本本记录下来，作为未来研究的资料（"国情丛书"就是这种）；二是对策性的研究。经济社会在发展，产生了许多新矛盾新问题，需要解释，需要回答，需要提出新的建设性的建议。如农村正在大变，新的社会组织怎么建，新的社会秩序怎么维护，目前瘫痪、半瘫痪的状况怎么治理（老办法不行），新的社会保障制度、住房制度怎么改，医疗保险制度怎么解决，……任务是非常饱满的，一是中央交办的、国家有关部门要求协作的；二是国外学者要求开展合作研究的。

现在感到人手不够，缺乏高质量的研究人才。这几年从法国、英国、美国各回来一个博士，马上就用上了，还没有从日本回京的。其他各所的情况也大致如此。目前，社会科学面临着青黄不接的状况，老学者都退了，新的还接不上。到国外的博士和博士后，回去就要挑重担。

我们对各位寄托着殷切的希望。我这是第五次到日本访问，欧美国家都只去过一次。每次去都同留学生有较多、较长的交谈，也了解一些你们的苦乐和心情。作为一个老的社会科学工作者和同行，我讲几点希望。

第一，我希望大家在学习本门专业（业务）的时候一定要把学习的视野放宽一些。社会科学是以整个社会为对象的，知识面要宽，理论根基要扎实，要发扬中国学者历来经世致用的优良传统，要发扬历代的中国留学生到国外学习治国安邦的优良传统。

回顾起来，从 19 世纪末期派出的第一批留学生起到你们有第四代了。

第一代是 19 世纪后期派出去的以严复为代表，他们从西方学了许多新的思想、新的理论，通过翻译传回来了《天演论》《群学肄言》，……

第二代是从"五四"前后到 20 世纪 30 年代，派出了一大批留学生到法国勤工俭学，到日本、到美国留学。其中以到法国勤工俭学的影响最大，产生了一大批政治家、军事家和社会科学家。周恩来、鲁迅、郭沫若等都是在日本学习过的。他们也都是从不同的角度学习了治国安邦的学问，回到祖国发挥了巨大作用。

第三代是 20 世纪 50 年代初被派到苏联留学的。在那种条件下，造就了一批人才，现在国内省部级以上的干部，很多是在苏联学习过的。

第四批是改革开放后派出了大批到美国、日本及欧洲留学的。这次人数最多，总数已经有 10 万人了。美国最多，日本次之。未来的 10 年、20 年中会在你们中产生一批大有作为的科学家、政治家和学问家。而从所有的有成就的学者的经验中可以看到，他们在学习的时候就是从学习治国安邦的学问出发的。

从和日本教授、学者和留学生交谈中，我总感到，你们研究的题目都太窄，好处是功夫做得细，把问题研究得比较扎实，这种学风也是好的。但是你们回去之后，遇到的是一个由传统社会向现代社会转型的这样一个大环境。要你回答的是新的经济体制、社会体制怎么建，社会、经济出现的问题怎么解决等这一类的宏观调控的问题。

西方社会、日本社会现代化已经分别搞了一二百年、几十年，现代化的框架已经建起来了，大的基本理论问题解决了，可以去研究细致的精致的问题。而我们正在建社会主义市场经济，正在建设现代化社会的框架，遇到的问题是不一样的。所以，我建议我们所派出的学生要学哲学、学政治经济学、学习历史。基本理论、基本知识一定要扎实，要能回答宏观的大问题。

概括地说，过去老一辈留学生要学富国强兵之道，现在你们要学如何使我国富国优民的学问、如何建设现代化国家的学问。富国是以经济建设为中心，优民是为了提高我们全民族的素质。文化要提高，社会道德也要提高，不能富而骄、富而懒、富而散。日本已经富了，但日本人还很勤奋，这就值得我们学习。

第二，建议你们的学习和研究要结合中国的情况进行比较性的研究。就学问本身而言，社会科学同自然科学不同。自然科学的对象是自然界，数学、物理学、化学的规律是一般的，而社会科学总是同某一国家特定的历史、现状、文化传统、风俗习惯有着深切的关系。所以有一个本土化的问题。前不久社会学界讨论了中国化、本土化的问题。不解决本土化，不同本国实际相结合，这门学问就不能在这个国家生根成长。100 多年来，中国派留学生有数十万人，在国外学习和取得学问。有成就的科学家也不少，在国外研究社会科学的也出过一些有成就的学者，当了教授、研究员，但像杨振宁、李政道这样有突出成就的社会科学家却找不出来。

成功的范例是，学习先进的科学理论和方法，用以研究本国的问题，写出了非常有成就的传世之作。胡适先生的《中国哲学史》、冯友兰先生的《中国哲学史》、费孝通教授的《江村经济》，都是这样成功的例证。

1991 年我到日本来，李国庆要我帮他出博士论文的题目，我说你一定做一个研究中国的题目。例如乡镇企业在中国农村社会结构变迁中的作用。在日本学习了社会学理论和方法，再回中国去调查和收集资料，这些研究生的导师们也是会感兴趣的。而你做日本的题目，往往会闹笑话，事倍功半，而前者则事半功倍。

日本有很多好的东西，值得我们学习，你们是来取经的。要取与中国现代化建设有用的经，例如日本社会比较安定，人们有安全感、放心，为什么能这样？奥秘在哪里？日本经济发展迅速，经济有活力，发明创造层出不穷，为什么？日本富裕了，但干部和群众工作还很勤奋，不像有的国家就散了。为什么我国的大中型企业老是搞不好，产品几十年一贯制，产品不是精益求精，而是每况愈下，怎么学日本？日本整个城乡社会都比较整洁，干干净净、整整齐齐，环境也保护得好，这种全民的习惯是怎么形成的？为什么我们许多地方如此脏乱差？其实很多家庭也是脏乱差。前几年说是穷，现在有些地方已经富了，为什么还脏乱差？怎么解决？……

日本这个国家富得很快，财富积累得很快，20 世纪 50 年代准备，60 年代、70 年代，20 多年工夫崛起了，什么原因？我们的国家怎样才能更快富起来？老百姓的素质怎么提高得快一些？社会怎样才能全面进步？怎样才能富国优民？

当然，也可以运用中国的经验、理论来研究日本的问题。例如我是搞农村、农业、农民问题研究的，我每次来日本都要到农村去住几天，看一看。我觉得日本虽然在农村花了很多钱，应该说也是重视农村的，但是总的说，日本重视农业不够，有战略方面的失误。1985 年，我第一次来日本时，福武直先生问我：你来了 10 天，对日本有何感想？我说，我从大阪到东京，一路上看不到多少耕地了，即使有，也荒了不少。这样一个 1 亿多人口的国家，把农田都盖了房、盖了工厂，吃饭全靠轮船从国外运，短期说也许经济上划得来，但绝非百年大计，不是长治久安的办法。福武直先生很同意我的看法，但他说，我们也说了，但政府不听啊。8 年过去了，日本农业问题更大，田还是继续减少，食品供给率降到 50% 以下。今年①遇到一点灾难，朝野天天讲大米供应问题，而且确实成了问题，超级市场米价一度上涨 20%，而且供应有断档，什么问题？起码有两个，一是日本是单一稻作农业，一遇上与水稻生长不利的天气就出大问题。中国东北也受日本

---

① 指 1993 年，本文下同。——编者注

海气候的影响，纬度比日本还高，今年也受了灾害，水稻也减产，但是因为雨水好，秋后日照好，这对高粱、玉米、大豆的生长有利，所以总产还是增加了。第二是日本农业生产系统脆弱，抗灾能力差，农产品供应系统也有问题，减这么点产，就哇哇叫，中国这种灾害是年年有的，就影响不大。

日本花了很多的钱建设农村，但没有建设好农业，建设农村也还是为城市提供工业场地，把工业搬到乡下去，建设道路和基础设施，建设旅游景点，这都是为了城里人可以去住、可以去玩。农村建设高速公路和通信，实际上是把城市延伸到农村，城市空间扩大了，但挤了农业。这几年农业科研也不行，农业院校招生不景气。

这当然是问题，日本不是没有力量，而是战略决策有问题。中国能以7%的耕地供养21%的人口，日本怎么就不能？应当说是有这个能力的，非不能也，是不为也。

说补贴太多，其实包括美国那样的国家，不也对农业有大量补贴吗？农业本身是以社会效益为主的产业。

说到一个国家的战略决策，我个人认为，现在日本研究战略的人太少，战略研究薄弱。

19世纪中期，日本思想家、庆应大学的创始人福泽谕吉提出，日本应实行"脱亚入欧"的战略。在当时，欧洲先进，亚洲落后，日本要富国强兵，要率先学习欧洲。这是对的，不愧高明之论，结果也是好的。日本学习西方的结果：促进了日本经济政治的发展，成为亚洲经济最发达的国家，战后经济腾飞，现在成了世界的经济大国。

历史过去了一百多年，到了今天，察古观今，就日本来说，要"辞别欧美，回归亚洲"，要解决面临的难题，从今后50年至100年的发展来看，应该提出"辞欧归亚"的战略了，为什么？

一是欧美的经济已经到了目前能达到的顶峰，如果科学技术上没有牛顿、爱因斯坦式的突破，在政治经济战略上，没有马歇尔战略支持欧洲重建式的大举措，西方经济发达国家的经济就只会在目前的水平上停止徘徊，好则增长1%~3%，不好会下降1%~2%。所以日本经济，再靠西方市场带，靠不住。欧洲共同体，北美自由贸易区，对付谁的？现在就是对付日本的。我在美国看到过美国人砸日本汽车的场面。

在文化上，西方国家那一套，也到了难以为继的地步。西方人崇尚进化论、弱肉强食、彻底的个人主义，他们不要说集体、组织，就连自己的父母、老人也可不顾，最后是小家庭也不要了，对老婆、对孩子也可不负责任。西方社会离婚率达到惊人的地步，独身主义、自由同居盛行，性享乐主义文化泛滥，吸毒贩毒、资源浪费、环境问题都很大。我只讲一点——人口下降。20 世纪 50 年代以后，欧美几个发达国家的白种人是绝对下降的。之所以还能保持人口规模，是靠移民，靠本国的有色人种多生。照此下去，再过 50 年至 100 年，欧美的白种人会是什么样子？欧美的重城市、轻农村，重物质、轻文化，重个人、轻集体的文化也到了顶峰了，日本还继续学习西方文明吗？

西方经济文化的转折期标志是 20 世纪 90 年代初的苏联解体。布什以为美国胜了，西方文化胜了，其实是两败俱伤。一个倒了，一个伤了，前途都不好。中国有句古话叫做物极必反，峰回路转，美国现在是独鼎世界，登峰造极，但福兮祸所伏，他们也像英国一样，已到了日落中天的时候了。

这一点西方的学者已经看出来了，有远见明智一点的政治家也看出来了，今年夏天在莫斯科开的国际哲学年会上，人本主义抬头，受到大会的热烈欢迎，就充分表明了这一点。西方经济到了峰顶，西方的文化到了峰顶，是该考虑下一步向哪里去的大战略问题的时候了。

二是"脱亚入欧"。一百多年，实在说，欧洲也进不去，人家有人家的圈子。人家老把你当作客人，这是好的。常常还把你当伙计、当跟班。现在你富了，拿你当冤大头，这个要你出钱，那个要你筹款。这几年西方联合起来，让你日元升值，转嫁困难。

入欧的结果，你还疏远了邻居，一个时期还得罪了邻居。归去来兮，胡不归？现在形势变了，该是考虑国际战略的时候了，识时务者为俊杰，现在日本该是辞欧归亚的时候了，21 世纪是亚洲的世纪。

亚洲 30 亿人口，占世界 60%，是未来世界最大的市场，经济有大发展的余地。今后日本经济的进一步发展，要靠开发亚洲市场。

在文化上，西方文化到了顶峰，未来的文化要进一步融合，美国的政治家、思想家有在研究 21 世纪的基督教文化、伊斯兰文化和儒家文化的冲突问题。我看还可以提东方文化。东方文化包括儒家文化、大和文化、印度文化等等，有一些共同的东西，比较强调人和自然和谐、人和人之间的和谐，重家庭伦理，尊重传统，集体主义，清静恬淡，自我修养，注重精神，尊重道德，规范人生。而这些正是西方文化所缺乏的。日本一方面西化，而依我看，它在保存传统文化方面也是做得很好的。脱亚了一百多年，基本的文化还是东方的。要恢复、进一步发扬传统文化，也是顺理成章的。

以上两点，关于农业，关于发展战略，都是我个人的看法，只是提议大家做比较研究，举个例子。这样的研究就可以站得高，看得清一点。

　　我们的国家正处在由传统社会向现代社会的转型时期，处在由单一的计划经济体制向社会主义市场经济体制转化的时期。国家一方面发展得很快，建设的成就很大，人民生活水平提高得很快；但另一方面，各种经济问题、社会问题也层出不穷。每年每月都有新问题涌现出来，很需要社会科学工作者去调查研究，去总结，去规范，去提出各种建议和设计。应该说，这是社会科学工作者大显身手的好时机。今年夏天我接待了好几批外国和我国台湾来的客人，我对他们讲，就研究人员数量和素质、研究经费、研究资料和手段来说我们都不如你们。但是我相信，10 年、20 年后中国会出一批世界级的社会科学家，出 10 多个社会学家。为什么？因为我们的经济在大发展，社会在大变动，社会需要，这是比任何东西都要好的造就人才的条件。我想我这个估计是有根据的。

　　我殷切地希望大家充分运用在日本学习的条件，尽可能多地从你们的老师、同学那里学习日本的科学理论和方法，学点宏观的治国安邦的本事，以便将来回国，为我们的祖国服务，为中国社会科学的前进和繁荣服务。

访日报告[*]

  1993 年 11 月 6 日到 1993 年 12 月 20 日，我接受日本学术振兴会的邀请，在日本进行了为期 45 天的学术访问。在常磐大学古屋野正伍教授、柄泽行雄副教授等的具体帮助和安排下，访问进行得很顺利，收获十分丰富，使我对日本农村、对日本社会学的发展有了进一步的认识，同日本的 15 所大学和 6 个科研机构、学术团体的学者进行了学术交流，增进了相互的了解和友谊。

  一、考察访问了日本的农村和工厂。我到日本后的第一周就由早稻田大学柿崎京一教授陪同，到岐阜县的白川村和静冈县的丰冈村访问。11 月 25～27 日，由东北大学细谷昂教授和常磐大学柄泽行雄副教授陪同考察了山形县庄内地区农村，这是以水稻生产为主的农业区，还专门访问了佐滕实等几家农户。11 月底到关西，由吉备国际大学万成博、米村昭二位教授陪同，参观访问了岗山吉备高原的农村和农业。12 月初到京都，由龙谷大学口羽益生教授陪同，考察了滋贺县琵琶湖边上的近江八幡农村，这里是围湖造田区，农民都是从各地招募来定居务农的。12 月 6～7 日由常磐大学柄泽行雄副教授陪同到长野县诹访调查，访问了诹访山区农村，并且专门到精工爱普生公司在诹访的几家工厂参观访问，受到了精工株式会社安川社长、入江专务、平泽副社长等的接待，同他们进行了友好的会谈，给我留下了深刻的印象。精工的名牌手表和 Epson 电脑打印机，都在诹访山区农村里生产，工厂里有一部分工人就是当地雇来的农民和农妇，这也可以说是乡村工业，但是工厂内部的设施是十分现代化的，工厂的管理也完全按现代企业要求进行科学化管理，井然有序。一方面工厂设在山区农村，山

---

  * 本文原载《国外社会科学》1994 年第 4 期，发表时间为 1994 年 8 月 1 日。原稿写于 1994 年 1 月 30 日，系陆学艺 1993 年访日归来后向中国社会科学院所做的汇报。——编者注

清水秀，环境优美，空气清新（这是生产精密仪器、电子产品所需要的），一方面又利用现代交通、通信等手段，使工厂同大城市联结起来，进行现代化管理，使工业兼有城乡两方面的优势。这同中国的乡镇企业是不同的，中国的乡镇企业设在农村，虽然也主要是工业生产，但是乡镇企业的管理都主要由当地的乡镇的行政领导管理，有较多的地缘、血缘色彩。在京都期间，由大阪大学盐原勉教授和佛教大学星明副教授陪同，专门访问考察了京都西阵纺织街，这里从表面上看，很像北京的一条胡同，街道平直狭小，仅能过车，各家门前都很整洁，但一进胡同就能听见"咔嗒咔嗒"的机杼声。我们进室访问了几个纺织家庭，这里的纺织机有的还完全是当年脚踏手拉的木机，有的已安上了电脑，是数控提花的织机，主要生产领带与和服腰带，越是木机手织的越名贵，这是京都的传统工业产品。日本这样一个拥有高度现代化工业的国家，还有这样完全手工业式的传统作坊式生产的产品，这是我始料不及的。

二、访问了日本的15所大学和科研机构，同日本的社会学界的教授们进行了学术交流。在日本期间，我先后访问了常磐大学、青山学院大学、骏河台大学、吉备国际大学、甲南女子大学、大阪大学、东京学艺大学、期波大学、上智大学、早稻田大学、东京大学、庆应义塾大学，同这些大学的社会学教授们进行了交流，他们是古屋野正伍、川本彰、柄泽行雄、井出静、石川滋、熊田俊郎、和田英夫、万成博、米村昭二，宫城宏、上子武次、桥本满、秋庭裕、盐原勉、饭田哲也、星明、口羽益生、莲见音彦、绵贯让治、柿崎京一、矢野敬生、田岛俊雄、中兼和津次、十时严周、有末贤、合川隆男等。此外，我还拜会了日本社会学会、日中社会学会、关西中国社会研究会等学术团体的专家学者，他们是青井和夫、森冈清美、石原邦雄、凯村英一、高桥明善、长谷川昭彦、大内雅利、北原龙二等。

在访问期间，我还应邀到骏河台大学、青山学院大学、吉备国际大学、龙谷大学、东京大学和日中社会学会等单位给大学的师生和研究者介绍了中国农村社会变迁、中国改革开放中的农民问题和中国社会学的发展概况以及目前研究的课题等。另外，我在东京和大阪访问期间，还分别和东京的中国留学生和关西的留学生进行了座谈，向他们介绍了国内的政治、经济、社会形势，回答了他们提出的各种问题。

三、几点感想

自1985年10月以后，我曾先后四次访问过日本，但都是参加学术会议，访问时间比较短，一般在10天左右。这次日本学术振兴会提供了一个很好的学术访问的机会和条件，使我有比较充裕的时间考察日本的农村、城市社会，考察日本的大学和科研机构，考察日本社会学的教学和研究单位，同众多的日本社会学家、经济学家等各界人士见面、会谈、交流，学到了很多东西，得到了许多资料，45 天过得很快很充实，收获丰富，感想很多，主要有以下几点。

（一）日本社会比较安定，社会治安状况较好，城市生产生活有秩序。日本已经度过了经济高速增长过程中那种失范、失序的阶段，也不像欧美一些发达国家那样富而不安。无论是在东京，还是在中小城市、在农村，居民一般都很紧张、繁忙，勤奋工作，生活节奏快，但很有秩序，人们之间彬彬有礼。我在日本 45 天，几乎没有遇到过吵闹斗殴的事情，生活有安全感。日本作为一个战败国，在经济凋敝、人民生活十分困难的情况下，经过 30～40 年的奋斗，成为一个繁荣富足的世界经济大国，有很多经验是值得我们学习和借鉴的。

1. 日本的工人、农民、干部、职员，以及经理、企业家都比较勤奋，努力工作，加班加点，讲究效率，在经济增长阶段是这样，现在富裕了，发达了，仍能保持这种工作精神，不像有些发达国家那样，富而骄，富而惰，骄奢淫逸，这是很不容易的。我想这是日本至今仍能保持经济社会活力，度过战后几次经济危机（如两次石油危机冲击）的一个很重要的原因。

2. 日本在经济高速增长过程中，进行了宏观调控，制定了比较合理的社会政策，如通过征收累进的个人所得税、高额的遗产税等，使国民的个人和家庭的经济收入差距不是很大，逐步形成了一个庞大的中间阶层。现在日本的社会结构，从阶层结构这个角度来分析，真正拥有亿万财产的巨富者是少数，另一面，真正一无所有、生活无着的人也是少数，绝大部分人都处在中等偏上、中等或中等偏下的经济生活水平。日本学术界有"1 亿皆中流"的说法，我在日本工厂调查过他们的收入，厂长收入最高，同新进工厂的年轻工人比，年收入差距比是 6∶1，但一扣除所得税等，差距就没有这么大了。日本的农民、专业农户很少，兼业农户多，专业农户的经营规模也不大，劳动生产率并不高，但通过国家对农业的补贴和对农产品价格的支持，农民的实际收入比城市里一般职工的平均收入高。日本的阶层结构呈纺锤形，两头小，中间大。中间阶层是社会主体，他们对社会发展、经济发展的主导方面有较强的使命感和认同，这是日本社会自 20 世纪 70 年代以来能够比较安定的结构性原因。

3. 日本的干部和职工都有较强的敬业精神，对本职工作都很认真，忠于职守，有的真可说是精益求精、一丝不苟。据有关学者介绍，这同明治维新以后就倡导的"职分"的观念很有关系。这次我接触了很多日本各种职业、各个阶层的人，我感到，他们对自己所从事的工作都很熟练，恪尽职守，勤勉认真，兢兢业业，不敷衍，不马虎。我想这是日本城乡经济社会生活的环境比较好、工作有效率的原因，特别是日本的诸多工业产品能够保持高质量、好信誉，能够不断改进、更新、精益求精的原因。

有位管理专家讲过，现在一台新的机电产品，往往由几百个至几千个零部件装配而成。其中的每个零部件在制造过程中，只要有1%的不合格，那么组装起来的整部机器的不合格率就相当高了。相比之下，我们的职工，不熟悉本职业务、不安本分、敷衍差使的人太多，这方面是我们要学习和借鉴的。

（二）关于日本的农村和农业。我这次考察的重点是日本农村社会，先后考察了6个县、10多个町和村，总的感到，经过20～30年的建设，日本的农村已经建设起来了，农村的道路四通八达，同大中城市联结起来了，电话、传真、电讯都普及到农户家里，农村也造了各种学校、饭店、旅游和娱乐设施、体育场、俱乐部。许多农家的经济收入、生活水平都极大地提高了，农家的住宅、汽车和家电拥有量都赶上或超过了城市的平均水平。农村可以说已经现代化了。但农业没有相应地建设起来。我同日本的几位学者讲过，"你们建设了农村，但没有建设好农业"。农村和城市的差别缩小了，城乡一体了，农村成为城市的延伸，许多城市居民到农村与农户混居：农村成了城市居民度假、旅游、娱乐休息的好去处。但农业作为一种产业，恰在逐渐衰落。第一，耕地逐渐减少，1955年日本全国总耕地为622万公顷，到1990年只有516万公顷。35年减少106万公顷，减少17%。1955年人均耕地为0.0696公顷，1990年人均耕地只有0.0418公顷。第二，农产品的自给率1960年为91%，粮食自给率为80%，1989年农产品自给率为70%，粮食自给率只有30%。第三，1960年，日本有专业农户207.8万户，第一兼业农户203.6万户，共411.4万户、2336.7万人，占全国总人口的25%。1989年专业农户为60.3万户，第一兼业农户57.4万户，共532万人，占全国人口的4.3%。农业就业劳动者减少，农民减少，这是发达国家共有的现象。日本的问题是，农民、农业劳动者大量减少的同时，农地经营规模没有相应扩大，至今平均经营规模只有一公顷多。劳动生产率也没有相应提高。由此引发出很多问题。即使这样，农民还是不愿种地，每年有大批青年涌向城市，农业面临后继无人等严重问题，农业的衰势还在继续。

日本作为一个拥有一亿二千多万人口的经济大国，农业产业基础这样薄弱，食品和粮食自给率这样低，国民的吃饭问题长期主要依靠国外，就国家战略发展的角度考虑，这总不是长治久安之计。

（三）关于发展战略方针问题。日本明治维新时期的思想家福泽谕吉教授，曾经提出"脱亚入欧"的战略。在当时，欧美先进，亚洲落后，日本要富国强兵，率先学习西方，这是对的，确是高明之论。结果也是好的。日本学习西方，促进了日本政治、经济、文化的发展，使其成为亚洲最发达富强的国家，又经过了战后的建设，成为当今世界的经济大国。

历史过去了 100 多年，察古观今，就日本来说，要解决日本当前面临的种种难题，从今后 50 年、100 年的发展来看，现在该是提出"辞欧归亚"的发展战略的时候了。

从经济上说，美欧经济已经发展到了目前能达到的高峰，如果没有科技上划时代的重大突破，没有经济上的大举措，西方几个主要发达国家经济徘徊的局面很难改变。日本经济建设主要靠欧美市场将越来越困难，摩擦会越来越多。而亚洲经济正在崛起，发展方兴未艾。亚洲 30 多亿人口占世界总人口的 60%，是未来世界最大的市场，日本应该及时"归亚"开发这个大市场。

在文化上说，二战以后 50 年，有相当多的人鼓吹推行西方化，有一段时期，好像现代化就是西方化，结果怎么样？半个世纪过去了，凡是搞全盘西化的都没有好结果。为什么？除了经济原因，最主要的是文化原因。西方文化也走到了尽头，进化论、弱肉强食、实用主义、彻底的个人主义那一套，不要说推行到亚洲不行，连他们自己也难以为继了。富裕了，但人民生活并不幸福，缺乏安全感，各种社会问题成堆。未来的世界，各种文化将进一步融合。当今世界，东方文化正在崛起，东方文化包括儒家文化、日本文化、印度文化等，比较强调人和自然的和谐，人与人之间的和睦，集体主义，注重家庭伦理，尊重传统，注重个人道德修养，清静恬淡，注重精神，规范人生，所有这些，恰是西方文化所缺乏的。我这次深入日本城镇社会进行考察，深切地感到，日本学习西方，100 多年引进了很多东西，但依我看，日本在保持传统文化方面是做得十分之好的。人民日常生活、社会运作所遵循的道德文化基本上还是传统的大和文化。

中国东晋的大文学家陶渊明在他的名篇《归去来兮辞》中曾经说过："归去来兮，田园将芜胡不归？"审时度势，从发展战略上看，日本应该

"辞欧归亚"了。

（四）一个具体建议。我很感谢日本学术振兴会和古屋野正伍教授、柄泽行雄副教授等为我提供了这次学术考察和交流的机会。中国自 1978 年改革开放以来，经济发展很快，新的经济形式、新的社会组织像雨后春笋一般不断涌现。新的经验需要总结，新的形式和事物需要解释，新的问题需要解决。中国的社会学学科自 20 世纪 50 年代后中断了 20 多年，是 1979 年后才恢复重建的，所以现在中国的社会学学科的教学和研究人员，无论是在数量上还是在质量上都不能适应社会发展的需要。而当今中国社会正处在巨大迅速的社会变迁之中，这是研究和发展社会学的大好时机。我希望日本学术振兴会今后能多支持和资助日本的社会学家到中国进行社会调查和研究，多支持资助一些中国的社会学家到日本学习和考察日本社会发展的经验，多支持和资助中日两国社会学家的合作和交流，这对中日两国的合作和交流都是有益的。

现在正是农村社会学家、
农村经济学家大有作为的时期[*]

很高兴来参加日本社会学会第 67 届年会学术讨论会。谢谢绵贯[①]先生和日本社会学会领导的邀请！我预祝大会的成功！今年[②] 5 月中国农村社会学研究会在邯郸举行成立大会时，矶边俊彦[③]会长专门给我会发了贺信。绵贯先生、柿崎教授、柄泽教授、南裕子还专门前去参加了会议。所以我这次来参加年会，也是答谢和回访。

村落社会学在中国没有专门的相对应的学会。相关的主要是两个：一个是中国农经学会，一个是农村社会学会。我曾经是中国社会科学院农村经济所的副所长，参加过中国农经学会，现在是中国农村社会学研究会的理事长，所以我同贵会的往来比较多。在这里有不少老朋友，我这次来又认识了很多新朋友。我希望今后我们两国的农村社会学者、农业经济学者都加强合作和交往。

中国的农村正在发生变化，在从农业社会向现代社会转化，从乡村社会向城市社会变迁。在东部发达地区（2 亿～3 亿人口）农村的变化大致相当于日本 20 世纪 70 年代的变化，但中部地区变化还不快，西部地区基本上还没有变。在东部、中部地区，变化是很快的。而随着经济的发展，社会结构也在发生变化，农民正在分化，农村社会组织正在改变，同时也产生了大量的社会问题。现在正是农村社会学家、农村经济学家大有作为的时期，因为实践提出了许多问题需要回答、需要解决。所以目前正是发展中

---

* 本文源自作者手稿。该文稿系陆学艺 1994 年 11 月 2 日在日本社会学会第 67 届年会村落社会学研讨会上的讲话稿。原稿无题，现标题为本书编者根据发言内容所拟定。——编者注
① 绵贯让治先生时任日本社会学会会长、日本上智大学教授。——编者注
② 指 1994 年。——编者注
③ 矶边俊彦先生时任日本村落研究学会会长。——编者注

国农村社会学千载难逢的好机会。

我也希望日本的农村社会学和农村经济学家、村落研究会的同行们有机会去中国做些调查。几十年前，你们变化太快，没有来得及积累研究资料，现在这个现代化过程正在再现。我想日本农村社会学家去做这种研究和调查，一定会取得优异成绩的。欢迎你们去！我作为中国社会科学院社会学所的所长和中国农村社会学研究会理事长，一定提供帮助，共同开展这种研究，谢谢！

21 世纪的亚洲社会与社会学[*]

请允许我代表大会组织委员会，对会议中心议题做简要说明。

第六届亚洲社会学大会的召开，正值世纪之交，回顾 20 世纪亚洲社会的变迁，展望 21 世纪亚洲社会和社会学的前景，进行历史的比较和反思，自然成为这次大会各个专题讨论的总体思想背景。但是，新旧世纪的交替，本来是反复出现的寻常之事，所谓"跨世纪的思考"并非每一次都具有值得人们普遍关注的重大主题。那么，当前，亚洲社会是否发生了具有世界历史意义的变化，足以引起世人瞩目，从而成为亚洲社会学家不可回避的重大议题呢？

众所周知，自 1500 年以来，全球意义上的"世界体系"开始形成，西欧和北美相继成为这个体系的中心。到 20 世纪前期，其间 400 多年，对世界进程具有全局影响的事件几乎都发生在大西洋沿岸，如英国工业革命、法国大革命、德意志民族国家的形成与统一、美国大国地位的确立，俄国十月革命。亚洲的绝大多数国家长期被排斥在这个体系的"边缘"，沉沦而停滞。然而，20 世纪下半叶，越来越多的亚洲国家鱼贯式地进入了历史的"快车道"，开始了东方的振兴，最近 30 年，美欧国家几乎是在漫不经心之中突然被亚洲的奇迹所震惊：亚洲崛起了。

亚洲的崛起，首先是经济奇迹，但又不仅仅是经济奇迹。从经济总量

---

* 本文原载中国社会学会秘书处编的内部资料《中国社会学会通讯》1995 年第 4 期（总第 23 期），刊载日期：1995 年 11 月 10 日。该文系陆学艺 1995 年 11 月 2 日在"第六届亚洲社会学大会"开幕式上所作的主题报告，曾以《21 世纪的亚洲社会与社会学》为题发表于《社会学研究》1996 年第 1 期（1996 年 1 月 20 日），并收录于《中国社会学年鉴 1992～1995》（北京：中国大百科全书出版社，1996 年 8 月），公开发表和收录年鉴时有删节。——编者注

上看，据世界经济组织预测，亚太地区①的产品 1990 年占世界的 1/4，到 2000 年将占世界的 1/3，到 2040 年将占世界产品总量的 1/2。从经济增长速度上看，据亚洲开发银行 1992 年判断，亚洲发展中国家经济增长率 1992 年为 6.5%，1993 年为 6.7%，而同期世界平均增长率分别为 1.8% 和 3.3%。日本经济研究中心认为，亚洲平均经济增长率在进入 21 世纪以后仍可保持在 4% 以上。从经济合作情况来看，目前亚太地区经济合作和一体化的进程正在加快，亚太地区内部贸易额已占总贸易额的 65%，超过了欧洲共同体国家的内部贸易额（62%），也超过了亚太地区与美国的贸易额。亚洲的经济成就与欧美的经济停滞衰退形成了鲜明的对照，对此如何解释？那种认为亚洲经济只是西方经济的"延伸"和"依附发展"的观点已经不攻自破了，人们开始注意东方式的企业组织、管理制度和经济发展的人文环境。这预示着 21 世纪的世界经济将可能向新的经济增长模式过渡、向新的增长中心转移。

亚洲的崛起具有重大政治意义。这不仅指世界政治的两极对立格局正在被多极化格局所取代，也不仅是指占世界人口总数 60% 的亚洲人民势必在 21 世纪的世界政治中居于举足轻重的地位，而且是指政治概念的主要含义将由霸道政治向王道政治转移。那种以为不是英国主宰一切就是美国主宰一切，不然就是什么西方大国主宰一切，以侵略和扩张、征服和掠夺为特征的强权逻辑将被摒弃，崛起的亚洲将带给世界一种逻辑：不是以大欺小、以强凌弱，而是"以德行仁"、互惠互利、共同发展的政治。

亚洲的崛起是深刻的文化现象。传统文化与现代化的关系、文化与 21 世纪进程的关系，也因亚洲的崛起而格外引人注目。世界存留至今的文明，不论是如汤因比（A. Toynbee）所说的 6 种，还是如亨廷顿（S. P. Huntington）所列的 8 种，多数是亚洲人创造的，具有世界性的几大宗教也几乎都发源于亚洲。但是东方文化到底是现代化的促进因素，还是东方落后的重要根源？需要重新研究，不可简单论断。韦伯（M. Weber）关于新教伦理与资本主义关系的见解，也许能够在一定程度上解释西方工业文明，但对亚洲特别是东亚崛起的文化原因，看来需要另作解释。在当代人中，美国哈佛大学的亨廷顿提出：21 世纪世界冲突的主要根源，将不再是意识形态，也不再是经济，而是文化，即所谓"文明的冲突"，这即使有些偏颇，尚可

---

① 这里说的"亚太地区"指亚洲的太平洋沿岸国家，不包括美国、加拿大等太平洋东岸国家。——作者注

算是一家之言，但他关于儒家文明与伊斯兰文明的结合会造成"威胁"的说法，则是出于对东方文明的误解。东方文明就其主要倾向而言，不是崇尚对抗，而是崇尚中和，不是向外扩张，而是向内协调，亚洲之所以既能取得高速经济增长，又能保持社会基本稳定，正是东方文化这一特点的明证。由悠久文化的积累和现代文明结合的亚洲发展模式，可以说是可持续发展的一种比较优秀的模式。经济增长与社会稳定、社会变迁与人际和谐相辅相成的发展模式，正是亚洲对于 21 世纪的主要贡献。探究这个发展模式的文化底蕴，对亚洲社会学家来说，是责无旁贷的。

女士们，先生们，亚洲的崛起，是涉及经济、政治和文化的全面而深刻的社会变迁。讨论亚洲崛起的社会学意义和亚洲社会学家的历史使命，应该是本次大会的主题。

作为亚洲崛起进程的一个有机组成部分，中国自 1978 年开始实行邓小平提出的改革开放政策以来，在经济和社会发展方面，取得了不仅对本国而且对亚洲和全世界都是可喜的和有益的进步。从 1978 年到 1994 年的 16 年间，国民生产总值的年平均增长率为 9.4%，20 世纪末的未来几年内仍可保持 7% 以上。与此同时，中国社会全面加快了从农业社会向工业社会、从乡村社会向城镇社会、从封闭半封闭社会向开放社会、从计划经济向社会主义市场经济的转化进程，这个进程伴随着利益格局的调整、观念文化和行为方式的转变，就其规模和深刻程度而言，是当年西方社会现代化的历史进程所难以比拟的。在中国的发展中，有两条基本经验：一是坚持从本国的实际出发，走自己的路，不照搬西方的模式；二是经济和社会必须协调发展。前者决定了社会学的发展方向，而后者决定了社会学的重要地位。中国和整个亚洲社会的伟大变迁，为社会学的发展提供了难得的良机，既然随着西方世界的兴起，产生了社会学这门学科，那么亚洲崛起对于社会学的意义也是不容低估的。

亚洲的崛起不是区域性的现象，它对世界进程将产生全局性的影响，同样，亚洲的崛起对西方社会学提出的质疑也不是局部性的，而是全局性的，不是表面的而是实质性的。它给亚洲社会学家提出的任务，也不只是要去描述和解释具体的社会现象和社会问题，从根本上说，是要求从亚洲社会的实际出发，去总结和概括亚洲社会发展变迁的内在规律，去探索和创造 21 世纪亚洲社会学的新模式。

亚洲社会的巨变和世界各国发展的经验，为亚洲社会学的发展提供了丰厚的基础，同时也对西方社会学的某些基本概念和概念逻辑提出了挑战。

例如，个人与社会是社会学的一对基本范畴，西方社会学或者坚持个人本位，或者坚持社会本位；或者强调个人活动对于解释社会的根本性，或者强调社会结构对于个人的先进性。总之，以不同的形式预设了个人与社会的分离和对立，作为这种概念逻辑的一个推论，亚洲社会就既可被批评为压抑个人积极性，也可被认为是结构和制度的低效率，果真如此的话，亚洲的经济奇迹是从哪里来的？实际上，在亚洲的发展过程中，群体或集体的存在常常表现为培育和支持个人积极性的环境和条件。与西方社会学家庭地位的降低和家庭关系的松懈相反，在亚洲，家庭、家族等等起了降低交易成本、舒缓竞争带来的紧张、调解社会基本矛盾的作用，当然，确实也有，加重社会区隔的弱点。个人与社会之间较多的联系中介和联系网络，植根于血缘历史和文化深厚基础的人际关系或社会资源，对社会的发展既可能起积极的作用，又可能有负面影响，其复杂性和不确定性，使西方社会学明确而简单的基本假设的解释力显得相形见绌。

不仅在个人与社会的关系上，而且在国家与社会、经济与社会、传统与现代性、城市与乡村、人与自然以及在方法论方面的主观与客观、宏观与微观、冲突与均衡、经验与理论、理性与非理性等等概念的关系上，也都有类似的情况。亚洲社会的实际情况和行为逻辑与这些概念关系、概念旨趣、概念逻辑之间总有某种程度的不贴切、不自然、不合拍。如果这些情况只是发生在一些具体概念上，那还不足为怪，但既然上述这些概念关系，从不同侧面涉及了西方社会学的解释模式，那么我们提出探索和建立从亚洲社会实际出发的社会学模式就是理所当然的了。

何况，西方社会学本来就有三大理论传统，到了现在，更是呈现所谓"多重范式"的局面，不可能定于一尊。法、英、德、美的社会学从来都是各有特点，唯其有特色，才能对社会有所贡献。这些年，西方社会学家也在那里议论原有模式的"危机"，进行自身反思，探索新的思路，亚洲社会学家就更没有必要奉西方社会学为圭臬，束缚自己的思想，等待西方社会学家来回答亚洲社会的发展问题，跟着人家，人云亦云。有鉴于此，我们提出，创造亚洲社会学新模式，是既合理，又合情，全在情理之中。

女士们，先生们，有亚洲的崛起，就必有崛起的亚洲社会学。一种立足于亚洲现实，植根于亚洲文化，能够解释亚洲崛起之奥秘，又能具有世界性普遍意义的社会学，必然借亚洲崛起的机缘应运而生！这就是我们所说的"亚洲社会学新模式"，它是亚洲的，也是世界的，它将以自己的鲜明特色和普遍意义而自立于 21 世纪的世界社会学之林。

动员亚洲社会学家投身于对 21 世纪亚洲社会发展变迁的研究和总结，投身于对 21 世纪亚洲社会学新模式的探索和创造，统一认识、鼓足士气、明确目标、加强合作，就是第六届亚洲社会学大会的任务。

为了实现这一目标，第一，要继承和发扬 20 世纪亚洲社会学家深入实际、调查研究的优良传统，求得对亚洲社会的透彻了解；还要大力开展对西方社会、对社会类型的比较研究，准确而深刻地把握亚洲社会的特质。

第二，加强对东方社会思想的研究。自古以来，东方思想传统就比西方思想传统更重视社会与人生，社会思想遗产比西方更丰富。而且，如果说西方社会学是提供了一种概念逻辑，那么，东方社会思想则是活生生地体现在东方人的行为之中的"生活逻辑"。这是亚洲社会学的根。用这条根去汲取东方人生活经验的营养，去汲取西方社会学的营养，才能有 21 世纪亚洲社会学的繁茂大树。

第三，全面理解、系统研究西方社会学。我们既要研究西方社会学的经典理论，又要了解它在当代的最新进展；既要关注西方学者关于西方社会的研究，又要注意他们对东方社会的研究成果。必须明确，亚洲社会的崛起，是世界经济社会整体发展的必然结果，是世界历史发展长河中的一个组成部分，所以我们必须冲破西方中心主义的禁锢，又要防止东方封闭主义。亚洲的崛起是东西方学者共同关心的大事，亚洲社会学的崛起也离不开东西方社会学家的沟通、交流与合作。

第四，努力推动亚洲各国社会学家的经常性的交流与合作更是当务之急。21 世纪，亚洲社会学家的目光将从较多地注视西方转移到注视本地区社会学的动向和发展。由于历史和文化的原因，亚洲社会学家面临的问题更为接近，更容易互相借鉴、互相启发，因而互相交流将趋于频繁。

正是本着这个意愿，我们在亚洲各国朋友们的大力支持下，筹办了本届大会。今天，全国人民代表大会常务委员会副委员长、著名社会学家费孝通教授、雷洁琼教授因公务前往外地，不能亲临大会，他们专门给大会发来贺词，表达了对亚洲社会学事业的关心和支持。费教授、雷教授既是 20 世纪 30 ~ 40 年代中国社会学的主要开拓者，又是 20 世纪 70 年代以来中国社会学会恢复和重建的主要领导者。中国社会学具有注重社会调查、理论结合实际的优良传统，中国社会学者对"只有在本国的土壤里才能生长出中国的社会学"（费孝通语，1985 年）抱有明确的信念。近十几年来，我们开展的小城镇研究、城市家庭研究、农村改革和农民问题研究、社会结构转型研究、阶级和阶层研究、社会指标研究、社会分化和人口流动研究、社会学基本理论研究，等等，对国家决策和社会发展起到了积极作用，赢得了社会的赞誉。目前，中国社会学的发展正值大好时光，我们有建设中国特色社会主义的丰富实践作为学科发展的肥沃热土，有一支素质较好、事业心较强、初具规模的专职和非专职的社会学研究和教学队伍。相信有中国特色社会学的形成和发展必将为亚洲社会学的崛起作出积极贡献。出席本届大会的中国社会学者愿意虚心向亚洲各国同行请教，相互切磋，合作交流，共同提高，增进了解，加深友谊。

本届大会有 200 多位亚洲社会学家欢聚一堂，盛况空前。为了便于交流和讨论，大会组织委员会经过磋商，拟定了六个题目：（1）亚洲地区的经济发展和社会变迁；（2）亚洲的传统文化和社会结构；（3）亚洲的工业化和农村劳动力的转移；（4）21 世纪亚洲的社会保障；（5）21 世纪亚洲地区的家庭与生活品质；（6）21 世纪亚洲社会经济发展、人口资源与环境问题。我们希望通过对这些问题的讨论，能具体地展示和理解亚洲崛起的社会学意义。

我们希望，第六届亚洲社会学大会将成为 21 世纪亚洲社会学崛起的奠基礼！

亚洲的现状与未来强烈呼唤
社会学发挥更大作用[*]

女士们、先生们：

第六届亚洲社会学大会预定的全部议程，到今天就要顺利完成了。4天来，与会的200多位社会学家满怀热情，围绕"21世纪的亚洲社会与社会学"这个主题，分6个专题进行了大会发言和分组讨论，此间许多代表还饶有兴趣地参观了北京的名胜古迹。在全体代表的共同努力下，本次大会就要胜利结束了，此时此刻，我以激动的心情郑重宣告：第六届亚洲社会学大会，正如朋友们所祝愿的那样，取得了圆满成功！

本次大会取得成功的原因是多方面的。中国先秦时期的伟大思想家老子说："道生之，德蓄之，物形之，势成之"（《道德经》下，五十一章）。这些话讲的是万物生成的普遍道理，也可以用以解释本次大会取得成功的原因。对本次大会来说，"道"可以理解为亚洲社会发展的逻辑，"德"是指行为准则，"物"姑且解释成各种物质条件，"势"是亚洲社会学面临的形势和发展趋向。四者齐备，事必成矣。本届大会可说是，因运而开，因势而成。

正如许多代表在发言中所指出的那样，世纪之交，亚洲社会正处于关键的发展时期。一方面经济高速、超高速增长，另一方面社会发展相对滞后，社会问题急剧增多。实现社会全面进步、经济与社会协调发展的任务

---

[*] 本文原载《社会学研究》1996年第1期，发表时题目为《第六届亚洲社会学大会闭幕词》，发表时间为1996年1月20日。该文系第六届亚洲社会学大会组委会副主任委员、秘书长、中国社会学会副会长陆学艺1995年11月5日在"第六届亚洲社会学大会"闭幕式上的发言。该发言还收录于中国社会学会秘书处编的《中国社会学会通讯》1995年第4期（总第23期），刊印时间：1995年11月10日。原稿无题，现标题为本书编者根据发言内容所拟定。——编者注

尖锐地摆到了亚洲各国人民的面前：亚洲能否实现可持续的发展？如何既高速工业化，又不以牺牲农业为代价？做到既有较快的经济增长又不以破坏环境为代价；做到既有物质财富的大量增加，又不以精神贫乏、道德滑坡为代价。亚洲的现实状况和未来命运，强烈呼唤社会学，为解决这些迫切问题作出贡献。

我们必须对亚洲地区实现社会发展任务的艰巨性和复杂性有充分的认识。众所周知，西欧和北美的现代化，他们得风气之先，抢到了有利的时机，是在没有巨大的人口压力和资源约束的条件下实现的，它们用了二三百年的时间实现了工业化、城市化，因而可以从容不迫地逐步调整社会结构，完善民主和法制，调适人们的价值观念和生活方式，健全社会秩序和各种约束机制，规范人们的行为，控制各种张力，保持社会发展的"自然进化"过程。而亚洲国家，包括日本在内，都是后发展国家，大多数国家都实行"赶超战略"，要求在几十年时间内走完西欧、美国用几百年才走完的路程。这样，经济与社会发展的脱节、结构性冲突、制度的突发性变迁、价值观念的颠倒和混乱、利益格局和角色地位的突变、传统文化与外来文化的互斥、心理调适的困难等，迸发式的相互叠加、相互刺激、相互放大，引起了政府的关注和焦虑，民众的困惑和疑问，产生了种种社会问题，有些是以往欧美发达国家所没有产生过的，这就成为亚洲社会学家难以回避的一道道难题。

亚洲社会发展的形势和需要，突出了社会学的地位和作用，加大了社会学家的历史责任，此所谓"势"；亚洲特殊的发展道路，解决问题的对策和具体形式，此所谓"道"和"德"。所有这些，唤起了社会各界志士仁人的良知，激发了社会学家的使命感，动员了必要的物质资源，促成了本次大会的巨大成功。本次大会从筹备时起，就得到了日本、韩国等亚洲各国社会学家，北京和广东等中国各地研究机构和学术团体的积极响应，得到了中国政府和全国人大常委会等领导机构的关怀和支持，国务委员彭珮云等领导人亲临大会并发表热情洋溢的讲话；本次大会还得到了新闻界朋友的鼎力协助，开幕式当天，中央电视台和《人民日报》、《人民日报（海外版）》、《中国日报》等首都主要报纸迅即做出了显著报道。据目前已知的消息，本次大会不仅在中国国内，在亚洲地区产生了较大的影响，在亚洲以外的地区也产生了良好的世界性影响，有的国家已经提出要求，要用多种文字、语言发表本次大会的报告和有关消息。可以预期，本次大会的影响还会进一步扩大并增强。

本次大会的成功，是与会、未与会的社会学家和社会各界朋友们共同努力的结果。我谨以感谢的心情，代表大会组织委员会，向政界、新闻界、学术界、企业界和社会各界的朋友们致以衷心的感谢！向积极参与大会并为大会贡献了聪明才智和研究成果的亚洲各国和地区的社会学家致以崇高的敬意！向虽未出席本次大会，但关心和支持本次大会召开并以各种方式为亚洲社会学事业作出贡献的亚洲和世界各国社会学家和各界人士致以亲切的问候！向几年来为大会的筹备和召开而勤勤恳恳付出劳动的工作人员致以由衷的谢意！

女士们，先生们，第六届亚洲社会学大会取得的主要成就，至少有以下几个方面。

（1）认清了亚洲社会学面临的形势。经济快速发展的同时，社会全面发展的任务空前突出，妥善解决有关社会发展的迫切问题，关系到亚洲的命运和 21 世纪亚洲的前景，亚洲社会学家必须认清形势，知难而上，勇敢地接受挑战。

（2）明确了 21 世纪亚洲社会的发展目标：在深入实际调查研究，并对东西方社会学理论进行认真研究的基础上，通过总结和概括亚洲社会发展的经验，加深对亚洲社会发展道路和规律的认识，逐步形成有自己特色的、对亚洲社会真正有解释力的亚洲社会学模式，

（3）共同认识了今后一个时期内社会学研究的主要任务。这就是要积极开展以下几方面的研究：①关于经济和社会协调发展的研究；②亚洲地区工业化、城市化特殊道路的理论和对策研究；③人口、资源环境和经济社会问题关系及可持续发展问题研究；④亚洲社会结构演变及其跨国、跨地区的比较研究；⑤亚洲的家庭制度、家庭和种姓制度及其在现代化过程中的地位和作用研究；⑥传统文化和社会思想研究；⑦地区差别和区域合作研究；⑧消除贫困和对策研究；⑨社会公正及妇女等问题研究；⑩社会稳定、社会保障、社会协调和控制问题研究。通过这些领域的研究及其成果为本国和亚洲地区的发展作出贡献。

（4）总结了 20 世纪亚洲社会学发展的基本经验：正确处理西方社会学与亚洲社会实际的关系，坚持从本国、本地区的实际出发，不照搬照抄别国模式，独立自主地回答和解决自己发展中遇到的新问题。

（5）对加强亚洲国家和地区社会学界之间的交流与合作达成了广泛的共识。通过这次大会，亚洲各国和地区的社会学家增进了相互了解，结交了朋友，加深了友谊，增强了社会学家的使命感，找到了共同的语言，促

进了相互交流。过去，亚洲国家的社会学界与发达国家交流多，亚洲内部交流少；经济界交流多，社会学界交流少，这次会议为扭转这种局面作出了贡献，与会代表普遍感到，亚洲各国之间遇到的问题是相同或近似的，各自的经验体会是感同身受的，相互交流感到亲切，容易沟通，也很有启发。

（6）这次会议还有一个重要成就，就是形成了亚洲社会学界的坦诚合作、创新进取、肯于奉献、友好协商的精神。主办这次会议的中国社会学家缺乏举办大型国际会议的经验，物质条件也很有限，不尽如人意之处在所难免。但与会代表都能相互谅解，友好协商，多有包涵，肯于为推进亚洲社会学事业不讲代价地奉献自己的精力和才智，共同铸造了亚洲社会学家群体的可贵精神风貌。

（7）这次大会也是对亚洲社会学研究队伍和研究成果的检阅。从大会收到的 260 多篇论文和论文摘要以及与会代表的精彩发言来看，亚洲社会学已经在许多研究领域取得了丰硕成果，总的水平是比较高的，整体素质是比较好的。亚洲社会学已经为 21 世纪走向繁荣和发展打下了良好的基础，有不少代表说：读到了这些好的论文，听到了亚洲社会学家们结合本国、本地区情况的生动活泼的发言，增强了亚洲社会学家要建立亚洲社会学模式的信心。可以相信，从亚洲社会实际出发，并为亚洲社会发展服务的有亚洲特色的社会学模式必将脱颖而出，树立在世界社会学之林。

本次大会的上述成就，已经以扼要的文字记载在刚刚经大会通过的《第六届亚洲社会学大会纪要》里。我相信，本次大会所体现的坦诚合作、创新进取、肯于奉献、友好协商的精神，将不仅以文字形式，而且以情感和理性的形式，记在与会各国和地区社会学家的心中，体现在今后的社会学研究成果和 21 世纪社会学事业中，贯彻到亚洲社会学界的行动中。

女士们、先生们！北京正值金秋时节。金秋象征着成熟和丰收，中华大地从北到南，正呈现一派丰收景象。亚洲社会学经过 20 世纪的积累和发展，到 21 世纪就将进入成熟的硕果累累的收获时期了，让我们满怀信心地去迎接亚洲社会学的新纪元！

祝各位代表一路顺风！

从经济组织和网络变迁来探讨
东亚经济社会的发展[*]

各位先生、各位朋友：

我很荣幸地接受高承恕、陈介玄等教授的盛情邀请，前来参加东海大学东亚社会经济研究中心建立十周年的纪念会，参加东亚经济组织及网络变迁研讨会。

经过交流我欣喜得知，10 年来，东亚社会经济研究中心在高主任和同仁们的领导下，做了很多工作，在推进学术研究、学术交流、培养人才等方面都有很多建树。今天来庆祝，很有意义，我们专程前来，表示衷心的祝贺，祝愿东亚社会经济研究中心在高主任的领导下，继往开来，越办越好，多出成果，多出人才，在东亚经济社会发展的大事业中发挥越来越大的作用。

这次与发展中心的朋友们共同讨论的东亚经济组织及网络变迁，是大家共同感兴趣的课题。众所周知，从 20 世纪下半叶起，越来越多的亚洲国家和地区的经济快速发展起来，其中又以东亚国家和地区的经济发展最快，开始了东方的振兴。亚洲崛起的奇迹，为世界所瞩目。面对这个事实，不论是西方还是东方的学者和政界人物，都在研究出现奇迹的奥妙，都在预测它的未来，做出种种解释。从已发表的文章和各地会议的情况看，多数论者认为东亚地区经济迅猛发展的势头将会持续下去。当然也有相反的论者，认为所谓东亚奇迹纯属夸大其词，他们认为东亚几个国家和地区经济的快速增长，靠的是投入增加，而不是效率提高，所以是不能持久的。

---

* 本文源自作者手稿。该文稿系陆学艺于 1998 年 7 月在台湾东海大学东亚社会经济研究中心举办的"东海大学东亚社会经济研究中心建立十周年暨东亚经济组织及网络变迁研讨会"上的发言稿。原稿无题，现标题为本书编者根据发言内容所拟定。——编者注

对于东亚崛起的原因，也有种种说法。有人认为，东亚经济高速增长主要得益于对政府在经济决策中的作用加以限制，让各类市场在资源配置中起决定性的作用。有人认为，东亚经济高速增长主要是行政当局对某些部门的发展进行了广泛的干预和相当程度的保护。也有人认为，东亚经济高速增长得益于政府有效的但又是审慎地加以限定的积极活动。在市场能够有效发挥作用的领域，政府应当少干预，而在不能完全依靠市场的领域，政府应当多做些，加以适当干预。这些多数是从经济学的视角来做的解释和预测，社会学家也做了一些解释。

我们这次会议的主题，是从经济组织和网络变迁来探讨东亚经济社会发展的，这是一个很新的视角，我想通过大家的探讨、争论，一定会有新的成果。

我们这次来，也带了几篇论文，对这个共同感兴趣的课题也有些想法，和大家一起探讨这些问题。主要是来交流、来学习的。我们诚心地希望得到大家的帮助，共同来探讨这个具有世界和历史意义的课题。

大陆的社会学，1979 年才恢复重建，在各方面的努力和支持下，发展得比较快。现在各省都建立了社会学研究所，多数省市的综合大学建立了社会学系，共有从事教学和科研的专业人员近 3000 人，也做了大量的调查研究，积累了很多资料，但在理论建设等方面还有待继续努力和提高。

近 10 年来，我们同台湾的同行有了较多的交流，许多同仁都去过大陆，给了我们不少帮助。东海大学高承恕教授多次去大陆，与我们合作研究农村中小企业等问题，几年来合作得很融洽，我们得益匪浅。

我们这次来，也得到高承恕主任和东海朋友们的热情帮助、周到的关心，每一个细节都安排得很好，使我们有这次与大家一起切磋探讨东亚发展问题的机会，所以我代表我们来的同仁，表示衷心的感谢！预祝大会圆满成功！

当代中国社会中家庭、家族的经济社会功能[*]

一 家是社会细胞

"家庭"一词是近代才有的，可能是从日本转译过来的（中国近代有不少词语是日本人先译过来，再传到中国的。如"社会学"，中国最初翻译成"群学"，如严复将斯宾塞的著作《社会学研究》翻译为《群学肄言》。1904～1905 年后才叫"社会学"，上海圣约翰大学的社会学系是 1908 年建立的）。

家族由一个同姓的祖先下几代人的若干家庭组成，以前有族谱、族规、族产，有族的组织存在，如"某某家族"。现在大多数家庭因无族产、族规、家谱等有形的组织，所以实际上是祭祀的时候才有家族观念的。但一个家族的人在感情上还是有较深的联系的，是本家，是一个姓的，都是自家人。遇到困难要相互帮助的，这是理所当然的事，一家人不说两家话。另一种说法是，家族还包括比较近的姻亲，如女婿。如"荣民家属"，是包括女儿、女婿在内的。"家"，通常指小家庭、大家庭。过去政府奖励、社会奖励大家庭，四世同堂、五世同堂，其乐融融，这样的大家庭，实际是个家族。

宗族是更大的群体，都必须是一个姓的。如孔夫子家 78 代了，可称为孔氏宗族。现在还有宗亲会等组织，如梅氏宗亲会。"五百年前是一家"，

---

* 本文源自作者手稿，该文稿系陆学艺于 1998 年 7 月 21 日在早稻田大学学术会议上的总结发言稿。原稿无题，现标题为本书编者根据发言内容所拟定。——编者注

说的是宗亲，是一个祖宗，而不是一个家族。

现在中国修家谱是很盛行的，但主要是在南方，政府对此是限制的。所谓北方无家族，与历史上的战乱有关。由于战乱，北方的许多大家族举家南迁，一起到南方聚族而居，有的就住在一个村里。他们有自己的武装，有系统，对付战乱和原来的本地人，久而久之形成了家族文化、宗族文化。而在北方，由于大量人口迁出，经济不行了，中心南移了，所以族谱、族产、组织都很少。

祭祀、家祭，现在恢复得也很快。汉民族崇拜祖先，这是从来如此的，不是起源于佛教，也不是起源于儒家文化。慎终追远，在孔夫子之前就有了。家祭就是祈求祖先保佑。

二　关于家庭作用的问题

在"文化大革命"以及以前，有一种观念，认为到共产主义社会，家庭要消亡，同消灭私有制联系在一起。一切依靠组织，批判家庭观念，忽视家庭的作用。在合作化、公社化中取消了农民家庭的生产功能，后来连自留地、家庭副业都作为资本主义消灭了，结果遭遇了生产的失败。1980年准许支持包产到户，使农户事实上成为一家一户的生产单位。

中国人历史上非常重视家的作用，对付长期的战乱，对付外族入侵，应付政治动乱、社会不安，对付恶劣的自然环境，家是温馨的避风港。同西方崇尚个人主义不同，汉民族的集体主义、集群主义是建立在家本位的基础上的。

1949年以后我们走了弯路，忽视、批判家庭观念的作用，在经济上取消了家庭生产的功能，与意识形态有关系。事实教训了我们，实践教育了我们。在"文化大革命"推向极端时，经济到了崩溃的边缘，物质生活极度匮乏，政治上搞阶级斗争为纲，许多人靠着家庭、靠着亲族的互济，靠着家和家族、亲戚朋友的荫庇保护，才度过了艰难的生活。许多干部、老干部，靠着子女，靠着家属的帮助，才渡过难关。几千万知青回到城里，多数也是通过家庭、父母兄弟的帮助，走关系回来的。

1978年以后，拨乱反正，实事求是，尊重群众，尊重实践。在农村恢复了家庭的生产经济功能。"包产到户"是被批判了20多年的，但邓小平肯定了。1980年，全国有2.3亿农户。农户家庭成为基本生产单位，它既能容纳落后的手工生产，也能容纳现代化的生产。这可以说是我们重新发现了家庭，强调了家庭的作用。

现在中国的中小企业多数也是家族制的。现在中国有个体工商户 2400 多万户，私营企业近 100 万户。还有外资企业，其中 60% 是港台资本回乡投资的，所以广东、福建的三资企业多。

乡镇企业中，有集体所有的、个体家庭所有的。现在集体所有的这一部分也在向家庭所有的转，转化为私有的或股份合作制的。许多乡镇企业也是家族式的管理体制。

中国农村的现状和日本农村的比较[*]

我们受早稻田大学柿崎京一教授邀请到秋田平鹿町来访问，看到老朋友的家乡这样富饶，十分兴奋，十分高兴！我也是农村出身，是农民的子弟。我也经常回家，同农民有种种联系。我是无锡人，也是稻作文化熏陶出来的，许多东西同这里都是相同的，感到十分亲切。

我今天讲的题目是中国农村的现状和日本农村的比较。

大家知道，中国这20年发生了巨大变化，正在向社会主义现代化国家转变，但这20年中国农村的变化最大，城市的变化的根源在农村，要了解中国这一变化，要先了解中国农村的变化。

一 这20年中国的农村发生了哪些变化？

第一，中国农村土地的所有制度发生了根本性变化。1949年以前，中国的土地制度同日本1945年的土地制度是一样的，70%的耕地是5%的地主所有的。1950～1952年，中国实行土地改革，把地主的土地无偿分给了贫下中农，地主也分到一份土地，成为农业劳动者，把地主的房屋和浮财也没收分掉了。1956～1958年秋，全国实行合作化、公社化，使土地成为集体所有，农民集体劳动，取消了家庭经营，分配实行平均主义，所以就没有积极性，生产就萎缩了。1956～1978年，22年间生产没有增长。1980年实行改革，农民有了土地使用权，仍然实行家庭经营。

第二，农业生产发生了很大变化。1978年以来的20年，农业产量提高了大约60%，粮食从3亿吨发展到5亿吨，其他各种作物的产量也成倍地

* 本文源自作者手稿。该文稿系陆学艺于1998年7月23日在日本秋田县平鹿町访问时的演讲稿。——编者注

增加。中国从粮棉进口国，成了出口国。以世界 7% 的耕地，养活了世界 21% 多的人口。

农村办了乡镇企业，农村经济结构发生了变化，农业总收入只占 1/3，2/3 来源于工业。现在的中国沿海农村已经很富了，以工业生产为主，农业只占 10% 以下。中部农业生产好，但是工业正在发展，温饱有余。西部主要是农业生产，解决了温饱问题。

第三，农民的生活发生了根本变化。农村正在发生大的变化，现在大致相当于日本 20 世纪 60~70 年代的水平。就全国来说，东部沿海已相当现代化，农村的小城镇很繁荣，家电已进入农村，大致有 60% 的家庭有电视机，卡拉 OK 已普及至小城镇，电话、计算机正在进入家庭。农民的房子已经换了三代，从草房到瓦房，再到楼房、别墅。市场非常巨大，有内需市场，所以亚洲金融危机能扛得住。

二　中日两国农村的比较

第一，中日农村都是小农经济，人多地少的国家，山区占 70%，中国人均耕地只有 0.1 公顷，户均耕地 0.6~0.7 公顷。有 1/2 是稻作农业，也是种水稻的，田是不够种的，3 个月种田，1 个月过年，8 个月挣钱。农村中，兼业农户占大多数。

都讲究精耕细作，中国有不少是从日本学习的，如插秧机。但中国种三熟、两熟，所以中国农产品比较便宜，价格大致只有日本的 1/8~1/5。中国大米一公斤 3 元（相当于 60 日元），而日本一公斤大米 300 日元（相当于人民币 15 元）；中国猪肉一公斤 15 元，日本 2000 日元（相当于 100 元人民币）；日本西瓜一公斤 700 日元（相当于 35 元人民币），而中国西瓜只卖 0.5 元。但在中国，服装、工业品就贵多了。

第二，都很重视教育。日本普及高中了。中国也很重视教育，大部分地区已实行九年制义务教育，2000 年要全面实现，但水平低一些，条件差一些。都希望子女进入大学，进名牌大学，一人上学，全村人支持，给予奖励。

第三，都很尊重祖先。日本家家都有神龛供祖宗牌位。中国也有供牌位的习俗，但 1949 年以后有破坏，现在正在恢复。有的地方在修家谱，都以有个好的祖先为荣，要荣宗耀祖，为祖先争光。

第四，都很重视家庭和睦，都很重视教育子女。对子女是全力以赴，尽一切力量的。家庭多数是和睦的，尊老爱幼是中国的传统。

中国实行计划生育，农村多数还是两个孩子。每年人口增长 1400 万人。计划生育政策不敢放松。城市离婚率高一些，有单身贵族，但在农村这还不是主要的。中国农村的老龄化问题还不严重。家庭还是要和睦，要重视家庭的作用，家文化是很发达的。这是中华民族的好传统。

第五，最大的不同，日本农村的环境好，都是青山绿水，非常清洁，非常美丽。中国也开始重视了，但不容易。绿化率还较低，种树木还是不足。黄河以北都是黄的，水也是黄的。环境污染，垃圾处理，塑料袋和白色污染等，还很严重。这要先从子孙教育做起。在这方面，日本是第一的。一是退耕，二是绿化。

第六，中日两国互补性很强，可以互相学习、合作交流。工业要学习，农业也要学，日本农业有先进的东西（富士苹果、蔬菜等），中国有向日本学习抛秧技术的。中国还有发展的余地，中日要加强文化交流。

第七，城乡差别大。中国的工业还不行，还要农村支援城市。

关于亚洲文明的几点想法 *

经济全球化的潮流正冲涌到世界各个国家。无论是发达国家,还是发展中国家,都面临着机遇与挑战。经济全球化有利于亚洲各国的经济发展,推动了国际贸易和世界经济的高速增长,但也隐含着经济风险和社会不安。1997年亚洲金融风暴的强烈冲击,简直是一场噩梦。面对 21 世纪,亚洲国家如何在经济全球化潮流面前,趋利避害,抓住机遇,使经济发展得更快更好一些,使社会和睦、协调、进步,人民群众得到更多的实惠和福祉,这是我们面临的任务。日本国士馆大学亚洲日本研究中心主办"21 世纪亚洲"国际学术讨论会,来研讨这些问题,具有十分重要的意义。现在,我讲几点意见。

一

在 16 世纪前,世界农业文明时代,亚洲创造了高度发达的农业文明,无论是在政治、经济还是在文化、科技方面,都对世界做出了重要贡献。进入工业文明时代,亚洲落后了。一直到 19 世纪中叶,亚洲才开始觉醒,改革维新,急起直追。在这方面,日本民族是走在前面的。20 世纪上半叶,发生了两次世界大战,亚洲各国之间、国内各民族各政治集团之间也发生了大小不同的战争,经济波折,人民颠沛流离,社会动乱不安。进入 20 世纪的下半叶,越来越多的亚洲国家鱼贯地走上了经济发展的"快车道",开始了东方的复兴。20 世纪 60~70 年代,继日本步入现代化发达国家的行列之后,韩国、新加坡和中国的香港、台湾"四小龙"也创造了经济和社会

---

* 本文源自作者修改的打印稿。原稿写于 2000 年 12 月 3 日,该稿系陆学艺在日本国士馆大学亚洲日本研究中心主办的"21 世纪亚洲"国际学术讨论会上的发言稿。该文日文译稿刊载于《日中社会学研究》2001 年第 9 期(2001 年 8 月)抽印本。——编者注

发展的奇迹。20世纪70年代后期，中国实行改革开放，逐步融入了世界市场经济体系，经济腾飞，社会安定进步。20世纪80年代以后，印度也步入了经济快速增长的轨道。

仅仅几十年工夫，亚洲崛起了，一时被称为亚洲奇迹，连美国人也惊呼：21世纪将是亚洲的世纪。但是，1997年突然爆发了亚洲金融危机，后果十分严重，不少国家的国民生产总值下降了5%～10%，货币贬值30%～50%，债务增加了数倍。货币危机引发了社会经济危机，个别国家出现了政治动乱。近年来，亚洲经济得到复苏，经济社会发展趋于稳定。这比原来的预期要好。痛定思痛，我们应该总结亚洲发展的经验和教训。应该看到，亚洲经济奇迹和亚洲金融危机同样植根于亚洲固有的社会结构和固有的文化结构。

可以这样说，20世纪后半叶的亚洲，积极参与和融入了经济全球化的进程，抓住了机遇，乘时而起，革新自己，学习了西方的先进科技和管理经验，发展了经济，推动了社会进步，取得了很好的成绩。但同时也应看到，这只是缩小了差距。亚洲人口为世界总人口的60%，至今还只占世界1/3的经济总量。总之，在科学技术、社会管理、文化、文明诸方面，亚洲国家还有很长的路要走。

二

全球化是一种不可逆转的趋势，是一个不断变革、不断深化的过程，表现在经济、政治、文化诸多层面。实践证明，全球化进程本来就不是一元的、单一模式的普及化，而应该是多元并存、多种文明共生的局面，应该是各个国家、民族、地区等不同共同体积极参与、平等对话、相互交融。只有这样，才能使人类的共同利益得到保证。在21世纪，亚洲各国还要继续积极融入全球化的进程，要继续进行自我革新、充实提高，摒弃陈旧落后的思维方式和行为方式，学习和吸纳先进的科技文化，使亚洲各国特有的文明更加发扬光大。只有这样，我们才能在全球化进程中继续提高自己，并使亚洲各国的文明在全球化进程中做出各自的贡献。

我赞成"21世纪文明的理想应该建立在'共存、共生'基础之上"的说法。这符合全球化进程的规律。但如上所言，这个"共存、共生"的实体必须是顺应历史潮流，不断自我完善，不断吸纳新鲜事物，不断提高、不断进步的，否则，就难免落伍而沦为边缘。这是其一。其二，就亚洲作为东方文明的一极而言，如何在 21 世纪全球化进程中继续提高自身，并做出应有的贡献，我们应该做一点反思。前面说过，在 20 世纪下半叶，日本创造了战后经济发展的奇迹，率先进入了现代化发达国家的行列，此后各国也都取得了很好的成绩。但这都是在各个国家的自我奋斗中取得的。如果把亚洲作为一个整体，或者缩小一点，把东亚作为一个整体，我们又做了些什么呢？当今时代，经济全球化了，我们亚洲，或者说我们东亚内部，能不能更加协调，更加融合，更加一致，更加团结，互相配合，互相支持，取长补短，共同提高？诚能如此，我们整个东亚，整个亚洲，就一定能够提高得更快一些，进步得更快一些，对全球化进程也一定会做出更大的贡献。

在这方面，我们应该向欧洲学习。他们经过半个世纪的艰难曲折、坚持不懈的努力，现在正进一步联合起来，在各方面都发挥了重要的作用。

亚洲联合，首先在政治上要有共识。在这点上，我们尤其要向欧洲学习。50 年前，法德两国的政治家，在那样的历史背景下，捐弃前嫌，本着对历史负责的伟大精神，面向未来，向前看，形成了法德轴心，勾画出了欧洲联合的蓝图。后继的政治家们也循着他们开辟的道路，创造了今天的伟业。这几位欧洲联合的开拓者都已谢世，但他们的名字将彪炳全球化的青史。亚洲的联合，需要有博大胸怀的大政治家来开创。

在经济上要做的事情很多。中国有句古话："远亲不如近邻。"亚洲各国、东亚诸国的经济互补性很强。现在的问题往往是舍近求远，各自与远方往来，花费了很高的成本。历史的经验是，合则双赢，离则双慢。我们能否先在一个或几个重要领域，互惠互利，率先联合，然后再进一步，走向全面的合作。例如农业，中日韩三国就有很大的互补性，这三国都是人多地少。日韩两国有技术、有资金，但农业劳动力少、成本高；而中国则农业劳动力很多，但相对缺乏资金和技术，成本低。三国互补合作前景很广，可以做到互惠互利。欧洲的农业联合就做出了很好的成绩。

在文化上，更要实行"共存、共生"、共同发展的基本构想。世界存留至今的古代文明，多数是亚洲创造的。世界性的几大宗教，几乎都发源于亚洲。亚洲文明有很深远的底蕴和积淀。如何使东方文化在现代化、全球化进程中充分展示它巨大的魅力，是我们亚洲文化后裔的共同责任。在文化上，我们同样有舍近求远的偏向。当然，对西方先进的科技文化，我们还是要继续学习的。但亚洲各国、东亚各国之间，应当更多一些相互学习、相互交流、相互合作、相互支持，其结果一定是相得益彰，共同进步。在这方面，我们也有很多的事情要做。

欧亚大陆要共同发展，共生共存，兼容并包*

女士们、先生们：

感谢西原理事长、三浦大学长、青木教授、梶原教授的盛情邀请！这个会议主题很重要，很有意义，我正在国内参加一个重要的会议，中途请假赶过来的。美中不足的是没有能赶上昨天日本政府授予青木保教授紫绶勋章的盛会，我今天借此机会向他表示衷心的祝贺！

西原教授、青木保教授提出："亚洲人应当重视亚洲自己的问题。"这是有远见的，必将对亚洲、对世界产生深远影响。这件事，我作为中国学者，特别表示支持！我觉得我们亚洲人应该重视亚洲，亚洲人首先应该联合起来，不能各自为战。

世界上 GDP 超过 1 万亿美元的有 10 个国家，欧美七国在经济上是联合的，但亚洲三国却是各自为战的。中国和日本、韩国的农业有很大的互补性。这三国都是地少人多的地区，日本和韩国有资金、有技术，劳动力成本高，农产品需求很大；而中国资金和技术则相对短缺，却有极丰富的劳动力，劳动力成本很低，近几年各种农产品都有大量的剩余。三国在农业方面的合作前景很宽广，可以做到互惠互利。从近几十年来说，日本投入了大量的财力和物力，使农村现代化了，但没有解决农业的问题。中国靠了政策和科技，解决了农业问题，保证了对社会的供给，但仍有 8 亿人口、70% 的农民滞留在农村，所以农民问题还没有解决。欧共体就是从农业合作开始的，而且做出了成绩：原来是个粮食农业大量进口地区，现在发展得很好了。这一点值得我们学习。

---

* 本文源自作者手稿。该文稿系陆学艺于 2000 年 12 月 6 日在日本 "21 世纪的亚洲：亚欧大陆的发展" 国际研讨会上的发言提纲。原稿无题，现标题为本书编者根据发言内容所拟定。手稿凌乱不完整，整理时有局部调整和删减。——编者注

亚洲各国应进行各种层次的文化交流，共生共存，共同发展。举一个实例，中日韩文化交流有悠久的历史，互派留学生是文化、文明交流的重要渠道。20 世纪 80 年代初期以来，中国政府向各国派遣的留学生共有 40 万人，其中 85% 以上到美国和欧洲，绝大部分在美国，到日本、韩国有一些，到日本的只有 10% 左右。为什么？原因是多方面的，其中一个重要原因是日本对留学生入学条件卡得过严，取得学位很难，就业条件苛刻，学费和生活费用高，对学生打工的限制过严，使留日学生负担过重。所以，到日本留学成了畏途，有的即使去了，也有不少完不成学业中途退学或转到别国的。我的儿子在早稻田大学学习了一年半，学不下去了，只好回国。欧洲各国同样有这个问题，特别是限制就业，大多数留学生留不下来。在美国就不同。回顾 20 世纪最初的 10~20 年间，日本政府对中国留学生采取特殊优惠政策，吸引了大批中国优秀青年来留学，培养了一大批人才，如章太炎、周恩来、鲁迅、郭沫若等，对以后的中日交流起到了很大的作用。

"多元性和异文化间共生共存，是人类迎接 21 世纪将面临的文明和实践的课题。"亚洲各国不仅自身要联合，要发展，而且要继续向西方学习，还要实现亚欧大陆地区的合作和联合，使历史上这个曾经一直是宗教、语言、政治、社会体制多样化、共生共存的欧亚大陆得到进一步的交融和共同发展，在人类文明发展史上，在全球化过程中再放异彩。

中国有民间谚语，叫作"三十年风水轮流转"。全球化不能也不会是一个模式的普及化、单极化，而应该是多种文明共生共长的。在一定意义上，可以说是各领风骚数十年。当然这并不是在时间上的替代关系，而更主要是在空间上的同时"并存关系"。历史经验告诉我们，好的机遇不会自动地自天而降，降到某个民族、某个地域、某个国家，文明是靠共同体的人民共同创造的。在实践中有一点值得我们借鉴，20 世纪 20 年代，中国的北京大学校长蔡元培先生曾提出过一个办学和发展学术的方针，叫作"兼容并包"，以后就成为我们北京大学的重要学术传统。兼容并包，既要"共生共存"，而且还要相互交流、相互学习、相互吸纳对方先进的内容，以求共同进步，共同发展。欧亚大陆事业的开展，希望也能采取兼容并包的方针，特别是在文化方面，这样会发展得更快、更好一些。

我就讲这三点意见：第一，各个共同体要自强不息；第二，要联合，东亚要联合，亚洲要联合，亚欧要联合；第三，欧亚要共同发展，要采取多元文化、共生共存的方针，采取兼容并包的方针。

谢谢！

中国正在和平崛起，中国社会学也正在崛起[*]

女士们、先生们、各位来宾、各位朋友：

第 36 届世界社会学大会，经过近 4 年的筹备，今天在北京隆重开幕了。我代表中国社会学会的全体同仁，向来自世界各地的社会学的专家、学者、同行表示由衷的欢迎，对大会的召开表示热烈的祝贺！

中国的社会学是在 20 世纪初由欧洲引入中国的。1903 年启蒙思想家严复翻译了斯宾塞的《社会学原理》。这是在中国出版的第一本社会学著作。100 年来中国社会学的发展，同我们的国家共命运，经历了曲折漫长的道路才有了今年^①的繁荣和兴旺。

直到 1978 年，实行改革开放，中国走上了和平发展、和平崛起的道路。25 年来，在中国共产党的领导下，通过体制改革、体制创新，依靠自身的力量，实现了经济持续、健康、快速发展，2003 年人均 GDP 第一次超过了 1000 美元，初步实现了小康社会的目标。改革开放，实现了中国由计划经济体制向社会主义市场经济体制转轨，加快了中国由传统的农业社会向现代化、工业化社会转变的步伐。中国的经济社会结构已发生了历史上从未有过的巨大变革，还将继续发生更加深刻的变化。

改革开放 25 年来，中国人民开创性地走出了一条既适合中国国情又适应全球化时代特征的发展道路，解决了一个又一个重大难题，才取得了今

---

* 本文源自《陆学艺文集》（陆学艺著，上海：上海辞书出版社，2005 年版，第 596～598 页）。该文系陆学艺 2004 年 7 月 7 日在第 36 届世界社会学大会开幕会上的欢迎词。原文题为《第 36 届世界社会学大会开幕式上的欢迎词》，现标题为本文编者根据发言内容修改。这次会议于 2004 年 9 月 7～11 日在北京举行，是国际社会学会成立一百多年来首次在中国举办大会。——编者注

① 指 2004 年。——编者注

天的繁荣和进步。中国的社会学是在我们国家实现这个伟大的历史变迁的过程中，恢复重建和发展起来的。

1979 年，费孝通教授、雷洁琼教授等数十名社会学家因应国家和社会的要求，创建了中国社会学会。1980 年又创建了中国社会科学院社会学研究所和上海大学社会学系。

现在全国省级和地市以上的社会学研究所已经有 50 多个，各高等院校里已经有 60 个社会学专业、社会学系和 126 个社会工作专业和社会工作系，中国社会学会已经有了 40 个团体会员和 6000 多名个人会员。在校的社会学专业、社会工作专业的专科、本科、研究生有 10000 多人，一支规模宏大的社会学工作者的队伍已经形成。

25 年来，中国的社会学家积极参与中国实现社会转型和体制转轨两个转变的实践，深入社会调查，研究社会问题，总结社会经验，概括社会理论，解释和回答了经济社会变革中出现的许多重大问题，推出了一大批创新性的研究论文和著作，使中国社会学的学科建设达到了前所未有的高度，也培养了一代新的社会学家。实践证明：社会主义现代化建设需要社会学，而社会学本身则要在现代化进程中成长发展起来。

现在，中国进入了历史发展中的一个重要关键时期，国家提出要"坚持以人为本，树立全面、协调、可持续的科学发展观，促进经济社会和人的全面发展"，可以预计，未来十多年、几十年，中国的科学将更加开放、经济将更加繁荣、社会将更加进步。也可以预计，中国的社会学将更加茁壮地成长，逐步走向世界。

改革开放、和平发展仍是我们的主题，中国正在和平崛起，中国社会学也正在崛起。

正在这个时候，第 36 届世界社会学大会在北京召开，全世界的社会学同行学者在此聚会，研讨"全球化背景下的社会变迁"以及与此有关的大家共同关心的各种社会发展问题。

朋友们的到来，朋友们的智慧，必将对于中国的改革开放、和平发展的大业，对于中国社会学的新发展，带来诸多效益。

谢谢大家！

社会思想史研究

整理和研究中国社会思想的两项任务[*]

中国社会思想史学术研讨会今天开幕了，据我所知，这还是社会学重建恢复以来关于中国社会思想史的第一次学术会议。这次会议得以召开，首先要感谢南开大学领导的大力支持，感谢南开大学社会学系同仁们的辛勤工作，为我们创造了这样一个好的研讨环境。参加这次会议的有"九五"社科项目"中国社会思想史"课题组的大部分同志，还有其他高校从事中国社会思想史教学研究的同志。

中国社会思想史是一门很重要的学科，应该是社会学理论研究的一门基础性学科。第一，要建立中国的宏观社会学理论，必须深入研究中国社会思想史，从中吸收营养。第二，深入研究中国社会思想可以古为今用，怎样使社会安定、有秩序，使社会进步，中国古代关于国泰民安的理论是很丰富的，有待我们去发掘整理。第三，社会学是20世纪初从国外传入的，但中国社会思想博大精深，是历朝历代都很重视的，很早就有研究。整理和研究中国社会思想可以为世界社会学发展做出贡献。

可惜由于各种原因，我国关于中国社会思想史的研究至今还很薄弱，还没有公认的中国社会思想史的优秀著作问世。这方面的资料整理工作也做得少，还没有公认的教科书。有的社会学系还开不出这样的课，这个学科的教学和研究的专家学者也很少，还未形成相应的学术团体。

"九五"期间，国家社科基金把"中国社会思想史"列为"九五"社科重点之一。教委也将《中国社会思想史纲要》列为编纂的重点教材。课题组这几年已经做了一些研究，也已经做了不少工作，南开大学的王处辉

---

[*] 本文源于作者手稿。该文稿系陆学艺于1999年2月在南开大学召开的第一届"中国社会思想史研究与教学学术研讨会"开幕式上的讲话稿。原稿无题，现标题为本书编者根据发言内容所拟定。——编者注

教授等在这方面已经有了比较深入的研究。

我们这次研讨会的一个主要任务，就是要讨论怎样进行中国社会思想史的研究与教学，如何很好地完成这个有重要价值的课题，为中国社会思想史的学科建设奠定好一个基础。同时也要讨论一些大家关心的这门学科在教学和研究中的问题，如何把这门课开设好。

我们初步设想，这个课题要有两个成果：一是要编好一套中国社会思想史资料，二是要在深入研究大量文献资料的基础上编写出《中国社会思想史》，资料更重要一些。初步拟定 4 个分编：先秦、秦汉魏晋、隋唐、宋元明清、近现代，最后要出 4 卷资料，4 卷本《中国社会思想史》。当然，在完成这次任务的过程中，会有一批学术成果问世并且要培养出一批这方面的专家以改变这方面文章很少、专家很少的局面。

这次会议要讨论和明确的一个重要问题，是要界定中国社会思想史学科的定义和选材范围，明确中国哲学史和中国社会思想史的区别。讨论清楚这个问题，我们的资料选择和编写工作就好办了。当然，还有一些其他问题也可以讨论。

我们这次会议准备开两天，开幕式之后就要进入实质性问题的讨论。如何编好这本书的资料，如何写好这本书，如何教好这门课，请大家畅所欲言、展开讨论，希望大家都有所收获。

最后，预祝会议成功！

深入开展中国社会思想史研究是建设
中国特色社会学的基础性工作[*]

中国社会思想是社会学学科中最有中国特色的分支学科之一，深入开展中国社会思想史研究是建设中国特色社会学的重要基础性工作。王处辉同志所编著《中国社会思想史》（上册）于 1989 年初版，又经十年耕耘，其下册终于完成并与上册修订再版同时付梓，实属可喜可贺。作者将此书稿拿来请我提意见，邀我为本书作序，使我有了先睹为快的机会，读后，知作者确是下了一番深功夫的。尤其是他能甘于寂寞，以"十年磨一剑"的执着精神，十多年来坚持系统地阅读历代社会思想家的著作、从原始文献中发掘社会思想材料的治学态度，十分令人敬佩。此书共有 70 余万字，是我所看到的所有已出版的中国社会思想史著作中部头最大并颇能自成体系的一部高水平专著。我曾长期师从容肇祖教授学习中国哲学史，到中国社会科学院社会学研究所后，因为工作需要，主要从事社会结构和现实社会问题等方面的研究，但我总认为中国社会思想史的研究是建设中国社会学的一项重要的基础性工作，我本人对中国社会思想史的研究一直有浓厚的兴趣。近年来由我主持一项中国社会思想史研究课题，对此项研究有一些想法，愿借此机会与学界同仁交流讨论。

首先是中国社会思想史的学术定位问题。现在全国各高校社会学系都把"中国社会思想史"列为必修课程之一，这是很有必要的。尤其在大学教育提倡厚基础、宽口径原则的今天及以后，中国社会思想史更应成为社会学系学生认真学习掌握的知识内容。一名中国的社会学系的毕业生如果

＊ 本文源自《中国社会思想史》（上册）（王处辉编著，天津：南开大学出版社，2000 年 8月，第 1 版，第 2 次印刷，第 1 ~ 5 页）。原稿写于 2000 年 3 月 20 日，系陆学艺为该书（上下册）所作的序，现标题为本书编者根据序言内容所拟定。——编者注。

连中国历代人民和思想家对社会生活、社会问题以及理想社会模式的思考是什么都不清楚，他将来就很难深入研究当代中国社会，也不可能对中国社会学和社会发展作出突出贡献。所以我建议社会学系的以及其他人文社会科学的大学生和研究生们，甚至包括一些理工科的大学生、研究生们，都应多读一些中国社会思想史方面的著作，王处辉同志所著的这部《中国社会思想史》就是值得推荐的必读书之一。同时我还想强调一点，即对中国社会学的发展来说，"中国社会思想史"不仅仅是大学社会学系的一门必修课，从发展的前景看，它是创建中国社会学的基础，所以从事此项教学和研究的同志应有较大的抱负，要意识到所从事的这项教学和研究工作就是参与创建中国特色社会学的重大工程，我相信，中国社会思想研究成果在创建中国的社会学体系的过程中是必不可少的。

其次，从中国的社会学发展历程看中国社会思想研究的意义问题。20世纪上半叶的中国社会学之起步，是从引进西方社会学开始的，然后是一批在西方学习社会学的留学生学成归来，并逐步成为中国第一代社会学家。他们起初是将他们在国外所学介绍到中国来，但到 20 世纪 30 年代，他们已深深地认识到中西方社会事实的重大区别，提出了"社会学中国化"的倡导，为此作出不懈努力，而且取得了一定成绩。社会科学与自然科学不同的一个方面，是从国外引进的社会科学的一些重要概念、范畴、定理及规律性认识，并不能拿来就应用，而要有一个与本国国情相结合的过程，要经过消化、再制作和创新的过程，也就是中国化的过程。这个过程一般要经过三个阶段：第一阶段为引进阶段，就是将外国社会科学的理论、概念、定理等翻译过来、引入中国的阶段；第二阶段为消化结合阶段，港台地区叫作"本土化"，特点是把外国社会科学的概念、范畴、理论方法中国化，作中国式的诠释，与中国的社会事实和社会实践相结合；第三阶段是产生本国的社会科学理论、概念和范畴阶段，即创建中国的某一门社会科学。当今中国社会学的发展，大体处于上述第二个阶段的中期，即还处在社会学中国化的过程之中。但中国社会学的第三个发展阶段将会到来。21 世纪中国社会学的发展重点，已不是把西方社会学引入中国并在中国生根的问题，而是要创建中国社会学。与此相应，已不仅仅是用中国语言和社会事实诠释西方的社会学理论和概念，同时还要实现中西方学术平等的原则。既然我们的目标是创建中国社会学，就起码要在三个方面着力：一是面向现代、面向世界、面向未来，深入研究中国现实社会的实践，总结社会主义现代化的全过程，从中概括、提炼社会结构变迁、发展的轨迹、过程和规律，形成中国社会学的概念、范畴和宏观理论。二是要古为今用，吸收中国前代社会学家的研究成果，系统地发掘中国传统社会思想精华，集中前人的智慧，为现代中国社会发展和中国社会学建设服务。三是洋为中用，继续吸收和借鉴西方社会学优秀成果。中国社会思想史研究应当也必须为中国社会学第三阶段的到来发挥重要作用。

再次是中国社会思想史研究队伍的建设问题。众所周知，20年来中国社会学得到空前的发展，社会学教学和研究队伍不断扩大，这是十分可喜的。但总体来说，中国社会学学科的专业队伍还很小，不能适应中国经济社会协调发展的需要。中国社会思想史教学和研究队伍建设相对更处于滞后状态，但近几年也已有了较大发展，并形成了一支年轻的、颇有生气的学术队伍。1999年，中国社会学会通过决议，成立"中国社会思想史教学与研究专业委员会"，以促进这个学术领域的发展。希望社会学界及其他有志于从事中国社会思想史研究的同志，在这个专业委员会的组织领导下，共同切磋，联合攻关，将中国社会思想史研究水平推向新的高度。我预计再过若干年，在中国社会学队伍中将会出现一批有较高学术水平的中国社会思想史专家。

最后，继续深入发掘中国历代社会思想宝库问题。社会学传入中国虽仅有百年，社会学作为一门学科，也是由西方率先创立的，但人类对社会生活、社会问题和社会模式的思考与构想，即"社会思想"则由来已久，绝不是从有了社会学之后才开始，而是源远流长的。王处辉同志所著这部《中国社会思想史》即可充分证明这一点。中国上古神话中就蕴含着丰富的社会思想。西周时期，人们对天人关系的深刻认识，说明中国社会思想已相当丰富，到春秋战国时代出现了中国社会思想发展的第一个"黄金时代"，这个时期所形成的各派社会思想对中国乃至世界都产生了深刻影响，以至20世纪30年代有西方社会学家称中国的荀子开创了社会学，比西方的孔德和斯宾塞要早2500多年。[①] 秦汉以来2000多年中国社会思想的发展也是绚丽多彩的，这些也都可从这部著作中得到证实。故此我认为作者的这部著作对中国社会思想史研究的发展是有重要贡献的。

同时也应指出，对中国历代社会思想的发掘仍有很多工作要做。如对中国历代文学作品中的社会思想、对历代民俗与民众社会生活方式中所反映的社会思想等（所谓"小传统"中的社会思想）还没有充分发掘，而这

---

① 参见费孝通《略谈中国的社会学》，《高等教育研究》1993年第4期，第7页。

样繁重的研究工作不是靠一两个研究者所能完成的。我们也不能苛求哪一部著作能包括所有社会思想，但我们的研究视野却需要不断放宽，还有很多社会思想材料有待发掘。

总之，我的意思是说，在社会学的发展中，真正中国的东西，也是国际性的东西。在21世纪，对中国社会学在国际社会学界学术发展中能作出较大贡献的中国社会思想史的发掘整理和研究，是一个重要的方面。中国历代社会思想是一个还没有充分开发的宝库，大力开展此项研究，是抢救中国社会思想遗产的需要，是中外社会学学术交流的需要，是帮助我们更深刻、更透彻地了解当代中国社会的需要，是变通资治的需要，也是建设中国特色社会学的需要，因此具有重要的理论和现实意义。本书作者对中国社会思想史研究所做的多年努力和所取得的成绩，是值得充分肯定和支持鼓励的。我期盼作者在已有成果的基础上，继续深入开展研究，并取得更大的成绩，也期盼其他同行学者有更多高水平的中国社会思想史著作问世，从而使中国社会思想史研究在中国的社会学发展中发挥更大的作用。

是为序。

中国社会思想史研究的历史与现状[*]

近几年来，中国社会思想史越来越受到社会学界的普遍重视，也是我国自有社会学学科以来，特别是社会学重建以来发展最快的时期。

其一，关于学科地位。随着中国社会学研究的不断深入，学者们已充分认识到要解读当代中国社会，就必须对中国传统社会的思想与文化有较深入的理解，因此中国社会思想史具有不可或缺的地位。教育部将"中国社会思想史"课程列为社会学专业本科的十门主干基础课程之一，[①] 即该课程被列为全国各社会学系本科必修课。大家对中国社会思想史在中国社会学中的地位和作用，已基本达成共识。陆学艺认为"中国社会思想史是社会学学科中最有中国特色的分支学科之一，深入开展中国社会思想史研究是建设中国特色社会学的重要基础性工作"[②]；景天魁认为"中国社会思想史是中国社会学的基础，而不应只是一个分支学科"[③]。

其二，关于学术组织。以"中国社会思想史研究"列入全国哲学社会科学"九五"重点项目为契机，前后召开了两届中国社会思想史学术研讨会。[④]经第一届会议全体代表提议，中国社会学会常务理事会通过决议，同意成

---

[*] 本文源自《追寻中国社会的自性——中国社会思想史论集》（陆学艺、王处辉主编，南宁：广西人民出版社，2004 年 4 月，第 1 ~ 23 页），系陆学艺、王处辉为该书所作的序，本文为其中部分内容的摘编。——编者注

[①] 由教育部社会学教学指导委员会组织编定的《社会学专业主干课程教学基本要求》（高等教育出版社，2003 年版）一书，即包括了"中国社会思想史教学基本要求"。

[②] 参见陆学艺为《中国社会思想史》（王处辉编著，天津：南开大学出版社，2000 年版）所作"序"。

[③] 参见景天魁在第二届中国社会思想史研究与教学学术研讨会上的发言（2002 年 11 月 16 日，南开大学）。

[④] 国家社会科学基金重点课题"中国社会思想史研究"，主持人为陆学艺、景天魁、王处辉。第一届研讨会于 1999 年 2 月召开，与会学者 26 人；第二届研讨会于 2002 年 11 月召开，与会学者 48 人。会议地点均在南开大学。

立"中国社会思想史专业委员会"。该专业委员会于第二届中国社会思想史学术研讨会上正式成立，通过了《中国社会思想史专业委员会章程》，选举产生了理事长、秘书长和常务理事、理事。[①] 它标志着中国社会思想史研究的学术队伍开始进入组织化阶段，为分散于全国各地的中国社会思想史教学与研究人员搭建了一个相互交流、紧密合作、共同推进学术发展的平台，是中国社会思想史学科发展史上的一件大事。

其三，关于研究成果。国家社科基金重点项目"中国社会思想史研究"课题组整合全国学术力量，经几年努力，现已完成六卷本"中国社会思想史资料选辑"的初稿，并与广西人民出版社签订了出版合同，可望一两年内出齐。在此基础上，课题组正在着手组织四卷本"中国社会思想史"撰写工作。一部《中国社会思想史》著作获得省部级社会科学研究成果一等奖，[②] 一部同名教材作为中国人民大学出版社"21 世纪社会学系列教材"之一出版。[③] 其他如"中国人的社会理想"等专题研究正在进行中，可望近年出现一批高水平的新成果。

其四，关于人才培养。近一两年来，博士层次的中国社会思想史高级专门人才的培养已经开始。在有社会学博士授予权单位，首先是南开大学于 2001 年始设"中国社会思想史"方向并招收博士生；2002 年，中国社会科学院社会学研究所设"中国社会思想史"方向；上海大学设"社会思想研究"方向，并均于 2003 年始招博士生。中国人民大学则设有"中国文化与中国人研究"方向；复旦大学则于中国哲学博士点的"中国近现代哲学"方向下，招收研究"中国社会思想史"的博士生。[④] 近期内还有一所大学将筹建"社会思想研究中心"。这充分说明，社会思想史或中国社会思想史正在进入社会学研究和高级人才培养的主流领域。近年内会有一批研究中国社会思想史的博士学位论文相继完成和出版，所以高级专门人才的培养对这个学科的发展具有重要的拉动作用。

---

① 中国社会思想史专业委员会理事长为陆学艺，副理事长为景天魁、王处辉，秘书长由王处辉兼任。专业委员会秘书处设在南开大学社会学系。

② 王处辉编著的《中国社会思想史》（上下册）（天津：南开大学出版社，2000 年版）获天津市社会科学成果一等奖。

③ 王处辉主编，王处辉、周一骑、田毅鹏、桂胜撰写《中国社会思想史》，北京：中国人民大学出版社，2002 年版。

④ 以上详见教育部高校学生司编《2003 年全国博士生招生专业目录》，北京：北京理工大学出版社，2002 年版。该研究方向博士生的指导教师为：中国社会科学院陆学艺，南开大学王处辉，复旦大学谢遐龄，上海大学李向平、朱学勤、邓伟志等。

其五，关于学术领域。近几年，中国社会思想史研究领域不断拓展，并呈学科交叉、相辅相成态势。例如，关于社会理想模式的研究，不但社会学界在研究，哲学界也在研究，并有成果出版。① 关于社会生活与社会活动中公私关系理念的研究，史学界和政治思想史界都在开展专门研究；关于民间社会思想的研究，民俗学、社会史、思想通史等研究界都在开展发掘工作。关于中国人的社会化思想，宗教学研究界和心理思想研究界均将其作为热门课题进行研究。这显然对拓展中国社会思想史研究者的学术研究视野是大有裨益的。同时，中国社会思想史研究者自身的学术视野也有显著拓展。如有人注重中西方社会思想的比较研究，有人注重中国社会"自性"或特性的研究，有人注重中国传统博弈思想的社会学意义，有人注重"生活世界"思想源泉的研究，有人注重民谣、谚语中社会思想的研究，有人注重文化冲突与社会思想发展关系的研究，有人注重社会理想与社会现实认知之关系的研究，有人则注重中国社会思想发展轨迹的研究，等等，我们可以从中洞见中国社会思想史研究视野正在拓展、研究水平正在快速提高的端倪。

其六，关于研究对象和研究方法。中国社会思想史的研究对象与社会学一样，历来都有激烈争鸣。据统计，前人关于社会思想的定义就有60多种，其中有代表性的在35种以上。② 在前述第二届中国社会思想史研究与教学学术研讨会上，与会学者曾对这个学科的研究范围、研究对象和研究方式展开了较为激烈的争论，区分了社会的思想和关于社会的思想，指出了中国社会思想史和中国社会学史在研究范围上的联系和区别，强调为避免社会思想可能"大而无当"的倾向，应把中国社会思想史的研究更多地纳入社会学理论的视野。在肯定对中国经典思想进行深入挖掘的价值的基础上，强调把中国社会思想的研究资料延伸到民间知识领域，并更紧密地联系中国社会的实际，对这些知识所蕴含的社会思想做恰当有效的梳理，以进一步提高中国社会思想对中国现实问题的解释力，在肯定文献分析方法价值的基础上，尝试运用社会学的其他方法，比如，用调查研究的方法对当代中国人传统特质的测试和评估等。

---

① 例如，刘明华：《大同梦》，上海：上海文艺出版社，1999年版；陈谷嘉、吕锡琛：《社会理想志》，载《中华文化通志》第五典《教化与礼仪》，上海：上海人民出版社，1998年版。此外还有论文多篇。
② 参见王处辉主编，王处辉、周一骑、田毅鹏、桂胜撰写《中国社会思想史》，北京：中国人民大学出版社，2002年版，第47页。

其七，关于话语权力。中国社会思想史研究界近来十分关注在与国际社会学界交流和研究中的话语、话语权力问题。有人认为话语权力背后隐藏的是"利益"之争。有人认为，社会学首先由西方传至中国，自然首先是西方的社会学话语，我们要在接受西方话语的前提下对其进行改造，但要防止两种倾向：一是认为社会学就是西方的，中国社会思想史的研究不是主流，甘愿永久性地交出自己的话语权力；二是把社会学夸大为中国的社会思想，忽略了先有社会学、后有社会思想史这一分支学科的事实。中国社会思想研究要获得自己应有的话语权力，根本上在于发掘已有的文献资料以提高对中国现实社会的解释力。有人认为中国已进入现代社会，和同为现代社会的西方在理念、观点、范畴及方法上肯定有相通之处，这就建立了双方交流的基础。其次还要考虑中西方在社会结构上的不同。作为一门学科，要有与西方对话的能力，主要是研究质量要提高，有国际认可的术语，有学术性和思想性。也有人对话语交流的结构和实质进行分析，认为表层是术语的交换，深层则是历史的融合。中国越发展，包括中国社会思想在内的本土文化就越可能大放异彩，现在的关键是如何用本学科的知识来解释和解决中国自身的问题。我们必须用中国本土化的语言来转换和解读西方的话语，以解除西方话语对中国社会思想史研究的束缚。这是中国社会思想史研究的使命，同时也是建构真正的中国社会学的基础和前提。

高度重视中国社会思想史研究是中国当代社会学家的"文化自觉"[*]

　　自 1979 年我国恢复重建社会学学科至今的二十多年来，中国社会学研究，无论是理论社会学研究还是应用社会学研究，均达到前所未有的水平。特别是 20 世纪 90 年代中期以来，中国社会学学科的队伍迅速壮大，学科建设也有了明显的进展。其最直接的表现之一，是对西方社会学理论的引进已从初期浮光掠影式的介绍或翻译，发展到较为系统的深入研究。表现之二，是在中国社会学者的最新研究成果中，照搬西方概念或理论与中国现实社会生硬比附的现象已大为减少，社会学家大都集中精力研究中国改革发展与社会转型中出现的重大现实问题。在对这些重大现实问题进行理论分析时，也已逐渐从依附于西方社会学理论的阶段走出来，在借鉴各种外国相关理论的同时，注重采用当代中国社会学者自己的逻辑和话语系统解读中国社会，从而增强了中国社会学的国际对话能力。表现之三，是中国社会学家已有了"文化自觉"意识，充分认识到中国社会学学科的发展如不能与中国自身的实际及传统相结合，以形成中国的社会学基础理论，则不能对中国的应用社会学研究发挥指导作用；充分认识到中国的社会学基础理论，必须从中国社会中寻求，而中国是一个拥有五千年文明史、有自己的文化特色的国度。因此，要建设中国的社会学基础理论，就不能忽视中国在几千年的社会发展中所形成的各种社会思想之精华及其当代意义。

---

　　* 本文源自《中国社会思想史资料选辑·先秦卷》（陆学艺、王处辉主编，南宁：广西人民出版社，2005 年 12 月，第 1～12 页）。该文系陆学艺、王处辉为二人主编的六卷本《中国社会思想史资料选辑》撰写的总序，现标题为本书编者根据总序的内容所拟定。——编者注。

一　老一代社会学家对加强中国社会思想史研究的倡导

新中国成立以前的中国社会学界，已有一些学者注意到中国社会思想史研究的重要性，并付出了巨大的努力。如孙本文先生在他所著《社会学原理》一书中即指出："中国社会思想，为研究中国社会学者必须研究之材料。"① 20 世纪 40 年代中期，孙本文发表了一篇名为《五十年来的中国社会学》的论文，又于 1948 年出版《当代中国社会学》一书②，均提出了关于中国社会学学科建设的建议。作为当时中国社会学界最杰出的学者之一，他的这个建议可以代表当时中国社会学界对"今后应从事的工作"（孙本文语）的一个蓝图。这个蓝图分为两个方面：第一是"中国理论社会学的建立"；第二是"中国应用社会学的建立"。在第一个方面提出三项工作，他说："今后社会学者应致力于中国化的社会学之建立，其重要工作有三：一、整理中国固有的社会史料……二、实地研究中国社会的性质……三、系统编辑社会学基本用书……"在其所说的第一项重要工作即"整理中国固有的社会史料"一项中，又开列出五项具体工作目标，孙本文先生说，其中的第一、二项具体工作为：

（一）关于社会学说者。凡古人对于社会生活或社会问题的各种思想，均应加以搜集与整理，依历代顺序，编成有系统的中国社会思想史。

（二）关于社会理想者。古今贤哲发表有关社会组织及社会生活的各种理想与计划，亦应加以搜集与整理，编成一部中国社会理想史。

也就是说，在这个中国社会学发展规划中，孙本文先生是把"中国社会思想史"与"中国社会理想史"作为"中国理论社会学的建立"中首要的任务提出来的。由此可知，中国第一代社会学家把中国社会思想史研究放到了何等重要的地位；也由此可知，直到新中国成立前夕的 1948 年，社会学界关于中国社会思想史的研究仍处于起步阶段，尚无较有分量的成果问世。③

近年来，以费孝通先生为代表的老一代社会学家反复强调中国传统文化与社会思想在社会学研究中的重要性。费孝通先生在十几年前写的《略

① 孙本文：《社会学原理》，北京：商务印书馆，1935 年版，第 684 页。
② 孙本文：《当代中国社会学》，北京：商务印书馆，1948 年版。
③ 王处辉：《中国社会思想史研究的历史回顾与瞻望》，《社会学研究》2000 年第 1 期。

谈中国的社会学》中强调说，20 世纪 30 年代布朗教授在中国讲学时就说过，中国的荀子发明了社会学，比西方早二千五百多年。① 他在《孔林片思》一文中指出，21 世纪是一个世界范围内的新的战国时代，这个时代需要"新的孔子"，历代中国人在人际关系方面的思想对解决当今世界性的纷争和冲突具有重要意义，值得认真发掘。在此基础上，他提出中国的"文化自觉"问题，要求社会学家不但要关注社会的"生态"问题，更要关注社会的"心态"问题，② 以开创人类社会"美美与共，天下大同"的新局面。2003 年他又发表《试谈扩展社会学的传统界限》一文，专论中国传统社会思想与文化对当代中国社会及中国社会学发展的重要性。他指出："中国丰厚的文化传统和大量社会历史实践，包含着深厚的社会思想和人文精神理念，蕴藏着推动社会学发展的巨大潜力，是一个尚未认真发掘的文化宝藏。从过去二十多年的研究和教学的实践来看，深入发掘中国社会自身的历史文化传统，在实践中探索社会学的基本概念和基本理论，是中国学术的一个非常有潜力的发展方向，也是中国学者对国际社会学可能作出贡献的重要途径之一。"并告诫社会学界说："我们研究社会也好，改革社会也好，绝不能抛开历史，没有一个社会结构是完全凭空构建的，它总是要基于前一个社会结构，继承其中的某些要素，在此基础上建立新的东西。"他举中国当代社会为例，说："像我们今天的这个'中国'，虽然是在一场摧枯拉朽的革命之后建成，但我们今天的社会结构，并不都是 1949 年建国时一下子凭空创造出来的，它是过去几千年社会结构演化的继续，是和过去的社会密切相关的。建国时期几亿人口的思想、文化、价值、理念都是从此前的历史中延续下来的，谁也不可能把一个社会中旧的东西突然'删除'、'清洗'，变成空白，再装进去一个全新的东西。我们中国的革命，形式上是'天翻地覆'、'开天辟地'，实际上，它是建立在中国社会自身演化的内在逻辑之上的，也是中国文明演进的一个连续过程的一个阶段。建国五十年后的今天的中国社会，还是跟过去的社会密切相关，社会的方方面面的历史文化积累过程是不间断的、永恒的、全方位的。"他认为，中国传统社会思想与文化中，有造成了后来技术方面脆弱、在与西方对抗中不堪一击的问题，但中国文明的很多传统确实表现出直达和早熟的特征，而从宏观的全球视野考察当代世界的很多问题，经过了很多波折、失误、冲突

---

① 费孝通：《略谈中国的社会学》，《高等教育研究》1993 年第 4 期，第 7 页。

② 费孝通：《孔林片思》，《读书》1992 年第 9 期，第 5～6 页。

和破坏之后，"恰恰又不能不回到先贤们早已经关注、探讨和教诲的那些基本点上"。他认为，中国社会学家只有充分认识这种历史荣辱的"大轮回"，才有助于从总体上真正把握很多社会现象和社会问题的脉络。费孝通先生在该文结论中指出：中国传统社会思想与文化中，在诸如处理人与人、我与我、心与心、人与群体、人与自然等方面的思想确有"先见性"和"超前性"，而这些"常常是我们真正理解中国社会的关键，也蕴含着建立一个美好的、优质的现代社会的人文价值。社会学的研究，应该达到这一个层次，不达到这个层次，不是一个成熟的'学'（science）。如果我们能够真正静下心来，坐下来，潜心梳理这些传统的宝贵遗产，真正在这些方面获得突破，那将是社会学发展的一个重要的跃进"。①

费孝通先生治社会学、人类学七十多年，为中国社会学的发展投入了毕生精力，他在晚年所写的一系列学术反思性文章中，反复强调中国社会学界要加强对中国传统社会思想与文化的研究，自然是有其深意的。因为他已清楚地看到，真正"中国的"社会学的发展，必须要以中国丰富的社会思想为基础，才能继往而开来，自立于世界社会学之林。如果我们从世界社会学发展的视角鸟瞰中国社会思想史，则正如张琢先生所说的那样："世界社会学如果没有中国这'半个世界'（汤因比语）的社会史和社会思想史，就是最大的缺憾。继往开来，认真下功夫挖掘、整理中华民族源远流长、蕴涵丰富的社会思想的历史遗产，予以科学的阐释，并奉献于世界，使人类社会思想发展史逐步趋向完备，是中国社会学者责无旁贷的使命。"②

总之，中国社会思想史研究对于中国社会发展的重要性，以及中国社会思想在社会学学科中的重要地位，已经越来越受到中国社会学界的重视。

二　社会思想及社会思想史的定义

我们选辑中国社会思想史资料，首先必须说明选材范围和依据问题。而这个问题的核心是如何界定"社会思想"或"社会思想史"的内涵及研究范围和对象的问题。

什么是"社会思想"或"社会思想史"？中外学者曾做过大量研究，并

---

① 费孝通：《试谈扩展社会学的传统界限》，《北京大学学报》（哲学社会科学版）2003 年第 3 期，第 5、9~10、16 页。
② 张琢：《社会学之国学寻踪》，《社会学研究》1995 年第 4 期。

形成了数十种定义。非专治社会思想史的学者，难以收集齐全，这里仅举其有代表性者，供我们分析研究。

据我们所见的资料，问世最早的社会思想史专著，当推美国南加利福尼亚大学社会学教授波格达斯（Bogardus）于1922年所著的《社会思想史》一书。他给"社会思想"下定义说："社会思想，即是等于各个人论及社会问题的思想。由此意义来说，则社会思考（想）也即一个人或少数人对于团体问题的考察。"① 他认为社会思想重点是研究关于社会问题的思想。但他强调社会思想是"个人"和"少数人"的思想，并不正确。

1925年，日本九州帝国大学教授波多野鼎出版了《社会思想史概论》一书，但未对社会思想下明确定义。在此之前，他曾编写了《近世社会思想史》和《社会思想发达史》。后者收入日本新潮社编《社会问题讲座》。在这里，他认为"社会思想"的含义有广义与狭义之分，"广义的社会思想，是以社会问题作为对象的一切思想。……狭义的社会思想即是社会主义的思想"② 。他本人是在狭义上使用这个概念的。他将社会思想等同于社会主义思想，显然是不可取的。

20世纪20~30年代，很多日本学者都将"社会思想"等同于"社会主义思想"。如小泉信三著《近世社会思想史大要》、山内房吉著《社会思想解说》，也都把社会思想作为"社会主义"的同义词使用，米田庄太郎在其著作中也采用了这种观点；平林初之辅著《近代社会思想史要》一书，虽无明确定义，但从内容看，也近乎此说。稍晚的岛中雄三、山内房吉合著的《社会思想史》也明确指出："本书所研究的是从古至今社会主义思想的发展的历史。"③ 而流川和夫著的《社会思想史》又把社会思想与"民主主义思想"画了等号。④ 小泉信三等把社会思想解释为"社会主义"思想，他们所谓"社会主义"虽然也包括自古以来一切要求民主、自由、进步的思想，但其说不足取是不辩自明的。

此外，日本研究社会思想史的专家还有不少其他说法。如高岛善哉等认为"社会思想史就是人类的社会的行动和表现于生活的思想的历史"⑤；

---

① 波格达斯：《社会思想史》，钟兆麟译，上海：世界书局，1933年版，第3页。
② 日本新潮社编《社会问题讲座》第3卷，1921年日文版，第3页。
③ 见日本东京平凡社1932年日文版《社会思想全书》。
④ 见日本青木书店1963年日文版《现代哲学全书》。
⑤ 高岛善哉、水田洋、平田清明：《社会思想史概论》序章，1962年日文版。

加田哲二认为"社会思想就是关于社会生活的理论以及理论的体系"[①]；本田喜代治则认为"社会思想史就是社会的思想史，也是思想的社会史，是从思想方面着眼的社会史，社会思想是当时的人们对于当时的社会以至一般的人类的社会的认识的集中点"[②]。

20 世纪上半叶，中国社会学家较早为社会思想下定义的有孙本文、钟兆麟、许逸樵、王守礼、施存统与郭真等。孙本文注重社会生活及社会问题两方面，他在《社会思想》一书的"凡例"中说："本书取材标准，大致以有关社会生活之起源、性质、组织、发展与各种共同生活问题以及解决途径者为主。"[③] 此段话可视为对社会思想定义的进一步解释。孙说基本可取，但可惜他没有把人们对未来社会的理想（或幻想）明确包括在内。徐逸樵说："社会思想史为社会思想家的思想或行为底记录，指陈社会思想展开底行程，暗示社会问题合理的解释。"[④] 程伯群说："人类对于社会之问题常怀二种态度：第一种漠不关心，听其自然，第二种实地研究而求解决，前者称之为个人主义态度，后者称之为社会思想。"[⑤]

钟兆麟译波格达斯《社会思想史》所加的"译者弁言"说："思想之类别可分为三：一为以人的活动为对象，一为以自然现象为对象，一为以思想本身的过程为对象。前一种即是社会思想。"钟兆麟对"社会思想"的研究对象也有进一步解释，他说："社会思想之对象有下列诸要点：（1）人类社会活动之因素；（2）社会之起源；（3）社会之结构；（4）社会之进化；（5）人与人之间、人与团体和团体与团体之间的关系；（6）社会病象之发生；（7）社会病象之诊治法。凡以上面所述的一点或数点为对象之思想，都是社会思想。……社会思想史即是论述从古至今人类社会思想发展之经过。"[⑥]

其所列较为详尽，但和孙本文一样，没有包括社会理想（或幻想）。

施存统著《社会思想史》和郭真著《中国社会思想史》则又认为：社会思想有两种意义：一是社会上一般普通流行的思想；一是人们对于社会而发的思想。……第一个意义的社会思想当在社会进化史中叙述。第二个

① 加田哲二：《社会思想史》第一章。
② 本田喜代治：《社会思想史》，序文，东京培风馆，1954 年日文版。
③ 孙本文：《社会思想》，"凡例"，北京：商务印书馆，1946 年 2 月。
④ 徐逸樵：《社会思想史 ABC》，上海：世界书局，1928 年 9 月版。
⑤ 程伯群编《中国社会思想史》，上海：世界书局，1937 年 3 月版。
⑥ 波格达斯：《社会思想史》，钟兆麟译，上海：世界书局，1933 年版，第 1 页。

意义的社会思想，也觉范围太广，不能叙述。这里能讲的，不是对于社会而发的一切思想，而只是它的一部分。这一部分是：人们因社会的毛病而发的改造、改良及乌托邦思想。①

施存统与郭真之说实际上包括两项内容：一是关于社会问题及其解决的思想；二是乌托邦思想，把关于社会生活的思想排除在外。

王守礼又说：“社会思想是社会生活的反映和产物。”② 而熊得山编《社会思想》、黄新民编《欧洲社会思想史》等书，都对社会思想是什么的问题采取回避的态度，从其内容看也失于庞杂。

20世纪后半叶，特别是80年代以来，中国社会思想史在中国大陆和台湾的社会学界都受到特别重视，中国社会学家给社会思想下定义者比上半叶还要多。中国台湾研究社会思想史的学者主要有龙冠海、张承汉、杨懋春、曾松友、杨孝漅等，香港地区有张德胜等，这里摘其有代表性者做简要介绍。

龙冠海和张承汉认为人类生活乃群体生活，有群体生活自然有群体问题和社会问题。人类要解决这些问题，所以设计种种“理想”状态和方法，以调适社会环境，此即所谓社会思想。而人类调适环境的历史，就是一部人类社会思想史。但他们又强调，社会思想的主要方面则包括社会的起源与变迁、社会组织与功能、社会问题。③ 龙冠海、张承汉合著的《社会思想史》基本采用孙本文的定义，认为“凡是与人类共同生活有关的思想都可谓之社会思想”。

杨懋春认为“社会思想”里的“社会”一词不是指由人群所构成的一个社会，而是指构成社会的那群人的人际关系。其中“思想”一词不是指人对于他所在的那个社会如何观察、分析、思考与陈述，而是指他对所见到、经验到、满意或不满意的人际关系所起思考、所发问题、所做评价及所提建议。总体来说，社会思想是指人对于他所在或所关心的社会关系或人际关系及在此关系中所有社会活动所做的思考、所发的意见、所给的评断及所提的建议。最后他高度概括出社会思想是个人对其所在社会所表示的关怀。④

20世纪80年代以来中国大陆社会学家出版过《中国社会思想史》著作

① 郭真：《中国社会思想史》，上海：平凡书局，1929年12月初版，第1~2页。
② 王守礼：《西洋社会思想》，上海：中华书局，1949年版，第3页。
③ 龙冠海、张承汉：《社会思想史》，台北：三民书局股份有限公司，1985年版。
④ 杨懋春：《中国社会思想史》，台北：幼狮文化事业公司，1986年版。

的有王处辉（1989 年、2000 年、2002 年）、陈定闳（1990 年）、吴根友
（1998 年）、谢遐龄（2003 年）等，出版过《西方社会思想史》著作的有侯钧
生、袁华音、于海等，他们对"社会思想"的定义有同有异，但同多于异。
因为这些著作均便于找到，所以对他们的社会思想定义不再一一介绍了。

　　特别值得介绍的是，2002 年在南开大学召开的"第二届中国社会思想
史学术研讨会"期间，来自全国的学者曾对"中国社会思想史"的学科特
点和研究范围进行了专门研讨，景天魁、张德胜等多位专家都发表了看法，
并进行了热烈讨论，这些研究成果对推进这个学科的发展具有重要意义，
这次会议的相关研究成果集中于《追寻中国社会的自性——中国社会思想
史论集》①一书中，兹不详述。

　　我们在编辑这套《中国社会思想史资料选辑》时，基本采用了王处辉
所提出的定义，即："社会思想是人们在社会生产和生活中所形成的关于社
会生活、社会问题、社会模式的观念、构想或理论。中国社会思想史就是
研究历代中国人在社会生产和生活实践中所形成的关于社会生活、社会问
题、社会模式的观点、构想或理论发生、发展和继承或斗争的内在历史过
程及其特点与规律的社会学分支学科。"②

三　中国社会思想史研究的对象和范围

　　鉴于上述情况，我们的首要任务是：用马克思主义的立场、观点和方
法，在对前人的成果进行批判继承的基础上，确定社会思想史研究的对象
和范围。当然，做到这一点并不是一件易事，但作为一门学科，总应明确
其研究的对象。

　　我们认为，社会思想是与人类社会的产生同时产生的，从人类开始群
体生活时起，即已经有社会思想；或者说人类选择群体生活方式，即是一
种原始社会思想的体现。从远古、现代直至未来，只要有人类群体生活存
在，就永远有社会思想存在。不同群体生活方式，或不同的群己关系模式，
会产生不同的社会思想；不同的社会思想会催生不同的群体生活方式和不
同的群己关系模式。从静态视角考察，社会思想最基本的内容是人类自己

---

①　陆学艺、王处辉主编《追寻中国社会的自性——中国社会思想史论集》，南宁：广西人民
　　出版社，2004 年 4 月。

②　王处辉主编，王处辉、周一骑、田毅鹏、桂胜撰写《中国社会思想史》，北京：中国人民
　　大学出版社，2002 年 6 月，第 7 ~ 8 页。

回答诸如人何以群，人何以能群，群之人是否可以促成群之良性运行和发展，人之群何以满足人之各种需求，人与人何以相处，群与群何以协调，人与群是靠什么链接的，人与群何为主体，人或群是否必须要有高低贵贱之分、区分高低贵贱的机制和准则是什么等一系列问题的思想。从动态视角考察，社会思想最基本的内容是人类自己回答诸如人是从哪里来的、将到哪里去，人与自然是什么关系，人类社会何以管理和发展，发展的原动力何在，如果一个社会有高低贵贱之分，各种人及群体的既定位置及划分准则要不要变动，是变动划分准则还是变动人或群体的既定位置等一系列问题的思想。从宏观视角考察，社会思想最基本的内容是人类自己回答诸如人类为什么要创造出一个"人文世界"，它和"自然世界"是什么关系，这个人文世界是怎样运行的，又是怎样发展变迁的，现行的人文世界与过去的人文世界是什么关系，将来又会是什么样子，它和人们的理想一致吗，在自然世界与人文世界双重作用下生活的人类与只生活在自然世界中的动物多得到了什么、失去了什么等一系列问题的思想；从微观视角考察，社会思想最基本的内容是人类自己回答诸如人生的意义是什么，个人欲望或需求在什么情况下可以或应该得到满足，一个自然人怎样成为群体中的社会人，扮演社会角色的人与自然人是什么关系，角色人与角色人如何互动，如果有人违反了角色规范或群体规范怎么办等一系列问题的思想。

我们尽量采用非专业话语的方式做如上表述，一方面是为了让初学中国社会思想史的同志们了解这个学科的梗概，另一方面是大体展示社会思想的研究重点及其与其他思想专史的主要区别。总之，中国社会思想史不是中国思想通史（实际上人类并不具备写出一部前人思想"通史"的能力），而是从社会学视角对人类关于社会的思想之发展历程的考察。因此它不可能是人类关于社会的思想的全部，而是以群己、家国、治乱为主题内容的思想，人类关于上述三个主题的思想非常丰富，我们在研究社会思想史时实则是有所侧重的。例如，在国家生活与社会生活中，我们侧重对社会生活的考察；在人类的经济关系与社会关系中，我们侧重对社会关系的考察；在上层社会生活与下层社会生活中，我们侧重对下层社会生活的考察；在个人生活与社会生活中，我们侧重对社会生活的考察；在伦理关系与交往关系中，我们侧重对交往关系的考察。①

社会思想与其他思想专史的关系是学者讨论的热点议题。我们认为它

---

① 参考 1999 年 2 月景天魁在第一次"中国社会思想史学术研讨会"上的发言，未公开发表。

们之间有同有异，各有自己的特点与侧重点。如中国传统儒家"四书"的《大学》将社会治理分为格物、致知、诚意、正心、修身、齐家、治国、平天下八个层次（即"八条目"），而且这八个层次是环环相扣的一个系统。如果说格、致两层次大致是哲学思想的研究重点，诚、正两层次大致属心理思想研究的重点，治、平两层次大致属政治思想的研究重点，那么，修、齐两层次是社会思想研究的重点所在。《大学》中又说，"自天子以至于庶人，壹是皆以修身为本。其本乱而末治者，否矣"。即八条目中，修身是根本。我们试举此例在于说明：各种思想专史是相遇的和互补的，但又是各有侧重的，在各种思想专史中，社会思想是处于根本地位的思想。

如前所述，我们认为在人类关于社会的所有思想中，社会思想研究的范围是侧重社会生活、社会问题、社会管理及社会模式方面的观念、构想或理论的。"社会生活"思想是人们关于维系群体共同生活并如何使之更好的思想，主要包括：关于人的修养与社会化方面的思想，关于人性与欲望方面的思想，关于人与人、人与群体、群体与群体关系方面的思想，关于人的处世与社交态度及社会价值取向方面的思想，关于社会组织与结构的思想，关于生活方式的思想，关于社会起源与变迁的思想，关于社会控制的思想以及关于整合及协调发展的思想，等等。"社会问题"是指人们在具体社会的共同生活中所产生的对共同生活或社会进步发生障碍的问题。关于社会问题方面的思想，主要包括人们对社会问题产生原因的认知、对社会问题本身的认知、对解决社会问题的方案设计等。"社会管理"的思想是人们对于社会秩序如何良性运行、和谐发展的思想。"社会模式"的思想是人们对于社会结构体系方面的思想，主要包括对现实社会及其结构"应然"状态的认知，对理想社会的构想，社会改良、改造的思想，等等。

这套《中国社会思想史资料选辑》的选材即是按我们上述思路和上述对社会思想研究对象与范围的界定展开的。

四　编辑源起、过程与目标

社会学作为一门学科，是由西方率先创立的，但人类对社会生活、社会问题和社会模式的思考与构想，即"社会思想"则由来已久，绝不是从有了社会学之后才开始的。具有几千年无间断的思想文化积淀的中国，在历史发展中形成了丰富的社会思想，其中有诸多精华至今仍有世界性意义。社会学要在中国生根，建设中国特色的社会学，就不能割裂中国的传统与现代的关系；如果我们要解读现代中国社会，就不能忽视中国几千年的社会基础和文化积淀，如果我们要建设中国的社会学理论，就不能不加强对中国社会思想史的研究。也许正是由于这个原因，国家社会科学基金才将"中国社会思想史研究"列为重点项目之一。我们承担了这个重点项目，就意味着承担了将这个研究领域推向深入的重大责任和义务。我们注意到：第一，我国社会学界对中国社会思想史研究已有一定基础，并出版了几部教材或专著，但对中国社会思想史原始资料没有进行过较系统的整理与发掘，缺少了这一环，这个学科的研究工作就难以深入。第二，教育部将"中国社会思想史"课程列为社会学专业的十门骨干课程之一，有些大学还将社会思想史作为一个研究方向，培养博士研究生或硕士研究生。但在教学活动中，教师和学生并没有便于参考的文献资料，教师要从汗牛充栋的原始文献中搜集相关资料，费时费力，事倍功半，而学生如果不接触原始文献，学习质量必然会受到一定影响。他们都期望能有可供参阅的中国社会思想史资料选辑。第三，随着中国经济社会发展和国际地位的提高，有越来越多的外国学者开始关注中国传统社会思想及文化，而收集相关原始资料成为他们开展研究工作的第一道障碍。于是，我们决定从原始资料的整理与发掘入手，开展课题的研究工作。

人所共知，中国的思想史资料浩如烟海，这项为学科发展铺路架桥的中国社会思想史资料整理工作，无疑是一项巨大的工程，不是少数几个人在短期内就可以完成的。我们以课题组成员为核心，以中国社会科学院社会学研究所和南开大学社会学系为研究基地，组织了全国专门从事中国社会思想史教学与研究的专家参加这项工作，从1998年至2004年，前后六年多时间，收集整理了400多万字的中国社会思想史资料。但因卷帙浩繁，在市场经济下讲求社会效益和经济效益有机统一的当今出版界，要出版这类社会效益大于经济效益、为学科发展奠基的原始资料选辑，必是有长远战略眼光、社会责任感很强的出版社。而广西人民出版社堪当此选。他们在得知我们很多大学对教师参编资料集不算科研成果的情况下，仍热衷于下大力量整理发掘中国社会思想史资料的情况后，便多方积极支持，并欣然应允予以出版，同时组织申报并被国家新闻出版总署列入"十五"国家重点图书出版规划。于此我们谨向广西人民出版社领导及温六零副总编、董苏煌主任、廖集玲主任等表示衷心感谢。

这套《中国社会思想史资料选辑》是我们从中国历代思想史原著中精选出来的，共分六卷：先秦时期为第一卷，秦汉至隋唐为第二卷，宋至清

代鸦片战争前为第三卷，近代为第四卷，现代为第五、第六卷两卷，共计
300 多万字。我们这项工作是前人未曾做过的，也是中国老一代社会学家多
次倡导但未能实现的夙愿之一，所以在中国社会学学科发展进程中，具有
填补空白的意义。

　　为了便于青年学生和社会思想爱好者阅读理解，我们还对古代社会思
想资料（第一至三卷）做了注释。近、现代社会思想资料已较易读，故不
加注。

　　这套六卷本《中国社会思想史资料选辑》是国家社会科学基金重点项
目"中国社会思想史研究"课题的成果之一。它的完成是由课题主持者牵
头，由全国从事中国社会思想史研究的一批学者鼎力合作的集体成果。第
一卷由南开大学社会学系王处辉、周一骑、胡翼鹏负责选编；第二卷由南
开大学社会学系王处辉、宣朝庆、胡翼鹏负责选编；第三卷由南京大学社
会学系庞绍堂、武汉大学社会学系桂胜、南京理工大学人文与社会科学学
院季芳桐、江南大学社会学系王君柏负责选编；第四卷由南开大学社会学
系刘集林、浙江大学社会学系杨维灵负责选编；第五、第六卷由华中师范
大学社会学系娄章胜负责选编。协助或参加编选工作的还有多名在校博士
研究生、硕士研究生和本科生，这里不能一一列举他们的名字，但他们的
工作已成为这项集体成果的一部分，谨向他们表示感谢。各卷的具体分工，
将在各卷后记中说明。全书各卷均在分卷负责人初选之后，经主编统一审
定后定稿。虽然我们做了很大努力，但由于水平所限，仍难免在选材或注
释过程中，有取舍不精到之处，敬请各位读者提出宝贵意见。

中国社会学的发展需要重温社会学的经典，追踪社会学的前沿[*]

　　作为一门科学的社会学诞生于19世纪30年代后期的法国和英国。工业革命和政治革命的浪潮一方面为国家带来了经济的发展和进步，另一方面也给社会带来了剧烈的震荡。应运而生的社会学，力图为人们指明一条在工业化的同时确保社会进步和秩序的发展之路。从世界范围来看，经过近170年的发展，社会学的学科体系逐步完善、学科知识日益普及，社会学真正以自己的研究、教学乃至人文启蒙履行着不断推进人类社会有序进步的使命。

　　社会思想的发展在中国有悠久的历史，战国末期著名思想家荀况的社会思想已经形成比较完整的体系。然而客观来说，学科化和科学化的中国社会学却应当始自严复、章太炎等社会学的先行者在20世纪初叶对英法社会学经典著作的译介。逐渐具有本土特色的中国社会学研究历经战乱和动荡而多次中断，一直到20世纪70年代末，随着中国改革开放的启动才得以恢复重建，不久就迅速成长为人文社会科学体系中的一支重要力量，通过社会结构、婚姻家庭、城乡关系、社会问题等贴近中国社会转型现实的课题研究，为当代中国的社会秩序和社会进步做出了独到的贡献。今天，在和谐社会的建设过程中，社会学有责任也有能力通过自己的学术活动为之做出更大的贡献。

　　中国社会学是适应改革开放的需要而恢复重建的，也正是在改革开放不断深入和工业化、城市化、现代化迅速发展的过程中，逐步发展起来的。就我的体会，中国社会学当前面临三个方面的历史任务：一是我们国家正在由传统的农业社会向现代化的工业社会转型，正在由计划经济体制向社

---

　　* 本文源自《历史上最具影响力的社会学名著20种》（陆学艺主编，西安：陕西人民出版社，2007年12月，第1~3页）。原稿写于2006年12月3日，系陆学艺为该书撰写的前言，现标题为本书编者根据前言内容所拟定。——编者注

会主义市场经济体制转轨，社会学要为现代化建设服务，要为国家和政府提供理论咨询和政策建议。二是改革开放以来，我们国家正在经历一场前所未有的深刻的社会变迁，政治、经济、社会、文化等各个方面都在发生巨大变化，而且变得很快，稍纵即逝。社会学要发挥记述的功能，要通过深入的社会调查，采用多种形式，把这场千载难逢的社会变迁的事实和过程如实地记录下来。这些珍贵的记述资料，不仅对社会发展有意义，而且对经济学、法学、历史学等学科也有意义；不仅在当代有价值，而且是时光越久远越有价值。三是要加强社会学自身的学科建设和队伍建设。世纪之交以来，社会学的学科队伍发展很快。现在，教学、科研领域的专业工作者已经超过 5000 人，随着经济社会事业的发展，队伍会继续壮大；当前社会学发展面临的最重要的任务就是搞好社会学的学术建设和理论建设。这既是社会学队伍建设的需要，同时也是把现代化建设服务好、把这场社会变迁记述好的必然要求。

中国社会学发展到今天，比以往任何时候都更需要学习和提高运用社会学理论和方法的水平，加强社会学的学科体系建设，而重温社会学的经典、追踪社会学研究的前沿就是这一必经之路的起点。正是基于这一考虑，我欣然接受了陕西人民出版社的邀请，来主持《历史上最具影响力的社会学名著 20 种》的编撰工作。

作为一部导读性的著作，本书从古代到现代和当代的社会学经典著作中，以实证主义、历史解释和社会批判这三大传统为经，以元社会学、抽象社会和具体社会这三类研究为纬，选取了 20 部著作加以介绍。不可否认，囿于篇幅的限制，本书的介绍只能是一种"管窥"，而远非对全部经典的穷尽。我们寄希望于未来、寄希望于同道，在包括本书在内的已有评介的基础上，将对社会学经典的发掘再向前推进。

本书属集体合作的成果，参加者有北京工业大学人文社会科学学院的唐军教授、顾秀林副教授和宋国恺博士以及北京师范大学哲学与社会学学院的赵孟营博士和华中科技大学社会学系的张小山副教授。在本书的构思和写作过程中，我们进行了多次商讨，参阅了大量文献。全书由唐军教授组织和统稿，由我最后统修并定稿。

本书的出版，得到了陕西人民出版社朱小平编审的大力支持，他在编辑协调等方面做了大量的工作。在此，我向他们表示衷心的感谢。

在社会学经典的评介方面，我们还只是一支新军。由于水平有限，经验不足，本书难免存在诸多的缺陷和错误，故请广大读者予以批评和指正。

古为今用，加强中国社会思想史研究*

自 1979 年中国社会学恢复重建以来，中国社会思想史这一社会学重要分支学科取得了长足发展，也取得了丰硕的研究成果。一支从事中国社会思想史教学和研究的队伍已经成长起来，成立了中国社会学会社会思想史研究专业委员会，出版了《中国社会思想史》教科书。"中国社会思想史研究"课题组同仁们经过近十年的努力，编辑出版了《中国社会思想史资料选辑》，现在课题组要转入《中国社会思想史》多卷本的写作阶段。对此，我想提出几点意见。

第一，中国社会思想史研究要贯彻"古为今用"的原则。"古为今用"是中国史学的优良传统，司马迁的《史记》、司马光的《资治通鉴》就是典范，历史上凡是好的史学著作无不都是遵循"古为今用"这一重要治学原则的。今天，我们研究中国社会思想史不仅仅是为了追求"社会学本土化"，这只是手段，最终目的还是要通过对中国传统优秀社会思想的研究，总结提炼出能够为我们促进当今经济社会协调发展，使国家长治久安的重要思想与启示。当年郭沫若先生写的《甲申三百年祭》对于我们党在夺取政权后如何建设新中国有着重要的启示，就是"古为今用"这一重要治学原则的生动体现。

当前，中国面临的许多社会问题在过去的历史发展进程中是有过经验教训的。例如"三农"问题久解不决，一个很重要的原因就是我们没有很好地运用"不与民争利"的原则。先是搞合作化和人民公社，把农民的土地所有权和生产资料转为集体经营，搞平均主义大锅饭，损害了农民的利益，打击了农民生产的积极性，使农业生产长期徘徊不前。改革开放，农

---

* 本文源自作者修改的打印稿。该文发表于《社会科学报》2010 年 2 月 4 日，第 5 版，发表时有删节。现依据作者修改稿刊印。——编者注

村实行包产到户后没多久，农民负担又不断加重。现在搞城市化，又低价征用、占用农民承包的土地。与民争利的结果是导致"三农"问题久解不决。在历史上，我们的思想家早就提出过"藏富于民"和"百姓足，君孰与不足"等重要思想。现在虽然改革开放前的"越公越大越好"的思想不再提了，但是在实践中，有相当一部分同志总还是想让国家这一头搞得大一点，留得多一点，如今的积累率已经超过40%，这是空前的。最近社会上关于"国退民进"的争论也反映了一些同志的主张。现在人们认识到这些做法是值得反思了，但是怎么做比较好，如何改进，希望能够通过对中国历史上的社会发展思想的研究，对今天的实践提供一些重要的启示与借鉴。从这个意义上，"古为今用"的研究原则可以说是中国社会思想史研究的生命力所在。

总之，今天中国经济发展了，但是社会矛盾与问题并不少，这是社会学研究需要面对的现实，也是社会思想史研究需要关注的问题。面向现实问题的解决，既需要我们从马克思主义经典著作中去寻找启示，也需要我们借鉴已经实现工业化的国家的发展经验，还需要到我们老祖宗那里挖掘有关社会发展的思想和重要启示。几千年来，在中国社会发展的历史长河中，先哲们关于社会发展的思想博大精深。中华文明传承至今，与中国社会思想的传承有着密切的关系。如何利用好这笔宝贵的文化财富为今天的实践服务，中国社会思想史的研究还任重道远。

第二，要针对当前我们在经济社会发展中遇到的诸多问题，开展对中国社会思想的专题研究。因为今天的很多问题在历史上是有过的，要针对问题，好好研究历史上先哲们是怎么思考的，他们的主张与解决办法是什么，可否为今天所借鉴。也就是说，中国社会思想史研究一定要有问题意识。

第三，要通过对中国社会思想的研究，总结、提炼、概括出一些具有重要解释力度的理论观点，来指导今天的实践。也就是说，中国社会思想史研究一定要有理论自觉。例如"和谐社会"这一颇具中国化色彩的社会发展思想就是很好的例子。"和谐社会"不是西方社会学的舶来品，是我们立足于中国传统文化"和"的思想精髓提炼出来的指导今天社会发展的重大理论成果，这背后就有中国社会思想史研究的重要贡献。

第四，从学科建设来看，中国社会思想史这门学科是在社会学重建以来，在20世纪80年代中期作为社会学一门重要课程开始重建的，现在这门学科已经有一定的基础了。我们课题组是在1996年组建的，已经完成了

《中国社会思想史资料选辑》的选编出版工作，我们现在转入多卷本《中国社会思想史》的写作。指导思想不能限于写一本教科书，而是要经过我们集体的努力创作完成一本名为《中国社会思想史》的学术著作，是和中国哲学思想史、中国经济思想史、中国政治思想史并列的学术著作，为开展中国社会思想方面的研究打下坚实的基础，当然也为今后中国社会学学术体系的形成奠定基础。中国传统文化博大精深为世界所瞩目，中国社会思想史这一根植于中国传统文化精髓的重要学科，可以说是中国社会学的前史，具有十分丰富宝贵的社会思想精华，自然具有与国际社会学对话的坚实基础。中国社会学重建30年了，开始重建时我们主要是引进、学习西方社会学的理论和方法，由此得到了重要借鉴。与此同时，中国社会学界十分重视对本国国情的调查研究，使之与中国社会主义现代化的实践相结合，并提出社会学要为现代化建设服务，提出社会学要本土化。中国社会思想史的研究就是在这样的背景下开展起来的，已有了一定的基础。现在我们要撰写这本学术专著，就是要写出一本既为中国社会主义现代化事业服务，同时也为形成中国社会学学术体系而进行学术溯源的著作。对此，中国社会思想史研究者一定要有理论自觉，要有学术自信。

2005年胡锦涛同志曾提出在构建社会主义和谐社会中，社会学要发挥更大的作用。作为中国社会学的一门重要学科，中国社会思想史同样面临着如何面向今天、面向现实、面向为和谐社会建设服务的任务。面对时代发展赋予的机遇，我相信，遵循"古为今用"的治学原则，我们进行的中国社会思想史研究是大有可为的，也是能够作出自己的贡献的！

研究方法与规范

搞好社会学方法的人才培训，推进学科建设[*]

"社会学方法高级研讨班"经过 40 多天的学习和工作，正式完成了。在座的一部分学员经过 1995 年的培训班，前后两年完成了这一期的培训，结业了。我首先向同学们表示祝贺！也向培训班前后近 10 位老师表示感谢！

社会学方法在社会学这门学科中有特殊的地位。每一门社会科学都有自己的研究方法、自己的方法论，但社会学从这个学科建立就很注重方法，特别是在 20 世纪初以来，美国社会学家通过社会调查（问卷调查、抽样调查），以后通过应用计算机来处理这些社会调查资料，使社会学方法发展成社会学的一个重要组成部分。实在说，社会学由于有社会学的方法，使其在社会科学学科中的地位也大为提高。

中国社会学自从 1979 年 3 月恢复重建以来，在小平同志关于"社会学要赶快补课"的号召下，在党和国家的直接支持和领导下，社会学的恢复和重建工作发展得很快。现在全国各省市建立了 35 个研究所，有 17 个省市建立了 25 个社会学系，专业人员已有约 3000 人。社会学学科的重建进展很快，在社会主义现代化建设中发挥了很重要的作用。这些年社会学学科建设也取得了很好的成绩。相比较而言，社会学方法的建设由于社会学方法本身的特点，比如计算机的应用，在欧美发展很快。我们虽然从 1980 年办第一期社会学培训班时就请外国、香港的学者来讲方法，但由于这方面的实践还不够，加上计算机配置等方面的限制，相对而言同国外的差距大一些。

---

* 本文源自作者手稿。该文稿系陆学艺 1997 年 8 月 16 日在中国社会科学院社会学所主办的"社会学方法高级研讨班"结业式上的发言稿。原稿无题，现标题为本书编者根据发言内容所拟定。——编者注

所以，1992年林南、戴维斯等受美国福特基金会的委任，来中国考察社会学的学科建设时，以及最后确定向中国社会学学科进行资助，同中方社会学家商讨资助的具体内容时，中美双方社会学家一致同意在资助中要把支持培训中方专业人员的社会学方法放到重要的位置。在第一批资助的三个项目中，两项是关于社会学方法方面的，一是每年办一个社会学方法培训班，二是对主持办班的单位援建一个计算机室。

几年来的实践证明这个方案是符合实际的。这个培训班由于各方面的原因前后办了两年多，对提高中国社会学工作者的社会学方法是大有帮助的，在社会学的定量研究、社会统计、社会调查方法、计算机应用等方面大大提高了一步，与国际方面的差距缩小了。这对社会学的整个学科建设是有益的，对社会学的学科化、规范化的建设很重要。

据班上学员们的意见，大家觉得很有收获，希望能继续办下去。有两种意见。一是主要办提高性质的，每年请国内外的一流专家来授课，讲国外社会学方法最前沿的理论和方法。这个班主要是讲提高，由这些听课的同志回去普及。还有一种意见，这种班轮换讲，本身带有普及性质。我是倾向于办前一种班的。不仅如此，今后通过社会学方法研究会每年组织一些社会学方法研讨会，在《社会学研究》等刊物上辟一些栏目，刊登社会学方法方面的文章和比较规范的社会调查报告。这些意见都是很好的。

我作为社会学会会长和社会学所的所长在这里表个态，对社会学方法研讨班，还要像以前一样支持下去，对社会学方法的研究和发展给予更多的支持。

今后，我们将同社会学会的一些同仁，同福特基金会，同美中学术交流委员会进行磋商，商讨下一步如何办好这个培训班，更好地利用福特的资助，推进中国社会学方法的研究和发展。

今天是第二期培训班结业的时候，这两次班办得都很不容易，但在各方面的支持、谅解、默契、合作下，终于办成功了。在开班的时候，我们心里真还没有底，所以没有请兄弟单位、请院外的同志来参加开幕式，请大家能谅解我们的用心，图的是想把这件事办成办好。现在第二期学习班终于办成了，圆满结束了。今天在这个会上，我代表承办单位向各位表示感谢！

（1）首先让我们向资助这次办班的福特基金会表示衷心感谢！他们对我们的办班的工作给予了充分理解、支持和谅解。请杨叶松女士向赛奇先生致意！

（2）向美中学术交流委员会和顾理勉先生表示感谢！向林南和戴维斯先生表示感谢！它是具体执行的单位，在两年多过程中给予了充分的合作。

（3）向一贯支持我们办好这个班的院领导表示感谢，向何秉孟副秘书长表示感谢！他在我们最困难、遇到挫折的时候，帮我们出了很多解决问题的好点子、好主意。开幕闭幕他都专程来了。

（4）向这次办班的诸位教师表示感谢！他们冒着酷暑授课、答疑，尽心尽力，无论是学习上，还是在为人师表上，给学生以真诚的帮助。

（5）向学员们表示感谢！不惧今年①北京 50 年未遇的酷暑，大家坚韧不拔，坚持下来了。

（6）向我们承办的社会学方法研究室的全体同志，以及科研处、办公室、资料室的同志们表示感谢！承办以来，他们密切合作，这两年工夫操了很多心。这次办班，前前后后 40 多天，尽心尽力地工作，把这个班办好了。特代表社会学所向他们表示感谢！年终总结时还要表彰他们。

（7）也向人事局、院办的同志表示感谢！

尽管我们尽了力，但因为条件的限制，加上我们工作还有不周的地方，请诸位朋友、诸位同行、诸位学员，多多包涵、谅解！希望大家就今后进一步办好班、建设好我们的学科多提宝贵的意见！

大家齐心协力，在党的十五大以后，把社会学这门学科，把社会学方法这门学科进一步办得更好，在社会主义现代化建设中发挥更大的作用。

---

① 指 1997 年。——编者注

关于"做学问"的几点体会[*]

我们社科院是做学问的地方，根据我多年的亲身经历，想就在社科院做学问的问题，谈几点体会。

第一，学问是靠做出来的。中国的汉字是很科学的。在社科院从事科研工作叫做学问，这个"做"字用得很妙，学问是靠做出来的。我是 1962 年考进院的，在社科院学习和工作的 30 多年中，熟悉的、认识的、直接或间接打过交道的研究员、副研究员有数百人，其中有一些很著名的、学术水平很高的专家和学者。此外，还通过读书、看材料、听别人介绍了解到古今中外的学者、专家的很多情况。就我所见所闻的学者、专家的情况看，无非有两类人：一类是天才人物，不管几万分之一，还是几十万分之一，这种人是有的，但确实是少数；另外一类人就是我们这样的普通人，得靠十几年、几十年的努力和钻研才能做出点成绩来的。举几个例子，中国哲学史上魏晋南北朝有个王弼，24 岁去世，但留下来的著作很不少，他的《老子注》《周易注》，直到现在还是研究中国哲学史的人必读的书。20 多岁就能写出这样的著作，恐怕是天才人物了。近、现代也有这样的天才人物，比如陈寅恪，据说他读书可以过目不忘。晚年双目失明，但仍然讲课、写作，口授时旁征博引，可以说出引文的出处在某书某卷某页。再如语言学家赵元任，被人尊为汉语语言学之父。他是庚子赔款第二批留美学生，在被录取的 72 人中，名列第二，而胡适是第 55 名。他是语言天才，精通多种文字，会讲 33 种中国地方方言。我想这些人做学问大概比我们省劲。但我所认识的人则都是普通人，芸芸众生，在某门学科、某个领域有所成就

　　* 本文原载《社会科学管理》（中国社会科学院科研局主办的内部刊物）1997 年第 4 期，刊发日期为 1997 年 12 月 25 日。该文系陆学艺 1997 年在中国社会科学院的一次演讲。——编者注

都是勤奋刻苦、努力钻研的结果，也就是说他们的学问是靠做出来的。20世纪50年代成立的哲学社会科学部有50多位学部委员，后来又增加了一批，前前后后共60多位，我见过和认识他们中的近一半。他们之所以有成就，都是长期努力，孜孜以求，日积月累的结果。从他们身上看，学问是做出来的。例如，前不久去世的罗尔纲先生做学问六七十年，一辈子从事太平天国研究，是国内外太平天国研究权威，他对太平天国的各种史料、故事、人物了如指掌，但他常记不住自己住在几楼几单元几号，所以，他轻易不出门，出门必须有人陪。我和他同住一个大院，后来同住一个楼，几十年没有见几次面。据说，罗老在临住院的前几天，还在做研究。一级专家就是这样做出来的，而且做得非常专一。做学问不做到这种忘我的地步，恐怕是做不出大成就来的。

做学问是很难，我感到在中国做哲学社会科学的学问更难，没有十几年、几十年的工夫恐怕是不行的。做学问要长时间的积累，要夜以继日，专心致志地去做。做学问就要了解、熟悉古今中外，要在弄通古今中外的基础上做出学问来，其难度是可以想象的。20世纪60年代以前毕业的人对国学、古代的东西比较熟一点，对现实实际也就是国情比较了解；20世纪80年代以后从国外学成归来的，对古代的东西、对国情的了解就要比我们差些，但对国外的、现代的东西的了解肯定比我们要强得多。但要做学问，"古今中外"缺一项都不行。现在院里要我们出精品，出高级人才，也就是出大师级人物，这大师级人物没有"古今中外"这四个字不行。要贯通"古今中外"，没有几十年不行。另外，做学问是件实实在在的事，来不得半点虚假。现在的博士生、硕士生毕业无外乎有三种出路：一是到国家机关工作，走做官的路；二是下海经商；三是留在大学或到科研机构做学问。前两种虽然也要有能力，要有敬业的精神，也要兢兢业业、踏踏实实地做，但成功与否、成功大小不完全取决于自身，很大程度上决定于机遇。但做学问不同，这是实实在在的硬功夫，靠运气是不行的。某本书你念了就多一份知识，你没有念就少一份；这件事你研究了，下功夫弄清楚了你就多懂了一门学问。学问的大小、文章著作的优差，则全靠功夫，得认真地去做。今年①院里要求出精品，但精品大多不是一年、两年就搞出来的，得要若干年，否则精品出多了就不是精品。要在社会学界站住脚，凭运气是不行的。现在有些地方学风不正，浮躁、坐不住，甚至有抄袭、剽窃的，那

---

① 指1997年。——编者注

就不是一般的学风问题了。在社科院做学问要老老实实，准备做若干年，既然我们承认自己不是天才，那么我们就得踏踏实实地去做。

第二，做学问要有正确的理论指导和正确的方法。做学问说难也难，说容易也容易。社科院是做学问最好的地方。其一，社科院是全额拨款的国家事业单位，有最基本的生活条件保证。其二，社科院有比较好的图书资料，像哲学所、经济所、文学所、历史所、考古所、近代史所等的图书馆经营了几十年，资料的积累是别的地方所没有的。其三，有众多的学有专长的一流的专家、学者群，可以请教，可以研讨。其四，有同国外主要学术机构和著名学府合作交流的多种渠道，我院自己也有研究各种国际问题的机构和专家。其五，建院以来，制定了比较正确的科研方针，有很好的学术环境，可以百家争鸣，百花齐放。这样的做学问的条件，全国少有，企业界少有，全世界也少有。这样的条件，再做不出学问，那要反身自问了。

就我个人的体会，做好学问要有两条：一是要有正确的理论指导；二是要有正确的方法。所谓正确的理论和方法，就是要掌握马克思主义的理论和方法。除此以外，还要掌握一些基础理论，比如哲学、政治经济学、历史学，这 3 门是社会科学研究的基础理论。学好这 3 门基础课是做好学问的最基本的条件。讲到正确的方法，我举个实例，新华社记者曾采访过我，问我 1986 年那篇《农业面临比较严峻的形势》的文章是怎样写出来的。我的回答很简单：要吃透两头。吃透两头有两个方面的含义：其一，既要弄懂弄透马克思主义基本理论和专业基础理论，又要吃透社会实际情况；其二，既要弄清中央方针政策的精神，又要吃透基层的实际情况。我 1986 年在山东陵县已蹲点 3 年，作为我院派到山东搞试点的干部，每年参加中央农林工作会议，比较了解最上层对农业问题的看法。1984 年农业生产达到了新中国成立以来的最高峰，粮、棉、油都丰收了，第一次出现卖粮难、卖棉难。有些领导认为农业已经过关了，农业靠政策就行了，所以削减了对农业的投入，放松了对农业的领导。而那几年我在农村基层蹲点，看到了农业投入减少、水利失修、耕地减少、生态恶化、农民农业生产积极性受挫，情况是比较严重的。为此，我写了《农业面临比较严峻的形势》一文，指出了农业有可能再次进入新的徘徊期，并提出了相应的政策建议，得到了有关领导和社会的认同。因此，我认为要做好学问没有正确的理论指导，没有正确的方法是不行的。

第三，做学问要一以贯之，要持之以恒。我的体会是：（1）在社科院工作不能三心二意。如果你进了社科院，还在想着做官、赚大钱，那么就尽早调出去，不要耽误时间。因为做学问是十年、几十年、一辈子的事，没有不甘寂寞、不甘清苦的决心是做不出学问的。也就是说，做学问，要甘于坐冷板凳。有学者曾经说过："板凳要坐十年冷，文章不写半句空"，讲的就是这个道理。（2）研究的题目不能总变。一个题目没有十年、二十年是搞不出名堂的。我们现在提倡出精品，讲十年磨一剑是有道理的。做学问要根据社会的需要，根据自己的特长、兴趣、爱好，选好一门学问、一个题目，十年、八年持之以恒地做下去，总会做出成绩来的。做学问，三天打鱼、两天晒网不行，老变主意、老换题目也不行。

第四，做学问要先学会做人。中国历来提倡道德文章，文章是要给人看的，学问是要能说服人的，正人先正己，所以我们做学问的人自己要有修养。讲修养，我想主要有三点。（1）学风要端正。做学问埋头苦干，要刻苦、认真，要自己做，靠运气是不行的。这是做学问最起码的品德。（2）做学问要诚实。研究问题，写文章难免有错。事实证明错了，自己认识了，改正就行了。（3）做学问要先会做人。我们在院里、所里与人相处、合作要为人正派。不同学术观点可以相争，但是双方要尊重对方的人品。但有些人的修养很差，与人合作时总想占小便宜，争名于朝，争利于市。文如其人，要想写好的文章，得先学会做像样的人。

关于做学问的问题[*]

  北京工业大学顺应时势，适时地做出决策，建立人文社会科学学院。这既是满足现在社会发展的需要，也是把北工大办成一流大学的需要，又是提高师生素质、培养一流人才的需要，也是对改正1952年院系调整片面发展专业的一种纠正。

  经过近年的筹措，学院现在正式成立了。名已经有了，如何办好这个学院、真正名实相符？满足上述几个方面的需要，是我们学院的任务。

  办好学院的任务，我想是三条：一是提高教学质量，培养好学生，把书教好；二是能出相应的科研成果；三是培养人才（高素质的教授、副教授）。大学、大学，并不是有高楼、大楼就行了，而是要有大师级的人才。

  至于学院要做哪些事，学院正在商量，在一件一件做好、办好。

  办好人文学院，当然要靠学校领导的支持、各方面的支持，但关键的是要有一支训练有素的、献身教育事业的教师队伍。要做好教书、科研工作，关键是要有教师。明年211工程就要评选优秀，我们要做出成绩来。

  十年树木，百年树人。办好一个学院是不容易的，关键是要有一支高素质的教师队伍。你们都是青年人，来做大学的老师，人文社会科学的老师。你们都已经有了学位，有了一个好的基础，但要成为一位优秀的教师，成为专家学者，还有一段路要走。

  我作为科研教育队伍中的老兵，就我的经历与体验，讲几点体会。要把书教好，把学生培养好，应该是个学者型的教师，而不是教书匠。只有自己知识渊博、专业知识扎实，才能教好书。所以一般大学的教师，一定要同时进行科研。国内国外都是这样的。要有学问。

---

  * 本文源自作者手稿。该文稿系陆学艺于2000年4月12日在北京工业大学人文社会科学学院教师大会上的讲话稿。——编者注

怎么做学问？

第一，学问是靠"做"出来的。天才是有的，但天才就是勤奋，大部分是靠几十年孜孜不倦地做。

第二，做学问要有正确的理论指导和方法。要有正确理论指导，理论不是空的。加强基础理论没有错，要有正确的方法，理论联系实际，到实际中去——教书就不会空了。要吃透两头。

第三，做学问要一以贯之。

第四，做学问要先学会做人。要为人师表，要诚实、谦虚谨慎、团结人、奉献，要有追求。

做社会科学研究，要面向实践，
要到实践中去[*]

今年^①是中国社会科学院建院 30 周年，院老专家协会约我写一篇文章，几经商酌，定了这个题目。我 1962 年考入中国社会科学院的前身——中国科学院哲学社会科学部所属的哲学研究所，师从容肇祖教授，学习宋明思想史。加上在北京大学哲学系学习 5 年，我从事哲学、社会科学工作，整 50 年了。半个世纪来的生活，可以用三句话概括：读书学习，调查研究，写文章做学问。

社会科学院现在有 31 个研究所、200 多个研究室，大体可以分为两大类，一类是人文哲学科学；一类是社会科学。我 1962～1985 年在哲学研究所工作，1985 年 5 月调入农村发展研究所，1987 年初到社会学研究所。45 年间，我先后到了三个研究所，从时间上划分，前一半在哲学研究所中国哲学史研究室，后一半在农村发展研究所和社会学研究所。但我实际上从 20 世纪 60 年代初期开始，就注重农业、农村问题的调查和研究，所以，我应该是一个社会科学工作者。

在中国社会科学院做社会科学研究，有得天独厚的有利条件，也有不利的局限。我在全国各地的不少大学、研究机构、党政部门讲过课，开过会，有的还兼过学术职务，到过几个大国，考察过他们的社会科学的教学、研究机构，比较而言，像中国社会科学院这样好的科学研究的环境和条件，

---

* 本文源自《中国社会结构与社会建设》（陆学艺著，北京：中国社会科学出版社，2013 年 8 月，第 398～410 页）。原稿写于 2007 年 2 月 18 日，系陆学艺为中国社会科学院成立 30 周年纪念而撰写的文章。该文还刊载于《学问人生——中国社会科学院名家谈》（下）（中国社会科学院老专家协会编著，北京：高等教育出版社，2007 年 5 月，第 322～333 页）。——编者注

① 指 2007 年。——编者注

是很少有的。中国社会科学院是一个做学问的好地方。扼要地说，有这样几条，第一，中国社会科学院是全额拨款的国家级的事业单位，有最基本的生活条件保障，工资水平不高，但有十分充裕的研究时间；第二，中国社会科学院聚集了多门学科学有专长的一批一流专家，有一个庞大的学者群，可以请教、可以研讨，他们每个人都有一部成功史，这是中青年学者成长的好教材；第三，中国社会科学院有很好的图书馆，文献库，信息资料十分丰富，像哲学所、经济所、历史所、文学所等老所的图书馆，都经营了几十年，书刊资料的积累是无与伦比的；第四，中国社会科学院有同世界上著名学府、主要学术机构合作交流的多种渠道，每年有很多著名学者到此来开会、讲课，开展合作研究；第五，国家把中国社会科学院定格为党中央、国务院的思想库、智囊团，下达国家和社会需要研究的重大课题；第六，建院以来，制定了比较正确的科研方针，形成了较好的学术环境，百家争鸣、百花齐放，蔚然成风。所有这些，都为专家做学问、为中青年学者成长准备了好的条件。

50多年来，哲学社会科学部、中国社会科学院为国家培养了一大批术业有专攻的学者，为社会主义建设事业做出了卓有成效的贡献，在社会上产生了较为广泛的影响。但就中国社会科学院的地位和条件，就国家的需要来说，无论是成果还是人才方面，还不能适应国家经济建设、社会建设突飞猛进的需求，尤其缺少优秀的精品和杰出的人才，现在有青黄不接等问题。客观上有科研条件、科研管理还不到位等方面的原因，从学者主观方面讲，也有个人努力不够，没有能正确使用中国社会科学院诸多有利条件，错过了机遇。回顾我个人在中国社会科学院40多年的经历，如果要谈体会的话，可以用一句话总结，那就是：社会科学研究一定要面向实践，到实践中去。

我们这一代知识分子，生逢盛世，正遇上我们国家经济社会发生巨大的历史性变迁的时期，正在由一个传统的农业社会向工业化、城市化的现代社会转变，我们经历了由以小农经济为基础的商品经济体制向高度集中的计划经济体制转变，又经历了由计划经济体制向社会主义市场经济体制的转变。这些转变发生在拥有10多亿人口的大国之中，其规模之宏大、形式之多样，波澜壮阔，跌宕起伏，崎岖艰难，错综复杂，这是千载难逢的历史机遇。不仅我国前代学人没有遇到过，就是欧美工业化、现代化国家的学者，也没有遇到过，他们只经历了工业化、现代化过程中的某个阶段，而我们这一代人则经历了工业化、城市化的前期、初期，直到现在的工业化中期阶段的经济社会大变迁的全过程。这样的时代，是应该出大学问、出大学问家的时代。人民群众创造历史，历史也造就人民。

就社会科学而言，与人文科学有同有不同，社会科学更具实践性、应用性，它直接来源于实践，回答实践提出的问题，总结概括实践的规律，解释实践中出现的问题，提出解决问题的理论、方法，推动社会前进。社会学就是这样一门社会科学。19 世纪初叶，欧洲的英、法、德诸国处在工业化初级阶段，一方面，因为产业革命，工业化、城市化发展很快，社会创造了大量财富，极大地改变了原来传统农业社会条件下的生产方式、生活方式和交往方式，从根本上改变了原来的社会关系和社会结构；另一方面，急剧的经济社会变革导致财富分配不平等，两极分化，城乡对立，阶级矛盾，家庭破碎，离婚率上升，各种犯罪大量增加，社会治安恶化，社会冲突日趋尖锐，社会不安宁。1838 年，法国学者孔德对这些社会现象、社会问题进行了研究，写成了《实证哲学教程》一书，第一次提出了建立社会学这门学科的设想，要找到理想的方案，重建新的社会秩序，促进社会进步。160 多年来，社会学有了很大的发展，在工业化国家，它和经济学一样，是一门显学。社会学就是这样一门从实践中来、为实践服务的社会科学学科。

从社会科学的实践性、应用性来说，我们从事社会科学研究的学者一定要面向实践，为实践服务，而且要到实践中去，调查研究，如此才能有所总结、有所发现、有所创新。

第一，研究的主题、题目、课题，要从实践中来。

前述社会学的先驱孔德构建社会学学科的设想是从社会实践中提出来的，同时代的斯宾塞，以及后来的迪尔凯姆、韦伯、帕森斯等社会学家研究的主题，都是从他们所处时代的社会实践中提出来的，他们研究了这些主题，回答了问题，产生了重要著作，形成了社会学的重要思想和理论。经济学、法学、政治学等社会科学的重要理论、重要著作，也都是这样产生的，都是回应了时代提出的问题，不过是从不同的侧面、不同的视角，做出了各自的回答。从实践中来，回应实践提出的问题，再回到实践中去，循环往复，不断修正，不断提高，这个道理是相通的。

我研究农业、农村、农民问题，也是从实践中感悟出来的。三年经济困难时期，我正在北京大学读书，国家虽然尽力照顾大学生的生活，每月31 斤定量粮食是保证供应的，蔬菜等副食则很差，对青年学生来说，只能维持基本温饱。寒暑假后，各地同学回来，私下里传递着各地农村里农民吃观音土、得浮肿病、饿死人的消息。1961 年春天，我父亲托人捎给我一个小包，拆开一看，却是一包草籽。来人告诉我，说这是家乡人吃的一种粮食。我家在无锡县农村，那是号称鱼米之乡的地方啊！怎么把草籽当粮食吃，这对我刺激很大，至今记忆犹新，但在当时的政治气氛下，公开谈论的还是大好形势。我们是一批虔诚的共产党员，对共产主义的理想深信不疑，只是认为农业和农村政策出了问题。当时有两句政治口号："听毛主席话，跟共产党走。"我们朴素地想，饿着肚子怎么跟着共产党走。所以要找到能解决农业问题的理论和办法，提高农业生产，满足国家和人民对粮食和农产品的需求。有三两知己，就开始讨论和研究农业农村问题。这种私下地、业余地研究农业农村问题，一直持续了 10 多年。收集研读国内国外关于农业农村方面的文献资料，找机会、创造机会到各地农村去调查研究，找各级各类干部和农民访谈，了解人民公社体制和农业农村政策方面的问题。

世纪之交以来，我主要在研究中国的社会结构变迁，研究社会分层与社会流动。这个课题本身也是实践提出来的。改革开放以后，经济体制改革了，经济大发展，经济结构调整了，社会结构也发生了很大的变化，有些社会阶层分化了，有些社会阶层新生了，有些社会阶层的社会地位提高了，有些社会阶层的社会地位下降了，整个社会阶层结构显现向多元化、现代化方向发展的趋势。原有的"两个阶级一个阶层"的理论框架，显然与现实已经严重背离了。社会实践要求，要对这种巨大的社会结构变迁做出新的理论概括，用以正确认识已经变化了的基本国情，据以制定新的经济社会政策。对此，学术界，特别是社会学界的学者，在 20 世纪 80 年代中后期就已有所感悟，开始了对社会分层、社会流动问题的研究和探索。但是，这是一项宏大的基本国情的调研课题，确非某一学者、某一单位的力量能够独立完成的。1998 年秋天，中国社会科学院的领导向社会学研究所提出了要进行中国社会结构变迁研究的课题。我当时是社会学研究所的所长、中国社会学会的会长，知道这正是社会学研究所的同事、社会学界同仁早就想做，也正在做的重要课题，所以就很自觉、很积极地承担了这个课题，组织了以研究所同事为主的课题组，还约请了社会学界的很多同仁，共同开展了这个重要课题的研究。在院所领导和部门的大力支持下，在各地同行学者和干部群众的积极配合、帮助下，8 年多来，课题组先后出版了《当代中国社会阶层研究报告》和《当代中国社会流动》两本专著，发表了数十篇学术论文。现在第三本专著《当代中国社会结构研究》即将问世，第四本专著《当代中国社会阶层关系研究》我们已经开展了数个省市的调查研究，正在酝酿写作。

第二，解决问题的方法、方案，要到实践中去发现。

我们要在一个半殖民地半封建的大国建设社会主义现代化事业。新中国成立初期，我们以苏联为榜样，建立了高度集中的计划经济体制，虽然也取得了很大的成就，但代价太大，效率也不高。国内外的实践都证明，这套体制不行。后来又搞了个"文化大革命"，把经济弄到了崩溃的边缘。党的十一届三中全会拨乱反正，确定了党的工作转到以经济建设为中心的轨道上，开始了新的长征。邓小平同志提出了建设有中国特色社会主义的战略目标，并提出了一系列改革开放的方针和政策，提出了建立社会主义市场经济体制的战略设想。实践已经证明，邓小平同志这一整套深谋远虑的战略设计是完全正确的。大家尊称邓小平同志为改革开放的总设计师，这是非常恰当的。回想改革开放初年，有多少要解决的难题啊！既要解放思想、改革开放，又要维持社会的基本秩序；既要平反大量的冤假错案，又要保证社会稳定；既要保证十多亿人的基本生活供给，又要筹措大量资金，扩大生产，推进经济快速发展。面对这样复杂艰难，前人从未遇到过、解决好过的堆积如山的问题，邓小平同志提出来一个方法："摸着石头过河"。近30年来，我们就是这样在中国特色社会主义现代化建设的实践长河中，摸着、摸准了一块石头，解决了一个难题，向前跨进了一步，从而取得了一个又一个的胜利，才有了今天的巨大成就。我们社会科学工作者也是"摸着石头过河"的广大干部和群众中的一员，不过社会科学工作者还要多一项任务，要在同群众过河的实践中，及时去发现、总结群众摸石头的过程和经验，发现和总结出一些规律性的认识，以利于更快更多地摸到石头，解决更多的问题。社会科学工作者还要把这些经验和规律性认识，写成论著，加以宣传和推广，以使更多的干部群众踩着已经摸到的石头，顺着已经开辟的道路向前走去。而所有这些，社会科学工作者必须以各种形式投身到建设中国特色社会主义现代化的伟大实践中去，才能有所发现、有所总结、有所成就。

1978 年夏天，我根据十多年来对农业、农村、农民问题的调查研究和思索，写成了《关于加速我国农业发展若干政策问题的建议》一文，共有12 条政策建议，4 万多字。新华社采用了这篇稿子，于 1978 年 10 月分三期摘要刊登在《国内动态清样》上，受到了有关领导和部门的重视。时任中国社会科学院副院长宋一平同志看到此文后，在和哲学研究所党委书记孙耕夫同志商量后，专门找我谈话：农业、农村问题是国家要解决的重大问题，要我以后专门从事农业、农村问题的调查研究，叮嘱我一定要到农村去实地调查，并且说，你下去调查，可以用有院里公章的介绍信，出差经费由院所提供。谈话结束，他还专门领我到机要室，交代给工作人员，以后我可以到他们那里去看司局级干部才能阅读的文件和资料。从此，我研究农业、农村问题，就由业余转为专职，这是我学术生涯的一次重大转折。

1978 年 12 月，党中央召开了十一届三中全会，做出了一系列重大决定，其中一项是通过了《关于加快农业发展若干问题的决定（草案）》，文件提出了加快农业发展的 25 条政策。于是，中国的改革开放就在各地农村轰轰烈烈地率先开始了。我自宋一平同志交代要专门从事农业、农村问题调查研究以后，就一直在研究与思考农村改革和发展的问题，先是到京郊农村做了一次调查。1979 年 4 月，我约了李兰亭、贾信德两位同志，一起到江苏无锡参加全国价值规律理论讨论会，随后，就到江苏、安徽、浙江和上海的农村调查，历时 84 天，了解了许多农村的情况。其中最有意义的是我们在安徽，在省农委领导同志的带领下，实地调查了由安徽省委、万里同志特别批准的肥西县山南区实行包产到户责任制的试点情况。那时正值小麦成熟，农民正在收割自己承包责任田里的庄稼，小麦长势极好，农民们兴高采烈，一派喜庆的景象。据当地干部介绍：这里 1978 年 10 月实行了包产到户，调动了农民的生产积极性，小麦的播种和管理，比以往任何时候都好，初步估产，比往年要增产 3 倍，一举就解决了过去长期没有解决好的温饱问题。试验取得了极大的成功。回到北京，我们向有关领导做了汇报，并撰写了《包产到户问题应当重新研究》，1979 年 11 月初，在本院的《未定稿》增刊发表。这是最早在刊物上公开正面论述包产到户问题的一篇文章，产生了较大的影响。实践证明，正是这个包产到户以及后来的包干到户，成为农村改革的突破口，成为全国农村普遍实行的生产责任制的主要形式。1983 年的中央一号文件明确指出，这种家庭联产承包责任制是中国农民在党的领导下的伟大创造。农村改革的第一块石头，是安徽肥西县山南区的农民和干部先摸到的。

1980 年 8～10 月，我和王小强同志到甘肃农村调查。当时，包产到户已在全国各地蓬勃发展，正在形成燎原之势。但是党内党外对包产到户的议论很多、争论很大，主流的看法是包产到户是权宜之计，只在贫困地区实行，中等地区实行包产到组，发达地区实行专业承包，将来，待经济好转之后，还要回到"三级所有，队为基础"的体制去。甘肃是实行包产到户较早的省，我们在兰州市郊、榆中县、定西、陇西、渭源等区县的农村做了一个多月的调查，发现凡是实行了包产到户的乡、区，农业生产都有了大的发展，而且已经产生了很多兼业农户，在郊区还有了少数小规模的专业农户，生产形势很好。但当地的干部和农民普遍担心，怕经济情况好了，又会改变政策，不让他们继续搞包产到户。为此，我们在调查后期专门开了多个干部和农民的座谈会，听取他们对于包产到户以后怎么办的意见。这是个很重大的问题。包产到户是不得已而为之的权宜之计，还是有宽广的发展前途，各方面的意见很不统一。我们分析研究了在甘肃等地调查的见闻，就在兰州写成了《包产到户的由来与今后的发展》一文，文章分四个部分：第一，包产到户的必然性；第二，实行包产到户效果非常显著；第三，包产到户的发展前途非常宽广；第四，对包产到户必须加强党的领导。文中专门指出："包产到户有强大的生命力，它不仅是解决农民温饱问题的临时措施，而且可能成为农业向专业化、社会化发展的桥梁，很可能成为中国农业现代化的一个起点，从此走出一条适合中国国情的农业现代化的道路来。""搞包产到户之后，再要回到原来搞农业的老办法上去是不可能了。一是农民不会答应；二是生产发展了，各方面会发生新的变化，也完全没有必要再回到老一套的形式中去。"① 研究报告还根据座谈会上干部群众的意见，对未来农村的发展趋势做了预测：第一阶段，包产到户；第二阶段，多种经营蓬勃发展，兼业农户大量涌现；第三阶段，专业户和专业农户；第四阶段，社员会逐步以各种形式再次联合起来，这种联合已经不再是低水平的集体经济，而是建立在商品经济发展基础上的集体经济。报告写成之后，应时任甘肃省委宣传部副部长陈舜瑶同志的约请，在省委机关做过一次报告，全文在省委内刊发表，1980 年 11 月又在我院《未定稿》上发表。

这篇调查报告，因为提出了包产到户以后将怎样发展这样一个大家十分关注的重大问题，并且做出了实行包产到户以后不可能再回到农业老一套的形式中去，很可能成为中国农业现代化的一个起点的预测，这在全国包产到户刚刚兴起、争论还十分激烈的时候，是比较新的见解，所以受到了各方面的关注。吴象同志在 1982 年 7 月为我的第一本论文集写的序言中说："关于包产到户发展前景的论述，其中有些论点当时就曾受到有关部门

① 陆学艺：《包产到户的由来与今后的发展》，载《陆学艺文集》，上海：上海辞书出版社，2005 年 5 月，第 33～34 页。

领导的重视，后来更被事实证明是有启发性的见解。"现在看来，包产到户将怎样发展这样一个重大问题的提出，以及在当时能得出包产到户将不会再回到原来的老一套形式，很可能成为中国农业现代化的一个起点、发展前途宽广这样一个结论，不到社会实践的第一线去调查研究，不去倾听干部群众的呼声，在大楼的办公室里是不可能想出来的。

1998 年以后，我主持中国社会结构变迁课题的研究。首先是要对变化了的中国社会阶层结构进行分析研究。遇到的第一个问题是怎样划分阶层。过去我们有怎样划分阶级的经验，用什么标准划分阶层还没有先例。为此，我们到各地去调查访问，向群众求教，开了许多次的座谈会，找各种人员访谈，最后终于有了结论。在现阶段怎么判断一个人的社会地位？群众告诉我们：第一要看这个人是干什么的，第二要看这个人有权没有，第三要看这个人有钱没有，第四要看这个人有文化没有。根据在实践中干部群众对划分阶层的说法，我们提出了以职业分类为基础，以组织资源、经济资源和文化资源占有状况为标准来划分社会阶层的理论框架。正是根据这个分层原则，我们把全国在业的 7 亿多劳动者和建设者划分为 10 个阶层，勾画了当代中国社会阶层结构的基本轮廓。这 10 个阶层是：国家与社会管理者阶层、经理人员阶层、私营企业主阶层、专业技术人员阶层、办事人员阶层、个体工商户阶层、商业服务人员阶层、产业工人阶层、农业劳动者阶层、城乡无业失业和半失业者阶层。对中国这样一个拥有十多亿人口的大国进行社会阶层分析，不到实践中去调查研究，不找干部群众访谈讨教，只在办公室里讨论，肯定是分析不出来的。

第三，在大楼里争论不清的问题，到实践中去能得到答案。

当代中国正在发生自周秦以来最深刻、最重大的社会变迁，正在由一个效率很低、经济落后的以小农经济为主体的发展中国家，转变为以制造业、服务业为主体的世界级的经济大国，变化范围之广、速度之快，包括人们思想观念变化之深刻，这在历史上是少有的。新的人、新的思想、新的事物层出不穷，每天都在产生，但是原有的人物、原有的体制、原有的理论和观念，总是要维持已有的秩序和传统，所以，在整个改革开放过程中，在建设中国特色社会主义事业的过程中，新旧冲突、思想矛盾、理论争论几乎是贯彻始终的。好在我们国家的改革开放一开始就提出了实践是检验真理的唯一标准，后来邓小平同志又提出了"三个有利于"作为评判某项事物的标准，对建设过程中重大问题的争论立下了规矩。

农村率先改革，几年工夫，家庭联产承包责任制就在全国推广了。解散了人民公社，摒弃了原来集体经济、统一经营的老一套做法，生产关系大调整了，农民得到了自主经营权，也得到了实惠。农业生产连年丰收，1984 年粮食总产超过了 8000 亿斤，棉花总产 1.2 亿担，第一次出现了卖粮难。在农业形势大好的背景下，有些同志过分乐观，认为农业靠政策就行了，于是就改变政策，减少对农村、农业的投入，调低粮棉收购价格，这就挫伤了农民生产的积极性，1985 年粮食减产 7%，棉花减产 33%，出现了改革后第一次农业的大减产。面对农业减产，有的人认为，这是改变了惠农政策，打击了农民生产积极性的结果；有的人认为，这是农村实行家庭联产承包制弄错了，本来就不该这样改的；有的同志不承认农业生产出了问题，认为是从超常规增产转向常规增产；还有人说，这是计划安排的结果，不必过虑。其时，我正在山东陵县长期蹲点，包产到户以后的大增产和 1985 年的大减产的全过程都经历了。因为陵县是我院办的县级改革试点县，并由中央农村政策研究室指导，那几年开中央农村工作会议，我参加了，上述关于农业减产的争论我也了解。我发现北京有些同志对农业的认识与农村基层的实际情况差距很大，于是我写了《农业面临比较严峻的形势》一文，在 1986 年 5 月 19 日中国社会科学院《要报》分三期发表。这在当时，在对农村、农业形势一片叫好的情况下，是比较特殊的，在决策层引起了注意。但反映不一，有称赞的，也有批评的，认为是散布悲观论的代表。6 月 10 日，邓小平同志在《在听取经济情况汇报时的谈话》中指出："农业上如有一个曲折，三五年转不过来。……有位专家说：农田基本建设投资少，农业生产水平降低，中国农业将进入新的徘徊时期，这是值得注意的。"[1] 邓小平同志讲话后，农研中心、农业部、水利部等五大部门提出了解决农业问题的 8 条措施，对以后的农业发展起了一定的作用。

前面说过，1998 年秋开始，我主持做中国社会结构变迁研究课题研究，2001 年出版了《当代中国社会阶层研究报告》一书，提出了把中国的社会成员划分成十个大的社会阶层的看法，在社会上引起了很热烈的反应，有赞成的，也有反对的。总工会的同志很不同意，他们说：宪法规定，"中华人民共和国是工人阶级领导的，以工农联盟为基础的人民民主专政的社会主义国家"，工人阶级是领导阶级，你们怎么把工人阶级排在第八位，是有问题的。我们给他们的回应是两条。第一，工人阶级是中国的领导阶级这是宪法规定的，当然要肯定，但这是政治范畴的概念。我们讲的产业工人

[1]　《邓小平文选》第三卷，北京：人民出版社，1993 年 10 月，第 159 页。

阶层，是社会学做社会分层研究的学术概念，两者是不一样的，不能相提并论。第二，不是我们把产业工人阶层排在第八位，而是这些年经济社会发展变化过程中，产业工人的经济社会地位变化的结果。我们划分社会阶层的标准，一要看你从事什么职业；二要看你拥有的组织资源、经济资源、文化资源有多少，以此来确定你的社会地位。我们做了多年的各种调查，现在产业工人的地位就是这样，不是我们排的结果，而是现在中国的经济社会中，产业工人阶层的社会位置就在这里。但是对于这样重大问题的不同意见，我们课题组还是很认真对待的。所以在《当代中国社会阶层研究报告》发表以后，在做第二个子课题的研究时，我们带着这个问题到各地去调查，但是无论是做抽样调查，还是做个案访谈，结果都是这样，产业工人阶层的社会地位确实就是我们上本书综合分析研究确定的位置。所以，在2004年发表第二本研究报告《当代中国社会流动》时，仍坚持了原来的观点。

第四，面向实践，到实践中去。

调查研究的几种形式前面说过，1978年10月以后，我就专门从事农业农村问题的调查研究。1987年初，我奉调到社会学研究所，一面做社会学研究所的行政和科研组织工作，进行社会学的研究，一面仍比较关注农村发展方面的问题，有机会还是常常到各地农村去调查，运用社会学的理论和方法，观察和分析农业、农村、农民问题。近30年里，粗略估算，我每年平均约有3个月的时间，在各地的社会实践中做调查研究。归纳起来，有以下几种形式。

1. 走马看花，到各地农村去做巡回式的调查研究。一般是带着问题去，到实践的第一线去研究产生问题的原因，寻求解决问题的做法和方案。例如20世纪70年代末80年代初，那是包产到户正在各地试点兴起的时候，我专门到安徽、甘肃、四川、云南和苏北、鲁西南、鲁西北等农村去，这些比较贫困的农村恰是包产到户搞得比较早、正是出农村率先改革的经验和思路的地方。1979～1982年，那几年，我年年到安徽去。20世纪80年代中后期以后，乡镇企业蓬勃发展，县域经济逐渐成为主体，我就转到苏南、上海、珠江三角洲、福建等经济发达的地区去调研。在20世纪90年代以前，我的社会活动还不多，可以安排出较长的时间，到各地农村去调研，有一次是两个多月，好几次是一个多月，专门就某一个问题做比较深入的专题研究。20世纪90年代中期以后，社会兼职多了，就没有这样宽裕的时间做调研了，常常只能乘在某地开学术会议的机会做顺访式的调研。因为现实生活中经济社会问题层出不穷，你只要留心、用心，这种短期的调研也常常能发现问题或者找到解决某一问题的方案。2006 年，浙江省宁波市江东区邀请我们去调研讨论城市社区建设问题，顺便到郊区农村做调研，我们发现江东区这几年在城郊农村搞"三改一化"，做得很好。江东在省市委领导的支持下，对郊区农村实行撤村改居，把村委会改为居委会，把农业户口改为非农业户口，把农村经济合作社改为股份制合作社，把原有的集体资产全部折价，按人口股、农龄股全部量化到个人，社员全部成为股东，每年可按股分红；把旧村全部拆迁，按城市规划新建居民楼，拆一赔一，就近安置，农民住进了楼房，就地实现了城市化，从而比较好地解决了"城中村"和农民失地、失业和社会保障等老大难问题。"三改一化"的结果，是城市化发展了，农民得到了妥善安置，有了稳定的收入，又有社会保障，全体农民满意，大大促进了当地经济社会的发展，为城郊农村 50 年集体经济做了一个圆满的总结。回京后，我们专门写了《城郊农村实现城市化的好模式》。

2. 下马看花，蹲点调查，也称参与式调研。这是做社会科学研究的一种重要的调研方式，我先后参与了好几次这样的调研，受益匪浅。1964 年 8 月至 1965 年 7 月、1965 年 10 月至 1967 年 1 月，我先后在湖北省襄阳县和河北省徐水县参加"四清"工作。在襄阳，我主要是在一个区政府里搞"四清"；在徐水，我一直蹲在一个生产大队里。"四清"运动是一种当时条件下的政治运动，主要是清干部，其中有一项是清财物、清工分、清现金等活动。前后一共两年多时间，我对区、人民公社和生产大队、生产队等农村基层组织的演变、内部结构和运转情况比较熟悉了。1983 年 10 月至 1986 年 12 月，我带领一个课题组到山东省陵县搞县级政治体制改革试点，我担任组长，兼任县委副书记。因为要做县级政治体制改革，我们先是对县级机构做了周密的调查，当时陵县有 61 个部、委、局、办，我们对大部分主要的机构，一个接一个地进行了详细的访谈、调查，收集了大量文献资料，写出了调研报告。以后又对乡镇、行政村、村民小组和农户分别进行了调研。在三年多的时间里，我们主要的时间是在做调研。经过调查、访谈，我们也制定了在县级进行政治、经济体制改革的方案和建议，在山东省委、德州地委的支持下，在陵县进行了几项改革，取得了一点成绩，但因为这项改革涉及整个上层建筑，牵动各个方面和各种利益关系，改革的难度很大、阻力很大。这不是一个省一个县能改的，必须由中央下决心进行才行，所以陵县的试点没有能持续地进行下去。县是一级完整的政治、经济实体，工农商学兵、党政财文法一应俱全，它既是执行机构，同时也是一级决策机构，代表党和政府领导几十万群众，进行社会主义的政治经济建设。我在陵县，主要工作是调查研究，也参加县里的一些工作。县里工作参与进去了，才能真正了解当前中国的政治、经济、社会、文化建设是怎样进行的，内部结构是如何组成的，是哪些体制、机制在起作用，国家干部、农村干部和农民群众都在做什么，真实的生活状况怎么样，各自的喜怒哀乐是什么，他们的心态怎样，所有这些，单靠从旁观察、靠访谈，是了解不来的，必须靠长期深入下去，同他们一起工作、一起生活，才能逐渐体知。我在陵县三年，实在是又上了一次大学，这对我以后的社会科学研究，特别是对农村问题的深入认识，有很重要的意义。至今，我对"三农"问题有一点发言权，也是靠在陵县打下的基础。

3. 要交一批在实践第一线工作的朋友。20世纪80年代中后期以来，到了每年的8月、9月，我会对当年农业的丰歉、农民收入的增减做个预测。一般说，这个预测大致是差不多的。这一方面是因为我长时间关注"三农"问题各个方面的动向，如气候、政策、价格、民心、民气等，时间长了，会慢慢熟能生巧，靠经验、靠直觉，综合各方面信息，能推出结果来。另一方面，我多年在全国各地农村调查研究，交了一批在省、市（地），特别是在县（市）里，长期在农村工作的老朋友，他们的帮助，也是一个原因。他们一般是办公室主任、研究室主任、农工部长，或者是做过这类工作出身的市、县领导。他们长期在农村工作，对当地情况非常熟悉，是当地经济社会发展来龙去脉的活字典，是县委、县政府的高参，也就是本地的专家。我到这些地方去调查，他们是我的领路人，常常一陪就是好几天，我也常常给他们讲些北京和全国的情况，一来二去，谈得投机，就成了好朋友，常常保持着联系。我在北京有弄不清的问题，打个电话，几句话就说清楚了。这样的朋友，北方、南方各地都有几个，每到夏秋，或者是我打电话问他们，或者是他们打电话来，综合起来，农村的发展、农业的丰歉、农民的心境，就比较清楚了。前面讲的，是我做社会科学研究要面向实践、到实践中去的一点心得，当然，做社会科学研究还必须读书，要读很多的书，这是又一个方面的基本功。以后有机会再讨论这个问题吧！

关于做社会科学研究的几个问题[*]

我于 1962 年考入哲学研究所,当研究生,至今 45 年多了。先在哲学所,1985 年调到农村发展所,1987 年 1 月到社会学所,也 20 年多了。我在社科院的 40 多年中,在哲学界、经济学界、社会学界都做过,所以熟人比较多。熟悉的、认识的、直接间接有交往的学者有数百人。有三代人,其中第一代是我的老师辈,他们新中国成立前就是学业有成的学者,如哲学所的潘梓年、金岳霖、贺麟,我的导师容肇祖,有的是中央研究院留下来的,有的是 1955 年组建哲学社会科学部后调进来的。第二代是我的同学辈、朋友辈,都是 20 世纪 50 年代、60 年代大学毕业进入社科院的。"文革"前,中国科学院哲学社会科学部招过两批研究生,第一批是 1956 年招的副博士研究生,1957 年反"右派"就停招了;1962 年招了第二批,连招了三年,1965 年全国搞"四清","文革"风暴来之前就停招了。社科院的人才,有很多是通过考研究生的方式进来的。第一批中有邢贲思、汝信、王锐生、孙尚清、林甘泉等,第二批中有李惠国、王树人、张显清、史金波等不少院、所领导和学者,都是考进来的。第三代中有我的学生辈,1977 年社科院建立后,进来了,增加了一大批人。其中有一批是已有成就的学者,更多的则是通过考研究生后留下来和各校毕业后调进来或留学回来的青年学子。我同这三代学人都有些来往,目睹或从侧面了解了他们的成长过程,所以可以谈些在社科院如何做学问的感悟和体会。

一

改革开放以后,我有机会到各地的地方社科院和大学进行学术交流,

---

[*] 本文源自作者手稿。该文稿系陆学艺于 2007 年 12 月 11 日在中国社会科学院社会学研究所某次演讲的讲话稿。——编者注

也到过 10 多个国家的大学和科研机构。比较起来，我觉得中国社科院是做学问最好的地方。有这样几条：第一，社科院是国务院直属的事业单位，有最基本的做研究的学术环境、学术条件和基本生活条件的保证，历史悠久，有学术传统，学术气氛好；第二，社科院的信息资料、图书文献齐备，像哲学、经济、历史、文学、法学、考古、近代史等老所的图书馆已经有几十年的历史，收藏的图书、文献资料是国内其他单位没有的，前几年建成了院的大图书馆，条件是很好的；第三，有同国外社会科学界交流的多种渠道，外出进修、访问、考察的机会多，每年有很多国际一流的专家、政要来访，同国外合作研究的条件好，能够了解国际学术前沿的状况；第四，院内有众多学有专长的一流专家，有一个学者群，可以请教、可以咨询、可以研讨，向院外的专家学者请教也比较方便，这是地方院校搞科研不能比的；第五，建院以来，制定落实了比较正确的科研方针，有了较好的研究条件，国家这些年也比较重视社会科学研究，科研条件、研究资金等方面都在不断得到保障。以我在这里 45 年的经验，社科院办院的宗旨是要出成果、出精品、出人才，而我们自己也是要努力写出好的论著，努力使自己成才，这两者是一致的。这同在企业、在工厂、在机关是不一样的。所以我说社科院是做学问最好的地方，这样的条件，企业、机关没有，大学也没有这么好的条件，在国际上也是少有的。有这样好的条件，再做不出学问，做不好学问，那我们应该反身自问了。

二

社会学的春天来了，2005 年 2 月 21 日，李培林、景天魁到中南海为政治局领导们讲构建社会主义和谐社会问题，讲课结束，李、景向胡锦涛同志告别时，锦涛同志对他们说："现在提出建设和谐社会，是社会学发展的一个很好的时机，也可以说是社会学的春天吧！你们应当更加深入地对社会结构和利益关系进行调查研究，加强对社会建设和社会管理思想的研究。"[①] 他还问了国内社会学研究的情况，鼓励社会学所做出表率。

近三年来，社会学界和社会学所的同行们在关于和谐社会建设方面做

---

① 参见李培林《完善学术研究管理　推进国家社会建设》，载《行与知——中共中央党校第 31 期中青一班三支部学员从政经验交流文集》，贵阳：贵州教育出版社，2011 年 12 月，第 85 页。——编者注

了很多工作，取得了不少成绩。但因为社会学是改革开放后才重建的一门学科，基础薄弱，队伍太小，到现在国家需要的时候，就感到力不从心，人才缺乏了。许多事情想做，有关方面也要求干，但人手不够，一时拿不出来。例如研究社会结构和社会阶层间的利益关系，我们课题组从 2004 年《当代中国社会流动》一书出版后，就着手调研了，但至今还拿不出来，还在讨论修改。最近北京工业大学要我给全校学生讲一次学习十七大精神的课，出了个题是"以改善民生为重点的社会建设"，我答应了，后来又通知这一节课要同时上网直播，让北京数十万大学生同时听。我就得认真备课了，花了几天工夫，写了个讲稿。我同一些同志商量，拟了三个题：一是和谐社会建设理论的产生、形成过程；二是关于社会建设概念、定义和当前建设的重点；三是要像抓经济建设一样抓好社会建设。第一题是讲从十六大提出"社会要更加和谐"到十六届六中全会作出关于构建社会主义和谐社会若干重大问题的决定，到十七大提出以改善民生为重点的社会建设，这段历史我们都经历了，文件都有，比较好讲。第三题是应该怎样建，也好讲。但讲社会建设的定义内涵就难了。查遍各种词典，没有这个概念。我问邻居乌家培教授，他说国外西方经济学中，经济建设这个概念是没有的，只有相近的经济发展、经济增长一类的概念。我回来一查 20 世纪 80 年代许涤新主编的《政治经济学辞典》，还真没有经济建设这个词。

在社会和谐、和谐社会、社会主义和谐社会、构建社会主义和谐社会、社会建设、社会管理这一批新概念中，社会建设是核心概念。中央自十六届四中全会以后，把原来讲的政治建设、经济建设、文化建设三位一体，加进了社会建设，明确指出这是中国特色社会主义现代化建设总体布局的一个重要组成部分。十六届六中全会又明确指出："把中国特色社会主义伟大事业推向前进，必须坚持以经济建设为中心，把构建社会主义和谐社会摆在更加突出的地位。"[①]

社会建设的重要历史任务提出来了，但是，第一，社会建设的含义是什么？社会建设内涵是什么？到底应该建设些什么？显然不是现在有些文章说的就是教育、科技、文化、医疗、社会保障等的建设，那是社会事业的建设，那只是社会建设的一部分，社会建设应该包括社会结构的调整和建设、社会阶层利益关系协调体制机制的建设、社会流动体制机制的建设、

---

① 《中共中央关于构建社会主义和谐社会若干重大问题的决定》，北京：人民出版社，2006，第 3 页。

社会组织的建设、社会主义现代化社会秩序的建设、社会稳定体制机制的建设、社会管理体制的建设、社会政策体系建设，以及能够长治久安的社会体制建设，等等。

第二，一个现代化国家完整意义上的社会建设应该怎么建设？特别是在中国现阶段的国情条件下怎么建设？怎么通过发展和改革，推进社会建设？一个现代化国家，必然要工业化，但要不要城市化？中国的城市化怎么实现？现有的二元城乡结构怎么破解？户口制度、就业、人事制度怎么改？城乡一体化的社会怎么实现？这些问题在有关部门乃至社会科学界至今还有争议，还没有取得共识。

这一系列的理论问题和实践问题都提出来了，我们这些社会学工作者、社会学家应该做些什么？

是不是可以这样说，1949年新中国成立，毛主席宣布中国人民站起来了，这是从政治上说的；改革开放，邓小平主政，把中国经济搞上去了，成为经济大国，世界第三，举足轻重，可以说在经济上也站起来了。在社会、文化这两大领域，我们也有了一定的建树，但还不够，所以还要继续努力。

胡锦涛同志说"社会学的春天来了"，我理解至少有两层含义：一是社会学大发展的机遇来了，国家现代化建设需要社会学，需要众多的社会学家，是社会学繁荣发展的时候了；二是在和谐社会建设中，社会学家们的责任重大，该是社会学家出力做贡献的时候了，也就是社会学家们大显身手的机会来了。

纵观历史，各种人才、英雄豪杰、专家学者都是应运而生、应时而起的。时代的需要，常常起到决定性的作用，就拿改革开放以后的现实来说，原来的哲学社会科学部、哲学社会科学界，我1957年考大学的时候，北大文科录取的分数线是按文、史、哲、经、法排序的，哲学社会科学部的排序是按哲学所、经济所、历史所、文学所、法学所……排的。"文革"中，学部机关第一连、哲学所第二连、经济学所第三连……哲学所的所长由学部第一副主任潘梓年兼任，经济所的所长是孙冶方，也是老革命，国家统计局的副局长过来的。哲学所、经济所、历史所等几个大所都是人才济济的。改革开放后，以经济建设为中心，经济所一分为四（后来又陆续增加了人口、技经、金融、城市等研究所），经济学学者们响应以经济建设为中心的号召，投身到经济建设的第一线，调查研究、出谋划策、著书立论，乘时而起，为国家做出了很大贡献，涌现了一大批经济学家。走出社科院的有吴敬琏、孙尚清、桂世镛、乌家培等，留院的有刘国光、董辅礽、张卓之、周叔莲、赵人伟，等等。哲学所出院的只有邢贲思、刘启林等，留院的有汝信、叶秀山、陈钧泉等，相比之下就少得多了。不是说哲学所人才少，也不是说哲学所的这些人不努力，主要是时代的需要不同的缘故。

另外，就是在经济所，不是所有的学者都能出大成绩的。社会需要的是经济体制改革、经济发展的学问，需要能解决实践中问题的学问，如果你还是固守故纸堆，死守象牙塔，那也照样得不到社会的承认，做不出应有的大贡献。我在 20 世纪 90 年代初参加中南海的一次会议，一位领导亲自对社会科学家们说："我们这些人是搞工程出身的，对社会科学不懂，你们做的学问如果不能为经济建设的主战场服务，我们也就很难支持了。"

我说这些，无非是说，现在国家把社会建设提到突出重要的位置，要重点抓社会建设，这是现代化建设题中的应有之义。虽然晚了几年，已经出现了经济社会发展不协调，"一条腿长，一条腿短"的状况。现在是经济社会要协调发展的时候了，正是社会学发展的好机会，也是社会学家为国家做贡献的好机会，我们社会学所的同行们应该应时而起，抓住这个机遇，努力奋斗，做出应有的贡献。

三

下面谈正题，在社科院怎么做学问，谈几点体会。

第一，要有一个理想，有一个志愿。

这一说，好像是讲大道理，但我认为这很重要。这是说我们要有种责任心，有人文关怀，就是说你对社会科学有兴趣、有责任心、有爱好，愿意毕生从事，乐此不疲。我在社科院 45 年，加上北大 5 年，从事社会科学研究整 50 年，风风雨雨，曲曲折折，特别是改革开放前的十多年，事业无成，生活艰难，但我能坚持下来，从未动摇，是靠着这种理想撑过来的。我出身农家，1949 年前，我家境不好，兄弟姐妹多，我小学毕业后就无力升学，13 岁就到上海当学徒工。解放了，我参了军，才真的见了世面，懂得了革命的道理，入了团，入了党。那时我们这批年轻人是虔诚的共产主义信徒。1954 年我从军队回到家乡，插班读高中二年级，正遇上家乡搞统购统销，搞农业合作化。统购统销之后，家乡农业生产并不好，粮食紧张。有年冬天，我见到从苏北、皖北到苏南来要饭的很多难民，心里很难受。那时有个口号，叫作"听毛主席的话，跟共产党走"，当时我就想，饿着肚子，怎么跟共产党走啊！所以，我高中毕业前的最后一篇作文，写的就是我将来要做一个农业经济学家，研究怎么解决好中国的吃饭问题。高中毕业时，我填的志愿都是农业经济学专业。后来中学校长要我带头上军事工业学校，结果我上了北京工业学院。第二年又重考到北大哲学系。以后又考进哲学研究所，但我研究农业，实在是从大学就开始了，特别是经历了三年困难时期后，我同几个好同学，就私下研讨农业农村问题。每到暑期，我就到各地农村去自己做调研。人只要有了自己感兴趣的事，立了志愿，就再苦再难也不在话下了。

我调查研究农业问题 50 多年了，因为吃饭问题还未解决好，我就一直坚持下来了。

在社科院这种地方，前面说过，是做学问的好地方。你想搞什么研究，是可以研究成的，但对于那些自己不能管自己，自己不能严格要求自己，或者说比较悠闲的人，是不适合的，那会毁了自己的一辈子，舒舒服服地过一辈子，也一事无成。

我在不少地方说过，文章是逼出来的，文章是改出来的。比较而言，开会发个言，讲个话，讲次课都不难，比较而言，还是写文章最难。有个地方戏，一对年轻夫妇的对话，很有意思。丈夫要考举人，在家里做文章，冥思苦想，实在为难。夫人说，你写篇文章，怎么比我生孩子还难。读书人说，你生孩子是肚子里有啊！我肚子里什么也没有，无中生有，怎么不难？年轻的时候，靠自己逼，严格要求自己，靠组织逼，靠朋友催。到了中年、老年，还要靠编辑、记者逼。我那篇农村社会分化为 8 个阶层的文章，是那年我要出版社出版第一本《社会学年鉴》，责任编辑谢寿光一定要我自己也写一篇。逼了再逼，就逼出来了。没有人管，没有人逼，再加上自己懒，不能严格要求自己，就多年不见文章了。"文章是改出来的"，一气呵成、一字不改的文章有，那都是些天才人物写的。毛泽东写《改造我们的学习》一文是没有改过的，原稿曾在军事博物馆展览，我看过。但毛主席的许多文章，还是改出来的。你看马克思、恩格斯、列宁等人的手稿，几乎都是改过的。文章经过几道改，就改成好文章了。

第二，要选好一门学问。

有了理想，有了志愿，怎么实现也就有了做那门学问的方向了。我大学学的是哲学专业，我外语不好，到社科院考的是中国哲学史专业，师从明代思想史专家容肇祖先生。中国哲学史是我的正业，作业、论文我都做了，做得还可以。1975 年恢复研究工作，我还成为哲学所中国哲学史研究室的负责人之一，业务成绩还好，老师也很器重我。但我的兴趣还在中国的农村农业问题上，一有机会就读国内外农业问题的书，就到农村去，研究农业为什么搞不上去的问题。直到 1978 年我写出了那篇关于加快农业发展的若干政策问题的文章，十一届三中全会前在《国内动态清样》上登了出来，这些建议也被有关方面采纳了，院领导发现了、知道了我的研究方向，并提出要我以后专门从事农村农业问题研究。从此，我的专业研究才从副业变成主业。

社科院有 31 个研究所、200 多个专业研究室，3800 多人，加上离退休的，专业工作者不下 5000 人。其实在一个研究所，一个研究室里，研究的学问都可以说是不同的。研究哪个专业、哪个学派、哪个人、哪门学问，一定要根据自己的志愿、自己的爱好、兴趣，也要考虑自己的能力、条件，适合了，选准了（可以开始时试几次），到 30 多岁了，就该确定了。千万不能朝三暮四，特别是跟风，随波逐流，不断转换自己的研究方向，那肯定是不行的。

因为现在是知识爆炸的时代，一门专业，要做出学问来，做出成绩来，没有 10 年、15 年、20 年工夫是做不到一流的。过去叫面壁十年，十年寒窗，十年磨一剑，那是以前，现在要求更高了。任继愈先生在一次座谈会上说过，搞一门新学问，没有 15 年左右的时间，是没有发言权的。我想这是他的经验之谈，他是我的老师辈，他讲的是有道理的。

特别在社科院这种地方，三年两年就想写文章，出书那是不行的。赵复三给我讲过社科院产出的东西，在国内不是中上水平，是不能出门的。当然，初学乍到，要练笔，要学着写，好文章不是一毕业就能写出来的。要勤写，要练，有些可以拿出去，有些就作为写日记、练笔。

在社科院做学问一定要选好专业，选好题目。选错了，几年工夫下去了，这个题目不对，或是前人已经做过了，或是没有多少价值，后悔就晚了。"女怕嫁错郎，男怕选错行。"在社科院选错专业，就不行了。

在社科院这个地方选好了题目，做下去，3 年、5 年、8 年、10 年，乃至更长，就会做出成绩来，像工厂的八级老工人，就会有一手绝活。前几年，折晓叶同我聊天时说过，"你在社会学所 10 多年，讲了那么多话，我没有听"。我说，"我讲得不好，你不听就是了"。她又说："你有一句话，我听了。"我问："哪一句？"她说："你讲，在社科院这种地方，手里没有绝活是不行的。这句话好，我听了，记住了。"折晓叶是个做学问的人，说话慢声细语，为人低调，她来所后，埋头调研，写出了像《村庄的再造：

一个超级村庄的社会变迁》这样的书，这就是"绝活"。

什么叫绝活？这个专业，这门学问，你做得最好，你写的文章，你写出来的书，人家读了有收获，得到了知识，得到了启迪。人家没有想到的，你想到了，人家没有说出来的，你说出来了，别人没有提出的问题，你提出来了，人家有问题提出来，你能解答，这就是"绝活"。

第三，要写好一本书，或者写好一篇文章，或者提出一个概念，一个范畴。

我在北大读大一的时候，入学时是 9 月，北大校园里批判"右派"的大字报，满园都是，特别是在饭厅旁边，就是后来有名的三角地，贴的满墙都是，大学生们买了饭，端着碗，边吃边看。我记得有几张大字报是文学系人写的，批丁玲的一本书主义。大意是丁玲说，中国人多，一个人，一个作家，一辈子写好一本书就可以了。她解放后写过一本《太阳照在桑干河上》的小说，1956 年得了斯大林国际和平奖。我当时还年轻，突如其来的反"右派"运动，不知是怎么回事，但看这几张大字报写的东西，理由不是很充分，有点强词夺理，反而觉得丁玲说得有点道理。

现在回顾起来，丁玲讲的是有道理的。一个人一辈子，能写出一本好书来，能于社会有益，于人有益，确实就可以了。现在印刷方便了，出书也容易，不少人都在出书，有的一个人一出文集就是十几本、二十多本，几百万字。其实真正有价值的，能起点作用的，不就是一本、两本，一篇、两篇吗？曹禺写了好多剧本，好的就是《日出》和《雷雨》。孙冶方先生也有很多著述，但最好的，就是那篇《把计划和统计建立在价值规律基础上》。我们的前辈，费孝通教授，著作等身，但最主要的是《江村经济》、《乡土中国》和《小城镇　大问题》等，当然费先生在社会学上最大的贡献是提出了"差序格局"这个概念，这是有国际地位的。

前面说的都是大师级人物，智商都是很高的，我们这些中庸之才，能写出一本好书或写好一两篇文章就不错了。有的甚至提出新的精确的概念、判断就是大成就。例如李昌平，他现在已经出版了好几本书，每年发很多文章，但他最大的贡献是他讲的"农民真苦，农村真穷，农业真危险"那三句话。这是他在农村工作，用心思索 10 多年的结晶。多么深刻，多么精辟，多么简洁。直到现在，还是中国"三农"问题的写照。我们这些研究"三农"几十年的人，没有概括出来，他说出来了，这就是水平，这就是绝活。

现在提倡要出精品，出有创造性的作品，是有道理的，现在写的文章太长，写的书太多，读不胜读。有的是故弄玄虚，把很简单的道理说糊涂了。

第四，要一以贯之，持之以恒。

在社科院，要做好一门学问，写好一本书，练出一手绝活，成为一个专家，没有 10 年、20 年一以贯之的刻苦、潜心研究是不行的。

前面说过，专业你要选好，课题你要选准，不能今年研究这个，明年干那个，老跟风跑是不行的。

我这个人做研究 50 年了，一门心思搞"三农"调研，多少有些成就，但不大。客观上，我真正专心做"三农"研究，是在改革开放后的 8~9 年时间里。1987 年我调到社会学研究所了，又改了一次行。好处是当时院领导说了，"这个所你得去，至于你搞什么专业或继续搞农村研究，你可以自己定"。我到社会学所后第二年就成立了一个农村社会学研究室，农村调查没有丢。这些年，我学了社会学理论，运用到"三农"问题的观察、研究上，增加了一个视角，做到了相辅相成。但因为人的精力毕竟有限，你本事再大，当今世界，要当几个方面的专家是不可能的。至少要做到有所侧重。农村有句谚语，"好猎手不同时追两只兔子"，这是有道理的。

还有就是现在社会诱惑太多，在社科院又想挣钱，又想升官，那肯定是不行的。

学术出版物建设

社会学在中国社会主义现代化
建设中大有作为[*]

社会学自 1979 年在中国恢复重建以来，仅仅十余年时间，已经取得长足的发展，不仅学科知识得到相当程度的普及，而且在实际社会生活中发挥了越来越重要的作用，以探讨社会秩序与发展为己任的学科属性已为越来越多的人认识。实践证明，社会学作为一门综合地研究社会的具体科学，对于促进我国经济与社会长期持续、稳定、协调地发展，可以发挥其独特的功能。中国的社会主义现代化建设需要社会学，以马克思主义世界观、方法论为指导的社会学在中国社会主义现代化建设中大有作为！正是基于这种考虑，我们编写了这部以大专院校师生包括中高级干部为主要读者对象的社会学教科书，旨在为读者提供一种从社会学角度观察、分析和解决实际工作中遇到的各种问题的思路和方法。

作为一个社会学读本，我们以马克思主义为编写的指导原则，以历史唯物主义为其方法论基础，从中国的具体国情出发，注意汲取前人优秀的思想，全面、系统地阐述了社会学的基本概念、基本观点和基本方法，并从中探寻中国社会持续、稳定、协调发展的根本途径。全书除绪论外，分上、下两篇，共 14 章，在整体布局上采取传统的结构－过程二分法，因之可将上篇视为"结构篇"、下篇视为"过程篇"。

全书以"社会行动"作为开篇第一章。在我们看来，社会行动是构成人类社会生活的初始要素，因而是社会学分析的基本单位，也是这一知识体系的逻辑起点。这是因为，社会行动是社会生活中最常见、最简单也是

---

* 本文源自《社会学》（中高级读本）（陆学艺主编，北京：知识出版社，1991 年 8 月，第
1~3 页）。原稿写于 1990 年 10 月，系陆学艺为该书撰写的前言，现标题为本书编者根据
前言内容所拟定。——编者注

最抽象（无质的规定性）的社会现象，同时也蕴涵着社会生活中一切最复杂、最深刻的对立和矛盾。一方面，社会行动使个人与他人发生互动并形成一定的社会关系，从而在此基础上构成群体、组织、社区乃至整个社会；另一方面，作为一个最简单、最抽象的范畴，社会行动由于自身的矛盾运动而不断实现和展开的历程，也就是作为一个行动系统的社会的形成过程。为此，本书上篇分明、暗两条线索：明线从静态上考察社会是由哪些部分构成的，暗线从动态上分析社会行动的矛盾运动是怎样构成社会行动系统的。同样，下篇也沿着两条线索展开：明线是从动态上考察作为行动系统的社会是怎样变化发展的，暗线则从静态上分析基于局部秩序运行的各个社会生活领域是如何协调一致地构成社会整体秩序的。全书整体也是沿着两条线索展开：一条线索是从形式上论述社会是怎样构成和发展变迁的；另一条线索是从实质上探讨社会是怎样从个体无序（基于自由意志）的行动进入整体有序（社会制约性）的秩序的。

本书是中国社会科学院社会学研究所集体编写的，在构思和写作过程中，曾参阅大量国内外社会学教科书和有关论著，并多次集中商讨全书构架和写作提纲。按照章节顺序，各章的撰稿人如下：苏国勋（绪论）、夏光（第一章）、陆建华（第二、六章）、唐军（第三章）、折晓叶（第四章）、方明（第五章、第十一章第三节）、李培林（第七章第一、四节，第八、九章）、景天魁（特邀，第七章第二、三节）、张厚义和张其仔（第十章）、朱庆芳（第十一章第一、二节）、张旅平（第十二章）、单光鼐（第十三章）、沈大德（第十四章）。全书由副主编苏国勋、李培林统稿，由我最后统修并定稿。

这本书的出版，要感谢中国大百科全书出版社的全力支持，责任编辑谢曙光同志参与了本书写作提纲的拟定，并对书稿做了认真修改和编辑加工。邵道生对本书的撰写给予了大力支持，杨雅彬、沈原、赵克斌做了大量的编写组织工作，王颖、曹贵根为本书提供了编写及资料上的帮助，在此一并致谢！

由于我们水平有限，书中难免出现这样或那样的缺陷和错误，敬请广大读者批评指正。

关于编撰《社会学文库》的几点设想[*]

　　有鉴于当前社会学学科发展的需要，有必要使社会学向专业化、规范化的方向提高一步。这几年，社会学系和社会学专业由 12 个扩大到 19 个，函授大学也已恢复了。社会学博士生导师这次扩大了 5 个。社会上对社会学的认同提高了，不断有中青年来询问报考社会学博士生、硕士生的参考书。现在农医、文科、党校都在讲社会学。今后还将发展，各地都在酝酿中。

　　但是这几年社会学的教材还基本上停留在概论、方法等方面，一些重要的社会学分支学科的书还没有编写出来，不成套，没有体系，不能满足教学和社会的需要。社会学也需要普及，要提高。社会发展、社会进步已被提到日程上来了。

　　我们所集中了全国约 5% 的社会学专业人员，10% 的有高级职称的学者和专家。我们所这几年做了大量的社会调查工作，在专题研究方面有很多成绩，也写出了一批为各大学作教材或主要参考的好书，如《社会学》、《中国社会学史》、《文化社会学》、《科学社会学》……社会反应是好的，但拳头产品少。不少研究室，本专业的理论也需要提高（如家庭社会学、社会心理学、青年社会学、西方社会学史……也应该写），这样一方面是总结前 12 年的专业研究，也为后来调查工作的进一步提高提供条件。

　　所以本所在这个时候，提出编《社会学文库》是适时的。对社会来说，是提供一套教材和教学主要参考书，是学科建设。对我们所来说，既是学科建设，本身也是队伍建设，使我们所各专业室都有本专业的理论著作，在多分支学科领域有一席之地，培养出一批学科带头人。带动青年学习理

　　＊　本文源自作者手稿。该文稿系陆学艺 1993 年 10 月 12 日在中国社会科学院社会学研究所关于编辑出版《社会学文库》工作会议上的讲话稿。因为原手稿有缺页，且其后内容主要是《社会学文库》编辑工作的具体安排，内容不完整，故本文仅收录该手稿的第一部分内容。——编者注

论，研究理论，可以提高一步。

这样做会有规模效应。一本一本引不起社会注意，但这件事做好了，可以使社会学的学科声望在社会上提高一步，可以使社会学所在学术界的地位提高一步，也尽了我们应尽的义务。

做好地方志工作争取出一批优秀志书*

一

地方志工作开展十多年来，在党中央、国务院的领导和关怀下，受到了各界的支持，取得了丰硕的成果。这次修志工作，一方面是继承了我国的历史优秀传统，一方面是在新的历史条件下，在建设有中国特色的社会主义现代化过程中，进行的一项很重要的文化建设工程。这对于以经济建设为中心的现代化事业，对于改革开放大业，对于各级领导根据本地实际情况进行科学决策，对于向广大干部和群众进行社会主义和爱国主义教育，对于进行经济学、社会学、历史学等社会科学的研究和教学，对于推进两个文明建设都是很有意义的，确实是"承上启下，继往开来，服务现代，有益后世的千秋大业"。

二

地方志工作成绩巨大，但还要再接再厉，继续前进。十多年来，我们建立了中国地方志指导小组，成立了中国地方志协会，制定并颁发了《新编地方志工作暂行规定》，在各地普遍成立了省、市、县三级地方志专职编委会，机构纳入地方事业编制，这样完整的地方志工作系统，是历史上从未有过的，这是地方志工作顺利开展和取得成果的组织保证。

---

* 本文原载《中国地方志》1995 年第 6 期，发表时间为 1995 年 12 月 25 日。该文系陆学艺 1995 年 8 月 17 日在"中国地方志指导小组第二届第一次会议"上的发言。——编者注

各类新编的地方志已经出版了 2000 多部，计划要出 6000 多部，总字数要比在此之前所保存的 8000 多部志书的总和还要多，这是一项了不起的文化建设事业，真是盛世盛事。古人说，走百里，半九十。就总数来说，我们正式出版的还不到一半，今后的任务还很艰巨。以往历史上，就全国范围说，历次修志都没有彻底完成过。我们这次一定要把修志工作坚持进行下去，务求能使编志工作能在全国范围内圆满完成，也为以后这项"存史、资治、教化"的工作转变为长期事业开个好头。

三

开好两个会议，把地方志工作推向一个新阶段。大家对这次指导小组会议和即将召开的第二次全国地方志工作会议寄予很大的希望。会议既要总结十多年来的成绩和经验，也要妥善研究解决出现的新情况新问题。要确定今后地方志工作的基本方针，统一全国地方志工作的体制，具体制定和通过《全国新编地方志工作条例》，以使各地的方志工作有个准绳。

会议还要解决以下几个问题。

（1）关于队伍建设问题。要修好地方志，首先要有一支好的队伍。现在全国已有 22000 多名专职修志的人员，还有兼职的 9 万多人。依靠这些同志的辛勤劳动，默默奉献，才取得了已有的成绩。对他们的工作要有个公允的评价，对他们遇到的困难和问题，诸如进修、培训、职称、待遇等等问题，要有个说法，以期得到妥善的解决。近几年来，遇到一个问题，有些市、县的市志、县志写出来了，也出版了，下一步的任务不明确，正遇上机构改革，面临着"地方志办"的机构被撤销，人员被重新分配工作，大量收集的珍贵资料可能散失的困境。建议在工作会议以后，争取由国务院或国务院办公厅专门就地方志工作发一个文件，明确规定地方志办的任务，未完成的要抓紧编修；还未编的要充实力量，准备条件，开始工作；已经出版了市志和县志的，机构也不能撤，队伍不能散，资料要保存整理，并着手下一批新志的准备工作。有条件的地方，可学习武汉市的经验，建立方志馆，使之成为收集整理记录本地情况和资料，开展地方史和市情、县情研究，编修地方志和地方年鉴的常设性的学术机构。

（2）要制定地方志的工作规划。目标要定得既积极，又实事求是。关于 2000 年的目标，还是提前基本完成为好。把质量要求订得严一些，时间服从质量。

（3）已经出版的市志、县志，因当时对规格质量没有统一要求，没有形成应有的规模效益，社会影响、社会效益没有得到充分的发挥。建议新成立的地方志出版社出版"新编地方志丛刊"。第一批先出100部，请著名专家从现已出版的地方志中挑选，条件要严，都要上乘之作，有的可修订，有的可重编。凡列入丛刊的都是优秀作品。出版社要请专人设计，统一封面，统一规格，成批地隆重推出，形成规模效应，以期引起社会的关注。这也等于评奖、发奖，使优秀作品和编者、作者脱颖而出。这样，有些已出版市志、县志的单位也有目标，还有工作可做。

四

就工作重点而言，指导小组和省级地方志办今后要抓好出一批优秀志书和空白点的工作。我们已经出版了这么多的市志、县志，之所以还没有产生应有的社会影响，其中一个原因，是没有同时产生一批优秀志书。画龙要点睛，这个龙睛就是优秀志书。历史上有不少优秀志书，影响很大，大多出自著名学者、专家之手。指导小组和省级地方志办可有目标地聘请若干著名专家，同地方协商好，下到某市某县去，亲自指导或主编当地的市志、县志。务求出一批有水平、有影响的优秀志书。这样的志书出来，就会在国内、国际产生较大的影响，并可以作为样板，带动这一批志书整体水平的提高，也可推动志书的应用。我有一个具体建议，本届地方志指导小组成员，是否可以每人抓1到2本市志或县志的编纂或修改工作，这对整个地方志工作的开展也是有利的。

我们这次修志，资料是新的，但用的方法，基本上还是传统的。这些年来，经济学、社会学、历史学、文化人类学都有一些新的研究方法引入和应用，诸如统计分析、抽样调查、问卷调查、家计调查、参与观察等，特别是电子计算机的应用，完全可以用到地方志的编修上来，从调查研究、收集资料、统计分析到框架设计都可以应用这些新的方法。这当然要选聘和培训一批掌握这些新方法的人才，还要有电子计算机等装备。指导小组和省级地方志办可选择几个经济比较发达、文化水平较高的县市作试点，给予具体的指导和支持，以期用新的方法、新的手段编写出几部新志来，并逐步加以推广普及。用此反映我们时代的特点，这也是在地方志工作中进行改革的体现。

工作不平衡是客观规律。现在有的省、区、市，修志工作进展很顺利，到 2000 年就能全面完成。有的地方则不同。有的县市的修志工作至今还没有开动，有的县市从古到今还从来没有修过志，这就是所谓空白点的问题。造成有空白点的原因，或者是领导不重视这项工作，或者是条件太困难。指导小组要开专门的会议，商定具体解决空白点的问题，否则会影响整个地方志工作的进度和质量的。

<h1 style="text-align:center">五</h1>

加强地方志的宣传和评介工作，推进地方志的应用，发挥地方志的效用，我们编地方志的目的是"存史、资治、教化"，是为了用，但现在应用的情况还不够理想，基本上还主要是专家用志。蔡美彪同志说，近代史所前不久编《日军暴行录》，应用了新编地方志 600 多种，起了很好的作用。1991 年，我到美国去访问，在哈佛大学燕京学院，看到那里收藏有我国的很多古旧的地方志，还了解到使用这些方志的人也不少。我们新编的 2000 多部地方志，是一个巨大的文化宝库，可以有多方面的功用，可以做多种学问。例如文科的研究生可以用这些丰富的史料做硕士、博士的论文。所以，我们要做好新编地方志的宣传工作，有组织地安排一些专家、学者和新闻工作者做地方志的评介工作，提高新编地方志的知名度。了解地方志的人多了，使用面也就广了。

<h1 style="text-align:center">六</h1>

出成果出人才应是地方志工作长期奋斗的目标。衡量一项大的社会科学研究工作成绩的标准有两条，一是要看研究成果的质量和数量；二是要看通过这项大的研究，培养和造就了多少人才。地方志工作也是这样，通过若干年的努力，我们不仅要出好出齐这一批 6000 多部方志，而且要通过这项工作培养出一大批人才来。要出一批方志专家、新方志学理论家。这批人才主要是要从现有的长期从事方志工作的专职、兼职的队伍中培养出来。所以，我们要重视对这支队伍的培养和教育。有同志建议，指导小组要办培训班、办研讨班，还可以在社科院研究生院招一批方志学的研究生，加以培养。出成果和出人才是相辅相成的。优秀的成果要靠优秀的人才去创作、编修，而优秀的成果一出版，同时也就推出了一批人才。所以，我们在抓地方志的编修和出版的同时，不能放松对人才的培养工作。

把《百科知识》办成"没有围墙的大学"*

18 世纪中叶，欧洲的法、德、意、英诸国先后编辑出版了百科全书，综合概述社会科学和自然科学的各门知识，既介绍历史知识，也反映当时最新的科学发现和进展。这对于普及科学知识，开展学术研究，提高群众的文化素养起到了不可估量的作用。所以，百科全书历来有"没有围墙的大学"之美称。

中国的有识之士早有编纂中国自己的大百科全书的夙愿，但直到改革开放以后，这个夙愿才得以实现。全国两万多名科学工作者，呕心沥血，历时 15 年，终于出齐了 74 卷本的《中国大百科全书》第 1 版。可以说这是盛世之事，是改革开放的一大成果。中国终于办成了自己的这所"没有围墙的大学"。

中国大百科全书出版社在主持编纂大百科全书的过程中，为配合这套巨著的编辑和出版，创办了《百科知识》这本国内唯一的文理知识合编的月刊。17 年来，《百科知识》在介绍国内外关于自然科学、社会科学、文学艺术、文化教育、工程技术等学科的新成果、新见解和新进展，在配合大百科全书多卷出版等方面做了大量工作，受到了国内外广大读者的欢迎。如果说，已经出版的《中国大百科全书》这所"没有围墙的大学"传授的是 20 世纪 90 年代初期及其以前的科学知识，那么，《百科知识》传授的则是正在发展着的各门学科的最新知识和最新成果。把《百科知识》办成"没有围墙的大学"，既是出版《中国大百科全书》第 2 版的必要的准备工作之一，同时也是当今中国经济社会发展的需要，是一定会受到全国千百万群众欢迎的。

如今，我国正处在由传统社会向现代社会转型的时期。改革开放以来，

---

* 本文原载《百科知识》1995 年第 10 期，发表日期为 1995 年 10 月 15 日。——编者注

经济和社会发生了历史性的变化，我们已跨越了工业化的初期阶段，正在向工业化的中期阶段发展。随着经济结构和社会结构的变化发展，随着高科技的发展，社会要求有一支宏大的能不断创新、不断开发高质量、新产品的科技队伍，要求有一支宏大的能驾驭市场规律、精通经营管理的企业家队伍，要求有一支宏大的能够在新形势下授业传道的教师队伍，要求有一支宏大的能领导城乡社会现代化建设的干部队伍，以满足当今中国经济社会发展的需要。这就要求每年有数以百万计的受过高等教育的人才来充实、扩大这些队伍。可是，由于历史和现实的原因，我们现在的高等教育远远不能适应这种要求。直到 1993 年，我国每万人口中在校的大学生只有21.4 人。而欧美发达国家每万人在校的大学生都在 400 人以上，日本为 220人，印度是 80 人。一方面，我国各条战线急需大量高层次、高质量的人才，同时我国有大量的青年学生要求进大学深造；但另一方面，我们的高等教育的状况却远远满足不了这种要求。这是一个很尖锐的矛盾。

要解决这个矛盾需要多方面的努力和协同工作。高等教育的改革和发展将是一个长期的过程，而人才的培养却是不能等待的，更多的青年要走自学成才的道路。我国历来有这种自学的传统，很多有成就的科学家、发明家、企业家都是自学成才的。社会要通过提供各种比较好的环境和条件，来帮助这批数以百万计的自学青年实现他们的理想目标。办好《百科知识》这所"没有围墙的大学"，使其成为自学青年的良师益友，帮助他们成才，这无论对于国家还是对于自学青年，都将具有重要的意义！

《百科知识》的同仁们辛勤耕耘了 17 年，积累了丰富的选题、定题、编辑的经验，而且已经拥有一大批学有专长、造诣较深的作者队伍，这为办好《百科知识》这所"没有围墙的大学"创造了有利的条件。我作为本刊的作者和忠实的读者，在《百科知识》即将出版 200 期的时候，提出这个期望，同时也作为我的祝愿。

社会变迁与地方志编纂[*]

上午郁文同志、忍之同志、王刚同志和铁映同志都讲了话，对十几年修志工作做了总结，指明了今后工作方向。我相信经过这次会议以后，我们地方志工作一定会有新的起点，正像郁文同志讲的，会开创一个新的局面。下面我就社会变迁方面讲点意见。

这次修志有特殊重要意义，原因不仅在于这次修志规模之大，卷数之多是空前的，也不仅是这次修志已经运用了现代化的调查方法或者是计算机等手段，而是在于这次修志记述的内容正遇上千载难逢的我国社会大变迁的特殊时期。从我们有第一部志书开始一直到新中国成立前，上千年了，总的来说还都是封建社会，记载的内容基本上只是量的变化，从社会性质来看并没有质的变化，从社会结构、经济结构来看，没有大的变化，是农业社会，没有大的结构性变化。这次修志记载的内容就不同了，大大地变化了，大大地丰富了，记载了由原来贫困落后的农业国家，正变成富强的社会主义现代化国家的过程，记载了共产党领导人民革命推翻三座大山、进行社会主义革命与社会主义建设这几个阶段。内容丰富深刻多了，特别是记载了十一届三中全会以来，我们党领导我们国家，经过三步走的战略，由一个传统的农业国家变成一个现代化的社会主义国家，实行现代化这么个过程，而且这个变化之大之快，历史上是没有过的。

我们社科院搞了个百县市的国情调查，其中有一卷是张家港卷。这个任务是由江苏省社科院在 1990 年安排的，1991～1992 年进行调查并陆续写出稿子。但张家港 1992 年开始大变，而且变得很快。稿件要定稿时，大家说不行，张家港正是 1992～1995 年大变，整个社会面貌都在变，不写进这

---

* 本文原载《中国地方志》1996 年第 Z1 期，发表时间为 1996 年 6 月 25 日。该文系陆学艺 1996 年 5 月 4 日在"全国地方志第二次工作会议"上的发言。——编者注

几年的大变不能反映张家港市的现实，于是商量重新改写，一直要写到
1995 年。去年①在张家港开了全国精神文明的大会，大家看到了这里变化很
大，全国像这样的县也不少了，如果说我们把这种变化记载下来，这对我
们中华民族、对世界的文化都是重大的建设。我们社会学所经常接待国外
同行，这几年接待国外学者，欧洲的、美国的、日本的都有，尤其是欧洲
学者对我们这段变化特别感兴趣。他们说，我们当时对于农业社会向工业
社会变迁、农民大批进城等状况没意识到它的重大历史意义，回过头来看，
当时好多东西没有记下来，现在来了解那些情况，只能从小说和少量的历
史档案资料里找，跟我国志书比差多了。现在我们要一个省、一个市、一
个县地把这种变化记载下来，资料的丰富是可以想见的。这次修志能把历
史性地翻天覆地变化的这段社会变迁记载下来，对整个社会、整个文化建
设做了一件很有意义的工作，所以这次修志有重要的特殊意义。

现在正好遇到这个千载难逢的时代，我们对这个时代怎么看，比如王
府井的变化，1992 年前王府井和上海南京路一样，还基本上是新中国成立
初期的样子。真正变化是这几年，王府井从南口一直拆到东单协和医院，
1993 年秋开建，过几年王府井将完全是新的面貌，这个变化是很大的，我
们不仅要把它记下来，还要把它照下来。现在很多城市原来的面貌都在变，
农村现在好多村子，原来的草房变瓦房，瓦房变楼房，两层楼变三层楼，
三层楼变四层楼，我最近在福建晋江看到兄弟俩建了两栋八层楼的家庭住
宅。这种变化，我们这一代把它记载下来，是具有重要的历史意义和深远
的文化价值的。从社会学视角来看，这种变化是否应从两个方面来把握它，
那就是从经济、社会两方面来把握它，一个是我们国家正处在一个社会结
构发生深刻变化的时代；另一个是经济体制由计划经济向社会主义市场经
济转化的时代。这两件事是现在总结概括当前大变化的主要方面。

（一）从社会学角度来看，我们现在社会随着经济结构的变化发展，社
会结构也在发生深刻的变化。具体讲：

第一是我们这个国家正由农业社会向工业社会转化，国外文章也叫由
农业文明向工业文明转化。什么叫工业化国家呢？20 世纪 50 年代学习总路
线时，有一条标准，那就是在工农业总产值里面，工业产值超过农业产值
后，你就是工业化国家了。经过这些年实践来看，不是这样，光有工业产
值超过农业产值还不行。按统计资料看，1956 年我国工业产值就超过农业

---

① 指 1995 年。——编者注

产值，实际上还不是工业化国家。国际上研究要有这么三条：一是工业产值超过农业产值了；二是劳动力结构里面，二、三产业的劳动力要超过第一产业的劳动力，这方面我们到现在还不行，到现在为止，全国从事农业的劳动力还占 55% ~ 60%；三是城乡人口，城市人口要超过农村人口。有这么三个标准才能称是工业化国家。从现在看，我们还是以农民为主体的国家，国内专家写文章说，我们还只是刚步入工业化的中期阶段。

第二是由农村社会向城市社会转化时期。在我国城市化过程中，有点特殊原因，就是说 1960 年后实行了城乡分割的农业和非农业户口政策以后，城市化的速度是慢的。按我国统计局统计，到 1995 年底，城市人口与农村人口的比例是 28% 和 72%，农村人口占 72%，要达到工业化国家还有个过程。我们即使把农民工算上，城市人口也只有 31% ~ 32%，在这点上我们低于全世界的平均数，全世界的城市人口已超过 42% 了，所以我国正在由农村社会向城市社会转化，各个地方也都是处在这么个阶段。国际上发达国家的现代化的过程都是随着农业资金、农村的原料、粮食进城的时候，劳动力同时进城。但我国因为特殊的人多，再加上 1960 年的历史原因，在农业资金进城，农村的棉花、粮食、工业原料进城的同时，搞工业化的同时，把劳动力留下了，所以现在农村的剩余劳动力是大量的。再加上十一届三中全会后，城市改革、工业改革滞后，总的来说城市化也滞后，所以产生了比如像民工潮一类的大问题，这是第二个转化。

第三个变化，就是我国正在由一个单一的同质的社会向多样化社会转化。在 1978 年前我国所有制是单一的，在城市是国家所有制和城镇集体所有制，在农村里就是人民公社三级所有的集体所有制，也就是公有制，这是单一的；现在变成以公有制为主体的多样化的各种所有制共存。分配原来也是单一的，实行按劳分配，城市里工人实行八级工资制，农村按工分分配，现在变成以按劳分配为主的多种分配形式。生产方式和生活方式原来都是比较单一，现在也是多样化的；经营方式原来是单一的，城市都是国有国营，农村里集体所有、集体经营，现在经营也是多种形式，生产是这样。生活上 1978 年前穿衣服都比较单一，只有两种颜色，一种蓝色，一种军绿色，人家西方批评我们说是"灰蚂蚁"。现在十几年工夫，穿戴变了，在江苏吴江市的东方丝绸市场门口，费孝通先生在那里写了个匾叫"日出万匹，衣被天下"。这是引用的一句古话，是说吴江出的丝绸很多，可以衣天下。那时说的天下还只是中国。现在的中国可不一样了，现在中国出口的服装、鞋子，已经遍天下了，衣被天下这个话，现在不错了。到美国是这样，到欧洲是这样，到日本是这样，中低档衣服基本是中国的。《光明日报》有个统计，全世界1994年的服装出口总额1000亿美元里面近300亿美元是中国内地的，还有200多亿美元是中国香港地区的，其实香港地区的东西也是内地转口的。现在讲衣被天下，一方面是大量出口衣被天下，另一方面也说明，人民的穿着大大变化了，我们的生活是丰富多彩了，多样化了。

第四个是我国正由一个封闭、半封闭的社会向开放式社会转型。农业社会本来就是封闭的，"鸡犬相闻，老死不相往来"，农业社会它不需要多少交换。现在要搞市场经济，要搞交换就得开放了。我们国家自1978年以后，实行改革开放以来，变化之大，大家都有体会，不仅北京、上海是这样，就是偏僻农村也如此。不仅向国外开放，国内相互之间也是开放，商品流通。据有关现代化的材料讲，衡量一个国家发达程度、现代化的程度，也可以看每个人人均年离开家、离开社区活动里程有多大。前几年统计，美国人活动里程一年2万公里，中国不超过300公里，现在这几年不止了，这也说明比原来开放多了。讲社会结构变化，还可总结很多条，比如人治社会变为法制社会等等。总的是说明我们国家，正由传统的农业社会向现代化的工业社会、城市社会转化，社会结构在转型，以后以城市人口为主，以二、三产业阶层为主，农民这个层次将越来越少，这是客观事实：社会结构在发生巨大的变化。现代化的过程主要是工业化、城市化，离了这两条是不行的。我们现在还不能说是现代化了。以上是讲社会结构的变化。

（二）经济体制。我们国家现在正由计划经济体制向社会主义市场经济体制转化。由计划经济体制向社会主义市场经济体制转化要到2000年初步建立，到2010年完善建立起来，这件事是非同小可的，这个转变要经过一系列的改革、一系列的工作，对我们整个经济的发展、社会的发展会起极大的作用。前面讲的社会结构转变，可以这样说凡是发达国家、现代化国家都经历了这样的社会结构转变，国外叫社会转型，这不是中国独有的，他们都经历过工业化、城市化。中国特色的是我们在实现转型时，同时要实现由计划经济体制向社会主义市场经济体制转变，这是人家没有的。人家本来就是市场经济，人家没有必要经历这个转变，人家是一个方面转型，我们要实现两个方面的转变。这个问题，再加上我们国家12亿人口、960万平方公里这么大，再加上本来事物发展就不平衡，所以转变过程中产生许多问题就在所难免了。国外社会学有一类书，专门谈社会转型病，社会转型过程中，比如农村人进了城，要和城里人发生矛盾，产生了问题等。

我们从外国18、19世纪的小说里可以看到很多社会转型病的描述，诸如贫富差别、社会不公、家庭分裂、离婚增加、多种犯罪增多、吸毒、卖淫等等。这些，咱们这里有没有？再加上我们社会经济体制转轨，两方面交叉起来，问题就更多了。人家那里没有卖户口的事，户口值钱，外国人不懂。你讲民工潮，他们也不可理解。这是我们工业化、城市化和国外不同而产生的。我们如何来把握现在的这个变化？是否可以从两个方面来把握它，那就是整个社会变迁是怎么样由农业社会变为工业社会，怎样从乡村社会变为城市社会的；又怎样从计划经济体制转变为社会主义市场经济体制的，即总的是由传统社会变为现代化社会。我们这届志书如果能将这个深刻变化、变迁，如实地记载下来，那就是一笔世界性的文化财富。我看了浙江的同志写的国外现在对我们这届志书非常重视，我想原因也在这里。我们一个县一个县地把怎么工业化、现代化的过程记载下来了，这有特殊的意义。我有两条建议。

（1）志书要把这些年的事实、变化，比较全面系统深刻地记载下来，尽可能全面，我们不能要求每个县都写得很好，但是至少一个省、市能抓几个县比较全面系统深刻地把这个变化过程记载下来。铁映同志讲产生些良志、名志，我想能全面系统地把这个变化过程反映出来，应作为衡量良志、名志的一条。

（2）志书要把这个历史过程真实准确地记载下来，做到这条也不容易。这几年我们搞社会调查，发现现在的统计资料靠不住，比如土地，全国土地据卫星遥感测量是20多亿亩，国家土地局测算出的数字是18.7亿亩，但统计局的数字是14.4亿多亩，说不清。这几年浮夸风也比较厉害，动不动就是亿元乡、亿元镇、亿元村，去看那里的房子、道路，实在不像亿元村的样子。乡镇企业一报就是一年增加50%、60%，一个省的产值一年可增加60%、70%，有点常识的人是不相信的。那么怎么能解决去伪存真，把它真实地记载下来，就很不容易。我们这届志书一方面要能做到全面系统深刻，另一方面又能比较准确地把这么个伟大历史时代记载下来，那就功德无量了，子孙后代将记下这一笔，我们受的千辛万苦是值得的。

一部具有学科化中国化特点的好教材[*]

　　《社会调查教程（修订本）》自 1996 年 4 月在中国人民大学出版社出版以来，仅仅一年时间就印刷了 3 次，发行 2 万多册，如果再加上 1988 年 6 月出版的《社会调查教程》（国家社会科学基金 1987 年资助的研究项目），先后印刷 7 次，发行 8.1 万册，那么，这本教材在 9 年中先后印刷了 10 次，共发行 10 万余册。主要作者水延凯同志是中共孝感市委党校的教授，长期从事社会调查教学和研究工作，有较丰富的社会调查经验和理论功底，但作为一本由基层社会学者编著的非国家指定的、探索性的教材，有如此强大的生命力和如此大的发行量，在我国社会学界是不多见的。我以为，这一现象至少说明了两个问题。一是社会调查正日益受到广泛的重视，特别是高等院校文科的学生，各级党校行政院校和各类干校的学员，党政企事业单位从事政策研究、市场调查、信息服务的工作人员，以及各类社会工作者和社会学者，都是社会调查理论和方法的热情学习者和积极实践者，这是值得庆幸和进一步发扬光大的。二是《社会调查教程》及其修订本，确有较强的可读性和较广泛的实用性，确有自己的特色。我以为，学科化和中国化是这部教材最突出的两个特点。

　　这部教材的作者认为："社会调查是一种方法；研究社会调查的学问——社会调查学，则是社会科学领域里的一门方法性学科。"他们提出，"社会调查学是关于人们自觉认识社会的理论、方法和过程的科学，是一门具有方法性、综合性和实践性的特点的科学"。据此，他们对社会调查和社会调查学、社会调查的社会功能和理论指导、社会调查的起源和历史发展、

---

　　* 本文原载《社会学研究》1997 年第 5 期，发表日期为 1997 年 9 月 20 日。该文系陆学艺为《社会调查教程（修订本）》（水延凯等编著，北京：中国人民大学出版社，1996 年 4 月）一书撰写的书评。——编者注

社会调查的一般程序和基本类型，特别是对几种主要的调查方法和几种主要的研究方法，做了比较全面、系统、深入、具体的阐述，从而使其成为一个与社会调查过程相一致的、逻辑严谨的、具有学科化特点的完整体系，这是这部教材最突出的一个特点。

这部教材的另一个突出特点是，在认真吸取现代西方社会学某些科学的社会研究方法的过程中，努力与中国的实际情况相结合，使其具有鲜明的中国特色。例如，在吸取西方学者关于社会指标和社会测量的理论时，就充分考虑了中国的国情，并尽可能吸收了中国学者的研究成果。在吸取西方学者关于观察法、访问法、问卷调查法等方法时，都充分考虑了中国被调查者在接受观察、访问和问卷调查的过程中可能出现的种种心态与行为，因而论述得较有特色，特别是其中的"努力减少观察误差""访谈过程及其技巧""访问调查的实施""问卷的设计"等部分阐述得相当切合实际，具有很强的适用性。这都反映了作者对社会调查实践的体会，所以这部教材也可说是作者们对多年社会调查实践的经验总结。

此外，这本教材在社会调查学的理论方面提出了一些新的观点，整个教材具有较强的知识性、实用性和可操作性，特别是在修订本中增加了一些反映时代特点、中国国情和最新学术研究成果的新内容，这都是值得肯定的。但是，这部著作篇幅过大，内容略显庞杂，对有些问题的论述繁简失当，是应该进一步改进的。然而，作为一本有助于系统学习社会调查理论与方法的教材，作为一本学科化、中国化的社会调查学的探索著作，《社会调查教程（修订本）》仍不失为一本值得推荐的好书。

总结社会学恢复重建以来的成就，推进
中国本土化的社会学理论
创新和学科发展[*]

现代社会学诞生于 19 世纪 40 年代的法国，是人类社会现代化发展的需要和产物。它研究社会的结构与功能、变迁与稳定、进步与秩序以及社会的静力学与动力学，并通过这样的科学研究为推动世界的现代化、文化发展和社会进步做出了巨大的贡献。凭借在 160 多年的发展历程中所取得的丰硕理论成就和对人类社会文化进步的巨大现实影响，社会学已经成长为社会科学中的一个枝繁叶茂的大学科。

在 19 世纪的最后 10 年里，旨在挽救腐朽的中国封建王朝和封建文化的"洋务运动"不可挽回地走向了破产，宣告了单纯器物层面的现代化努力殊不足以救亡图存，并使当时矢志救国救民的仁人志士们痛彻地认识到，对于面临深重的内忧外患的中国来说，唯一的出路就是改造政治制度，革新文化传统。为此目的，这些仁人志士认为，首先要做的就是向先进的西方学习。正是在向西方寻求真理的过程中，社会学被引入了中国。

在从 19 世纪末到 20 世纪前半叶的五六十年时间里，社会学在中国经历了从"洋"科学逐渐变成本土科学的历程，通过老一辈社会学家孜孜不倦地上下求索，取得了显著的成就，形成了社会学的中国学派。遗憾的是，新中国成立以后不久，社会学就被判定为"资产阶级伪科学"而被撤销，被排挤出社会科学的殿堂。这种极不理智的做法产生了极为严重的负面后果，它不仅中断了社会学的发展，造成了社会学人才严重短缺和断代的问

---

* 本文源自《社会学文库：家庭社会学》（邓伟志、徐榕著，北京：中国社会科学出版社，2001 年 1 月，第 1~7 页）。原稿写于 2000 年 12 月 28 日，系陆学艺为"社会学文库"系列丛书（陆学艺主编，北京：中国社会科学出版社）撰写的总序，现标题为本书编者根据总序的内容所拟定。——编者注

题，更使整个国家和社会的发展失去了社会学的智力支持，使许多社会决策由于缺乏正确的理论指导和科学资料而陷入误区，最终给国家和社会的发展造成严重的损失。

20 世纪是世界全面走向工业化、城市化和现代化的世纪，因而是一个用科学理性引导行动的时代，而不是凭主观意志和个人情绪做决断的时代。因此，随着"文革"的终结，到 1979 年，社会学终于得以恢复重建。此后的 20 年，是中国社会学发展最快、成就也非常显著的 20 年。

首先，中国社会学迅速成立了许多研究和教学机构，建立起一支专业研究队伍。从 1980 年 1 月中国社会科学院社会学研究所宣告成立，到 1998 年，除西藏、青海等地外，全国其他省区市的社会科学院都建立了社会学研究所，加上一些大学、国家有关部门以及一些省会城市所建立的社会学研究所，目前全国已有各类社会学研究所 40 多个。与此同时，中国的大学开始筹办社会学系。1980 年夏，上海大学文学院（原复旦大学分校）成立了社会学恢复重建以后的第一个社会学系。到 2000 年，全国已有 60 多所高等院校建立了 40 多个社会学系（专业）和 30 多个社会工作系（专业），有在校大学生数千人、研究生数百人。据不完全统计，现在，从事社会学研究和教育的专业工作者约 4000 人，中国社会学会现有各类会员近 6000 人。

其次，社会学的学科建设也取得了巨大进展。20 年来，作为学科建设的起步，中国社会学界移译了大量国外社会学著作，对西方发达国家的社会学理论进行了多方面的评介和研究。与此同时，社会学界对中国社会进行了大量的实地调查和实证研究，发表了大量的研究论文，出版了大量的著作和调查报告。概括地说，20 年来，中国社会学的专业研究主要集中在三个方面：一是社会学基本理论、方法和历史研究；二是社会学应用研究；三是社会调查。所涉及的具体研究领域和调查课题范围非常广泛，其中在理论和实践上都产生了巨大影响的应用性研究有费孝通教授主持的小城镇调查研究、雷洁琼教授主持的家庭婚姻问题研究、社会转型理论研究、现代化理论研究、农村社会和农村发展研究、社会指标体系研究及应用、社会形势分析和预测研究等。中国社会科学院社会学研究所组织实施的"中国国情丛书——百县市经济社会调查"收集了大量的资料，出版了 105 部 4000 余万字的县（市）情报告。

社会学诞生和发展的历史表明，人类社会的现代化发展需要有社会学这样一门高度综合性的社会科学来提供理论指导；反过来，社会学也确实对人类社会的现代化做出了自己的贡献。中国社会学在恢复重建以来的 20

年里，适应了社会现代化的迫切需要，进行了广泛的理论和应用研究。这些研究大大开阔了公众视野，为许多现实问题的解决提供了理论、方法和直接的建议，产生了巨大的社会效应，同时也推动中国社会学从一个最初鲜为人知的学科发展为一个受到社会广泛重视、关注和欢迎的大学科。

第一，作为一门新兴科学，社会学的理论和知识的广泛传播、社会学研究成果的普及，为广大干部和群众认识中国社会、认清中国国情、分析社会经济发展的形势提供了一个新的视角，提高了政府部门对社会发展的重视程度，对国家制定和贯彻经济社会协调发展的战略起到了积极的促进作用。近几年，社会学者越来越多地被邀请参与国家以及许多地方的社会经济发展规划的制定工作，越来越多地接受政府机关和新闻媒体的咨询。

第二，社会学的研究成果越来越多地受到政府和社会的重视，被应用于各级政府和部门的决策过程，从而得以直接服务于社会主义现代化的建设事业。例如，费孝通教授主持的小城镇调查研究的成果以及课题组提出的许多重要分析结论和政策建议，受到当时的中央政府和各级地方政府的高度重视，被政府作为制订乡镇企业和小城镇发展计划的重要科学依据。中国社会科学院社会学研究所对农村社会的阶层分析成果，为农业部农业研究中心采用，该中心据此于 1993 年对全国农村进行了较大规模的社会调查，初步弄清了农民分化与流动的状况，从而为相关政策的制定提供了重要依据。可以说，社会学既是一门理论性很强的社会科学，同时也是一门真正的经世致用之学，它在恢复重建 20 年来取得的许多研究成果，都不同程度地为实际工作部门所吸收和采纳，成为制定政策的理论依据和科学基础。

第三，社会学的发展为调查社会、认清国情区情提供了新的调查理论、方法和工具，对提高社会调查水平、质量和扩大调查范围起到了促进和推动作用。事实上，在中国，随着社会学的发展，各种科学的调查和分析方法，如问卷调查法、参与观察法、抽样法、数据统计分析方法、模型方法、预测方法等，都逐步得到应用和推广，极大地提高了调查研究的科学性，提高了对社会现象和问题进行分析与预测的准确性。近年来，各地、各部门成立了不少调查研究中心、调查研究所等社会调查研究机构，这些机构都运用社会学的调查理论和方法，开展了各种各样的社会调查，产生了一批有社会影响和实践意义的社会调查成果。

第四，社会学的发展为社会管理、行政管理、企业管理以及社会工作提供必要的理论和方法。随着中国改革开放的深化和经济的高速发展，国家的行政管理、社会管理与经济管理逐渐分离，社会管理的作用越来越重要。社会管理是一个涉及多种社会因素的社会系统工程，需要做好多方面的组织协调工作。而社会学作为一门从总体上研究社会的科学，具有综合性的特点，能够为科学的社会管理提供理论依据和具体方案。近年来，社会学中的许多研究成果被国家机关和各种企事业单位应用于发展规划的制定与科学管理的实施，取得了良好的效果。

第五，社会学知识在全社会的普及，也促进了社会主义精神文明建设事业的发展。社会学本质上是一门研究个人与社会关系的科学，它强调社会秩序和社会进步，强调社会和谐、协调和稳定地发展。因此，社会学的理论和方法论知识的传播与普及，为人们处理生活中的各种问题提供了科学知识，因而能够提高人们处理各种人际关系的能力和水平，且能够使人们的生活方式变得更加科学合理。社会学的这种社会功能，正是西方一些发达国家在高中就开设社会学课程的原因所在。

尽管在恢复重建以来的 20 年里，中国社会学取得了显著成就，产生了巨大的社会效应，但它还有许多不足，还有许多薄弱环节，社会主义现代化过程中也还有许多重大的问题等着它去研究并通过研究提供解决问题的办法与建议。

首先，中国社会学的基础理论研究还相对薄弱。迄今为止，可以说，中国社会学的理论研究还处在引进和研究的阶段，处于介绍国外社会学理论和方法并力图运用其中的一些理论和概念进行实证研究的阶段，对国外社会学理论与概念的消化吸收还远远不够，还没有能把它们真正消化转化为真正本土的话语，还没有能创建中国本土化的社会学理论或流派。即使在引进国外社会学理论方面，也不够系统及时，而往往是零碎的、滞后的。

其次，由于缺少基础理论尤其是一些中程理论的支持，中国的社会学研究还不够规范，低层次、低水平的社会学研究和社会调查比较多，许多课题还停留在简单的现象描述上，缺乏真正深入的理论分析和理论阐释，缺乏学术积累能力，成果共享程度低，也还没有形成高层次的理论模式和概念，更难以与国际社会学界进行有效的学术对话，难以与国际学术规范接轨。这一切表明，有必要从理论和方法上提高中国社会学的理论研究、应用研究和社会调查水平。

最后，许多分支社会学学科相对薄弱，跟不上现代化建设所提出的实际需要。在发达国家，据一项不完全统计，分支社会学学科目前已经有 167 个细科，而在中国，社会学旗帜下的分支学科只有二三十个。此外，还有许多重大的问题，需要社会学加以透彻的研究，如社会保障问题、城乡关系问题、阶级阶层问题、可持续发展问题、贫困问题、科技发展与社会发展的关系问题等。所有这些都是社会学所面临的问题，同时也是中国社会学在进一步发展过程中所应担当和完成的历史任务，既包括对它自身学科建设的进一步完善，也包括对社会主义现代化建设所提出的具体需要的进一步回应。

正是基于以上的种种认识，我在担任中国社会科学院社会学研究所所长期间，就着手组织和主编这套"社会学文库"。我和我的同事们认为，学科建设的一条重要途径，就是要对已经取得的研究成果进行总结。在现有成绩的基础上，结合国外社会学的理论研究进展，针对中国社会学的理论、方法和各个基本成型的分支学科写出能够反映其当前发展水平的学术专著，则是进行这样的总结与提高的直接而有效的方式。

概观坊间目前所有的社会学类中文著作，尽管其中不乏精品佳作乃至鸿篇巨制，但总的来说，谓之参差不齐、不成系统则大抵是不错的，这种状况不利于社会学学科建设，不利于社会学队伍的健康成长，不利于社会学的规范化及其话语体系的形成。于是，本文库的第二个目的，就是通过组织社会学理论、方法、历史以及各分支学科领域里学有所成的专家学者撰写出一整套的社会学学术专著，来构建真正社会学的学科体系、规范，填补这个空白，为中国社会学的进一步发展打下一个基础。

如前所述，社会学已在中国 60 多所大学里落脚生根，在校学生数千人，但教材建设远远跟不上教学的需要，一套完整而具有较高水平的社会学教材，迄今为止仍然是稀缺之物。因此，我组织和主编本文库的第三个目的，就是向他们提供一套较高水平的教材和教学用读物。

我还期望，本文库将不仅起到总结中国社会学恢复重建以来已经取得的成就，并为学科建设打下一个基础或明确一个起点的作用，不仅起到为大学社会学系提供一套较高水平的教材的作用，还能够起到为政策制定者与执行者提供系统的社会学知识以资参考的作用，起到在广大读者中间普及社会学的作用。诚能如此，何幸如之！

按照初步的设想，本文库先由二十五六部学术专著组成，争取今后每年出版七八部，分三年出齐。这个规模当然没有穷尽社会学的所有学科特别是各分支领域，因此，我设想，本文库在一定程度上是开放的，如果在其他的分支领域有比较成熟的专著，欢迎加入本文库。同样，本文库的每一部专著，也都是开放性的，因为社会现实是不断发展的，所以社会学的研究是不会停止的，社会学的知识也是不会穷尽的。今后，本文库将随着经济社会的发展以及社会学的发展和新成果的积淀而不定期地修订，以完善本文库，并满足社会各方面的需要。

本文库从筹划到第一批书的出版，经过了 4～5 年的时间。这里要特别感谢的是中国社会科学院的领导对本文库筹划实施的支持，同样也要感谢中国社会科学出版社对出版本文库的高度重视及为本文库的编辑和出版所做出的巨大努力。关心和帮助本文库的编著和顺利出版的人士很多，在这里一并致以诚挚的谢意！

关于编写社会学教材的几点意见[*]

①自 1984 年费孝通教授主编的《社会学概论》问世以来，20 年间，全国各地编写并出版的社会学教科书已有 100 多本。这一方面反映了公众对社会学知识的渴求，对教材的需求量很大；另一方面也反映了这样一项重要的基础教材，缺乏权威部门牵头，统一组织力量，编出有分量的、公认可用的教科书。这次马克思主义理论研究和建设工程，把社会学教材列为重点项目之一，很适时、很重要。集中国内的社会学家，编写出高水平的社会学教科书，适应社会的需要，对于社会学学科建设也有极其重大的意义。

②要组织专人把现有的社会学教科书尽可能收集起来，挑选出若干本，编一个各书的章节目录。最好还能编一个国外社会学教科书若干本的章节目录。

③组织本课题组专家，并邀请国内同行专家（共 20～30 人）开一次工作会议，专门讨论编写社会学教科书的相关问题，并在此基础上，形成本书的编写提纲，当然，最好形成本书基本章节的框架。

④待教科书的编写大纲和基本框架经工程协调小组批准后，应即着手组织教科书的编写队伍。除本课题专家外，可约请一部分国内的同行专家，其中要有几名讲授过或正在讲授《社会学概论》的教授、副教授。争取在年内开一次编写工作会议，深入讨论本教科书的宗旨、目的和要求，做出明确分工，会后分头写作。争取在 2005 年上半年写出初稿。

以上是关于教科书编写工作的安排建议。

⑤社会学教科书的内容是决定本书质量的关键。我们一定要以马克思主义为指导，结合当代中国社会主义初级阶段的基本国情，贯彻全面建设

---

* 本文源自作者手稿。该文稿系 2004 年 4 月陆学艺作为《社会学概论》编写组成员参加国家马克思主义理论研究和建设工程会议后，对教材编写工作提出的意见和建议稿。——编者注

小康社会的精神，编写出能够为实现社会和谐稳定、全面进步服务的高质量、高水平的社会学教科书。有两点我们需要注意。

第一，要有中国特色、中国话语和中国气派。社会学传入中国已100多年，社会学教科书一般当然要讲社会学的基本理论、基本概念和基本方法。在这点上我们一定要与国际接轨，不仅要讲经典的社会学理论，而且要讲目前国际上先进的前沿理论。迄今为止，中国还没有形成社会学的宏观理论体系和基本方法，甚至连反映中国特点的基本概念也没有形成几个。但是，中华民族绵延数千年，中国社会结构有其自身的特点，有优秀的历史传统和丰富的社会思想积淀，自成体系。近代以来，中国的社会学广泛吸纳工业化、现代化的西方文明，几经周折，逐步融合。中华人民共和国成立以后，特别是改革开放以来，这种融合的速度大大加快了。目前的中国社会正处在由传统的农业社会向工业化、城市化、现代化社会转型并接近实现的时期。但是，即使中国建成了现代化社会，中国的社会组成、社会结构、社会互动、社会运行、社会机制等方面都还是具有中国特色的。这是我国社会学的特点，教科书对其要有足够的反映。

第二，已经出版的100多本社会学教科书，有些写得好或比较好，它们都是经过同行专家和学者辛勤耕耘编著而成的。课题组应广泛吸取这些已有成果，并在此基础上加以提高和创新，成为集大成者，而不能企求统统推倒重来。因为推倒重来，一是不现实，二是不易与同行学者达成共识，而教科书是要通过他们去传播的。

⑥要把党的十六大以来，中央关于社会、社会主义社会、社会结构、社会发展、社会和谐等一系列新的认识、新的理论具体贯彻到教科书的编写工作中去。党的十六大提出全面建设小康社会的历史任务，党的十六届三中全会提出要实施"坚持以人为本，全面、协调、可持续的科学发展观"，并要做到"五个统筹"，党的十六届四中全会提出要"形成全体人民各尽所能、各得其所而又和谐相处的社会"，同时还指出要"注重社会公平、合理调整国民收入分配格局，切实采取有力措施解决地区之间和部分社会成员收入差距过大的问题，逐步实现全体人民共同富裕"。这一提法改变了原来"效率优先、兼顾公平"的说法。所有这些，必将对正在发生着深刻变化的我国社会的前景产生重大影响。我们要领会这些新的精神，并将其落实到编写工作中去。

关于加强《北京工业大学学报》
（社会科学版）建设的建议*

尊敬的学校领导：

近些年来，我校高度重视并大力加强由工科院校向综合型大学转变工作的推进，我校人文社会科学在这种转变中迅速成长起来，无论是专业建设，还是人才培养，以及科研成果方面，都取得了较大的进步。这与校领导的高度重视和支持是分不开的。

人文社会科学建设作为我校发展的新的成长点，需要全面地、综合地推进，专业建设、人才培养、科研开展以及其他方面工作开展，是个系统工程，需要齐头推进，哪一方面工作的滞后，都不利于人文社会科学的进步。但是，总体比较来看，我校人文社会科学的学术窗口还是个薄弱的环节。目前，我校公开出版发行的人文社会科学学术刊物只有《北京工业大学学报》（社会科学版）（以下简称《社科版》）。

这些年来，学报取得了长足的进步，然而依然不适应当前我校人文社会科学发展的需要。

第一，《社科版》层次不高。和我校自然科学版学报相比，社会科学版还不是核心，只是 CSSCI 扩展版来源刊物。一个学校的学术刊物反映的是该校的学术实力，是一个学校重要的学术品牌。其他一些重要的理工大学社会科学学术刊物已经成为全国核心刊物，相比较，这是我校人文社会科学成长的一个滞后点。层次不高的状况需要改变。

第二，《社科版》出版期数少。目前《社科版》为季刊，一年只有四期，在保证质量、每期发文不能增加的情况下，四期容量是不够的，不利

---

* 本文源自作者署名的打印稿。该稿大约写于 2007 年 1 月，系陆学艺给北京工业大学领导撰写的关于加强《北京工业大学学报》（社会科学版）建设的建议信。——编者注

于扩大学术交往，也不利于更多地展示我校社会科学研究成果。

第三，《社科版》论文质量需要上一个台阶，近年来，学报发表了不少高质量的文章，有些被人大复印报刊资料、《新华文摘》转载。但是总体来看，有影响力、转载率高的文章还是不多的。

上述情况的存在，不利于我们人文社会科学的发展。一个学校学科的成长，需要有好的人才、好的组织、好的学生、好的研究成果，还需要有好的学术刊物。对此，强烈建议学校加强学报的建设，并提出以下建议。

第一，加强《社科版》建设。一是将学报改为双月刊。目前国内主流学术刊物，如《中国社会科学》等都是双月刊，这有利于学术交流、扩大影响。二是扩充《社科版》版种，目前国内一些主要高校的学报，如浙江大学、武汉大学，将原来单一的人文社会科学学术期刊，分解为人文科学版、社会科学版、经济管理版等版种。我校可借鉴这种做法，结合自身的实际，考虑将社会科学版一分为二，分为"社会科学版"和"经济管理版"，增加学报版种。这极有利于推进我校社会科学的发展。当然，这需要新闻出版总署的批准刊号。但是，只要学校支持，通过上下共同运作，是能够实现的。

第二，加强学报编辑组织建设。目前《社科版》编辑人员并没有与自然科学版的编辑人员分开。对此，建议将二者分开，单独设编制。这有三个好处，一是有利于学报做大做强，二是有利于学报更好地开展工作，三是有利于培养人文社会科学后备人才，为将来学报做大做强做好队伍准备。同时也为我校其他人文社会科学管理职能部门建设储备后备人才。

第三，加强论文精品建设。近年来，学校将其中的三分之一编辑工作任务交给了人文学院来负责，我们广为联系国内学术名家。但这还是不够的，还需要重视对中青年学者论文的发现。对此，建议增加学术各学科专业编辑人员，以加强编辑力量，便于挖掘优秀学术论文。

学术组织建设

山西省社会学会的成立标志着山西社会学事业发展的一个里程碑[*]

在山西省委省政府的亲切关怀和支持下，经过山西社会学同仁们的努力，今天山西省社会学会正式成立了。这是山西社会学界的一件大事。我和郑杭生教授一起前来，代表中国社会学会向大会表示祝贺，愿山西省社会学会今后在山西省委省政府的领导下，为山西的社会主义现代化事业，为山西社会学学科的建设发展多做贡献，做出越来越大的成绩。

改革开放以来，在党中央的领导下，我们的国家大大加快了社会主义现代化建设的步伐。25 年来，国民经济突飞猛进，健康、快速、持续地发展，社会全面进步，人民生活普遍有了很大的提高，综合国力有了极大的增强，已经以一个社会主义大国在东方屹立，正发挥着越来越大的作用。党的十六大指出，我们已经胜利实现了现代化建设"三步走"战略的第一、第二步目标，总体上达到了小康水平。但是党的十六大也同样指出，我们国家目前还处于并将长期处于社会主义初级阶段，现在达到的小康还是低水平的、不全面的、发展很不平衡的小康。今后 20 年，我们要集中力量，全面建设惠及十几亿人口的更高水平的小康社会，使经济更加发展、民主更加健全、科教更加进步、文化更加繁荣、社会更加和谐、人民生活更加殷实。

毋庸讳言，在过去的社会主义现代化建设过程中，还存在着许多需要解决的问题。例如，我们在重视经济建设的同时，并没有同时注意到社会事业的改革和发展；我们在注意城市建设的时候，并没有同时注意到农村的发展；我们在着重进行积累的时候，没有同时注意到消费；我们在执行

---

* 本文源自作者手稿。该文稿系陆学艺于 2003 年 10 月 12 日在山西省社会学会成立大会上的发言稿。原稿无题，现标题为本书编者根据发言内容所拟定。——编者注

让一部分地区、一部分人先富起来的时候，没有同时注意到社会成员间差距不断过大，要实现共同富裕；我们在加快沿海东部地区发展的时候，没有同时注意到中西部的发展。于是就出现了十六大指出的城乡二元经济结构还没有改变，工农差距、城乡差距、地区差距、阶层间差距扩大的趋势还在继续。这就是目前产生诸多社会问题的根源。用社会学界的眼光看，目前最大的社会问题是城乡关系不协调，经济发展和社会发展不协调。

去年①十六大、今年②两会胜利实现了领导集体新老交替以后，以胡锦涛为总书记的党中央正在为全面实现十六大提出的全面建设小康社会的任务而工作。从近年来的实践看，一个新的发展观、发展战略正在形成，正在付诸实践，这就是党中央有关领导已经提出的今后现代化建设要贯彻全面的、协调的、可持续发展的新的发展观、新的战略方针。温家宝总理提出今后发展要实现城乡协调、经济社会协调、地区之间和人与自然之间协调发展，可以预见，在党中央的这种新的发展思想的指引下，我们国家的社会主义现代化建设的事业一定是会在已有基础上越来越好，开创全面建设小康社会，开创中国特色社会主义事业的新局面。

就我个人学习十六大文件的体会，我认为党中央提出的上述六个方面的目标和任务，其中第一条是经济建设，这是中心，是第一位的，第二条是政治文明建设，后面四条都是社会方面的建设。这六条是一个有机的整体，是缺一不可的，可以看出社会事业的建设、社会文明方面的建设已经被提到日程上来了。要纠正过去只重视经济、把经济看成唯一，忽视社会建设的偏向。这样社会才能全面进步。

这正是社会学繁荣发展的机遇。这就是为什么近几年社会学学科大发展的原因。进入 21 世纪以来，各省、各地社会学专业、社会工作专业纷纷建立。社会学专业发展到 60 个，社会工作专业已超过 100 个。山西大学、临汾师范都建立了社会学专业。社会学专业成为青年学子报考的热门专业，社会学、社会工作专业学生很好就业。

有些学者指出，前 20 年是经济学家大显身手的 20 年，今后则是社会学专家们建功立业的好机遇了。

山西省社会学会今天的成立，正是在这样一个大好形势下成立的，这标志着山西社会学事业发展的一个里程碑，值得庆贺！

---

① 指 2002 年。——编者注
② 指 2003 年。——编者注

社会主义和谐社会的构建是
中国社会学的使命*

各位领导、各位理事、同志们、朋友们：

本届学术年会是 1990 年中国社会学会第 3 届理事会成立以来的第 15 次年会，每年 1 次，其中两次是国际会议（1995 年在北京召开的第六届亚洲社会学大会和 2004 年在北京召开的第 36 届世界社会学大会），其余 13 次分别在全国各省市轮流召开。昨天我回顾了一下，这 15 次，华东开了 6 次，中南开了 2 次，西南 2 次，东北、西北各 1 次，华北 3 次。每次年会的主题都是国家社会主义现代化建设过程中的社会学问题，研讨社会学如何为国家的改革开放和经济社会发展服务，同时也研讨社会学学科建设和队伍建设的问题。

我们这次学术年会的主题是"社会主义和谐社会的构建：中国社会学的使命"，研讨和谐社会的现代意义、和谐社会与社会阶层结构、和谐社会与社会安全、和谐社会与社会公平、和谐社会与社会保障、和谐社会与社会政策等问题。

这次学术年会是 2004 年开世界社会学大会时决定由安徽省社会学会承办，在合肥召开的。一年多来，安徽省社会学会的同志们在安徽省领导的亲切关怀下，在安徽省委党校、安徽省社科院领导的直接支持下，做了精心的组织和安排，做了大量的准备工作。今天正式开幕了！

在本次学术会议期间，还要举行中国社会学会第 6 届理事会，总结社会学会 5 年来的工作，修改制定新的章程，并进行换届选举，选举新的常务理

---

* 本文源自作者手稿。该文稿系陆学艺于 2005 年 10 月 11 日在"中国社会学会 2005 年学术年会暨第 6 届理事会"开幕式上的讲话稿。原稿无题，现标题为本书编者根据发言内容所拟定。——编者注

事、新的会长和副会长。

本次学术年会得到了全国社会学同仁们的热情支持，会议收到了近 160 篇论文，截至今天上午已有 200 多位同仁在百忙中千里迢迢前来参加会议，这都是空前的，充分反映了中国社会学繁荣兴旺的景象。

在会议开幕的时候，我代表学会向我们学会的主管单位——中国社科院的领导、向安徽省委省政府的领导、向安徽省委党校、向安徽省社科院的领导和同志们、向安徽省社会学会的同志们表示衷心的感谢！向各地来参加会议的专家学者表示热烈的欢迎和衷心的感谢！

构建社会主义和谐社会是党中央审时度势提出来的新的理念、新的战略目标，这是应对战略机遇期、过好关键期的重大举措。经过一年多以来的宣传和学习，现在已成为全党全国人民的共识，正在贯彻落实之中。一场以科学发展观统筹经济社会发展，构建社会主义和谐社会为目标的新的社会主义建设高潮已在全国展开。在这场新一轮推进中国特色社会主义伟大事业的过程中，我们社会学工作者，理应更自觉、更积极地站到贯彻落实科学发展观、构建和谐社会的前列，深入实际、调查研究，系统研究社会结构变迁中的新趋势、新问题，总结新经验，概括新理论，为党和政府经济社会发展的决策提供理论支撑和咨询。也正是在参与这场伟大的实践中，使社会学的学科建设、队伍建设继续向前推进，使社会学更加繁荣。

在构建社会主义和谐社会的实践中，社会结构的调整和社会关系的协调是当前亟须解决的大问题。

社会主义和谐社会应该是一个社会结构合理的社会。社会结构应该与经济结构相适应。社会结构包括人口结构、家庭结构、就业结构、城乡结构、区域结构、社会阶层结构等，其中社会阶层结构是最重要的社会结构。目前我国的社会结构由于种种原因，与经济结构还不相适应，例如我国经济结构已处于工业化发展的中期阶段，但我国的城市化水平还处于初级阶段，城乡结构不合理，城乡关系不协调。又如我国的社会阶层结构也与经济发展水平不适应。20 世纪 90 年代中期以后，强势的富裕阶层增长得很快。与此同时，工人阶层、农业劳动者阶层的政治经济地位没有得到相应的提高，反而产生了众多的失地农民、失业下岗工人、被拆迁而没有得到妥善安置的居民等贫困的弱势阶层，社会中间阶层也没有得到应有的发展。由此产生了种种社会问题、社会冲突，社会矛盾增加了。这些都是社会结构不合理的表现，所以构建社会主义和谐社会，就一定要通过社会改革，调整社会结构，形成一个合理的社会结构。

社会主义和谐社会应该是一个社会各个阶层都能各尽所能，各得其所，各得其利，各阶层间的利益关系能够得到不断协调的社会。总结新中国成立 56 年来的基本经验，只有在政治上保证各阶层应有的民主权利，在经济上保证各阶层应得的物质利益，才能调动社会各阶层及其成员的积极性，使社会充满活力，保证长期稳定有序的社会发展。20、21 世纪之交以来，我国的经济持续快速发展，取得了巨大的成就。但是，城乡差距、区域差距、贫富差距年年在扩大，基尼系数超过了警戒线，这是产生诸多社会问题的根本原因。应该通过建立社会利益关系的协调机制，通过法律、政策等经济和非经济的各种手段，调整好社会各阶层间的利益关系，使他们能得到各自应得的利益，共享改革发展的成果，使整个社会和谐。

　　构建社会主义和谐社会是一项十分宏大而艰巨的社会建设工程，需要社会各阶层、各族人民长期的努力奋斗。刚刚召开的十六届五中全会，审议通过了第十一个国民经济发展五年规划的建议，是贯彻科学发展观、构建社会主义和谐社会的重大部署。调整社会结构，协调社会阶层关系是当前要解决的重大问题，当然还要做好其他各方面的工作。我们这次年会研讨的六个方面的问题，都是构建和谐社会需要解决的理论和实践问题，同行们已经提供了论文，希望同志们本着百花齐放的方针，在会上展开充分的讨论和交流。

　　树立科学发展观、构建和谐社会，为社会学工作者提供了大有作为、大显身手的难得的机遇，提供了一个大舞台。我们应当更加奋发努力，扮演好各自的角色，做出应有的贡献。

中国社会学会第三届理事会工作报告[*]

中国社会学会第三届理事会自 1990 年成立以来，在名誉会长费孝通和雷洁琼教授的亲切关怀和指导下，在主管单位中国社会科学院的关怀和指导下，在前两届理事会所开创的学会工作局面的基础上，通过各省、自治区、直辖市社会学会和专业委员会（研究会）紧密联系、团结全国的社会学工作者，卓有成效地开展学会工作，有力地推动和促进了社会学的学科建设、教学研究和学术交流，使社会学在我国社会主义现代化建设中的作用日益加强，在中国人文社会科学中的地位也获得显著提高。现在，我受本届理事会常务理事会的委托，就中国社会学会 6 年来的工作，向全体与会理事做简要报告，并提请审议。

1990 年 8 月学会第二届理事会的工作报告中，原副会长林耀华教授代表上一届理事会就中国社会学在 20 世纪 90 年代的发展提出了九点殷切希望。这九点希望的要点是：（1）坚持学会组织机构的改革，端正学风，搞好会风，更好地发挥学会的作用，推动学科的发展；（2）学会活动应以地方学会为主，重点在基层；（3）坚持为社会主义现代化建设和改革开放服务，为党和政府的决策提供科学依据；（4）在现有的社会学教学和科研队伍的基础上，继续促进社会学知识的普及和教学、研究水平的提高；（5）发行会刊和学会通讯，加强社会学界的信息交流；（6）有计划、有步骤地做好国外社会学资料的引进和译介工作；（7）采取有效措施（如成立分支学科、专业研究会），促进社会学分支学科的平衡发展；（8）促进专业队伍内部和专业队伍之间的团结和学术合作；（9）提倡深入社会、深入实

---

  * 本文原载中国社会学会秘书处编《中国社会学会通讯》1996 年第 3 期（总第 26 期），于
    1996 年 9 月 20 日刊印。该文系陆学艺于 1996 年 8 月 3 日在中国社会学会第三届理事会会
    议上所做的工作报告。——编者注

际、调查研究。在第三届理事会和各地社会学会、各专业委员会（研究会）及其所联系、团结的广大社会学工作者的共同努力下，经过6年的工作，可以说，上述提到的九个方面都有很大的进展并取得了明显的成效。具体说来，可以大体归纳为以下几点。

一　建立健全学会规章制度，确保学会工作的正常化

本届理事会自组成之日起，首先开展了建立健全学会规章制度的工作，为促进学会工作正常化提供了制度保证。

1. 本届理事会成立之初，就通过修订学会章程，进一步明确了学会的性质和本届理事会的职责和任务，使学会的工作有了明确的目标。学会章程规定了学会会议制度，对理事会、常务理事会、学术年会、顾问会议、会长会议、秘书长办公会议等均做了具体规定，明确了学会会长、副会长、秘书长、副秘书长各自的职责分工，形成了一套比较科学的工作程序。需要特别提出的是：本届理事会确立的每年委托有关省、自治区、直辖市学会举办一次全国性学术年会的制度，不仅有效地促进了社会学的学术交流和信息沟通，而且成为学会工作正常化的重要标志。每年学术年会期间，均召开常务理事会，总结上次年会至本次年会期间的学会工作，部署到下次年会召开前的工作任务。学会的经常性工作，很大部分是围绕学术年会而展开的。各省、自治区、直辖市社会学会和专业委员会（研究会）也在制度建设方面下了很大功夫，根据自身的特点，建立健全了各种相关的制度，从而使整个学会的工作走上了正常化的轨道。6年来，学会基本上按照章程的规定开展工作，并取得了较好的结果。

2. 根据国家规定，办理学会社团登记手续。为使学会具有社团法人的合法身份，受常务理事会委托，学会秘书认真履行了各种登记手续。1991年经民政部审核，认定中国社会学会符合中华人民共和国社团登记有关法规，由当时的民政部部长崔乃夫签发了"中华人民共和国社会团体登记证"，确认中国社会学会为学术研究团体，其宗旨是"促进社会学研究的发展"，业务范围为"理论研究和学术交流"。

3. 制定有关规定，发展学术组织。根据我国社会学发展的状况和要求，学会制定了《专业委员会（研究会）组成和审批的若干规定》，大力发展学会下属的二级分支学科组织，确定了成立专业委员会（研究会）的宗旨、条件、程序，为学会下属的二级分支学科组织的进一步发展创造了条件。

4. 克服资金、人员不足的困难，恢复学会会刊《中国社会学会通讯》

6 年内共出版 26 期，累计印发了 13000 份，学会会刊的编辑出版，为增进各省、自治区、直辖市社会学界的相互了解、交流学会信息、促进学科建设起到了积极的作用。

二 服务中国社会主义现代化建设的大局，积极推进社会学学术研究交流和学科建设

1. 紧紧围绕社会主义现代化建设中所面临的重大理论和现实问题，开好社会学年会，带动社会学的学科建设。进入 20 世纪 90 年代以来，我国社会发生迅速的变化，随着向社会主义市场经济转变这一方针的确立，我国社会发生着急剧变化，根据这些变化，学会积极组织活动，研究重大理论和现实问题。从 1991 年起，本届理事会每年委托有关省、自治区、直辖市社会学会组织一次学术年会，到 1994 年共召开了 6 次年会。1995 年虽未召开年会，但学会与中国社会科学院共同主办了亚洲社会学大会，国内社会学界与会代表达 100 余人，也可以视同为 1 次年会。每次年会所研讨的主题都是与我国经济建设和社会发展密切相关的重大理论和问题，收到了很好的效果。

第 1 次学术年会由天津市社会学会承办。年会于 1991 年 5 月 14 日至 19 日在天津市杨柳青召开。会议主题是"社会稳定与发展的理论与实践"，来自全国的 160 多位社会学工作者和实际工作者出席了会议，收到学术论文 180 篇。会议就社会稳定的内涵、社会稳定类型的划分和社会发展的内在机制、社会稳定与社会控制、影响社会稳定的诸因素、搞好改革开放、实现社会稳定与发展的问题，从多角度展开了热烈讨论。会后结集出版了《社会稳定和发展的理论与实践》的论文集。

第 2 次学术年会由浙江省社会学会承办。年会于 1992 年 3 月 28 日至 31 日在杭州市召开。主题为"当前社会变迁与小康社会研究"，与会代表有 100 余人，收到学术论文 129 篇。这次年会就小康社会的内涵、小康社会的指标体系和评价方法、小康社会的目标、小康社会与社会转型、小康社会与现代化改革、小康社会的发展进程、实现小康社会的因素和薄弱环节、小康社会过程中的社会问题、小康社会进程中的不平衡性等问题，展开了认真的探讨，并提出了许多有建设性的对策建议。

第 3 次学术年会由广东省（及深圳市）社会学会承办。年会于 1993 年

4月3日至8日在深圳市召开。与会代表有160人，会议收到学术论文180篇。这次会议的主题为"改革开放与社会发展"。与会代表围绕这一主题就马克思主义的社会发展观，新时期改革开放的理论与实践，城市、农村、沿海、内地、特区等不同类型社区的发展，社会发展与科学、教育、文化、民族的关系，以及社会发展的指标体系等问题，展开了深入的讨论，取得了一系列成果。会后由广东省社会学会主编，出版了年会论文集《改革开放与社会发展》。

第4次学术年会由上海市社会学会承办，主题为"社会保障与社会发展"。年会于1994年5月5日至9日在上海浦东举行，与会代表有100多人，收到论文170余篇。会议在认真分析我国现行社会保障制度的基础上，深入探讨了社会主义市场经济条件下社会保障制度改革的基本思路，提出了一些有实际操作意义的方案和对策性建议。会议期间，部分专家还对浦东新区社会发展规划进行了评审、鉴定，受到了地方决策部门的好评。会后，《上海社会科学院学术季刊》编辑部将会议收到的170多篇学术论文精选，以《上海社会科学院学术季刊》（增刊）的形式编辑发行。

第6次学术年会由沈阳市社会学会承办，主题为"21世纪中国社会学的历史使命"。年会于1996年8月2日至8月6日在沈阳召开。会议由两部分内容构成：一是进行以"21世纪中国经济发展、社会发展与社会学历史使命"为主题的理论研讨会；二是举行中国社会学会第四届理事会。这次会议到会理事64名，以及各方面专家、学者和来宾，共120多名，会议收到学术论文60多篇。

应该指出的是，几年来学术年会的召开，积极贯彻了学会改革的精神，即充分发挥地方学会的积极性，由全国、地方两级学会合作召开年会，主要由地方承办。实践证明，这一改革是成功的，是符合我国国情的，今后还应发扬这种协作精神。

2. 各省、自治区、直辖市社会学会和专业委员会（研究会）也都分别根据自身特点，采取举办学术年会或其他形式的研讨会等方式，结合当地经济建设和社会发展的实际，开展社会学的交流研讨活动。按照学会章程，学会活动以各地区学会组织活动为主。根据这一规定，各地学会积极开展工作，如北京市社会学会、上海市社会学会、山东省社会学会、湖北省社会学会、江苏省社会学会、辽宁省社会学会和福建省社会学会等十几个省、自治区、直辖市的社会学会，先后召开了各种形式的学术研讨会，探讨与当地社会发展有关的重大社会问题，取得了学术效益和社会效益。各专业委员会如教育社会学专业委员会、人口与环境社会学专业委员会、社会发展与社会保障专业委员会、社会调查研究方法专业委员会、青年社会学专业委员会、农村社会学专业委员会、体育社会学专业委员会，自成立以来，基本上是每年召开一次学术年会，研讨与本专业相关的重大现实问题。人口与环境社会学专业委员会还于 1995 年 5 月 19 日至 21 日在上海参与主办了"地球村人口与环境"国际学术研讨会，受到了国内外学术界的重视和好评。

3. 大力支持科学研究。学会鼓励、支持社会学工作者积极参与国家或省部级"八五""九五"重点科研课题的规划、论证，并积极承担课题研究，取得了一大批质量较高的研究成果，充分显示出社会学界的学术实力。据不完全统计，社会学界在"八五"期间共承担国家重点课题 11 项，五年内承担年度重点课题近百项，此外还承担了大量的国家部委的委托课题。中国社会学会则以会刊《中国社会学会通讯》为基地，及时报道和反映了课题指南及评审课题工作的状况。

4. 各地还广泛利用多种形式，加强社会学界的沟通和联系。如北京地区的"社会学月谈会"、上海等地的类似会议。学会每年还举办"迎新茶话会"，邀请京津两地的理事和学会顾问参加，共商社会学发展大计。此外，学会还组织了一些纪念、学习老一辈社会学家的活动，以期继承中国社会学优良学术传统，推动社会学学科建设和发展。1993 年在清华大学召开的纪念陈达教授诞辰 100 周年座谈会在海内外学术界引起了良好的反响。

三 积极促进社会学队伍建设，不断壮大学会组织

1. 在本届理事会期间，河南省社会学会于 1995 年正式成立。此外，还相继批准了社会调查研究方法专业委员会等的成立。截至 1995 年底，中国社会学会已拥有 28 个省、自治区、直辖市团体会员，设立了 8 个专业委员会。这 8 个专业委员会是教育社会学专业委员会、社会调查研究方法专业委员会、人口与环境社会学专业委员会、社会发展与社会保障专业委员会、农村社会学专业委员会、青年社会学专业委员会、民族社会学专业委员会、体育社会学专业委员会。此外，还有一批专业委员会正在筹备之中。

2. 从 1990 年到 1996 年，中国社会学的研究、教学队伍得到进一步发展、壮大。全国现在共有社会学研究所（室）近 30 个，国家教委批准设立的社会学专业有 14 个，另外一些省、自治区、直辖市也批准成立了社会学

系（室）。据不完全统计，在大专院校设立的社会学系（室）超过 20 个，大大地超过了 1989 年的数量。据不完全统计，目前全国社会学专业从业人员已达 2000 人，其中有近 1/3 的高级教学、研究人员。每年出版大量社会学论文著作和调查报告。这表明社会学专业队伍已经基本形成。

四　广泛开展国际学术交流与合作

1. 学会与欧洲、北美、亚太及港澳台地区的社会研究、教学机构建立了广泛的学术联系，积极利用外部资源，提高我国社会学的学术水平。福特基金会于 1995 年开始正式资助中国社会学的研究和教学工作。1995 年夏由福特基金会资助、中国社会学会主办、北京大学承办的"社会研究方法"高级研讨班邀请了国内外有关专家学者，对 30 余名国内社会学教学、研究骨干进行了系统的研究方法培训，是推动国内社会学界提高方法水平的一项重要举措，取得了极为显著的成效，福特基金会资助的科研课题也在积极、健康地进行。1993 年在天津和 1996 年在上海举办的类似短期培训也取得了较好效果。

2. 学会不少会员开展了经常性的对外交流活动。在国际社会学讲坛或刊物上发表了自己的科研成果，各种类型的国际合作课题得到较为显著的发展，受到了国际学术界的重视。

3. 学会及分支机构经常性地接待国外及港澳台学者来访。其中，较为重要的有 1992 年美国社会学访华团、1993 年中国台湾地区社会学社访问团等。

4. 成功地主办了第六届亚洲社会学大会。1995 年 11 月 2 日至 5 日，中国社会科学院与中国社会学会共同主办了第六届亚洲社会学大会。这是中国社会学界首次主办世界规模的社会学学术研讨会，来自中国、日本、韩国、以色列、菲律宾、越南等 15 个国家的 200 余位社会学家在北京共同探讨 21 世纪亚洲经济社会发展的前景，以及亚洲社会学所面临的任务。这次大会的主题是"21 世纪的亚洲社会与社会学"，宗旨是为亚洲各国的社会学家提供一个论坛，共同探讨 21 世纪亚洲社会及亚洲地区的发展问题。大会就亚洲各国的经济发展与社会变迁、亚洲独特的社会结构与文化传统在亚洲经济腾飞中所起到的作用、21 世纪亚洲各国所可能面临的新问题，以及亚洲社会学的发展等进行了广泛的交流与讨论。这次大会加强了中国社会学界与亚洲各国社会学界的联系，也向亚洲各国展示了中国社会学界的主

要研究成果。

五　本届理事会工作存在的不足

1. 地方学会的发展工作尚有待于进一步加强。主要表现在河北、山西、青海、西藏等省或自治区尚未建立学会组织。今后的工作重点之一，是要积极创造条件，促进这些地区的社会学进一步发展，并在条件成熟时建立地区社会学会。

2. 社会学为社会主义现代化建设实际服务的功能尚有待于进一步发挥。目前，我国的改革开放事业和社会主义现代化建设已进入了一个关键时期，社会实践呼唤着社会学更深入地和更有成效地参与重大问题的研究，为推动社会转型、促进社会的健康发展贡献自己的力量。但是，应当承认，由于种种原因，包括社会学的自身原因和外部环境原因，社会学还未能充分地参与国家、地方重大问题的研究。

3. 在争取社会各界对社会学学科给予广泛支持方面，还要继续努力。在目前国家财政暂时还有困难，不可能对社会学学科建设有很多投入的条件下，社会学要取得进一步的发展，就必须发挥自己的能动性，积极克服困难，开源节流，争取社会各界的广泛支持。在这方面，还有相当大的潜力可以挖掘。

4. 几年来学会在组织和协调地方社会学会的活动方面发挥了一定作用，但在某些方面的相互沟通和联系还不够。这也是我们应注意和改进的。

六　今后 5 年乃至 21 世纪的展望

今后 5 年乃至 21 世纪初，是我国社会主义建设事业发展的至为关键的时期，也是社会学学科发展的关键时期。社会学必须做好充分准备，培养自己的跨世纪人才，力争使学科建设跨上一个新的台阶。为此，至少应在以下几个方面做好工作。

1. 进一步加大对中国社会主义现代化建设中重大理论和现实问题的研究力度。随着社会主义市场经济的发育和完善，我国的社会结构必定会出现一些前所未有的特点，也会面临一些以往所不曾面临的问题。今后 5 年至21 世纪之初的社会学，应当把目光集中在那些在实践中提出的重大理论和现实问题上。从现在看来，诸如国有大中型企业的改革、社会保障体制的改革、农村社会的组织、城乡社会的稳定与发展、精神文明建设等，都蕴含着大量的社会学问题，需要我们去探索，从社会学的学科视角给出解答。今后的社会学应当在这些问题的研究上用力，更为深刻地介入社会实践，更有成效地为社会主义现代化事业服务。

2. 加强学科建设，建立具有中国特色的社会学学说体系。社会学的从业人员迅速增多，这是我们的事业兴旺发达的标志，但是，也带来了相应的问题。从现状上看，社会学从业人员中受过社会学知识系统训练的人员还不多，学科队伍的整体水平亟待提高。这就要求人们在今后一段时间内，要大力抓好社会学的学科建设。第一，社会学要以马克思主义和邓小平同志建设有中国特色社会主义的思想为根本指导，同时也要努力研读和掌握社会学的基本著作，包括社会学的古典著作，也包括当代社会学的重要著作；第二，要大力提高研究方法的水平，特别是定量研究的水平，理论和方法水平都要有较大提高；第三，要注意处理好借鉴国外经验同发扬中国优秀文化传统与中国国情的关系，既要注意国际学术的规范，也要注意我国本土的特点，我们要坚持"古为今用，洋为中用"。结合我国社会主义建设的实际经验，建设具有中国特色的社会学学说体系。

3. 进一步壮大社会学教学和科研队伍，努力造就大批适应各层次需要的社会学专门人才。要树立社会学整体发展的观念，力争充分发挥学会的协调组织功能，为培养造就社会学专业人才尽最大的努力。今后学会拟进一步加强学术培训工作，通过各种渠道吸引人才，壮大和充实社会学教学和科研队伍，支持各地办好社会学系、所，使我们的专业队伍有一个较大的发展。同时，我们应特别注意提高我国社会学整体水平，提高社会学工作者的素质，提高社会学研究的质量，进一步提高学科化水平。

4. 加强和健全学会组织自身的建设。就学会工作而言，一是要继续加强制度建设，进一步完善各项规章，使学会工作有章可循，协调发展；二是要加强学术建设，强化学会是一个学术团体的特点。学会的一切工作，都要围绕着学术研究交流和学科建设这个中心来进行。同时，学会还应进一步发挥组织、协调的职能，加强学会内部的沟通，最大限度地团结会员，同心同德，为发展我国社会学事业而努力。

各位理事：在全国社会学同仁的共同见证下，本届理事会基本上完成了它所承担的任务，推动了我国社会学的建设和发展，特此报告，请诸位审议。目前我们正处于由计划经济体制向社会主义市场经济体制转变的重要时期，这场巨大的社会变迁，已经和必将继续向我们提出许多重大社会问题，迫切需要我们研究。从世界发展总趋势来看，21 世纪将是亚洲的世纪，以中国文化为代表的亚洲文化在 21 世纪将起到十分重要的作用，我们有责任继承和发扬中国优秀的文化传统，倡导人文精神，以使整个世界更加符合人类进步的总要求，在这一过程中，我们也应积极地吸取国外社会学研究的新成果，提高我们的社会学水平。中国的社会学任重而道远，希望我国社会学同仁进一步团结起来，为发展社会学学科，为时代赋予我们的任务而共同努力。现在，学会换届工作已准备就绪，组织、领导学会工作的重任将由下届理事会的领导承担。预祝学会在新一届理事会的领导下取得更大的成绩！

中国社会学会第四届理事会工作报告[*]

各位理事：

我受中国社会学会第四届理事会常务理事会的委托，向各位理事汇报1996年8月理事会成立以来的工作，请予审议。

一

1996年以来，我国社会主义现代化事业又取得了巨大的进展。我国进入了一个经济社会发展的新阶段。经过调整和深化改革，我国的工业、农业生产都有了大幅度的增长，市场空前繁荣，实现了由卖方市场向买方市场的转变。我们已经顺利实现了国民经济生产总值比1980年翻两番的目标，在全国基本实现了小平同志三步走战略的第二步目标，全国大部分地区已经实现了小康社会的目标，一些发达地区正在率先实现现代化。我国已经顺利实现了第九个五年计划的目标，综合国力又有了新的提高，我国已经跻身在世界经济大国的行列。现在我国的经济总量由世界第9位跃居到第7位。

在"九五"期间，随着经济发展、经济结构的调整和社会主义市场经济体制基本框架的建立，我国的社会结构正在得到调整，各种社会事业正在加快发展，社会事业的管理体制改革步伐加快，新的社会保障体系正在建立。

我国的科教事业得到很大发展。1999年国家召开了教育工作会议，当

---

[*] 本文原载中国社会学会秘书处编《中国社会学会通讯》2001年第1期（总第32期），于2001年2月1日刊印。该文系陆学艺2000年9月22日在中国社会学会2000年学术年会上向大会所做的中国社会学会第四届理事会（1996年8月~2000年8月）工作报告，该工作报告手稿写于2000年9月21日。——编者注

年大幅度地增加了大学招生的名额，2000 年再一次增加招生名额，深得民心。这几年，科技、教育事业的管理体制也在改革，正在采取高校后勤产业化的步骤。

城镇住房制度、医疗制度等都在按照社会主义市场经济体制的要求进行改革，特别是为适应国有大中型企业深化改革的需要，我国的社会保障体系正在进行战略性的改革，医疗、失业、退休、养老等制度，都正在形成新的体系。

这些都充分说明，我们国家的现代化事业，已经从经济体制改革、经济发展的层面，走向社会体制改革、社会事业发展、促进经济社会协调发展的层面。早在 20 世纪 80 年代，我国的不少社会学家就指出："中国社会主义现代化事业的发展需要社会学，社会的需要是社会学发展的原动力，而中国社会学也必将在参与这场伟大的变革和发展过程中成长和繁荣起来。"实践证明，随着社会结构的调整、社会事业体制改革和社会事业的发展，国家和社会对社会学提出了越来越多、越来越高的要求。正是在这个阶段，我们社会学的许多研究成果，被应用到党和政府的决策中去，北京和各地的社会学家常受到邀请，直接参与中央、地方和部门制定规划、政策、改革方案、发展战略的过程，社会学的影响正普及到社会各个领域，对我国社会主义现代化事业产生了越来越大的积极作用。也正是在这个过程中，社会学的队伍日益壮大，社会学自身的学科建设也得到了很好的发展。本届中国社会学会理事会正是在这样的宏观历史背景下开展各项工作的。

二

在这四年中，中国社会学会主要做了以下几项工作。

（1）继承中国社会学会第三届理事会期间形成的学术传统，每年召开 1 次学术年会，就现代化建设中的社会热点问题、重点问题开展学术研究，进行学术研讨。这是 1990 年第三届理事会成立时，由郑杭生教授提议，得到大家的认同，而办起来的。自 1991 年天津社会学会承办了第 1 次学术年会以来，10 年来已形成惯例。这不仅推进了社会学的研究，促进了学科建设，也成为新老社会学工作者每年聚会、相互学习的一种好方式。会上会下，联络交往，交流经验，交换工作和研究心得，开展合作，共同提高，对社会学的学科建设和队伍建设都起到了很好的作用。其中有几次年会，还有外国和中国港台地区的社会学家参加，反映很好。

1997 年年会是由云南社会学会承办的。研讨的主题是"市场经济与社会结构变迁"，专题有：中西部发展与区域格局；国家与社会的关系；城乡关系与小城镇建设；结构变迁中的精神文明建设等。会议于 1997 年 5 月 27～30 日在昆明召开，收到 90 多篇论文，有 110 多人参加。云南省委副书记王天玺和中国社科院副院长龙永枢出席了会议，他们介绍了云南的发展状况和表达了对大会的祝贺。本次年会专家评审组评选出优秀论文一等奖 13 篇，二等奖 22 篇。

1998 年年会由福建省社会学会承办。会议的主题是"社会主义初级阶段的中国社会与社会学"，专题有：社会主义初级阶段的社会学分析；当前中国农村社会问题研究；国有企业改革的社会学思考；沿海地区的经济与社会协调发展；海外华人与中国社会发展；海峡两岸合作与交流的社会学研究。会议于 1998 年 5 月 26～29 日在福建省福清市召开，会议收到学术论文 100 篇，有 140 多人到会。福建省委宣传部副部长卓家瑞、中国社科院副院长汝信同志参加了会议。会议评选出优秀论文一等奖 10 篇，二等奖 26 篇。

1999 年年会由湖北省社会学会承办。1999 年是中国社会学恢复重建 20 周年，也是中国社会学会成立 20 周年，所以本届年会开得特别隆重，王康、刘绪贻等老一辈社会学家亲临会议，名誉会长雷洁琼、袁方发来了贺信。名誉会长袁方教授不幸于 2000 年 6 月 14 日谢世。他为中国的社会学事业奋斗了终生，特别是为中国社会学的恢复、重建，对中国社会学会的建设和发展，做出了很大贡献，对于他的逝世，我们表示深切的哀悼！

1999 年武汉学术年会研讨的主题是"中国社会学恢复重建 20 周年的回顾与新世纪前瞻"。专题有：中国社会学恢复和重建 20 年的学科建设回顾；社会学理论和方法建设的成就和问题；社会转型和社会学的发展；改革开放 20 年中国社会结构变迁；社会学的队伍建设和相关问题。会议于 1999 年 6 月 11～15 日在华中理工大学召开。会议收到论文 98 篇，有 162 人参加。湖北省委宣传部副部长周祖之、华中理工大学校长周济和中国社科院副秘书长何秉孟同志出席了会议。专家组评选出优秀论文一等奖 11 篇，二等奖 21 篇。

在中国社会学会每年召开年会的带动下，省、自治区、直辖市的社会学会多数也能每年召开学术年会。1999 年 12 月北京市社会学会专门组织了 1 次有 80 多人参加的社会学百年回顾学术研讨会，与会代表事先撰写了论文，总结社会学发展的经验和教训，收到了比较好的社会效果，会后还编辑出版了《社会学百年》论文集。

（2）在第三届理事会成立之后，为了促进重要分支社会学学科的发展，先后批准成立了教育社会学、人口与环境、社会学调查方法、农村社会学、民族社会学、体育社会学、青年社会学、社会保障 8 个专业委员会。这些专业委员会多数也能每年开 1 次学术年会，有的隔一、二年开 1 次学术会议，就本专业的学术问题，开展研究讨论。不少专业委员会还组织本专业同行，共同申请课题，进行合作研究，推进本专业的学术研究和学科建设。农村社会学专业委员会副理事长李守经教授组织同行编著了《农村社会学》，该书由高等教育出版社出版，被评为面向 21 世纪课程教材、普通高等教育"九五"国家级重点教材。不幸的是李守经教授花了半生精力的著作刚刚出版，在一次学术会议上他突发脑出血，医治无效，于 2000 年 8 月离开了我们。有的专业委员会还与国外同行进行合作研究，召开国际学术会议。人口与环境社会学专业委员会的同志们，经过 3 年的努力，最近出版了《中华人民共和国人口环境与可持续发展地图集》，这是一本内容丰富、图文并茂、印刷精良的大型图集，有较高的学术价值和实用价值。还有一些专业委员会也有很重要的学术成果问世，这里就不一一列举了。

本届理事会常务理事会又批准了中国社会思想史和中日社会学两个专业委员会，但因为民政部在整顿全国的社团，至今还没有得到社团司的批准备案，没有正式成立。

（3）自第三届理事会成立之后，从 1991 年起学会每年春节开 1 次迎春茶话会，由京津地区的社会学会常务理事、学会顾问和一部分理事、秘书长、副秘书长以及专业委员会的负责同志参加。10 年来这已成了惯例。我们的名誉会长雷洁琼等老同志也常来参加迎春节茶话会。天津的几位学会副会长、常务理事和副秘书长每次都来参加。迎春茶话会上，学会的会长、秘书长向与会者汇报一年来学会的工作，并听取他们对学会工作的意见，还就当前社会的热点、难点问题进行讨论。这个迎春茶话会，实际上也是 1 次小型的社会学学术研讨会。

原来中国社会学会和北京市社会学会联合举办社会学月谈会，邀请一些在京的专家就社会学的理论和实际问题，进行专题研讨。为组织好月谈会，学会的几位秘书长、副秘书长，如蔡文眉等同志都花了很多心血。社会学月谈会一直坚持了好多年。近几年，因为各单位的学术活动开展起来了，会议多了，来参加月谈会的人相对少了，所以就停了。以后不一定每月开月谈会，但遇到共同关心的社会问题，或者有国际和京外的知名学者来，可以不定期地由中国社会学会或北京市社会学会出面组织座谈会。

（4）在本届理事会工作期间，正值民政部社团司根据国家的部署，开展对社团的重新登记。学会秘书处按照社团司的要求，填了各种表格，并按照社团司下达的文件和规范的社团章程格式，对我们在沈阳通过的学会章程进行了修订（这个修订稿在1999年会期间经常务理事会通过），并按照社团司的要求，秘书处办好了各种手续，重新领取了新的社团登记证和法人证书。在这方面副秘书长谢寿光和秘书处处长胡秀春同志做了大量的工作。

1999年武汉年会期间，常务理事会根据第四届理事会章程，决定在2000年进行理事换届改选。这项工作进行得比较顺利（第三届理事会换届，先后花了两年时间），到开会前，绝大多数省、自治区、直辖市的社会学会都推选了新的理事，中央有关各部也都推选了新的理事。还有新疆、内蒙古、西藏、江西、重庆没有推选新理事，他们的名额保留着，待他们按要求推出新理事后，仍可参加第五届理事会。

自1996年8月中国社会学会第四届理事会成立以来，在我们的名誉会长费孝通、雷洁琼、袁方教授和老一辈社会学家的亲切关怀和指导下，在主管单位中国社科院的支持和指导下，并在各省、自治区、直辖市社会学和各专业委员会的积极支持、配合下，本届理事会做了一些工作，但限于客观条件，如人员和经费不足，工作中还有很多不足，主要有以下几点。

（1）第三届理事会成立时就提出：要加大力度，使中西部几个省份没有成立社会学会的，都能建立起来。10年过去了，山西、河北、海南省的社会学会是建立起来了，但西藏、新疆等几个省份至今还未能建立起社会学会。有几个省份的社会学会是建起来了，但因人事等方面的原因，不能正常进行工作和开展学术活动，学会对这些省份的社会学会存在的问题也有所了解，但没有能通过各种形式给予必要的支持，帮助他们解决问题，使学会工作能正常发展起来。

（2）社会结构调整、社会事业加速发展，正是社会学者以各种形式参与重大问题研究、贡献聪明才智的好时机。有不少省份的社会学会，在这方面做出了成绩，但学会本身，限于人力等原因，没有就一些全国性的问题，组织力量，展开研究和工作。

（3）第四届理事会的会章增加了中国社会学会本身也可吸纳个人会员的条文，即从原来只接受团体会员变为可以接纳团体会员和个人会员两种，并通过了《中国社会学会个人入会条例》，但因工作方面的原因，至今没有办理过个人会员入会手续。还有第四届理事会提出，要按时缴纳会费，"要制定社会学者专业守则，以端正学风"等，都没有做到。这几个方面的工作，都需要改正。

三

在世纪之交，我们的伟大祖国正进入社会主义现代化建设新的发展阶段，社会学者面临一个又一个新的课题，这正是发展社会学的大好时机，也是社会学工作者大显身手的好时机。我们社会学工作者一定要自觉地认识到这个伟大的历史使命，尽到我们的责任，促进中国社会学的繁荣发展。

学会章程规定，我们要以马克思主义为指导，紧密联系中国实际，积极开展社会学研究，为社会主义建设服务。这个宗旨，从社会学重建恢复时就提出来了，20 年来我们是一直坚持下来的，实践证明是正确的，今后我们还要坚持这个指导方针。中国的改革开放、社会转型、体制转轨，已经取得了举世称赞的伟大成就，但不可回避的是，社会结构不合理，城市化严重滞后于工业化，城乡分割，城乡差距扩大，地区间差距扩大，经济社会发展不平衡，分配不公，贪污腐败屡遏不止，环境污染，资源浪费，社会问题彼伏此起，道德文明滑坡，科教事业发展滞后。所有这些问题，不仅影响经济社会的协调发展，而且也在阻碍经济的持续稳定增长，需要我们社会学工作者深入现代化建设的实践，运用社会学的理论方法进行调查研究，提出总体上解决和某一些问题解决的方案办法和措施，为更好地推进现代化事业而作出贡献，同时，也在为现代化服务过程中，提高社会学研究的学术水平，发展社会学事业。

学会章程规定，社会学工作者"要坚持理论联系实际的原则，重视理论研究，加强应用研究"，20 年来，我们一直坚持这条方针，无论是在社会学理论研究方面，还是在应用研究方面，都做出了很大成绩，出版了一大批有重要意义的著作和成果。比较而言，在这 20 年中，社会学应用研究做出的成绩更多、更大点，在这方面，我们投入了大量的人力和物力，这当然是应该的，也是社会所需要的。今后还要继续做这方面的工作，做出更多更好的成绩来。我们现在要强调的是今后要动员一部分力量重视社会学的理论研究。从整体上提高我们社会学工作者的理论水平。这个任务当然是很艰巨的，需要我们共同努力。因为只有我们创造性地建立了有中国特色的社会学理论体系，才会有社会学的中国学派，才能在国际社会学舞台上有我们应有的地位。

要继续加快社会学的队伍建设和学科建设。比较而言，从 1996 年以后这四年，是社会学队伍发展壮大最快的时期。1996 年时，全国只有 20 所高等学校有社会学系或社会学专业，现在已经超过 80 个；那时只有 30 个省级和地市级社会学研究所，现在已有 35 个。1996 年时只有 10 个硕士点、3 个博士点和 1 个博士后流动站，现在已有 20 多个硕士点、5 个博士点和 3 个博士后流动站。不久将在北京召开的学位委员会会议还将批准一批新的硕士点和博士点。在许多理工、农医、政法等院校以及党校、军校已经建立了社会学教研室，开设了社会学课程。相应的社会学的教学研究人员也有成倍的增长，据不完全统计，我们社会学专职的教学和研究人员超过 3500 人，其中教授和研究员约 200 人，副教授、副研究员 400 多人。1996 年，社会学在校的学生有 1640 人，现在已超过 3000 人。应该说，发展是很快的，这是社会对社会学人才迫切需要的反映。但从国家经济社会发展的需要来说，我们社会学的队伍还很不相称，与经济学相比，很悬殊。1998 年，经济类毕业的本科生有 58095 人，加上大专生，共有毕业生 132900 人，而 1998 年社会学系本科毕业生不到 1000 人。这一方面反映了我国社会发展同经济发展很不平衡，另一方面也反映了我们社会学队伍有加快发展的必要，目前还有 8 个中西部省份的高校没有建社会学系，这种状况急需改变。

进入"九五"计划以后，社会学的学科建设也有新的进展，规范化、系统化的水平都有所提高。编出了一批好的教科书，每年有上千篇学术论文、调研报告和上百本学术著作问世，受到国内外社会的关注。需要指出的是，发表学术论文和调研报告的园地还受到限制。至今我们全国只有《社会学研究》和上海的《社会》两本专业杂志。这与日益扩大的社会学队伍和学术研究是很不适应的。需要我们自己努力和得到有关方面的支持，再增加几个社会学专业刊物。

加强社会学队伍的学风建设。社会学自恢复重建以来，在费孝通、雷洁琼等老一辈社会学家的身体力行的带动下，理论联系实际，深入实践第一线，调查研究，实事求是，扎扎实实写文章，学风是比较好的，这个好传统，我们要继承和发扬光大。提倡"十年磨一剑"的扎扎实实、刻苦治学态度，要有精品意识；力戒空谈、照搬照抄、空话套话、文不及义，提倡到社会生活中去调查研究，讲真话，讲实话，写能解决实际问题的文章。提倡高尚人品，有好的人品，才会有好的作品，才会有宏篇巨著。现在我们的队伍在迅速扩大，大批青年社会学工作者走上工作岗位，中老年社会学家要言传身教，从严治学，带出个好的学风来。

做好学会自身建设。社会学会是一个学术团体，学术工作是学会的中心工作，要尽一切努力，把社会学的学术研究、学术交流等方面的工作做好。学会要做好组织、协调工作，在团体会员之间、团体会员和个人会员之间、个人会员和个人会员之间、本国社会学者同外国社会学者之间，以及社会学学科同其他学科之间，起到桥梁纽带的作用。学会好比是个戏台，学会要建好各种类型的戏台，创造好条件，让会员们通过各种形式来表演好节目，一方面为社会服务，另一方面培养了会员，推出一批又一批名角来，同时也扩大了社会学的影响，推动社会学事业发展。

各位理事，中国社会学会第四届理事会在党的领导下，在各位会员的大力支持和配合下，基本完成了本届理事会所承担的任务，做了应做的工作，请同志们审议。

社会学发展基金会要为推动社会学学科发展尽绵薄之力[*]

各位嘉宾、各位专家、各位同行、各位朋友：

社会学发展基金会首届优秀成果奖颁奖仪式完成了，这是社会学发展基金会成立以来开展的第一次重大学术活动。前面汪小熙同志和谢寿光同志已经把基金会的成立宗旨和这次评奖的过程都做了完整的说明，我只做些补充。

成立基金会的宗旨只有一个，就是希望能对社会学学科的发展和繁荣有所推动，尽一点绵薄之力。中国的社会主义现代化事业需要社会学，社会主义和谐社会建设更需要社会学，但我们的社会学学科发展太薄弱了，无论是学科建设还是人才队伍建设等方面，都不能满足社会发展的需要（早在 20 世纪 90 年代初期，费孝通教授也想筹备建立一个社会学基金，用以推动社会学的发展。但因种种原因，没有办成）。

构建社会主义和谐社会、社会建设的话题提出已经 6 年了，中央专门开了十六届六中全会，作出了关于构建社会主义和谐社会若干重大问题的决定，提出了在坚持以经济建设为中心的方针下，要把构建社会主义和谐社会的建设放到突出的位置的指示。党的十七大还专门把社会建设写入新修订的"党章"总纲中，使社会主义现代化建设事业的总体布局由经济建设、政治建设、文化建设三位一体改为包括社会建设在内的四位一体。近几年我们国家的社会建设实践有了很大的发展，但是比较起来，社会建设进展并不理想，经济这条腿长、社会这条腿短，经济社会发展不协调仍然还很严重。社会矛盾、社会问题还是层出不穷。而在理论层面，关于构建社会

＊ 本文源自作者手稿。该文稿系陆学艺于 2010 年 4 月 17 日在社会学发展基金会首届优秀成果颁奖大会上的发言稿。原稿无题，现标题为本书编者根据发言内容所拟定。——编者注

主义和谐社会和社会建设的理论探讨还未形成气候。我们社会学家在这方面发表的论著也很少，我们的队伍规模本来就小，但对于这样事关我们党和国家建设前途命运之大业的大课题，并没有应有的人去参与这项重大理论和实践的活动。

几年来，我在各地调查，已经有几个大城市建立了社会建设工委和社会建设工作领导小组，但负责此项工作的领导，并不明确社会建设到底要建设些什么？不明确怎么建？只好说，我们是在摸着石头过河。

作为一个从事社会学研究多年的老兵，面对这种状况，心里很不安。有几个学生也有同感，他们提出，能否仿效经济学、哲学、文学、法学等学科，办一个基金会，每年或隔年对社会学的优秀成果进行奖励，一方面可以把这些优秀成果推荐给社会，推荐给公众和决策部门，能起一些作用；另一方面也把这些作者推荐给社会，鼓励他们今后有更多的论著问世，也影响和引导更多的同志来从事这方面的研究和创作，使更多的社会学著作、论文问世，以此推动社会学学科发展。

基金会2003年提出，2009年正式成立，历时5年多。首届奖励优秀成果，从2009年4月评选方案到7月发出评选硕果公告，到今天正式颁奖，历时一年多。

这项工作得到了我们中国社会科学院的领导，科研、人事部门的领导，社会学所的领导，北京市社科联，北京市民政局社团处等部门，以及社会学界的同行们的热心支持、大力配合，也得益于基金会工作人员尽心尽力的工作。

因为这是基金会成立后办的第一次大的活动，难免有不当、不妥之处，请大家特别是同行学者们见谅。我希望这只是开了个头，此项评审工作还将持续进行下去，希望继续得到同行们的支持。我希望今后有第二个、第三个社会学基金会成立起来，有多种社会学的团体和奖励，让我们一起努力，把社会学学科建设得更好。